Esta colecção
tem como objectivo proporcionar
textos que sejam acessíveis
e de indiscutível seriedade e rigor,
que retratem episódios
e momentos marcantes da História,
seus protagonistas,
a construção das nações
e as suas dinâmicas.

HISTÓRIA DO TIBETE

Conversas com o Dalai Lama

Título original:
The Story of Tibet: Conversations with the Dalai Lama

© 2006 por Thomas Laird, excepto citações de Sua Santidade o Dalai Lama
© 2006 Sua Santidade o Dalai Lama

Tradução: Miguel Mata

Revisão da tradução: Rui Lopo

Capa de FBA

Ilustração da capa: © Corbis/VMI

Depósito Legal nº 270044/08

Impressão e acabamento:
PAPELMUNDE
para
EDIÇÕES 70
Junho de 2022 (2008)

ISBN: 978-972-44-1440-9

Direitos reservados para Portugal por Edições 70

EDIÇÕES 70, uma chancela de Edições Almedina, S.A.
Avenida Emídio Navarro, 81, 3D - 3000-151 Coimbra / Portugal
e-mail: editoras@grupoalmedina.pt

www.edicoes70.pt

Esta obra está protegida pela lei. Não pode ser reproduzida,
no todo ou em parte, qualquer que seja o modo utilizado,
incluindo fotocópia e xerocópia, sem prévia autorização do Editor.
Qualquer transgressão à lei dos Direitos de Autor será passível
de procedimento judicial.

HISTÓRIA DO
TIBETE

Conversas com o Dalai Lama

Thomas Laird

Se é uma acção razoável
e que, pela sua natureza, beneficia a verdade e a justiça,
abandonando a protelação e o desânimo,
quanto mais obstáculos encontramos,
mais devemos fortalecer a nossa coragem e esforçar-nos.
Esta é a conduta de uma pessoa sábia e boa.

Bhikshu Shakya tibetano
TENZIN GYATSO, Dalai Lama

A Tenzin Gyatso, XIV Dalai Lama do Tibete.

Para os povos da China e do Tibete.

Prefácio

O presente livro baseia-se em várias décadas de investigação e em 18 audiências pessoais com Sua Santidade, o Dalai Lama, na Índia, entre Novembro de 1997 e Julho de 2000. As nossas 50 horas de conversa foram integralmente em inglês e gravadas com equipamento vídeo e/ou áudio. Michael Victor, o nosso secretário, passou meses a transcrever as gravações, uma tarefa heróica que aqui reconheço com gratidão. O erudito Tenzin Tinley teve a amabilidade de confrontar o esboço da transcrição com o material gravado. A transcrição final, mais de 320 páginas com espaçamento a uma linha, foi a fonte primária individual mais importante para este livro, que é essencialmente uma série de conversas com Sua Santidade acerca da história do Tibete.

Deixei bem claro quando é o Dalai Lama quem está a falar, e quando sou eu. As minhas opiniões sobre a história do Tibete, juntamente com as de muitas outras pessoas que contribuíram para este projecto, encontram-se claramente separadas das de Sua Santidade, e do facto de ele constar do presente livro não se deve concluir a sua aprovação destes diferentes pontos de vista. Sua Santidade encorajou-me a editar o seu inglês sempre que necessário, e eu fi-lo única e exclusivamente para clarificar o exposto; as palavras acrescentadas encontram-se *(entre parêntesis, em itálico)*. Sua Santidade também me autorizou a combinar frases de diferentes entrevistas, caso fossem acerca do mesmo assunto – por exemplo, quando ele se recordou posteriormente de algo que pretendia acrescentar a determinado tópico. Sua Santidade seleccionou três académicos para verificarem todas as suas citações na presente obra, de modo a garantir a sua precisão: os meus agradecimentos a estes senhores.

Antes da minha primeira conversa com Sua Santidade, o Dalai Lama, passei vários meses imerso em pesquisas preparatórias para dar corpo à série de perguntas que formaria a base das nossas discussões. Estas pesquisas prosseguiram durante as entrevistas, e depois durante os seis anos que passei a escrever o livro. A Biblioteca de Obras e Arquivos Tibetanos de Dharamsala, na Índia, foi um recurso precioso, e agradeço ao bibliotecário Pema Yeshi pela sua ajuda. Do mesmo modo, a documentação do Departamento de Estado existente nos Arquivos Nacionais do College Park, em Maryland, proporcionou-me uma melhor compreensão do período entre 1942 e 1960. Os livros e outras fontes que li ou consultei encontram-se listados na bibliografia. Os leitores curiosos acerca dos factos subjacentes a determinadas passagens encontrarão comentários citando as fontes na secção das notas.

Não existe nenhuma transliteração padrão do tibetano universalmente aceite ([1]), e os métodos de transliteração mais precisos criam uma algaraviada para os não especialistas. Embora os peritos saibam que "Srong-brtsan-sgam-po" é a transliteração exacta do nome do primeiro grande imperador do Tibete, o leitor médio preferirá "Songzen Gampo". Todas as transliterações foram orientadas para a facilidade de leitura e pelo uso mais comum. As minhas desculpas aos especialistas com eventuais objecções à falta de consistência daí decorrente.

Este livro não existiria sem a generosidade e paciência de Sua Santidade, o Dalai Lama. Agradeço também reconhecidamente a assistência de Tenzin Choegyal, Tenzin Geyche Tethong e Tenzin Taklha, que contribuíram imensamente e de muitos modos para o diálogo, e ao Venerável Lhakdor, que auxiliou o Dalai Lama durante as nossas conversas. Agradeço também a Sua Santidade, o XVI Karmapa, e a Anne Thondup, que deram consistência ao meu interesse inicial pelo Tibete. Muitos estudiosos ocidentais do Tibete conversaram amavelmente comigo durante horas, proporcionando-me uma formação crucial sobre o Tibete, a sua cultura e a sua história. Agradeço particularmente a Warren Smith, Melvyn Goldstein, Robert Thurman, Tom Grunfeld e Eliot Sperling, embora tenha a certeza de que cada um deles encontrará nestas páginas motivos de discórdia. Esta lista omite os muitos especialistas e amigos que me ajudaram

Prefácio

a compreender melhor o Tibete durante os últimos trinta anos. Jann Fenner apoiou-me constantemente e sem reservas, independentemente dos custos: obrigado. Brando Skyhorse, redactor, e Morgan Entrekin, editor, deram ao livro muito mais do que é habitual; estou em dívida para com eles. Estendo também os meus sinceros agradecimentos a Kay Murray, Jan Constantine e à Authors Guild, e ainda a Donald David, Scott Kessler e Brian Bloom da Cozen O'Connor, pelo seu generoso apoio quando necessitei. A responsabilidade por quaisquer erros factuais ou de interpretação é inteiramente minha.

Vários tibetanos concederam-me generosamente entrevistas, incluindo Gyalo Thondup, irmão mais velho do Dalai Lama, e as monjas Pasang Lhamo e Chuying Kunsang [2]. Também entrevistei tibetanos e chineses por todo o Tibete, tendo ocultado a sua identidade para os proteger. Alguns tibetanos na Índia e no Nepal preferiram manter-se como fontes anónimas.

Além das entrevistas formais, fiquei também a conhecer melhor o Tibete e o seu povo em virtude de ter vivido, durante os últimos trinta anos, ao lado de tibetanos exilados no Nepal, e de ter viajado pelo Tibete durante os últimos vinte anos. Centenas de tibetanos e nepaleses de ascendência étnica tibetana – pastores de iaques, escritores, monges, camponeses, académicos, telefonistas, tapeceiros, sapateiros, ioguis, executivos, pintores, motoristas de táxi, sacerdotes de aldeia e outros – ofereceram-me graciosamente a sua amizade, sabedoria, canções, mitos e hospitalidade, tornando-me seu eterno devedor. Agradeço-vos sentidamente a todos.

THOMAS LAIRD
Nova Orleães
14 de Agosto de 2006
StoryofTibet@yahoo.com

Introdução

O Dalai Lama acabara de responder à última pergunta da minha lista. Estávamos a chegar ao fim da minha quarta entrevista com ele para um artigo a publicar numa revista. Tal como a maioria das pessoas que fala com ele, eu sentia que tinha conhecido um ser humano excepcional, e ficara simultaneamente inspirado e reverente. Era difícil explicar porquê. Ele respondera profissionalmente às minhas perguntas, mas fizera-o de uma forma que me pusera a pensar nas possibilidades inexploradas dentro de cada um de nós.

Lá fora, sob a luz do sol, um estridente bando de mainatos esvoaçava pela floresta que rodeia o pequeno bangaló do Dalai Lama, situado no cimo de uma colina que domina as planícies da Índia. Intencionalmente, ele não recriou a pompa e o esplendor do palácio de Potala, em Lhasa, desde que fugiu da sua pátria, em 1959, depois da invasão chinesa. Intitula-se a si próprio um simples monge budista e os seus aposentos de exílio são de uma modéstia *Zen*.

Ele ajustou o seu hábito vermelho cor de vinho, e os seus expressivos olhos castanhos olharam serenamente para mim, à espera da minha pergunta seguinte. Limpei as palmas das mãos suadas no casaco e olhei para a metade em branco da página, por baixo das perguntas preparadas. Enchi-me de coragem e expliquei-lhe que embora não fosse um historiador, gostaria de escrever uma história do Tibete.

Ele olhou-me com alguma ironia. "Existem excelentes histórias académicas do Tibete", expliquei eu, "mas o que falta é uma história popular do Tibete – destinada aos ocidentais e Chineses dos nossos dias –, que seja precisa, concisa e fácil de ler. Há dois anos antes, durante a nossa primeira entrevista, o Dalai Lama disse-me que a história tibetana é complexa. Pareceu-me desanimado, como se fosse explicar a história do Tibete à pessoa comum. O modo como falou ficou-me na cabeça, e desde então dei por mim a ler tudo o que existe sobre a história do Tibete. Não é impossível. Quero retirar-lhe a complexidade e pôr a descoberto o cerne da questão. Penso que isto será exequível se nos centrarmos na perspectiva que o Dalai Lama tem acerca da história do Tibete. As pessoas não lerão uma história académica nem quererão conhecer as minhas opiniões sobre a história tibetana, quererão saber como a vê o Dalai Lama".

Ele continuou a olhar para mim, à espera.

"O Dalai Lama trabalharia comigo, possibilitando-me escrever uma história do Tibete?", perguntei eu. "Sabe que desde o século XVII nenhum Dalai Lama escreveu uma história do Tibete".

Eu já o entrevistara quatro vezes, ao longo de vários anos, e ele sabia que eu era empenhado e, muitas vezes, franco ao ponto de ser indelicado. Parecia considerar a minha impertinência refrescante ou divertida, talvez por tantas outras pessoas serem formais e reverentes com ele. E também sabia que eu era um escritor e fotógrafo americano que vivia no Nepal há 27 anos. O que viu ele durante aqueles dez segundos em que me olhou em silêncio? Seja qual for a conclusão a que chegou, ela foi rápida.

"Sim, isso seria uma obra muito importante. Fá-la-ei consigo. Mas não tenho tempo de ser eu próprio a escrevê-la".

"Eu poderia ir entrevistando o Dalai Lama, consoante a sua disponibilidade", respondi prontamente, "e depois escreveria um livro que expusesse a sua perspectiva. E também apresentaria súmulas do consenso histórico e das opiniões de outras pessoas que pudessem aceitar ou contradizer as afirmações do Dalai Lama. Mas seriam necessárias muitas horas de entrevistas".

O secretário que se encontrava connosco fez um súbito ruído de desaprovação – inspirando através dos lábios, quase fechados –, e observou, "Vossa Santidade, a sua agenda é tão preenchida que não vejo como poderíamos arranjar tempo para..."

INTRODUÇÃO

Continuando a olhar-me nos olhos, o Dalai Lama disse, "É um trabalho importante. Arranjaremos tempo. Ele vive no Nepal. É perto. Poderá vir aqui quando estivermos disponíveis. Não é assim?"

"Sim, senhor. Terei todo o prazer em vir sempre que o Dalai Lama estiver disponível", disse eu.

"Deverá ser de leitura acessível, mas sempre verdadeira", retorquiu ele.

"Sim, esse é o meu objectivo", disse eu.

"É fácil falar sobre o tema, mas será muito trabalhoso para si", disse o Dalai Lama.

Durante os 17 meses seguintes, desloquei-me a Dharamsala sempre que o Dalai Lama teve tempo para mim. Ele é um monge e passou a vida a estudar o budismo, não a estudar história.

"Para dizer a verdade, a história não me interessa muito", disse-me inicialmente o Dalai Lama, "principalmente porque não a conheço bem. Quando eu era pequeno, os meus mestres não fizeram nenhum esforço especial para me ensinar a história do Tibete. Fui instruído como qualquer monge comum naquela época; o meu currículo foi dedicado à filosofia budista. Quando era miúdo, aprendi história com as pinturas murais e ouvindo as pessoas falarem dos acontecimentos mundiais. Mas não a estudei como disciplina. Depois da invasão chinesa, depois de eu ter deixado o Tibete, em 1959, comecei a interessar-me mais pela história. Mas quero deixar claro que não sou um historiador. Nalguns casos, nem sequer conheço os pormenores".

Riu-se perante o absurdo da situação. O riso do Dalai Lama é contagioso; foi uma das primeiras coisas que descobri quando comecei a trabalhar com ele. Vem-lhe bem do fundo da barriga, começando numa nota grave que faz tremer todo o seu corpo. Mas quando lhe chega ao rosto – e ele tira os óculos para enxugar as lágrimas –, a sala enche-se de sonoras gargalhadas, incluindo as minhas.

Recompostos, ele prosseguiu.

"Os meus mestres não perderam tempo a ensinar-me história. Mas quando alguém me pede a minha interpretação, é claro que tenho uma opinião formada. Às vezes, acho que a minha opinião é mais perspicaz do que a de outras pessoas". A frustração que se me estampou no rosto perante a sua aparente contradição divertiu-o e fê-lo rir novamente.

Era impossível não participar, mas ao fazê-lo comecei a dar-me conta de que existiriam obstáculos a vencer para fazer a ponte entre as suas crenças de monge tibetano e as minhas convicções de jornalista ocidental. Afinal de contas, ele é em primeiro lugar um monge.

O Dalai Lama passa quatro ou cinco horas por dia em meditação. Um dos ideais – ele diria atitudes práticas – que ele cultiva através da meditação é o desapego. Deste modo, ele não se irrita nem se assusta facilmente na maior parte das situações, e não culpa os outros nem os acontecimentos pelas suas próprias reacções, ao contrário do que quase todos nós fazemos.

Um dia, durante uma entrevista, quando o Dalai Lama ergueu um braço bem alto para acentuar uma afirmação (às vezes, quando está a falar, torna-se muito animado), as janelas vibraram com uma explosão, distante mas forte. Toda a gente que estava na sala se assustou, excepto o Dalai Lama, e todos nos levantámos de um salto e começámos a rir nervosamente.

O Dalai Lama sorriu-nos. Quando se ouviu a explosão, ele parou com o braço erguido bem alto e o dedo apontado para cima. Nem braço nem dedo se mexeram enquanto ele esperou pacientemente que nos acalmássemos; depois prosseguiu, como se nada tivesse acontecido. Parecia não ter tido nenhuma reacção involuntária. A sua imobilidade absoluta quando toda a gente deu um salto constitui a expressão física do desapego que ele desenvolveu através da meditação.

As experiências conduzidas por investigadores ocidentais confirmam que os mestres em meditação conseguem controlar este tipo de respostas fisiológicas involuntárias, e que a maioria das outras pessoas não possui este controlo([1]). Embora o desapego desenvolvido através do treino mental possa parecer algo de abstracto ou espiritual, é fundamental para a pessoa que o Dalai Lama é. Uma vida de meditação alterou não apenas a sua resposta física às situações, mas também o modo como vê o mundo e nele se conduz. Seriam necessários vários anos até que eu conseguisse compreender como o seu desapego, nascido de uma intensa prática meditativa, moldara a sua perspectiva histórica.

Durante blocos de entrevistas dispersos ao longo do ano, esquematizámos o essencial de milhares de anos de história e mitologia tibetana.

INTRODUÇÃO

Começámos com os mitos distantes relativos às origens dos primeiros Tibetanos, passando depois ao desenvolvimento do Império Tibetano, no século VIII d.C., quando o Tibete se estendia do actual Sudoeste da China até ao Norte da Índia. Durante o percurso, descobrimos os maiores ioguis e mestres de meditação do Tibete, bem como os Tibetanos comuns, e cobrimos a fundação da instituição do Dalai Lama e dos mosteiros gigantes. De seguida, passámos em revista os anos do domínio mongol e manchu e, por fim, a invasão chinesa de 1950 e os encontros do Dalai Lama com Mao Tsé-tung, pouco antes de o Dalai Lama fugir do país, em 1959. Percorremos a totalidade da história do Tibete, desde as origens dos Tibetanos até aos nossos dias. À medida que a dimensão do projecto se foi revelando, alternei entre o medo, face à responsabilidade de tamanha empresa, e a imensa felicidade decorrente da oportunidade de passar tanto tempo com o Dalai Lama.

Durante os nossos encontros iniciais, fui exposto às crenças budistas do Dalai Lama, que estruturam o seu conhecimento da história tibetana. O budismo, juntamente com alguns antigos conceitos indianos que se propagaram com ele ao Tibete, como a reencarnação, deu forma ao modo como o Dalai Lama vê a história tibetana. Algumas destas crenças, entre as quais a crença do Dalai Lama na reencarnação, eram previsíveis; outras, como os milagres ou as visões aos quais os não Tibetanos chamariam mitologia, são acontecimentos espirituais da história tibetana recorrentemente referidos pelo Dalai Lama, que os considera, sem sombra de dúvida, historicamente importantes. O Dalai Lama chamou prontamente "mitos" a alguns destes eventos, mas não a todos.

Por exemplo, ele descreveu um acontecimento que teve lugar cerca de 1920. Um respeitado mestre budista, Serkhong Rinpoche, integrou um grupo de seis homens que tinha uma audiência com o XIII Dalai Lama. Durante muitos anos, o mestre passara cinco ou mais horas por dia a meditar. Para os Tibetanos, ele "purificara a mente". Cinco dos seis homens que se reuniram com o Dalai Lama naquele dia tiveram um encontro normal com ele. Mas o sexto, Serkhong Rinpoche, embora se encontrasse na mesma sala no mesmo momento, não viu o XIII Dalai Lama como um homem comum. Viu o Bodhisattva Chenrezi; em vez de conversar com o XIII Dalai Lama, ouviu Chenrezi transmitir-lhe ensinamentos secretos sobre uma prática meditativa. Isto aconteceu enquanto todos os outros – homens que não tinham purificado as suas mentes – viam apenas um homem de bigode, com um hábito vermelho, falando de assuntos de Estado. O que aconteceu?

"Podem existir duas visões da mesma coisa", disse o Dalai Lama, "a das pessoas que desenvolveram um conhecimento puro através da prática espiritual, e outra que é puramente convencional. Nestes casos especiais – e estes acontecimentos são raros mas importantes –, ambas são verdadeiras, ambas são a realidade. Existem, pois, duas perspectivas, uma comum e outra incomum. A perspectiva incomum não é considerada história, porque os historiadores não podem registar estas coisas. Mas não podemos afirmar que todas estas coisas decorrem apenas da imaginação dos crentes budistas. Também podem ser verdadeiras".

Duas pessoas observando o mesmo acontecimento podem ver duas coisas completamente diferentes em virtude de quem são, das suas experiências de vida, daquilo em que acreditam ou de como treinaram a sua mente. Foram necessários muito tempo e muitos exemplos até que eu compreendesse o quão importante isto é para ele, e o lugar central que ocupa na sua visão do Tibete e da história tibetana.

"Não podemos abordar a história tibetana sem compreender isto", disse o Dalai Lama.

Como jornalista, considerei ocasionalmente frustrante a sua tendência para falar do mundo a partir da perspectiva incomum. Esta inclinação moldava os seus pensamentos, mesmo sobre coisas simples. Numa ocasião, pedi-lhe para falar da importância do palácio de Potala, que eu via como um dos símbolos mais significativos da nação tibetana.

Olhou-me sem expressão. "É apenas um edifício", disse ele, encolhendo os ombros com uma pequena gargalhada.

Era como se ele fosse demasiado literal, ou resistisse a todas as metáforas. Não era a primeira vez que ele me frustrava como jornalista, com este tipo de resposta. Ao contrário dos Tibetanos que se encontram com o Dalai Lama – tão reverentes que não conseguem contradizê-lo ([2]) nem ter um diálogo franco com ele –, não consegui conter a fúria na minha voz. "O que quer dizer com isso, que é apenas um edifício? Há 300 anos que é o símbolo da nação tibetana. Será que era 'apenas um edifício' para o jovem tibetano que foi preso e espancado, em 1999, depois de ter atado explosivos ao corpo e tentado arriar a bandeira chinesa em frente do Potala?"

Ele olhou-me com ar sério. "Não, tem razão. Para ele, não era apenas um edifício".

O Dalai Lama passou então a descrever pormenorizadamente a construção do Potala. A sua exposição, durante meia hora, tornou-se uma espantosa demonstração da sua memória treinada. Épocas históricas e nomes de templos fluíam-lhe dos lábios sem a mínima hesitação, proferidas por um homem que me dissera não saber muito de história.

Depois de terminar, olhou para mim e disse, "Mas mesmo assim, para alguém com a mente treinada, o Potala continua a ser apenas um edifício. A meditação não é uma filosofia; é uma técnica para desenvolver este tipo de atitude, de desapego".

Ele tinha respondido à pergunta como eu achava que devia ser, mas não consegui deixar de me sentir aborrecido com o seu desapego.

"Mas compreenderá que, para o homem comum, o Potala é muito mais do que apenas um edifício?", perguntei-lhe.

"Sim, tal como eu disse anteriormente, existe uma perspectiva comum e uma perspectiva incomum da história e de tudo o que vemos. Não podemos compreender o Potala ou o Tibete sem compreendermos isto. Devemos abordar a história tibetana de uma perspectiva holística. Os estudiosos ocidentais optam apenas por uma perspectiva ([3]) – política, por exemplo – e depois tiram as suas conclusões somente dessa perspectiva. É um erro".

Corei de vergonha ao compreender que tinha cometido o mesmo erro. Embora eu estivesse a escrever uma história popular do Tibete, a obra teria também que reflectir a visão do Dalai Lama, a sua pureza, complexidade e perspectiva holística. Eu tinha que o ouvir muito cuidadosamente mas ao mesmo tempo, ao contrário dos Tibetanos, necessitava de o desafiar ([4]) para descobrir o significado das suas palavras. Felizmente, o Dalai Lama aceitou esgrimir neste debate franco. Num nível prático, o que aconteceu ensinou-me a prefaciar algumas perguntas pedindo-lhe a perspectiva comum ou incomum da história; eu não poderia discutir história com ele sem distinguir entre as duas. Segundo as suas próprias crenças, a sua verdade essencial ao "nível incomum" é que o Tibete não é diferente da Índia, dos Estados Unidos ou de qualquer outro país, e que, em última análise, as pessoas são todas iguais.

Por outro lado, a história do Tibete, tal como o Dalai Lama a compreende, não descreve um Shangri-la de outro mundo, ao contrário do que alguns ocidentais imaginam que o Tibete era antes da invasão chinesa de 1950. O desapego do Dalai Lama dota-o de uma acerada objectividade acerca da sociedade tibetana anterior a 1950. Ele reconheceu que o Tibete era uma nação com profundos defeitos – embora eu lhe tenha dito que todos os países são assim – ao falar do "*Dharma*" ou ensinamentos do Buda.

"Havia um aspecto negativo na devoção dos Tibetanos ao budismo", disse o Dalai Lama. "Eram demasiado devotos. Os líderes religiosos pensavam primeiro na religião e nos seus mosteiros ou escolas, e só depois na nação tibetana – quando pensavam. A sua preocupação primordial era o *Dharma*. Pior ainda, nem sequer pensavam no verdadeiro *Dharma*. Só queriam fazer coisas grandes. Pensavam em grandes mosteiros e grandes estátuas, como se isso fosse o verdadeiro *Dharma*... Foi uma tontice. Esta concentração unilateral no *Dharma*" concluiu ele, "foi uma das sementes, na história tibetana, que deram origem à actual tragédia do Tibete".

Apenas um outro factor influenciou a história do Tibete e a forma como o Dalai Lama a compreende de um modo tão forte como o budismo: a relação do Tibete com a China e a Mongólia durante os últimos mil e quatrocentos anos.

O governo chinês chama à sua invasão do Tibete, em 1950, uma "libertação pacífica", apesar do facto de o Tibete possuir um governo, uma moeda e um exército próprios, e de não ter praticamente habitantes chineses até 1950. Hoje, Pequim afirma que uma série ininterrupta de governos chineses governou o Tibete desde que Gengiscão e os seus sucessores conquistaram ambos os países e o resto da Eurásia, no século XIII. Em 2005, o presidente chinês, Hu Jintao, declarou que o Tibete tem sido uma "parte inalienável do território chinês" (5) desde a época da conquista mongol.

Desde 1912, as escolas chinesas têm ensinado esta história a gerações de estudantes. Contudo, decorridos mais de 50 anos após a invasão do Tibete, com o Dalai Lama e mais de 135 000 Tibetanos a viver no exílio, as duas nações continuam em conflito face ao estatuto do Tibete. Desde que o Dalai Lama se tornou numa figura mundial, particularmente depois de ter recebido o Prémio Nobel da Paz, em 1989, passou a ser crescentemente questionada a legitimidade do papel da China no Tibete.

Ciente de tudo isto, o Dalai Lama escolhe criteriosamente as suas palavras sobre a perspectiva chinesa da história do Tibete. "A história tibetana moderna é um assunto muito delicado porque o governo chinês acusa-me constantemente de tentar 'separar' o Tibete da 'Pátria'", disse ele. "Quer eu fique calado ou não, as críticas não param. Talvez já seja tempo de eu expor o meu ponto de vista".

Introdução

"Porque se trata de um assunto tão delicado para a China?", perguntei.

"Uma explicação do passado tem sempre implicações sobre o presente", disse o Dalai Lama. "Por isto é que a China está sempre a insistir que o Tibete é parte da China, e que sempre foi parte da China. Querem utilizar o passado para explicar as suas acções de hoje no Tibete. O passado não é tão simples como o apresenta o governo chinês. A maioria dos Chineses considera o Tibete como parte da China, e a maioria acredita que a história o comprova. Para eles, é um facto. Foram ensinados a acreditar nisso", concluiu ele com um profundo suspiro.

O suspiro do Dalai Lama, reflectindo as tragédias da humanidade, ecoou-me na mente durante dias. Mas a sua espantosa capacidade de ultrapassar qualquer divisória, de ver o coração que todos os homens partilham em todas as situações, encheu-me de esperança e de inspiração. Ao iniciar uma viagem de mil e quatrocentos anos pela história tibetana, comovi-me com a vontade do Dalai Lama de abordar com franqueza uma história que tem dividido tantas pessoas, em busca de uma visão comum para o futuro. Ele possui uma fé notável no poder da verdade.

1

Os Primeiros Tibetanos

Foi num dia soalheiro de Fevereiro que nos sentámos para falar sobre os mitos tibetanos sobre a origem, e o céu indiano era de um azul sem nuvens: parecia a Primavera na Europa ou nos Estados Unidos. A buganvília presa ao bangaló onde o Dalai Lama recebe os visitantes florescia num gritante cor-de-rosa. Ele vestia o mesmo hábito de sempre, vermelho cor de vinho, com um ombro a descoberto, tal como requerem as regras budistas ou *Vinaya* que prescrevem o comportamento dos monges, embora estivesse suficientemente fresco no exterior do bangaló para eu ter uma camisola vestida. Num pequeno altar, em cima de uma lareira com porta, encontram-se três estátuas budistas, vestidas de um brocado dourado cintilante. Numa parede, há um mapa do Tibete, em relevo; noutra, um quadro religioso tibetano. Fora isto, as paredes e o chão, de cimento branco, não possuem quaisquer adornos.

A compreensão que o Dalai Lama tem dos mitos primordiais abre a porta para a história tibetana, pelo que eu estava entusiasmado por abordá-los com ele. Tal como todas as crianças tibetanas, ele aprendeu primeiro os mitos e só depois a história. Todavia, ao contrário das outras crianças, ele compreendeu rapidamente que os mitos primordiais da nação também diziam parcialmente respeito à sua própria vida, às suas vidas passadas e ao coração do Tibete. Ele nunca deixou de analisar estes mitos. A percepção que deles tem mudou, acompanhando a evolução da sua visão do mundo.

À semelhança dos cristãos, dos hindus e dos muçulmanos, os budistas prezam os antigos mitos religiosos, os quais explicam aos fiéis as origens do homem. Judeus, cristãos e muçulmanos partilham um mito segundo o qual Deus sopra a vida no barro para criar Adão. Num dos vários mitos hindus da criação[1], Purusha, a criatura primordial, é desmembrada e as pessoas nascem das suas partes. Um mito chinês fala de imperadores guerreiros[2] que malham numa criatura primeva com relâmpagos. Aos Tibetanos, é ensinado que um macaco acasalou com um demónio-fêmea que habitava numa gruta.

Tenzin Gyatso, o XIV Dalai Lama, ouviu pela primeira vez este mito[3] quando tinha quatro anos e meio de idade, pouco depois de ter sido reconhecido como Dalai Lama e entronizado em Lhasa, em 1940. Apesar das suas circunstâncias invulgares, ele descobriu o mito da criação como muitos outros Tibetanos o fizeram durante os últimos 500 anos. Viu num templo uma pintura do macaco, e um monge utilizou-a para ilustrar a história. "Havia lá algumas pinturas, e foi onde eu vi o macaco pela primeira vez", recordou o Dalai Lama. "Pensei: 'Que belo macaco'. E um macaco com sentido de responsabilidade. É maravilhoso.

"Este mito revela sentido de responsabilidade, de compaixão e de serviço, em vez de luta ou morte", prosseguiu o Dalai Lama. "É uma história linda. Muito positiva e criativa. Esta história ensina-nos valores budistas".

O Grande V Dalai Lama resumiu o mito da criação tibetano quando escreveu a sua história da nação, em 1643:

> Diz-se que a raça dos Tibetanos, comedores de carne de rosto vermelho[4], descende da união entre um macaco e uma demónio-fêmea que habitava numa gruta. Através da compaixão do Sagrado, que se transformou num macaco e se uniu a um demónio-fêmea que habitava numa gruta, nasceram seis crianças. Com o tempo, elas deram origem ao Tibete como um reino de seres humanos.

O Sagrado aqui mencionado é o Bodhisattva Chenrezi. Os Tibetanos acreditam que o Grande V Dalai Lama foi uma manifestação de Chenrezi, tal como acreditam que o XIV Dalai Lama também o é. Depois de ajudar o povo tibetano a evoluir a partir de uma vida animal, Chenrezi tem-se manifestado repetidamente sob forma humana para os guiar. Os Tibetanos não acreditam que o Dalai Lama é a décima quarta encarnação do ser humano que foi o I Dalai Lama; ele é considerado a décima quarta manifestação de Chenrezi ou o Sagrado. Mas o que é um Bodhisattva, e quem é o Bodhisattva Chenrezi?

Bodhisattva é uma palavra sânscrita: *bodhi* significa "iluminação" e *sattva* significa "ser". Os Bodhisattvas são "seres que aspiram à iluminação"; estão na via da iluminação, mas ainda não a atingiram. Os Bodhisattvas votam toda a sua vida à iluminação dos outros, em vez de trabalharem para a sua própria iluminação. Os Bodhisattvas são os salvadores budistas, trabalhando durante milhares de vidas em benefício dos outros, que se encontram encarcerados na prisão da existência cíclica. Só conseguirão atingir a iluminação e escapar à roda do nascimento, da morte e do renascimento quando todos os outros seres o conseguirem.

Chenrezi é o nome tibetano do Bodhisattva Avalokiteshvara (pronuncia-se Á-va-lou-qui-téch-va-ra em sânscrito); Chenrezi trabalha especificamente para a salvação dos Tibetanos. O Dalai Lama diz que Chenrezi é também "a personificação da compaixão do Buda". Os Tibetanos acreditam que este Bodhisattva interveio no Tibete por compaixão, e porque o Buda lhe disse para o fazer. Uma escritura regista o momento em que o Buda disse a Avalokiteshvara para se consagrar à orientação dos tibetanos.

Quando o Buda jazia no seu leito de morte, no Norte da Índia[5], no ano de 483 a.C., Avalokiteshvara inclinou-se junto dele e pediu-lhe que não morresse porque ainda não tinha visitado o Tibete. O V Dalai Lama recorda esta cena na sua história do Tibete. Os Tibetanos "não estão protegidos pelas tuas palavras[6]. Para bem deles, fica", disse o Bodhisattva.

> "O reino das neves, no Norte[7], é apenas um reino de animais", retorquiu o Buda. "Nem sequer lá existe o nome de seres humanos... No futuro, Bodhisattva, será convertido por ti. No princípio, depois de teres reencarnado como um Bodhisattva, protege o mundo humano dos teus discípulos... depois, une-os através da religião".

Enquanto se referia a este texto, o Dalai Lama olhou, pela janela, para algumas árvores distantes, e disse, "Isto explica como o Buda profetizou que Avalokiteshvara, a quem chamamos Chenrezi, iria ter uma ligação especial com o Tibete. São estas as palavras. São estas as bases do nosso povo".

Os Tibetanos repetem o seu mito da criação[8], com Chenrezi e o macaco, há mais de mil anos. Em diferentes partes do Tibete, as comunidades contam versões diferentes do mito. Numa região do país, os aldeãos juram que as crianças nascem com uma cauda residual na extremidade da coluna, que definha à medida que vão crescendo. Alguns dizem que Chenrezi apenas concedeu ao macaco os votos de um laico budista antes de o mandar acasalar com o demónio-fêmea; outros, entre os quais o Grande V Dalai Lama, afirmam que Chenrezi "assumiu a forma de um macaco" e acasalou com o demónio-fêmea. Não existe uma versão canónica comum. Na sua história, o Grande V Dalai Lama disse que "Relativamente ao aparecimento dos seres humanos[9] nesta terra do Tibete, as afirmações dos doutos são infindáveis". Apesar de desgastada por um milénio de narrativas, cada variação do mito revela ainda os temas essenciais.

Numa das versões persistentes, os filhos do macaco e do demónio-fêmea recusam-se a comer comida de macaco ou de demónio. Assim, Chenrezi faz crescer cevada de geração espontânea num campo sagrado. Só depois de terem comido este alimento sagrado é que as crianças evoluem para se tornarem os primeiros Tibetanos.

O Dalai Lama riu-se benignamente desta história. "O macaco cuidou de todos os seus filhos, não obstante a sua frustração quando eles não quiseram comer o que os macacos comem. Assim, foi ter com Chenrezi e perguntou-lhe como deveria cuidar deles. Bonito. Muito responsável".

À medida que os macacos-demónios com um espírito de Bodhisattva no coração foram comendo a cevada sagrada, durante sete gerações, perderam lentamente o pêlo e as caudas. Estes macacos-demónios transformaram-se nos primeiros Tibetanos.

O Dalai Lama e eu examinámos uma fotografia de um mural[10] do Tibete que ilustra este mito. Ele apontou para um arco-íris fluindo do coração do Bodhisattva para o coração do macaco, pouco antes de este acasalar com o demónio-fêmea.

"Este arco-íris simboliza a energia de Chenrezi. É uma bênção", disse o Dalai Lama. O arco-íris é uma metáfora do elo inquebrável entre cada tibetano e Chenrezi. O Dalai Lama disse que o arco-íris do mural é um símbolo da "ligação kármica positiva" que existe entre os Tibetanos e o seu patrono salvador. Independentemente de Chenrezi ter assumido a forma do macaco ou de ter enviado a sua energia para o macaco, este mito simboliza a mais fundamental das crenças tibetanas. Chenrezi é o pai espiritual de todos os Tibetanos, e continua a manifestar-se sob forma humana para guiar o seu povo.

Quando os Tibetanos se aproximam do Dalai Lama, depois de esperarem, numa longa fila, por uma audiência de apenas alguns segundos para receberem a sua bênção, os seus rostos irradiam uma reverência que é simultaneamente espantosa e misteriosa para os não tibetanos. A raiz da sua fé é o elo entre o coração do Bodhisattva e o coração do macaco, representado pelo arco-íris do mural. Os Tibetanos acreditam que esta ligação continua viva e que emana de cada encarnação do Dalai Lama, que vêem como uma manifestação de Chenrezi a cada um deles.

Os Tibetanos devotos aceitam como facto a crença do Grande V Dalai Lama, registada em venerados textos budistas já antes do seu tempo, de que não havia pessoas no Tibete antes da época deste mito da criação, ou depois da morte do Buda, em 483 a.C. Segundo o Dalai Lama, os primeiros mestres budistas do Tibete enxertaram os mitos existentes em crenças budistas provenientes da Índia para criarem o mito do macaco.

O Dalai Lama não concorda com todas as crenças defendidas pelos budistas tibetanos mais tradicionais e devotos. Por exemplo, ele aceita a teoria de Darwin acerca da origem das espécies através da selecção natural como a explicação mais lógica para as origens da humanidade.

"Quando a ciência contradiz claramente as crenças budistas e os factos são comprovados, temos que rejeitar as crenças anteriores", disse o Dalai Lama. "Aceitamos as provas da ciência, não as crenças anteriores. O próprio Buda deixou bem claro que a decisão final de cada pessoa deve provir da investigação e da experimentação, e não basear-se apenas nos textos religiosos. O Buda deu esta liberdade a cada um de nós. Eu sigo esta linha".

Assim, não foi uma surpresa quando, no dia seguinte, depois de eu perguntar ao Dalai Lama sobre os primeiros Tibetanos, ele tirou um recorte de jornal das dobras do seu hábito. Ele segue com o maior interesse as notícias acerca das recentes escavações arqueológicas no Tibete.

"A população tibetana vive no Tibete há mais de dez mil anos", disse ele, apontando para o recorte. "Já lá estávamos". O arqueólogo indiano V. N. Misra demonstrou(¹¹) que pelo menos há vinte mil anos existiam habitantes humanos no Planalto Tibetano, e que existem motivos para se acreditar que o homem passou pelo Tibete para se instalar na Índia, há meio milhão de anos.

"Durante o período pré-histórico, podemos deduzir algumas coisas acerca destes primeiros Tibetanos a partir das provas arqueológicas", disse o Dalai Lama. "Parece que os primeiros Tibetanos([12]) se encontravam no Tibete Ocidental, e que avançaram lentamente para leste. Segundo as descobertas arqueológicas, a civilização tibetana teve início muito antes da época do Buda, talvez entre seis e dez mil anos atrás. Assim, a história do demónio e do macaco, que se diz ter acontecido após a morte do Buda, parece ser um mito. Este mito está ligado ao budismo. Quando o budismo chegou ao Tibete *(cerca de 600 d.C.)* existiam tradições mais antigas, e os eruditos budistas tentaram estabelecer a ligação com essas tradições. Não as reescreveram, mas procuraram ligar o budismo às histórias antigas que já existiam".

Exactamente quando é que os Tibetanos desenvolveram uma cultura([13]), uma língua e um conjunto de crenças partilhadas caracteristicamente "tibetanas" é uma questão debatida entre os poucos especialistas que estudam seriamente a história tibetana. As primeiras referências chinesas aos proto-tibetanos([14]), há quatro mil anos, descrevem um povo não chinês que apascentava ovelhas. As descobertas científicas relativas à emergência da cultura tibetana permanecem incompletas, mas os documentos tibetanos mais antigos revelam uma cultura muito diferente da chinesa. Dois poemas antigos, um chinês e o outro tibetano, denotam um acentuado contraste entre as suas culturas.

A água e um vale fértil e húmido são as metáforas que Lao Tsé emprega([15]) no *Tao Te Ching*, um dos livros religiosos mais antigos do mundo, para descrever uma via espiritual, mas as suas metáforas também definem a antiga perspectiva que a China tinha de si própria. Lao Tsé via a China como um vale fértil e baixo.

> Um grande país é como as terras baixas.
> É o ponto de encontro do universo,
> A mãe do universo.
> A fêmea vence o macho com a imobilidade,
> Baixa, imóvel
> . . . .

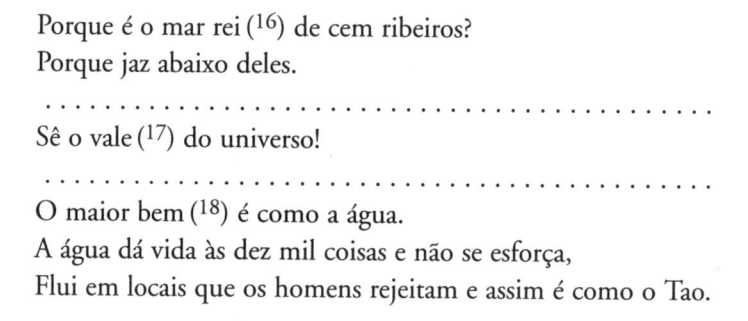

Porque é o mar rei ([16]) de cem ribeiros?
Porque jaz abaixo deles.
....
Sê o vale ([17]) do universo!
....
O maior bem ([18]) é como a água.
A água dá vida às dez mil coisas e não se esforça,
Flui em locais que os homens rejeitam e assim é como o Tao.

Comparem-se estas imagens chinesas de um "grande país" ([19]) baixo com as seguintes estrofes de dois poemas tibetanos do século IX.

Uma terra tão alta ([20]), criada tão pura,
Sem igual, ímpar,
Verdadeiramente terra! A melhor de todas
....
E quando ele chegou a este mundo,
Chegou como o senhor de tudo sob o céu
Este centro da terra
Este coração do mundo
Com a sua vedação de neve,
Nascente de todos os rios,
Onde as montanhas são altas e a terra é pura.
Oh, país tão bom
Onde os homens nascem sábios e heróis,
Ele veio para esta terra de cavalos, cada vez mais rápidos,
Escolhendo-a pelas suas qualidades.

Os Tibetanos são um povo da montanha, os Chineses são um povo do vale. Um olhar para o mapa, onde o Planalto Tibetano se agiganta três, cinco ou até seis mil metros acima das planícies da China, torna este facto óbvio. Os primeiros Tibetanos apascentavam os seus rebanhos em altas pastagens sem árvores, enquanto os Chineses cultivavam os vales baixos. Os primeiros Tibetanos tinham mais semelhanças com o povo da Mongólia e outros nómadas da Ásia Interior do que com os agricultores chineses. Embora a agricultura tenha posteriormente chegado ao Tibete, o profundo elo da sociedade com as culturas nómadas nunca foi quebrado.

Do mesmo modo, as relações de antagonismo dos agricultores chineses e os nómadas da Ásia Interior possuem raízes igualmente profundas.

"Os primeiros Tibetanos não eram agricultores", disse o Dalai Lama. "Viviam como nómadas, seguindo os rebanhos e as manadas. Depois, lentamente, nalguns vales do Tibete Ocidental, começaram a cultivar a terra. Segundo alguns especialistas modernos, há dois ou três mil anos já tinham contactos com a civilização do vale do rio Indo, e desenvolveram uma antiga escrita no reino de Shang Shung [21], a escrita *mar yig* [22]. Não poderiam ter criado esta escrita sozinhos. Devem ter recebido influências exteriores, talvez do Indo ou até mais a ocidente. Talvez as técnicas agrícolas também tenham sido adoptadas do exterior".

O Dalai Lama entusiasmou-se ao falar dos estudos acerca do reino de Shang Shung e das suas realizações.

"Li recentemente um pequeno artigo num jornal chinês", disse ele. "Os arqueólogos chineses descobriram *(e dataram com carbono)* inscrições na escrita *mar yig (provando que eram, no mínimo)* de há três mil anos. Assim, existiu uma civilização... há vários milhares de anos na parte ocidental *(do Tibete, com)* uma grande população, e depois, por causa de mudanças *(decréscimo da pluviosidade, desertificação)*, a população deslocou-se para leste, para os vales mais baixos".

Especulando acerca desta era, o Dalai Lama observou que estes primeiros Tibetanos não receberam apenas a agricultura e a escrita do ocidente. "Ainda hoje, em Ladakh [23], existem alguns Tibetanos com características físicas muito semelhantes às dos europeus", disse ele. "Podem ter chegado da Grécia, na Antiguidade. E uma pequena comunidade que lá existe possui características faciais semelhantes às dos árabes".

Os primeiros grupos de seres humanos que chegaram ao Tibete travaram um duro combate pela sobrevivência num planalto tão elevado e vasto que ainda inspira quem o vê. O Planalto Tibetano [24], 14% maior do que o Alasca e o Texas juntos e com 62% do tamanho da União Europeia [25], foi a antiga pátria tibetana. Durante o curso da história, e particularmente depois da invasão chinesa de 1950, as fronteiras foram redesenhadas à medida que os Chineses e outros povos migraram gradualmente para as franjas do planalto. A Região Autónoma do Tibete (RAT ou Xizang) que consta dos modernos mapas chineses tem menos de metade do tamanho do Planalto Tibetano e do território que foi historicamente o Tibete. E a RAT também não inclui todas as áreas étnicas tibetanas. Ainda vivem Tibetanos no planalto, e não só na RAT, pelo que a província chinesa de Qinghai (Amdo), tal como as províncias de Gansu, Sichuan e Yunnan([26]) possuem populações tibetanas substanciais. Na RAT vive apenas cerca de um terço da população tibetana([27]). A área geográfica à qual chamamos Planalto Tibetano e a região do Tibete histórico são praticamente a mesma (excepto o Ladakh e o Sikkim); assim, quando o Dalai Lama fala do Tibete está a referir-se às partes do planalto que são historicamente tibetanas e essencialmente povoadas por Tibetanos. Pelo contrário, para os Chineses, o Tibete é simplesmente a RAT. Estas questões continuam a ser objecto de intensas disputas.

O Planalto Tibetano (2,5 milhões de quilómetros quadrados) estende-se pelas mais altas montanhas do planeta, desertos, gargantas imensas, planícies férteis a 3 000 metros de altitude, vales densamente arborizados e vastos planaltos sem árvores. O Tibete sobressai como uma ilha elevada, subindo das terras baixas que o rodeiam. É o mais alto e o maior planalto do mundo. Os Himalaias bordejam a orla sul do planalto, os Pamires e o Hindu Kush guardam a orla ocidental e a cordilheira de Kunlun desfila ao longo dos contrafortes a norte. Cinco dos maiores rios do planeta nascem no planalto, a leste: o Mekong, o Salween, o Tsangpo/Bhramaputra, o Amarelo e o Iansequião. Foi sempre esparsamente povoado, e ainda o é. Fontes chinesas dizem que, em 1990, toda a população do Planalto Tibetano era de apenas seis milhões de pessoas([28]); os restantes são Chineses e outros. O governo no exílio do Dalai Lama discorda, dizendo que no Tibete existem seis milhões de Tibetanos e um número muito maior de Chineses([29]). Comparativamente, a União Europeia – que é apenas 40% maior do que o Planalto Tibetano – tem uma população de 445 milhões de pessoas. O Tibete continua a ser o coração da Ásia escassamente habitado, enquanto que a sul vivem mil milhões de pessoas nas planícies indianas e a leste vivem mais mil milhões nas planícies chinesas.

A Índia e a China eram muito mais hospitaleiras para os primeiros humanos, e foi lá que nasceu a civilização, entre férteis planícies aluviais onde era possível colher grandes excedentes de cereais. O Tibete era um planalto pouco povoado, cercado por um anel de picos esculpidos nos glaciares. Muitos grupos étnicos chegaram ao Planalto Tibetano durante o período pré-histórico – mongóis, turcos e outros – enquanto o povo e a cultura tibetanos se foram fundindo([30]) durante milhares de anos. Durante muitos séculos, os Tibetanos permaneceram um povo nómada, sem grandes cidades. Um acontecimento decisivo foi o estabelecimento da agricultura sedentária nos vales relativamente baixos do Tibete Central, onde se situam as maiores cidades. A designação de "baixos" é relativa: a altitude média destes vales é de 3 600 metros, mas recorrendo à irrigação podem cultivar-se variedades resistentes de cevada. Os agricultores mantiveram fortes ligações com os nómadas das terras altas, e a cultura permaneceu móvel.

Embora o Dalai Lama se baseie nas descobertas arqueológicas quando fala sobre as origens do seu país, ele acredita que um grupo específico poderá ter aparecido no Tibete Oriental, em circunstâncias misteriosas, há cerca de dois mil anos, depois do nascimento do Buda, e que a sua chegada poderá ter ajudado a originar o mito da criação do macaco e do demónio-fêmea. Falámos sobre as suas convicções em duas ocasiões, em Fevereiro e Maio de 1998.

"Acredito que algumas crianças surgiram, sem pai, num vale do Tibete Oriental", disse o Dalai Lama. "Emergiu um grupo especial; não foi todo o povo tibetano, mas um grupo veio daquele vale, tendo sido gerados por alguma espécie de semideus. Não me refiro a um 'deus criador' – os budistas não acreditam nisto –, mas segundo o budismo pode existir uma pessoa especialmente abençoada, uma manifestação de Chenrezi: nisto, acredito".

"Está então a dizer que a compaixão proveniente de Chenrezi, como uma dádiva especial ao povo tibetano, é algo de real?", perguntei.

"Sim, é isso mesmo. É real. Não é necessário acreditar que todo o povo tibetana proveio deste pequeno grupo referido no mito, mas acredito que este pequeno grupo é real... O povo tibetano está aqui há mais de dez mil anos. Mas depois da época do Buda, penso que há cerca de dois mil anos ou mais, surgiu num vale um povo especial. Trata-se de uma perspectiva intermédia. Não nego que *(existem seres humanos no Tibete há muito mais tempo)*, mas opto por uma via intermédia relativamente às provas científicas".

Na segunda entrevista, vários meses mais tarde, segui esta linha de discussão com Sua Santidade, pois considerei-a demasiado fascinante para ser ignorada.

"A raça tibetana já estava presente noutras áreas", disse o Dalai Lama. "Mas depois, tal como *(acontece)* ainda hoje, soube-se que algumas mulheres tibetanas haviam dado à luz crianças sem um pai humano, através de algum sonho especial ou de uma experiência estranha... Assim, *(estas crianças são)* habitualmente chamadas Lha Trug. Filhos do Deus. Algumas destas crianças, destes seres humanos, *(são)* muito poderosas fisicamente. Assim, *(embora isto)* ainda não *(tenha sido provado)* cientificamente, do ponto de vista budista acredito que *existem* formas de vida diferentes, ou formas de seres diferentes... Por isso, talvez sejam a origem de alguma pequena linhagem especial".

Para o Dalai Lama, a teoria da evolução é compatível com a crença de que os Tibetanos são, tal como ele disse, "um povo escolhido por Chenrezi. E os Chineses também são um povo escolhido pelo Bodhisattva Manjushri. Acredito nisto". Segundo ele, Manjushri, a personificação da Sabedoria do Buda, encarnou em diferentes formas humanas para guiar os Chineses, assim como Chenrezi assumiu nascimentos humanos para guiar os Tibetanos.

Ao falar com o Dalai Lama sobre Bodhisattvas que "guiam os seus filhos", mesmo na altura da sua concepção, ficou claro que ele nunca confundiu este conceito com a ideia de um "deus criador". Os Bodhisattvas influenciam o fluxo dos acontecimentos e os milhões de factores que originam interdependentemente a vida, mas não criam a vida.

"O budismo não aceita a existência de um deus criador", disse peremptoriamente o Dalai Lama. "No entanto, um criador, deus, o conceito de deus, é uma verdade absoluta para os cristãos *(e outros teístas)*. É claro que existe uma grande diferença entre as crenças religiosas cristãs *(e outras crenças teístas)* e as crenças budistas. O eu ou a consciência, ou mente, não tem princípio. Para cada forma de vida diferente, para cada experiência diferente, existem causas e condições diferentes em cada vida, mas basicamente tudo vai e vem, e vai e vem de acordo com a lei da causalidade. É este o conceito budista. Não existe um criador absoluto. Esta lei da causalidade", concluiu ele, "é muito semelhante à teoria da evolução. As causas e as condições provocam mudanças ou evolução".

A sua atitude espantou-me. Eu disse: "Isso é uma abordagem do conflito entre as provas científicas e os dogmas das escrituras complemente diferente da via assumida pelos judeus, cristãos e muçulmanos".

"Não faz mal", retorquiu ele. "Mas também não estou a dizer que só o conceito budista é a verdade".

O Dalai Lama tem o maior cuidado para não ofender as outras religiões, e receia que algo que tenha dito possa fazê-lo.

"A minha opinião", prossegue ele cautelosamente, "é que para cada indivíduo existe uma verdade, uma religião que é verdadeira. Isto é muito importante. Eu sou budista. Para mim, o budismo é a única religião, a única verdade. Para os cristãos praticantes, o cristianismo é a única verdade, a única religião. Daqui surge o conceito de pluralismo, o conceito de várias verdades, de várias religiões que devem coexistir pacificamente. Esta é a minha convicção fundamental. Não quero fazer nada que possa contribuir para o conflito, e respeito todas as religiões".

"E todas as religiões nos conduzem ao mesmo lugar?", perguntei.

"O facto de terem o mesmo potencial não significa que através do cristianismo se possa atingir o Nirvana ou a Budeidade, tal como o Buda o descreveu; isso é outra coisa. E também é outra coisa um budista, através do cristianismo, chegar ao céu".

"E os cristãos que enviariam todos os budistas para o inferno?", perguntei eu.

"Penso que, felizmente, os budistas podem não ir para o inferno", disse o Dalai Lama. "Pelo menos, segundo o conceito cristão. Existe um inferno budista, mas se depois quisermos lá ficar podemos, e se quisermos de lá sair também podemos. Assim, como vê, é um conceito de inferno muito diferente". Para os budistas, é o mérito ou demérito que merecemos na vida que nos conduzem ao céu, ao inferno ou a um renascimento num dos reinos da vida. Gasto este karma acumulado, termina a nossa estada no céu ou no inferno. O ciclo de morte e renascimento, o ciclo da existência, só pode ser eternamente quebrado quando atingimos a iluminação. Esta perspectiva é completamente diferente dos conceitos ocidentais de inferno ou salvação eternos.

"O que pensa da conversão dos ocidentais ao budismo?", perguntei.

"A minha convicção fundamental", respondeu o Dalai Lama, "é que, para algumas pessoas, o conceito de um criador é muito mais eficaz do que a lei da causalidade ou a teoria da produção interdependente professadas pelos budistas. Para elas, o cristianismo *(ou outra religião)* é muito mais eficaz, muito mais benéfico. Mas, para as pessoas que aceitam a lei da causalidade e a teoria da produção interdependente, ambas têm um impacto muito profundo. Provocam a nossa transformação ou melhoramento, e de um modo mais fácil. Para estas pessoas, o budismo é muito mais adequado. Esta é a minha convicção fundamental. E sim, francamente, na minha perspectiva, o Buda deu-nos a liberdade de seguirmos as nossas percepções, e de certo modo esta via está mais próxima da ciência moderna".

"Porque é que está mais próxima da ciência?", inquiri.

"Fundamentalmente, o Buda deu-nos a liberdade de investigarmos e chegarmos às nossas próprias conclusões. Mesmo com uma teoria cosmológica budista clássica – que diz, por exemplo, que o Monte Meru é o centro da Terra e que o Sol gira à volta da Terra. A escritura que descreve este cosmos é muito antiga, mas temos a liberdade de rejeitar este conceito se provarmos que é contrário às provas empíricas. Isto é bom. Está próximo da moderna abordagem científica".

Do mesmo modo como rejeita equiparar fundamentalismo e religião, o Dalai Lama também se recusa a procurar respostas absolutas na ciência. "O pensamento científico tem uma limitação. Só se aceitam coisas provadas através dos métodos científicos existentes. O budismo, como filosofia, explica coisas que estão mais além. A menos que consigam provar uma coisa, os cientistas não conseguem aceitá-la nem negá-la".

Devido à sua forte tendência científico-humanista, o Dalai Lama procurou aquilo a que chama uma "via intermédia" entre o mito tibetano e a ciência moderna ([31]). Ele tenta incorporar as teorias científicas e manter a essência do pensamento budista quando constrói a sua explicação do elo de Chenrezi com os Tibetanos e com ele próprio.

"Nós acreditamos que Chenrezi assumiu este papel especial no Tibete, e que através das suas bênçãos especiais se desenvolveu um grupo especial de pessoas", disse o Dalai Lama. "Esta é a nossa crença. Os Tibetanos descendem desta energia de Chenrezi. Energia, bênção, ligação kármica positiva – todos os Tibetanos estão directamente ligados a Chenrezi deste modo. Os Tibetanos acreditam nisto. Na verdade, eu próprio me surpreendo às vezes com a força desta ligação espiritual".

Os Tibetanos recordam frequentemente ao Dalai Lama a força desta ligação que existe entre eles e o Dalai Lama. Ele conta que lhe dizem muitas vezes que receberam instruções precisas do Dalai Lama num sonho. Admirado, ele relatou um exemplo no qual "eu lhes disse para fugirem do Tibete num determinado dia… ou para irem a este ou àquele lugar e fazerem isto ou aquilo… e eles acreditaram, fizeram-no e tudo correu pelo melhor".

O Dalai Lama tem passado por estas experiências tantas vezes que está convicto de que existe uma ligação especial entre ele e o comum dos Tibetanos. Ele afirma que a ligação existe "de um modo espiritual", e que, devido a esta "ligação kármica positiva, acontecem determinadas coisas. E eu também acredito", disse ele. "Já tive algumas provas".

Hesitou, receando que se dissesse mais poderia dar a entender que estava orgulhoso destes incidentes. Todavia, prosseguiu sem orgulho, apenas com convicção.

"Se alguém me perguntar se sou a reencarnação do Dalai Lama", disse ele, "respondo, sem hesitar, *sim*. Isto não significa que sou o mesmo ser que o anterior Dalai Lama. Alguns Dalai Lamas são uma manifestação de Manjushri. Outros são uma manifestação de Chenrezi. Chenrezi é a manifestação da compaixão. Manjushri é a manifestação da sabedoria. Possuo uma ligação especial com o XIII e com o V Dalai Lamas. Até já senti uma espécie de relações ou ligações kármicas com o Buda. Acho que posso dizer que possuo *uma espécie* de ligação com os Dalai Lamas anteriores, com alguns dos mestres anteriores, com Chenrezi e até com o Buda".

"Esta palavra que emprega recorrentemente, *ligação*", disse eu, "não explica verdadeiramente tudo o que pretende dizer quando a usa".

"Tem vários significados", disse o Dalai Lama. "Pode significar que existiu uma ligação pessoal; talvez tenhamos nascido na mesma altura, numa vida anterior; talvez tenhamos sido mestre e discípulo, governante e súbdito, ou até amigos espirituais. Pode ter havido uma ligação pessoal. E podem existir outros factores. No meu caso, tendo em conta as minhas vidas passadas, existe uma ligação às virtudes. Assim, com base nestas virtudes, é formada uma ligação. A partir da devoção, da fé ou da crença no V Dalai Lama ou noutro destes mestres, estas ligações podem originar um renascimento ou uma vida humana através dos quais a obra do V Dalai Lama pode ser prosseguida. Mesmo que nunca nos tenhamos encontrado pessoalmente, nem sequer numa vida anterior, espiritualmente, devido a esta poderosa fé, é possível que estejamos a prosseguir a sua obra".

Apontando para si próprio, o Dalai Lama disse: "Em virtude da sua ligação ao V Dalai Lama, a pessoa tem a capacidade ou o mérito de continuar uma obra ou dever neste ou naquele período de tempo. Deste modo, todas estas forças se ligam e provocam um renascimento".

Enquanto eu ouvia cuidadosamente o Dalai Lama, formou-se-me na mente uma imagem de como a reencarnação enformava a história de que o Dalai Lama falava. Pensei em diferentes "almas" como fios entrelaçados através dos tempos, formando uma corda. A linhagem do XIV Dalai Lama não é a reencarnação de uma alma. Várias almas foram, a seu tempo, recipientes de Chenrezi, e algumas reencarnaram várias vezes. Ao mesmo tempo, interagem todas entre si, como seres humanos, durante diferentes encarnações. Isto era completamente diferente da minha ideia anterior, segundo a qual o Dalai Lama era a décima quarta reencarnação de uma única alma que também era uma manifestação da compaixão do Buda.

"É possível", perguntei, "que o ser humano que é hoje Tenzin Gyatso tenha encarnado anteriormente? Não como Dalai Lama, mas como uma pessoa amiga ou colaboradora do V Dalai Lama?"

"Sim, é possível", disse o Dalai Lama. "Sim. Quando alguém me pergunta se sou o Dalai Lama ou a reencarnação do Dalai Lama, respondo afirmativamente sem hesitar. Se me perguntarem se sou a reencarnação do XIII Dalai Lama, direi que não sei".

Surpreendido por esta viragem na nossa conversa, prossegui. "Nesse caso, o XIII Dalai Lama, como ser humano, é diferente do XIII Dalai Lama como manifestação de Chenrezi?"

"Sim", respondeu ele, "embora existam muitas interpretações da palavra *alma*". Os budistas não acreditam na existência de uma 'alma' que migra de um corpo para o seguinte. A reencarnação é mais complexa do que isto. Quando o Dalai Lama ou eu usávamos esta palavra, sabíamos que era com aspas. "No entanto, falando de modo simples, a minha alma pode não ser a alma do XIII Dalai Lama".

"Mas o Chenrezi que existe em si", perguntei eu, "é o mesmo Chenrezi que existiu no XIII Dalai Lama?"

"Não, não se trata de Chenrezi", disse ele, corrigindo-me discretamente. "É uma ligação especial ou bênção especial de Chenrezi no XIII Dalai Lama. Ou no meu caso, sim, talvez seja uma bênção especial de Chenrezi. Enquanto que o XIII Dalai Lama talvez tenha sido uma verdadeira reencarnação de Chenrezi. Mas estas coisas são muito misteriosas".

"Sim, misteriosas", acrescentei eu, "mas a um nível simples, são duas coisas distintas que acontecem simultaneamente. Existe a ligação a Chenrezi e existe uma ligação humana. Entrelaçam-se através dos tempos, avançando. É difícil de compreender".

"Sim", disse ele, anuindo com cabeça, "misteriosas. Algumas pessoas, quando desenvolvem um determinado poder da mente, conseguem compreender isto. É muito raro. Mas vários mestres tiveram visões que indicam que eu tenho uma ligação... Sinto fortemente que tenho uma ligação – novamente a mesma palavra – com o Buda".

A sua utilização da palavra *ligação* permitiu-me dar um salto até então inimaginável para mim.

"Está a dizer", inquiri, "que talvez tenha sido um ser humano encarnado na época do Buda?"

"Sim, é possível", disse o Dalai Lama. "Às vezes, gostaria... e alguns dos mestres, não sei. Talvez não passe de um desejo". Ao ouvi-lo dizer isto, eu sabia que ele estava a evitar falar de ideias que preferia não discutir. Os textos budistas proíbem especificamente aos mestres, excepto em determinadas circunstâncias, de falarem nas suas encarnações passadas se tiverem consciência delas. "Em termos práticos, sim, contribuí para o *Dharma*. Um rapazinho simples, nascido em Amdo *(uma província tibetana)*. É claro que, cientificamente, tudo isto é muito misterioso, está por provar. Mas a um nível espiritual, têm que existir algumas forças. Assim, numa região muito remota, foi descoberta uma criança" – ao dizer isto, apontou um dedo para o peito. "Depois, apareceram nomes peculiares no lago das visões – Lhamo Latso –, e a forma exacta da minha casa também apareceu no lago, ao próprio regente", disse ele, descrevendo as visões do seu regente no lago sagrado das visões, utilizado para o descobrir na infância. Ele parecia surpreendido por estas visões acerca do seu renascimento terem aparecido ao regente, mas estava convencido de que assim acontecera. "Como vê, ao nível espiritual existe ligação, muita ligação, muitas forças kármicas ou forças espirituais".

A cabeça andava-me à roda. "Isso é vasto e complexo", disse eu.

"Sim, é muito difícil", disse o Dalai Lama, "mas penso que, de uma perspectiva budista, é muito fácil de compreender. Mas não podemos verdadeiramente apontar e dizer que é isto ou aquilo".

"Obviamente, nada disso é científico", disse eu. Senti as minhas convicções ocidentais empinando-se em protesto, algo que aconteceria muitas vezes durante as nossas conversas. Era uma maravilhosa explicação budista, mas não era científica.

O Dalai Lama sorriu-me confiantemente. Durante um instante, ele pareceu olhar para trás, para o arco-íris emanando de Chenrezi, e depois para o nosso momento no tempo, para o futuro.

"Sim", disse ele, "por enquanto".

2

O Primeiro Imperador Tibetano
600-650

Tinham decorrido seis meses desde a última vez em que o Dalai Lama e eu nos havíamos encontrado. Estávamos em Julho – o húmido apogeu das monções, quando nunca vemos o céu azul e as nuvens negras descem até à altura das árvores. Canas enormes de bambu, gotejantes com o peso da chuva, inclinavam-se sobre o trilho que sobe pela colina até à sala de audiências onde ele recebe todos os visitantes. Foi uma caminhada fatigante e molhada, e as luzes da sala de audiências cintilavam brilhantemente quando fugi do sombrio dia de chuva. Assim que o Dalai Lama entrou e se sentou, retomámos o fio da nossa conversa como se nenhum tempo tivesse passado, sem nenhum comentário acerca do clima. Enquanto a chuva caía, falámos sobre os registos tibetanos mais antigos, quando a mitologia cedeu pela primeira vez o caminho à história [1].

Entre 575 e 600, o Planalto Tibetano foi palco de batalhas [2] entre monarcas rivais. Não existia um Estado unificado. Muitos príncipes e reis governavam os seus próprios Estados. Os pastores nómadas das montanhas e os agricultores dos vales procuravam a protecção dos senhores locais. A primeira história escrita começou quando a casa real de Yarlung lutou para unificar os reinos. Na guerra de unificação nacional, as tropas derrotadas juntaram-se ao exército da dinastia Yarlung, que se tornou rapidamente a maior força militar jamais reunida no Tibete. Depois de unificar todo o planalto, o exército entrou em combate contra reinos e impérios estrangeiros em partes dos actuais Índia, China, Paquistão e Afeganistão. Quando o Tibete emergiu das brumas da mitologia, era uma potência que combatia por um império do tamanho do de Roma.

Inicialmente, os antigos reis de Shang Shung, no Tibete Oriental, repeliram os exércitos dos reis de Yarlung, originários do Sul do Tibete. Foram necessárias duas gerações para que a Casa de Yarlung, sedeada num seu castelo de pedra situado num penhasco por cima do Yarlung, um afluente do rio Tsangpo ([3]), se estabelecesse como senhora da maior região agrícola do Tibete. Os vários senhores locais foram sucessivamente derrotados em combate ou submeteram-se sem resistência. Em duas décadas, a dinastia Yarlung unificou todos os agricultores e nómadas do Sul e centro do Tibete. Contudo, as rivalidades, o ressentimento e as disputas internas eram tão violentas que o rei de Yarlung, antes de conseguir estender a sua autoridade ao reino de Shang Shung, foi envenenado e morreu ([4]). O seu filho é a primeira verdadeira figura histórica tibetana.

Em 618, aproximadamente, Songzen Gampo, com treze anos de idade, ascendeu ([5]) ao trono de Yarlung. Embora seja talvez o primeiro tibetano a emergir dos mitos, tamanha é a sua estatura que partes da sua vida continuam envoltas em mistério. Para os Tibetanos, Songzen Gampo ([6]) é o grande imperador que unificou e criou o Tibete.

O jovem XIV Dalai Lama ouviu falar em Songzen Gampo pela primeira vez antes de aprender a ler. Instalado no Potala desde os seis anos de idade, o rapazinho tinha como seus amigos mais íntimos os adultos que se ocupavam daquela vasta fortaleza. Eram monges celibatários, trajando hábitos vermelhos e de cabeça rapada, que varriam as capelas ou ajudavam a limpar os seus aposentos. Descobri rapidamente que o Dalai Lama lhes chama a todos "varredores", e que os seus primeiros ensinamentos em muitas matérias lhe foram ministrados por eles e não pelo seu regente ou pelos seus tutores. Eles tornaram-se a voz do homem comum na sua infância invulgaríssima.

"Não me recordo de quando é que ouvi falar explicitamente em Songzen Gampo pela primeira vez", disse o Dalai Lama. "Toda a gente conhece a história de Songzen Gampo. Naturalmente, os varredores contaram-me como Songzen Gampo guerreou os Chineses e tudo o resto".

Lentamente, expôs as bases da história da Songzen Gampo. Segundo o Dalai Lama, o imperador "iniciou a unificação de Shang Shung e do Tibete Central. Fundou um império que aumentou de dimensão após a sua morte; as fronteiras expandiram-se *(durante todo o século VIII)*".

O XIV Dalai Lama aprendeu que o império da dinastia Yarlung atingiu a sua maior dimensão com os herdeiros de Songzen Gampo. "Mas foi Songzen Gampo quem deu início ao período imperial da história tibetana", disse o Dalai Lama. "Foi ele quem unificou o Tibete e iniciou depois a expansão imperial".

Na infância, em 1942 e 1943, pouco depois da sua chegada a Lhasa, o XIV Dalai Lama assistiu a vários festivais antigos que recriaram Songzen Gampo, apesar de o primeiro imperador estar morto há mais de mil anos.

Em Agosto de 1943, durante o Festival do Iogurte, em Lhasa, uma companhia de ópera ergueu um toldo tibetano, branco com padrões índigo cosidos, no jardim que envolvia o Norbulingka, o palácio de Verão do Dalai Lama. Os cantores actuaram o dia inteiro, à sombra, chilreando coplas arcaicas sobre a vida de Songzen Gampo. Dançarinos acrobáticos executavam rodas. Centenas de Tibetanos juntaram-se para assistir ao espectáculo, montando as suas tendas para uma semana de piqueniques. Enquanto o público assistia à ópera, as mães contavam aos filhos histórias sobre o imperador. O Dalai Lama recorda-se dos cantores, com as suas vestes garridas, dançando e cantando debaixo da lona. Via muito bem a ópera do seu pavilhão, construído nas muralhas do Norbulingka para que ele daí pudesse assistir ao espectáculo anual.

Antes da invasão chinesa, estas festividades em Lhasa mantinham vivo o passado do Tibete. O Dalai Lama também se recorda de uma "complexa peregrinação" anual pelos templos do Potala e de Lhasa que albergavam estátuas de Songzen Gampo.

"Já com cinco ou seis anos de idade", disse o Dalai Lama, "eu sabia um pouco acerca de Songzen Gampo porque todos os anos, quando eu visitava as capelas, as pessoas falavam dele".

O Dalai Lama aceita firmemente a principal crença tibetana relativa a Songzen Gampo. O Boddhisattva Chenrezi prometera ao Buda que unificaria e protegeria os Tibetanos, e que os guiaria com o budismo.

"Não existem dúvidas de que Songzen Gampo foi uma manifestação de Chenrezi", disse o Dalai Lama. "Não existem quaisquer dúvidas acerca disto. Sou budista. Acredito na reencarnação, acredito na manifestação de um ser superior, como as manifestações de Chenrezi no Tibete. Acredito nisto. Songzen Gampo foi uma pessoa especial, com uma ligação a Chenrezi".

A primeira tarefa de Songzen Gampo ao tornar-se imperador, com treze anos de idade, foi sufocar a rebelião decorrente da grande conspiração para envenenar o seu pai ([7]). Depois de o jovem governante ter ganho a luta pela sucessão, os seus vassalos juraram-lhe fidelidade numa prosa muito esclarecedora acerca dos primórdios do Tibete:

Nunca seremos infiéis ([8]) ao imperador Songzen Gampo, nem aos seus filhos e descendentes... façam eles o que fizerem!
Nunca procuraremos suserano entre outros homens!
Nunca estaremos bem com os que forem infiéis!
Nunca interferiremos com a comida para a envenenar!
Nunca dirigiremos a palavra ao Imperador sem autorização!
Nunca teremos... inveja dos nossos camaradas!
Nunca agiremos injustamente para com os que nos estão sujeitos!
Nunca desobedeceremos a nenhuma ordem que possa ser dada pelo Imperador!

Depois de firmemente instalado no trono da dinastia Yarlung, Songzen Gampo retomou o avanço da sua família na construção de um império com a ajuda de ministros mais velhos e mais poderosos. Lançou os seus exércitos sobre um reino do Norte e entregou a sua irmã Sadmakar ([9]) em casamento ao rei de Shang Shung, a ocidente. Pouco depois do matrimónio, ela conduziu o marido a uma emboscada montada por Songzen Gampo – tal era a sua fidelidade à casa de Yarlung. Morto o rei de Shang Shung, Songzen Gampo tornou-se o primeiro imperador tibetano de um Planalto Tibetano unido.

No mesmo ano em que Songzen Gampo subiu ao trono no Tibete, a China viu-se mergulhada no caos. A dinastia Sui caiu, surgindo a dinastia Tang ([10]). Os Tang governaram a China entre 618 e 907, a partir da sua capital, Changan (a moderna Xi'an), que se tornou a maior cidade do mundo.

Depois de ter unificado o Tibete, Songzen Gampo decidiu casar com uma princesa chinesa, pelo que enviou um emissário à China para o efeito. O XIV Dalai Lama ouviu esta história pela primeira vez a um estranho e velho médico que havia sido o médico pessoal do XIII Dalai Lama até ser despedido.

O Dalai Lama ainda vivia em Lhasa, depois da invasão chinesa de 1950. Ele estima que teria cerca de dezanove anos de idade, e que terminara uma visita a um colégio de medicina que outrora cobria Chagpori, uma colina frente ao Potala. O Exército Popular de Libertação destruiu todos os edifícios do colégio em 1959, e hoje os turistas que, do telhado do Potala, olham para sul, para Chagpori, vêem um pico rochoso cercado de arame farpado para proteger a gigantesca torre de radiotelevisão que encima a colina.

O Dalai Lama e o seu séquito desceram a abrupta colina e pararam num pequeno complexo de templos e casas na base de Chagpori, onde Songzen Gampo vivera em tempos. O médico do XIII Dalai Lama residia no local.

"De certo modo, eu tinha um grande respeito por aquele homem douto", recordou o Dalai Lama. "Mas ele era demasiado orgulhoso e fora despedido pelo XIII Dalai Lama do cargo de seu médico pessoal. Ele tinha excelentes ligações a muitos lamas, ministros e pessoas poderosas. Era por isso que vivia lá. E falava muito depressa, 'sssi, sssi, sssi'" – o Dalai Lama imitou o ciciar do velho. "Quando falava, muitas pessoas não conseguiam percebê-lo ou dizer uma palavra. Quando me contou a história de Songzen Gampo, com o seu modo de falar, encheu-me de perdigotos".

"O que é que ele lhe contou?", perguntei eu.

O Dalai Lama prosseguiu. "Contou-me que Songzen Gampo vivera ali, naquele pequeno palácio, e que fora lá que ele tivera a ideia de trazer uma princesa chinesa para o Tibete. No dia seguinte, convocou uma reunião com todos os ministros. Nesses tempos, o modo de vida tibetano era nómada, pelo que, seguindo a tradição, cada ministro levou o seu almoço. Um ministro levou uma perna de borrego, outro levou uma cabeça, e assim por diante. Juntaram-se todos e, por sorte, a carne que haviam levado representava um borrego inteiro, algo que consideraram muito auspicioso. Depois do almoço, ele informou-os de que pretendia desposar uma princesa chinesa".

O Dalai Lama riu-se ao recordar o médico do seu predecessor, caído em desgraça, sibilando-lhe tão rapidamente. "'Sssi, sssi, sssim', dizia ele. Foi uma boa maneira de eu não me esquecer da história".

A decisão de Songzen Gampo de tomar uma esposa chinesa mostra bem a grande transformação provocada pela unificação tibetana. "À medida que o Tibete se tornou mais poderoso", disse o Dalai Lama, "mudou a sua atitude para com o seu vizinho oriental, a China".

Na qualidade de um império independente que nunca fez parte da dinastia Tang, o Tibete constituiu a ameaça externa mais séria [11] à existência daquela dinastia durante duzentos anos, de 620 a 820. Os Tibetanos foram os únicos conquistadores que saquearam a capital Tang e instalaram um governante fantoche durante este período. O regime Tang, dividido internamente, nunca foi capaz de derrotar [12] decisivamente o poder militar dos Tibetanos. Independentemente da frequência com que os Tibetanos atacavam os Tang, uma contra-ofensiva contra a capital do Tibete era impensável. A China lidava com as "tribos bárbaras" que a rodeavam, militarmente mais fortes – e o Tibete era apenas uma entre várias – subornando-as ou conciliando-as e, quando isto falhava, com uma resposta militar.

Os Chineses estiveram em constante conflito com os povos nómadas desde que há registos na sua história. Os nómadas, que apenas possuem o que podem transportar quando se deslocam com as suas manadas e rebanhos, são inimigos naturais dos agricultores sedentários, que prosperam acumulando excedentes agrícolas. Durante milénios, este foi o factor mais importante nas histórias da China, da Rússia, do Tibete e da Ásia Interior. Todos os outonos e invernos, nómadas mongóis, turcos e outros, provenientes dos planaltos e estepes circundantes, atacavam os agricultores dos vales da China em busca de cereais, seda ou outros despojos. Num ano bom, as tropas chinesas impediam o incêndio das cidades. A Grande Muralha, construída para impedir os nómadas de saquearem as cidades, dividiu a Ásia em duas categorias distintas. Intramuros viviam os agricultores que falavam uma variante de chinês; os que viviam fora da muralha eram maioritariamente pastores nómadas que não falavam chinês e não comungavam da visão chinesa do mundo.

Construída ao longo de uma divisória natural, a Grande Muralha confinava, a norte, com estepes sem árvores que se estendiam para norte e para ocidente, para a Rússia, e nas quais o modo de vida preferido dos nómadas era a criação de gado. Imediatamente a sul da muralha, árvores e campos férteis faziam da agricultura a melhor opção. A muralha dividia dois ambientes distintos, e os dois modos de vida diferentes adoptados em cada um deles. Os impérios nómadas da Ásia Interior não conquistaram as terras dos agricultores porque não possuíam a administração para governarem uma sociedade agrícola. De igual modo, os Chineses não conseguiram impedir os ataques anuais às suas povoações, nem governar ou conquistar os nómadas. A Grande Muralha constituía o ponto de impasse [13], a linha de demarcação entre dois mundos.

As tribos nómadas que ameaçaram os Tang([14]) e outras dinastias posteriores recorreram muito mais aos Chineses do que os Tibetanos. Agricultores chineses capturados ocuparam-se da maior parte das tarefas agrícolas nos impérios nómadas. Os nómadas aumentaram a sua riqueza sugando a economia chinesa através do comércio ou das incursões, não lançando impostos sobre o seu próprio povo. Os nómadas recorriam aos artífices chineses capturados para obterem determinados artigos de luxo, ou deitavam-lhes a mão durante as razias. Pelo contrário, os Tibetanos não dependiam dos Chineses, embora comerciassem regularmente com eles e também os pilhassem com frequência. Já no século VII, a cultura tibetana era mais cosmopolita do que a dos nómadas que atacavam regularmente os Tang: a maioria dos nómadas apenas tinha contactos com a China. Desde o início, o Tibete esteve em contacto não só com a China, mas também com impérios da Índia e da Ásia Interior, bebendo cultural e economicamente em todos eles. Na sua globalidade, a economia tibetana era mais equilibrada do que a dos nómadas: quando os nevões matavam animais, as reservas de cereais eram suficientes para alimentar a população. Em tempos difíceis, os Tibetanos não necessitavam de se aproximar da fronteira chinesa, dado que os seus agricultores possuíam mais terra arável do que os nómadas que ocupavam as estepes e comerciavam com os nómadas tibetanos. Para além disso, os agricultores tibetanos constituíam uma fonte de soldados para os primeiros imperadores, os quais haviam já desenvolvido uma administração que governava agricultores e nómadas. Singularmente situado entre os mundos nómada e agrícola da Ásia Interior, o Tibete aproveitou as vantagens de ambos. Em lugar de exigir tributos aos Tang, como frequentemente faziam as potências nómadas que atacavam a China, o Tibete competiria com a China([15]) pelo domínio e por territórios. Quando o Tibete e a China se encontraram pela primeira vez, o Tibete constituiu um sério desafio para a China.

Os dois impérios entraram pela primeira vez em contacto no tempo do pai de Songzen Gampo, por volta do ano 600, quando os seus exércitos combatiam para dominar as tribos ao longo da sua fronteira comum. As tropas chinesas nunca tinham penetrado no Planalto Tibetano, e o Tibete nunca havia atacado as cidades chinesas nos sopés do planalto. Só quando um Tibete unificado iniciou a sua expansão para fora do planalto, durante o reinado de Songzen Gampo, é que os Chineses começaram a prestar atenção aos Tibetanos.

As histórias dinásticas dos Tang – a história da dinastia, escrita a partir de documentos da época – descrevem combates, em Julho de 634, contra um grupo nómada a que chamam Aza([16]). Os Aza, que viviam entre o Tibete e a China, ao longo da faixa oriental do planalto, haviam-se libertado do jugo chinês, algo que as tribos fronteiriças faziam constantemente. Uma guerra dos Tang contra os Aza originou uma missão diplomática ([17]) ao primeiro monarca tang, o imperador Taizong ([18]), que chegou a Changan no Outono de 634. As conversações prosseguiram no Inverno, com um embaixador tang enviado à corte de Songzen Gampo.

As escaramuças entre Chineses e Aza chegaram ao fim no Verão de 635, com uma derrota retumbante dos Aza. Os exércitos tibetano e chinês passaram a ficar frente a frente.

Nesse mesmo Verão, uma delegação tibetana deslocou-se novamente a Changan, a capital tang. A mensagem de Songzen Gampo para Taizong era simples: pretendia desposar uma princesa chinesa. Na sua carta ao imperador tang, ele avisou que se o seu desejo não fosse concretizado, colocar-se-ia à frente de 50 000 soldados, mataria o imperador ([19]) e levaria pessoalmente a sua noiva à força. Songzen Gampo já tinha várias princesas como mulheres. Uma delas havia sido tomada do derrotado rei de Shang Shung, e ele exigira recentemente uma noiva a um rei do Nepal como forma de tributo. Taizong não considerava a China uma potência subordinada, pelo que recusou o pedido de Songzen Gampo com modos que insultaram os Tibetanos. Ao recusar providenciar uma noiva, rejeitara a paz com o Tibete. Durante os dois verões que se seguiram, Songzen Gampo subjugou duas poderosas tribos fronteiriças e depois, em 638, saqueou a cidade chinesa de Sung Chou ([20]). A mensagem era clara. O exército penetraria cada vez mais em território chinês até o Tibete receber uma princesa. Uma força chinesa enviada ao encontro dos Tibetanos foi derrotada, e os Tibetanos incitaram as tribos fronteiriças leais à China a revoltarem-se. É impossível afirmar com exactidão o que levou Taizong a aceder aos desejos de Songzen Gampo, mas uma pequena escaramuça que terminou numa rara derrota tibetana permitiu ao imperador salvar a face, dando-lhe um pretexto ([21]) para pôr fim ao conflito. Já nestes primórdios das relações sino-tibetanas as fontes tibetanas e tang se contradizem completamente quanto à natureza da sua relação. Ambos os lados afirmam que o outro se apresentou na sua corte ([22]) para pagar tributo.

Em Dezembro de 640, um ministro tibetano, Gar Tongzen ([23]), chegou a Changan com o dote para uma princesa: 5 000 onças de ouro ([24]) e outros tesouros. Uma ópera tibetana escrita muito depois desses acontecimentos, à qual o Dalai Lama assistiu quando era miúdo, aborda as prolongadas negociações entre o astuto ministro tibetano e o imperador chinês. Na Primavera de 641, um príncipe chinês escoltou a princesa Wengcheng ([25]) até à fronteira com o Tibete, onde Songzen Gampo foi ao encontro da sua mais recente noiva. A chegada da princesa ao Tibete marcou o início de um período de contactos e cooperação pacíficos entre os dois Estados. Em 648, quando um enviado tang foi atacado no Norte da Índia, o Tibete enviou soldados para salvar o emissário e derrotar os seus atacantes. Os enviados diplomáticos das duas nações viajaram muitas vezes entre Changan e Lhasa.

A consorte chinesa foi uma das cinco mulheres de Songzen Gampo. O príncipe herdeiro do Tibete era filho da rainha tibetana. As consortes nepalesa e chinesa não são famosas pelos filhos que tiveram, mas sim pelas estátuas do Buda que levaram para Lhasa. Para as abrigar, Songzen Gampo edificou dois templos, o Ramoche e o Jokhang – os dois primeiros templos budistas do Tibete. Foram construídos por artesãos nepaleses e tibetanos num estilo tibetano-indiano, e o Jokhang continua a ser o templo mais venerado do Tibete. Neste se albergam fragmentos da estátua trazida pela princesa Wencheng, tendo o original sido destruído pelos Guardas Vermelhos na década de 60. Os Tibetanos contam esta história acerca de Songzen Gampo, das suas mulheres e das estátuas para explicar como é que foram construídos os primeiros templos budistas do país.

Atrás da Grande Muralha, conta-se uma história diferente. Em vários *websites* chineses ([26]), Songzen Gampo é apresentado como um chinês famoso que "contribuiu proeminentemente para a unificação da nação chinesa". Para os Chineses decididos a provar que existiu ininterruptamente um Estado chinês desde os tempos dos tang até ao presente, a dinastia Tang foi o "centro civilizacional [*sic*] da Ásia Oriental ([27]). As nações e tribos vizinhas caíram sob a influência da dinastia Tang, e procuraram fervorosamente associar-se a ela. Juravam fidelidade aos Tang ou pagavam tributos à corte imperial".

Esta visão da história tibetana apresenta Songzen Gampo como um guerreiro apaixonado que se tornou um vassalo leal do imperador tang. Alegadamente, construiu o Potala para a sua mulher chinesa. Dos registos tang e dos *websites* chineses decorre claramente que os civilizados Chineses educaram aqueles bárbaros ignorantes.

Segundo um *website* chinês, "A princesa Wencheng comoveu-se ([28]) com o amor que o seu marido lhe tinha e acabou por vir a gostar dele e do seu lar fronteiriço. Ela chamou artesãos han *(chineses)* a Tufan *(Tibete)* para que transmitissem os seus conhecimentos de metalurgia, agricultura, tecelagem, construção, moagem, fabrico de cerveja, de papel e de tinta. Os agricultores locais aprenderam novas técnicas agrícolas para plantarem diferentes variedades de cereais. Também foram introduzidos na região a astronomia han e o calendário chinês. A inovação mais importante foi talvez o sistema de escrita desenvolvido pela princesa Wencheng, em parceria com o rei, pois antes da sua chegada Tufan não possuía uma linguagem escrita".

Ironicamente, o Tibete já tinha dominado muitas das competências supostamente introduzidas pela princesa Wencheng. Até as histórias da dinastia Tang louvam o domínio da metalurgia por parte dos Tibetanos. "Todos os homens e cavalos usam cotas de malha [29]. A sua qualidade é elevadíssima. Envolve-os completamente, deixando apenas aberturas para os olhos. Os arcos poderosos e as espadas aguçadas não os atingem".

Não existem provas de que a China tenha sido a fonte da tecnologia do ferro no Tibete. Os Tibetanos dominaram provavelmente o fabrico de cotas de malha de qualidade para homens e cavalos, depois de aprenderem os rudimentos da técnica com a dinastia Sassânida, que governou um extenso território a ocidente do Tibete (incluindo o actual Irão), entre os séculos III e VII. No século VIII, o fabrico de armas de ferro, bem como de armaduras e cotas de malha, alcançara um pleno desenvolvimento [30] no Tibete. Os Tibetanos não adquiriram o domínio desta tecnologia com a princesa Wencheng, fizeram-no vários séculos antes.

É verdade que a China introduziu o papel no Tibete, possivelmente na época da ida da princesa Wencheng para Lhasa, mas a Europa recebeu a tecnologia do papel da China dois séculos mais tarde. Embora um tibetano tenha desenvolvido o alfabeto do seu país durante o reinado de Songzen Gampo, a princesa Wencheng não esteve envolvida nesse processo. Songzen Gampo enviou ao estrangeiro o sábio Thomi-sambhota [31], que trabalhou com estudiosos de outras nações para criar o alfabeto. Os Tibetanos e os historiadores ocidentais estão convictos de que ele foi para a Índia, mas pelo menos uma fonte indica que Thomi-sambhota pode ter estado em Khotan [32], um reino da Ásia Central, a norte do Tibete, onde também era utilizada escrita indiana [33], e baseou a escrita tibetana na khotanesa. Seja como for, o alfabeto tibetano não tem nenhuma relação com os ideogramas chineses, e foi criado tendo como modelo uma escrita indiana. Durante muito tempo, os estudiosos budistas do Tibete afirmaram veementemente que esta escrita foi inventada principalmente para facilitar a tradução dos textos budistas. Todavia, os soberanos da dinastia Yarlung necessitavam de um meio para administrar o seu extenso império, e os estudos mais recentes afirmam que foi este o motor para a criação da escrita tibetana ([34]). O Dalai Lama compreende este debate.

Durante o reinado de Songzen Gampo, disse o Dalai Lama, "as leis foram codificadas e, pela primeira vez, um código foi aplicado a todo o Tibete" ([35]). Ele acredita que Songzen Gampo construiu o Sokhang em Lhasa, e que apoiou sábios que traduziram os textos budistas para uma nova forma de tibetano.

Para estudarem o budismo, disse o Dalai Lama, os Tibetanos que viviam naquele vasto território "tiveram que estudar uma língua tibetana. Ainda falavam os seus dialectos locais, mas quando estudavam o *Dharma* faziam-no numa única língua, literalmente um novo tibetano padronizado. À medida que o budismo se propagou por todo o Tibete, também se divulgou uma escrita única. Isto ajudou a criar um sentimento de identidade nacional, talvez pela primeira vez".

"É então que a nação começa a emergir?", inquiri.

"Sim. Todos estes factores contribuíram para o sentimento de unificação nacional", explicou o Dalai Lama. "A língua, o budismo e um conjunto de leis nacionais. Tudo isto fortaleceu a identidade tibetana. As pessoas podiam sentir-se ligadas à sua região, tal como haviam feito no passado, mas também se identificavam como Tibetanos".

Songzen Gampo é universalmente aclamados pelos Tibetanos como uma das maiores figuras da história da nação por tudo o que ele e os seus descendentes realizaram. Os registos tibetanos e estrangeiros demonstram que estes feitos não foram exagerados nem mitificados.

Songzen Gampo é uma das figuras cruciais da história tibetana que o Dalai Lama acredita poderem ser entendidas a vários níveis. "As pessoas que possuem um conhecimento puro devido à sua prática espiritual", disse ele, têm uma opinião acerca do primeiro imperador, enquanto que as pessoas que não atingiram esse conhecimento mantêm aquilo a que ele chama uma perspectiva "puramente convencional". "O ponto de vista incomum não é considerado história e, tal como eu disse anteriormente, os historiadores não podem registar estas coisas. Mas não devemos dizer que todas estas coisas são apenas fruto da imaginação dos crentes budistas. Também podem ser verdadeiras".

Segundo o Dalai Lama, alguns actos de Songzen Gampo fizeram parte do "grande plano de Chenrezi para o Tibete", "governar e nutrir" o país e permitir a propagação do budismo.

Ao mesmo tempo, diz ele, a luta de Songzen Gampo pela "unificação e os seus deveres régios ocorreram ao nível humano". Ele acredita que os Tibetanos, ao longo de vários séculos, "misturaram o nível convencional com o nível incomum. Penso que as pessoas comuns talvez não saibam fazer a distinção".

Para o Dalai Lama, a motivação de Songzen Gampo foi "guiada por Chenrezi"; ele queria que o budismo florescesse no Tibete. Assim, a utilização do exército por Songzen Gampo para unificar o Tibete foi aceitável, apesar de o budismo proibir que se mate.

Embora Songzen Gampo tenha sido guiado pelo Boddhisattva, como personificação da ligação kármica positiva de Chenrezi com o povo tibetano, ele também tinha pés de barro, facto de que o Dalai Lama está ciente.

Ele observa que Gar Tongzen, o ministro enviado por Songzen Gampo à corte tang para reclamar a sua consorte chinesa, sofreu um destino horrível às mãos do imperador tibetano ([36]). Songzen Gampo suspeitou do seu envolvimento em conspirações contra si e mandou cegá-lo – nas palavras do XIV Dalai Lama, "porque criara alguma dissenção ([37]) com outros".

Mil e duzentos anos depois, segundo este relato tradicional, Gar Tongzen reencarnou num lama budista de um mosteiro tibetano, durante a época do XIII Dalai Lama. As duas personalidades voltaram a entrar em choque. O lama reencarnado alinhou com o exército chinês que invadiu o Tibete em 1910; depois da guerra, o XIII Dalai Lama mandou encerrar o mosteiro. Para o XIV Dalai Lama, Songzen Gampo e o seu ministro retomaram o seu conflito noutra vida.

As conversas com Sua Santidade, o Dalai Lama, são estranhas para um ocidental que não acredite na reencarnação. Ele refere estas ligações, abanando compassivamente a cabeça face ao modo como os comportamentos humanos continuam a tecer a teia de vidas, umas após as outras, através de ligações – actos, motivações, associações em vidas passadas – que a maioria de nós não consegue ver. Para o Dalai Lama, esta é a história de uma ligação, tal como a define, entre dois seres humanos, desenrolando-se em mil anos e demonstrando uma combinação do divino e do humano manifestada em vidas corpóreas. Falando acerca das pessoas da corte de Songzen Gampo, o XIV Dalai Lama diz, "Sim, algumas voltaram a reencarnar, algumas não. Outras, não sei".

Embora crentes na reencarnação de Songzen Gampo e no seu elo com Chenrezi, os Tibetanos têm tantos mitos relativos à vida do primeiro imperador que o Dalai Lama parece fartar-se deles. Quando o inquiri sobre a história do arco-íris que apareceu no céu enquanto Songzen Gampo e as suas mulheres chinesa e nepalesa supervisionavam a construção do primeiro templo do Tibete, o Dalai Lama tornou-se circunspecto.

"Para mim, enquanto monge budista", observou o Dalai Lama, "existe a possibilidade de esses milagres terem acontecido. Mas ao mesmo tempo, quando existem demasiadas possibilidades, alguns milagres parecem impossíveis. Quando ouvimos falar em muitas coisas dessas, começamos a duvidar".

Eu observei que, segundo um mito tibetano, o templo fora construído sobre um lago, e que as investigações geológicas confirmam que existiu de facto um lago no antigo vale de Lhasa. Os mitos tibetanos dizem que o Jokhang foi edificado em cima do lago por insistência das princesas chinesa e nepalesa. O Dalai Lama riu-se e, como sempre, avançou a sua própria explicação. "Songzen Gampo era muito teimoso. Podia ter construído o Jokhang em qualquer outro local, onde fosse mais estável! Deve ter havido uma razão espiritual para o construir exactamente naquele sítio".

Os trabalhadores colocaram vigas sobre a água, formando uma enorme grelha, e construíram o templo em cima do lago. "Eu estive no pátio do Jokhang", evocou o Dalai Lama, "onde existe um poço que supostamente desce até ao lago. Foi o que me disseram. Recordo-me de que, quando eu era pequeno, alguém me disse que escutando o poço se conseguia ouvir os patos no lago. Mas depois os varredores mandaram-me afastar do poço. Disseram-me que os patos apareciam e levavam os meninos!"

Em 1966, a Revolução Cultural assolou Lhasa. Jovens chineses, decididos a dar uma lição aos bárbaros tibetanos, transformaram o Jokhang, o primeiro e mais sagrado templo budista do Tibete, num matadouro de porcos([38]). O antigo Buda que a princesa Wencheng levara para o Tibete foi destruído e, num acto da mais absoluta profanação, as paredes do santuário interior foram salpicadas com sangue. Em todo o Tibete, nos oito mosteiros que não foram destruídos durante a Revolução Cultural, restavam menos de mil monges([39]). Durante uma década, os Tibetanos estiveram proibidos de praticar o culto no Jokhang. Em 1972, foi iniciada a restauração do templo, uma obra praticamente concluída em 1980. Nos anos seguintes, terminada a fase pior das perseguições religiosas, os Tibetanos começaram gradualmente a regressar ao Jokhang. O templo de Songzen Gampo foi novamente consagrado, e é hoje diariamente visitado por milhares de peregrinos. Alguns fragmentos da antiga estátua do Buda da China foram encontrados, e a fé tibetana deu origem a um milagre. O santuário interior do Jokhang voltou a estar cheio de bruxuleantes lamparinas de manteiga, onde estátuas aparentemente inteiras e milagrosas lançam um olhar benévolo para as dezenas de milhares de peregrinos que vão prosternar-se ao local.

Uma tarde, em 1985, durante uma visita que fiz ao Jokhang, vi um velho monge junto ao poço, no pátio, a pôr um rapazito a guinchar de medo com histórias de patos que levavam os meninos. Ouvi-o dizer ao miúdo para olhar para baixo e tentar descortinar o lago. "Se escutares com atenção", disse-lhe o monge, "consegues ouvir os patos". A verdadeira história do Jokhang, tal como dos mitos que se lhe referem e das estátuas que alberga, oferece aos Tibetanos um modo de partilharem o seu passado e criarem um futuro. Em 1966, os Guardas Vermelhos atacaram o Jokhang [40] por muitas razões; uma delas foi para porem fim à transmissão de identidade. No Tibete, a história nunca está morta – nem quando é destruída.

Existem centenas de estátuas no Jokhang, mas duas desempenharam um papel particular no último acto da vida de Songzen Gampo. Mais uma vez, as antigas narrativas, embora baseadas na história, transmitem mais do que os simples acontecimentos do passado. Durante o reinado de Songzen Gampo, existia no Nepal uma famosa estatueta do Buda, de madeira. Parecia surgir da madeira de moto próprio. Songzen Gampo enviou homens para a levarem para Lhasa.

O Dalai Lama disse, "No Jokhang foi moldada, em barro, uma grande estátua de Chenrezi, dentro da qual foi colocada a estatueta do Buda vinda do Nepal". Estas duas estátuas, uma pequenina, de madeira, anichada na outra, de barro, permaneceram intocadas no Jokhang durante mil e trezentos anos.

Os historiadores dizem que Songzen Gampo morreu aos 37 anos de idade [41], no ano de 649, quando uma epidemia grassou no seu acampamento, matando também a sua mulher nepalesa. Os Tibetanos contam muitas versões da sua morte, e não parecem confusos face às diferenças entre elas. "Alguns dizem que viveu até aos oitenta anos", explicou o Dalai

Lama. "Ao morrer, dissolveu-se em raios de luz e penetrou na estátua do santuário principal do Jokhang" – na estatueta de madeira dentro da grande estátua de Chenrezi. "A grande estátua de barro, como quase todas as outras do Jokhang, foi destruída durante a Revolução Cultural. Quando a destruíram, descobriram no seu interior a pequena estatueta de madeira. Uns Tibetanos guardaram-na e enviaram-ma, o que é muito bom".

"E ainda tem a estatueta de madeira com o espírito de Songzen Gampo", inquiri.

"Sim, um dia mostro-lha", retorquiu ele.

Uma hora mais tarde, eu encontrava-me na dependência contígua à sala de audiências, preparando-me para abandonar o edifício. Um dos monges idosos que estão sempre com o Dalai Lama entrou apressadamente, exibindo um sorriso beatífico.

"Venha!", disse ele, e depois regressou apressadamente para junto do Dalai Lama.

Corri atrás do monge, na direcção da sala de audiências. Ao entrar, vi o Dalai Lama de pé, junto a uma janela, agarrando reverentemente algo pequeno, envolto em seda.

O Dalai Lama olhou para mim e disse, "Venha ver a estatueta de Songzen Gampo". Era a estatueta de madeira resgatada do Jokhang, na qual penetrara o espírito de Songzen Gampo. Vista de perto, parecia de sândalo. O rosto de madeira do Buda exibia um sorriso de grande felicidade.

"Acredito que esta é mesmo a original, a que veio da Índia ou do Nepal", disse ele com admiração. No século VI, fizera uma longa viagem, do Nepal a Lhasa. Depois, lá ficara, encerrada numa imagem de barro, durante mil e trezentos anos. Após a profanação do Jokhang, na década de 60, atravessara novamente os Himalaias, pelo Nepal, até à Índia, chegando à reverente protecção das mãos do Dalai Lama. "Quando vi esta pequena estatueta de madeira pela primeira vez", disse ele, "senti tanta *ningje*, compaixão".

Ao mostrar-me a estatueta, escorriam-lhe as lágrimas e o rosto iluminou-se-lhe como o de uma criança. A estatueta é tão sagrada para ele que tapou a boca e o nariz com um pano para a proteger da sua respiração. O idoso assistente do Dalai Lama curvou-se profundamente e o Dalai Lama tocou-lhe com a estatueta na cabeça, dando-lhe uma bênção de Songzen Gampo e do Buda. Quando o monge se afastou, o Dalai Lama fez-me sinal para me aproximar. Curvei-me e ele tocou-me ligeiramente na cabeça com a estátua.

3

O Império Tibetano e a Difusão do Budismo no Tibete

650-820

Na sua infância, no Potala, o Dalai Lama ouviu falar do poderio do império tibetano fundado por Songzen Gampo. Em dezenas de histórias, quase sempre contadas pelos varredores do Potala, ele ficou a saber que o império se expandira imenso após a morte do primeiro imperador. Mas o tópico nuclear na educação do jovem Dalai Lama era o budismo, e não a história político-militar do Tibete. A sua visão do Tibete imperial dos séculos VII a IX apenas se tornou mais consistente numa fase posterior da sua vida, ao visitar as antigas muralhas que ainda cercam as ruínas de Changan, a capital do Império Tang. Em 1954, aos dezanove anos de idade, ele encontrava-se a meio de uma digressão de dois anos pela República Popular da China, na qualidade de convidado oficial de Mao Tsé-tung. Como é que aí chegou a criança que crescera no Potala?

Quando o Tibete foi invadido, em 1950, os seus militares careciam de equipamento e instrução modernos, enquanto que a China estava equipada com as mais recentes armas americanas, capturadas ao líder nacionalista derrotado, Chiang Kai-shek. Dado que, apesar dos pedidos de ajuda do

Tibete, os Estados Unidos e todas as outras nações se recusaram a fornecer ajuda militar (¹) ou apoio no âmbito das Nações Unidas, o Dalai Lama não viu outra alternativa (²) a não ser trabalhar directamente com os comandantes chineses em Lhasa e, posteriormente, com o Presidente Mao.

"Não havia alternativa" (³), referiu ele melancolicamente. Durante um segundo, vislumbrei um solitário e frágil adolescente, lançado para o trono do Tibete para assumir a responsabilidade total pelo destino do seu país.

Quando o minúsculo exército tibetano foi derrotado, em poucos dias, e o exército chinês iniciou o seu avanço sobre Lhasa, o Dalai Lama rogou aos Tibetanos que não resistissem. Dado que era impossível derrotar a China, ele quis poupar o seu povo a um massacre. Assim, regressou a Lhasa e, depois de tentar cooperar com os Chineses durante vários anos, aceitou um convite para visitar a China. Ao explicar porque é que decidiu entrar nas chamas – sozinho – que haviam recentemente incendiado o seu país, ele cita um ditado tibetano: "O que é queimado pelo fogo deve ser curado pelo fogo. O problema do Tibete teve origem a oriente, na China, pelo que o único modo de o enfrentar era ir lá e dialogar com eles".

Desejosos de instruírem o Dalai Lama acerca das maravilhas da China moderna, os seus anfitriões levaram-no a visitar inúmeras fábricas e comunas. Mas um dia, em Xi'an (a antiga Changan), o programa esgotou-se.

"Não havia nada agendado para a tarde, e a noite também estava livre", recordou o Dalai Lama. "O presidente da câmara de Xi'an e o vice-ministro da Província de Gansu sugeriram que saíssemos da cidade. Nos arredores, existem muralhas da dinastia Tang, com mais de mil anos. Estávamos sentados nas muralhas, que são bastante altas e espessas, e o sol começava a pôr-se. O presidente da câmara disse-me que o exército tibetano chegara até às muralhas e que o imperador da China, que então residia em Xi'an, fora obrigado a fugir. Pensei que, de avião, poderia ir de Lhasa até ali numa hora. E pensei, 'Para que o exército tibetano tenha conseguido provocar tamanho pânico na capital dos Tang... deveriam ser dezenas de milhares de soldados, internando-se na China a pé'".

Ao evocar estas memórias, os olhos brilham-lhe. "O exército tibetano percorreu uma distância enorme, não apenas até à fronteira, mas ao interior da China, sem logística nem tecnologia modernas. E ainda assim, conseguiu conquistar esta cidade".

O jovem Dalai Lama, que testemunhara recentemente a invasão chinesa do seu país, nunca sonhara com um Tibete tão poderoso. A sua compreensão do antigo Tibete mudou nas muralhas de Xi'an, enquanto observava o pôr-do-sol. As histórias que ele ouvira aos varredores do Potala, em criança, sobre o temível exército de Songzen Gampo, eram tão reais como as enormes muralhas de Xi'an. Os Tibetanos haviam conquistado a capital da China e instalado o seu próprio imperador.

"Naquela época, o Tibete era grande e poderoso", disse o Dalai Lama. "Caso contrário, teria sido difícil invadir a China. Sei que o exército chegou até às muralhas de Xi'an, e disseram-me que eles conquistaram a cidade e instalaram um imperador. Mas não conheço os pormenores. Terá de investigar o que os historiadores escreveram".

❈ ❈ ❈

As histórias dinásticas tang([4]), juntamente com os registos históricos árabes, turcos e tibetanos, facultam um relato fiável das guerras entre o Tibete imperial e a China. No seu apogeu, quando era a capital tang, Xi'an chamava-se Changan, ou Cidade da Paz Duradoura, e era a maior metrópole do mundo. Tinha uma população de mais de um milhão de habitantes, e possuía muralhas de adobe com 12 metros de altura e 18 metros de largura, com um perímetro de 36 quilómetros e cercando uma área de 84 quilómetros quadrados. Nenhuma outra cidade da história excederia uma população de um milhão de pessoas até Londres ultrapassar este número, no século XX.

Changan foi uma das primeiras cidades planeadas ([5]). De norte para sul, existiam 14 avenidas que intersectavam 11 ruas em sentido este-oeste, formando uma grelha urbana semeada de árvores frondosas e canais. Estradas elevadas e muradas ligavam as coutadas e palácios do imperador, permitindo-lhe deslocar-se sem ser visto pelos seus súbditos. Judeus, cristãos nestorianos, zoroastrianos, hindus, maniqueus e budistas – praticantes de quase todas as religiões da Antiguidade – dispunham de sacerdotes ou templos na cidade. A música, os alimentos e artigos estrangeiros, trazidos pela Rota da Seda, eram populares entre os cosmopolitas residentes chineses de Changan. As autoridades imperiais destinaram vários bairros da cidade ao comércio externo (um monopólio imperial) e às residências dos estrangeiros, pois Changan constituía o terminal oriental da Rota da Seda.

Os soberanos tang controlavam a produção dos milhares de tecelões de seda do império, e grande parte da seda entrava e saía dos armazéns de Changan transportada por camelos, com destinos tão longínquos como a Europa, em troca de prata. Os impérios nómadas da Ásia Interior que eram vizinhos dos tang também recebiam pagamentos em seda para não saquearem as cidades chinesas nem as caravanas, das quais os Tang dependiam.

Os representantes de Estados derrotados – daquilo que é hoje, por exemplo, a Coreia e o Vietname –, que pagavam um tributo anual aos imperadores tang, deslocavam-se regularmente a Changan, onde se encontravam com missões comerciais da Índia, do Tibete, da Pérsia e de dezenas de grupos nómadas da Ásia Interior. Os Chineses insistiam que todos estes visitantes aceitassem cargos oficiais na qualidade de "vassalos" que pagavam tributo. Os representantes dos Estados independentes aceitavam esta interpretação do seu estatuto desde que pudessem continuar a comprar a seda tang. Que importância fazia que os Chineses insistissem em chamar-lhes vassalos do Filho do Céu?

O sino-centrismo que caracterizava a relação de Changan com os estrangeiros possuía raízes profundas. A China foi a única sociedade "civilizada" alfabetizada a emergir em relativo isolamento. Civilizações tão diversas como as do Indo, do Eufrates, e dos antigos Egipto, Grécia e Roma desenvolveram-se na companhia de pelo menos uma outra alfabetizada. De certo modo, neste sentido, a civilização chinesa foi filha única, e isto marcou indelevelmente os Chineses. Todos os não Chineses eram considerados "bárbaros". Ainda hoje, as pessoas que visitam a China são ocasionalmente apelidadas de "bárbaros" na rua. O isolamento da China chegou ao fim em 128 a.C. ([6]). Nessa época, o imperador Adriano ([7]) governava um Império Romano que mantinha contactos comerciais regulares com a Índia, o Afeganistão, a Pérsia, a Península Ibérica, a África Central e até a Rússia; representantes de dezenas de sociedades apinhavam Roma. Contudo, nenhum chinês culto da época sabia ler uma língua estrangeira. Apesar de as sedas chinesas adornarem os imperadores romanos, ambas as civilizações nunca dispuseram de relatórios fiáveis acerca da respectiva existência – tamanhas eram as distâncias que separavam a China do resto do mundo. A certeza que a China tinha da sua supremacia era, até certo ponto, a sobrecompensação aterrorizada ([8]) de um povo que fora frequentemente derrotado pelos seus vizinhos "bárbaros e inferiores", gentes às quais os Chineses chamavam vermes e escravos ([9]). Essa sobrecompensação é a raiz do sentimento chinês de nacionalismo ofendido, que continua a dominar as suas relações externas. A historiadora Pang Yihong resumiu a visão que a dinastia Tang tinha das relações internacionais ao escrever que, para os Chineses, o imperador era "o único soberano legítimo([10]), não só da China mas do mundo".

Uma das raras excepções escritas a esta constante política de supremacia foi o tratado que os monarcas tang assinaram com o Tibete, reconhecendo-o como igual. O tratado informal celebrado entre os dois Estados que foi simbolizado pelo matrimónio entre Songzen Gampo e a princesa Wencheng preservou a paz enquanto Songzen Gampo e Taizong, o imperador tang, viveram. Morreram ambos em 649, com poucos meses de intervalo([11]). O imperador chinês seguinte, Kao-Tsung, atacou o Tibete([12]). Nos duzentos anos que se seguiram, o Tibete e a China firmaram seis tratados escritos([13]). A China quebrou os dois primeiros. Apesar dos esforços para garantir a paz, os dois impérios estiveram constantemente em guerra entre si e com as outras três grandes potências da Ásia Central: Árabes, Turcos e Uigures. Estes cinco impérios disputaram a supremacia([14]) na Ásia Central, num contexto de inconstantes alianças, lealdades e traições. Uma princesa tibetana foi dada em casamento a um khan turco. Princesas chinesas foram entregues a khans turcos e uigures. Em 677, o Tibete controlava toda a bacia do Tarim([15]). Os Tibetanos aliaram-se a príncipes turcos contra os Tang e vice-versa. É uma história de guerra contínua e de alianças efémeras.

As cidades-estado dos oásis dos desertos da Ásia Interior, nas bacias do Tarim e do Dzungar, vastos territórios ao longo da fronteira norte do Tibete, eram os depósitos comerciais da Rota da Seda. Quem controlasse estas cidades-estado isoladas – fundadas e maioritariamente habitadas por Turcos e budistas indo-europeus, não por Chineses nem Tibetanos – controlava o comércio ao longo da Rota da Seda. Nos duzentos anos deste Grande Jogo, os Tibetanos controlaram a Rota da Seda durante dois períodos([16]), num total de cinquenta anos; todavia, estes dois séculos de competição colonial e imperial não resultaram num vencedor final.

Nenhum exército chinês conseguiu penetrar profundamente no Planalto Tibetano nem – muito menos – chegar a Lhasa. Consequentemente, o Tibete nunca fez parte da China nesta época, embora algumas regiões fronteiriças tenham sido ocupadas durante breves períodos. Pelo contrário, os Tibetanos saquearam e ocuparam repetidamente dezenas de cidades chinesas no interior da China, por vezes durante décadas. O Tibete não governou apenas o Planalto Tibetano; grandes exércitos atacaram e ocuparam a maior parte da China Ocidental([17]) durante os séculos VIII e IX. E a China tang nunca ocupou vastos territórios do Tibete. As histórias dinásticas tang fornecem provas conclusivas de que o Tibete e a China eram Estados iguais e independentes, combatendo entre si e contra Árabes e Turcos pelo controlo das riquezas da Rota da Seda, e que o Tibete governou temporariamente uma grande parte da China e não o contrário.

Os soberanos tang acabaram por retirar da Ásia Interior, incapazes de investir o seu poderio militar no controlo da Rota da Seda – que tantos lucros dera ao império – devido a ameaças internas à estabilidade do país. Em 755, eclodiu uma rebelião entre os mercenários estrangeiros liderados por An Lu-Shan, um general turco ou sogdiano contratado para proteger a fronteira norte da China. Enquanto a China tang esteve a braços com esta rebelião, entre 760 e 800, o Tibete conteve os Árabes e os Turcos e, pela segunda vez em duzentos anos, conquistou à China a maioria das cidades da Rota da Seda. O Tibete passou a controlar todas as rotas da China para o Ocidente, apoderando-se dos tributos, dos cavalos, dos impostos e de um terço do território tang.

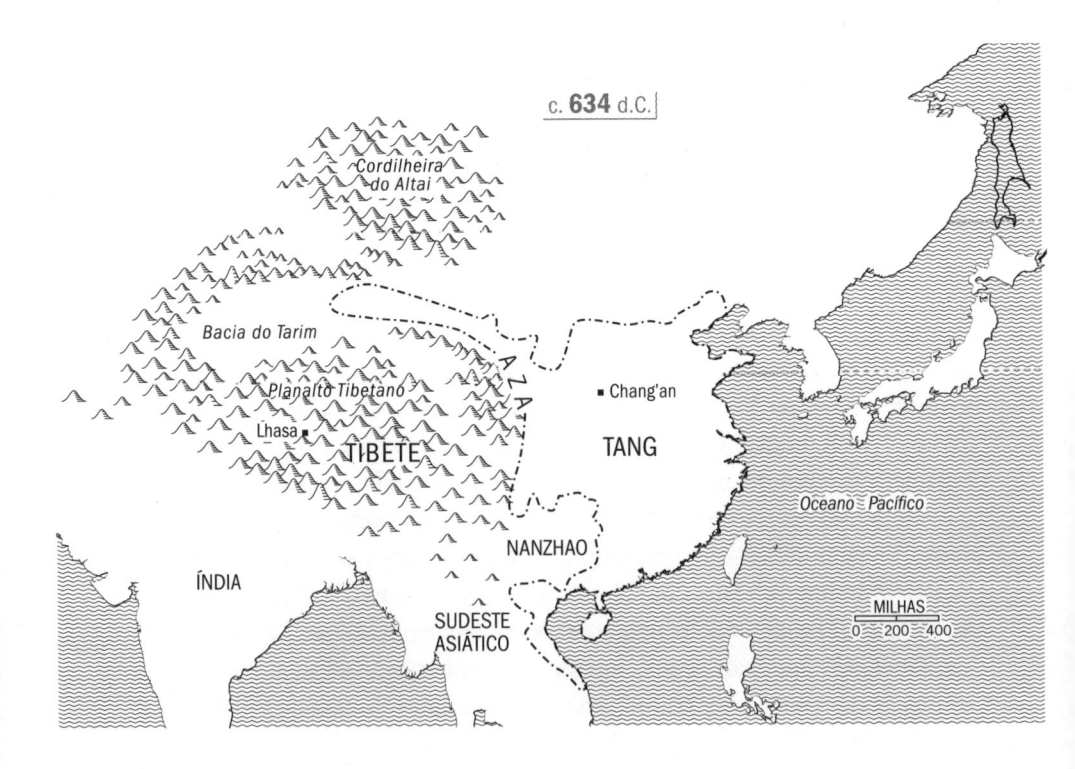

O Tibete tornara-se a mais séria ameaça à existência da China dos Tang. Em 763, Trisong Detsen, um dos trinetos de Songzen Gampo, enviou um exército composto por Tibetanos e tropas de reinos aliados e vassalos ([18]) para atacar Changan. O eunuco-chefe da corte imperial ocultou ao imperador, Daizong, as notícias da aproximação do exército, e destituiu ([19]) o general Guo Ziyi, que se preparava desesperadamente para a guerra contra os Tibetanos sem os apoios necessários. Quando o imperador se inteirou finalmente do ataque, reinstituiu o general Guo no comando e fugiu da capital. O general apenas conseguiu reunir 20 cavaleiros para defender a cidade. As estimativas acerca do tamanho do exército tibetano variam entre 20 000 e 100 000 homens, e o combate foi efectivamente desequilibrado: os Tibetanos irromperam pelas vastas muralhas de Changan e espalharam-se facilmente por toda a cidade. Eram as muralhas onde o Dalai Lama viria um dia a encontrar-se.

Em virtude desta comédia de enganos, dizem as histórias dinásticas tang, os Tibetanos ocuparam Changan durante quinze dias. As fontes tibetanas afirmam que o exército de Lhasa atacou Changan para punir a recusa do imperador Daizong em honrar o acordo feito por seu pai, que jurara que a China pagaria ao Tibete um tributo anual de 50 000 meadas de seda ([20]). Depois de terem conquistado Changan, os Tibetanos instalaram no trono um soberano fantoche, príncipe chinês de sangue imperial, que proclamou uma nova dinastia e assinou um documento garantindo que pagaria um tributo anual ao Tibete. As fontes chinesas corroboram estes pormenores e acrescentam que o usurpador nomeou os principais ministros e outros funcionários da corte, e que os Tibetanos saquearam a cidade e incendiaram muitas casas. Por fim, os Tibetanos retiraram, Daizong recuperou a sua capital e o usurpador, um dos filhos do imperador, morreu pouco depois ([21]). A dinastia Tang sobreviveu até 906, mas as rebeliões de 750 e a pilhagem de Changan pelos Tibetanos, em 763, assinalaram o fim das conquistas chinesas na Ásia Interior. O Tibete ocupou durante mais de cinquenta anos as cidades da Rota da Seda que conquistara aos Tang, da década de 760 até ao ano de 820, quando os Uigures, os habitantes locais, recuperaram a sua independência. Só no século XVIII um império chinês reconquistaria os Estados dos oásis (o actual território chinês de Xinjiang). O Império Tibetano atingiu o seu apogeu durante estas campanhas: os Tibetanos não voltariam a controlar as cidades da Rota da Seda nem a pilhar a capital da China.

Após o saque de Changan, Tibetanos e Chineses digladiaram-se durante 60 anos. Os dois impérios entraram repetidamente em negociações e juraram verbalmente tratados de paz, mas nem um nem outro elaboraram acordos bilingues. O historiador Pan Yihong afirma que os seis tratados concluídos antes do pacto tibetano-tang final, em 822, significaram "coisas diferentes para cada lado [22] e não foram muito eficazes. Enquanto os Tibetanos exigiam ser tratados em pé de igualdade com os Tang, os Chineses insistiam na aceitação das suas pretensões de superioridade". Consequentemente, tropas tibetanas e chinesas permaneceram de guarda à fronteira entre os dois países, que nunca estiveram unificados num único Estado.

Quando a dinastia Tang sentiu a sua existência em jogo devido aos ataques tibetanos, assinou finalmente um tratado escrito com o Tibete [23], que também ansiava pela paz em virtude de a China ter convencido alguns aliados do Tibete a unirem-se-lhe em ataques conjuntos às fronteiras tibetanas.

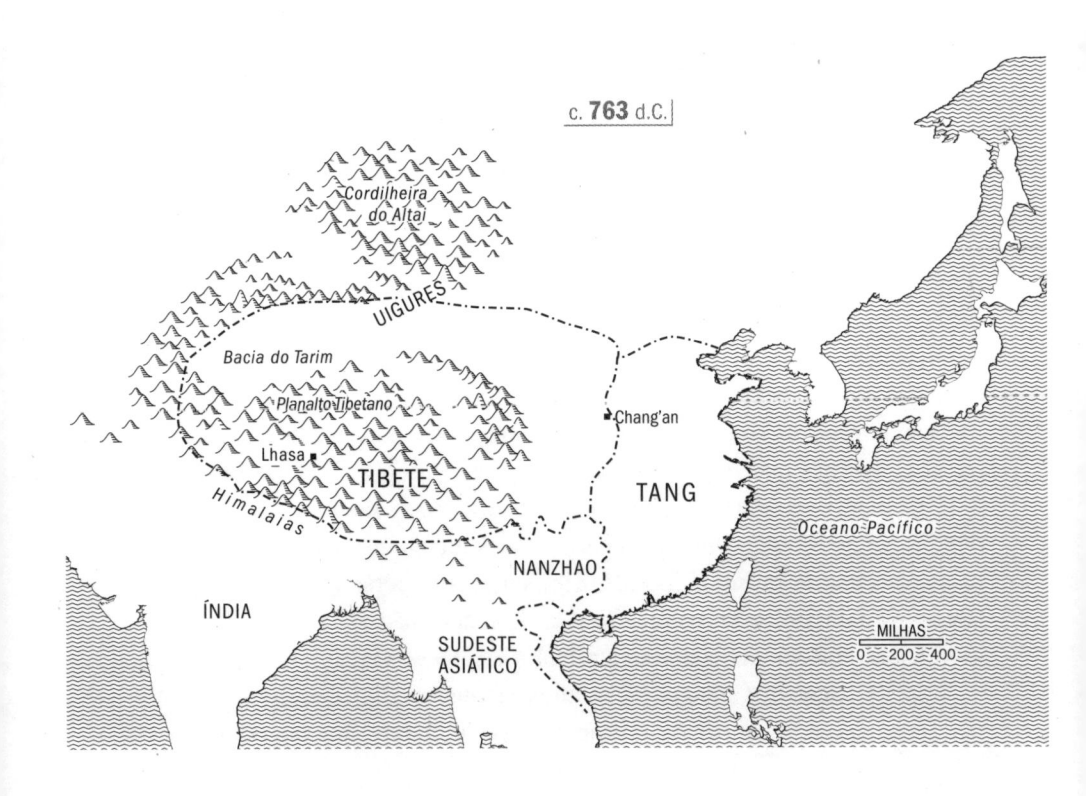

O imperador chinês recusara-se a assinar os seis tratados anteriores mas em 822, pela primeira vez, foi redigido um texto bilingue em chinês e tibetano. À medida que as duas nações foram assinando e quebrando sucessivos tratados, os Tibetanos começaram a cansar-se da prática chinesa de rebaixar os seus rivais de Lhasa nos documentos. Durante as negociações de 781, segundo as crónicas dinásticas tang, os Chineses voltaram a tentar inserir uma linguagem humilhante. O imperador tibetano, Trisong Detsen [24], observou prontamente, "As nossas grandes nações tibetana e tang são aliadas por matrimónios; porque somos tratados com os ritos apropriados para um súbdito?" [25]. Por insistência de Detsen, a redacção foi alterada.

Durante os ritos para formalizar o tratado final, em 822, os Chineses – aceitando contrariados seguir os "bárbaros" costumes tibetanos – juraram em frente de uma estátua budista respeitar o tratado, queimando incenso, como que em oferenda. Os negociadores tibetanos aceitaram, depois de muito pressionados, ratificar o pacto à "civilizada" maneira chinesa: esfregando nos lábios o sangue de animais [26] mortos em sacrifício ao tratado. A linguagem do documento é inequívoca.

> O grande rei do Tibete... e o grande rei da China... concluíram um grande tratado e ratificaram o acordo. Para que nunca possa ser alterado... os termos do acordo foram inscritos numa coluna de pedra... O Tibete e a China manterão o país e as fronteiras que actualmente detêm... De nenhum lado da fronteira virão guerra, invasões nem conquistas de território... E para que este acordo, que inicia uma grande era na qual os Tibetanos serão felizes no Tibete e os Chineses serão felizes na China, nunca seja alterado, as Três Jóias, o corpo dos santos, o sol e a lua, e os planetas e as estrelas foram invocados como testemunhas. [27]

Embora o Dalai Lama tivesse aprendido muito sobre o imperador Trisong Detsen durante a infância, não sabia praticamente nada acerca da pilhagem de Changan pelo imperador até se deslocar à China. No entanto, o papel de Trisong Detsen na Primeira Difusão do *Dharma* no Tibete é celebrado na literatura, na arquitectura, nas canções populares, na ópera, na pintura e em dezenas de mitos tibetanos. Estranhamente, quando os Tibetanos se referem à vida do imperador, mencionam Changan apenas de passagem.

Depois de Trisong Detsen ter saqueado Changan, em 763, convidou dois grandes mestres budistas indianos, Padmasambhava e Santaraksita, a propagarem o budismo no Tibete. Com a sua colaboração, Trisong Detsen fundou o primeiro mosteiro do Tibete, em Samye, e apoiou os primeiros

Tibetanos que fizeram votos de monges budistas. Em 792, o imperador ordenou um debate entre as escolas de pensamento budistas opostas – indiana e chinesa – que eram ensinadas em Samye. Os mestres indianos venceram os mestres chineses num debate público de dois anos[28], e a filosofia budista indiana tornou-se a influência dominante no desenvolvimento do budismo tibetano.

Para o Dalai Lama, tal como para a maioria dos Tibetanos, o saque de Changan é um acontecimento menor. Os Tibetanos nunca retrataram a sua vitória sobre os Tang como prova da superioridade da civilização tibetana. O que os Tibetanos muito valorizam é o apoio dado por Trisong Detsen ao budismo no Tibete – o convite aos dois grandes mestres budistas para que se instalassem no Tibete e a fundação de Samye. Um destes mestres, Padmasambhava *(pad-ma-sam-ba-va)*, também chamado Guru Rinpoche (Mestre Precioso), desempenhou um papel único na história tibetana, talvez apenas comparável ao do Bodhisattva Chenrezi.

✸ ✸ ✸

Ele está junto da porta da sala das recepções, à minha espera, com um largo sorriso estampado no rosto. Enquanto me aproximo, os seus olhos, piscando, permanecem fixados nos meus. "Como está, Sr. Laird?", diz o Dalai Lama numa voz feliz e sonora.

Aperta-me a mão e conduz-me ao meu lugar. Acabou de passar três horas a falar com delegações de cinco países. Por vezes, esses encontros são dominados pelas formalidades, que ele detesta, e está desejoso de começar a trabalhar. Sentado na sua cadeira, descalça as sandálias Bata *made in* Índia e dobra as pernas debaixo do corpo, ao estilo asiático – é o equivalente a arregaçar as mangas. Com a sua eterna *mala* de contas de oração nas mãos, está pronto para começar. Durante toda a nossa conversa, parte da sua mente estará ocupada com as contas de oração.

"Vamos trabalhar", diz ele, olhando curiosamente por cima do meu ombro para a longa lista de perguntas que eu preparei. Passa as contas pelos dedos e um *mantra* sai-lhe em voz baixa dos lábios, como um sussurro.

"Quando ouviu falar pela primeira vez em Padmasambhava?", perguntei.

"Estive sempre muito familiarizado com ele, por várias razões. Havia estátuas e pinturas dele por todo o lado. No Potala, no templo de Jokhang, em Lhasa, em todo o lado havia uma imagem de Padmasambhava. E havia um ritual mensal para uma estátua de Padmasambhava que lá se encontrava desde o tempo do V Dalai Lama. Todos os meses, na manhã do décimo dia, eu tinha que enviar uma oferenda para uma imagem específica de Padmasambhava. Recordo-me de que um dos meus monges guarda-costas, o mais graduado, chegava com um *khata* ([29]) especial para ser levado à estátua do Guru Rinpoche, no Jokhang. Ele pedia-me sempre para eu fazer um desejo ou rezar uma oração porque ia oferecê-lo à estátua". O *khata* é o lenço branco de seda ou algodão que os Tibetanos oferecem uns aos outros, tal como noutros locais se oferecem grinaldas de flores. Os Tibetanos também oferecem estes lenços de saudações rituais às estátuas existentes nos templos.

"Como estava vestido o guarda-costas?", inquiri, curioso para saber quem eram aqueles guarda-costas.

"Eram monges", retorquiu ele, encolhendo os ombros. As suas vestes eram idênticas às dele, tinham a cabeça rapada e o corpo envolto em hábitos de lã castanho-avermelhados. "Tinham grandes chumaços nos ombros, debaixo dos hábitos, como os jogadores de futebol americano. Estavam enchumaçados como os *Dhob Dhobs*. Eu tinha quatro monges guarda-costas, e era sempre o mais velho quem me trazia o *khata*, para eu rezar uma oração sobre ele". Os *Dhob Dhobs*, uma espécie de polícias monásticos, eram homens grandes que usavam chumaços para realçar o seu aspecto.

"Lembro-me disto muito claramente", prosseguiu o Dalai Lama, "ainda que na altura eu tivesse apenas seis ou sete anos, porque eu costumava estar a brincar na terra ou com água e aquele grande monge vinha à minha procura com um *khata* de um branco imaculado. Às vezes, eu tinha as mãozitas muito sujas. Como não podia tocar no *khata*, abençoava-o tocando-lhe com a cabeça. Mesmo durante as brincadeiras eu tinha que o fazer, pelo que me recordo muito bem. E também tenho uma recordação muito viva disto porque eu era muito pequeno e os guarda-costas eram bastante grandes. Como eu tinha que tocar com a testa no *khata*, o gigantesco guarda-costas era obrigado a ajoelhar-se porque eu era muito pequeno."

"No princípio, sabia a quem era destinado o lenço?", perguntei.

"Não, no princípio não sabia para que estátua era", respondeu o Dalai Lama, "mas todos os meses ouvia o nome da estátua, 'O Grande

Libertador'; nem sequer sabia onde ela estava. 'O Precioso Libertador', diziam as pessoas. Assim, eu tive, desde muito cedo, uma familiaridade com Padmasambhava, talvez até muito engraçada. Quando eu estava a brincar, a oração vinha-me da boca. Podia ser qualquer coisa de que eu me lembrasse, por exemplo, 'Que não haja guerra'; 'Que eu tenha uma longa vida'. Penso que estas duas eram as que eu dizia sempre. No meio da brincadeira, ele encostava-me o lenço à cabeça e eu pensava automaticamente nestas orações. Penso que a minha mente principal ainda estava concentrada na brincadeira, mas a minha boca repetia automaticamente uma destas duas orações". Fez uma pausa para se certificar de que eu estava preso às suas palavras e, olhando-me nos olhos, exclamou, "Uma oração a sério!", rindo-se da sua piada a bandeiras despregadas. Como sempre, ria-se de si próprio.

Padmasambhava só foi convidado depois de Santaraksita *(San-ta-rac--si-ta)* ([30]), que ensinava no Nepal, ter chegado ao Tibete.

"Foi o imperador Trisong Detsen quem convidou Santaraksita a ir para o Tibete e ajudar a propagar e difundir o *Dharma*", disse o Dalai Lama. "Quando ele chegou e começou a ensinar o *Dharma*, viu-se confrontado com algumas dificuldades, alguns obstáculos".

O historiador tibetano Tsepon Shakabpa afirma que depois de Santaraksita começar a pregar, os espíritos animistas pré-budistas do Tibete, os deuses da religião Bon, "ficaram tão ressentidos e desagradados ([31]) que provocaram tempestades, relâmpagos e inundações. O povo interpretou estes presságios como um sinal de que a nova religião não era aceitável".

Os sherpas do Nepal, que praticam o budismo tibetano, contam histórias acerca dos desafios que Trisong Detsen enfrentou quando começou a construir o primeiro mosteiro, em Samye. Os pedreiros trabalhavam todo o dia nas paredes, mas à noite surgiam espíritos enfurecidos que as derrubavam. Os seguidores do budismo popular acreditam que as iradas divindades e espíritos protectores das montanhas, das nascentes, do lar e dos cemitérios resistiam à nova religião.

O Dalai Lama disse, "Santaraksita aconselhou o imperador: 'Precisamos de alguém que possua o poder de controlar a realidade física'" ([32]). Necessitavam de alguém que fizesse milagres.

"Padmasambhava foi então convidado a ir para o Tibete", continuou o Dalai Lama. "Depois de Padmasambhava chegar, Santaraksita disse ao imperador que ele apenas iria ordenar monges, providenciar aconselhamento espiritual e ensinamentos, e discutir obras filosóficas. Seria a sua responsabilidade. Estes dois mestres indianos realizaram obras diferentes no Tibete. O imperador fundou os templos. Santaraksita ordenava os monges. Padmasambhava foi trazido para ultrapassar os obstáculos, para domar os espíritos nativos. Padmasambhava ministrou alguns ensinamentos muito secretos e elevados ao próprio Trisong Detsen e a 25 dos seus mais íntimos discípulos, e visitou muitos lugares, por todo o Tibete".

"Diz que o Guru Rinpoche teve que domar os espíritos do Tibete", observei eu ao Dalai Lama. "Ao longo dos anos, por todo o Tibete, tenho ouvido histórias populares acerca de o Guru Rinpoche ter derrotado os espíritos locais num certo vale, durante um combate mágico, e depois, em vez de os matar, obrigou-os a jurar que seriam 'Protectores do *Dharma*'. Padmasambhava marca muitas vezes a terra – deixando a marca da sua mão na pedra – para assinalar a vitória do budismo nesse vale. O Buda também tocou na terra no momento da sua iluminação, para que a terra fosse sua testemunha".

"É verdade", disse o Dalai Lama. "Parece um milagre. Conheço um monge que se chama Ketsang Rinpoche. Ouvi dizer que um dia, quando ele era muito novo, tinha uns sete ou oito anos, estava a brincar com outras crianças. Ia a correr, num pântano, saltou para cima de uma pedra mas escorregou e caiu; porém, sem a mínima intenção, deixou o pé marcado na pedra".

"Sim", disse eu. "Os Tibetanos dizem que alguns lamas reencarnados fazem coisas assim. Penso que foi Padmasambhava quem deu início a essa tradição".

"Provavelmente, penso que sim", respondeu o Dalai Lama.

"Estará isso associado com a subjugação das divindades autóctones?", perguntei eu.

"Talvez, não sei", disse ele. "Com um Rinpoche tão jovem, aconteceu por acaso. Outros fazem-no intencionalmente. Nalguns casos, penso que estão a tentar diminuir as forças negativas. No caso de Milarepa, ele estava numa competição mágica contra alguém, a demonstrar o seu poder espiritual".

"Mas não foi esse o caso de Padmasambhava", disse eu, "ou será que ele estava a tentar converter os Tibetanos, demonstrando-lhes que o poder do budismo era real, superior ao das divindades protectoras?".

"É possível", disse o Dalai Lama. "A primeira tarefa do Guru Padmasambhava foi ao nível misterioso. Ele definiu o nível tântrico dos ensinamentos no Tibete".

Estávamos a desviar-nos da história para a mitologia, mas Padmasambhava era tão importante e tão misterioso que tornava essencial que continuássemos na mesma linha. Na Índia do século IX, ioguis tântricos budistas, recorrendo ao ioga sexual e a outros meios radicais, afirmavam adquirir poderes mágicos e atingir a iluminação. Padmasambhava foi um dos maiores ioguis tântricos. Eu sabia que Padmasambhava fora uma figura central na difusão do budismo no Tibete, mas era difícil fazer com que o Dalai Lama me elucidasse sobre este ponto. "Trisong Detsen colaborou com Santaraksita e Padmasambhava para difundir o budismo. É algo que parece solidamente comprovado pela história. Uma das coisas que fizeram foi a construção do primeiro mosteiro, em Samye, no Tibete Central, onde ordenaram os primeiros monges, não é verdade?".

"Correcto", replicou o Dalai Lama.

Samye fica apenas a algumas horas de carro a sudeste de Lhasa, numa estrada asfaltada pelos Chineses na década de 90. Visto do ar, o templo original ter-se-ia assemelhado a um *mandala*,([33]) com uma muralha circular exterior rodeando o templo principal, no centro, e meia dúzia de templos secundários dispostos à sua volta. A muralha, de adobe, eleva-se a 12 metros de altura, embora o templo, que foi restaurado, seja apenas uma sombra do original. O original sobreviveu intacto até ao século XX, até ser destruído durante a Revolução Cultural, na década de 60.

"Infelizmente, nunca estiva em Samye", disse o Dalai Lama. "Segundo a tradição, deveria ter lá ido após o meu exame final. Mas logo a seguir ao exame deram-se os acontecimentos de 1959, e a situação mudou. Quando atravessei o rio, fugindo do Tibete, as pessoas disseram-me, 'Esse é o caminho de Samye', mas não tive tempo para o visitar porque estava em fuga".

O Dalai Lama disse que na época de Trisong Detsen havia monges indianos e chineses no Mosteiro de Samye, e cada grupo possuía os seus próprios alojamentos. E existiam também aposentos para um grupo de tradutores que traduziam textos budistas indianos para tibetano.

"A título experimental, Santaraksita ordenou monges para ver se os Tibetanos eram capazes de praticar e seguir o *Vinaya*" ([34]), disse o Dalai Lama. Nos séculos que se seguiram à morte do Buda, a comunidade de monges budistas codificou as regras da disciplina monástica, originalmente estabelecidas pelo Buda num texto em sânscrito chamado *Vinayasutra*. O Dalai Lama refere-se à disciplina ou votos de um monge como *Vinaya*. Estas regras começam com votos de celibato, não-violência e honestidade, mas incluem muitos outros, sendo algo semelhantes às regras de São Bento da tradição cristã.

"Depois de os sete rapazes terem sido instruídos e ordenados", disse o Dalai Lama, "tornaram-se monges bem sucedidos. Daqui podemos ver que, antes de Santaraksita, não houve nenhuma ordenação de Tibetanos como monges budistas. Assim, naquela altura, em Samye, tínhamos Santaraksita a ensinar a tradição indiana, os Chineses a ensinar os conhecimentos da escola Ch'an, Tibetanos e praticantes [35] do Tantra. Depois de Trisong Detsen e Santaraksita terem falecido, um mestre chinês não qualificado chamado Mohoyen começou a ensinar uma versão do Ch'an em Samye, e isto causou muitos mal-entendidos. Ele defendia o 'sistema instantâneo', dizendo que a iluminação podia ser alcançada imediatamente". A escola Ch'an do budismo chinês propagou-se ao Japão, onde se desenvolveu e se converteu no budismo Zen, que ainda busca o clarão da iluminação nesta vida.

"E o que aconteceu quando o mestre chinês difundiu esses ensinamentos pelo Tibete?" perguntei.

"Houve monges que discordaram", disse o Dalai Lama. Então, um discípulo de Santaraksita na Índia, um monge indiano chamado Kamalasila, foi convidado para ir para o Tibete. Santaraksita falecera, mas deixara um testamento a Kamalasila. Assim, Kamalasila chegou a Samye e debateu com o mestre chinês que espalhava os mal-entendidos *(acerca do Ch'an)*. Kamalashila debateu com os Chineses durante dois anos [36], e tornou clara a interpretação dos textos e a autenticidade da visão indiana primeiramente estabelecida por Santaraksita".

"E isso foi importante para o estabelecimento do budismo no Tibete, não foi?", perguntei eu.

"Sim", retorquiu o Dalai Lama. "O mestre chinês, Mohoyen, interpretou erradamente as palavras do Buda. O budismo tibetano, embora aceitando a iluminação instantânea, postula que existem muitas coisas que acontecem antes desse instante. É necessário meditar sobre a impermanência e adquirir conhecimento sobre a natureza do sofrimento, sem o que não é possível atingir estados não conceptuais mais profundos. O que pretendo dizer é que o mestre chinês também era seguidor do Buda. Foi um problema por causa da interpretação errada de uma pessoa, não por causa da tradição".

"Foram então essas as coisas mais importantes realizadas por Trisong Detsen", resumi eu pelo Dalai Lama. "Os primeiros monges tibetanos, a fundação de Samye e depois o debate. Como era a relação entre o imperador Trisong Detsen e Padmasambhava? Partilhavam o poder?"

"Basicamente", disse o Dalai Lama, "o rei religioso – e nós dizemos que Trisong Detsen era um Rajá do *Dharma* – possuía o seu próprio domínio. E o mestre espiritual também tinha o seu próprio domínio. Existe uma relação especial entre Trisong Detsen e Padmasambhava, e a verdade é que os Tibetanos acreditam que qualquer governante do Tibete deve ter uma relação especial com Padmasambhava".

Ao ouvir o Dalai Lama, não pude deixar de recordar todos os milagres que eu ouvira serem atribuídos a Padmasambhava pelos seguidores do budismo popular por todos os Himalaias. Por vezes, dá a sensação de que Padmasambhava visitou todas as aldeias, deixando em cada uma uma miraculosa marca na pedra. Eu disse ao Dalai Lama, "No Tibete, contam-se inúmeras histórias sobre os milagres de Padmasambhava. Para muitos ocidentais, ele será uma figura mítica. Acredita que Padmasambhava era um ser humano verdadeiro?"

"Sim, acredito. Era um indiano, de Udiyana", disse o Dalai Lama. "Mas também ninguém sabe exactamente onde fica Udiyana *(embora alguns estudiosos modernos identifiquem este local com o vale de Swat, no Paquistão).* Por isso, ele é, de facto, uma figura muito misteriosa, o que causa controvérsia. A antiga literatura indiana refere os grandes mestres budistas de há mil anos. São bem conhecidos. Ainda que os ensinamentos que escreveram tenham desaparecido, possuímos os seus nomes e outros textos da época. Ele parece estar ausente. Mas foi para o Tibete, onde trabalhou, e mais tarde, muitos grandes mestres budistas tiveram visões claras de Padmasambhava, chamando-lhe Lopon, Guru Rinpoche, e muitos outros nomes em tibetano. Eu também sonhei algumas vezes com Padmasambhava. Verifica-se um efeito aqui no Tibete. Por isso, ele deve ter sido uma figura histórica. E depois há a questão de ele ainda estar vivo: nós acreditamos que ele ainda está vivo *(sob alguma forma)*".

"Tudo isso parece algo mítico", disse eu ao Dalai Lama.

"Sim, tem razão", disse ele. "O Guru Rinpoche não é como outras figuras históricas, como Songzen Gampo ou Milarepa. Tinha uma personalidade muito estranha, algo misteriosa. Há quem diga que ele viveu muitos anos no Tibete. Outros dizem que viveu muito pouco tempo no Tibete. Em qualquer dos casos, a verdade é que o Guru Rinpoche existiu. Independentemente do tempo que tenha vivido no Tibete, algo aconteceu. Esta pessoa, Padmasambhava, é uma pessoa especial, com uma ligação a

Chenrezi. É um dos mais elevados. Foi um Buda, completamente iluminado".

"Quais foram as suas motivações para ir para o Tibete?", inquiri.

Usando os dedos, o Dalai Lama enumerou três nomes: "Trisong Detsen, Padmasambhava, Santaraksita. Estes três, em vidas passadas, tinham tido relações especiais, únicas. Havia um historial kármico". Em virtude das vidas passadas nas quais os três se haviam encontrado, estavam destinados a trabalhar novamente em conjunto no Tibete.

"Padmasambhava alcançou a iluminação nessa vida?", perguntei eu.

"Não, penso que foi muito tempo antes", disse o Dalai Lama. "O Guru Rinpoche possuía poderes mágicos, ou *siddha*. Dado ser uma manifestação de Amitabha *(O Buda do Esplendor Infinito)*, considera-se que ele corresponde às actividades sublimes de todos os Budas. Estas emanações *(de Amitabha)* assumem diferentes formas em diferentes alturas, mas todas elas vêm principalmente para salvar *(os seres sensíveis)* do Tibete".

"De que outros modos é que Padmasambhava trabalhou para salvar o Tibete?", perguntei.

"Já ouviu falar naquilo a que chamamos os textos ou tesouros revelados, que foram encontrados muito depois?", retorquiu o Dalai Lama.

"Sim, sei que ele deixou livros ou ensinamentos tântricos por todo o Tibete, para que fossem descobertos mais tarde".

"Todos estes textos ou tesouros revelados estão relacionados com o Guru Padmasambhava, e desta forma ele deu outro contributo", explicou o Dalai Lama. "Foram escondidos pelo Guru Padmasambhava, na época de Trisong Detsen".

"Alguns desses textos escondidos poderão estar escondidos na mente?", perguntei eu.

"Existem diferentes categorias", respondeu o Dalai Lama. "Mas sim, podem estar, como diz, escondidos na mente. Alguém pode ter recebido um ensinamento específico do Guru Padmasambhava numa determinada altura. Depois, mais tarde, noutra vida, a mente de nível mais grosseiro manifesta-se ou domina a pessoa, impossibilitando-a de se recordar do que lhe foi ensinado. Numa vida futura, através da meditação ou da prática espirituais, conseguimos activar a mente subtil e recordamo-nos subitamente dos ensinamentos".

"Ouvi dizer", referi eu, "que ele não morreu depois de a sua obra no Tibete estar concluída – desapareceu voando na companhia da sua consorte tibetana, Yeshi Chogyal".

"Sim, está correcto", replicou o Dalai Lama. "Segundo esse relato, ele deixou o Tibete voando nos raios do sol".

"Então, nunca morreu?", perguntei.

"Nós acreditamos que ele ainda vive", disse o Dalai Lama, "e algumas pessoas – ainda hoje – tiveram visões especiais nas quais chegam à terra de Padmasambhava. Por exemplo, é bem sabido que o V Dalai Lama chegou à terra de Padmasambhava. Recebeu algumas instruções e diz-se que depois regressou ao Tibete. Existem dois níveis de interpretação destes acontecimentos, dependendo do entendimento de cada um. Eu sou dos que acreditam que estes acontecimentos são reais. Mas mesmo no primeiro nível, embora possam não existir fontes indianas escritas acerca dele, existe a realidade da construção do mosteiro de Samye. Isto é algo de muito concreto. Existem os grandes feitos de Padmasambhava, de Santaraksita e do monarca tibetano Trisong Detsen".

Era-me muito difícil aceitar esta história. "Mas se tivermos em conta todos os mitos locais, ele parece ter visitado quase todas as cidades do Tibete...".

"Talvez as tenha visitado sob formas miraculosas", retorquiu o Dalai Lama.

"Mas existem tantas referências no Tibete às suas visitas e acções miraculosas", disse eu. "Parece que houve mais visitas miraculosas do que convencionais".

"Talvez", disse o Dalai Lama impávido, enquanto eu o bombardeava com as minhas dúvidas.

"Porquê?", perguntei eu.

"Em virtude dos seus poderes especiais", respondeu pacientemente o Dalai Lama, "ele podia chegar a mais lugares do que através da sua presença real. Assim, ele deve ter chegado aos lugares através de meios miraculosos, mas depois de lá chegar as pessoas conseguiam vê-lo".

"Isso é de compreensão muito difícil para os que não são tibetanos", insisti eu.

"Sim", disse o Dalai Lama, "mas a questão é que, baseando-se em diferentes realizações ou experiências, Padmasambhava chegava a muitos lugares onde uma pessoa normal não podia chegar. Possivelmente, mesmo que ele chegasse a um lugar numa experiência exterior ao corpo, as pessoas conseguiam vê-lo na sua forma normal".

"E quando Padmasambhava chegava a esses lugares, por todo o Tibete, ele..." comecei eu.

O Dalai Lama interrompeu-me. "A tarefa especial do Guru Rinpoche foi pacificar e eliminar todas as forças destrutivas ou negativas. Entre os seres humanos, a outro nível, também existiam forças negativas, ou seja, forças opostas ao *Dharma* do Buda, mas com estas o imperador conseguia lidar. Ao nível misterioso, existiam também forças opostas ao *Dharma*. A tarefa do Guru Rinpoche foi combater essas forças. A oposição era ao nível misterioso, e o seu método para a combater também foi a um nível misterioso. A principal tarefa do Guru Padmasambhava, ao nível misterioso ou não, foi fazer florescer o nível tântrico dos ensinamentos".

"E quando ele terminou a sua obra no Tibete, nessa altura, Padmasambhava não morreu?", inquiri eu, obviamente incrédulo. "Desapareceu nos raios do sol, para a sua terra, algures onde as pessoas sem realização não podem ir. Nada disto se assemelha a Songzen Gampo nem às outras figuras históricas, onde temos um segundo nível na história tibetana. Parece que quase tudo o que Padmasambhava fez foi no segundo nível. Pelo menos, no nível convencional, Songzen Gampo morreu, ainda que num nível superior não tenha morrido. Mas Padmasambhava...".

"Sim", disse o Dalai Lama, interrompendo-me. "Até o corpo de Padmasambhava poderá não ter desaparecido. É muito complicado. Para o Buda, não existe nível convencional. Algumas pessoas ainda conseguem receber ensinamentos do Buda, e o Buda pode manifestar-se através de pessoas. Chenrezi, por exemplo, é uma manifestação do Buda".

"Não tem dito", perguntei eu, combativamente, "que quando falamos de história tibetana existem sempre dois níveis?".

"Não, não é isso que quero dizer", respondeu o Dalai Lama, com um toque de irritação. "Existem pessoas historicamente importantes na história tibetana – lamas, reis ou outros – para as quais não existe um segundo nível de compreensão. Não há um nível incomum; são pessoas comuns. Todavia, nalguns casos, existem pessoas extraordinárias na história do Tibete. Para as vidas destas pessoas existem dois níveis de significado, de compreensão, dois níveis diferentes de realidade. Mas isto não significa que para toda a história existam dois níveis. Seja como for, hoje o convencional é mais importante". Riu-se sonoramente do meu ar e prosseguiu, procurando outro modo de chegar até mim.

"Ouça", disse ele. "Eu compreendo que os americanos tenham dificuldade em aceitar isto. No entanto, para nós, como budistas, dependendo do nosso nível de experiência e crença, não nos é difícil explicar a ressurreição de Jesus Cristo. Aceitamo-la facilmente porque aceitamos que existem estes dois níveis. De uma perspectiva budista, não é difícil aceitar a ressurreição de Jesus Cristo no segundo nível".

Subitamente, muito do que eu argumentara contra ele, o facto de Padmasambhava não me parecer uma figura histórica, mudou. Eu estava espantado.

"Mas poucos cristãos modernos teriam a mesma abertura", disse eu, "quando olham para os acontecimentos milagrosos relativos a Padmasambhava, que o Dalai Lama afirma terem-se verificado maioritariamente no segundo nível".

"Sim, é verdade", retorquiu o Dalai Lama. "Mas isso é uma questão de opinião. A crença subjacente é a mesma".

Ao discutir a história tibetana com o Dalai Lama, comecei a pensar que as estruturas de crenças de todas as sociedades humanas são extremamente semelhantes. Apenas variam as crenças.

4

Lang Darma:
Declínio, Revolta e um Período de Caos
797-977

Chovia sem parar há três dias e noites. As estradas para a cidade indiana de Dharamsala, situada numa colina, estavam sempre cheias de buracos e rachas, mas a chuva constante danificara-as ainda mais e algumas haviam-se transformado em riachos. Todas as tardes, eu apanhava um táxi para me deslocar ao complexo residencial do Dalai Lama, situado no cimo da colina, acima do resto da cidade; passava pela segurança e depois, de chapéu-de-chuva aberto, dirigia-me à sala de audiências. Na véspera, tínhamos falado sobre Songzen Gampo e o início do Império Tibetano, pelo que era natural que passássemos ao reinado dos seus descendentes.

O reinado de Trisong Detsen e a sua propagação do budismo marcam o apogeu do Império Tibetano. Os dois filhos e os dois netos de Trisong Detsen presidiram à glória do império, seguindo-se a ruína e um período de caos. O reinado de Muni Tsenpo ([1]), filho de Trisong Detsen, na década de 790, é famoso entre os Tibetanos devido a um estranho episódio em que o imperador tentou redistribuir a riqueza por todo o seu império. Eis o que escreve o historiador tibetano Tsepon Shakabpa:

Muni Tsenpo, procurando reduzir a grande disparidade entre ricos e pobres([2]), implementou uma reforma agrária e nomeou ministros para supervisionarem a distribuição equitativa de terras e bens. Mais tarde, quando o imperador inquiriu sobre o estado das suas reformas, descobriu que 'os ricos tinham-se tornado mais ricos e os pobres mais pobres'. Diz-se que ele terá feito duas tentativas adicionais para implementar estas reformas, mas sem sucesso. Padmasambhava, questionado sobre estes acontecimentos, disse ao imperador, 'A nossa condição nesta vida está inteiramente dependente das acções da nossa vida anterior, e nada pode ser feito para alterar a ordem das coisas'.

O Dalai Lama e eu havíamo-nos fixado numa rotina de trabalho, e logo que nos sentámos eu li-lhe este excerto de Shakabpa. A atitude de Padmasambhava é tão diferente das atitudes políticas modernas e reflecte um *ethos* tão dominante na cultura tibetana que eu tinha curiosidade em conhecer a perspectiva do Dalai Lama sobre o assunto.

"Isso é importante", disse ele, "porque mostra a grande influência do budismo sobre Muni Tsenpo. Ele desenvolveu uma profunda compreensão relativamente à distribuição desigual das riquezas, e quis torná-la equitativa. Tentou fazê-lo por três vezes. Não sei exactamente como". A sua voz foi interrompida por um riso de cepticismo, e ele acrescentou, "Mas o que é muito claro é que ele não tentou matar os ricos! Os registos referentes a estes acontecimentos não são precisos, mas o conceito está lá e eu fiquei muito impressionado por este ideal logo desde a primeira vez que ouvi falar nele, quando era miúdo".

O riso do Dalai Lama tinha origem na sua história de vida. No século XX, o marxismo tentou resolver o problema reconhecido por Muni Tsenpo no século VIII, matando os ricos. No início da década de 50, depois da sua vitória na guerra civil, o Partido Comunista Chinês executou vários milhões de proprietários de terras, e houve uma redistribuição maciça de riqueza no país. A seu tempo, a China empregou uma política semelhante no Tibete. Mas entretanto, o governo chinês abandonou esta experiência, sem nunca declarar que a morte de milhões de pessoas foi injustificada, e hoje, por toda a China, os ricos são ainda mais ricos. O riso do Dalai Lama aludia a estes trágicos capítulos da história. Apesar disto, o Dalai Lama tem algo que eu vi como um curioso respeito pelos ideais do marxismo.

Perguntei-lhe, "Vê alguma ligação entre os ideais budistas e os ideais marxistas?".

"Sim," respondeu o Dalai Lama. "Penso que existe similaridade entre o pensamento budista e o pensamento marxista. Mas Muni Tsenpo não fez o que fez devido ao pensamento marxista. Foi claramente influenciado pelo budismo. Mas existe uma ligação entre ambos *(os ideais do marxismo e os do budismo)*". Para poder prosseguir com a história tibetana dos séculos VIII e IX, pus de lado este tópico, prometendo a mim próprio regressar à apreciação que o Dalai Lama faz dos ideais marxistas quando chegássemos à história do século XX.

Os registos relativos ao reinado de Muni Tsenpo estão incompletos. Mesmo assim, a qualidade e quantidade dos documentos históricos tibetanos datados de finais do século VIII e princípios do século IX são comparáveis às fontes insuficientes [3] referentes ao reinado de Carlos Magno, que reinou na Europa durante o mesmo período. O reinado de Muni Tsenpo foi breve e, dado que ele não gerara um herdeiro, o seu irmão, o outro filho de Trisong Detsen, subiu ao trono em 804. O novo imperador, Tride Songzen, continuou as políticas de seu pai. Convidou mestres budistas indianos para ensinarem no Tibete, fundou templos e defendeu o centro e os territórios distantes do império em batalhas contra Árabes e Chineses [4]. As tropas tibetanas ocuparam vastas áreas das planícies do Norte da China, uma constante causa de alarme em Changan. Com os Tibetanos a avançarem para oriente, passando por Changan e penetrando profundamente na China, a capital tang esteve cercada durante quase dez anos.

Tride Songzen gerou apenas dois herdeiros, Tri-Ralpachen e Lang Darma [5]. A sua disputa pelo trono constitui o último capítulo do Tibete imperial. Quando Tride Songzen morreu, em 815 [6], um ano após a morte de Carlos Magno, o filho mais velho, Darma, não se tornou imperador. Os poderosos ministros principais de Tride Songzen não o consideraram por ele ser antibudista e um exaltado [7]. O filho mais novo, Tri-Ralpachen, subiu ao trono e, à semelhança dos seus antecessores, continuou a apoiar a propagação do budismo no Tibete, convidando mestres indianos para ensinarem no país e orientarem a tradução de textos para tibetano.

Foi o imperador Tri-Ralpachen quem assinou o tratado com a China Tang em 822, pelo qual o Tibete e a China se reconheceram como iguais. Seria a última relação diplomática entre os dois países durante séculos. O tamanho e a unidade dos Estados tibetano e chinês iriam diminuir dramaticamente durante um período de caos, nos séculos IX e X. Quando a dinastia Song, sucessora dos Tang, emergiu, governava um Estado chinês muito mais pequeno. Surgiram Estados fronteiriços separando o Tibete e a China song, e as relações diplomáticas praticamente deixaram de existir.

No Tibete, o declínio para o caos começou com o ressentimento de Lang Darma por ter perdido o trono, inflamado por um sentimento antibudista que se expandia pela China e pelo Tibete. Estes dois factores condenaram o Tibete imperial e o irmão de Darma, o imperador Ralpachen. Em 836, dois ministros antibudistas [8] conspiraram com Darma para remover os ministros mais pró-budistas da corte de Ralpachen. Depois, aproximaram-se ambos sub-repticiamente de Ralpachen, deitado ao sol e meio adormecido após uns copos de cerveja tibetana ou *chang* e, com as suas próprias mãos, partiram-lhe o pescoço.

Logo que Lang Darma se apoderou do trono, emitiu éditos destinados a destruir o budismo monástico. Os mosteiros fecharam as portas e os monges renunciaram aos seus votos, sob pena de morte. Lang Darma, o "Touro" do Darma ou "o jovem boi" e os seus apoiantes nunca haviam aceitado a ascensão do budismo sobre a religião indígena do Tibete, a religião Bon, e os actos de Darma fizeram recuar as coisas; durante aproximadamente um século, o budismo monástico esteve morto no Tibete Central. Durante cerca de setenta anos, não foram ordenados monges. Embora alguns templos não tenham fechado, não havia monges celibatários para liderarem a comunidade budista do Tibete, e o budismo que sobreviveu foi o budismo popular. O reinado de Darma também assinalou o fim do Império Tibetano. "O poderio militar tibetano atingiu o seu auge com Ralpachen, mas desapareceu na época de Lang Darma", disse-me o Dalai Lama.

O Dalai Lama considera os imperadores Tri-Ralpachen, o seu pai, Trisong Detsen, e o seu quinto avô, Songzen Gampo, como "os três grandes antepassados, ou três maiores reis e patronos do budismo. Mas o apogeu do poder militar tibetano foi atingido com Ralpachen. Depois, *(o Tibete entrou em declínio porque)* houve um conflito religioso entre o budismo e a religião local, Bon, por razões políticas. E depois chegou Lang Darma". Para os Tibetanos, o próprio nome é símbolo de ruína e caos.

Do mesmo modo que ouviu falar pela primeira vez em muitas outras coisas, foi aos varredores que cuidavam das capelas do Potala que o Dalai

Lama ouviu falar em Lang Darma. Os trabalhadores do vasto complexo eram seus companheiros de brincadeira, e foi através deles que ele aprendeu as lendas e histórias do Tibete. Para eles, Lang Darma era um demónio com cornos.

"Como ele tinha aqueles cornos", disse o Dalai Lama, "as raparigas eram enviadas para lhe pentearem o cabelo, e depois de terminarem ele usava os cornos para as matar. Na verdade, elas viam-lhe os cornos, e ele não queria que isso se soubesse, por isso as matava com os cornos". O Dalai Lama riu-se ao contar esta história. "Mas houve uma rapariga que foi penteá-lo e que, quando estava a penteá-lo, começou a chorar. Este choro surpreendeu Lang Darma, e ele perguntou-lhe, 'Porque choras?'. Ela respondeu-lhe que sabia que depois de terminar seria morta. Ele sentiu-se um pouco preocupado ou culpado, e disse-lhe, 'Se prometeres não dizer a ninguém que tenho cornos, poupar-te-ei'. Ela prometeu, e ele poupou-lhe a vida. Passado algum tempo, ela tornou-se inquieta e quis partilhar o segredo. Mas tinha prometido. Assim, foi junto de uma fenda num rochedo e sussurrou lá para dentro que Lang Darma tinha cornos. Mais tarde, um rebento de bambu brotou da fenda. E depois, alguém cortou o bambu e fez uma flauta. E sempre que a tocava, a flauta cantava, 'Lang Darma tem cornos'".

Ao terminar esta história que aprendera em criança, o Dalai Lama não conseguiu conter o riso. A história encerrava alguma essência da crença tibetana na reencarnação: a verdade ou motivação humana pode percorrer muitas encarnações. Nunca morre.

"Não sei se isto é importante. A juventude...", começou o Dalai Lama, mas foi novamente acometido pelo riso. Enquanto ria com ele, tive um vislumbre do quão crucial podia ser aquela parábola para se compreender a evolução espiritual das crenças do Dalai Lama. Por ele a achar tão engraçada, eu quase não me apercebera.

Recomposto, o Dalai Lama prosseguiu. "A crença popular era que Songzen Gampo tinha um Buda na cabeça – como se vê nos seus retratos de Songzen Gampo. E que Lang Darma tinha cornos. Penso que as pessoas estavam a confundir o primeiro e o segundo níveis de interpretação". Ao dizer isto, inspirou profundamente e olhou para mim: parecia que não iria falar mais sobre o assunto. A realidade incomum, vista pelos homens sábios, pode ter sido transformada num mito popular. Se os mitos tinham algumas das suas origens neste tipo de erro de interpretação, interroguei-me eu, quantos mitos, em quantas sociedades, seriam originários deste tipo de equívoco? Pareceu-me que pode ser deste modo que a metáfora espiritual e o mito se transformam numa realidade fundamentalista: distorções de visões da realidade que são tão difíceis de ver que requerem um grande treino. A persistente repetição da visão em estéreo por parte do Dalai Lama – ver o "comum" e o "incomum" ao mesmo tempo – já fora suficientemente difícil. Agora, ele estava a dizer que alguns aspectos da cultura popular tibetana se tinham desenvolvido quando os dois níveis haviam sido confundidos.

Enquanto eu ponderava silenciosamente nesta questão, o Dalai Lama prosseguiu. "Recentemente, um dos nossos cristãos budistas disse-me que os seres infernais do cristianismo também têm cornos. Na história tibetana, as pessoas más tinham cornos. As pessoas negativas tinham cornos, para mostrarem que eram mais terríveis. No nível convencional, Lang Darma pode não ter tido cornos e Songzen Gampo pode não ter tido um Buda a sair-lhe da cabeça. Mas no nível espiritual, Songzen Gampo tinha *em si* a cabeça do Buda; tinha a marca da linhagem de Chenrezi e Amitabha".

Embora eu quisesse demorar-me no tema, continuei, perguntando ao Dalai Lama, "Qual foi a causa do conflito entre Ralpachen e Lang Darma?"

"Penso que durante muito tempo existiu um conflito entre o budismo e a religião local, a religião Bon", disse o Dalai Lama. "E havia sempre conflitos puramente políticos, ao nível local, até que surgiu Lang Darma. Alinhou com a tradição Bon, e matou o irmão. Suponho que existissem algumas pessoas que se opunham a Ralpachen, apesar de ele ser muito respeitado. A sua morte, por ordem de Lang Darma, deu origem a invejas, divisões e mais problemas. Com Ralpachen morto, talvez as pessoas não tivessem o mesmo respeito pelo novo soberano. Naqueles tempos, grandes ministros ou pessoas de extrema confiança eram colocados nas regiões mais distantes, tais como Amdo e Kham *(no Tibete Oriental, ao longo da fronteira sino-tibetana)*. De facto, os descendentes de Songzen Gampo estavam colocados nessas regiões fronteiriças. Naturalmente, logo que souberam que o imperador fora assassinado, seguiram o seu próprio caminho, assumindo o poder local. E quando, posteriormente, o próprio Lang Darma foi morto, verificaram-se novas divisões. Consequentemente, o poder central entrou em declínio e houve uma retirada da fronteira". E assim começou um "período de caos e desmoralização, particularmente entre as pessoas com responsabilidades nas zonas fronteiriças. A oriente, ao longo da fronteira com a China, surgiram pequenos Estados independentes".

"Os Tibetanos dizem-me frequentemente", observei eu, "que a chegada do budismo domou o coração tibetano, o que contribuiu para o colapso do poderio militar tibetano".

"Penso que as razões são múltiplas", retorquiu o Dalai Lama, "e, sim, a chegada do budismo teve a sua influência. Mas os autores modernos vêem esta questão de um modo diferente. Dizem que havia demasiada devoção aos monges e que foi dada muita terra aos mosteiros, em prejuízo da riqueza e do desenvolvimento nacionais. Assim, tendo em conta os interesses nacionais, Lang Darma enveredou pela destruição do budismo. É uma perspectiva possível destes acontecimentos. Para cada acontecimento, existem muitas causas e condições. Assim, uma das cauas e condições pode ser esta. Muitas vezes, quando explicamos algo, olhamos para um factor e dizemos que tudo é provocado por esse factor, mas existem geralmente muitos factores".

Regressando aos factos relativos à destruição do budismo por Lang Darma, perguntei-lhe, "Ele fê-lo deliberadamente?".

"Sim. Deliberadamente. A sua motivação foi mostrar desrespeito. Estava a tentar destruir o budismo".

"Porque é que ele obrigou os monges a tornarem-se caçadores, a casarem ou a converterem-se em soldados?" ([9]), inquiri.

"Quando um monge mata, deixa de ser monge", respondeu o Dalai Lama. "A motivação dele era destruir o budismo. Ele obrigou deliberadamente alguns monges a destruírem a vida, para destruir os seus votos. Matar animais não anula a ordenação de um monge, mas matar um ser humano, sim; o objectivo de Lang Darma era destruir o *Dharma*. Penso que durante 68 anos não houve monges no Tibete. Toda a comunidade *Vinaya* (monges que seguiam as regras da disciplina monástica) foi destruída. No entanto, em zonas remotas permaneceram alguns praticantes tântricos".

Dois séculos de civilização budista foram suprimidos em poucos anos. Em 836, já todos os mestres indianos haviam fugido para a Índia. O culto no Jokhang de Songzen Gampo, fundado com a ajuda das suas consortes nepalesa e chinesa, bem como no Samye de Trisong Detsen, fundado com a colaboração de dois mestres indianos, cessou por completo, ainda que, muito estranhamente, os templos tivessem sido apenas encerrados e não destruídos. Os seguidores de Darma fecharam ou destruíram as bibliotecas budistas. Alguns monges esconderam textos, estátuas, tesouros e relíquias budistas. Publicamente, o Tibete regressou à sua antiga religião, a religião Bon.

Uma perseguição semelhante do budismo teve lugar poucos anos mais tarde, na China ([10]), iniciando-se oficialmente em 845. O monarca tang considerou que o budismo se tornara demasiado poderoso, convertendo-se num desafio económico e político à autoridade do imperador. Tal como o Dalai Lama me deu a entender, talvez Lang Darma tenha sentido a mesma pressão, causada pelo poder crescente dos monges no Tibete.

Nos séculos IX e X, o budismo chinês recuperou lentamente, mas passou a ser controlado pelo imperador. No Tibete, depois do poder estatal ter entrado em colapso, o budismo emergiu como a força dominante no país. No século VI, quando se haviam encontrado pela primeira vez, a China e o Tibete eram potências imperiais concorrentes; no século X, quando os dois Estados voltaram a encontrar-se, as suas almas haviam divergido de modo radicalmente diferente.

※ ※ ※

A perseguição de Lang Darma enfureceu os budistas tibetanos, que acabaram por se insurgir. Em 842, um monge chamado Lhalung Palgyi Dorje foi a cavalo até Lhasa e acertou com uma flecha entre os olhos de Lang Darma, matando-o.

Dorje sabia que um monge que mata um ser humano quebra o mais básico dos votos budistas e deixar de ser monge. Encontrou Lang Darma em frente do Jokhang, inclinando-se para ler uma inscrição numa coluna de pedra ([11]) – o texto do tratado sino-tibetano de 822. Trajando um hábito negro, o monge fingiu ser um dançarino Bon. Tinha escondido o arco e a flecha nas suas longas vestes, um estratagema que lhe permitiu aproximar-se o suficiente para disparar. Na confusão que se seguiu, o monge correu para junto do seu cavalo preto, que o aguardava nas cercamias da cidade.

O assassínio de Lang Darma é bem conhecido do Dalai Lama em virtude das questões éticas que levanta.

"O monge agiu daquela maneira para salvar o *Dharma* do Buda", afirmou o Dalai Lama. "A razão é bastante clara. A sua motivação foi salvar o *Dharma*. É claríssimo. Depois, foi para a região de Amdo, onde ainda havia alguns monges, e juntou-se a eles. Esta história é frequentemente contada no Tibete. Ele mandou enegrecer o cavalo, e tinha um hábito que era preto por fora e branco por dentro. Depois de cometer o crime, virou o hábito ao contrário e atravessou o rio – que lavou o pó de carvão do cavalo. Quando os guardas começaram a procurá-lo, perguntaram se alguém tinha visto um homem com vestes negras montado num cavalo preto. E as pessoas diziam que não, que só tinham visto um homem de branco num cavalo branco". Dorje, que nunca foi apanhado, passou quase todo o resto da vida retirado em meditação. Dado que a sua motivação foi pura, os Tibetanos acreditam que ele pôde expiar o seu pecado. Até o Dalai Lama diz ser "muito possível" que ele tenha conseguido um renascimento positivo na sua vida seguinte. Para os Tibetanos, não existe um Inferno eterno, pelo que mesmo o pior karma, decorrente dos piores pecados, tem um fim. E até os piores pecados, como o homicídio, têm gradações. Assassinar alguém com uma motivação justa não é tão maligno como assassinar por ganância ou prazer.

O assassinato de Lang Darma às mãos do monge Dorje põe em evidência um princípio central do budismo tibetano, algo que está muito próximo do cerne da história tibetana. O budismo tibetano não ensina que a não-violência é a única resposta possível à injustiça ou ao mal. Como quaisquer outras pessoas, os Tibetanos nem sempre foram não violentos. Eu fui directo à questão ao fazer ao Dalai Lama uma variação de uma eterna pergunta filosófica: "E se eu tivesse conseguido matar Hitler antes de ele começar a matar milhões de pessoas?".

"Teoricamente falando", disse o Dalai Lama, subitamente grave, "para se conseguir um benefício para um número maior de pessoas, é permissível recorrer a um método violento. Isto é verdade no budismo Vajrayana e no budismo Mahayana, e é uma das coisas que separam estas escolas do budismo Theravada". O budismo Theravada, a primeira forma de budismo ensinada no tempo do Buda, sobrevive no Sudeste Asiático e no Sri Lanka. O budismo Mahayana e o budismo Vajrayana (ou tântrico) desenvolveram-se posteriormente, na Índia, e são praticados no Tibete, na China, no Japão e na Ásia Central.

"Existe uma célebre história budista", continuou o Dalai Lama, "acerca de quinhentos mercadores que vão num barco, no mar alto, e o seu líder descobre que um deles pretende matar toda a gente a bordo. Consequentemente, não só para salvar as pessoas mas também para salvar o homem de pecar, o chefe dos mercadores assume o pecado de matar o potencial assassino antes de ele cometer o crime".

"Então, Palgyi Dorje assumiu o pecado de matar Lang Darma para salvar o *Dharma*", disse eu.

"Sim", disse o Dalai Lama. "É um aspecto único do budismo Mahayana, mesmo na Antiguidade. Uma razão pela qual os antigos monges Hinayana *(Theravada)* argumentavam que o Mahayana não fora ensinado pelo Buda era por, no Mahayana, existirem ensinamentos que dizem poder haver ocasiões nas quais é permitido matar".

Após o assassínio de Lang Darma, em 842, os seus filhos e mulheres disputaram o trono num clima cada vez mais caótico. O Tibete imperial acabou por se dividir em dois reinos. Em 866, os últimos descendentes de Songzen Gampo migraram para o Tibete Ocidental *(Ngari)*, onde tentaram preservar algum controlo. Mas o império já entrara em colapso e durante o caos que se instalou as tropas tibetanas retiraram das fronteiras. Ao longo da antiga fronteira sino-tibetana surgem pequenos Estados--tampão. A sociedade tibetana entra em contracção, e durante quase um século os registos históricos são raros. Os que sobrevivem já não são elaborados pelos funcionários de um Estado central, mas sim por monges.

"Quando lemos algumas das histórias tibetanas", disse o Dalai Lama, "depois do período imperial, a perspectiva e o enfoque são na história religiosa. Existem mais pormenores sobre os grandes lamas. Infelizmente, não existe uma tradição clara de registo dos acontecimentos políticos durante toda a história tibetana. Existe uma ênfase exagerada na história religiosa, em detrimento da história política. Muitas vezes, temos que esmiuçar todas estas histórias religiosas, e não têm coerência".

"Como resumiria o fim do império e de Lang Darma?", perguntei eu.

"Primeiro", respondeu o Dalai Lama, "as tropas tibetanas começaram a ser retiradas da fronteira no início do seu reinado, os seus sucessores acabaram por dividir o império e o poder externo tibetano ruiu. Além disso, a autoridade central caiu com Lang Darma, pois os seus dois filhos dividiram o poder e o Tibete. Depois de Lang Darma ter destruído o budismo, que foi principalmente a destruição da instituição monástica, viveram-se 68 anos de total desespero e destruição. Depois, o budismo regressou ao Tibete Central *(dividido em duas áreas, às quais os tibetanos chamam* U *e* Tsang*)*, proveniente de todas as áreas fronteiriças. Foi lentamente reintroduzido e cresceu, mas não havia um poder político central".

"E o que aconteceu aos últimos herdeiros do poder imperial?", perguntei.

"Um alegado rei do Tibete", disse o Dalai Lama, "estabeleceu a sua capital no Tibete Ocidental. Foi quase como transferir a capital do Tibete

Central para o Tibete Ocidental, dando-lhes uma sensação do antigo poder imperial. Mas havia outros reis, e cada rei interessava-se apenas pela sua área imediata, não por territórios distantes. É um processo natural. Cada um só conseguia prestar atenção aos seus territórios circundantes, e não às muitas e longínquas áreas que o Tibete cobrira no período imperial. Depois, gradualmente, houve regiões que se tornaram independentes. Nas áreas do Norte *(ao longo da Rota da Seda)*, o poder passou para os muçulmanos. No Sul, os Nepaleses recuperaram os seus territórios. Durante este período, a área política começou a diminuir".

"Agora que vamos deixar para trás este período imperial, de Songzen Gampo a Lang Darma", perguntei eu ao Dalai Lama, "um período entre aproximadamente 600 e 850, diga-me: vê-o como uma unidade?".

"Sim, é um período da história tibetana".

De Songzen Gampo a Lang Darma, um período de quase 250 anos, o Tibete esteve unificado sob um forte governo central. O budismo prosperou, e dezenas de milhares de Tibetanos foram expostos a um mundo muito mais vasto de comércio, expansão e crescimento. Subitamente, com a morte de Lang Darma, o governo central entrou em colapso e, durante quase um século, as relações exteriores cessaram e o comércio externo acabou. Não possuímos nenhum registo escrito relativo a este período; no entanto, no meio do caos, as ideias cosmopolitas que haviam chegado ao Tibete na era imperial começaram a fermentar em todas as regiões e aldeias. O país que emergiu era espiritualmente e culturalmente riquíssimo, mas a ideia de um Estado unificado deixara de ser um objectivo primordial. Em seu lugar, nasceu uma era de facciosismo e regionalismo que iria durar mais de trezentos anos ([12]).

5

O Regresso do *Dharma* e a Criação das Escolas Budistas

978-1204

Os primeiros monges budistas ordenados e celibatários regressaram ([1]) ao Tibete Central em 978, provenientes das províncias orientais de Kham e Amdo. Ao mesmo tempo, monges que haviam sobrevivido à purga de Lang Darma no Tibete Ocidental começaram a fazer peregrinações à Índia para estudarem. Alguns regressaram da Índia com novos textos budistas para serem traduzidos. No início do século XI, o budismo monástico propagava-se de novo pelo Tibete Central, com origem a oriente e ocidente, um processo a que os Tibetanos chamam a Segunda Divulgação do *Dharma*. Depois de quase dois séculos de desunião e desordem, a luz da história regressou a uma terra mudada. O império desaparecera, e os emergentes poderes monásticos escreviam pouca história política – a sua preocupação, tal como disse o Dalai Lama ([2]), era "não com o Tibete como um todo, mas sim com os monges e os mosteiros. A nação tibetana era secundária para a sua escola do budismo, e a política era secundária para o Dharma".

Durante o século XI, começaram a surgir três das quatro principais escolas ou ordens modernas do budismo tibetano: Nyingma, Sakya e

Kagyu ([3]); uma quarta, a Kadam, existiu durante duas centenas de anos como uma escola independente ([4]), mas depois foi praticamente dissolvida. A Gelug, que é a escola do Dalai Lama, é a principal sucessora histórica da Kadam. Estas escolas religiosas viriam a dominar a sociedade tibetana enquanto o país assumia, na essência, a forma que manteria durante um milénio: um Estado religioso, virado para si próprio.

Em finais do século X, os monges celibatários regressados encontraram várias formas de budismo popular – que consideravam adulterado e necessitado de reformas – enraizadas entre os aldeãos do Tibete Central. Para destruir o monaquismo, bastara a Lang Darma encerrar os mosteiros e exonerar os monges. Era mais difícil destruir o budismo popular, baseado no lar e não no mosteiro, e no qual os rituais eram celebrados por sacerdotes casados e não por monges celibatários. No século X, os monges regressados chamavam aos piores budistas sobreviventes "monges-bandidos" ([5]) – é o que afirma R. A. Stein, um conhecido historiador francês do Tibete. Segundo Stein, estes tinham pervertido os textos tântricos esotéricos, "raptavam e matavam homens e mulheres, comiam-nos, bebiam álcool e entregavam-se a relações sexuais". A maioria dos Tibetanos rejeita a possibilidade de estes excessos se terem verificado.

Embora tenham sido poucos os cultos tântricos adulterados que degeneravam em assassínios durante o caos que se seguiu ao homicídio de Lang Darma, o Dalai Lama observou que o budismo popular se desviou muito do seu caminho original.

"Antes de terem sido criadas as escolas reformadas do budismo tibetano", disse ele, "muitos Tibetanos praticavam literalmente o Tantra. Existiam ritos com mulheres, álcool, e por vezes até bebiam sangue. Em virtude de a prática tântrica ser muito popular, verificaram-se situações muito negativas, excessos cometidos por pessoas que não possuíam a devida compreensão. Praticavam sem compreender. Apenas procuravam o prazer".

Embora os monges celibatários que regressaram ao Tibete Central, provenientes das franjas onde o budismo monástico sobrevivera à perseguição de Lang Darma, também estudassem o budismo tântrico, faziam-no de forma ortodoxa.

Segundo os modernos estudiosos, o budismo tântrico desenvolveu-se no Norte da Índia, entre os séculos VII e XI, a partir de escolas budistas anteriores. Os Tibetanos afirmam peremptoriamente que o Buda ministrou ensinamentos tântricos, mas que estes foram mantidos esotéricos até terem surgido publicamente, séculos mais tarde. O Tantra é um aspecto multifacetado do budismo, e não se presta a uma definição fácil. Até as origens do Tantra são motivo de debate. Os budistas Hinayana, como os Tailandeses ou os Cingaleses, afirmam que o Tantra foi criado muito depois da morte do Buda, enquanto que os budistas Mahayana, como os Tibetanos e Mongóis, dizem que o Buda providenciou ensinamentos tântricos secretamente e que esses ensinamentos permaneceram depois secretos durante muitos anos. Algumas pessoas vêem o Tantra como uma corrupção do budismo, na qual a procura de poderes mágicos se sobrepôs à busca da iluminação. Outros vêem o Tantra como uma escola de Mahayana que preservou os ensinamentos mais esotéricos do Buda acerca de um caminho rápido para a iluminação.

Historicamente, as escolas Hinayana, incluindo o moderno budismo Theravada, foram das primeiras escolas budistas. Dezenas de escolas Hinayana diferentes floresceram na Índia desde a época do Buda até ao século I ou II. No século X, as escolas tântricas e outras escolas Mahayana suplantaram as escolas Hinayana na Índia. O Mahayana, ou Grande Veículo, foi introduzido no Tibete, na China e no Japão entre os séculos V a VIII. Após a destruição do budismo na Índia, três ou quatro séculos mais tarde, o Theravada sobreviveu no Sri Lanka e na Tailândia.

Quando o Mahayana surgiu na Índia, os membros das suas escolas chamavam pejorativamente ao Theravada e a outras escolas anteriores Hinayana, ou Pequeno Veículo. Os budistas Mahayana acreditam no voto do Boddhisattva: aqueles que são capazes de atingir a iluminação devem adiá-lo até todos os outros o conseguirem fazer. Assim, os Mahayana estavam dedicados a conduzir à iluminação o maior número possível de seres sensíveis. Os monges Mahayana desdenhavam os Hinayana porque estes procuravam apenas a iluminação pessoal. No século XI, as formas tântricas – colectivamente chamadas Vajrayana ou Veículo do Relâmpago, para indicar a rapidez dos seus resultados – desenvolveram-se a partir do Mahayana e tornaram-se escolas dominantes na Índia, apresentando duas tendências.

Os monges Vajrayana ortodoxos viviam sedentariamente em grandes mosteiros, alguns albergando milhares de monges, apoiados por doações dos governantes e do povo. Embora estes monges celibatários continuassem a seguir o rígido código de conduta prescrito para os monges, praticavam ritos tântricos. Fora o próprio Buda quem estabelecera o *Vinaya* ou código para os monges, que exigia o celibato e, entre muitas outras interdições, proibia que se bebesse álcool ou que se matasse qualquer animal ou ser humano. Os monges mahayana e vajrayana respeitavam o *Vinaya*. Em contraste ([6]), ioguis tântricos não ortodoxos nem celibatários percorriam as áreas rurais, praticando experiências radicais de auto-realização. Fora dos mosteiros, ignoravam o *Vinaya* mas insistiam que procuravam a iluminação nesta vida, através do sexo, das drogas e de outros métodos radicais. Segundo os seus críticos, eram depravados e distorciam os ensinamentos do Buda.

Ao falar do Tantra durante a Segunda Difusão do Dharma, o Dalai Lama disse que houve uma forte reacção contra os excessos dos budistas tantricos. "No Tibete, a reacção foi muito forte. Verificou-se um movimento de aproximação ao *Vinaya*, e muitos dos antigos mestres tibetanos nunca praticavam o Tantra em público, numa reacção contra os excessos anteriores. Contudo, alguns mestres – mesmo entre as escolas reformadas – praticavam o Tantra muito em segredo" ([7]). Esta disputa religiosa a respeito do esoterismo acabaria por ter consequências enormes na vida política do Tibete. Todavia, no século XI, o impacto destas diferenças estava a centenas de anos de distância.

Foram tempos de intenso caos político e religioso. Charlatães e grandes mestres budistas abraçavam uma rica gama de pensamentos e práticas religiosos, sem qualquer controlo central. Embora tivessem surgido e desaparecido no Tibete dezenas de escolas budistas, as quatro escolas ou linhagens modernas nasceram no mesmo século. A palavra *pa* significa "homem" ou "pessoa de", pelo que os membros das quatro grandes escolas são os Nyingmapa, Kagyupa, Sakyapa e Gelugpa.

A Nyingma ([8]), a primeira escola, reclama Padmasambhava como seu fundador. Os Nyingmapa são chamados Antigos porque constituem a única escola budista que resta no Tibete a nascer da Primeira Difusão do Dharma, na época dos imperadores. Embora muitos Nyingmapa seguissem originalmente sacerdotes casados – de acordo com o precedente estabelecido por Padmasambhava –, a Nyingma também desenvolveu uma forte tradição monástica de celibato, tal como aconteceu com todas as escolas posteriores do budismo tibetano. As outras escolas reformadas uniram-se em redor dos ensinamentos de mestres carismáticos durante a Segunda Difusão do Dharma, iniciada com o regresso dos monges celibatários ao Tibete Central. Quando estas escolas se desenvolveram, os Nyingmapa foram os que *não* adoptaram as reformas, as quais bebiam profundamente nas tradições estabelecidas por Padmasambhava. Embora antes de 978 todos os budistas do Tibete pertencessem à escola Nyingma, não usavam o termo. Somente quando surgiram as escolas reformadas é que os Nyingmapa se converteram nos Antigos – numa escola distinta.

O primeiro mestre indiano importante a ser convidado para o Tibete após o período de caos foi o grande Atisha. Com base nos seus ensinamentos, Drom Tonpa fundou a primeira escola ([9]) reformada do budismo tibetano, a Kadam. A escola budista do Dalai Lama, a Gelug, nasceria da Kadam. Atisha é importante para o Dalai Lama porque, até "ao século XI, apenas existiu a tradição Nyingma. Somente depois da chegada de Atisha ao Tibete é que se desenvolveram as outras escolas budistas".

Gosto daquilo a que o Dalai Lama chama "histórias dos varredores". Assim, perguntei-lhe se se recordava de alguma das suas histórias sobre Atisha, da sua infância no Norbulingka, o seu palácio de Verão, e no Potala.

Riu-se imediatamente e começou a contar uma história da sua infância. "Nos jardins do Norbulingka vivia uma pequena ave, semelhante a um tordo, um pouco mais pequena do que um pombo. O nome tibetano desta ave é Jolmo, e o seu canto é muito especial. Canta uma melodia muito bonita, e existem algumas histórias com esta ave e Atisha. Os varredores disseram-me que se eu a escutasse atentamente, conseguiria ouvi-la cantar 'Jowo Yong Ba, Jowo Yong Ba' – 'Vem aí Atisha, vem aí Atisha'. Lembro-me de me pôr a ouvir o pássaro. Mas também era triste, por causa de outra história que eles me contaram.

"Disseram que o XIII Dalai Lama gostava muito do Jolmo", prosseguiu o Dalai Lama. "De facto, esta ave é quase sempre vista junto de outro mosteiro, fora de Lhasa. Habitualmente, é lá que reside todo o ano. Só vinha ocasionalmente ao Norbulingka. O XIII Dalai Lama gostava tanto do Jolmo que não era muito compassivo para outra ave que costumava atacá-lo. Assim, quando eu era miúdo, no Norbulingka, a outra ave, por causa de ser sempre afugentada, pousava num ramo mas desaparecia logo a seguir. Foi o que os varredores me disseram. E também me contaram que o XIII Dalai Lama gostava tanto do Jolmo que uma vez deu instruções a uma das divindades protectoras para que enviasse a bela ave para o Norbulingka. Quando eu lá estive, alguns dos varredores mais velhos, que haviam conhecido o XIII Dalai Lama, disseram-me que depois de ele ter dado as instruções vieram mais alguns Jolmos. Mas uma das outras aves atacou-os e eles desapareceram. Seja como for, eles diziam-me sempre que o canto do Jolmo soava a 'Jowo Yong Ba' ou 'Vem aí Atisha'.

Foi uma das primeiras histórias que ouvi da boca dos varredores. Quando ma contaram, eu era uma criança muito pequena".

Ao terminar a narração desta memória, olhou para mim e franziu a testa. "Tem de ter cuidado quando escrever, porque estamos a tratar de um assunto sério", disse ele. "Se apenas tiver em conta as histórias dos varredores, vai parecer tudo muito cómico!". Concluiu a sua observação com uma sonora gargalhada, imaginando como as outras pessoas o poderiam ver.

Quando parou de rir, eu disse-lhe, "Penso que estas histórias permitem às pessoas conhecer a sua infância, e também dão vida à história. Este livro não é apenas sobre história, é também sobre como o Dalai Lama a aprendeu". Ele anuiu com a cabeça, parecendo concordar. De seguida, perguntei-lhe porque é que tinha receio de se rir ao falar de Atisha.

"Porque é a história de Atisha tão séria?", inquiri.

"Por causa do preço que foi pago para trazer Atisha para o Tibete", respondeu gravemente o Dalai Lama. "É algo que nunca esqueci".

Aproximadamente no início do século X existia, no Tibete Ocidental, um rei chamado Lha Lama Yeshe Od ([10]). Era descendente de Songzen Gampo e dos filhos de Lang Darma ([11]), fugidos do caos do Tibete Central quando o império ruíra. Yeshe Od estava tão preocupado com a degeneração do budismo no Tibete que enviou 21 jovens para estudarem budismo e sânscrito na Índia. Dezanove morreram do calor e dos rigores da viagem. Após o seu regresso, os dois sobreviventes celebrizaram-se como tradutores ([12]), e foi por eles que Yeshe Od soube que os mosteiros budistas da Índia haviam começado a sofrer ataques de invasores muçulmanos. De facto, no século seguinte, os Tibetanos herdariam o florescimento final do budismo indiano, pois os muçulmanos destruíram o budismo na Índia durante os séculos XI e XII.

Yeshe Od soube também que o maior mestre budista indiano de então ([13]) vivia na cidade monástica de Vikramashila ([14]). Na esperança de que um mestre daquele calibre pudesse ajudar a reformar o budismo no Tibete, ele enviou a Atisha um apelo emocionado, juntamente com uma grande quantidade de ouro, rogando-lhe que fosse para o Tibete. Atisha, preocupado com o declínio do budismo por força dos ataques muçulmanos, devolveu o ouro com a resposta de que era importante que ele permanecesse na Índia.

Yeshe Od concluiu que não tinha enviado ouro suficiente, pelo que, para obter mais, lançou um ataque a norte, contra alguns reis muçulmanos que agora ocupavam a Rota da Seda. Foi capturado, mas ofereceram-lhe a liberdade em troca da sua apostasia ao budismo – a conversão dos "infiéis" no campo de batalha era uma prática islâmica comum. Quando Yeshe Od recusou ([15]), o rei muçulmano exigiu o seu peso em ouro como resgate. Um jovem sobrinho-neto reuniu uma fortuna para pagar o resgate, mas ao chegar à fortaleza do rei muçulmano descobriu que não tinha ouro suficiente. Conseguiu trocar algumas breves palavras com Yeshe Od, encarcerado nas masmorras. O rei parecia um esqueleto, e o Dalai Lama disse que foi com uma voz de velho que ele falou com o sobrinho.

O Dalai Lama revelava grande emoção ao contar esta história. "Yeshe Od disse, 'Nunca pensei que tivesses tanta determinação ou força interior para vires aqui com todo esse ouro. Agora, ao ver-te, já não estou preocupado, porque poderás prosseguir a minha tarefa. Não penses mais em mim. Mesmo que eu escapasse, restar-me-iam apenas dez anos de vida, no máximo, por isso, não é importante. Assim, em vez de procurares mais ouro para pagares o resgate, deves levar todo o que tens para a Índia, para convidares Atisha. Diz a Atisha, da minha parte: 'Sacrifiquei a minha vida para te levar para o Tibete. E por favor, não te esqueças de que na minha próxima vida estarei próximo de ti e receberei os teus ensinamentos'".

Quando o Dalai Lama me olhou nos olhos, a sala estava envolta no mais profundo silêncio. Para ele, aquela história parecia expressar não apenas um acontecimento da história tibetana, mas também a sua crença fundamental de que a reencarnação e a vontade humana criam uma tapeçaria de motivações que se estende por muitas gerações.

"Muito poderoso. Uma crença profunda", disse o Dalai Lama. Depois, começou a falar como se fosse Lha Lama Yeshe Od, na sua cela. "'É muito triste para a minha família. É triste que o budismo esteja tão degenerado. É triste que a minha vida esteja nas mãos deste rei. Mas neste momento, tudo o que podemos fazer é manter a nossa determinação de trazer Atisha. Temos que manter a nossa determinação.' Uma história maravilhosa. Uma fé tão profunda no budismo. É muito triste. Na verdade, Lha Lama Yeshe Od sacrificou a vida pelo Dharma. Quando eu era um rapazito, o seu corpo, sem cabeça, conservado em sal, ainda estava guardado no Potala. O corpo foi destruído, mas ainda lá existe uma pequena *stupa*" ([16]).

Os monges de Vikramashila não queriam que o seu mestre os deixasse, mas o Dalai Lama acredita que o sacrifício de Lha Lama Yeshe Od comoveu tanto Atisha que ele decidiu partir para o Tibete. Quando chegou ao Tibete Ocidental, tinha sessenta anos de idade e ainda estava muito activo. Escreveu livros, ensinou em público e supervisionou a edição de traduções de textos indianos. Tal como Lha Lama Yeshe Od esperara, Atisha iniciou e ajudou a orientar um renascimento budista. Por fim, os reis e sacerdotes budistas que governavam os muitos principados rivais existentes no Tibete Central enviaram convites a Atisha ([17]).

"Quando Atisha chegou", disse o Dalai Lama, "alguns lamas tibetanos, trajando vestes luxuosas com mangas de brocado e montados a cavalo, lançaram-se na sua direcção. Ao vê-los, Atisha cobriu a cabeça e disse, 'Vêm aí os fantasmas tibetanos'. Estava a ser sarcástico. As vestes deles ofendiam-no, pois trajavam como altos funcionários e não como devem vestir os monges. Os lamas ficaram muito embaraçados, trocaram as suas luxuosas vestes por um hábito amarelo de monge, sem mangas, e aproximaram-se serenamente de Atisha. Atisha ficou muito feliz e recebeu-os".

O Dalai Lama apontou muitas formas, grandes e pequenas, como o budismo degenerara no Tibete durante os séculos posteriores a Lang Darma. Para Atisha e para os reformadores que o seguiram, nada era mais importante do que o *Vinaya*, o código de conduta criado pelo Buda. Após anos de negligência, Atisha ajudou a restabelecer o *Vinaya* no Tibete – e incluída no código reintroduzido estava a regra de que os monges não deveriam vestir roupas vistosas.

"Ainda hoje", disse o Dalai Lama, "alguns monges usam coisas que são proibidas pelo *Vinaya*. Isto é muito triste. Dizemos uma coisa, muito a sério, mas depois nunca pensamos se a nossa prática ou comportamento diários a contradizem. É muito triste".

Após a morte de Atisha, em 1054, o sucessor escolhido, Drom Tonpa, codificou os seus ensinamentos. Assim surgiu a escola Kadam ([18]), de índole reformista, cujos aderentes se chamam Aqueles Que Tomam as Palavras do Buda Como Instruções Pessoais. Para os Kadampa, os textos budistas não são tanto escrituras a serem adoradas, mas sim preceitos destinados a servirem de orientações práticas. A escola do Dalai Lama, a Gelug, desenvolveu-se a partir da Kadam. Os Gelugpa de hoje partilham muitos preceitos essenciais com os antigos Kadampas.

"A singularidade dos Kadampas era a sua prática do *Vinaya*", disse o Dalai Lama, "mas ao mesmo tempo eles praticavam o Tantra correctamente, em segredo. 'Correctamente' significa que visualizavam os diferentes rituais durante a meditação. Durante a meditação, visualizavam o consumo de álcool, mulheres, fosse o que fosse, mas nunca lhes tocavam. Por exemplo, se um ritual tântrico exigisse vinho, eles usavam chá. Em lugar do sangue usavam a cor vermelha, e assim por diante". O Dalai Lama tem o cuidado de nunca dizer nada que possa ser interpretado erradamente como crítica sectária a qualquer uma das modernas escolas do budismo tibetano.

Para conseguir compreender o que o Dalai Lama dizia, tive que fazer generalizações simples e formar a minha própria opinião sobre os Tantras, que parecem ensinar formas de ioga sexual, até porque os Tantras constituem um tópico acerca do qual têm escrito muitos autores modernos ([19]). Embora os monges celibatários da tradição Nyingma comunguem da convicção do Dalai Lama de que o Tantra deve ser praticado metaforicamente, descobri que alguns mestres Nyingma e Kagyu ainda seguem uma via literal ([20]). Existem praticantes tibetanos que ainda ensinam as técnicas de ioga do Tantra sexual porque acreditam que, se correctamente usados, estes métodos podem possibilitar a iluminação rapidamente, nesta vida. Estes mestres afirmam que os antigos textos tântricos não foram escritos como metáforas de rituais, mas sim como guias práticos para a utilização do sexo como ioga. Uma das abordagens ensinadas por estes mestres é um modo de o homem ter relações sexuais com a sua parceira de ioga durante horas, sem ejaculação. Eles acreditam, de facto, que o homem absorve o seu próprio sémen para efeitos espirituais. Segundo alguns praticantes, estas técnicas podem conduzir ambos os parceiros a níveis elevados de consciência, e até à iluminação. Contudo, estas técnicas não são consideradas adequadas para todas as pessoas, e existe o receio constante de que possam ser mal utilizadas, por prazer, o que é tido como perigoso para a saúde e a sanidade mental. Por isso, os budistas tibetanos que praticam o ioga sexual literalmente e não como uma metáfora ritual fazem-no estritamente em segredo. São necessários anos e anos de meditação para se encontrar um verdadeiro mestre tibetano que possa providenciar ensinamentos esotéricos.

A distinção entre praticantes celibatários e não celibatários tornou-se uma das principais linhas divisórias no seio do budismo tibetano. Embora pareçam existir mestres celibatários e não celibatários em todas as seitas, descobri que as escolas Nyingma e Kagyu são mais famosas pelos seus praticantes não celibatários, enquanto que a Gelug é mais conhecida pelos seus celibatários. Também é importante ter em conta que a prática do ioga sexual era – e ainda é – extremamente rara.

Todas as escolas do budismo tibetano são consensuais relativamente à questão de que se praticamos ioga com uma parceira não nos podemos afirmar celibatários. Tem havido abusos deste ideal. Nos tempos modernos, verificaram-se situações em que professores budistas falam do Tantra para seduzir as suas alunas [21]. Tal como o Dalai Lama, a grande maioria dos Tibetanos acredita que a única prática correcta dos textos tântricos é metafórica, em rituais e durante visualizações meditativas, e não com parceiras.

Há mil anos, Atisha ensinou – e o Dalai Lama acredita – que o *Vinaya* é essencial para a prática do budismo. O nome Kadampa foi escolhido para diferenciar os seus adeptos dos budistas tibetanos que menosprezavam a prática do *Vinaya* como apenas relevante para a via dos neófitos [22]. O debate sobre o celibato e a interpretação de determinados textos tântricos é um aspecto importante da história tibetana, e ainda prossegue nos nossos dias.

❄ ❄ ❄

Enquanto os indianos como Atisha ensinavam no Tibete, alguns tibetanos foram estudar para a Índia, regressando depois ao seu país para ensinarem o budismo. O maior de todos foi possivelmente Marpa, guru do iogui mais famoso do Tibete, Milarepa. Tal como os discípulos de Atisha institucionalizaram os seus ensinamentos para formarem a escola Kadam, também o principal pupilo de Milarepa, Gampopa, consolidou a fundação da escola Kagyu, ou Os do Ensinamento Sussurrado. Milarepa é mais do que o pai da escola Kagyu. Milarepa, um iogui que passou a vida a meditar nas grutas dos Himalaias, é estimado pelas suas canções espontâneas, pela sua inexcedível devoção e pela sua espiritualidade e graça. Só o humilde Milarepa poderia levantar o hábito para expor as nádegas [23] – e as enormes calosidades que nelas tinha, devido a anos de meditação imóvel – a um discípulo, e ver o acto ser consagrado como um profundo ensinamento budista. "Este é o tipo de determinação exigido", dissera ele. Milarepa ainda é uma presença viva em toda a região dos Himalaias, pois a sua pungente humanidade e a sua sabedoria, preservadas na sua biografia e num conjunto de canções, continuam a inspirar os budistas, embora ele tenha vivido há quase mil anos, entre 1040 e 1123.

"Quando ouvi pela primeira vez a história de Milarepa, fartei-me de chorar", disse o Dalai Lama. "Ainda hoje, quando conto a história da sua vida, farto-me de chorar".

"Recorda-se de onde estava quando ouviu, pela primeira vez, falar de Milarepa e de seu mestre, Marpa?", perguntei.

"Sim, recordo-me claramente", disse o Dalai Lama, "porque a história mexeu muito comigo. No Potala, estava armazenado um conjunto de pinturas muito belas – *thangkha (rolos pintados)* [24], não murais. Todos os anos, quando tinha início o meu retiro de Inverno, no Potala, eram pendurados nas paredes de um templo e faziam-se algumas oferendas. Eram pinturas muito belas, sobre as vidas de Tilopa [25], Naropa, Marpa e Milarepa". Marpa estudou na Índia com o seu mestre, Naropa, cujo mestre foi Tilopa, pelo que as *thangkhas* ilustravam os pais da linhagem Kagyu [26].

"Olhar para aquelas pinturas era quase como assistir a um espectáculo ou outro entretenimento", prosseguiu o Dalai Lama. "Eu tinha uma reacção tão forte que desenvolvi um interesse especial. Para descobrir o significado das histórias representadas nas pinturas, peguei nas biografias de todos aqueles mestres, pendurei as *thangkhas* à minha frente e pus-me a ler as biografias. Olhava para a pintura e depois lia, e assim por diante, durante horas e horas. Chorava ao ler aquelas histórias, porque eram tão tocantes, particularmente a de Milarepa, que era muito comovente para mim".

"Que parte da sua biografia é que mais o marcou?", perguntei eu.

"Quando eu era novo", respondeu o Dalai Lama, "a história do muito que Milarepa sofreu após a morte do pai, quando a tia e o tio lhe roubaram a herança – chorei de frustração". A morte do pai e a subsequente traição do tio transformaram Milarepa e sua mãe em pedintes, em jornaleiros que trabalhavam nos campos como animais, eram obrigados a comer restos infestados de vermes e vestiam-se de farrapos. A descrição da sua juventude constitui um retrato preciso de muitos dos problemas com os quais se confrontavam as pessoas mais pobres do Tibete. O pai de Milarepa era rico, e ele viveu os seus primeiros anos como um jovem senhor. Para os budistas, existe uma semelhança subtil entre a história de Milarepa e a do jovem Buda, no Nepal, que também nasceu príncipe e depois abdicou voluntariamente da sua riqueza para procurar a iluminação. A história de Milarepa é diferente devido à sua pretensão de vingança – tão humana –, que constitui o cerne da narrativa. A mãe de Milarepa, enraivecida por o cunhado lhe ter roubado a herança, jurou enviar o seu filho para estudar magia negra, com o intuito de se vingar.

"Quando se despediram", prosseguiu o Dalai Lama, "o último conselho que a mãe lhe deu foi muito triste. Ela pedira dinheiro emprestado para enviar o seu único filho estudar magia negra". O riso perturbante do Dalai Lama face ao mundo em que vivemos terminou subitamente quando ele continuou com a narrativa, falando agora como se fosse a mãe de Milarepa. "'Meu filho, deves prestar muita atenção aos teus estudos, porque sofremos muito e tivemos que nos tornar mendigos'. Ela descreveu-lhe a difícil situação em que se encontravam e disse-lhe, 'não podes estudar como os rapazes mais abastados. Devido à nossa terrível situação, terás que te esforçar mais'".

Milarepa recordou as palavras de despedida da mãe na sua autobiografia:

> Acima de tudo, lembra-te da nossa desgraça [27] e deixa que os sinais da tua magia se manifestem na nossa aldeia. Depois, regressa. A magia dos teus companheiros e a nossa não são iguais. A magia deles é a magia de filhos amados, que apenas a pretendem por prazer. A nossa é a magia de pessoas que sofreram uma tragédia. Por isso é necessária uma determinação férrea. Se regressares sem teres mostrado sinais da tua magia na nossa aldeia, eu, tua velha mãe, matar-me-ei perante os teus olhos.

O Dalai Lama sorriu com lágrimas nos olhos ao evocar esta passagem. "Sabe, é uma história muito rica. Quando eu era mais novo, ficava tão triste, particularmente com a passagem em que a mãe aconselha Milarepa sobre os seus estudos. Achava-a muito triste".

Não admira que Milarepa, vivendo sob esta ameaça, tenha cumprido à risca as instruções da mãe. Encontrou o maior praticante de magia negra do Tibete, devotou-se firmemente aos seus ensinamentos e depois usou a magia para fazer ruir a casa do tio durante uma grande festa de casamento. Os que haviam perseguido a sua família morreram. A alegria da mãe de Milarepa foi transbordante. As suas palavras estão registadas na autobiografia de Milarepa: "Imagina qual será a minha felicidade a partir de hoje!" [28], disse ela, enquanto se pavoneava orgulhosamente pelos escombros. Mas uma pessoa que estava presente murmurou, "Ela pode ter razão [29], mas a sua vingança foi demasiado brutal".

O próprio Milarepa não tardou a arrepender-se do seu múltiplo homicídio, e os Tibetanos consideram que a retribuição kármica na sua vida foi pesada. A mãe morreu sozinha, nas ruínas da casa de família. Os vizinhos tinham tanto medo do filho que nem cremaram o cadáver. Os seus ossos ficaram a brilhar ao luar ([30]) que entrava pelo telhado da quinta abandonada. Quando Milarepa compreendeu que os seus homicídios tinham criado uma montanha de karma negativo, ele dedicou tão resolutamente a sua vida à expiação e à meditação que só teve tempo para regressar a casa muito depois da morte da mãe. Aterrorizado face à perspectiva de que o fruto dos seus pecados pudesse afectar as suas vidas futuras, afastou-se da magia negra e procurou Marpa, o maior iogui budista do Tibete.

Em criança, o Dalai Lama começara por se irritar com Marpa.

"Quando eu era jovem", disse o Dalai Lama, "irritei-me com Marpa por ele ser tão mau para Milarepa" ([31]).

Marpa sabia que para Milarepa atingir a iluminação nesta vida o seu discípulo teria primeiro que expiar ([32]), através do sofrimento, os seus actos maléficos. Mas até ao Dalai Lama Marpa pareceu, à primeira vista, desumano.

Marpa insistiu que Milarepa lhe construísse uma torre de pedra antes que o mestre facultasse quaisquer ensinamentos ao discípulo, como prova da seriedade das suas intenções. Segundo a autobiografia de Milarepa, quando a torre estava a meio, Marpa disse: "Não pensei bem no assunto. Derruba a torre e põe a terra e as pedras onde estavam".

Passado algum tempo, ele disse a Milarepa para construir novamente a torre, num local diferente. Quando a construção ia a meio, Marpa disse: "Naquele dia, eu estava embriagado, e não te dei as instruções correctas. Constrói uma torre robusta, aqui". Dias depois, ele regressou e ralhou com Milarepa: "Quem te deu essas instruções? Não me lembro de te ter dado essas ordens!".

Segundo o próprio Marpa, ele obrigou Milarepa a trabalhar como um cavalo ou um burro. Milarepa trabalhou tanto, carregando pedras e lama para as sisíficas torres de Marpa, que as suas costas ficaram cobertas de feridas ensanguentadas e purulentas. Notavelmente – e era este o propósito de tudo aquilo –, Milarepa nunca se zangou com o seu algoz. Ficou frustrado porque queria receber os ensinamentos, mas a sua dedicação era tão intensa que nada do que Marpa fazia provocava a sua fúria.

Segundo consta da autobiografia, quando a mulher de Marpa insistiu para que ele olhasse para as feridas que o seu discípulo tinha nas costas,

Marpa disse a Milarepa que "o meu mestre, Naropa, sofreu vinte e quatro mortificações... todas elas superiores à tua. Quanto a mim, sem pensar na minha vida ou na minha riqueza, ofereci-as ambas a Naropa, meu mestre. Por isso, se compreendes o ensinamento, sê humilde e continua a trabalhar na torre". Marpa fez uso daquilo a que, por vezes, os Tibetanos chamam "Sabedoria Louca", facultando a instrução de que o aluno necessitava embora convencionalmente as lições parecessem insanas.

Quando Milarepa tentou assistir aos ensinamentos budistas que Marpa estava a ministrar a outros discípulos, o mestre agarrou-o pelos cabelos e expulsou-o, porque a torre ainda não fora completada. Noutras ocasiões similares, Milarepa disse que Marpa "amaldiçoou-me, pontapeou-me e escorraçou-me... Atirou-me ao chão, bati com o rosto e tudo escureceu. Atirou-me ao chão, caí de costas e fiquei a ver estrelas... ele aparecia e esbofeteava-me constantemente".

Estas histórias acerca do tratamento dado a Milarepa agitavam o jovem Dalai Lama, sentado no Potala e olhando iradamente das *thangkha* para a biografia e vice-versa. "No fim", disse o Dalai Lama, "Marpa tomou-o como o seu mais querido discípulo, e foi então que me senti verdadeiramente consolado".

"Identificou-se pessoalmente com esta história? Os seus mestres eram duros consigo?", inquiri.

"Os meus mestres não eram tão duros", respondeu o Dalai Lama. "Por vezes, eram rígidos, mas não como Marpa. Mas tinham sempre duas chibatas à mão: uma para o meu irmão mais velho, a outra para mim. A distinção entre estas duas chibatas é que a destinada ao Dalai Lama era amarela. Estava reservado para mim. Mas a diferença de cor não implicava nenhuma diferença na dor. Neste sentido, eram ambas muito convencionais!

"O meu mestre", continuou o Dalai Lama, "Ling Rinpoche, zangava-se ocasionalmente comigo, e houve alturas em que usou palavras muito duras, mas fora isso era muito carinhoso".

Sentindo uma ligação entre a sua educação e a de Milarepa, observei, "Mas Milarepa não foi tratado com carinho pelo seu mestre, e no princípio isso incomodou muito o Dalai Lama".

"Sim", disse o Dalai Lama. "Milarepa era muito doce e humilde, e ansiava muito por receber os ensinamentos budistas de Marpa, mas este, em lugar de o ensinar, punia-o e dava-lhe mais trabalho duro. É claro que, no fim, conseguimos ver o significado e o propósito daquele duro tratamento. Mapa era obviamente um grande mestre".

"Mas os seus mestres trataram-no com dureza alguma vez? Usaram a chibata?", perguntei.

"Não, os meus mestres eram muito carinhosos", disse ele. "Às vezes, mostravam-me a chibata. Ocasionalmente, um dos mestres empregava palavras duras e fazia observações mais sarcásticas".

"Com que objectivo? Para o fazer trabalhar mais afincadamente?", perguntei eu.

"Sim", disse ele.

Interroguei-me se o Dalai Lama ligava aquelas acções às de um Boddhisattva – inspiradas pela sabedoria – que jura conduzir todos os seres à iluminação. Este *ethos* não vem naturalmente à ideia aos não Tibetanos, mas é central para compreender a crença do Dalai Lama de que o Boddhisattva Chenrezi, por exemplo, guia o povo tibetano com acções de Boddhisattva. Eu disse ao Dalai Lama, "Foi então o mesmo que aconteceu com Marpa e Milarepa. Quando cresceu, o Dalai Lama compreendeu que Marpa era um grande mestre. Tratou Milarepa duramente, mas de modo consciente. Foi uma acção de Boddhisattva".

"Sim, é claro. Exactamente", concordou o Dalai Lama. "Depois, Marpa explicou as verdadeiras razões pelas quais tratara assim Milarepa. Até o Gautama Buda passou por seis anos de dificuldades antes de atingir a iluminação. Assim, similarmente, Milarepa carecia de uma dura penitência para purificar os seus actos negativos. Por fim, Marpa explicou-lhe estas coisas e passou a tratá-lo como um filho".

Milarepa viveu muitos anos, seminu, em cavernas na alta montanha, em busca da iluminação sob a orientação de Marpa. A sua vida era de penitência. Mesmo nos dias mais frios, vestia apenas um fino hábito de algodão. Durante anos a fio, apenas comeu urtigas, plantas tão nocivas que hoje só os camponeses mais pobres dos Himalaias as comem – e até eles as misturam com batatas e trigo, usando-as principalmente como condimento. Mês após mês, Milarepa comeu apenas esta planta espinhosa. Comeu tantas que a sua pele adquiriu uma tonalidade verde semelhante à da planta. É o ascetismo extremo de Milarepa, baseado numa determinação inabalável, que o Dalai Lama mais parece admirar.

"Admiro muito a determinação de Milarepa e a sua prática, baseada numa determinação tão dura e inabalável", disse-me o Dalai Lama. "Por isso, quando falo às pessoas em Milarepa, é porque elas devem copiar a sua determinação. Eu próprio penso nele ou leio sobre ele com frequência, porque também necessito desse tipo de determinação. Milarepa foi um grande mestre. Atingiu a iluminação nesta vida, através de uma prática meditativa determinada – é incontestável".

"Então, foi em criança que ouviu falar pela primeira vez em Milarepa, mas a sua opinião sobre ele e o respeito que lhe tem continuam a aumentar?", perguntei.

"Sim, sempre senti isso". O Dalai Lama fez uma pausa. "Mas nunca sonhei com ele. Espero vir a sonhar com ele. Admiro-o muito".

❈ ❈ ❈

Quando o Dalai Lama falou da morte de Milarepa, colocou-se novamente a questão dos níveis de interpretação. Quando Marpa maltratou Milarepa, foi no segundo nível, foram as acções de um homem sábio e foi para o bem de Milarepa. Do mesmo modo, a biografia de Milarepa afirma que quando ele morreu, surgiram arco-íris, caíram flores do céu e o santo apareceu a várias pessoas ao mesmo tempo, em locais muito distantes uns dos outros. Até apareceu, vivo e de boa saúde, a um discípulo, poucas horas depois de ter morrido, à semelhança das aparições de Cristo aos seus discípulos após a sua morte. Agora, eu já sabia o que o Dalai Lama iria dizer acerca destes milagres. Ele não duvidava, particularmente no caso de Milarepa, da autenticidade destas interpretações. Eram reais para pessoas que tivessem desenvolvido uma consciência superior, através da meditação, embora alguém com aquilo a que o Dalai Lama chama uma mente "comum" não visse as coisas da mesma maneira.

Vínhamos falando de Milarepa já há um bom bocado quando o Dalai Lama me olhou curiosamente.

"Mas qual é a ligação destas coisas à história do Tibete?", perguntou ele.

"Milarepa é um dos grandes heróis da história tibetana", retorqui. "O que é o Tibete? Será Milarepa um bom exemplo daquilo que são os Tibetanos?".

"Sim, é verdade", admitiu ele.

"As coisas que o Dalai Lama nos diz acerca de Milarepa também nos falam do coração do Tibete, não falam?", acrescentei eu.

"Sim, tem razão", disse ele.

Milarepa é o Tibete. Para os estrangeiros, um monge a meditar numa gruta dos Himalaias talvez seja a mais vulgar das metáforas para o Tibete.

Ao mesmo tempo, Milarepa é um dos santos mais reverenciados do Tibete. Os ideais pelos quais viveu, os ideais que o motivaram, os anos que passou nas cavernas, as diferenças que teve com Marpa – todos estes actos da vida de Milarepa são definições do Tibete tal como os próprios tibetanos conhecem a sua cultura, e como os estrangeiros acabariam por ver o Tibete.

Ouvir o Dalai Lama falar de Atisha e depois de Milarepa foi estranho. Ambos são os seus heróis, mas são convencionalmente muito diferentes. Atisha ajudou a restabelecer o *Vinaya*, o código que exige aos monges, entre outras interdições, que trajem o hábito castanho-avermelhado prescrito e que se abstenham de beber álcool e de ter relações sexuais. Também foi um grande sábio, que escreveu livros e os traduziu. Atisha acreditava que só depois de uma longa preparação escolástica poderiam os métodos "instantâneos" – preferidos por Milarepa – conduzir à iluminação. Todavia, Marpa, o mestre de Milarepa, era conhecido por beber grandes quantidades de cerveja e praticar ioga sexual com mulheres. Embora Milarepa fosse celibatário, ele e o seu mestre são famosos por terem atingido estados de consciência avançados – incluindo aqueles nos quais os seres humanos conseguem realizar milagres – através de intensa meditação. Milarepa rejeitou os debates e a academia monásticos, afirmando que a meditação rigorosa era a via para a iluminação.

"Milarepa captou a essência, a vacuidade. Chegou à verdadeira essência sem grandes estudos académicos", disse o Dalai Lama. "Por causa disso, os seguidores de Milarepa dão ênfase à prática directa e à meditação".

O louvor do Dalai Lama a Milarepa e Atisha realça a coexistência, no Tibete, de duas vias aparentemente contraditórias para a iluminação: a dos radicais ioguis meditativos e a dos monges escolásticos formais. Este aparente desacordo tem a ver com os meios, não com o objectivo. O Tibete é a única nação que preservou, até hoje, os ensinamentos de todas as escolas budistas. À semelhança de muitos Tibetanos, o Dalai Lama respeita muitas escolas de pensamento budista. Atisha e Milarepa seguiram vias diferentes para chegarem ao mesmo objectivo, e a história tibetana foi moldada por um respeito singular – e pela síntese – das formas ióguicas e escolásticas do budismo. Gampopa, o principal discípulo de Milarepa, codificou os ensinamentos do seu mestre num texto escolástico artisticamente elaborado, que ainda é usado. A obra *O Precioso Ornamento da Libertação* ajudou a preservar os ensinamentos do iogui Milarepa num livro que é frequentemente comparado com o guia de Atisha sobre as etapas do caminho, *Candeia no Caminho do Despertar*.

Com o restabelecimento do budismo, por diferentes mestres, durante a Segunda Difusão do Dharma – o regresso do budismo monástico após o caos que se seguiu a Lang Darma –, emergiram muitas variedades de expressão religiosa. Existiam monges solitários em grutas, alguns fora do *Vinaya*, outros seguindo-o. Havia centenas de monges celibatários vivendo num mesmo mosteiro, dedicando as suas vidas à tradução de textos indianos. Existiam grupos de uma dezena de discípulos, todos casados, congregados à volta de um mestre carismático, que acreditavam que o ioga sexual podia conduzir à iluminação numa vida. O Tibete carecia de uma figura central que estabelecesse e fizesse cumprir um conjunto estrito de orientações religiosas. No princípio, os monges e outros budistas debateram e celebraram as diferenças entre as seitas. Esta diversidade e liberdade religiosas deu origem a um dos mais ricos capítulos espirituais da história da humanidade, do qual os ocidentais só se aperceberam após a década de 60, quando começaram a aparecer traduções de obras básicas tibetanas, tais como as *Cem Mil Canções de Milarepa*.

No budismo tibetano sempre houve diferentes níveis de significado, ou aquilo que o Dalai Lama descreveu como percepção "comum" e "incomum", dependendo do nível de treino mental de cada um. Os mestres tibetanos sabiam que aqueles que verdadeiramente procuram devem basear-se no significado e não nas palavras [33], na verdadeira doutrina e não nos homens, na gnose (conhecimento dos mistérios espirituais) e não na percepção. Deixaram espaço para ambos os níveis, compreendendo que os indivíduos diferem no seu nível de capacidade espiritual.

Foi neste clima que os mestres nyingma descobriram os textos budistas esotéricos, similares às obras tântricas da Índia, os quais – segundo se dizia – haviam sido escondidos por Padmasambhava durante o período imperial. Os historiadores sabem que estes textos são invenções posteriores, mas os Tibetanos crentes acreditam que foram descobertos por *tertons* ou "descobridores de tesouros". Ao mesmo tempo, os mestres nyingma preservaram e transmitiram uma das mais profundas práticas meditativas do Tibete, o Dzogchen, que incorpora aspectos das antigas práticas Chan chinesas, elementos que, no Japão, viriam a transformar-se no Zen [34].

Todas as escolas do Tibete, antigas e novas, preservaram muitas formas de prática budista, das práticas minuciosamente ritualistas à meditação avançada. Cada mosteiro tendia a ser independente do controlo central, e havia muitas sub-escolas e divisões. A dada altura, existiam mais de 12 escolas de budismo Kagyu. O Tibete é tão grande e os mosteiros estavam tão distantes uns dos outros que existia pouca administração central [35]. Por exemplo, cada mosteiro nyingma defendia ciosamente a sua independência.

Juntamente com a Nyingma, a Kadam de Atisha (a escola Gelug só se desenvolveria [36] a partir da Kadam no século XV) e a Kagyu de Marpa e Milarepa, surgiu outra importante escola no século XI. A Sakya – Os da Terra Cinzenta – derivou o seu nome da argila que se encontrava em redor do principal templo Sakya. Os seguidores da Sakya pintalgam com esta cor as paredes de adobe das suas casas e templos.

À semelhança dos Kagyupa, os Sakyapa fazem remontar a sua fundação aos ensinamentos de um carismático mestre tibetano. Para os Sakyapa é Drogmi, um místico taumaturgo que estudou os tantras na Índia. Regressado ao Tibete, atraiu um grupo de devotos, os quais codificaram os seus ensinamentos após a sua morte. Drogmi [37] é famoso por ter obtido um ensinamento [38] secreto que recorria a práticas sexuais para a realização mística. Um discípulo de Drogmi, oriundo de uma família rica e poderosa, os Khon de Sakya, fundou o primeiro mosteiro Sakya, em 1073. No século XIII, a Sakya tornar-se-ia a primeira escola budista tibetana a adquirir poder político sobre o país, com o apoio de um patrono mongol, mas em finais do século XI ainda era apenas uma das muitas escolas emergentes.

No fim do século, os fundadores das quatro escolas tinham morrido e os seus discípulos organizado os respectivos ensinamentos. As quatro escolas atraíram poderosos senhores regionais para seus patronos. Com o aumento da dimensão, da riqueza e da complexidade administrativa dos mosteiros, houve que pagar um preço: transigir relativamente aos ideais. Citando um exemplo típico: uma modesta cabana de palha construída por um dos descendentes espirituais de Milarepa foi transformada em santuário [39] no seio de uma enorme cidade monástica edificada por uma família rica que apoiava a escola Kagyu. Os princípios e a austeridade espirituais deram lugar à pompa e ao ritual.

Os mosteiros estabeleceram filiais e em poucas décadas havia centenas de monges a viver atrás das muralhas de grandes complexos religiosos. Com o decorrer dos séculos, aumentaram as dimensões e o número de mosteiros. Estátuas e murais adornavam estes locais de culto para um número crescente de monges. Alguns dos primeiros mosteiros albergavam mais de dez mil monges. Nos vales de todo o Tibete, os camponeses e servos que outrora haviam fornecido parte da colheita ou um filho, em tempo de guerra, aos senhores ou imperadores que defendiam os seus vales pagavam agora tributo ao mosteiro local. Os rituais anuais relativos a figuras como Padmasambhava e Chenrezi aumentaram em número, e os mosteiros não conseguiam fazer as oferendas necessárias sem um afluxo constante de manteiga e cevada que provinha dos agricultores e nómadas vizinhos.

Embora alguns dos monges e monjas (que constituíam uma nítida minoria) praticassem longos retiros ou se dedicassem a uma vida de estudo académico, outros chegavam aos mosteiros, tomavam os votos, aprendiam a ler e a escrever, e depois renunciavam aos votos e partiam para casar. Entre os monges que se formavam, alguns estudavam filosofia, psicologia e lógica, enquanto outros traduziam e cotejavam os ensinamentos budistas provenientes da Índia. Outros ainda estudavam medicina, pintura, os rituais e a astrologia, ou dedicavam-se à gravura dos blocos de madeira necessários à impressão das compilações de traduções dos ensinamentos do Buda. Muitos monges ganhavam a vida realizando cerimónias pelos mortos nos lares dos fiéis.

Os fortins monásticos não albergavam apenas monges. Tornaram-se escolas primárias e universidades, hospitais, escolas médicas, drogarias, templos, museus, imprensas, bibliotecas, crematórios, bancos, lares para idosos, orfanatos e até, ocasionalmente, quartéis para monges-guerreiros. Os mosteiros converteram-se na única instituição pública, substituindo todas as outras, tal como se transformaram num dos principais poderes políticos, cerceando o desenvolvimento do nacionalismo. Os especialistas acreditam que, no século XX, entre vinte a trinta por cento dos Tibetanos ([40]) eram monges (embora as estimativas variem), e a maioria não praticava longos retiros meditativos. Falando de um grande mosteiro que conhecera, o Dalai Lama disse que albergava, na sua época, "cerca de oito mil monges, estudantes e mestres. E penso que desses sete ou oito mil monges, se contarmos os sábios genuínos, incluindo os mestres, somente três ou quatro mil eram bons monges. Metade não prestava para nada". Ainda havia monges que passavam a vida apenas a meditar, mas com o passar dos séculos o seu número diminuiu.

Discutindo a tendência de os monges, com o tempo, se terem centrado cada vez mais nos rituais, observei, "Parece que todas as escolas desenvolveram rituais, e que cada vez mais os monges lhes dedicavam mais tempo do que em verdadeira meditação".

"Rituais!", riu-se ele. "Todas as escolas têm muitos rituais. Não há nada de errado com o ritual. Toda a gente pode realizar rituais, mas nem todos podem cumprir as verdadeiras práticas. Por isso, para aqueles que não conseguem meditar profundamente, a única via é através do ritual. Apegam-se a este tipo de coisas, mais fáceis. Através do ritual pode existir contemplação. Mas sem a devida compreensão, sim, podem verificar-se excessos, o que é triste".

No entanto, a devoção popular aumentou, e à medida que cada vez mais devotos faziam oferendas a templos e mosteiros, os monges foram enriquecendo. Este processo histórico teve início no século XI, com a fundação das primeiras escolas por mestres budistas idealistas. Quando os mosteiros se transformaram em centros de poder regionais, as disputas e as guerras entre as escolas centraram-se na política e na economia, e não em quaisquer diferenças religiosas [41]. Existiram homens santos cujas preocupações transcenderam a política e o dinheiro. Alguns debruçaram-se sobre os problemas causados pela ausência de um Estado central. Um santo tentou proteger os viajantes dos salteadores que tornavam inseguras as estradas do Tibete, outro fundou hospícios [42] para cuidar dos doentes. Mas estes santos foram uma minoria, e os estabelecimentos monásticos preocuparam-se mais com o seu próprio poder, não obstante o preço que o povo do Tibete – e o nacionalismo tibetano – pagou pela ausência de um governo central.

"Depois da destruição do budismo por Lang Darma", disse o Dalai Lama, "foram as instituições, as tradições e o poder monásticos que voltaram a crescer. Não existia um poder político centralizado. Todas as atenções de cada regente ou monge estavam centradas na sua própria área e escola ou tradição. Não olhavam para o Tibete como um todo. E também penso que a geografia teve algum impacto. O Tibete é uma área enorme. Se fosse um país pequeno, teria sido fácil controlá-lo a partir do centro, mas é enorme. Dada esta situação, a devoção exagerada à religião teve um impacto negativo. Os monges consideravam a nação tibetana secundária relativamente às suas escolas, e os assuntos políticos eram secundários em relação ao Dharma.

"Mas o pior de tudo", prosseguiu o Dalai Lama, "tal como já referi, era eles não estarem preocupados com a verdadeira religião. Queriam era fazer coisas grandes e grandiosas: grandes mosteiros e grandes estátuas".

Cerca do ano 1000 até aproximadamente 1200, os Tibetanos, embora estabelecessem os grandes mosteiros do Tibete, continuaram a deslocar-se à Índia para adquirirem novos ensinamentos. Monges tibetanos traduziram milhares de textos budistas indianos, mas com a evolução do budismo no Tibete começaram a diminuir as razões para as deslocações à Índia. Os textos mais importantes já existiam em tibetano, e não faltavam mestres no Tibete. Mas foi um choque[43], no início do século XIII, quando os invasores muçulmanos destruíram o mosteiro de Atisha, no leste da Índia.

Há duzentos anos que os muçulmanos vinham lançando campanhas anuais a partir do que é hoje o Afeganistão e Paquistão, abrindo caminho à força através da planície do Ganges, de ocidente para oriente. Os seus exércitos pilhavam e incendiavam os mosteiros: as estátuas budistas horrorizavam os muçulmanos, que eram iconoclastas. Finalmente, os muçulmanos chegaram a Vikramashila, o último grande mosteiro que restava intacto.

Em Vikramashila, os muçulmanos massacraram os monges. As bibliotecas arderam durante dias. Os atacantes despedaçaram as estátuas e roubaram o ouro e as jóias que as adornavam. O exército demoliu todos os edifícios, até à última pedra das dezenas de templos que se haviam erguido acima das neblinas matinais; arrancaram as pedras e lançaram-nas ao rio Ganges. A destruição de Vikramashila foi absoluta: o local ainda não foi identificado.

Esta imagem da destruição do budismo na Índia, à ironia do seu desaparecimento da terra onde nasceu, perseguia-me há décadas. Eu desejava muito falar com o Dalai Lama sobre a morte do budismo na sua pátria.

"Como foi o budismo destruído na Índia?", perguntei. "Foi apenas devido aos ataques muçulmanos?"

"Nada é causado por um único factor", começou o Dalai Lama. "Um bom especialista, que já faleceu, enviou-me um livro no qual aborda as três causas do declínio do budismo na Índia.

"Primeiro", continuou o Dalai Lama, "os patronos dos mosteiros desenvolveram uma inclinação para as tradições não budistas. Em segundo lugar, houve forças externas, como as invasões muçulmanas e outras – forças que tentavam destruir o budismo. Terceiro, os mosteiros e os próprios monges tornaram-se muito ricos, e acumularam muito ouro em nome do Tantra. Tal como falámos, havia consumo de álcool e sexo. Estas coisas aconteceram. Por isso, as pessoas perderam o seu respeito pelos monges, algumas desprezavam-nos ou deixaram de confiar neles. Penso, pois, que não houve uma causa, mas sim muitas".

Fiquei surpreendido ao ouvi-lo culpar os budistas por aqueles acontecimentos – eu sempre responsabilizara os muçulmanos. "A sério?", perguntei. "Não culpa os muçulmanos?".

"Penso que também no caso tibetano, tal como no indiano, existe a tendência para olharmos para as causas exógenas. A tendência para olharmos primeiro para forças externas está profundamente enraizada na mente humana e é difícil de eliminar. Não podemos fazer muito acerca dos outros, acerca das forças externas. Mas se não praticarmos bem, se não formos disciplinados, a nossa religião torna-se hipócrita. Isto é real. Assim, esta é a história real do budismo na Índia e no Tibete".

Chocou-me ver que, em todas as situações, o Dalai Lama olhava primeiro para as suas próprias falhas antes de procurar as falhas nos outros. Procurava primeiro as falhas do budismo antes de procurar as falhas noutras religiões. Procurava primeiro as falhas no Tibete e só depois as falhas noutros países. As suas inclinações enformam o seu modo de ver a história, tal como acontece com todos nós. Mas a tendência dele era ver primeiro as suas falhas pessoais, as falhas da sua nação e da sua religião. Eu sabia, intelectualmente, que este é um dos votos de um Boddhisattva. Ouvi-lo descrever a destruição do budismo na Índia como culpa dos budistas – pelo menos parcial – deu vida ao meu conhecimento de um modo agudamente penoso. Eu sabia que ele tinha razão, mas nunca encontrara ninguém minimamente sincero a este ideal.

"A tendência para olharmos primeiro para forças externas está profundamente enraizada na mente humana e é difícil de eliminar".

Eu não deveria ter ficado surpreendido por uma conversa com o Dalai Lama acerca da história do Tibete levar a algo de mais universal do que o estudo de um país. Mas fiquei. Quanto mais tempo passava com ele, mais ele me surpreendia, de modos para os quais eu não estava preparado. A sua espiritualidade não tinha nada de vago. Eram conselhos práticos.

※ ※ ※

O budismo tibetano, tal como o conhecemos hoje, não existiria sem uma figura central nos mosteiros, à qual os Tibetanos chamam *Tulku*. Os mestres que decidem conscientemente reencarnar como seres humanos, por compaixão pelo sofrimento dos outros, embora possam ir directamente para o Nirvana quando morrerem, são Tulkus, e o Tulku mais conhecido do mundo é o Dalai Lama. Tal como tantos outros aspectos da cultura tibetana, os Tulkus são uma expressão dos ideais dos Bodhisattva que o budismo Mahayana e Vajrayana levou para o Tibete. Em 1950, muitos dos mosteiros eram já liderados por um Tulku, e durante toda a história tibetana esta instituição desempenhou um papel singular e poderoso. O título honorífico de *Rinpoche*, ou Precioso, é aposto ao nome para indicar a posição do mestre. Os mosteiros budistas da Índia nunca foram liderados por mestres reencarnados; esse sistema surgiu no Tibete.

O primeiro Tulku foi Dusum Khyenpa[44], um mestre Kagyu do século XII. Antes de morrer, ele disse aos seus discípulos onde renasceria. Instruiu-os para que descobrissem a sua nova encarnação e que depois o educassem para que ele continuasse a guiá-los. Dado que os mestres budistas do Tibete vinham ensinando há muito a acção Bodhisattva como a ideal para uma pessoa iluminada, a mensagem exigiu apenas uma pequeno salto de fé. Ao mesmo tempo, constituiu uma audaciosa extensão do poder do budismo. Explicando o significado deste desenvolvimento, o historiador Melvyn Goldstein escreve:

> Num mundo em que as seitas religiosas competiam [45] constantemente por patronos laicos, os benefícios religiosos e políticos desta forma de renascimento eram notáveis, e ela tornou-se rapidamente parte da paisagem religiosa tibetana. Os lamas encarnados desenvolveram linhagens, que funcionaram como empresas no sentido em que acabaram por possuir terras e camponeses, e mantiveram uma identidade legal ao longo de sucessivas gerações.

Depois de ler esta citação ao Dalai Lama, perguntei-lhe, "Quando soube pela primeira vez de Dusum Khyenpa[46], o Tulku original?".

"Ao ler a sua biografia", disse o Dalai Lama. "Não sei que idade tinha. Na verdade, ele era uma figura bem conhecida no Tibete".

"Porque é que ele decidiu reencarnar?".

"Não há dúvida de que o lama Dusum Khyenpa foi um grande mestre", retorquiu o Dalai Lama. "Antes da sua morte, ele mencionou muito claramente que renasceria em determinado local e a determinada hora. Fê-lo para cumprir o voto do Bodhisattva. Que mais posso dizer? Penso que o sistema dos Tulkus ajudou. No entanto, penso que, tal como se verifica com todos os acontecimentos, existem muitos aspectos diferentes.

"O sistema da reencarnação tinha um aspecto negativo", continuou ele. "A riqueza era transmitida em nome da instituição, e incluía os servos que pertenciam ao mosteiro, o que causava muito sofrimento. Não restam dúvidas quanto a isto. E em nome da instituição, verificaram-se alguns conflitos *(combates entre seitas e mosteiros)*. Estes são factores negativos. Mas não existiam apenas factores negativos; o sistema dos Tulkus, o sistema de abades sucessivos, ajudou a manter viva a tradição Kagyu ([47]). Temos que perguntar porque é que isto aconteceu. Esta tradição não é apenas para uma geração, mas para muitas gerações. Assim, o abade, a pessoa, mudava, mas a instituição continuava. A instituição foi útil para manter viva a tradição. Em vez de ser nomeada outra pessoa, era supostamente a mesma pessoa num corpo novo. Penso que este sistema funcionou e foi útil".

"Está a dizer", perguntei eu, "que protegeu a força institucional do budismo?"

"Não, mais do que isso", respondeu o Dalai Lama. "O sistema dos Tulkus ajudou a proteger a tradição espiritual, a preservá-la". Vendo o meu silêncio, olhou para mim exasperado, como se estivesse a falar com alguém que não tivesse percebido nada do que ele tinha dito.

"Repare," prosseguiu o Dalai Lama. "Relativamente ao próprio Buda, existiram sete detentores sucessivos dos seus ensinamentos. Numa linhagem espiritual, existe um mestre qualificado que passa as suas tradições espirituais ao seu sucessor, de qualidade idêntica ou semelhante à sua. Deste modo, a tradição espiritual, os ensinamentos, pode continuar através de muitas gerações, sem degenerar. Não tem a ver com dinheiro nem com economia, trata-se de proteger e preservar uma tradição espiritual pura. Mas depois temos a natureza humana, que é outra coisa. A tradição original do sistema dos Tulkus era puramente espiritual, mas depois foi corrompida com questões de dinheiro, poder e baixa política".

"Mas mesmo assim", retorqui, "os Tulkus ajudaram a preservar a instituição, não ajudaram?"

"Sim, mas isso foi um efeito secundário", insistiu o Dalai Lama. "Para mim, o mais importante é a pureza da prática espiritual e da linhagem. Muitos mestres reencarnados foram muito puros, mesmo no seio de instituições monásticas muito grandes. Veja-se o VII Dalai Lama, por exemplo. Não possuía bens nenhuns, excepto os 13 artigos que os monges são autorizados a ter, tal como está escrito no *Vinaya*. Quando ia a uma cerimónia ou função governamental, e era obrigado a vestir roupas especiais, alugava-as porque não as tinha. Era um praticante genuíno. Houve muitos como ele. Assim, como vê, herdamos, recebemos ensinamentos maravilhosos e belos dos nossos mestres espirituais. Mas podem ser corrompidos por más influências ou práticas. Deste modo, pessoas falsas podem dizer que são muito bons mestres, o que polui e corrompe os ensinamentos budistas. O sistema dos Tulkus ajudou a impedir isto.

"De facto", disse o Dalai Lama, "a escola Gelug, em termos materiais, poderia parecer muito pomposa e magnífica. Mas destituída de conteúdo ou de prática espiritual, seria inútil. Quando penso nisto, só posso lamentar, do fundo do coração. Temos que ter presente que o objectivo principal", e aqui ele fez uma pausa, para dar ênfase, "o *objectivo* principal da tradição Tulku era preservar e difundir o Dharma e as nossas tradições. Foi algo de positivo, necessário e bem-vindo".

"Parece-me", observei eu, "daquilo que me disse e do que li, que os Tibetanos o vêem a si como um Tulku que é também uma manifestação de Chenrezi. Mas não são os outros Tulkus, de outras seitas, vistos também como manifestações de Chenrezi pelos seguidores dessas escolas? Não houve uma mudança, com o passar do tempo, na forma como tudo isto é visto?"

"Sim, mas isso é complicado", retorquiu o Dalai Lama. "Para os Karma-Kagyu, o Karmapa é considerado uma encarnação de Chenrezi – o Dalai Lama não é a única. O Karmapa também é considerado uma encarnação de Chenrezi. O que quero dizer é que, antigamente, as diferentes escolas ou tradições raramente usavam o nome do Dalai Lama. Na região de Kagyu, referem-se ao Karmapa ou Kamtsang. Os que vivem em Drikhung seguiam o Kyabgon. Os Kagyu de Taglung identificam-se com o Taglug Shabtrug Rinpoche. Em cada uma das diferentes regiões seguiam uma das muitas escolas diferentes, cada qual com o seu próprio Tulku, e cada escola tinha o seu principal templo ou mosteiro no Tibete Central. Todos os líderes estavam baseados no Tibete Central. Era onde tinham os seus mosteiros principais. As escolas possuíam inclusivamente seguidores nas remotas áreas fronteiriças, mas todos seguiam o Tulku que era o líder da sua escola. Contudo, agora, devido à recente situação com os Chineses, desde 1950, o meu nome chega a todo o lado", concluiu o Dalai Lama. "Toda a gente considera que o Dalai Lama é o salvador e protector do Tibete, e sou eu que tenho a responsabilidade principal".

❈ ❈ ❈

Analisei o que o Dalai Lama me dissera, e li muitos livros sobre a emergência das escolas budistas no Tibete. Entre duas viagens à Índia para o entrevistar, desloquei-me ao Tibete ocupado pela China. O facto de o Dalai Lama estar disposto a criticar o modo como os Tibetanos se haviam centrado demasiado nas estátuas e nos mosteiros era algo de louvável para mim, mas apesar da sua autocrítica eu considerava admiráveis – parcialmente por serem tão escassas – as estátuas gigantes que restavam no Tibete. Após a invasão de 1950, a China destruiu noventa por cento dos templos. A preservação das estátuas monumentais, bem como dos murais e livros antigos, foi uma das muitas coisas que o budismo monástico do Tibete conseguiu durante os últimos mil anos, apesar de muitas invasões. A beleza dos murais e estátuas sobreviventes, bem como a intensa devoção popular que inspiram, é profundamente comovente.

Numa límpida manhã de Inverno, no Mosteiro de Tashilumpo, em Xigaze, integrei-me numa fila de peregrinos, nómadas analfabetos que passam as suas vidas nas altas planícies, a apascentar iaques. Entrámos num templo escuro e demos a volta à maior estátua do Tibete. Os homens e as mulheres vestiam roupas de lã, tecidas por si próprios. Tinham os cabelos – que nunca tinham cortado desde o nascimento – entrançados e enrolados à volta da cabeça. Tresandavam a manteiga de iaque, a cevada tufada e a fogueiras alimentadas a bosta de iaque. A base da estátua media aproximadamente trinta metros de diâmetro, e a imagem encontrava-se no centro de uma sala escura como breu. De quando em quando, eu conseguia ver a cabeça do Buda, a uma altura de quatro andares, brilhando [48] à luz de uma minúscula janela.

Naquela sala enorme, que albergava uma estátua gigante, segui os nómadas, pessoas que nunca tinham possuído uma casa e viviam toda a vida em tendas, e fiquei impressionado com o que os mosteiros haviam conseguido no Tibete. Aqueles vastos espaços interiores com imagens gigantes pareciam criar uma sensação de espiritualidade nos peregrinos. Íamos agarrados aos ombros uns dos outros, caminhando, na escuridão, em redor do gigantesco dedo do pé do Buda que se erguia acima de nós, e eu comecei a compreender porque é que o monaquismo tivera tanto êxito no Tibete. O Dalai Lama dissera que os rituais eram para pessoas que não conseguiam meditar, e ali estava eu, seguindo um grupo de pessoas que não eram suficientemente cultas para estudarem os antigos ensinamentos do Buda, provenientes da Índia. Contudo, vi claramente que aquela sala e aquela estátua traziam às suas vidas algo vasto, algo de que só ligeiramente me consegui aperceber. Recordei-me do riso do Dalai Lama quando ele exclamara "Rituais!"

Os nómadas abandonaram o templo escuro depois de o terem percorrido, de modo a ganharem mérito no tipo de ritual que o budismo tibetano tão bem criou para as chamadas massas incultas. Segui-os até ao exterior, e a luz cegou-me. Ajustada a visão, observei a sujidade nos rostos tisnados pelo vento e nas mãos calejadas dos nómadas. Vi as rodas de oração que giravam incessantemente, e as contas de oração com as quais contavam os *mantras* das divindades budistas, que recitavam.

Através daqueles rituais simples, eles centravam o corpo, a mente e a fala no Buda. Visualizavam o Buda e recitavam o seu *mantra* enquanto caminhavam em redor da estátua gigante. Durante o último milénio, o monaquismo criou, promoveu e sustentou esta experiência espiritual. Para aqueles peregrinos, os seus momentos no templo faziam parte da experiência de uma vida. De facto, as pinturas e as estátuas que enchem as dezenas de templos de Tashilumpo proporcionavam apoio aos peregrinos que vi naquele dia, proporcionavam a todos os que os precederam e proporcionarão a todos os que se lhes seguirem. Os peregrinos pareciam transformar-se no Buda. Os especialistas debatem se estas práticas provêm do antigo budismo, da Índia, ou se estão enraizadas nas práticas dos xamãs dos Himalaias, que se "transformam nos deuses" durante os transes. Mas naquela manhã, em Xigaze, estas questões eram irrelevantes. O poder da devoção dos peregrinos era espantoso.

A sua devoção comoveu-me tanto que me veio à memória a imagem de uma jovem mulher chinesa que eu encontrara brevemente num elevador, em Cantão. Em 1989, após uma deslocação a Lhasa, eu viajara de avião para Guangzhou (Cantão), em trânsito para Hong Kong, para carimbar alguns dos meus documentos de saída. Dirigíamo-nos ambos ao seu escritório. Olhámos educadamente para cantos diferentes do elevador, até que ela me fez uma pergunta. Milhares de estrangeiros passavam por Guangzhou com destino a Lhasa, num voo recentemente inaugurado. Ela não compreendia o motivo. "Porque é que os ocidentais querem tanto ir ao Tibete? As pessoas cheiram mal, e é tão sujo e tão pobre. O que é que lá vêem?"

Espantado pela sua franqueza, respondi, "Querem ver os mosteiros, penso eu. Pelo menos, é isso que os atrai primeiro ao Tibete".

As estátuas e os mosteiros que as preservam tornaram-se, durante o último milénio, o suporte de um santuário interior que os Tibetanos têm cultivado com tremenda determinação. Os nómadas que segui em Tashilumpo tinham apenas o Buda no coração. Para os Tibetanos, embora os ocidentais e os Chineses possam não o ver, os mosteiros, independentemente de todos os seus defeitos, são parcialmente avaliados pela sua utilidade em levar as pessoas a aplicarem o budismo nas suas vidas. Através da sua prática pessoal, os indivíduos ganham mérito. As relíquias e rituais religiosos são apenas instrumentos. Ao sair da escura capela de Tashilumpo para a luz, na companhia dos nómadas, decidi perguntar ao Dalai Lama, da próxima vez que o visse, qual era a sua estátua do Buda favorita. Se as estátuas eram instrumentos religiosos tão significativos na vida dos nómadas, então uma imagem do Buda seria certamente um importante instrumento religioso para o Dalai Lama.

Nevava em Dharamsala, na Índia, quando cheguei para o meu encontro. Da última vez que o vira, quatro meses antes, observara-o a emergir de uma floresta envolta nas espessas nuvens da monção. Ele caminhara por um trilho, debaixo do seu chapéu-de-chuva castanho-avermelhado, atravessando um denso grupo de árvores gotejantes. Agora, estava de cabeça e braços descobertos, tal como o *Vinaya* dita para um monge budista comum, seguindo por um caminho recentemente aberto na neve. Como sempre, à semelhança de todos os dias, havia dez pessoas à sua espera, pelo que a nossa sessão fora rigorosamente calendarizada. Enquanto eu esperava, ele recebeu em audiência cerca de cem refugiados que tinham atravessado os desfiladeiros invernais dos Himalaias, cobertos de neve, para fugirem do Tibete. O seu olhar trouxe-me à memória os nómadas caminhando em redor da estátua gigante de Tashilumpo. Durante a nossa entrevista, na véspera, eu tinha feito tantas perguntas sobre o desenvolvimento do budismo monástico que me esquecera de lhe perguntar das estátuas. O olhar dos refugiados, ao aproximarem-se do Dalai Lama, fez-me lembrar de lhe perguntar qual era a sua estátua preferida.

O Dalai Lama disse-me que a sua representação do Buda favorita é uma imagem de pedra, com 90 cm de altura, esculpida no antigo reino de Ghandara, cerca de 100 d.C. A estátua encontra-se actualmente dentro de uma vitrina no Museu de Lahore, no Paquistão, que se tornou quase tão célebre quanto a Wonder House no início do romance *Kim*, de Rudyard Kipling ([49]).

É uma imagem do Buda na noite da sua iluminação. Ele acabara de concluir seis anos de extremo ascetismo; passara fome e estava seminu. Obviamente, a barriga do Buda está magra, os olhos estão encovados e vêem-se-lhe claramente as artérias na sua emaciada caixa torácica. A escultura é notavelmente detalhada. O Buda acaba de interromper um prolongado jejum, tendo comido apenas o suficiente para se sustentar durante as longas noites de meditação que conduziriam à sua libertação total, sob a Árvore Bodhi, em Bodh Gaya, na lua cheia de Maio. O Dalai Lama nunca viu pessoalmente a estátua, somente em imagens.

"Essa é então a sua imagem do Buda preferida?", perguntei eu. "O que vê nela?"

"Ela transmite claramente a mensagem que é ensinada nos textos budistas", disse o Dalai Lama. "Mostra que temos que passar por muitas dificuldades durante incontáveis eras de prática espiritual. Isto está claramente demonstrado na sua vida, e nesta estátua. Quando comparamos as dificuldades pelas quais já passámos com as do Buda, vemos claramente como somos mimados. Em particular, falando de um modo geral, aqueles que têm o nome de Tulku são muito mimados.

"E quando vê esta estátua, o que sente?", foi a minha pergunta seguinte.

"Do que verdadeiramente necessitamos", explicou o Dalai Lama, "é da determinação para trabalharmos com afinco. Tal como Milarepa e muitos lamas e mestres genuínos, que passaram muito tempo com dificuldades e depois alcançaram elevadas realizações espirituais. É muito difícil conseguirmos algo seguindo a via mais fácil. Por exemplo, Dilgo Khyentse Rinpoche também praticou duramente, isolando-se numa gruta durante três anos. Mais tarde, até chorou de felicidade ao recordar o tempo que passara na caverna. Tinham sido anos de muito trabalho e meditação, mas fora o período mais feliz da sua vida. Esta é a via correcta. Penso que muitos de nós, incluindo eu próprio, esperamos atingir facilmente a Budeidade".

"Então, o Buda de Lahore", disse eu, "recorda-lhe que sem muito trabalho é impossível atingir a iluminação. Mas a estátua também é um grande feito artístico, não é?"

"Não tenho muita sensibilidade para a estética", replicou o Dalai Lama.

"Sim, já me deu essa sensação", disse eu. "Porque é que não aprecia o feito artístico?"

"Estritamente falando", disse o Dalai Lama, "do ponto de vista de um praticante budista, sendo uma imagem do Buda, basta este facto para ser olhada com respeito. Não por ser cara ou bela, feita de ouro ou de lama".

"Mas conta quando o artista transmite numa estátua, com mestria e poderosamente, a determinação do Buda", disse eu. "É preferível a uma imagem feia do Buda, que não transmita essa determinação".

"Sim, é verdade", disse o Dalai Lama.

"Então isso conta", disse eu, "e o Dalai Lama prefere o Buda de Lahore a qualquer outro Buda porque ele transmite essa determinação. Esta arte vale por causa disso".

"Sim", disse ele.

"Mas em termos gerais, não importa se é feita de diamantes ou de lama, nem se é bela ou não", disse eu.

"Exactamente", foi a sua resposta.

6

Os Suseranos Mongóis e as Raízes de um Problema

1207-1368

A estação das monções dera lugar ao Inverno. Haviam decorrido outros seis meses e o Dalai Lama e eu continuávamos a encontrar-nos sempre que ele tinha tempo, entre as suas muitas viagens ao estrangeiro. Céus de um azul vivo tinham substituído os crepúsculos das monções. Subir de táxi até ao complexo residencial do Dalai Lama, sobranceiro a Dharamsala, era quase como viajar de avião. A estrada, serpenteando, entrava e saía dos pinheiros; para lá deles, vislumbrei ocasionalmente os Himalaias, cintilantemente brancos com as neves recentes. Enquanto subia a encosta para me avistar com o Dalai Lama, tinha a mente ocupada com o tópico do dia: o estabelecimento do maior império da história pelos nómadas mongóis.

Foi a conquista mongol da Eurásia, no século XIII, que pôs acidentalmente em contacto a China e o Tibete depois de séculos de mútuo isolamento. Ambos se tornaram nações súbditas no seio do Império Mongol, que se estendia da Coreia à Hungria e de Moscovo a Istambul, controlado por um exército de 125 000 nómadas "bárbaros" e o seu líder, Gengiscão ([1]).

Se tivessem sorte, os súbditos pagavam tributo aos Mongóis; caso contrário, eram exterminados([2]) pelos seus cavaleiros, armados com espadas e arcos. Gengiscão, que era analfabeto([3]), acreditava que fora o próprio Céu Azul Eterno([4]), pela boca de um xamã mongol, quem lhe dera o direito divino de governar o mundo([5]). Uma tradução não expurgada do lema de Gengiscão é aproximadamente a seguinte: a melhor vida que pode haver para um homem é perseguir e massacrar os seus inimigos, roubar as suas riquezas, ouvir o choro das suas famílias, montar os seus melhores cavalos e violar as suas mulheres([6]). Recentes pesquisas genéticas([7]) consubstanciam os factos subjacentes a esta fanfarronada. Nas terras conquistadas por Gengiscão, oito por cento dos homens têm nos seus cromossomas Y um marcador que os cientistas identificaram na sua família.

Desde o início das invasões de Gengiscão, em 1206, até à sua morte, em 1227, ele aplicou uma única lei. Quem resistisse à conquista ou quebrasse uma promessa era massacrado – fosse homem, mulher ou criança([8]). Segundo a *História Secreta dos Mongóis*, ele lidava com os estrangeiros que se lhe opunham tal como lidara com as tribos mongóis que o haviam traído durante a sua juventude. Nessa época, após uma vitória,

> Gêngis reuniu os despojos do... acampamento([9])
> e executou os líderes do clã,
> e os seus filhos e netos,
> para que a sua semente fosse levada pelo vento, como as cinzas.

O extermínio era o destino dos que([10]) não se rendiam logo que os cavaleiros mongóis surgiam às portas da cidade, e particularmente daqueles que combatiam os Mongóis. Para Gêngis, todas as pessoas eram suas súbditas; tinham que capitular e pagar tributo, ou ele csmagá-las-ia. Por vezes, as nações que se rendiam com pouca ou nenhuma oposição eram bastante bem tratadas.

A China resistiu aos Mongóis, o Tibete não.

Nenhuma nação estava preparada para enfrentar os Mongóis, mas os tibetanos encontravam-se completamente indefesos. Depois da morte de Lang Darma, em 842, o Tibete desintegrara-se. Desde o colapso do Império Tibetano até o Tibete se tornar súbdito dos Mongóis, em 1268, o Estado permaneceu fragmentado([11]). As regiões digladiaram-se e os nobres e os mosteiros poderosos enfrentaram-se pelo controlo de cada região. No princípio, os mosteiros procuraram a protecção dos nobres; contudo, no século XIII, os monges já eram ricos e a situação inverteu-se: algumas famílias nobres procuraram a protecção dos mosteiros. A política externa estava em desordem porque numerosos príncipes tinham concluído vários tipos de alianças([12]) com os impérios e as tribos que rodeavam o planalto. Ironicamente, a incapacidade do Tibete se defender dos invasores Mongóis acabou por se revelar uma bênção estratégica, pois os Mongóis massacravam quem lhes resistia.

O Dalai Lama entusiasmou-se quando abordámos este assunto. "Se o Tibete fosse um país forte", disse ele, "talvez tivesse lutado e sofrido como tantos outros. Mas não existia um Estado forte; o nacionalismo era fraco e os mosteiros eram fortes. Por isso, houve pouca resistência".

"As publicações do governo chinês", disse eu, "insistem que o Tibete se tornou parte da China([13]) devido à invasão mongol. Mas os historiadores que li não são desta opinião".

"Na verdade, penso que o exército mongol invadiu primeiro o Tibete, que controlou, e depois passou à China", observou o Dalai Lama. "Não posso afirmar; não sou historiador. Assim, pela parte que me toca, quero deixar bem claro que isto é muito complicado e deixo-o ao cuidado dos historiadores e dos especialistas".

"Mas quando o governo chinês distorce esta parte da história", retorqui, "para provar que o Tibete é parte da China desde o período mongol...". Mas o Dalai Lama tinha uma perspectiva mais flexível e não me ia deixar conduzir a conversa em termos tão simplistas.

"Posso asseverar publicamente", observou ele, "sem hesitações, que as relações históricas do Tibete com a China não são tão simples como afirma o governo chinês. E isto torna-se patente quando constatamos o facto de que os Mongóis controlaram o Tibete antes de chegarem à China. Como lhe disse anteriormente, qualquer explicação do passado tem sempre implicações sobre o presente e sobre o futuro. Por isso é que os Chineses insistem constantemente, com muita veemência, que o Tibete faz parte da China".

Na óptica de todos os Chineses patriotas, o Tibete faz parte do Estado chinês unificado desde a subjugação mongol de ambos os Estados. Wang Jiawei e Nyima Gyaincain apresentam a perspectiva governamental([14]) em *O Estatuto Histórico do Tibete Chinês*. O seu argumento depende de um pressuposto fundamental([15]): a ocupação mongol da China, à qual Kublai Khan chamaria dinastia Yuan([16]), foi um Estado chinês. Este pressuposto está na base de toda a sua exposição.

"A dinastia Yuan emergiu como o primeiro poder político nacional, caracterizado pela governação minoritária da China... As nacionalidades mongol, han *(chinesa)*, tibetana e outras uniram-se para formarem uma entidade política geradora de prosperidade económica e cultural". Segundo Wang e Gyaincain, a conquista mongol ocorreu durante um período em que a pátria foi governada por Chineses descendentes de uma minoria étnica.

Esta distorção não é um desenvolvimento recente. Os escritos chineses sobre a conquista mongol – desde os primeiros cem anos após a China ter expulso os Mongóis até hoje – não reconhecem que o Estado foi absorvido por uma unidade política maior, não chinesa ([17]). Além do mais, os Mongóis nunca administraram o Tibete como parte da China, nem sequer conjuntamente com a China. Pelo contrário, governaram estes territórios separadamente, tal como os Britânicos, em tempos mais recentes, administraram a Índia e a Nova Zelândia; o facto de a Grã-Bretanha ter colonizado ambos não torna a Nova Zelândia parte da Índia.

Se aceitarmos que o Império Mongol foi, na verdade, um Estado chinês – algo que é ensinado aos Chineses –, não é preciso muito para se argumentar, à semelhança de Wang e Gyaincain, que a China exerceu "soberania sobre o Tibete... desde a dinastia Yuan... [e que] os Tibetanos fazem indubitavelmente parte dos Chineses. Isto resume, com justiça e precisão, a realidade histórica existente há mais de 700 anos, desde a dinastia Yuan. O estatuto histórico do Tibete chinês é límpido como a água e o céu azul – um facto mundialmente conhecido".

As posteriores narrativas históricas tibetanas e mongóis tiveram a sua origem em princípios budistas partilhados, ainda que, tal como todas as narrativas históricas não chinesas, nunca apresentem a subjugação mongol do Tibete como uma subjugação chinesa. A raiz desta história pode ser atribuída a um único homem, o qual transformou o mundo ao integrar a maior parte da Europa e da Ásia no vasto Império Mongol.

❀ ❀ ❀

Temujin sobreviveu a uma juventude de extrema pobreza ([18]). Depois de, juntamente com o seu faminto irmão, ter assassinado um meio-irmão por causa de um peixe, a mãe de Temujin gritou aos rapazes:

Assassinos! (19)
Quando ele saiu, a gritar, do calor do meu ventre
agarrava na mão um coágulo de sangue negro.
E agora haveis destruído sem pensar...
como o leão que não consegue controlar a sua fúria...
como o lobo que se esconde no nevão para caçar a sua presa...
como o chacal que luta com quem lhe toca.

Depois de muitos combates sangrentos, Temujin emergiu como líder de uma coligação de tribos nómadas mongóis e turcas, no território da actual Mongólia. Temujin tornou-se Gengiscão – um nome que significa provavelmente soberano "oceânico" ou "mundial" (20) – em 1206, após uma conferência intertribal. Entre 1207 e 1215 (21), os guerreiros de Gengiscão subjugaram os seus vizinhos mais próximos, a sul, e depois partiram à conquista do mundo.

Em 1206, a sul dos Mongóis, existiam cinco grandes impérios ou reinos: o uigur, o tanguto, o jurchen, o tibetano e a China Song.

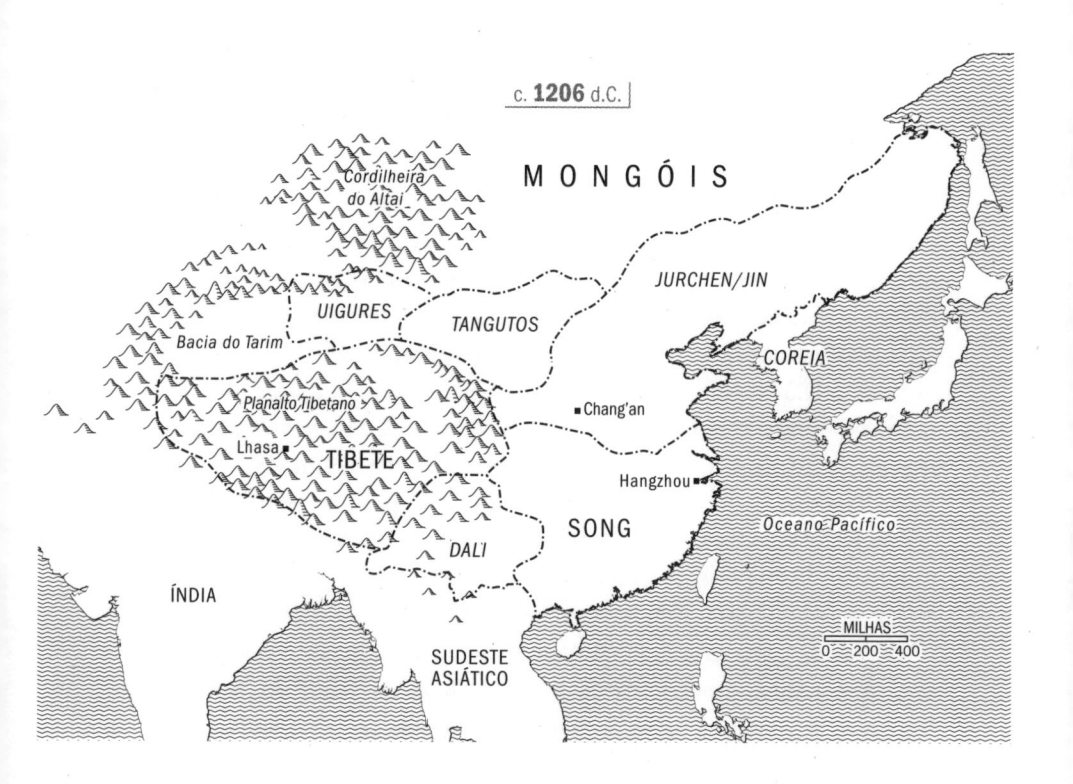

A sudoeste da Mongólia situava-se o reino uigur *(we-gur)* de Qocho, onde hoje existe a província chinesa de Xinjiang *(shin-jang)* [22]. Em 1205, os autóctones, indo-europeus [23], eram governados por reis turcos da etnia uigur. As gentes de Qocho [24] – de cabelos castanhos, louros e ruivos – não eram chinesas nem falavam chinês. A região não tinha habitantes chineses desde a expulsão dos Tang, séculos antes. Os Uigures [25] submeteram-se voluntariamente aos Mongóis entre 1207 e 1209, logo que foram ameaçados, e tornaram-se seus fiéis vassalos. Embora Gêngis fosse analfabeto, os seus filhos foram ensinados por escribas uigures, que transliteraram o mongol para a sua própria escrita [26]. Estes escribas escreveram os registos mongóis mais antigos com um alfabeto, não com caracteres chineses. Burocratas uigures contabilizavam o fluxo dos tributos recebidos à medida que o Império Mongol se ia expandido, e os leais vassalos uigures ajudavam a administrá-lo. Por se terem prontamente submetido, por demonstrarem lealdade e por serem úteis aos Mongóis, os Uigures prosperaram.

Imediatamente a sul da Mongólia, situava-se o Império Tanguto, nas actuais províncias chinesas de Gansu e Mongólia Interior. Os Tangutos eram [27] governados por nobres de língua tibetana. Os Tangutos tinham vivido no Planalto Tibetano no século VII, mas no século XIII haviam migrado para o Corredor de Gansu, uma depressão que separa os planaltos tibetano e mongol. Embora os Tangutos não fossem chineses, muitos dos seus súbditos eram. Os seus exércitos imperiais invadiram frequentemente a China Song em busca de riquezas. A partir de 1044 [28], após a conclusão de um tratado, os Chineses passaram a pagar um tributo anual aos príncipes tangutos para evitarem os ataques, e aceitaram um estatuto inferior. No princípio, dado terem capitulado perante os Mongóis sem grande resistência, os Tangutos foram poupados por Gengiscão. Contudo, uma posterior traição originou o seu extermínio.

Entre 1207 e 1209, as nações dos Uigures e dos Tangutos foram as primeiras a submeterem-se aos Mongóis; na altura da sua subjugação, não faziam parte da China nem se tornaram Estados chineses [29], embora governassem territórios que hoje integram a República Popular da China.

A leste e sudeste de Gengiscão habitava o povo Jurchen, de língua tungúsica. O Império Jurchen (ou Jin) [30] englobava tribos nómadas, no Norte da Manchúria, e pelo menos cem cidades no Norte da planície da China, onde a maioria dos habitantes eram agricultores e artesãos chineses. À semelhança dos reinos uigur e tanguto, parte do território do Império Jin caíra nas mãos de nómadas que não falavam chinês [31] após o colapso da dinastia Tang, em 906. Tal como os Tangutos, os soberanos nómadas dos Jin haviam aprendido a sugar as riquezas dos agricultores e artesãos da China([32]). Os nómadas recorriam a diversos métodos para extrair estas riquezas: impunham impostos aos Chineses que viviam nos reinos jin e tanguto, saqueavam as cidades da China Song e exigiam que esta lhes pagasse, em prata, para impedir as suas razias. Adoptavam as técnicas administrativas chinesas quando lhes servia, tal como as empresas chinesas de hoje adoptam os métodos administrativos ocidentais quando lhes é lucrativo fazê-lo. Assim como os Chineses não se tornam ocidentais quando adoptam a sua tecnologia, também os Jurchen e os Tangutos não se tornaram chineses. Os Mongóis atacaram os Jurchen em 1211([33]), e demoraram mais de duas décadas a subjugá-los. Em virtude de os Jurchen e os seus súbditos chineses lhes terem resistido tão resolutamente durante esta guerra prolongada, os Mongóis arrasaram completamente pelo menos noventa cidades amuralhadas([34]) da planície da China.

Em 1207, ao iniciar a sua conquista do mundo, Gengiscão atacou primeiro os Uigures, os Tangutos e os Jurchen. Os povos chineses e não chineses de então não estavam congregados([35]) numa nação-estado trans-étnica; a moderna nação da China não existia. Foram os historiadores chineses posteriores, seguindo a máxima intelectual de que o que não podia ser evitado tinha que ser racionalizado([36]), que transformaram a subjugação dos Chineses num alargamento das fronteiras do império. Na verdade, naquela época, os Uigures, Tangutos e Jurchen não se consideravam chineses nem eram vistos como tal pelos povos de língua chinesa.

Em 1205, a maioria destes povos vivia no Império Song, governado por Chineses, a sul do Império Jin e do Império Tanguto. Durante os séculos anteriores, os vizinhos Jin e Tangutos dos Song tinham empurrado as suas fronteiras cada vez mais para sul. Enquanto os Mongóis incorporavam Uigures, Tangutos e Jin no seu emergente império, Gengiscão ignorou a China Song. A maior força dos Mongóis residia nos seus contingentes de cavalaria, extremamente móveis. Os arrozais da China Song eram como um pântano([37]) para estas forças. Os soberanos nómadas predadores da China Song poderiam constituir uma ameaça à retaguarda de Gêngis se ele não os subjugasse primeiro, mas este problema não se punha relativamente à China Song. Eliminada a ameaça, Gêngis pôde orientar as suas forças montadas para oeste, internando-se no desarborizado mar de erva que se estendia da Mongólia até à Europa. Passou o resto da sua vida, de 1207 a 1227, a conquistar([38]) uma enorme extensão de território a oeste da China, englobando as modernas nações do Irão, Afeganistão, Cazaquistão e Turquemenistão, partes da Turquia, da Arménia, do Cáucaso e do Azerbeijão, e extensas áreas da Rússia e da Europa.

A meio destas conquistas, Gengiscão pediu a alguns dos seus primeiros vassalos, os Tangutos, que lhe fornecessem soldados. Recusaram. Depois de ter concluído as suas conquistas a ocidente, Gengiscão regressou com parte do seu exército à Mongólia e, pelo caminho, saqueou e incendiou todas as cidades tangutas. Em 1227, no seu leito de morte, quando os seus exércitos cercavam a capital tanguta, ele ordenou o massacre de todos os Tangutos ([39]). Embora já estivesse morto quando a carnificina final começou, as tropas cumpriram a ordem. Tão completo foi o extermínio que, até muito recentemente, os Tangutos foram como um borrão, praticamente apagados da história pelos Mongóis.

O Tibete só se tornou parte do Império Mongol depois da morte de Gengiscão. Nessa altura, os príncipes e líderes monásticos tibetanos já sabiam o que acontecia àqueles que, a exemplo dos Tangutos, se atreviam a resistir aos Mongóis. Em 1240, o príncipe Godan ([40]), neto de Gengiscão, enviou um pequeno exército para o Tibete ([41]), provavelmente para efectuar apenas um reconhecimento. Os Mongóis mataram quinhentos Tibetanos no ataque a um mosteiro, e vários outros mosteiros foram saqueados. Durante esta incursão, o comandante mongol desenvolveu um interesse pelo budismo e ouviu falar dos poderes espirituais de um monge, Sakya Pandita. Alguns anos depois, o príncipe Godan enviou uma carta a Sakya Pandita, que era abade de um dos maiores e mais ricos mosteiros do Tibete, convocando-o à sua corte.

> Eu, o muito poderoso e próspero Príncipe Godan, desejo informar o Sakya Pandita, Kunga Gyaltsen, de que necessitamos de um lama para aconselhar o meu povo ignorante a conduzir-se moralmente e espiritualmente. Necessito de alguém para orar pelo bem-estar dos meus falecidos pais... Decidi que és a única pessoa adequada para o efeito... Não aceitarei nenhuma desculpa com a idade nem com os rigores da viagem... Ser-me-ia obviamente fácil enviar um grande contingente de tropas para te trazer aqui. ([42])

Este ultimato é típico dos Mongóis, que não viam o seu império como uma única nação nem como uma sociedade chinesa multi-racial. Não procuravam ser legítimos aos olhos dos seus súbditos, nem comungavam do moderno conceito de nação-estado. Os Mongóis impunham a sua vontade unicamente pela força; segundo as suas crenças, o seu domínio reflectia a vontade do céu.

Depois de receber este ultimato mongol, Sakya Pandita partiu do Tibete [43] com dois dos seus jovens sobrinhos, um dos quais era Phagpa Gyaltsen, com dez anos de idade, e acompanhado por uma escolta mongol. A caminho do acampamento de Godan, a mil e quinhentos quilómetros de distância, para nordeste, o grupo parou em Lhasa, onde o jovem Phagpa Gyaltsen tomou os primeiros votos como monge budista frente à estátua do Buda instalada no Jokhang pela noiva chinesa de Songzen Gampo, a princesa Wencheng.

Sakya Pandita encontrou-se com o príncipe Godan em Lanzhou, na actual província de Gansu. Quando chegou, em 1247, as tropas mongóis estavam a exterminar a população chinesa da região. Um dos primeiros actos de Sakya Pandita, ao encontrar-se com os mongóis, foi convencer o príncipe Godan a deixar de lançar milhares de chineses ao rio [44]. Os Mongóis, nómadas, viam os agricultores chineses como uma praga [45] que devorava as pastagens com os seus arados. Somente décadas mais tarde é que os Mongóis se convenceram de que poderiam obter mais dinheiro cobrando impostos aos agricultores e artesãos chineses, em vez de os eliminarem [46] e transformarem os terrenos de cultura em pastagens – na óptica dos conquistadores mongóis, era para isto que a terra servia.

Sakya Pandita ficou horrorizado com o cenário de carnificina que encontrou ao avistar-se com o príncipe Godan. Ministrou-lhe ensinamentos religiosos, incluindo a ideia de que é pecado matar qualquer criatura viva. Depois de o lama tibetano estar algum tempo com Godan, este nomeou-o vice-rei mongol do Tibete Ocidental, apesar de as províncias orientais do antigo Império Tibetano – Kham e Amdo – estarem já sob domínio mongol directo. Sakya Pandita, depois de ter constatado pessoalmente o poderio dos Mongóis [47], enviou uma carta aos Tibetanos, instando-os a oferecerem imediatamente a sua submissão e o pagamento de tributo. Sakya Pandita permaneceu quatro anos na corte do príncipe Godan; pouco antes de falecer, em 1251, enviou uma última carta à sua pátria [48]:

> O Príncipe disse-me que se nós, Tibetanos, ajudarmos os Mongóis nas questões religiosas, eles nos apoiarão nas questões temporais. Deste modo, poderemos espalhar a nossa religião a muitas paragens. O Príncipe começa agora a compreender a nossa religião. Se eu permanecer aqui mais tempo, tenho a certeza de que conseguirei propa-

gar a fé do Buda além-Tibete, ajudando assim o meu país. O Príncipe... diz-me que está nas suas mãos fazer o bem pelo Tibete, e nas minhas fazer o bem por ele... Estou a ficar velho e não viverei muito mais tempo. Em relação a esta questão, não tenhais medo, pois ensinei tudo o que sabia a Phagpa, meu sobrinho. ([49])

Muito provavelmente, os Mongóis levaram Sakya Pandita para a sua corte porque pretendiam dispor de um monge influente ([50]) que pudessem utilizar para estabelecer o seu domínio sobre o Tibete. Sakya Pandita viu a relação de um modo diferente: acreditava que conseguiria converter Godan e estabelecer uma relação religiosa entre o Tibete e os Mongóis, uma relação que protegeria o Tibete e difundiria o budismo. Na mundividência tibetana, Sakya Pandita era um sacerdote digno que encontrara um patrono atencioso. Cada um tinha responsabilidades e direitos. Provavelmente, os Mongóis não aceitaram esta definição da sua aliança com os tibetanos – pelo menos, não no início.

O XIV Dalai Lama acredita que Sakya Pandita e Godan estabeleceram um elo essencialmente religioso, embora aceite que tenha também existido a outros níveis. Ainda assim, ele considera que é difícil, para nós, compreendermos aquele antigo laço entre sacerdote e patrono. "O direito internacional moderno", disse ele, "ou os conceitos ocidentais relativos às relações entre governantes e governados, poderão não conseguir traduzir a relação ímpar estabelecida entre Mongóis e Tibetanos. Como sabe, o actual direito internacional baseia-se inteiramente em conceitos ocidentais. Não estou a ver que a ímpar relação espiritual e política entre um lama tibetano e um imperador mongol possa ser traduzida em conceitos ocidentais. Não é possível com as definições de hoje, porque estas definições provêm do Ocidente".

O Dalai Lama tem razão quando diz que é impossível definir as relações entre um imperador mongol e um lama tibetano em termos modernos. Os Mongóis, Chineses e Tibetanos do século XIII não comungavam dos nossos conceitos de nação, Estado, raça, tribo e governação legítima. Assim, é impossível afirmar que as relações de conquista entre Mongóis, Chineses e Tibetanos dão qualquer legitimidade aos governantes comunistas da China ou às suas pretensões sobre o Tibete. Contudo, a afirmação chinesa de que o Tibete é parte inalienável da China desde o século XIII baseia-se fundamentalmente no falso argumento de que a Mongólia, quando subjugou o Tibete, fazia parte da China.

Após a morte de Sakya Pandita, Phagpa ficou com os Mongóis. Foi uma época de grande confusão para os príncipes Mongóis, pois eclodira uma disputa pela sucessão entre dois netos de Gêngis. Desconhece-se exactamente quantos principados tibetanos se submeteram aos Mongóis durante o caos que se seguiu: os acordos entre Sakya Pandita e Godan poderão não ter passado do papel. Em 1253, partindo de direcções diferentes, dois príncipes mongóis invadiram o Tibete [51] e, embora não tenham chegado a Lhasa, mataram muitos monges e destruíram muitos templos e habitações. Mas outros príncipes mongóis ofereceram patrocínio e protecção a vários mosteiros tibetanos. O jovem Phagpa permaneceu no acampamento de Godan, onde os seus mestres continuaram a instruí-lo como monge tibetano. Contudo, ele aprendeu a falar mongol e acostumou-se aos usos mongóis [52]. Na época, o jovem príncipe Kublai Khan preparava-se para vencer a luta pela sucessão, e demonstrava um grande interesse pelo budismo. Pediu a Godan que lhe cedesse Phagpa, e Godan acedeu ao pedido.

Cinco anos depois, o jovem Kublai Khan começou a receber formação budista [53] de Phagpa, então com 23 anos de idade, que era hóspede na sua corte. Pouco depois, Kublai Khan derrotou o seu irmão e tornou-se líder do mundo mongol [54], Khan dos Khans. Na qualidade de Grande Khan, tornou-se senhor não apenas da Mongólia e das terras conquistadas aos Tangutos e Jurchen, mas também de territórios que se estendiam até à Pérsia e à Rússia; teoricamente, governava todo o Império Mongol, embora cada um dos seus turbulentos parentes possuísse uma das quatro divisões do império como seu feudo pessoal.

No ano em que se tornou Grande Khan, em 1260, Kublai nomeou Phagpa seu preceptor imperial [55]. Eram os frutos da obra de Sakya Pandita, pois Phagpa possuía agora apoio para difundir o budismo tibetano por todo o Império Mongol. Phagpa ofereceu uma excelente explicação da razão pela qual o budismo era essencial para quem possuísse poder e riqueza. Ele disse a Kublai:

> Desejo oferecer-vos a dádiva da minha Doutrina [56].
> Aquele que possui os bens do mundo,
> Mas desconhece a verdadeira Doutrina,
> É como um participante num festim envenenado,
> Só provoca infelicidade e tristeza...
> Aquele que possui estes dois bens [o budismo e a riqueza]
> Beneficia-se a si próprio e aos outros.

Phagpa racionalizou o poder e a riqueza de Kublai para o imperador e para os seus súbditos. Nas palavras dos Mongóis de hoje, ele foi o primeiro "a iniciar a teologia política da relação entre Estado e religião no mundo budista tibetano-mongol".

Os Mongóis desenvolveram as ideias de Phagpa num livro intitulado *História Branca*. "A pedra angular da ([57]) religião sagrada é o Lama, o Senhor da Doutrina", diz o livro, "o chefe do poder é o Khan, o Soberano do poder terrestre". Os dois poderes, "trono e altar", não podem ser negados e são interdependentes.

Estas ideias também impregnaram o Tibete, embora possam ter tido a sua origem na Índia e sido posteriormente transmitidas por Phagpa à Mongólia. Evidentemente, estes conceitos nada têm a ver com os princípios contemporâneos que definem o que é uma nação – e muito menos as relações entre nações –, e também não parecem ter sido influenciados pela filosofia tradicional chinesa.

Como preceptor imperial, Phagpa fez mais pelo imperador do que limitar-se a ensinar-lhe o budismo e fornecer-lhe um enquadramento filosófico para a sua governação. Desenvolveu uma nova escrita, com o objectivo de garantir uma comunicação precisa entre o imperador e todas as nações súbditas. Era impossível transliterar correctamente o tibetano ou o mongol com os ideogramas chineses, ou com a escrita uigur que os Mongóis utilizavam. O império necessitava de um novo alfabeto, concebido para o efeito. Ao ver-se confrontado com este desafio, Kublai Khan recorreu ao seu preceptor, pois o talento linguístico dos Tibetanos era lendário. Durante os séculos anteriores, ao traduzirem tantos textos budistas, os Tibetanos tinham desenvolvido léxicos que possibilitavam que uma dada palavra ou conceito em sânscrito fossem traduzidos sempre da mesma forma ([58]). Haviam sido necessários séculos para a tradução das vastas colecções de textos da Índia, e a tarefa fora aperfeiçoando as competências linguísticas de gerações de tibetanos. O alfabeto inventado por Phagpa, baseado na escrita tibetana, serviu de escrita universal e contribuiu para a unificação do império ([59]). Ao ser completado, em 1268, Kublai Khan decretou que a escrita oficial do seu império seria o alfabeto de Phagpa, e não os ideogramas chineses. O alfabeto foi utilizado durante 110 anos ([60]). A sua influência chegou tão longe que os especialistas acreditam que o moderno alfabeto coreano é uma adaptação da escrita de Phagpa ([61]). Desta e doutras formas, o Tibete teve um imenso impacto na evolução intelectual da Ásia. Todavia, apesar de ser amplamente usado, o alfabeto de Phagpa desapareceu após o colapso do Império Mongol (excepto na sua adaptação coreana), por ter sido tão imposto[62] pelos Mongóis que se desenvolveram resistências à sua utilização. Contudo, não obstante o destino final do seu alfabeto, os fiéis serviços prestados por Phagpa ao imperador trouxeram enormes benefícios para o Tibete.

À semelhança de Phagpa, muitos outros mestres tibetanos receberam patrocínios e ensinaram discípulos por todo o Império Mongol. Consequentemente, o budismo tibetano difundiu-se, e não só pela China nem pela Mongólia. Em 1291, ainda existiam templos, monges e mosteiros tibetanos no Irão[63], sob o patrocínio do khan mongol da região. Um historiador mongol actual acredita que Kublai Khan deu prioridade ao budismo tibetano por recear que a identidade mongol se viesse a perder num mar de súbditos chineses ou iranianos. Kublai pretendia evitar qualquer hipótese de domínio espiritual ou cultural exercido pelos povos súbditos, e compreendeu que o budismo tibetano lhe daria essa protecção[64]. Mas houve outras formas através das quais Kublai Khan tentou manter os Mongóis separados dos Chineses. Por exemplo, iniciou a construção da Cidade Proibida, em Pequim, como um enclave mongol[65]. A entrada era praticamente interdita aos Chineses, pois a área servia de santuário da cultura mongol no meio do povo súbdito. Além do mais, os Mongóis, na sua maioria, recusaram-se a aprender chinês e recorriam a tradutores para comunicarem com os Chineses e os governarem.

❀ ❀ ❀

Independentemente do modo como a possamos hoje interpretar, a relação entre Kublai Khan e o monge Phagpa começou como uma relação entre aluno e professor. Um dia, resumi uma passagem de Marco Polo para o Dalai Lama. Eu tinha curiosidade em saber porque é que Kublai confiara tanto em Phagpa.

"Marco Polo afirmou que as artes mágicas dos lamas tibetanos eram capazes de fazer a taça do khan elevar-se à frente da sua boca", disse eu. "É uma famosa passagem do seu livro. Acha que este tipo de demonstração mágica foi uma das coisas que convenceram Kublai Khan a converter-se ao budismo?"

O Dalai Lama reflectiu durante um momento em silêncio antes de começar a responder. "Sim, existe uma história nos textos tibetanos que refere que Phagpa estava a iniciar Kublai Khan. Ele desenhou um *mandala* para a iniciação, à sua frente, e o *mandala* surgiu também nas nuvens ([66]). Foi Phagpa quem fez isto".

Intrigado, eu disse, "É uma forma clássica de inspirar a fé. É um dos poucos usos correctos das capacidades mágicas adquiridas por um Bodhisattva através do *siddhi* [poder espiritual], não é?".

"É possível", replicou o Dalai Lama. "E trata-se de uma utilização correcta do *siddhi*. Julgo que no fim dos 46 preceitos secundários de um Bodhisattva existe a menção do uso destes poderes pelo Bodhisattva. O Bodhisattva compreende que, através de semelhantes demonstrações, pode ajudar os outros a disciplinarem a mente, embora aprendamos que estes poderes não devem ser usados constantemente. Isto significa então que, se existir um objectivo real, não só para efectuar a demonstração mas também para benefício de outrem, e se não se verificarem outras circunstâncias negativas, devemos fazer uso destes poderes".

Certificando-se de que me tinha preso a cada uma das suas palavras, olhou por cima dos óculos e prosseguiu, com a sua expressão mais solene. "O melhor é não possuirmos nenhuma destas qualidades, para não termos que estar atentos a nenhuma destas circunstâncias!" Desatou a rir. "Assim, mesmo que eu quisesse, não tenho nada para mostrar!"

Como sempre, o Dalai Lama fez-me rir com ele. "Sabe", disse eu, "todos os ocidentais acham que o senhor é um telepata. O Dalai Lama não é um grande crente nos poderes psíquicos?"

Depois de rir comigo durante um momento, ficou sério. "É claro que sim, sou um praticante *(budista)*", disse o Dalai Lama. "Por isso, se vemos alguma coisa..." A sua voz extinguiu-se, sem ele concluir a frase. "Acontecia com os meus tutores, quando me instruíam sobre o altruísmo. Choravam. É um sinal verdadeiro *(de que o mestre desenvolveu poderes psíquicos)*". Ao falar com ele, eu esquecia-me facilmente de que ele acredita em milagres e poderes psíquicos – embora diga que não tem nenhum –, e que ele acredita que esses poderes decorrem do desenvolvimento espiritual do indivíduo.

Olhando cuidadosamente para mim, o Dalai Lama continuou. "E talvez eu possa dizer que tenho algumas experiências relativas ao altruísmo devido à minha prática e compreensão da *Shunyata*". Era a primeira vez que ele mencionava esta palavra sânscrita, que carece de um equivalente exacto mas que, numa tradução aproximada, significa "vacuidade".

"Às vezes, sinto que é necessário falar disto às outras pessoas", disse o Dalai Lama, "embora eu não esteja completamente desenvolvido. Mas tenho algumas experiências. Falo nisto às outras pessoas e também sinto algumas experiências".

Admirado que o Dalai Lama pudesse, numa questão de segundos, passar dos Mongóis e de um riso em tom de autocrítica à abordagem de um dos passos fundamentais que conduzem à iluminação, perguntei-lhe, "Teve realização da Shunyata?"

"Sim, julgo que algumas experiências estão a começar", disse ele. "Quando penso nisto, vejo que tudo parece irreal ou como uma miragem". Ficou um momento em silêncio, e depois continuou. "Existe o bem, o mal, o positivo, o negativo, o certo e o errado: está lá tudo. Estas pequenas experiências fazem a diferença; são muito benéficas. Agora, não tenho quaisquer dúvidas em relação à minha paz de espírito. A paz de espírito do Shunyata dá-nos equanimidade".

Regressando à relação patrono-sacerdote do século XIII, eu disse, "A tarefa de Phagpa – quer ele usasse os *Siddhi* ou qualquer outro instrumento – era lidar com o espírito, e a do imperador era lidar com o mundo material".

"Sim", retorquiu o Dalai Lama. "O rei religioso possui o seu próprio domínio, e o mestre espiritual também". Era interessante constatar que o Dalai Lama tinha sobre aquela relação uma compreensão idêntica à dos textos mongóis relativos ao assunto.

Kublai Khan aceitara prosternar-se perante o seu mestre espiritual ([67]), em privado, antes de receber os ensinamentos budistas. Em público, Phagpa prosternar-se perante o imperador. Phagpa tinha apenas dezanove ou vinte anos de idade quando disse ao seu aluno que, se quisesse receber os ensinamentos budistas, deveria prosternar-se perante si em privado. Estaria Phagpa a ensinar ao senhor do Império Mongol a devoção que Milarepa sentira por Marpa, seu mestre? A humildade é uma lição fundamental do budismo, é o antídoto para o orgulho; a devoção ao mestre, expressada através da prosternação do discípulo perante o mestre, constitui uma prática básica.

Até o Dalai Lama se curva perante os seus mestres espirituais. "Apesar de eu ser o Dalai Lama, para Khunu Lama Tenzin Gyaltsen, meu mestre, sou apenas um praticante budista bastante vulgar, quase um mendigo", disse o Dalai Lama. "Assim, quando o meu mestre me recebe, prosterno-me perante ele. Se alguém interpreta isto como significando que o Dalai Lama é socialmente ou politicamente inferior a essa pessoa, isso é um disparate. A prosternação perante o mestre deve ser entendida de uma perspectiva puramente religiosa". A voz do Dalai Lama denota impaciência quando ele diz "disparate". Não consegue conceber que alguém possa fazer uma interpretação tão errada.

No contexto de um encontro religioso, o imperador curvava-se perante Phagpa. Phagpa curvava-se para demonstrar deferência ao imperador nas questões mundanas. Os Chineses citam estas prosternações como prova de que, na verdade, o Tibete era súbdito da China. Este argumento não colhe, e por duas razões. Primeira: o imperador não era a representação física do poder ou de um Estado chineses. Tanto os Tibetanos como os Chineses faziam parte de um Estado mongol, estando sujeitos a uma autoridade superior. Nenhum Estado detinha mais poder do que o outro. Segunda: o gesto fazia parte de um relacionamento antigo que não pode ser interpretado à luz das actuais definições de soberania ou legalidade. A "vénia" era simplesmente um sinal de respeito e de reconhecimento da supremacia do imperador mongol. Não reconhecia o Tibete como uma nação subjugada.

Em troca de Phagpa lhe oferecer aquilo a que os Tibetanos chamam os preciosos ensinamentos, o pupilo Kublai aceitou procurar o consentimento de Phagpa antes de tomar decisões sobre o Tibete [68]. Esta é a versão tibetana dos acontecimentos. Para os antigos Mongóis, os mestres budistas do Tibete, tais como Phagpa, poderão ter representado um instrumento para a obtenção de influência política no Tibete [69]. Foi uma relação mutuamente benéfica, única no mundo mongol: um líder espiritual orientava a governação de um país súbdito no seio do Império Mongol. Estes laços entre Mongóis e Tibetanos nada tiveram a ver com a China. Quando o Tibete se tornou um Estado súbdito mongol, a China Song ainda era um país independente.

Phagpa oficiou como sacerdote durante a cerimónia de entronização de Kublai Khan, em 1260, duas décadas antes de os Mongóis concluírem a conquista da China Song, e quando já era o sacerdote de Kublai há sete anos. Embora Kublai tenha planeado usar Phagpa para estabelecer a supremacia mongol sobre o Tibete Central [70], incorporou directamente no seu império as antigas províncias orientais do Tibete imperial, Amdo e Kham. Em 1264, Kublai enviou as suas tropas à conquista de Amdo [71].

Por fim, em 1265, Kublai Khan autorizou o seu mestre a regressar ao Tibete, e os chefes tibetanos prestaram-lhe vassalagem [72]. Kublai ordenou a Phagpa que estabelecesse a supremacia mongol no Tibete sob formas que fossem aceitáveis para o país e respeitassem a cultura nativa ([73]). Phagpa governou o Tibete por conta dos Mongóis como país aliado e vassalo. O Tibete beneficiou de uma oportunidade única, tendo em conta que os Mongóis impunham frequentemente o seu domínio de um modo brutal. Os Mongóis propuseram esta hipótese aos Tibetanos porque respeitavam Phagpa e o budismo, mas também porque o Tibete não era rico. Dado que o país, escassamente povoado, não podia gerar tributos ou impostos ao nível dos da China, os Mongóis preferiram subjugar os Tibetanos de acordo com a melhor relação custo-benefício possível.

Nem todos os príncipes independentes do Tibete aceitaram o seu novo estatuto sem oposição e, em 1267, Kublai enviou um pequeno exército para o Tibete com o intuito de esmagar toda e qualquer resistência ([74]). Decorrido um ano, os Mongóis tinham estabelecido o seu domínio no Tibete ([75]) e instalado uma administração. Efectuaram um censo e montaram um sistema de correios para as mensagens imperiais, entre o Mosteiro de Sakya e Pequim, a nova capital de Kublai Khan ([76]). Os Mongóis criaram 13 zonas administrativas ou miriarquias ([77]), bem como milícias, e as famílias tibetanas que cooperaram com este sistema tornaram-se nobres hereditários. Há registos de revoltas ocasionais. Durante uma destas rebeliões, em 1290, morreram 10 000 Tibetanos ([78]). Os Mongóis avançaram, suprimiram a revolta e depois abandonaram novamente o país. Apesar destes problemas, grande parte do território unificado por Songzen Gampo, excepto partes de Amdo e Kham, voltou a estar sob uma única administração Sakya, maioritariamente gerida por Tibetanos. O Tibete escapara praticamente ao destino dos milhões de Chineses que os Mongóis estavam a exterminar. Quando Phagpa morreu, no Mosteiro de Sakya, em 1280, 36 anos depois de ter partido, com Sakya Pandita, na sua longa viagem ao encontro dos Mongóis, eram visíveis os amplos contornos da estranha vitória do Tibete.

Tal como diz o XIV Dalai Lama, a subjugação do Tibete teve lugar *antes* de Kublai Khan ter escolhido o nome de Yuan para a sua dinastia, em 1271, e antes de os Mongóis terem completado a conquista da China Song, no ano de 1279. Os Mongóis não estavam a unificar aquilo que é hoje a China; estavam simplesmente a conquistar ou subjugar o maior número possível de vizinhos seus. A administração mongol no Tibete não estava ligada à sua administração na China, e os dois países nunca estiveram unificados num Estado chinês.

A conquista mongol da China Song iniciou-se cerca de 1258, mas foram necessárias duas décadas para a completar porque os Chineses resistiram ferozmente. A China Song era uma nação orgulhosa, com um exército poderoso. Os Mongóis foram de cidade em cidade, saqueando, espoliando e pilhando. Transformaram grandes extensões de campos férteis em pastagens, e exterminaram milhões de agricultores no Norte da China ([79]), nas terras imediatamente a sul da Grande Muralha. Depois de os Mongóis terem despovoado o Norte, as suas guarnições trouxeram escravos chineses para cultivarem as terras ([80]) que lhes haviam sido atribuídas pelo imperador. Alguns Chineses cultos serviram os mongóis como burocratas, numa tentativa desesperada para pouparem os seus compatriotas étnicos, mas o esforço revelou-se inadequado. Apesar desta dolorosa experiência – ou provavelmente por causa dela –, o nacionalismo étnico chinês, que somente se fixaria na sua forma moderna no século XIX, começou a emergir sob domínio mongol.

O Tibete, uma nação na qual os nómadas constituíam parte da população, rendeu-se praticamente sem oposição e os Tibetanos, tal como acontecera com os Uigures, receberem um lugar de confiança no seio do império. A China, uma nação de agricultores que desprezava os nómadas e construíra a Grande Muralha para o comprovar, combateu até ao fim; consequentemente, os Mongóis nunca confiaram nos Chineses.

A ausência de um Tibete unido, combinada com o apelo do budismo tibetano, poupou o Tibete durante a conquista mongol. Ao mesmo tempo, a natureza única do budismo no Tibete feriu, talvez de morte, o nascimento do nacionalismo tibetano. Uma tarde, tentei sumariar para o Dalai Lama o meu entendimento deste capítulo da história.

"Daquilo que me disse e do que li", comecei eu, "os Chineses modernos distorceram a história dos Mongóis, Chineses e Tibetanos para racionalizarem a sua invasão do Tibete, em 1950. Dizem: 'O Tibete faz parte da China desde que passou a integrar o Império Mongol'. O Dalai Lama afirma e, de facto, os historiadores parecem ter a mesma opinião, que o Tibete se tornou súbdito dos Mongóis na década de 1250, numa época em que os Mongóis ainda não tinham conquistado a China. Apesar de os Chineses terem distorcido este momento crucial da história, ele não deixa de ser muito importante, mas por uma razão diferente. Pela primeira vez, os Tibetanos procuraram fora do Tibete um poder político e militar que controlasse os acontecimentos dentro do país. O singular estado no qual encontramos o Tibete em 1950 tem as suas raízes na época de Phagpa e dos Mongóis".

"Sim, é o que parece... hmmm... concordo", disse o Dalai Lama. "Mas está a esquecer-se de uma coisa. Sakya Pandita – ou Phagpa – enviou uma carta ao Tibete ([81]). Referiu o pavor aos Mongóis. Aconselhou os Tibetanos a terem o máximo cuidado. Avisou-os de que deveriam temer os Mongóis. Houve efectivamente pressão".

"Sim, eles tinham medo dos Mongóis", retorqui, "e eu li a carta de que fala. Os Tibetanos não se viraram para os estrangeiros para porem fim à sua desunião. Foram obrigados a aceitar um poder mais forte. Apesar disso, parece bastante característico do Tibete ter conseguido unificar-se através da intervenção de uma potência estrangeira após uma situação em que era um país desunido, que pela acção do medo foi forçado a submeter-se. A subjugação mongol dos Tibetanos constituiu a primeira intervenção de uma potência estrangeira no Tibete – a primeira de muitas –, que acabou por conduzir à tragédia de hoje". Senti-me pessimamente a dissecar de um modo tão abstracto a história do seu país. "Tudo isto tem a sua pequena raiz no século XIII, não tem?".

Ele sentiu o solene momento ao qual tínhamos chegado juntos, e demorou bastante tempo a responder. "Sim, pode dizer-se que sim. A tragédia de hoje não aconteceu de um dia para o outro. Desenvolveu-se durante décadas, séculos, gerações. Estou inteiramente de acordo que, desde o princípio, existiu uma oportunidade perdida".

Fizera-se tarde e estávamos ambos cansados. O secretário do Dalai Lama olhou para o relógio de parede, mas o Dalai Lama não conseguia abrir mão das minúsculas raízes do destino do seu país, escondidas, oitocentos anos antes, na história dos Mongóis. Abanou a cabeça e suspirou, mexendo nas contas de oração. Enquanto nos dirigíamos para a porta, ele falou num tom infinitamente triste que eu nunca lhe ouvira.

"É uma situação trágica, causada no decorrer de muitos séculos", disse finalmente o Dalai Lama. "Aconteceu o pior e agora, para alterar a situação, é muito difícil. A tarefa da nossa geração parece quase impossível. É muito difícil".

7

Um Plano Geral:
do Primeiro ao Quarto Dalai Lamas
1357-1617

Era a estação das monções em Dharamsala. Por vezes, durante dias e dias, nuvens negras de chuva cobriam a antiga cidade colonial britânica, situada na colina. Durante as breves abertas, é possível vislumbrar, mais abaixo, os brilhantes arrozais verdes nos socalcos da colina. Mais a sul, os socalcos fundem-se com as planícies que se estendem pelo horizonte.

Dharamsala parece mais o Tibete do que a Índia. Muitos dos Tibetanos exilados desde 1959 congregaram-se no local para viverem perto do Dalai Lama. Os Tibetanos são quase os únicos habitantes da parte superior da cidade, chamada McLeod Ganj, onde a linha do horizonte é dominada por mosteiros tibetanos e pelos escritórios do governo tibetano no exílio. Ao atravessar a praça, com destino à residência do Dalai Lama, passei por uma multidão de jovens monges trajando hábitos vermelhos. Estavam reunidos em pequenos grupos, praticando as suas técnicas de debate. Um monge defendia a sua posição enquanto o grupo à sua volta o bombardeava com rápidas perguntas pormenorizadas acerca da lógica budista. Os monges gritavam, batiam palmas e apontavam dramaticamente uns para os outros. Os ruidosos debates eram ocasionalmente pontuados por irrupções de gargalhadas. A nuvem de monção que pairava sobre Dharamsala era tão espessa que os monges desapareceram quando eu me distanciei apenas vinte metros deles, embora eu ainda conseguisse ouvir as suas vozes.

A residência do Dalai Lama materializou-se lentamente na nuvem que tocava o solo. Chamado Thekchen Choeling, o seu lar no exílio compreende cerca de 18 bangalós de cimento dispersos entre pinheiros e jardins, inseridos num complexo residencial vedado com 0,2 hectares. O Dalai Lama reside num dos bangalós mais pequenos, sendo os outros ocupados por escritórios, dormitórios para os guarda-costas, um templo onde ele ministra os seus ensinamentos, e uma biblioteca. Na casa da guarda, no portão da frente – inserido numa imponente muralha –, guarda-costas tibetanos, com os seus revólveres sobressaindo por baixo dos casacos, revistaram-me, fizeram-me passar por detectores de metal, verificaram o meu bilhete de identidade e registaram a minha entrada. Arrastei-me colina acima, enquanto a neblina se convertia em chuva, sob um caramanchão de bambu gotejante, em direcção ao que toda a gente chama o bangaló das audiências. Coloquei o chapéu-de-chuva num bengaleiro, junto à porta, e sacudi a lama e a chuva batendo com os pés. Um monge idoso conduziu-me à sala das audiências. Numa parede, existe um altar com uma fila de estatuetas douradas, trajando coloridos hábitos de brocado; outra parede é ocupada por um grande mapa do Tibete. Cheguei mesmo à hora. Mal entrei na sala, os passos do Dalai Lama no chão de cimento e o barulho das contas de oração nas suas mãos anunciaram a sua chegada. Os seus secretários, habitualmente presentes durante os nossos encontros, estavam atrasados.

"Estão atrasados. Começamos sem eles", disse o Dalai Lama. Quando nos sentámos para iniciarmos a nossa conversa sobre Tsongkhapa([1]), o fundador da escola budista Gelug (a escola do Dalai Lama), começou a cair uma forte chuva de monção.

Na longínqua província tibetana nordestina de Amdo, existe uma região chamada Tsongkha. Aí nasceu, em 1357([2]), o fundador da escola Gelug; mais tarde, quando se mudou para o Tibete Central, passou a chamar-se Tsongkhapa. Imediatamente após a sua ordenação como monge, com dez anos de idade, os Mongóis deixaram o Tibete. Aos quinze anos, ele era um jovem monge carismático oriundo da província, estudando com mais de cem dos mais respeitados mestres([3]), pertencentes a todas as escolas budistas do Tibete (⁴). Por volta de 1370, as diferenças entre as escolas budistas eram nítidas. Tal como referimos no capítulo 5, a escola mais antiga era a Nyingma, cuja fundação é atribuída a Padmasambhava, embora a Nyingmapa só tenha emergido como tal após a chegada das outras escolas. Os adeptos da escola Kagyu seguiam a via definida por Marpa e Milarepa. Os seguidores da Sakya eram conhecidos por serem grandes eruditos, e o seu principal lama ou principal dignitário hierárquico fora vice-rei do Tibete na época dos Mongóis. Finalmente, existia a escola Kadam reformada, fundada por Atisha. Tsongkhapa estudou com grandes mestres de todas as escolas, apesar de o conflito entre as escolas se intensificar depois de os Mongóis terem deixado o Tibete. Tsongkhapa ficou perturbado não só pelo que considerou um estado de decadência ética entre os monges, particularmente os que bebiam álcool e não eram celibatários, mas também pela luta que travavam pela supremacia. Ele pretendia regressar às raízes puras do budismo, onde se inclui a abstinência.

O Dalai Lama realça os laços de Tsongkhapa a Atisha, o reformador indiano do século XI. "O lama Tsongkhapa seguiu as tradições de Atisha. Também foi um reformador", disse o Dalai Lama. "Tal como Atisha, ajudou a regressar a uma obediência estrita ao código de conduta dos monges, a restaurar o respeito pelo *Vinaya*". O Dalai Lama explicou como os ensinamentos de Tsongkhapa e Atisha se haviam fundido na escola Nova Kadam (⁵), que se viria a converter na Gelug. A meu ver, o enfoque na excelência académica e a atenção aos votos monásticos rigorosos distinguem a Gelug das escolas mais antigas do budismo.

Perguntei ao Dalai Lama que tipo de ligação pessoal sentia ter com Tsongkhapa.

"Tive alguns sonhos", retorquiu ele, "e a sua obra é evidentemente muito notável, maravilhosa. Quando estudei os seus comentários sobre um texto budista indiano, vi que sempre que o ensinamento era óbvio ele fazia poucos comentários, mas quando o texto era difícil ele escrevia um longo comentário. Esforçava-se muito por compreender inteiramente o significado *(do texto)*. Era esta a atitude do lama Tsongkhapa".

"Já existiam grandes mosteiros no Tibete antes de Tsongkhapa", inquiri, "ou só surgiram depois dele?".

"Nalguns mosteiros", disse o Dalai Lama, "ainda antes de Tsongkhapa, o número de monges chegava aos 10 000. Em 1950, o maior mosteiro era o de Drepung, fundado por um discípulo de Tsongkhapa. Penso que tinha quase 8 000 monges mas, tal como já lhe disse, acho que apenas metade eram verdadeiros estudiosos, os outros eram uma porcaria" ([6]). Sorriu ao resumir mordazmente como, com o tempo, até a Gelugpa se desviou dos seus princípios fundadores.

Tsongkhapa fundou Ganden, o primeiro mosteiro Gelugpa, em 1409. À sua morte, em 1419, os seus discípulos sepultaram-no, embalsamado, no mosteiro. O Dalai Lama recorda-se de Ganden devido a uma visita que fez ao mosteiro imediatamente antes de fugir do Tibete, em 1959. Nessa altura, existiam em Ganden duas dezenas de capelas de dimensões consideráveis, albergando grandes estátuas do Buda. A maior sentava 3500 monges durante os rituais. Um dos templos ainda albergava o túmulo de Tsongkhapa, incrustado com ouro e prata. Na década de 60, durante a Revolução Cultural, os Guardas Vermelhos destruíram os mosteiros de Ganden, incluindo o túmulo de Tsongkhapa, e obrigaram um monge, Bomi Rinpoche ([7]), a transportar a múmia aos ombros e lançá-la a uma fogueira. Os restos de Tsongkhapa eram tão sagrados para os Tibetanos como os de São Paulo serão para os cristãos. Depois de os Guardas Vermelhos terem queimado a múmia, Bomi, às escondidas, salvou o crânio e algumas cinzas da fogueira. A reconstrução, incluindo um novo túmulo para as relíquias preservadas de Tsongkhapa, começou na década de 80 e ainda decorre. Quando o Dalai Lama visitou a sepultura, passou por uma estranha experiência que demonstra a profundidade da ligação que ele sente com o fundador da escola Gelug.

"Em 1958, o debate do meu exame final foi num pátio de Ganden", recordou o Dalai Lama. Ergueu um dedo e apontou-o firmemente para mim, numa das poses de debate que eu vira assumir pelos monges junto ao portão, e prosseguiu, sorrindo. "Um dia, durante o meu tempo livre, eu estava em frente do túmulo de Tsongkhapa, em Ganden. Não me encontrava lá a propósito de nenhum ritual ou cerimónia especial. Estava sozinho, e prosternei-me várias vezes frente ao túmulo. Senti-me tão comovido que tive vontade de chorar. Foi uma sensação muito especial". Olhou para mim, pressupondo que eu compreendera que a "sensação especial" indicava uma ligação directa a Tsongkhapa numa vida anterior.

Segundo duas fontes fiáveis, o Dalai Lama acredita que, numa das suas vidas passadas, foi discípulo de Tsongkhapa, tendo estabelecido uma ligação kármica com o mestre. A tradição budista estipula que é inapropriado, para um monge que tenha desenvolvido os dotes espirituais que lhe permitem conhecer as suas vidas passadas, falar dessas mesmas vidas em público. Fazê-lo demonstraria orgulho, que é incompatível com os ensinamentos do Buda. Quando o inquiri sobre a sua vida passada como discípulo de Tsongkhapa, o Dalai Lama olhou-me severamente. "Isso é privado", disse ele. Quando insisti, teimosamente, ele riu-se e disse, "Que falem sobre isso quando eu estiver morto!" ([8]). A "alma humana" ([9]) Tenzin Gyatso teve muitas encarnações humanas antes da sua vida como Dalai Lama. Embora ele seja nesta vida uma manifestação da graça de Chenrezi, o Bodhisattva da Compaixão, mantém ligações kármicas a outras vidas; um desses elos é com Tsongkhapa.

Regressando à biografia religiosa de Tsongkhapa, inquiri o Dalai Lama acerca de Manjushri, o Bodhisattva da Sabedoria, que é, de muitas maneiras, o irmão gémeo de Chenrezi, o Bodhisattva da Compaixão. Em Lhasa, eu vira murais que representam Manjushri, com um halo de arco--íris, aparecendo a Tsongkhapa. Interroguei-me como se comparariam aquelas visões com as visões através das quais os profetas judeus, cristãos e muçulmanos receberam orientação divina de aparições que também tinham halos de luz.

"Os Tibetanos acreditam que Manjushri apareceu a Tsongkhapa durante um dos seus ensinamentos em Ganden", observei eu.

"Isso aconteceu frequentemente, e não só em Ganden", retorquiu o Dalai Lama, com toda a convicção.

"Porquê?", perguntei.

"Porquê?", respondeu ele, olhando-me curiosamente e coçando a face. "Enquanto era um jovem monge, Tsongkhapa não teve nenhuma visão directa de Manjushri", disse finalmente o Dalai Lama. "As visões só começaram depois de ele ter conhecido o seu mestre em Kham, o lama Umapa Pawo Dorje ([10]), oriundo de uma família pobre. Quando era novo, *(o lama Umapa)* era pastor. Um dia, quando estava no campo com os animais, desmaiou; quando acordou, Manjushri estava à sua frente".

"E depois, passou a ter visões frequentes de Manjushri", observei. Embora eu não tivesse lido nada sobre a experiência do lama Umapa, ela era tão similar ao episódio do desmaio de São Paulo na estrada de Damasco que não me foi difícil adivinhar a continuação.

"Sim, depois disso o lama Umapa viu Manjushri regularmente", disse o Dalai Lama. "O lama Tsongkhapa recebeu ensinamentos do seu mestre. Durante um dos retiros de Tsongkhapa para meditar *(por volta dos trinta anos de idade* ([11])*)*, apareceu-lhe uma luz azul, uma pequena bola". O Dalai Lama franziu o rosto ao gesticular com os dedos à frente dos olhos para exemplificar como a bola era diminuta. "Naquela luz azul, estava Manjushri. A partir de então, sempre que tinha interrogações, aparecia-lhe a imagem de Manjushri".

"E foi vista por muitas pessoas?", perguntei eu.

"Não", disse o Dalai Lama. "Só em muito poucas ocasiões é que os outros viram Manjushri".

"Mas mesmo assim, o Dalai Lama diz que Tsongkhapa recebia directamente ensinamentos de Manjushri", observei.

"Sim", disse o Dalai Lama. "E pouco a pouco, tornou-se um sábio e um mestre muito famoso. Centenas de pessoas procuravam os seus ensinamentos. Um dia, Manjushri disse-lhe, 'Os teus ensinamentos são bons, mas continuas a carecer da devida compreensão. E isso pode não ser muito eficaz. Deves parar de ensinar, ir para o Sul do Tibete e dedicar mais esforço à prática e acumular mais virtude; assim conseguirás mais realização'". Um sorriso fugaz iluminou os lábios do Dalai Lama enquanto ele contava esta história.

"Quando se inteiraram do que se passara, alguns dos seus discípulos queixaram-se". O Dalai Lama imitou convincentemente as suas queixas: "Tantas pessoas beneficiam imensamente com os teus ensinamentos! Se pararmos com os ensinamentos, como poderemos salvar estas pessoas?" ([12]). O Dalai Lama riu profundamente, quase como se tivesse sido ele próprio a ouvir aquela argumentação. E continuou, na mesma voz aguda e queixosa. "E se pararmos com os ensinamentos, é tão prejudicial para o Dharma!".

Riu-se e prosseguiu. "No dia seguinte, o lama Tsongkhapa repetiu estas queixas a Manjushri. Manjushri disse-lhe, 'Muito bem. Continuarás então a ministrar os teus ensinamentos quer isso seja bom para o Dharma ou não? Ouve o que te digo. Eu é que sei, e se os outros se queixarem, melhor. Poderás praticar a tolerância enquanto ouves as suas queixas'".

O Dalai Lama riu bem alto com a tirada final da sua piada espiritual. "Isto é muito bom", disse ele, "e disciplinado. Manjushri era um mestre muito rígido. Tsongkhapa foi para o Sul do Tibete, para se retirar, conforme lhe fora ordenado. E Manjushri até lhe disse quantos discípulos poderiam ir com ele".

Não acreditando eu que os assuntos dos homens sejam guiados por mão divina, não consegui conter a minha incredulidade e perguntei-lhe, "Manjushri orientava a vida diária do Lama Tsongkhapa?".

Ele ponderou sobre as minhas palavras e o respectivo tom, nada dizendo durante alguns segundos. "Sim, era quase assim". Reconhecendo a incredulidade patente na minha voz, admoestou-me, "E são experiências verdadeiras e confirmadas. O Lama Tsongkhapa fez coisas extraordinárias", disse o Dalai Lama. "Mesmo na minha geração, estas coisas podem acontecer. Acredito que podem".

A sua convicção absoluta levou-me a interrogar-me, com tristeza, como seria ter tamanha fé. E também me trouxe à memória a sua explicação para aqueles "milagres". Eram visíveis a todo o ser humano que transformasse a sua mente através de uma intensa prática meditativa. Ele afirmara a existência de dois níveis de compreensão humana, os quais eram ambos reais para ele.

Para mim, Tsongkhapa era o fundador de uma escola do budismo. Era uma personagem histórica. O Dalai Lama comungava desta visão, mas via mais – Tsongkhapa era guiado. Dada a minha descrença neste conceito, pedi ao Dalai Lama para comparar Tsongkhapa com Milarepa, o iogui-poeta. Eu esperava que a comparação ajudasse a explicar a força misteriosa que o Dalai Lama acredita sinceramente guiar a história tibetana. "O que existe de semelhante entre as vidas e métodos de Milarepa e Tsongkhapa, e o que é essencialmente diferente?", perguntei.

O rosto do Dalai Lama descontraiu-se enquanto ele ponderava a minha pergunta em silêncio, durante trinta segundos. Pelos vistos, nunca pensara nesta questão, o que confirmou a minha ideia de que ele e eu víamos o mundo de forma muitíssimo diferente. Ele começou lentamente, "Ambos foram mestres verdadeiramente grandes, praticantes genuínos. Ambos tiveram experiências espirituais extremamente desenvolvidas e atingiram a iluminação. Acredita-se que Milarepa o conseguiu em vida, e Tsongkhapa logo após a morte. Tsongkhapa foi essencialmente um monge, e também por isso mais estudioso, pelo que era o mais erudito dos dois".

Talvez a questão lhe tivesse parecido inicialmente estranha, mas o Dalai Lama acabou por apreciar a ideia de comparar Milarepa e Tsongkhapa. "Milarepa captou a essência da vacuidade. Chegou à verdadeira essência sem grande estudo. Por causa disso, os seguidores de Milarepa *(a escola Kagyu)* privilegiam a prática directa e a meditação. No caso de Tsongkhapa, o estudo foi muito importante. Ele escreveu livros fundamentais. Mas o seu enfoque era na prática. Os seus livros oferecem uma explicação das diferentes escolas de pensamento budistas segundo a história indiana. Mas ele sublinhou que *(os livros)* eram para a prática verdadeira do budismo e não apenas para serem lidos".

"Existe uma diferença literal entre os dois homens", disse eu, "e as suas vidas transmitem dois aspectos do Tibete, não é assim?".

"Sim", disse ele. "Milarepa cantou espontaneamente as suas canções, e foram outros que as escreveram. E são breves. Tsongkhapa escreveu os seus próprios tratados, que são longos. Mas ambos atingiram a iluminação. É uma certeza".

O Dalai Lama extraíra o coração do budismo tibetano. Estas duas vias, a meditação e o estudo, são duas formas de atingir o mesmo objectivo. Hoje em dia, os monges e monjas tibetanos de todas as escolas seguem uma ou ambas as vias. Mas eu continuava sem compreender como é que os Bodhisattvas da Sabedoria e da Compaixão guiavam as vidas dos homens que haviam criado estas vias. No entanto, a clareza com que o Dalai Lama via a essência do budismo tibetano fez aumentar o meu respeito por ele. E também fez aumentar a minha determinação em investigar as origens da sua fé inabalável na existência de uma força que tem guiado os principais desenvolvimentos da história tibetana.

Durante a vida de Tsongkhapa, a sua fama como mestre budista espalhou-se por toda a Ásia, chegando até aos imperadores ming. Depois de expulsarem os Mongóis, os Chineses instalaram no trono o imperador chinês que fundou a dinastia Ming. Os Ming dedicaram-se à reconstrução da Grande Muralha para impedirem a penetração dos nómadas estrangeiros. À medida que o seu poder cresceu, entraram em contacto com os Estados vizinhos, procurando contê-los ou subjugá-los. Quando os Ming ouviram falar de Tsongkhapa e do poder que ele tinha sobre os Tibetanos, enviaram-lhe um convite.

"Foi convidado por duas vezes para ir à corte ming mas recusou", disse eu ao Dalai Lama. "Outros lamas tibetanos da época visitaram a corte ming e receberam títulos chineses pomposos. Alguns até fizeram dinheiro dedicando-se ao comércio na capital chinesa. Porque é que Tsongkhapa recusou o convite do imperador ming para visitar Pequim?".

O Dalai Lama respondeu, "Penso que isso demonstra que ele não queria saber de fama nem de dinheiro…".

"Nem de política", saiu-me.

Ele olhou-me penetrantemente. "Política", disse ele, resmungando, como se fosse uma asneira. "Quanto à política, não sei. O lama Tsongkhapa não estava interessado na fama, no prestígio nem noutras coisas. Penso que alguns lamas tibetanos, entre os quais o Karmapa *(líder da escola de Karma Kagyu)* ou o V Dalai Lama, quando visitaram a China não foi necessariamente por razões políticas. Penso que a motivação *deles* foi simplesmente tentarem difundir o Dharma. Ainda que, falando francamente, alguns *(dos outros Tibetanos que visitaram a China)* esperassem obter riquezas".

Alguns mosteiros e príncipes tibetanos procuravam ansiosamente ser convidados pelo imperador ming porque quando lhe ofereciam presentes ou pagavam tributo (assim era vista pelos Chineses a oferta de presentes) recebiam em troca dádivas de muito maior valor ([13]).

"E essas riquezas que recebiam" prosseguiu o Dalai Lama, "não eram forçosamente utilizadas em proveito próprio, mas sim para construir mosteiros e coisas assim. Mas na verdade, penso que procuravam enriquecer. Assim, repetiam belas palavras ocas ao imperador chinês e regressavam a casa com coisas concretas, como ouro. Não havia necessariamente uma motivação política nestas visitas dos lamas tibetanos, mas o seu impacto também era político". Embora fossem missões comerciais, os imperadores da dinastia Ming registaram-nas como "missões tributárias" ([14]). Ainda hoje, o governo chinês cita-as como prova de que o Tibete foi um Estado vassalo da dinastia Ming ([15]).

"O Lama Tsongkhapa não tinha esses interesses", concluiu o Dalai Lama. "Declinou o convite. Mas enviou um dos seus discípulos mais próximos" ([16]).

❈ ❈ ❈

O rol dos feitos de Tsongkhapa é longo. Ele é célebre por ter sido directamente guiado pelo Bodhisattva da Sabedoria, Manjushri, pelo seu empenhamento na reforma monástica e pelos seus abrangentes e incisivos comentários às escrituras budistas. Também é famoso pelos mosteiros que ele e os seus discípulos fundaram, incluindo, em 1409, Ganden ([17]), o primeiro mosteiro Gelug.

Apesar do que o Dalai Lama me ensinara, eu ainda via os mosteiros tibetanos sob um prisma secular. "Os mosteiros não eram bastiões da cultura, construídos para preservarem a escritura e a arte budistas da destruição num mundo violento?", perguntei.

"Sim, é verdade", disse o Dalai Lama, "mas a protecção dessas coisas materiais é um efeito secundário. Para mim, o objectivo mais importante de um mosteiro é a protecção da pureza de uma prática espiritual e da linhagem espiritual que a transmite. É isto que é preservado no mosteiro".

O significado das palavras do Dalai Lama é exacto. Os mosteiros tibetanos são lugares onde os mestres budistas meditam, estudam e ensinam. As escrituras budistas sobre determinadas práticas meditativas apenas servem de esboço para o ensinamento oral dessas mesmas práticas. Os mestres recebem instrução dos seus próprios mestres, e passam-na aos seus discípulos. O Dalai Lama atribui uma grande importância à transmissão oral de geração em geração. Ele acredita que as práticas meditativas utilizadas actualmente pelos monges são as que eram utilizadas há milhares de anos, desde a época do Buda. Através dos milénios, esta cuidadosa transmissão oral de geração em geração garante a veracidade intacta da herança budista. Os monges tibetanos não iniciam uma prática meditativa sem antes terem recebido os respectivos ensinamentos orais. Ao ouvir as palavras do Dalai Lama compreendi que, para ele, os edifícios, os textos e a arte são apenas os efeitos secundários da preservação e transmissão da tradição espiritual oral. Ele olhou intensamente para mim, para ver se eu compreendera o que ele afirmara, e depois disse, "o Lama Tsongkhapa era muito rigoroso relativamente ao *Vinaya* porque queria proteger as práticas". O rígido código de ética que os monges devem seguir é também um meio de proteger as práticas budistas.

Pensei cuidadosamente nas palavras do Dalai Lama antes de retorquir. "Está a dizer que os mosteiros foram instrumentos construídos para preservar e transmitir as práticas budistas. No entanto, os monges reuniram grandes riquezas para construírem os mosteiros. E o Dalai Lama disse que, com o decorrer dos séculos, muitos mosteiros se corromperam. O Lama Tsongkhapa preocupou-se com a possibilidade de a riqueza necessária para construir e manter os mosteiros os poder corromper?".

"Uma vez, o Lama Tsongkhapa virou intencionalmente a sua malga de pedinte ao contrário, para não receber nada", explicou o Dalai Lama. "Ele receava que os preciosos ensinamentos que recebemos do Buda pudessem ser destruídos por causa de os monges andarem atrás da riqueza e do prazer. Quando Tsongkhapa virou a sua malga de pedinte ao contrário, estava a dizer que os maravilhosos e belos ensinamentos que herdámos dos nossos mestres espirituais podem ser corrompidos por influências e práticas malignas. Ele receava que, um dia, pessoas falsas pudessem afirmar que eram mestres de grande qualidade, o que poluiria e corromperia os ensinamentos budistas".

O Dalai Lama continua, com a preocupação estampada no rosto. "De facto, tal como já lhe contei, Tsongkhapa afirmou que embora a escola Gelug, em termos materiais, pudesse vir um dia a parecer pomposa e magnífica, o que aconteceria se fosse destituída de conteúdo ou de prática espiritual?" Era bem patente a dor na sua voz. O receio de Tsongkhapa, velho de seiscentos anos, de a linhagem que transmite o budismo poder ser corrompida, exercia um efeito pessoal sobre o Dalai Lama.

Mas apesar das reservas de Tsongkhapa, os seus discípulos seguiram o precedente do mestre e fundaram três novos mosteiros. Todos se vieram a converter em cidades monásticas, albergando milhares de monges. Tornar-se-iam os quatro maiores, mais ricos e mais poderosos mosteiros do Tibete. Depois de Tsongkhapa ter fundado Ganden, em 1409, os seus discípulos fundaram Drepung, em 1416, e Sera, em 1419; todos se situam perto de Lhasa. Um discípulo de Tsongkhapa, chamado Gendundrup, fundou Tashilumpo, em 1445, em Xigaze, a segunda maior cidade do Tibete. Embora Gendundrup, durante a sua vida, tivesse sido apenas um monge muito santo, seria retrospectivamente reconhecido como o I Dalai Lama ([18]).

"Quando o I Dalai Lama iniciou a construção do Mosteiro de Tashilumpo, já era muito velho", disse o Dalai Lama. "Mas apesar disso, a sua rotina diária era ministrar os ensinamentos budistas aos seus discípulos, e depois instruí-los sobre o desenho e a construção de mosteiros. Por fim, instruiu as pessoas a angariarem dinheiro para a construção do mosteiro. Houve um monge que passou toda a sua juventude a angariar dinheiro para o Tashilumpo, e depois, quando era velho, entrou em retiro meditativo. A dada altura, ele disse, 'Se eu tivesse passado a minha juventude em retiro, teria atingido um estágio espiritual muito mais elevado. Mas sacrifiquei-me para estabelecer este mosteiro, e servir o Dharma e um grande número de seres sensíveis'. Por isto é que o I Dalai Lama disse aos discípulos de Tashilumpo, 'Por vezes, ensino-vos o Dharma, outras vezes, instruo-vos sobre a construção de edifícios, e outras ainda ordeno-vos que angarieis dinheiro. Todos estes ensinamentos são para vosso benefício, e se não vos empenhais, todo o meu esforço tornar-se-á inútil'. Ele disse-lhes que o objectivo principal de tudo aquilo era a propagação e preservação do Dharma e das suas próprias tradições espirituais. E em todo aquele labor havia algo de positivo, necessário e desejável".

O Dalai Lama sorriu como um pai pragmático. O objectivo dos mosteiros é-lhe bastante claro: se devidamente usado, o dinheiro também pode ser um instrumento eficaz. Apesar dos potenciais defeitos, os mosteiros são um meio de preservar a transmissão de técnicas espirituais para o autodesenvolvimento dos seres humanos. Tal como as famílias passam os seus genes de geração em geração, também um mosteiro passa os seus ensinamentos de geração em geração, na mesma família espiritual. E tal como acontece nas famílias, um defeito genético é fatal.

Contudo, os mosteiros do Tibete tornaram-se mais do que um meio para preservar os ensinamentos. Converteram-se nos lares de linhagens de monges reencarnados, como a linhagem do Dalai Lama. O II Dalai Lama foi uma reencarnação do monge Gendundrup, bem como uma manifestação de Chenrezi. Gendundrup fez o voto de Bodhisattva. Atingiu um estágio espiritual próximo da iluminação, mas depois recusou-se a dar o último passo até que todos os seres sensíveis (e não apenas os seres humanos) atingissem a iluminação.

O I Dalai Lama já fundara Tashilumpo e o seu mestre, Tsongkhapa, estava morto há décadas. "O I Dalai Lama começava a ficar velho", disse o Dalai Lama, "tinha uns oitenta e dois anos. Uma vez, quando explicava as escrituras budistas, tal como fazia todos os dias, suspirou profundamente e disse, 'Estou perto da morte'. Um dos discípulos respondeu-lhe, 'Então, de acordo com as vossas indicações passadas, ireis para a Terra Pura dos Budas'.

"'Não', disse o I Dalai Lama, 'não o desejo. O meu único desejo é renascer onde quer que existam problemas e sofrimento'.

"Isto é maravilhoso", disse-me o Dalai Lama, olhando-me com um sorriso de radiante felicidade. "Li isto há muitos anos, e fiquei verdadeiramente impressionado". Prosseguiu numa voz suave e reverente. "Chorei quando li isto pela primeira vez. O seu modo de pensar influenciou-me profundamente. Prefiro renascer continuamente neste mundo. Muitos lamas prefeririam renascer em Shambhala *(um reino semelhante ao céu)*, mas eu não. Os meus fortes sentimentos relativamente a esta matéria foram influenciados pelo que li, há muito tempo, na biografia do I Dalai Lama". Até eu, um descrente, fico comovido.

O I Dalai Lama herdou muitas ideias essenciais da Índia, através de Tsongkhapa e Atisha, que transmitiu inalteradas ao XIV Dalai Lama. A perspectiva que o Dalai Lama tem da história tibetana e muitas das suas ideias filosóficas, espirituais e políticas chegaram-lhe por intermédio desta linhagem. A sua opinião acerca do propósito de um mosteiro é idêntica às de Tsongkhapa e do I Dalai Lama. Ele explica o uso apropriado da riqueza tal como o I Dalai Lama o explicou. A ideia do I Dalai Lama de que um monge budista deveria fazer o voto de Bodhisattva e procurar conscientemente um renascimento humano, no mundo humano, para guiar os outros até à iluminação, também é um ideal budista indiano que foi transmitido, num prisma tibetano, do século XIV até ao actual Dalai Lama. Muitos aspectos do Tibete, tal como ele era até à invasão chinesa de 1950, têm início com a vida e a morte de Tsongkhapa e do I Dalai Lama.

Embora estes ideais espirituais tenham claramente moldado a história tibetana, foi devido à imensa autoridade política e militar que a Gelugpa acabou por adquirir que os líderes desta escola se tornaram governantes do Tibete. A transformação da Gelug, de escola espiritual reformista em escola budista detentora de grande poder militar, foi um acontecimento crucial na história tibetana. Ironicamente, foi o grande número de devotos atraídos pelo empenhamento espiritual dos primeiros mestres Gelug que deu aos sucessivos Dalai Lamas poder político e até militar.

✤ ✤ ✤

A emergência dos Gelugpa como governantes do Tibete teve como pano de fundo o caos político que se instalou depois de os Tibetanos expulsarem os Mongóis do país.

Os Mongóis mantiveram um ligeiro domínio sobre o Tibete entre 1249 e 1368. Durante todo este período, o poder do Estado permaneceu nas mãos do vice-rei, dos mosteiros e dos nobres ([19]), que cumpriam as ordens dos Mongóis. Excepto durante o último decénio desta época, o vice-rei foi sempre um dos principais sacerdotes Sakya. Dois monges desta escola, Sakya Pandita e Phagpa, seu sobrinho, estabeleceram a primeira relação sacerdote-patrono *(cho-yon)* com os imperadores mongóis; em virtude da sua autoridade religiosa, ambos foram nomeados vice-reis. Após a morte de Phagpa, em 1280 ([20]), os Mongóis nomearam sucessivos líderes sakya para o cargo de preceptor imperial, os quais se tornaram também vice-reis do Tibete. Os monges sakya entregavam o controlo local aos príncipes que governavam várias províncias do Tibete. Alguns destes príncipes também eram monges budistas. Em 1352, um destes chefes regionais, Changchub Gyaltsen, rebelou-se contra a hegemonia Sakya ([21]). Em seis anos de guerra, Gyaltsen derrotou os Sakya. No início, para não desafiar os Mongóis e os Sakya ao mesmo tempo, ele apresentou-se simplesmente aos Mongóis como o seu novo vice-rei. Em 1358, os mongóis, a braços com uma crescente insurreição contra o seu domínio na China, aceitaram Gyaltsen como vice-rei[22], embora estivessem cientes de que o seu objectivo era a independência do Tibete.

Depois de ter morto[23] o Lama Sakya reinante e de ter sido reconhecido como novo vice-rei, Gyaltsen substituiu os administradores Sakya do Tibete por apoiantes seus, não por homens recomendados pelos Mongóis. Deste e doutros modos, mostrou aos Mongóis que não era seu vassalo. Colocou soldados tibetanos na fronteira com a China, redistribuiu a terra mais equitativamente e reduziu os impostos. Regressando ao sistema judicial tibetano estabelecido por Songzen Gampo e seus herdeiros, reinstituiu os julgamentos para os suspeitos de infracções à lei. Segundo as regras mongóis, *toda e qualquer* suspeita de infracção acarretava automaticamente uma sentença de morte. Apesar destas medidas, que estabeleceram a independência tibetana *de facto*, Gyaltsen nunca rompeu formalmente com os Mongóis. No entanto, para todos os efeitos, ele libertou o Tibete[24] do controlo mongol dez anos antes de a China conseguir fazer o mesmo. A China e o Tibete sucumbiram ao domínio mongol em épocas diferentes[25], foram governados pelos Mongóis segundo termos de subjugação diferentes e emanciparam-se em alturas diferentes.

Gyaltsen morreu em 1364[26], seis anos depois de libertar o Tibete, e o seu sobrinho, um monge, herdou a governação do Tibete, à frente do chamado governo de Phamo Drupa. Quatro anos mais tarde, em 1368, os Chineses derrotaram os Mongóis na China, empurrando-os para norte, para o outro lado da Grande Muralha, e estabeleceram a dinastia Ming. Exceptuando a própria China, esta dinastia nunca governou os territórios que os Mongóis haviam dominado.

Ao mesmo tempo, o governo de Phamo Drupa cortou os seus últimos laços com os Mongóis e o Tibete reconquistou a plena independência. Phamo Drupa governou a maior parte do Tibete, sem grande oposição, até cerca de 1434 – ainda que, ocasionalmente, muitos príncipes tibetanos governassem os seus territórios autonomamente e não como parte de um governo central. Os modernos historiadores chineses desmentem a independência tibetana, afirmando que o Tibete era pertença da dinastia Ming[27]. É verdade que os Ming concederam títulos honorários[28] aos príncipes e monges do Tibete Oriental, que estavam interessados em comerciar com a China e que raramente aceitaram a supremacia de Phamo Drupa[29]. Estas alianças com os principados orientais tibetanos constituem a prova que a

China apresenta hoje para fundamentar a sua afirmação de que os Ming governaram o Tibete. A verdade é que os soldados mongóis que abandonaram o Tibete não foram substituídas por soldados ming.

Decorridos oitenta anos de domínio de Phamo Drupa no Tibete Central, um grupo hostil no seio do governo começou a usurpar o poder dos herdeiros de Gyaltsen. Os príncipes da facção Rinpung apoiavam a escola budista Kagyu, e cerca do ano de 1500 os Kagyupa estavam prontos a travar a força crescente dos Gelugpa ([30]). Os mosteiros fundados por Tsongkhapa e seus discípulos haviam crescido rapidamente, e as outras escolas viam os Gelugpa como uma ameaça ao seu poder. As facções de príncipes existentes no governo aliaram-se a diferentes escolas budistas, provocando violência sectária e regional: as províncias atacaram-se umas às outras enquanto os monges de uma escola arrasavam os mosteiros de outra.

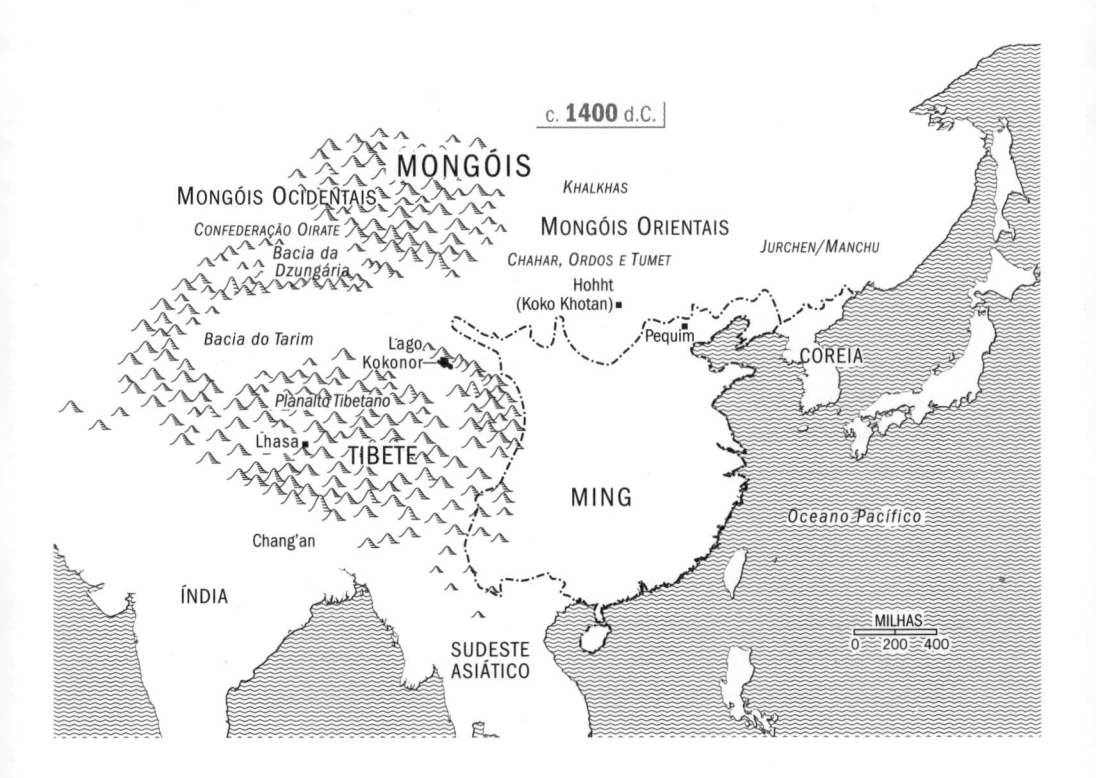

A partir de 1450, a guerra generalizou-se ([31]). Os combates entre as escolas não tinham origem nas diferenças de filosofia, mas sim no desejo de obter riquezas e poder ([32]) por parte das facções rivais. Em 1565, os príncipes da província de Tsang, centrada em Xigaze, conquistaram o poder e tornaram-se reis do Tibete Central (³³). Dado que apoiavam os Kagyupa, os Gelugpa e os príncipes seus aliados, em Lhasa, viram-se sob constantes ataques. Foi neste contexto que emergiram os Dalai Lamas como líderes político-religiosos.

❈ ❈ ❈

Apesar do caos político que os rodeava, os quatro primeiros Dalai Lamas, entre 1391 e 1616, dedicaram as suas vidas à construção de mosteiros e à consolidação da ordem fundada por Atisha e Tsongkhapa. Quando o actual Dalai Lama falou sobre este período, ficou claro que via um padrão no caos. Tal como se manifestara através de Songzen Gampo e de outros Tibetanos de vulto, o Bodhisattva Chenrezi trabalhou com os primeiros Dalai Lamas para cumprir a promessa que fizera ao Buda num passado distante. Chenrezi prometera guiar e proteger o povo tibetano, e o seu juramento manifestou-se como um plano mestre.

"O plano mestre significou um novo começo", disse o Dalai Lama. "Foi um período em que houve a possibilidade de se planear a longo prazo. Foi um plano para mais do que uma ou duas gerações, e beneficiou não apenas a instituição do Dalai Lama mas também toda a nação e o Dharma do Buda. Este plano nacional envolveu os primeiros cinco Dalai Lamas. Vieram um após o ouro, sucessivamente, com um objectivo. Avançaram todos na mesma direcção.

"Eis o meu resumo", começou ele. "O I Dalai Lama estabeleceu uma espécie de base de poder – não militar nem político, mas de apoio popular – na área de Tsang, em redor do Tashilumpo. É claro que, devido à construção do Tashilumpo, o I Dalai Lama tornou-se ainda mais importante. A sua reencarnação *(Gedun Gyatso, o II Dalai Lama, nascido em 1475)* foi para o Mosteiro de Tashilunpo, onde permaneceu até aos 16 ou 17 anos de idade. Houve algumas controvérsias ou invejas, e o jovem II Dalai Lama foi obrigado a deixar o mosteiro. Foi para Lhasa, estudou e tornou-se abade de Drepung. Assim, a sua popularidade desenvolveu-se em Lhasa e no Tibete Central. Mais tarde, foi para o Sul do Tibete e construiu o seu próprio mosteiro, Chokhor-gyal", em 1509 (³⁴).

"Foi lá, pela primeira vez", continuou o Dalai Lama, "que ele formalizou o sistema de reconhecimento de um Gelugpa encarnado, incluindo o recurso ao lago das visões de Palden Lhamo". Os monges dirigiam-se a um lago sagrado chamado Lhamo Latso([35]), onde reside a deusa Palden Lhamo, para meditarem em busca de visões que os guiem até à nova encarnação de Chenrezi. Este método sobreviveu até à busca do XIV Dalai Lama. "Entretanto, ele também se ligou a Kongpo e Dhagpo, outras duas áreas do Tibete. Deste modo, o II Dalai Lama estabeleceu-se no centro e Sul do Tibete". Para o Dalai Lama, o plano mestre de Chenrezi foi guiar o I e II Dalai Lamas na criação de uma base de apoio popular e na sua extensão a regiões maiores do Tibete para incluir novos simpatizantes. Eles prepararam o caminho para que o III Dalai Lama fosse à Mongólia e convertesse os Mongóis ao budismo.

O III Dalai Lama, chamado Sonam *Gyatso* (com o "apelido" que entretanto se tornara tradicional, *Oceano*), nasceu em 1543, perto de Lhasa, e foi reconhecido como a reencarnação do II Dalai Lama. Fez os seus estudos no Mosteiro de Drepung, do qual, depois de demonstrar notáveis capacidades escolásticas e à semelhança do seu antecessor, se tornou abade. Como líder de um dos quatro maiores mosteiros Gelugpa, a sua influência cresceu tão rapidamente que os monges de Sera não tardaram a reconhecê-lo como abade da sua instituição e os monges de Tashilumpo também aceitaram o seu representante. O seu poder chegava longe: quando um dos reis do Tibete (apoiados pelos Kagyupa) morreu, em 1564, os ritos funerários foram presididos pelo III Dalai Lama([36]), então com 21 anos de idade.

Na década de 70 do século XVI, o crescente poderio dos lamas Gelug atingiu a dimensão crítica no Tibete e a fama do III Dalai Lama estendeu-se aos países vizinhos. Para os Mongóis, nómadas que começavam a construir a sua primeira cidade, a cultura tibetana era avançada e apelativa([37]), com muito que cobiçar: o fermento intelectual e espiritual do Tibete, a formação rigorosa dos monges tibetanos, a gigantesca biblioteca de textos budistas indianos traduzidos e a construção de inúmeros mosteiros dotados de belas estátuas e murais. Ao ouvirem dizer que Sonam Gyatso era uma manifestação viva do Bodhisattva Chenrezi, os Mongóis ficaram ansiosos por conhecê-lo.

❀ ❀ ❀

Entre os séculos XIV e XVI, os Mongóis sobreviveram a duas centenas de anos de reveses e catástrofes históricas que moldaram e remoldaram a

Ásia e a Europa. Em 1368, os Chineses expulsaram os Mongóis e fundaram a dinastia Ming, autóctone. O último imperador mongol da China, Toghan Temur[38], acompanhado por 60 000 guerreiros, retirou para norte da Grande Muralha, para as suas antigas pastagens, na Ásia Interior. Quando o exército mongol regressou à sua pátria, que não via há décadas – se alguma vez a vira –, provocou o caos na frágil economia dos Mongóis que tinham ficado para trás enquanto Gengiscão conquistava o mundo. Acostumados a viverem no luxo que só a conquista pode proporcionar, os antigos senhores da China começaram a digladiar-se pelas pastagens, que apenas produziam carne, queijo e leite. Quando um exército ming vingador de mais de 100 000 Chineses invadiu a Mongólia, em 1388, os Mongóis foram derrotados e os seus príncipes assassinaram o neto de Toghan[39]. Os Chineses não ficaram na Mongólia, mas a humilhação sofrida pelos herdeiros de Gengiscão permitiu aos príncipes mongóis reclamarem a sua autonomia[40]. Durante os séculos seguintes, a união dos Mongóis raramente foi conseguida[41] ou foi-o sempre por pouco tempo. Ainda que as facções tribais o tornassem impossível, o sonho de reconquista do trono da China nunca morreu. E quando os Mongóis desejaram mais do que lhes era fornecido pelos seus rebanhos de ovelhas e manadas de cavalos (por exemplo, trigo, arroz ou seda), voltaram a atacar as cidades chinesas para o obter. De 1368 até à sua subjugação pelos Manchus, no século XVII, as tribos atacaram os Chineses e disputaram entre si uma supremacia eternamente fugaz. Cada tribo era liderada pelo seu próprio príncipe e não existia nenhum sentimento de nacionalidade[42]. Os grandes príncipes mongóis tinham estudado o budismo durante a sua conquista do mundo, mas o mongol comum não o fizera. Quaisquer marcas eventualmente deixadas pelo budismo entre os Mongóis desapareceram nos séculos de caos que se seguiram a 1368. Os Mongóis regressaram à sua fé nos xamãs[43] e nas oferendas de sangue.

As tribos estavam divididas mais ou menos em dois campos, em Mongóis ocidentais e orientais[44]. Embora tivessem perdido o império de Gengiscão, estas duas confederações dominavam uma área muito maior do que a actual Mongólia.

As tribos mongóis orientais incluíam, entre outros, os Khalkhas, que viviam no que é hoje a parte norte da Mongólia, e os Chahar, Ordos e Tumet[45], que habitavam essencialmente territórios pertencentes à actual província chinesa da Mongólia Interior. As tribos orientais, por incluírem os descendentes directos de Gengiscão, reclamavam o direito a instalarem um imperador mongol, mas careciam de força suficiente para fazer valer a sua pretensão. A Confederação Oirate[46], constituída pelas tribos mongóis ocidentais, incluindo os Qoshot, os Thorguuds e os Khoyids[47], entre outros, estava baseada na bacia da Dzungária, 1 500 quilómetros para ocidente, na actual província chinesa de Xinjiang. Os Oirates rejeitavam as pretensões de supremacia dos Mongóis orientais. Durante algum tempo, os Oirates subjugaram quase todas as tribos orientais. Em 1449, brevemente unidos sob liderança oirate, os Mongóis mataram mais de 100 000 soldados chineses e capturaram Ying-tsung, o imperador ming[48]. Mas os líderes oirates não consolidaram a sua invasão da China e acabaram por ser novamente expulsos para norte da Grande Muralha. Um ano mais tarde, os Mongóis libertaram o imperador ming, que fora muito maltratado. A invasão da China ming foi apenas uma das muitas incursões dos Oirates contra os seus vizinhos. Os Mongóis não se tornaram parte de um Estado chinês pan-étnico de liderança ming.

A hegemonia oirate sobre os Mongóis orientais enfraqueceu a partir de 1455, mas só foi quebrada cerca de 1550, quando Altan Khan, um príncipe da tribo Tumet reconquistou a antiga capital imperial mongol de Karakorum[49]. Durante o seu reinado, entre 1543 e 1583[50], Altan foi o príncipe mais proeminente[51] dos Mongóis orientais; porém, não obstante a sua supremacia militar, nunca foi imperador. Este título passou para Ligdan Khan, através de outro ramo dos descendentes de Gengiscão, embora Ligdan fosse demasiado fraco para o fazer valer. Altan tornou-se famoso, na sua juventude, pelas incursões predatórias que levou a cabo contra as cidades chinesas imediatamente a sul da Grande Muralha[52]. Liderou incursões em 1529, 1530 e 1542, e todos os que o seguiram regressaram a casa com cabeças de gado e despojos. Em 1550, incendiou os arredores de Pequim[53], numa altura em que os seus planos iam já além de meras pilhagens. Embora este tipo de razias se tivesse convertido na principal fonte de receitas dos Mongóis, Altan era da opinião de que as tribos deveriam adquirir o que não produziam, caso os Chineses reabrissem os mercados fronteiriços. Estes tinham sido encerrados pelos Ming para punir os Mongóis pelas suas incursões e para os afastar das fronteiras da China.

Em 1571, Altan derrotou definitivamente os seus rivais entre os mongóis orientais. Embora não conseguisse unir os nómadas mongóis, muito dispersos, derrubou a hegemonia da Confederação Oirate e a maioria dos Mongóis orientais seguiu a sua liderança. Ao envelhecer, Altan iniciou a construção de uma capital, Koko Khotan[54], a primeira cidade mongol permanente dos tempos modernos. Também tentou pôr fim a dois séculos de ataques mongóis à China. Em 1571, fez a paz com a China ming[55]; dois anos mais tarde, obrigou os Ming a reabrirem os mercados fronteiriços para que as tribos dos Mongóis orientais pudessem vender lucrativamente aos Chineses os seus excedentes equinos. Os Ming consideraram que a conciliação dos Mongóis através do comércio talvez funcionasse[56]; de todos os modos, não tinham nada a perder, já que eram incapazes de travar as incursões mongóis através da força militar[57]. Na opinião dos Mongóis de épocas posteriores, Altan obrigou os Ming a tratá-lo como igual[58]. Apesar dos factos, os historiadores chineses argumentam que o senhor da guerra mongol era, na verdade, um leal cidadão chinês.

Durante os seus ataques à China e à orla do Tibete, Altan ouviu rumores acerca de Sonam Gyatso, o líder dos Gelugpa. Um sobrinho de Altan persuadiu o príncipe de que, depois de ter derrotado os Oirates e de se ter vingado dos Chineses, cumprira o seu destino político, e agora, ao envelhecer, era chegada a altura de Altan pensar em coisas mais elevadas[59]. O sobrinho disse-lhe, "Ao que parece, a ocidente, na terra das neves[60] [o Tibete], habita, em forma corpórea, o Poderoso Visionário e Compassivo, o Bodhisattva Avalokiteshara [Chenrezi]". Altan referia-se ao facto de o Tulku Sonam Gyatso ser considerado uma manifestação de Chenrezi.

Em 1577, Altan Khan convidou o III Dalai Lama[61] a visitar a Mongólia. O facto de Sonam Gyatso se ter deslocado 2400 quilómetros para se avistar com Altan Khan diz muito acerca de poderio militar do príncipe mongol. Quando se encontraram, em Junho de 1578[62], trocaram os habituais títulos honoríficos. Altan traduziu a palavra tibetana *Gyatso*, "oceano" ou "virtude oceânica"[63] para mongol: *Dalai* significa "oceano". Há muito que *Lama* era um título honorífico tibetano para qualquer mestre budista reencarnado – não para todos os monges, somente para os reconhecidos como Tulkus, ou era dado ao mestre ou guru pelo seu discípulo. Só mais tarde é que o título mongol *Dalai Lama* veio a ser retroactivamente aplicado aos dois antecessores de Sonam Gyatso. Ninguém chamou assim ao I e II Dalai Lamas durante as suas vidas. O que é hoje ainda mais confuso é o facto de muitos autores terem traduzido erradamente *Dalai Lama* como "Oceano de Sabedoria". O título mongol completo, "o maravilhoso Vajradhara, bom, esplêndido e meritório oceano" ([64]), atribuído por Altan Khan, é, no fundo, uma tradução das palavras tibetanas *Sonam Gyatso* (*sonam* significa "mérito"). Somente parte desta informação era clara para mim quando inquiri pela primeira vez o Dalai Lama acerca do seu famosíssimo título. Ele ficou algo agitado. Também tinha visto as traduções erradas do título.

"Há algo que tenho que dizer", começou ele, em tom severo. "O nome de todos os Dalai Lamas, a partir do II Dalai Lama, contém a palavra Gyatso, que significa "oceano" em tibetano. Por exemplo, eu chamo-me Tenzin Gyatso ([65]); o primeiro nome muda, mas a segunda parte *(a palavra "oceano")* passou a integrar o nome de cada Dalai Lama. Todos os Dalai Lamas, a partir do Segundo, têm este nome. Consequentemente, não concordo que os Mongóis tenham conferido um título. Tratou-se apenas de uma tradução".

Fui apanhado desprevenido, incapaz de aceitar que tantos autores modernos tivessem cometido o erro de traduzir *Dalai Lama* por "Oceano de Sabedoria", e de serem tão poucos a ver o título de Tenzin Gyatso como ele próprio o vê. "A palavra "oceano", *Dalai*, no título mongol, implica algo? Sabedoria?"

"Não, não tem nenhuma implicação" – quase que me gritou. "É apenas um nome!

"Olhe, o meu varredor chamava-se Sangye, que em tibetano significa 'Buda'", continuou ele, exasperado, "mas era muito tonto e preguiçoso. Às vezes, eu tinha que reclamar do seu trabalho, e dizia algo do género, 'Oh, aquele Buda!'".

Ele ri-se e prossegue, "O seu nome nada tinha a ver com o significado".

Em 1578, quando Altan Khan e Sonam Gyatso se encontraram, a atribuição de títulos foi um pormenor de somenos. Os Tibetanos acreditam que o III Dalai Lama converteu Altan ([66]) ao budismo. A conversão do mais poderoso principie mongol encorajou outros príncipes a converterem-se. Quando Altan Khan retribuiu enviando presentes aos mosteiros do Tibete e financiou a tradução e impressão de textos budistas ([67]), outros príncipes fizeram o mesmo. Altan autorizou o III Dalai Lama a queimar todas as esculturas de madeira que a sua família mantivera como totens xamânicos ([68]). Na verdade, ordenou a todos os súbditos que queimassem os seus totens ([69]) e renunciassem ao xamanismo, ou seriam executados. Outros príncipes mongóis seguiram a sua liderança. Os príncipes mongóis proibiram os sacrifícios de sangue ([70]). Os monges budistas receberam o mesmo estatuto que os Mongóis atribuíam à nobreza ([71]), enquanto que os xamãs no activo ficaram sujeitos à pena de morte. Algumas práticas xamânicas sobreviveram ([72]) à conversão em massa dos Mongóis ao budismo, no século XVI, mas a nação, na sua globalidade, tomou outro caminho. A lealdade dos Mongóis aos seus príncipes e a estrutura militar da sociedade mongol tornaram possível a conversão em massa. Quando os príncipes se converteram, o povo seguiu-os ([73]).

Quando Altan Khan e o III Dalai Lama se encontraram, o monge ministrou um longo ensinamento budista a uma grande multidão de Mongóis. Congregaram-se na capital de Altan, Koko Khotan ([74]), a actual Hohhot, capital da província chinesa da Mongólia Interior. No local destes ensinamentos, tornado solo abençoado ([75]), Altan financiou a construção do primeiro mosteiro da Mongólia, Thegchen Chonkhor. Os Mongóis descrevem o III Dalai Lama como o mestre responsável, mais do que qualquer outro, pela conversão das tribos mongóis ao budismo. Além de fundarem o mosteiro, os devotos mongóis do III Dalai Lama encomendaram a tradução de textos budistas tibetanos para a sua língua. Também pagaram a cópia de textos budistas com letras de ouro e prata para utilização na Mongólia ([76]). Decorridos cinquenta anos, quase todos os mongóis eram budistas ([77]), e dezenas de milhares haviam-se tornado monges. Na sua maioria, os Mongóis converteram-se em seguidores dedicados da escola Gelug, intensamente leais ao Dalai Lama, o seu guia mais reverenciado.

O budismo tibetano e a instituição do Dalai Lama transformaram-se no budismo centro-asiático, e com a difusão da religião o Dalai Lama adquiriu uma tremenda influência como líder espiritual e político pan--asiático, quase como se fosse um pontífice budista. Durante o século seguinte, os nómadas mongóis que vagueavam das fronteiras da Rússia às fronteiras da Coreia, da China ao Tibete e ao actual Cazaquistão converteram-se ao budismo. Por toda a Ásia, os Mongóis olhavam para Lhasa como a nova Meca budista. Foi uma transformação religiosa, mas eivada de consequências militares e políticas.

Os Chineses observaram estes desenvolvimentos com interesse, embora poucos se tenham tornado budistas tibetanos. Os imperadores chineses haviam erguido a Grande Muralha para manterem à distância os Mongóis e outros nómadas do Norte. A dinastia Ming dedicou muitas das suas energias à reconstrução e reforço da Grande Muralha, de um modo quase obsessivo. Mas não tardou a emergir uma nova estratégia. E se a devoção mongol ao Dalai Lama pudesse transformar-se num instrumento para ajudar os governantes da China a manterem os Mongóis à distância [78]? Durante os séculos seguintes, esta ideia foi um tema constante do relacionamento político entre Mongóis, Tibetanos, Chineses e Manchus.

Ao fundarem um império espiritual, Altan Khan e o III Dalai Lama atribuíram uma singular visão do mundo às suas acções: a crença na reencarnação era um dado absoluto. A biografia do III Dalai Lama dá a entender que a sua visita à Mongólia estava predestinada por ligações [79] kármicas passadas. Os Mongóis acreditam que o III Dalai Lama, ao avistar-se com Altan, disse, "O Khan e eu tivemos sinais [80] de que, por termos realizado feitos meritórios nas nossas vidas anteriores, nos voltaríamos a encontrar e, juntos, propagaríamos a religião [nesta vida]".

Segundo o Dalai Lama, o III Dalai Lama continuou os esforços do Primeiro e do Segundo. Nesta história, ele vê essencialmente o mesmo significado que viram Altan Khan e o III Dalai Lama. O plano mestre estava a cumprir-se.

"O III Dalai Lama trabalhou para difundir o Dharma entre os Mongóis", disse ele, "e muitos deles tornaram-se seus discípulos, o que fez aumentar o poder dos Dalai Lamas. Isto ajudou a abrir o caminho para o V Dalai Lama unificar o Tibete".

Se olharmos para lá da relação espiritual pessoal entre os dois homens, torna-se evidente que o seu relacionamento, mutuamente benéfico, promoveu a difusão do budismo. Altan Khan e o III Dalai Lama eram poderes em ascensão nos respectivos países. Os Gelugpa combatiam os Kagyupa, e Altan queria unir as tribos mongóis e tornar-se seu imperador. O III Dalai Lama proclamou publicamente que era a reencarnação do sacerdote Phagpa e que Altan era a reencarnação de Kublai Khan [81]. Esta interpretação foi extremamente útil para Altan na sua luta para se tornar imperador, particularmente porque o verdadeiro descendente do Grande Khan [82] era outro príncipe. O Dalai Lama, cuja escola, a Gelug, se encontrava sob o ataque dos Kagyupa [83] e dos príncipes tibetanos que os apoiavam, podia agora valer-se do apoio da maior potência militar da Mongólia. Os dois homens podiam afirmar que a sua cooperação em vidas anteriores explicava a devoção que tinham um pelo outro nesta vida, como sacerdote e patrono, embora outros talvez considerassem esta explicação como um verniz beato para manobras políticas. Esta curiosa forma de "política da reencarnação" continuou na geração seguinte. O III Dalai Lama renasceu na Mongólia [84], como bisneto de Altan Khan. A descoberta do IV Dalai Lama na Mongólia e a sua entronização no Tibete teriam consequências de grande alcance.

Altan Khan morreu em 1582, apenas quatro anos depois do seu primeiro encontro com o III Dalai Lama. Sonam Gyatso viveu até 1588. Até ao fim da sua vida, o seu poder e prestígio aumentaram continuamente devido ao seu novo papel de mestre reverenciado dos Mongóis. Depois de dar início à sua conversão, empreendeu o regresso ao Tibete Oriental. No caminho, as autoridades chinesas locais suplicaram-lhe que usasse a sua autoridade entre os Mongóis para os impedir de lançarem ataques[85] contra a China, ataques que continuavam, mais espaçados, não obstante o pacto de Altan com os Chineses, em 1571. A influência crescente do Dalai Lama voltou a ser confirmada quando o imperador ming o convidou a visitar a capital chinesa, mas ele declinou o convite devido a um compromisso anterior[86], embora se encontrasse apenas a 400 quilómetros de Pequim[87] – na época, o poder do imperador ming não chegava muito longe. Noutro sinal do poder do Dalai Lama, príncipes ou khans devotos da Mongólia solicitaram que o Dalai Lama lhes concedesse os seus títulos. O Dalai Lama já exercia uma fusão singular de poder religioso e político, uma fusão que viria a definir a instituição dos Dalai Lamas e que teria um impacto enorme[88] em toda a Ásia nas décadas seguintes.

Em 1580, o III Dalai Lama fundou o mosteiro de Litang, em Kham[89]. O rei de Litang renunciou à sua fidelidade aos Kagyupa – que ainda estavam em guerra com os Gelugpa – e transferiu a sua devoção para os Gelugpa, isto numa época em que os reis de Litang não aceitavam interferências dos príncipes de Lhasa nem de Xigaze e governavam a sua região como um reino independente *de facto*.

Quando Altan Khan morreu, dois anos mais tarde, o III Dalai Lama aceitou um convite para regressar à Mongólia[90]. No caminho, fundou outro mosteiro, Kumbum, no local onde, 230 anos antes, nascera Tsongkhapa, o fundador da Gelug. Kumbum tornou-se um dos maiores mosteiros do Tibete. Em 1585, o III Dalai Lama, regressado à Mongólia, colaborava com o filho de Altan Khan para continuar a disseminar o budismo entre os Mongóis. Converteram-se outros príncipes, que trouxeram outras tribos. Na Mongólia, o Dalai Lama recebeu um segundo convite para visitar o imperador ming, e desta vez aceitou. Todavia, quando regressava ao Tibete, em 1588, faleceu, somente dez anos depois de ter recebido o nome com que os Dalai Lamas viriam a ser mundialmente conhecidos. As suas realizações, nos seus 45 anos de vida, foram espantosas, tendo muitas delas sido fruto da sua relação com Altan Khan. Mas para os Tibetanos e Mongóis crentes, a sua relação não acabou com a morte. Em 1589, o IV Dalai Lama reencarnou num miúdo mongol chamado Yonten Gyatso, bisneto de Altan Khan. Várias delegações de monges tibetanos investigaram relatos acerca de uma criança precoce, e todos ficaram convencidos de que ela era a reencarnação de Sonam Gyatso [91].

Pela única vez na história dos Dalai Lamas, a manifestação de Chenrezi nasceu num corpo não tibetano. O miúdo, descendente de Gengiscão, depois de reconhecido pelo abade do Mosteiro de Ganden como uma verdadeira encarnação, foi educado por monges tibetanos enviados para a Mongólia. O IV Dalai Lama deslocou-se pela primeira vez a Lhasa aos doze anos de idade. Partiu da Mongólia em 1601 [92], com um contingente de cavaleiros mongóis. Em Lhasa, os Gelugpa, numa cerimónia magnífica, instalaram-no formalmente na sua posição. Ao mesmo tempo que conquistavam o apoio interessado dos Mongóis em virtude de reconhecerem o garoto como o IV Dalai Lama, os Gelugpa [93] abriam a porta ao envolvimento estrangeiro nos assuntos do Tibete.

Quando mencionei ao Dalai Lama que, para muitos historiadores, era mais do que óbvio que os Gelugpa tinham deixado a escolha do IV Dalai Lama ser influenciada por motivações políticas, ele rejeitou esta interpretação como pura especulação.

"O grupo que procurava o IV Dalai Lama encontrou o miúdo através de muitas investigações espirituais, tal como aconteceu comigo", disse ele. "Recorreram a visões e a indicações espirituais, e descobriram que ele renascera na família de um chefe mongol. Não vejo nenhuma relação política nisto".

"Mas muitos historiadores atribuíram uma motivação política à descoberta do IV Dalai Lama como um mongol", disse eu. "Ele era parente de Gengiscão, o que forneceu aos Gelugpa aliados militares numa altura em que necessitavam de poder militar para porem cobro aos ataques dos Kagyupa. Como pode ter sido por acaso?"

"Se estivermos empenhados numa interpretação política", disse ele, com alguma brusquidão, "então talvez o Buda fosse um político e tivesse um partido político. Talvez. Mas eu não sei. Talvez não tenha decorrido de um cálculo político, mas depois de ter acontecido os políticos viram que havia algo a ganhar. Assim, politizaram-no para obter um ganho político. É possível", reconheceu o Dalai Lama.

Yonten Gyatso, o jovem mongol, teve excelentes tutores. Um dos seus mestres foi o I Panchen Lama, um grande sábio no seu tempo. De facto, o título *Panchen Lama* significa "Grande Erudito". Os Panchen Lamas são uma linhagem reencarnada de mestres gelug, *Tulkus*, tal como os Dalai Lamas. Todavia, assim como os Dalai Lamas são manifestações do Bodhisattva da Compaixão, Chenrezi, os Panchen Lamas são manifestações de Amitabha. Com o tempo, os Panchen Lamas tornaram-se um poder rival dos Dalai Lamas, mas existia um forte laço espiritual entre as duas linhagens de mestres reencarnados. Em muitos casos, tal como aconteceu com o I Panchen Lama e o IV Dalai Lama, um Panchen Lama foi um dos mestres mais velhos de um jovem Dalai Lama. E também era da tradição um Panchen Lama ajudar a identificar uma encarnação de um Dalai Lama, e vice-versa.

Apesar do seu papel religioso, o IV Dalai Lama também foi objecto de contenda política. Os cavaleiros mongóis orientais que o acompanharam a Lhasa ficaram para o proteger [94], pois continuavam os confrontos entre as escolas budistas do Tibete e os respectivos príncipes apoiantes. Contudo, a presença dos combatentes estrangeiros era perigosa, particularmente numa altura em que o Tibete se encontrava fragmentado em muitos Estados e havia Tibetanos a tentar unificar a nação. Num incidente, os Mongóis atacaram instalações Kagyu para se vingarem de uma alegada injúria [95]. Depois de se ter espalhado o boato de que um poema escrito por um monge Kagyu insultava o IV Dalai Lama, os Mongóis saquearam um estábulo e algumas casas pertencentes a apoiantes da Kagyu. Em 1605, um dos príncipes protectores da Kagyu [96] entrou em Lhasa com um grande contingente de tropas e expulsou os cavaleiros mongóis do Dalai Lama. Cinco anos depois, os nobres e mosteiros tibetanos fratricidas digladiavam-se novamente. Durante uma escaramuça no vale de Lhasa, um grupo de guerreiros inimigos dos Gelugpa atacou o Mosteiro de Drepung, onde estudava o Dalai Lama, então com 21 anos de idade. Ele conseguiu fugir, mas estas escaramuças eram uma ocorrência constante. Os conflitos regionais e sectários deixaram o Tibete desunido e os Tibetanos a guerrear constantemente. Os Mongóis eram militarmente tão fortes e a sua devoção ao jovem Dalai Lama era tão intensa que parecia inevitável que os cavaleiros regressassem ao Tibete e interviessem na guerra entre as escolas budistas e as famílias nobres tibetanas. No entanto, em 1617, aos vinte e poucos anos, o IV Dalai Lama morreu [97]. Alguns historiadores dizem que foi envenenado [98], embora o actual

Dalai Lama rejeite esta afirmação como especulativa. Não existem provas concretas que confirmem ou desmintam esta afirmação, mas ela indica, por si só, o quão pesada era a atmosfera política no Tibete do início do século XVII.

Estava montado o cenário para o nascimento daquele a quem os Tibetanos chamam Grande V Dalai Lama. Ao estudar as vidas e mortes dos seus antecessores, tornou-se-me evidente que o desejo de domínio sobre os seus rivais religiosos levou os Gelugpa a procurarem patronos militares e políticos junto dos Mongóis. Mas o XIV Dalai Lama discordou veementemente.

"A obra deles foi vista numa perspectiva política por outras pessoas, mas não foi essa a sua motivação", respondeu o Dalai Lama. "Tal como eu disse, talvez a sua obra tenha sido politizada por outros, para ganho político. Mas o plano mestre de que falo é algo de muito diferente!".

É o plano mestre de Chenrezi e não manobras políticas que ele vê no assinalável crescimento do poder espiritual e temporal da Gelug, do I ao IV Dalai Lamas.

"Assim, quando olho para todos aqueles desenvolvimentos", observou o Dalai Lama, "quase parece existir um criador ou algum planeamento. Obviamente, *criador* não significa aqui o criador de tudo, um deus. Não, nada disso. Tal como falámos, existe um elo entre os Tibetanos, quase como um povo escolhido, e esta ligação kármica positiva a Chenrezi, como vimos na vida de Songzen Gampo. Talvez os quatro primeiros Dalai Lamas tenham lançado as bases ou preparado o caminho para o V Dalai Lama".

O Dalai Lama tinha um sorriso matreiro no rosto quando concluiu. "Normalmente, isto não é explicado assim, mas é esta a minha convicção".

"Tudo aquilo foi então o Bodhisattva Chenrezi a cumprir um plano mestre para os Tibetanos?", perguntei cepticamente.

"Em teoria, eu diria que sim", replicou ele, "mas se eu disser que sim, você pode ficar com a impressão de que existe um criador absoluto, e isso é uma confusão. Todas aquelas realizações foram espontâneas, sem esforço. Se você ficar com a impressão de que existe um criador independente, um deus, diferente do Buda, isso não é a realidade".

"Porquê? Qual é a realidade?", perguntei eu, sem parar para considerar com quem estava a falar ou o rumo que a nossa conversa tomara.

"A realidade?", perguntou ele. Fez uma pausa e olhou cuidadosamente para mim.

"Como sabe", disse o Dalai Lama, "existem os Bodhisattvas individuais, Chenrezi ou Manjushri. Manjushri é a personificação da sabedoria do Buda, Chenrezi é a personificação da compaixão do Buda. Não só de um Buda, de todos os Budas; mas estas coisas são relativamente inexprimíveis, a menos que estudemos ou tenhamos uma visão completa do Dharma".

"Nesse caso, não é um factor isolado, como a política", disse eu, "mas sim muitos factores, muitos factores interdependentes, que moldam o rumo destes acontecimentos históricos".

"Sim, exactamente", disse o Dalai Lama. "Penso que a energia colectiva da miríade de seres sencientes que habitam este mundo, a sua energia colectiva, molda todo este universo. E um desses factores é o karma do povo tibetano. Também conta".

"As suas motivações e acções moldam os acontecimentos", disse eu.

"Sim", prosseguiu ele, "mas não apenas os Tibetanos da época, mas também os Tibetanos futuros, incluindo eu próprio. O nosso karma, agora e no futuro, também fez estas coisas, no passado".

O futuro afecta o passado. A cabeça andava-me à roda. Os físicos especulam que ver separadamente o passado, o presente e o futuro é uma ilusão. Passado, presente e futuro podem ser partes de uma mesma realidade que os nossos limitados sentidos ainda não conseguem vislumbrar. O Dalai Lama chegou a uma conclusão semelhante através do conhecimento espiritual. As suas palavras abriram muitas portas ao mesmo tempo, em todas as direcções. As motivações políticas nunca são mais do que um fio na rede infinitamente complexa dos assuntos humanos. Eu estava abalado, não esperara que a lição do Dalai Lama me afectasse tão profundamente. Mas o que presumira eu saber sobre tudo aquilo? O Dalai Lama observava-me, aguardando em silêncio.

"O plano mestre", perguntei humildemente, "que o Dalai Lama vê moldando as vidas dos primeiros cinco Dalai Lamas no passado também é o reflexo do karma e as acções dos futuros tibetanos?".

"Quando falamos do karma ou do futuro", respondeu o Dalai Lama, "existem milhares de hipóteses diferentes que *podem* verificar-se, já que todas essas possibilidades são interdependentes. Sabe, os acontecimentos no Tibete estão frequentemente relacionados com a América, ou até com eventuais vidas noutros planetas. Agora, por exemplo, sinto as novas gerações de Tibetanos, os futuros Tibetanos. Alguns deles podem vir de muito longe. Assim, as suas actividades nesse planeta ou nessa galáxia, no futuro, também fazem a diferença aqui e agora, e no passado".

Ouvi-o em absorto silêncio enquanto ele concluía. "Consequentemente, nesta ordem de ideias, o futuro é algo *muito* poderoso e vasto. Existem muitas possibilidades. Segundo uma delas, surgiu um plano, o plano mestre, que orientou as vidas dos primeiros Dalai Lamas".

Nesse dia, depois de deixar o Dalai Lama, duvidei de tudo em que alguma vez acreditara – incluindo o meu cepticismo – e pensei nas possibilidades infinitas às quais ele aludira.

8

O Quinto Dalai Lama e a Ascensão dos Manchus

1617-1720

Ngawang Lozsang Gyatso, o V Dalai Lama, nasceu em 1617 ([1]). Reunificou o Tibete após séculos de facciosismo, e transformou a instituição do Dalai Lama. Os seus antecessores haviam liderado uma escola budista, mas ele liderou uma nação. Sentou-se num trono ao lado do primeiro imperador manchu da China, sendo recebido em Pequim como um igual. De um extremo ao outro da Ásia, bastava uma ordem sua para que bandos de guerreiros mongóis entrassem em acção ou deixassem de combater. O V Dalai Lama transformou uma montanha ([2]) de Lhasa no Potala, lar de todos os futuros Dalai Lamas, que se tornou um símbolo duradouro do V Dalai Lama e um ícone nacional ímpar. É fácil perceber porque é que os Tibetanos lhe chamam o Grande V Dalai Lama.

O pai do V Dalai Lama era um iogui nyingma não celibatário, que não pertencia à escola Gelug reformada. Era-lhe permitido gerar filhos, embora passasse muito tempo em meditação. O actual Dalai Lama inclinou-se para a frente na cadeira ao falar acerca do pai do V Dalai Lama, que era um Nagpa, ou iogui com tranças. A criança teve que "ficar a cargo de uma mulher da sua aldeia, Chongye", disse o Dalai Lama. "Ela levou-o ao Mosteiro de Drepung quando ele era muito novo, tinha apenas cinco anos. Antes de se ir embora, a jovem mencionou que o V Dalai Lama se portava muito bem, que nunca chorava e que era muito fácil cuidar dele. Mas disse que ele costumava beber muita *chang (cerveja)*!"

O Dalai Lama riu-se com a imagem do Dalai Lama menino desenvolvendo um gosto por cerveja de cevada caseira. O *Vinaya* proíbe o álcool aos monges da ordem reformada de Tsongkhapa mas, para o agricultor ou nómada tibetano comum, a *chang* é como a água.

O Dalai Lama riu-se ao concluir a história. "Por isso, ele foi afastado da cerveja e nunca mais o deixaram beber!"

Os monges Gelug descobriram o miúdo do modo prescrito por uma tradição espiritual estabelecida. Um ano após a morte do IV Dalai Lama, o seu principal servidor, Sonam Rapten, enviou grupos de monges em busca da sua reencarnação. Um dos grupos informou ter descoberto uma criança invulgar em Chongye. Em 1619, Sonam testou a criança, levando-lhe objectos pessoais do IV Dalai Lama. O garoto reconheceu imediatamente as "suas" coisas, embora estivessem misturadas com artigos pertencentes a outras pessoas. O Panchen Lama foi enviado para ver o rapazito e concordou que ele era a reencarnação do IV Dalai Lama ([3]).

A rivalidade entre as escolas budistas e os príncipes seus apoiantes continuava tão intensa que o rei de Tsang, baseado em Xigaze e aliado das escolas Kagyu, tentou proibir a busca do V Dalai Lama. Os Gelugpa, apoiados pelos guerreiros tumet, uma tribo dos Mongóis orientais, conduziram a busca do V Dalai Lama em segredo devido à continuada violência da luta contra os Kagyupa. Embora a Kagyu tivesse expulso os Mongóis de Lhasa, alguns regressaram em 1619 ([4]) e acamparam novamente nos arredores da cidade.

"Apesar desta rejeição do rei de Tsang", disse o XIV Dalai Lama, "Sonam Rapten procurou a reencarnação do IV Dalai Lama. Depois, teve que oferecer muitos presentes aos reis, de modo a obter a sua autorização para instalar a reencarnação do IV Dalai Lama".

Enquanto Sonam Rapten oferecia presentes ao rei de Tsang, era imposta uma pressão adicional. Em 1620, os Mongóis orientais, acampados nos arredores de Lhasa, derrotaram as tropas do rei de Tsang estacionadas na cidade. Os Mongóis expulsaram as forças militares kagyu de Lhasa, seguindo-se um período de tranquilidade. Dois anos mais tarde, com o alívio da pressão militar, pelo menos em Lhasa, os Gelugpa sentiram-se suficientemente seguros para revelar que haviam descoberto o V Dalai Lama e que o tinham lavado para Lhasa. Pouco depois, registou-se outra escaramuça entre as facções tibetanas, e o V Dalai Lama foi escondido. Em 1625, durante uma nova pausa nos combates, o V Dalai Lama, então com oito anos de idade, mudou-se para o Mosteiro de Drepung, em Lhasa, onde o Panchen Lama o iniciou como monge ([5]).

Nesta época, os guerreiros das escolas budistas atacavam e arrasavam frequentemente os mosteiros dos seus adversários; alguns mosteiros Gelug foram convertidos à força ([6]) em mosteiros Kagyu. As lutas entre as escolas, as regiões e os senhores regionais eram tão intensas que as províncias eram praticamente independentes da autoridade central.

O poder dos Mongóis orientais estava a enfraquecer, e eles eram cada vez menos capazes de proteger o V Dalai Lama e os mosteiros da sua escola. De facto, a autoridade das tribos mongóis como os Tumet, de Altan Khan, bem como os Chahar, Ordos e Khalkhas – todos os Mongóis orientais que tinham apoiado o IV Dalai Lama –, declinara desde a morte de Altan. Este acontecimento, em 1583, levou à renovação dos conflitos entre as tribos mongóis. As tribos ocidentais da Confederação Oirate, que residiam na bacia da Dzungária, tribos como os Qoshot e outras, recuperaram progressivamente a sua influência. Em 1620, alguns Qoshot migraram para oriente, para o Planalto Tibetano, estabelecendo-se em redor do lago Kokonor, o actual lago Qinghai, na Província de Qinghai. Combateram pelo controlo das pastagens contra os nómadas tibetanos e os Mongóis orientais, tais como os Khalkhas e os Tumet, que se haviam instalado na região. As tribos orientais que permaneceram na Mongólia também foram atacadas. Na década de 20 do século XVII, tribos da Manchúria tinham iniciado a sua guerra contra os Chineses, embora só viessem a conquistar Pequim em 1644. Mas em 1620, as tribos dos Khalkhas, Tumet, Ordos e Chahar estavam já cercadas pelos Manchus, e algumas renderam-se-lhes – duas décadas antes de os Manchus vencerem os Chineses. Os Mongóis orientais estavam em declínio mas os Mongóis ocidentais, particularmente os Qoshot, estavam em ascensão. Um dos príncipes qoshot que haviam migrado da bacia da Dzungária para o Planalto Tibetano, instalando-se em redor do lago Kokonor, chamava-se Gushri Khan.

"Enquanto o V Dalai Lama era instruído e tratado como uma jovem reencarnação", disse-me o Dalai Lama, "foram enviadas mensagens a Gushri Khan, informando-o de que o garoto vivia grandes dificuldades no Tibete e solicitando-lhe ajuda". Gushri Khan, um jovem príncipe em ascensão pertencente aos Mongóis qoshot, respondeu ao pedido de auxílio do V Dalai Lama prometendo defendê-lo com os seus exércitos. Com este passo, os Gelugpa mergulharam o Tibete na guerra entre Mongóis orientais e Mongóis ocidentais, que se vinha travando desde a expulsão dos Mongóis da China, em 1368.

A marcha do príncipe Gushri Khan para leste, para o lago Kokonor, nas fronteiras do Tibete, da Mongólia e da China Ming, constituiu uma batalha da guerra pela supremacia entre Mongóis orientais e ocidentais. Quando Gushri chegou ao lago Kokonor, lutou contra os Mongóis orientais que já lá se encontravam, pelo controlo da zona. De facto, Tsogtu Taji ([7]), um príncipe khalka que fugira dos ataques manchus em 1630, foi um dos líderes que enfrentavam Gushri Khan no lago Kokonor. Tal como todos os que se opuseram a Gushri Khan na sua juventude – Mongóis ou Tibetanos –, foi morto.

Sonam Rapten, o regente do jovem Dalai Lama, esperava servir-se dos exércitos de Gushri e da sua devoção ao Dalai Lama para esmagar os seus adversários no Tibete. Mas quando Gushri atacou Tsogtu Taji, os Mongóis orientais que habitavam em redor do lago Kokonor aliaram-se ao rei de Tsang ([8]) e aos Kagyupa. Os Mongóis orientais, que haviam apoiado os Gelugpa desde que o III Dalai Lama convertera os Mongóis, tinham sofrido vários reveses às mãos dos Manchus, e eram os Mongóis ocidentais, liderados por Gushri, o príncipe qoshot, que tinham a força para apoiar o Dalai Lama. Ironicamente, os antigos apoiantes do III Dalai Lama entraram na guerra do Tibete ao lado dos adversários dos Gelugpa.

Era uma história muito confusa; quando é que o Dalai Lama a teria ouvido pela primeira vez? Durante a sua educação, no Tibete, não a estudara formalmente. Foi posteriormente, na Índia a na China, quando estava na casa dos vinte, que leu sobre aqueles acontecimentos.

"Quando é que ouviu esta história pela primeira vez? Na infância?", perguntei.

"Não me recordo. Obviamente, julgo que aprendi muito cedo, tal como o povo comum, que o III Dalai Lama foi para a Mongólia, que o IV Dalai Lama era mongol e que o V Dalai Lama, com a ajuda dos Mongóis, se tornou governante do Tibete e construiu o Potala. Os meus mestres não fizeram nenhum esforço especial para me ensinarem história. No seu currículo, apenas constava a filosofia budista".

"Lamenta não ter estudado esta história em criança?".

"Não, não lamento nada", disse ele, com uma pequena risada.

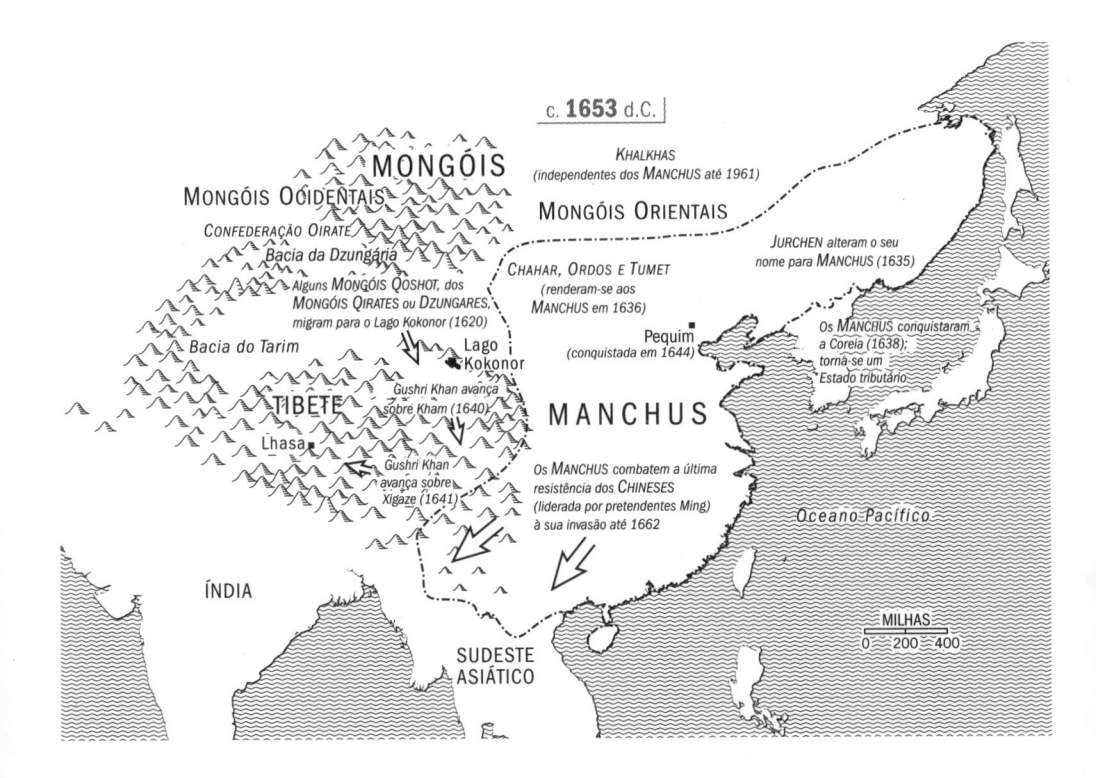

"Então aprendeu ouvindo as pessoas a falar, e o que diziam era frequentemente motivado pelas pinturas?".

"Sim", disse o Dalai Lama, anuindo com a cabeça, "ouvindo as pessoas a falarem das pinturas do Potala. Recordo-me de que em todas as pinturas do V Dalai Lama, ele estava ao centro, tendo à direita o seu regente, o *Desi*, e à esquerda Gushri Khan; e a sua face era grande e bondosa".

Vagueando um dia pelo Potala, em 1985, meses depois de a China ter aberto o Tibete aos turistas estrangeiros pela primeira vez, tentei identificar algumas das figuras dos murais que cobrem as paredes de todas as salas. Encontrei a maioria dos templos iluminados com retratos de líderes religiosos, Budas, antigos Dalai Lamas e Bodhisattvas. Também existem murais que registam os principais eventos da história tibetana, tais como a construção do Potala e do Jokhang. Mesmo com um livro de história à mão, interpretar uma simples meia dúzia daqueles murais era uma tarefa impossível. São milhares de metros quadrados cobertos de pinturas religiosas e históricas. Alguns murais têm entre seis e dez metros de altura; alguns painéis estendem-se por cento e cinquenta metros de corredores.

Alguns destes intricados murais foram pintados na época do V Dalai Lama, durante a construção do Potala, entre 1645 e 1695, mas outros foram criados entre os séculos XVII e XX. Ao explorar, munido de uma lanterna, as profundezas do Potala que estão encerradas aos turistas, até descobri imagens de Mao Tsé-Tung pintadas por cima de antigos murais budistas durante a Revolução Cultural. Aqueles séculos de murais oferecem um raro vislumbre da história do Tibete, e o jovem XIV Dalai Lama passou diariamente por eles. Um dos temas mais frequentes do Potala – vi-o às dezenas – é um retrato triplo do V Dalai Lama com Gushri Khan e o Desi (o regente do V Dalai Lama), tal como o Dalai Lama descreveu. Este ícone surge em muitas salas do Potala.

No antigo templo da parte baixa de Lhasa, o Jokhang, fundado por Songzen Gampo, encontrei um mural com as mesmas três figuras, pintadas numa escala maior do que a real. Um dia, enquanto a estudava, um velho monge apontou para o mural e começou a falar, com grande fervor, para uma multidão de camponeses. Os camponeses, que seguravam os seus chapéus pretos de abas largas nas suas mãos calejadas, atrás das costas, curvaram-se perante o mural. De olhos fixos no chão, olhavam de vez em quando para cima, enquanto o monge de hábito vermelho lhes contava a história de Gushri Khan e do V Dalai Lama, e lhes explicava um mito relativo àquela pintura específica.

Ao ouvir o Dalai Lama falar sobre aquelas pinturas, inquiri-o sobre o mito do qual falara o monge do Jokhang. "Em Lhasa, disseram-me que um retrato de Gushri Khan costuma falar – pelo menos, é o que dizem as crenças populares locais. E uma vez, um dos retratos de Gushri Khan curvou-se perante o Dalai Lama quando ele entrou no Jokhang. Nunca ouviu estas histórias em criança?".

"Não, nunca ouvi essa história", retorquiu ele, "mas ainda me recordo de um retrato de Gushri Khan no Potala, com o seu bigode, um chapéu especial e pesadas vestes, e com o Dalai Lama sentado a seu lado. O rosto dele impressionou-me. Deste modo, através das pinturas do Potala, adquiria-se algum conhecimento acerca dos Mongóis e das suas relações com o Dalai Lama e a instituição do Dalai Lama. A primeira vez que ouvi falar em muitas pessoas da história do Tibete foi através daquelas pinturas". De seguida, recordou-se das biografias, geralmente de lamas famosos, que lera quando era um garoto. "E havia os *namtars*. Li alguns. Infelizmente, só li o *namtar* do V Dalai Lama na Índia, depois de ter deixado o Tibete".

Ri-me. "Julgava que a sua educação tinha sido muito rígida".

O Dalai Lama riu comigo. Eu começava a tornar-me um bom avaliador do seu sentido de humor humilde e autocrítico. Depois, ele disse, "Não lamento nada", e deu uma risada.

"Mas não houve nenhuma educação em história política para que o Dalai Lama se tornasse um chefe de Estado", disse eu.

"Não", anuiu o Dalai Lama, "foi tudo através da experiência".

O V Dalai Lama foi educado da mesma maneira, enquanto esperava que Gushri Khan se deslocasse a Lhasa. Segundo o XIV Dalai Lama, passaram-se alguns anos até que o Desi enviasse a primeira mensagem a Gushri Khan, pedindo-lhe auxílio. O actual Dalai Lama inteirou-se acerca dos pormenores do que aconteceu a seguir lendo a biografia do V Dalai Lama.

"Os Mongóis ficaram muito interessados", disse ele, "e quando o V Dalai Lama já era crescido, aí com quinze anos, houve uma indicação de que o exército mongol iria pôr-se em marcha. A atitude do V Dalai Lama tornou-se mais ousada, e o regente decidiu pôr o Dalai Lama a executar um ritual em público. Para o efeito, deu algumas instruções ao rapaz. O V Dalai Lama executou um ritual tântrico e amaldiçoou o nome do rei de Tsang, contra quem o ritual fora montado. Muitas pessoas ficaram apreensivas, opinando que ele não deveria ter mencionado especificamente o nome do rei. Segundo a sua autobiografia, o V Dalai Lama disse-lhes, 'Mencionei-o e agora, independentemente das consequências, é tarde de mais'. Ele era um rapaz honesto e inocente, mas o regente instigou o Dalai Lama a fazer aquilo contra o rei de Tsang".

Foi um momento perigoso. Depois do ataque público contra o rei, nomeando-o, o regente ficou com receio de que ele pudesse atacar o V Dalai Lama antes de Gushri Khan conseguir chegar a Lhasa. O Dalai Lama riu-se cinicamente e citou, de memória, a resposta do V Dalai Lama ao seu receoso regente.

"'Foste tu quem me instigou, quando eu não me interessava pela política! Obrigaste-me a fazê-lo, e agora estás apreensivo?' Felizmente, os soldados mongóis chegaram a Lhasa, e o V Dalai Lama tornou-se chefe do governo tibetano".

Foram necessários três anos para que os cavaleiros da tribo Qoshot dos Mongóis ocidentais, liderados por Gushri Khan, instalassem o V Dalai Lama como líder de um Tibete unificado. Em 1639, durante a preparação da campanha, Sonam Rapten ([9]), o regente do V Dalai Lama, justificou a guerra dizendo que os Gelugpa tinham sido perseguidos e que o Tibete devia ser unificado. Ele disse ao jovem V Dalai Lama que os Gelugpa haviam necessitado de um apoio mais forte e que, já que o tinham conseguido, deveriam dar-lhe bom uso ([10]). Gushri estava desejoso de atacar as províncias orientais do Tibete, incluindo Kham, onde os Kagyupa e outros opositores dos Gelugpa possuíam os seus bastiões. Quando os planos de guerra foram discutidos com o V Dalai Lama, ele não se quis associar à violência, mesmo que se tratasse de um ataque preventivo justificado. Quando o seu militante regente lhe pediu que enviasse uma carta a Gushri Khan ordenando-lhe que esmagasse os seus adversários, o jovem e idealista V Dalai Lama recusou-se:

> Sou um lama. O meu dever é estudar a religião, meditar e pregar... Demasiadas pessoas sofreram no passado e até foram mortas por causa deste tipo de actividade política. Sinto que se formos desnecessariamente activos, poderemos vir a encontrar-nos numa situação idêntica. ([11])

Contudo, Rapten ignorou o jovem monge e, em nome do Dalai Lama, ordenou a Gushri que atacasse. O V Dalai Lama ouviu os murmúrios na sala ao lado, enquanto era elaborada a carta para Gushri. Ele dissera ao seu regente para enviar uma mensagem de paz, mas interrogou-se: "Ter-se-à a melodia da flauta tornado na canção da flecha?" ([12]).

Durante o Inverno de 1640, Gushri esmagou a resistência militar em Kham com um exército de cavaleiros qoshot reforçado com voluntários tibetanos ([13]). Ironicamente, alguns dos inimigos de Gushri eram Mongóis orientais das tribos Khalkha e Chahar, aliadas do rei de Tsang e das forças anti-Gelug no Tibete Oriental. Altan Khan e o III Dalai Lama teriam ficado espantados face ao rumo seguido pelos acontecimentos. Mas os Mongóis ocidentais, liderados por Gushri, venceram todos os seus opositores. Os Mongóis orientais que combatiam no Tibete foram derrotados, ao mesmo tempo que os invasores manchus destruíam os Mongóis orientais na Mongólia. Haviam-se invertido as coisas contra os Mongóis orientais ([14]). Dentro de pouco tempo, apenas os Mongóis ocidentais e o Tibete permaneciam independentes do crescente Império Manchu. A ligação entre os acontecimentos militares no Tibete e os do mundo da Ásia Central tornou-se cada vez mais comum.

No Tibete Oriental, os Mongóis ocidentais derrotaram os exércitos dos príncipes tibetanos que se tinham oposto aos Gelugpa e resistido a qualquer governo central. Depois de os seus exércitos serem aniquilados, os príncipes tibetanos eram frequentemente executados por Gushri[15]. Em 1641, depois de Gushri esmagar a oposição no Tibete Oriental, Sonam Rapten ordenou-lhe que atacasse o rei de Tsang na sua fortaleza de Xigaze, a sul de Lhasa. Rapten estava determinado a unificar o Tibete e a pôr cobro aos ataques contra os Gelugpa. O V Dalai Lama voltou a opor-se ao regente, que ignorou o conselho do Dalai Lama[16]. Enquanto Gushri sitiava Xigaze, Rapten trabalhava com os apoiantes da Gelugpa para forçar a capitulação dos pequenos distritos circundantes, que eram leais ao rei de Tsang. A maioria rendeu-se sem combate depois de o exército mongol iniciar a sua marcha sobre Xigaze. Mas quando os Mongóis cercaram a cidade, os defensores opuseram uma resistência mais tenaz do que a esperada por Rapten. O desfecho permaneceu incerto durante algum tempo e Rapten, com dúvidas, pediu ao V Dalai Lama para actuar como mediador entre os dois exércitos[17]. O V Dalai Lama ficou "tão perturbado"[18] que disse a Rapten, "Não tenho outra alternativa que não seja censurar-te. Não te disse, várias vezes, que seria insensato atacar o soberano de Tsang?". Mas agora, até o V Dalai Lama sentia que o Tibete devia prosseguir a guerra. "Agora, temos que levar até ao fim esta guerra, tão irresponsavelmente iniciada por ti. Se Gushri Khan vencer, tudo ficará bem. Se perder, teremos que abandonar Lhasa e encontrar outro país para vivermos".

Após este contundente repreensão, Rapten redobrou os seus esforços. Em 1642, o combativo regente do V Dalai Lama atingiu os seus objectivos. O exército mongol penetrou na fortaleza de Xigaze e matou o rei de Tsang. O poder do exército qoshot derrotou todos os apoiantes da Kagyu e pôs fim ao facciosismo tibetano. Vencera o poderio militar de Gushri, combinado com a orientação estratégica de Rapten.

No início do Verão de 1642, o V Dalai Lama entrou com grande pompa em Xigaze e sentou-se no trono da imponente sala de audiências do deposto rei de Tsang. Gushri Khan e o regente, Sonam Rapten, sentaram-se em planos ligeiramente mais baixos, um de cada lado. Os pintores tibetanos converteram esta imagem da entronização num ícone: o Grande V Dalai Lama com Gushri de um lado e Sonam do outro. Outros artistas copiaram-na em murais de templos por todo o Tibete, particularmente nas paredes do Potala, alguns anos mais tarde, no início da sua construção. Este ícone da coroação é a imagem que o XIV Dalai Lama viu tão frequentemente quando era um garoto. Foi o momento em que o V Dalai Lama se tornou o líder religioso e político do Tibete.

Depois de estar instalado no poder, o Dalai Lama emitiu numerosas proclamações. Lhasa seria a capital do Tibete. Nomeou governadores para os distritos, escolheu ministros para o seu governo e promulgou um conjunto de leis. O jovem Dalai Lama também transformou o seu regente num primeiro-ministro ou, como lhe chamavam os Tibetanos, no Desi. A autoridade administrativa permaneceu com o Desi e a militar com Gushri, que recebeu o título de rei do Tibete. Por fim, o V Dalai Lama pôde dedicar-se unicamente à religião. Nos anos seguintes, as esporádicas rebeliões regionais e anti-Gelug foram esmagadas pelo exército de Gushri, e os mosteiros que ofereceram apoio aos rebeldes foram ocasionalmente incendiados – se não pelos revoltosos, durante o conflito, foram-no pelos vencedores. Nos anos que se seguiram a 1642, Gushri e Sonam co-lideraram frequentemente exércitos[19] contra todos quantos se atreveram a contestar a vitória da Gelug. As guerras travadas em nome do V Dalai Lama foram sempre vitoriosas, excepto uma incursão no Butão – que ainda hoje é um bastião da escola Kagyu –, onde o exército mongol-tibetano foi derrotado. No ano seguinte, alguns reis nepaleses e indianos[20] enviaram emissários com presentes para congratular o V Dalai Lama pela sua ascensão ao trono. Quando Gushri morreu, os seus filhos herdaram a sua posição de monarca; no entanto, os seus herdeiros não tinham influência, pois o Grande V Dalai Lama acabou por ofuscar todos os que o rodeavam. Ele assumiu um manto de reverência, e até os Mongóis o consideravam o líder supremo.

Quando pedi ao Dalai Lama para resumir os feitos do seu reverenciado antecessor, ele disse, "Penso que uma coisa única no V Dalai Lama foi o facto de ele ter estabelecido a sua autoridade em todo o Tibete. Antes do V Dalai Lama havia reis tibetanos que constituíam, em teoria, o governo central, mas na realidade o seu poder era muito limitado e regional. Depois, o V Dalai Lama unificou muito eficazmente todo o Tibete".

"De certo modo, ele foi quase um rei guerreiro, não foi?", perguntei.

O Dalai Lama respondeu com uma citação da *namtar* ou biografia do V Dalai Lama. "Penso que ele se encontrava no Mosteiro de Namgyal", disse o Dalai Lama. "Fez uma observação humorística, muito sarcástica. 'Quando as pessoas de todos os quadrantes se viram contra nós, as coisas tornam-se questionáveis'".

"O que acha que o V Dalai Lama quis dizer com isso?", perguntei eu, confuso.

"Combatera contra o rei de Tsang", replicou ele, "mas depois da vitória ainda havia uma guerra contra o Butão. Tinha inimigos em todo o lado. Ao falar assim, ele estava a ser muito sarcástico. Como poderia ele ser o Dalai Lama quando estava a combater contra tanta gente?".

"De facto", disse eu, "não haverá uma contradição quando a guerra é travada em nome de um monge, mesmo quando ele não comanda os exércitos, e mesmo que ele tenha inicialmente rejeitado o recurso à violência?".

"É natural", disse o Dalai Lama. "Ele instaurou um poder central, algo que origina naturalmente alguns problemas".

Espicacei-o. "Sim, mas não vê uma contradição entre poder político e poder religioso?".

"É verdade", respondeu o Dalai Lama. "É verdade. Especialmente para um líder religioso, para um monge".

As contradições no papel do Grande V Dalai Lama como governante e monge eram muitas. O poder de Gushri Khan continuou a ser o que juntava o recém-unificado Tibete. Esmagou todas as rebeliões mas, segundo o Dalai Lama, "ele considerava-se um tibetano, não um estrangeiro. Tornou-se cidadão do Tibete. Primeiro, chegou como estrangeiro para ajudar o Dalai Lama, que estava sob a ameaça constante do rei de Tsang e dos Kagyupa. Por isso, o objectivo básico de Gushri Khan foi simplesmente destruir a oposição ao V Dalai Lama ou à instituição do Dalai Lama. Chegou primeiro para defender o Dalai Lama, mas a situação evoluiu. Mas depois, após a vitória, nunca regressou à sua terra *(na bacia da Dzungária)*. Ficava em Lhasa durante o Inverno e passava o Verão com os seus animais, numa pastagem a norte de Lhasa. Tinha um palácio na cidade, para passar o Inverno. Já não era um estrangeiro".

Observei ao Dalai Lama que mesmo que Gushri fosse considerado um tibetano, quando os Gelugpa utilizaram os seus exércitos no Tibete abriram as portas a outras potências estrangeiras. "Não interessa que esta estratégia tenha resultado no curto prazo. Foi exactamente isto que trouxe problemas ao Tibete, não foi?", perguntei eu.

"É verdade. Sim", disse ele. Depois, olhou para mim em silêncio.

Os Tibetanos, incapazes de porem cobro ao seu facciosismo, recorreram a uma potência militar estrangeira para alcançar a unidade nacional. Este passo fatídico teria consequências a longo prazo. Embora não fosse visível na época, a dependência tibetana dos Mongóis abriu o caminho para a invasão do país pelos Manchus.

❄ ❄ ❄

Em 1644, dois anos depois de o V Dalai Lama ter unificado o Tibete, o povo Manchu (os antigos Jurchen), um grupo étnico não chinês que habitava originariamente a Manchúria, irrompeu através da Grande Muralha, para sul, conquistou Pequim e deu início a uma guerra de conquista, durante 17 anos, para derrotar os pretendentes ming[21]. Já senhores de um grande império, acrescentaram ao seu território toda a China Ming. Venceram sistematicamente todas as outras tribos não chinesas que os rodeavam, a norte da Grande Muralha, virando-se depois para Pequim. Os Manchus tinham observado como a desunião – particularmente entre os Mongóis das estepes e os que viviam luxuosamente em Pequim – custara aos Mongóis o controlo da China.

Os príncipes e as tribos dos Mongóis orientais, incluindo os Chahar e os Tumet, que viviam imediatamente a norte de Grande Muralha, renderam-se aos Manchus em 1636[22], antes de os invasores chegarem à China. Dois anos mais tarde, os Manchus conquistaram a Coreia[23]. Quando concluíram a conquista, tinham já unificado todas as tribos nómadas[24] a norte da Grande Muralha. Apenas permaneciam independentes os mongóis ocidentais, na bacia da Dzungária, e os bandos de Mongóis ocidentais de Gushri Khan, no Tibete. As tribos Khalkha dos Mongóis orientais ainda eram também independentes[25], mas encontravam-se mais a norte (não estavam adjacentes à Grande Muralha); os Manchus lidariam com elas nas décadas seguintes. Os Manchus impuseram a unidade que os Mongóis orientais haviam perdido desde que tinham sido expulsos pelos Chineses, em 1368. Os Manchus sabiam que seria desastroso atacar Pequim sem terem subjugado, pelo menos, os Mongóis que habitavam ao longo da fronteira norte da China, uma proeza que os Ming nunca tinham conseguido. Assim, pela primeira vez em quase trezentos anos, os povos imediatamente a norte da Muralha foram unificados sob o domínio de uma tribo poderosa. Com o tempo, todos os Mongóis acabariam por se curvar perante o trono manchu e aceitar o seu estatuto de súbditos manchus – excepto, evidentemente, os que foram exterminados.

À semelhança do que haviam feito os conquistadores mongóis da China, os Manchus deram à sua dinastia um nome chinês, que tinham adoptado antes de invadirem a China – tal como as empresas chinesas assumem nomes em inglês antes de negociarem com os Estados Unidos. Os Manchus chamaram à sua dinastia Qing (pronuncia-se *ching*), o que significa literalmente "límpida ou pura"[26]. Também adoptaram instrumentos administrativos chineses para governarem a sua nova colónia, tal como os Mongóis haviam feito. Mais uma vez, muitos burocratas chineses que tinham servido os soberanos ming foram poupados, e aprenderam a servir os novos senhores estrangeiros da China. Devido ao facto de os Manchus nunca terem constituído mais do que dois por cento da população do império[27], os seus imperadores procuraram impedi-los de se transformarem em Chineses. Os casamentos entre manchus e chineses eram proibidos[28]. Os funcionários dos Manchus eram obrigados a saber falar e ler manchu, e tinham de merecer o seu cargo na administração. Além disso, para garantir um controlo absoluto, foram também nomeados funcionários manchus para supervisionarem todos os burocratas chineses.

Depois da conquista, os Manchus subjugaram os restantes Mongóis orientais[29], os Khalkhas, que habitavam muito a norte da Grande Muralha, e consolidaram a sua administração da China. Ao solidificar a sua autoridade, o imperador manchu receou seriamente que os Mongóis ocidentais, incluindo Gushri Khan e o seu bando qoshot do Tibete, bem como a meia dúzia de tribos da bacia da Dzungária, pudessem constituir uma ameaça ao seu domínio. Além de serem militarmente poderosos, a sua fé no Dalai Lama dava-lhes uma força acrescida.

A influência do Dalai Lama sobre os Mongóis era uma questão crucial para os Manchus. Um dia, depois de ter estudado cuidadosamente esta ideia, eu disse, "O Dalai Lama tornou-se gradualmente um grande poder, com influência sobre todos os Mongóis. Os Dalai Lamas estavam à beira de criar um império[30], mas era um império religioso, não militar".

O Dalai Lama anuiu com a cabeça e disse, "Exactamente".

Apesar da unidade forjada, em grande medida, pelo poderio militar mongol, ainda se verificava ocasionalmente resistência ao domínio do V Dalai Lama sobre o Tibete. As forças mongóis do Tibete, apoiadas pelos Tibetanos leais aos Gelugpa, derrotaram todas as rebeliões, e a ferocidade das insurreições começou a diminuir. Um dos primeiros historiadores modernos do Tibete, Tsepon Shakabpa, escreveu que, pelo menos num caso, em 1648, o exército obrigou os monges de vários mosteiros Kagyu a converterem-se (31) à escola Gelug.

A recusa do Dalai Lama em acreditar que o V Dalai Lama teria autorizado conversões forçadas levou a outro dos muitos diálogos nos quais discutimos as forças subjacentes à história tibetana.

"Recorda-se", comecei eu, "de me ter dito que o V Dalai Lama não destruiu alguns mosteiros dos Kagyupa e dos Nyingmapa? Frisou bastante bem este ponto. Mas quando leio diversos historiadores, alguns insistem que houve conversões forçadas (32). O Dalai Lama disse-me que algumas dessas pessoas se tinham convertido, mas sem ter sido usada violência contra elas. Parece haver uma contradição", concluí eu.

"Se utilizar a palavra *forçosamente*, sim", retorquiu o Dalai Lama. "De certa forma, penso que os monges de um mosteiro Kagyu abraçariam voluntariamente a nova tradição, mas por vezes *recorreu-se* à força. Penso que lhes terão sido dadas instruções, por exemplo, que deveriam seguir a tradição do lama Tsongkhapa e abandonar a Kagyu. Mas continuo a não acreditar que isso tenha sido feito por razões políticas".

"Mas admite", acrescentei, "que havia ressentimento por parte dos membros das outras escolas budistas do Tibete, e que foi usada alguma força?".

"Bem, o que pretendo afirmar é que essas alterações não foram necessariamente por um motivo político", disse ele. "Se só os Kagyupa se tivessem convertido, poder-se-ia dizer que foi quase uma questão de vingança. Mas veja-se: os mosteiros Sakya também mudaram. E os Nyingmapa não mudaram. Recordo-me de uma *namtar* de um mestre nyingma do Tibete Ocidental. Foi manuscrita na época do V Dalai Lama. Este monge avistou-se com o V Dalai Lama no Potala, e ele disse-lhe, 'Seria maravilhoso que os ensinamentos da Gelug e da Nyingma fossem amplamente difundidos'. O V Dalai Lama demonstrou uma grande sabedoria ao seguir uma via não sectária, oficial e formalmente. Isto era muito necessário para ele se tornar líder de todo o Tibete e chefiar o governo tibetano".

No século XIX, desenvolveu-se no Tibete um movimento budista não sectário. Muitos monges de nomeada tentaram unir todas as escolas do budismo, pois sentiam que as divisões entre elas eram espiritualmente insignificantes. Chamaram a este movimento Rime. As palavras do Dalai Lama trouxeram-me o Rime à memória. "Está a dizer que o V Dalai Lama foi quase um adepto do Rime?", perguntei eu. "Que pretendia uma fusão das diferentes ordens muito antes deste movimento ter início?".

"Exactamente", respondeu o Dalai Lama com grande excitação. "Por norma, consideramo-lo um grande Rime [33]. Toda a gente o faz, excepto os Kagyupa. Ele recebeu ensinamentos da Nyingma e da Sakya. Desde muito novo, interessou-se pela tradição Nyingma. Obviamente, depois de ter estudado no Mosteiro de Drepung, começou a interessar-se mais pelos ensinamentos da Gelug. Mas mais tarde, interessou-se pelos ensinamentos da Sakya. E ainda mais tarde, perto do fim da vida, interessou-se mais pelos ensinamentos da Nyingma, em particular pelos ensinamentos tântricos do Dzogchen. Um dos seus aspectos únicos era o facto de ser um grande estudioso das tradições Nyingma, Sakya e Gelug. Ele escreveu um poema – creio que na sua autobiografia – no qual diz que embora tivesse escrito textos acerca da tradição Gelug, não se tornou membro da escola Gelug, tal como quando escreveu um texto Nyingma também não aderiu à Nyingma. Ele não era nada sectário. Mas também é verdade que não estudou muito a tradição Kagyu, e que as suas relações com a Kagyu e o rei de Tsang não foram muito boas".

O Dalai Lama via um grande padrão na história tibetana, e queria claramente ver os Tibetanos unidos e não divididos quanto ao seu passado. Mesmo assim, a divisão entre os Kagyupa (e Nyingmapa) e os Gelugpa na época do V Dalai Lama continua a ser uma questão delicada. Quando ele disse que as relações do V Dalai Lama com os Kagyupa e o rei de Tsang não tinham sido "muito boas", eu revirei os olhos. Ele apercebeu-se.

"Ainda assim", insistiu o Dalai Lama, "acredito que ele terá tido motivações diferentes. Não foram políticas. Ele sentia verdadeiramente que, relativamente ao estudo académico, a tradição Gelug era a melhor. Por isso, propagou deliberadamente a tradição Gelug. Mas alguns mosteiros – sim, como os mosteiros Sakya – foram convertidos à força. Também é possível. Nestas questões, depende muito da nossa visão pessoal da história, e não apenas da história. Por exemplo, veja-se o meu caso. Às vezes, numa entrevista, digo ou faço algo sem nenhuma motivação política. Algumas pessoas estão concentradas na política, estudam o que digo, palavra a palavra. Especialmente os chineses. Pensam que o Dalai Lama se expressa com todos os cuidados, mas eu limito-me a utilizar a primeira palavra inglesa que me vem. Assim, alguém que pense sempre em termos políticos [34] vai achar que tudo tem um significado político, quando na realidade não é isso que se passa".

Passei quatro anos da minha juventude nos Himalaias, vivendo com aldeãos Nyingmapa: os Sherpas da região do Everest, no Nepal. Eles contaram-me uma versão diferente desta história. Os Sherpas do Nepal acreditam que os seus antepassados fugiram do Tibete na década de 40 do século XVII e se refugiaram no Nepal, por serem Nyingmapa. Ainda hoje, todos os Sherpas são Nyingmapa. Os mitos sherpas dizem que os seus antepassados receavam que se permanecessem no Tibete poderiam ser obrigados a combater os Gelugpa para não serem convertidos à força. Os mitos sherpas dizem que eles, sendo budistas, não queriam matar ninguém. Insisti nesta questão com o Dalai Lama, tentando compreender a raiz de um conflito – entre Nyingmapa, Kagyupa e Gelugpa – que desde há tantos séculos tem um grande peso emocional.

"Deixe-me fazer de advogado do diabo durante um momento", insisti. "Se eu fosse um líder Nyingma ou Kagyu, muito sectário, e ouvisse o líder dos Gelugpa a fazer essas afirmações, eu poderia dizer, 'Ele está a defender o V Dalai Lama porque não quer admitir que foi a política que regeu as acções do V Dalai Lama, e que o que ele de facto pretendia era unificar o Tibete. Por isso, esmagou todas as outras escolas'. Já ouvi monges dizerem isto".

"É possível", retorquiu ele logo que acabei de falar, mas não disse tudo. Pelo modo como olhou silenciosamente para as contas de oração que tinha nas mãos, vi que ele tinha algo mais a dizer. Contou as contas de oração durante alguns segundos, e ouvi-lhe sussurrar um *mantra*.

"Há dois meses", começou ele, "recebi uma carta de Pequim, enviada por um monge kagyu. Tem 90 anos. Escreveu-me uma carta bastante longa, explicando-me que era originário de Kham, e que naquela área são tradicionalmente Kagyupa. Disse que o V Dalai Lama obrigou muitos mosteiros Kagyupa a converterem-se à Gelugpa. Escreveu que, durante os últimos 300 anos, as pessoas da região têm tido uma opinião muito má acerca do Dalai Lama. Por isso, em 1954, quando ministrei pela primeira vez a iniciação Kalachakra *(uma prática tântrica budista)*, em Lhasa, ele evitou deliberadamente recebê-la. E depois, de 1954 a 1955, quando estive em Pequim, ele visitou o Panchen Lama mas evitou propositadamente encontrar-se comigo, por causa dos últimos 300 anos de dor. Agora, tendo ouvido dizer que eu sigo genuinamente o Rime, queria fazer uma espécie de confissão antes de morrer. Foi por isso que me escreveu a carta".

Esforcei-me por absorver a forma como o Dalai Lama conseguia ultrapassar rapidamente as mais difíceis barreiras que separam as pessoas, sempre à procura do coração humano comum que nos une a todos. Ele não tem sede de poder(35), e esta atitude molda o mundo que ele vê.

"Ele compreendeu", disse eu, "que não tem uma agenda política. Era então pecado apegar-se àquelas disputas antigas?"

"Aqui vemos", disse o Dalai Lama, "a confusão das motivações. Mas na realidade, ela existe. O sentimento negativo *existe*. Há 300 anos que algumas pessoas se apegam a isto".

❈ ❈ ❈

A conversa regressou repetidamente às realizações e personalidade do V Dalai Lama. Falámos dos muitos livros escritos pelo V Dalai Lama. O Dalai Lama proclamou que eram "excelentes. A sua autobiografia não é apenas lúcida, é também muito cómica. Ele era uma pessoa muito engraçada, e nunca viveu uma vida de luxo. Era uma pessoa muito simples e cuidadosa". O Dalai Lama riu-se ao contar que o V Dalai Lama pesava o sabão para os monges que iam lavar as roupas ao rio. Até contava a quantidade de chá que eles levavam, e diminuía-a quando algum monge não podia ir.

O Dalai Lama contou várias histórias acerca de um monge muito baixo e muito forte que pertencia ao círculo íntimo do V Dalai Lama. "Este homem", disse ele, "estava sempre a fazer observações sarcásticas ao V Dalai Lama, que costumava provocá-lo. Um dia, o Dalai Lama pediu-lhe para pendurar uma *thangkha* [um rolo pintado], e certificou-se de que não havia nenhum banco nem qualquer outra coisa para onde ele pudesse subir. O pequeno monge olhou à sua volta, mas não encontrou nenhum banco. Assim, pegou numa caixa onde se guardavam escrituras budistas, subiu para cima dela e tentou pendurar a *thangkha*. O Dalai Lama fez uma pausa na sua narração e depois disse, com uma voz de falsa piedade, "O V Dalai Lama disse, 'Essa atitude é muito imprópria. Essa caixa contém muitas escrituras sagradas'. O monge disse, 'Não faz mal, as escrituras estão lá dentro e a caixa tem tampa'". O Dalai Lama riu-se ao contar esta história, como se o V Dalai Lama nos estivesse a contar uma piada acerca da inutilidade da falsa piedade.

Contou-me depois outra história, que também ilustra como o V Dalai Lama estava mais interessado no budismo como meio para transformar a mente humana do que em rituais ocos e falsa piedade. Esta segunda história tem a ver com o facto de os Gelugpa serem ocasionalmente apelidados de Chapéus Amarelos, devido à cobertura de cabeça específica que usavam durante alguns rituais.

Citando de cor passagens da autobiografia do V Dalai Lama, ele disse, "É fácil contribuir para o florescimento dos ensinamentos de Tsongkhapa quando nos limitamos a pôr um chapéu amarelo na cabeça. Mas na verdade, continuo a ver muita gente de mãos vazias, pois perderam-se os ensinamentos que herdámos dos grandes mestres do passado". Ao ouvi-lo recitar estas linhas, compreendi que o XIV Dalai Lama é muito mais pragmático, de um modo obstinado, do que as pessoas imaginam. Comecei a acreditar que isto também se aplicava provavelmente ao V Dalai Lama.

❈ ❈ ❈

Em 1652, apenas uma década após a unificação do Tibete pelo V Dalai Lama e Gushri Khan, o recém-inaugurado Império Manchu enviou a sua terceira carta de convite ao Dalai Lama, instando-o a deslocar-se à nova corte, em Pequim. Tal como escreveu na sua autobiografia, o V Dalai Lama agarrou a oportunidade de prosseguir a obra da sua vida, "a conversão da China, do Tibete e da Mongólia" ao budismo [36].

O imperador manchu era apenas "um dos muitos governantes do Tibete, da Mongólia e [agora] da Manchúria que eram Adoradores, Patronos e Protectores [do Dalai Lama]" [37]. Foram dezenas as formas como a sua deslocação a Pequim reforçou grandes ideias-chave, como esta. Curiosamente, os Chineses que serviam a corte manchu assistiram aos mesmos acontecimentos e convenceram-se de que eles confirmavam que o Tibete era uma província governada pelos Chineses. Quanto aos Manchus, viram a visita de uma terceira perspectiva. Pretendiam, a todo o custo, utilizar o Dalai Lama para subjugarem os Mongóis que ainda ameaçavam a sua conquista da China [38]. As três nações interpretaram claramente as suas alianças de acordo com os seus próprios objectivos.

O XIV Dalai Lama observou-me atentamente enquanto eu resumia o desenrolar dos acontecimentos. "Tal como haviam feito com os Mongóis, os Tibetanos estabeleceram relações com os conquistadores Manchus antes de estes se apoderarem da China. O imperador manchu convidou o V Dalai Lama a deslocar-se à capital, Mukden, antes de os Manchus ocuparem Pequim. O Dalai Lama estava pronto a avistar-se com o seu novo patrono, mas a viagem foi constantemente adiada. De facto, os Manchus convidaram-no três vezes. Finalmente, o V Dalai Lama só conseguiu fazer a viagem depois de os Manchus se terem estabelecido na sua nova capital, Pequim. É, pois, bem claro que este convite nada teve a ver com a China [39]. Foi feito pelos Manchus".

"Est'agora!", disse o Dalai Lama, rindo, "tornou-se um historiador! Muito bem". Enquanto me ria com o Dalai Lama, eu sabia, tal como ele, que aqueles que trabalham para o governo chinês interpretam esta história de um modo diferente. Para eles, o V Dalai Lama era um fiel vassalo da China e dos seus novos governantes, que eram Chineses oriundos da minoria étnica manchu.

Há provas de que os Manchus convidaram o Dalai Lama a deslocar-se a Pequim com o objectivo de obterem a sua ajuda para controlar os Mongóis. Shunzhi, o primeiro imperador a governar a Manchúria e a maior parte da China [40] Ming, tinha apenas 14 anos de idade, mas sabia porque é que tantos membros da sua corte insistiam para que ele convidasse o Dalai Lama a deslocar-se a Pequim, em 1652. Fora somente na época do pai de Shunzhi, o imperador Hong Taji [41], que as tribos dos Mongóis orientais tinham começado a submeter-se como vassalos dos Manchus. Por isso, escreveu Shunzhi, "Considerando o facto de que *todos os Tibetanos e Mongóis obedeciam às palavras dos lamas* [42], o Dalai Lama foi chamado mas, antes que o emissário chegasse junto dele, o imperador Hong Taji morreu". Os Manchus não o convidaram como vassalo; convidaram-no devido ao seu poder, não ao seu servilismo.

No Outono de 1652, o V Dalai Lama estava finalmente a caminho da China, com uma escolta de 3 000 cavaleiros. Alguns eram Mongóis ocidentais, a mais séria ameaça à conquista da China pelos Manchus. Embora o jovem imperador tivesse algumas reticências em autorizar este poderoso grupo a atravessar a Grande Muralha, fora ele quem enviara o convite. O imperador Shunzhi escreveu, "Gostaríamos de ir ao seu encontro além--fronteiras [43], mas reflectimos que se ele entrar no país com tamanha multidão num ano de más colheitas, o país poderá sofrer danos. Por outro lado, se não formos ao seu encontro... ele poderá dar meia volta e regressar ao Tibete... e os Khalkhas [os Mongóis orientais a norte da Grande Muralha, que ainda eram independentes] não se submeterão". Mais uma vez, a razão para o convite ao Dalai Lama é clara. Os Manchus esperavam que uma demonstração de reverência pelo Dalai Lama os ajudasse a submeter os últimos Mongóis orientais que permaneciam fora do seu controlo.

O imperador procurou a opinião dos conselheiros manchus e chineses da corte relativamente a este problema de política externa. Os dignitários manchus disseram, "Se o imperador se avistar pessoalmente com ele [44], os Khalkhas submeter-se-ão, o que nos dará grandes vantagens... Que objecções poderão existir a que reverenciemos o Dalai Lama, sem aderirmos à escola do lama?".

Todavia, os conselheiros chineses disseram ao jovem imperador que sendo ele "Senhor Supremo do mundo inteiro [45]... não deveria ir ao encontro" do Dalai Lama. Além do mais, já que 3000 homens acompanhavam o Dalai Lama, eles "não deveriam ser autorizados a entrar no país".

Shunzhi decidiu ignorar os seus conselheiros chineses. A ameaça das tribos Khalkha era muito séria, e o imperador estava mais interessado em proteger a sua recente conquista, a China, do que em defender a abstracta ideia chinesa de que ele governava o mundo inteiro. Evidentemente, os Chineses da corte manchu ainda não tinham moldado a perspectiva do imperador – para ele, tratava-se de um império manchu, não de um império chinês. Aceitando as recomendações dos seus conselheiros manchus, Shunzhi enviou uma carta ao Dalai Lama, informando-o de que se deslocaria além da Grande Muralha [46] para receber o seu visitante. Nunca um governante da China tivera um gesto de respeito tão extravagante para com um soberano estrangeiro. Antes de o imperador partir, os cortesãos chineses tentaram novamente anular a viagem. Viram sinais no céu.

"Vénus ousou desafiar" [47] o brilho do Sol, escreveu um secretário chinês. Vénus brilhante no céu matinal significava que o poder do Dalai Lama constituía uma ameaça para o imperador. Os conselheiros voltaram a instar Shunzhi a não sair da China ao encontro do Dalai Lama. "Estar fora das fronteiras [48] não é tão seguro como estar dentro do Palácio. Viajar para o estrangeiro não é tão pacífico como o repouso. O Dalai Lama vem de um país distante". Pressionaram o imperador a enviar emissários para saudarem o Dalai Lama, dizendo que tal gesto bastaria para "subjugar os corações dos Mongóis".

Estes documentos da corte manchu são quixotescamente citados pela República Popular da China como provas de que o Tibete se encontrava sob administração do governo central chinês. Na verdade, eles descrevem o Tibete como "estrangeiro" e "fora das fronteiras", indicando assim claramente o oposto do que os Chineses afirmam que eles provam. Quando observei este facto ao Dalai Lama, ele sorriu e disse, "Na época, a Grande Muralha era vista como aquilo a que hoje chamamos uma fronteira internacional. Sim, a história diz que os Mongóis e os Tibetanos viviam fora da Muralha, como povos independentes".

O supersticioso imperador Shunzhi curvou-se perante os presságios das estrelas – mas não por acreditar que o Tibete ou os Mongóis ocidentais faziam parte do seu império. Talvez para se redimir por ter quebrado a promessa de ir ao encontro do Dalai Lama fora da Grande Muralha, o imperador excedeu-se. Enviou 3000 cavaleiros, com ricos presentes, para convidarem o Dalai Lama a deslocar-se até Pequim. Quando este exército manchu se aproximou da caravana do Dalai Lama, milhares de bandeiras e estandartes de seda drapejavam sob o frio vento das estepes. O V Dalai Lama ficou impressionado com a "impressionante exibição de espadas, chapéus-de-sol, bandeiras, estandartes e música" que acompanhava a aproximação dos enviados imperiais manchus. Esta colorida representação do poderio manchu – ainda mais impressionante ao surgir dos áridos desertos das estepes imediatamente a norte da Grande Muralha – "foi um sinal de que eu era o legítimo Rei [do Tibete][49], e de que no Tibete não havia outro igual". Obviamente, esta *não* era a imagem que os Chineses da corte manchu pretendiam que o Dalai Lama recebesse.

Eu disse ao Dalai Lama, "Na sua opinião, ele era um soberano independente em visita de Estado".

"Sim, acreditamos nisso", retorquiu ele. "É nisso que os Tibetanos acreditam".

"E os registos manchus", observei eu, "afirmam a mesma coisa".

"Sim", disse ele, erguendo as mãos, apático, com o ar de alguém que já se debruçou sobre o assunto até à exaustão. "Sim, os registos são claros".

"Existem muitas outras ocasiões nas quais o imperador manchu tratou o Dalai Lama como igual durante a visita", disse eu.

"Sim", observou ele, "quando se reuniam, sentavam-se como iguais e tratavam-se como iguais".

Em Janeiro de 1653, Shunzhi e o Dalai Lama saudaram-se e sentaram-se para beber uma taça de chá. O visitante desmontou dentro do palácio imperial. "O imperador desceu do Trono[50] e avançou uma distância de 20 metros", escreveu o Dalai Lama no seu diário. "Pegou-me na mão... e inquiriu sobre a minha saúde". O imperador e o Dalai Lama sentaram-se, embora o V Dalai Lama notasse que o seu assento era "um pouco mais baixo do que o trono do imperador".

Este é outro ponto usado por Pequim como prova de que o V Dalai Lama era um vassalo chinês. O XIV Dalai Lama diz, "Sim, a autobiografia do V Dalai Lama menciona que o assento do imperador era mais alto. Penso que antigamente tratávamos a China como um grande país. Eram iguais, mas a China era um país maior e, talvez por esta razão, a cadeira do imperador manchu era um pouco mais alta. Esta é a opinião dos Tibetanos".

Os registos da corte manchu nada dizem acerca do primeiro encontro em Pequim, a não ser que o Dalai Lama foi autorizado a sentar-se na presença do imperador. Mas o V Dalai Lama registou todos os pormenores. "Quando chegou o chá, embora ele me tivesse pedido para beber primeiro, eu referi que isso seria impróprio, e ele aceitou que bebêssemos ao mesmo tempo. Mostrámos muitos sinais de respeito mútuo". O Dalai Lama ficou impressionado com o imperador de 14 anos de idade. "Uma pessoa de linhagem real, ainda que jovem, ofuscará os velhos ministros em virtude da sua linhagem", escreveu ele. E embora o rapaz fosse jovem, "independentemente de onde se encontrava, entre pessoas de muitas línguas e em número incontável, ele era a verdadeira imagem de um leão destemido e indomável. Era extremamente hospitaleiro" [51].

O V Dalai Lama passou vários meses em Pequim mas, como todos os habitantes das terras altas, receava as epidemias que se verificam nas terras baixas, particularmente a varíola. Embora desejasse partir, o imperador pediu-lhe que resolvesse uma disputa religiosa que surgiu na corte no Inverno. Esta e outras indicações dão a entender que o Dalai Lama e o imperador compreenderam o carácter essencialmente religioso [52] da visita do Dalai Lama.

"A motivação do V Dalai Lama", disse-me o seu actual sucessor, "a razão pela qual se deslocou a Pequim para se encontrar com o imperador foi simplesmente para propagar o Dharma".

Segundo o próprio Shunzhi, "o Dalai Lama foi chamado" porque "os Mongóis obedeciam às palavras dos lamas" [53], na esperança de que os Mongóis "se submetessem". O imperador não se limitava a reconhecer o poder religioso do Dalai Lama; ele sabia o quanto os Mongóis respeitavam o Dalai Lama como influência espiritual. O historiador americano W. W. Rockhill resumiu estes factos em 1910, quando escreveu que o V Dalai Lama fora tratado

As antigas crenças indianas acerca das origens do universo influenciaram as ideias tibetanas desde o século VI.

Os murais dos mosteiros tibetanos mostram uma enorme montanha central (à esquerda), com quatro lados onde existem biliões de sistemas de mundos, desde os céus mais elevados, passando pelos reinos humano e animal, até aos mais profundos infernos. Outros aspectos desta visão do mundo encontram-se representados num mural cosmológico, no Butão (em cima, à direita).

Os primeiros habitantes humanos do Planalto Tibetano instalaram-se no local há vinte ou trinta mil anos, tal como testemunham as provas arqueológicas e as antigas pinturas na rocha, retratando frequentemente cavaleiros (em baixo, à direita).

O Dalai Lama, particularmente interessado pelas descobertas arqueológicas no Tibete, estudou as teorias budistas acerca das origens do universo e da humanidade. Ele diz que o Buda deu aos homens a liberdade de seguirem quaisquer provas que descubram, mesmo quando estas contradisserem os textos antigos.

Segundo os mitos da criação tibetanos, o Bodhisattva Cherenzi (em cima), ao guiar a evolução dos primeiros tibetanos, transmitiu a um macaco aquilo a que o Dalai Lama chama "energia" ou uma "ligação kármica positiva". O arco-íris é uma metáfora dessa energia.

O Dalai Lama diz que Songzen Gampo, o imperador da Dinastia Yarlung que unificou o Tibete no século VII (em baixo, à esquerda), tinha uma "ligação" ao Bodhisattva Cherenzi, e que, ao morrer, transformou-se num arco-íris que se dissolveu numa misteriosa estatueta de madeira de Cherenzi (em baixo, à direita).

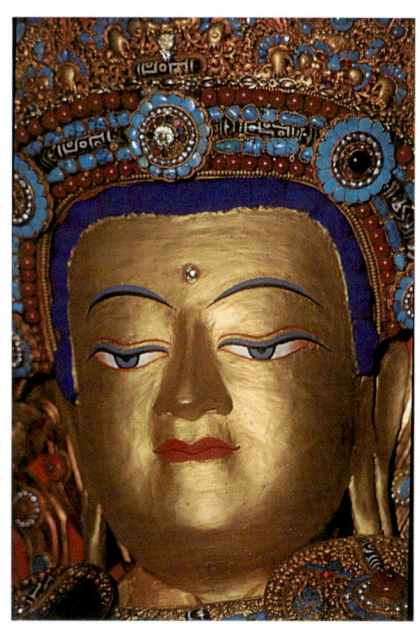

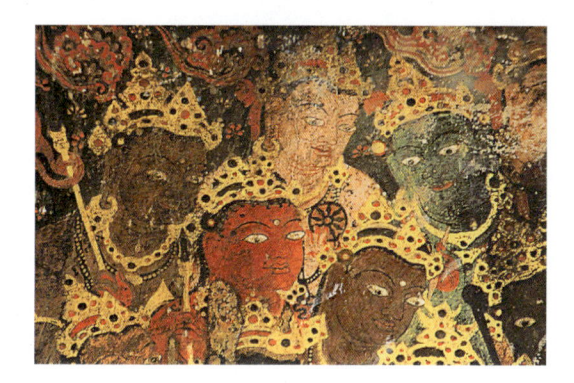

Os tibetanos acreditam que as duas primeiras estátuas budistas que chegaram ao Tibete foram levadas pelas consortes chinesa e nepalesa de Songzen Gampo. O Buda chinês, o *Jo* (em cima, à direita), foi levado de Changan pela princesa Wencheng, a mulher mais nova, e a princesa nepalesa levou um Buda que se diz estar no Templo de Ramoche, em Lhasa (em cima, à esquerda). Hoje, ambos estão praticamente invisíveis sob uma montanha de ouro, diamantes, turquesas e coral oferecidos pelos peregrinos durante séculos. No século VII, para albergar o Jo, foi construído o Jokhang, o mais antigo templo budista do Tibete, num singular estilo tibetano--nepalês-indiano. Apesar das numerosas invasões e pilhagens, ainda contém fragmentos de estátuas e murais (à esquerda e em baixo) da época da sua fundação, denotando a influência indiana (e até grega) no desenvolvimento da arte tibetana.

© 2006, Metropolitan Museum of Art

Embora o Tibete seja famoso pela sua arte budista, os tibetanos também foram mestres na arte da guerra. As crónicas da Dinastia Tang referem que os guerreiros da Dinastia Yarlung eram célebres pelas suas cotas de malha, que tornavam homens e cavalos invulneráveis às flechas. Embora as armas e a cota de malha (em cima) tenham sido fabricadas no Tibete do século XIX, não existem provas de que o Tibete tenha adquirido da China as suas técnicas de metalurgia.

    A imagem do Buda mais apreciada pelo Dalai Lama (página seguinte, em cima, à esquerda), datada de cerca de 200 d. C. (Museu Nacional de Lahore, Paquistão), foi esculpida no reino de Gandhara e denota a influência grega no desenvolvimento das primeiras imagens budistas. O Dalai Lama diz que a magreza patente na estátua é uma vívida recordação de que a iluminação só é alcançada com intenso esforço. Não lhe agrada muito a beleza estética das imagens do Buda. Para ele, o seu objectivo é inspirarem devoção e esforço. O mural de Drathang, datado do século XI (página seguinte, em cima, à direita), é um dos mais antigos ainda existentes no Tibete e mostra como alguma iconografia greco--indiana passou da Índia para a China, e de lá para o Tibete. O Tibete recebeu directamente da Índia todos os ensinamentos do Buda, bem como a esmagadora maioria da sua inspiração artística. O Buda de Mustang, de cerca de 1800 (página seguinte, em baixo, à esquerda), denota influências indianas e nepalesas. O realismo das primeiras estátuas budistas, bem como elementos estilísticos das artes indiana, chinesa, nepalesa e do interior da Ásia, vieram a transmutar-se no singular estilo tibetano. Imagem do Buda, 1920 (página seguinte, em baixo, à direita), Chensalingka, Lhasa.

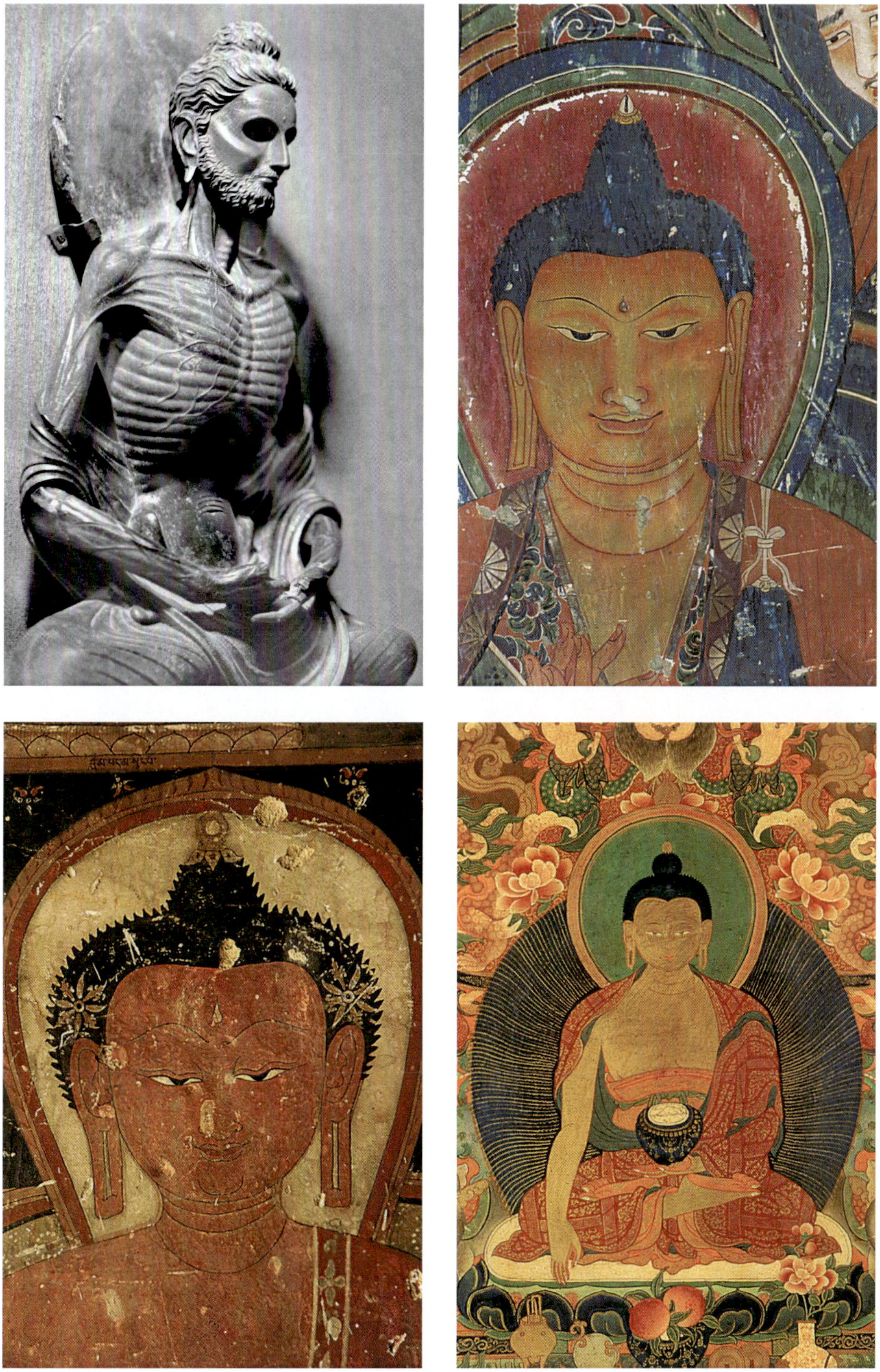

Laird, 4

A Dinastia Yarlung caiu depois de Lang Darma ter sido assassinado – com uma flecha entre os olhos –, frente ao Jokhang, pelo monge Lhalung Palgyi Dorje (em cima). Em primeiro plano, vê-se um pilar com a inscrição de um tratado entre os tang e o Tibete. Pormenor de mural, Norbulingka, Lhasa, c. 1952.

O idoso Sakya Pandita foi convocado pelo príncipe mongol Godan ao seu acampamento para ministrar ensinamentos budistas (em baixo, à esquerda). Levou consigo o seu jovem sobrinho, Phagpa (em baixo, à direita), que sobreviveu ao tio e se tornou preceptor imperial de Kublai Khan. Pormenor de *thangkha*, c. 1550.

Padmasambhava colaborou na introdução do budismo no Tibete, no século VIII (em cima, à esquerda). Atisha ajudou a reformar o budismo tibetano no século XI (em cima, à direita). Milarepa, o grande iogui-poeta tibetano dos séculos XI e XII (em baixo, à esquerda). Tsongkhapa fundou a escola budista Gelug e o Mosteiro de Ganden, no século XV (em baixo, à direita).

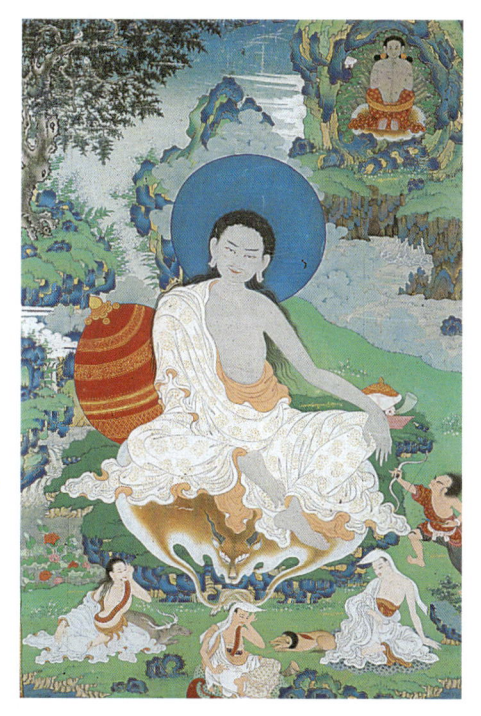

Antes da sua morte, Dusum Khyenpa, o Primeiro Karmapa, disse aos seus discípulos onde reencarnaria, dando assim início ao sistema dos Tulku, pelo qual os mestres budistas reconhecidos regressam para orientarem a mesma escola ou mosteiro, geração após geração. Por cima dele encontra-se o seu mestre, Gampopa, discípulo de Milarepa. Este retrato, mostrando-o com um forte queixo proeminente e considerado historicamente exacto, é uma obra-prima da arte tibetana, pintada cerca de 1750.

Tsongkhapa, fundador da escola Gelug do budismo tibetano, à qual pertence o Dalai Lama, recebe instruções do Bodhisattva Manjushri; mural de Norbulingka, Lhasa. O Grande V Dalai Lama, também membro da escola Gelugpa (à esquerda, c. 1750), iniciou a construção do Mosteiro do Potala, cerca de 1645, pouco depois de o mongol qoshot Gushri Khan (em baixo) o ter auxiliado a unificar o Planalto Tibetano. Mural, Jokhang, Lhasa.

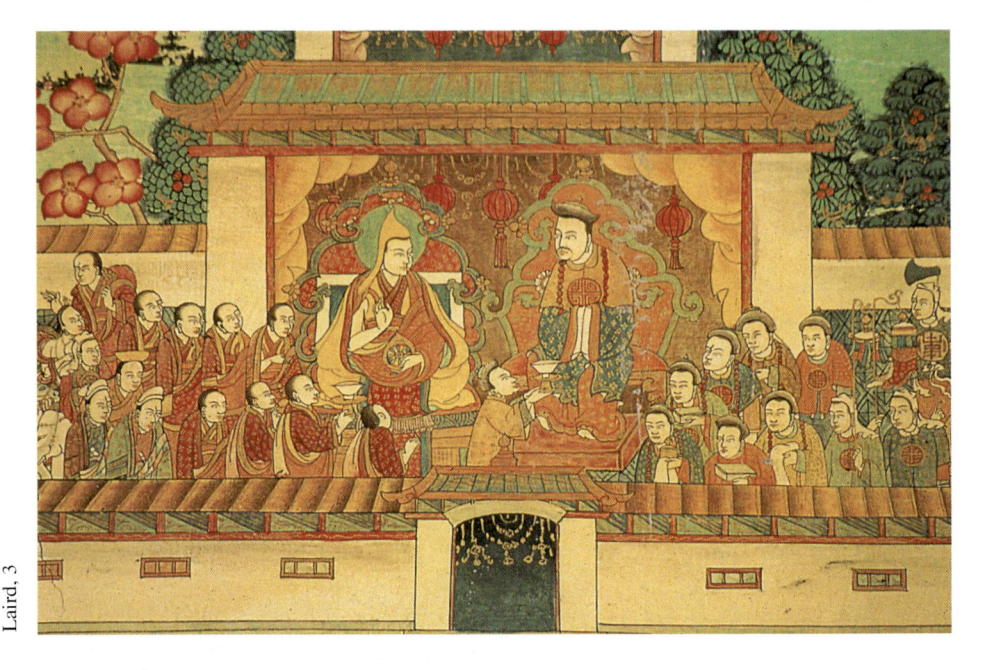

O Grande V Dalai Lama foi convidado a visitar Pequim, a capital imperial manchu, pelo Imperador Shunzhi, em 1653. Mural tibetano retratando o encontro, Norbulinghka, Lhasa (em cima).

Os grandes mosteiros tibetanos não se limitavam a albergar estátuas gigantes – e esta estátua de Gyangzê, c. 1700, é pequena (em baixo, à esquerda) –, eram também bibliotecas e escolas. Mural de Nyingmapa, ilustrando uma postura do ioga tântrico. Sherpa, Nepal Oriental, década de 1920 (em baixo, à direita).

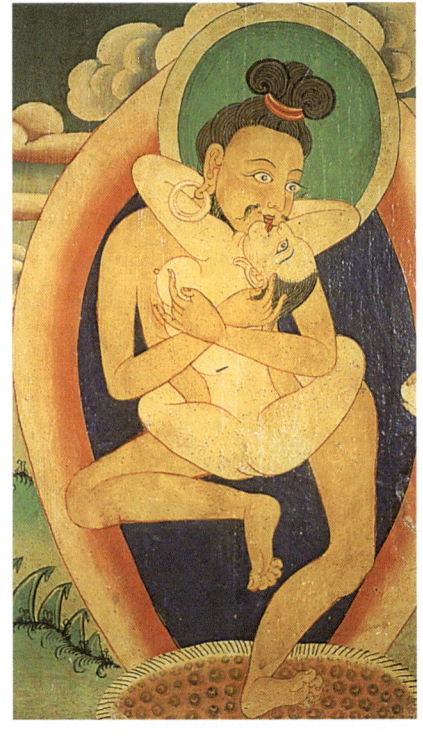

Alguns ioguis budistas, frequentemente das escolas Nyingma ou Kagyu, ignoravam as regras do *Vinaya* seguidas pelos monges tradicionais. Os ioguis errantes, como este *Nagpa* (em cima, à esquerda), com a sua trompa feita de um fémur humano e uma taça feita de um crânio humano, praticavam formas tântricas esotéricas do budismo, as quais se dizia conduzirem à iluminação nesta vida. Os monges austeros rapavam a cabeça, trajavam o hábito tradicional (em cima, à direita) e seguiam regras de celibato. Estes dois tipos de budistas praticavam longos retiros para meditação, mas os monges tradicionais dedicavam-se primeiro a anos de estudo académico e preparação.

Os camponeses e nómadas tibetanos (à esquerda) sustentavam todos os tipos de monge e visitavam os mosteiros e os templos para ganharem mérito.

Na década de 1890, as autoridades britânicas da Índia começaram por tentar negociar a fronteira entre o Tibete e o Sikkim com os Manchus (em cima). Contudo, Lorde Curzon (em baixo, à esquerda), acabou por compreender que, apesar das suas pretensões à soberania sobre o Tibete, os manchus não tinham nenhum controlo sobre a nação, que gozava de uma independência de facto. Em 1904, Curzon enviou Sir Francis Younghusband (em baixo, à direita) e uma pequena expedição militar para o Tibete.

Depois da invasão britânica de 1904 e da invasão manchu de 1908, o XIII Dalai Lama compreendeu a importância de constituir um exército moderno. As tropas tibetanas foram instruídas por uma variedade de conselheiros estrangeiros (em cima), e adquiriram-se armas e uniformes à Grã-Bretanha. Pormenor de mural, Chensalingka, Lhasa, c. 1920. Xairel da cavalaria tibetana (à esquerda), colecção privada. Moeda tibetana (à direita), colecção privada.

As invasões levadas a cabo pelos impérios britânico e manchu, bem como os seus anos de exílio, convenceram o XIII Dalai Lama, após o seu regresso ao Tibete, em 1912, a iniciar uma campanha de reformas. Lungshar Dorje Tsegyal (em cima, ao centro) foi enviado à Europa, não só para acompanhar quatro estudantes que o Dalai Lama esperava que regressassem ao Tibete com os muito necessários conhecimentos técnicos, mas também como representante do Dalai Lama. Regressado ao Tibete, Lungshar foi nomeado comandante supremo do exército tibetano, e tentou convencer os mosteiros, com as suas grandes populações de monges (à direita), de que eram necessários impostos para financiar um exército moderno. Após a morte do XIII Dalai Lama, as suas reformas foram anuladas e Lungshar foi preso e cegado, o que causou a sua morte.

Tradicionalmente, os presos tibetanos poderiam cumprir uma parte da sentença fazendo a sua vida acorrentados e com uma coleira ou canga de madeira. Esta punição também era comum na China Manchu e até no Butão. O XIV Dalai Lama ficou tão chocado com este método de castigo que, em 1950, mandou libertar este tipo de prisioneiros.

Uma mulher tibetana, com o seu característico toucado, queima incenso acima do vale de Lhasa, 1949.

Museu de Pitts River, Universidade de Oxford

O XIII Dalai Lama (sentado), com Sir Charles Bell e um servidor, c. 1907.

com todo o cerimonial que seria concedido a qualquer soberano independente, e não existe nada nos registos chineses que indique que ele foi visto de qualquer outra forma... O poder temporal do lama, apoiado pelas armas de Gushri Khan e pela devoção de toda a Mongólia, não era questionável[54] pelo imperador da China.

❋ ❋ ❋

O Potala é uma das mais duradouras realizações do Grande V Dalai Lama, uma estrutura física que simboliza os seus outros feitos. Onde quer que nos encontremos em Lhasa, o Potala é a primeira e a última coisa que vemos, um eixo à volta do qual todo o Tibete parece girar. Arquitectonicamente, expressa uma sensação de fuga para cima[55] e, ao mesmo tempo, de domínio sobre o vale circundante. As altas muralhas, que parecem brotar organicamente dos penhascos, remetem para os fortes mais antigos dos Tibetanos, edificados sobre penhascos.

As suas ofuscantes muralhas brancas e as suas paredes vermelho-escuro surgem subitamente numa tarde de Verão, como uma alta fortaleza no horizonte. Os telhados dourados que a coroam cintilam, sob os raios do sol, bem acima dos verdes campos de cevada, visíveis a 30 quilómetros de distância. A fortaleza brota de um esporão rochoso que se ergue, qual sentinela solitária, no centro da fértil planície de Lhasa. Domina todos os acessos à cidade. Vê-se frequentemente um autocarro de turismo estacionado na estrada, com 50 visitantes estrangeiros de câmaras a postos para captarem o primeiro vislumbre deste ícone do Tibete. Quando estamos em Lhasa, a massa gigantesca das muralhas talhadas na rocha ergue-se muito acima dos telhados, tornando o templo visível de qualquer ponto da cidade.

O Potala afecta toda a gente que o vê. Hugh Richardson e David Snellgrove, dois dos maiores estudiosos contemporâneos do Tibete, não fugiram à regra.

Ainda que de todas as realizações dos Tibetanos esta fosse a única que restasse, eles teriam inegavelmente afirmado o génio singular da sua cultura[56] nacional.

Por vezes, em Lhasa, descortinamos o Potala, ao longe, flutuando sobre os telhados de uma dúzia de prostíbulos. Jovens chinesas, com as suas brilhantes calças e *tops* de poliéster, juntam-se em frente das suas lojas para conversar, cuspindo cascas de sementes de girassol para os passeios fendidos. A cena leva-nos a pensar que já chegou o dia em que "apenas resta esta" – quando alguém que procura o Tibete tem de manter os olhos firmemente focados no Potala, cuja construção foi iniciada sob a orientação do Grande V Dalai Lama, em 1645.

Não sou o primeiro ocidental a romantizar o Potala como o coração do Tibete. Os primeiros europeus a chegarem a Lhasa em número considerável, em 1904, integravam o exército britânico que invadiu a cidade. Inevitavelmente, as revistas ilustradas da época saíram com fotografias de página dupla mostrando os soldados a marchar em formação à sombra das altas muralhas do Potala. Hoje acontece o mesmo: a maioria das revistas e livros sobre o Tibete apresenta o Potala na capa.

Também os Tibetanos vêem o Potala como um símbolo, embora o que simboliza para eles seja diferente. Todos os dias, milhares de cidadãos caminham em redor do edifício: monjas e monges, velhos e velhas, rapazes e raparigas. Para os Tibetanos, é um percurso sagrado. Acreditam que, através desta acção meritória, conseguirão um renascimento mais benéfico. Todos os dias, são aos milhares no caminho. Em dias de festa, o seu número atinge as dezenas de milhares.

Muitos peregrinos não caminham propriamente em redor do Potala – vão-se prosternando à sua volta. Vi uma velha deitar-se no chão e encostar a testa à terra, e ouvi-a gemer ao levantar-se. Depois, com as suas pernas arqueadas e artríticas, andou até à marca que a cabeça fizera no chão, e tudo recomeçou. É comum os peregrinos "andarem" assim vários quilómetros por dia à volta do Potala.

Para estes Tibetanos de hoje, tão devotos, e para todos os Tibetanos desde que o V Dalai Lama iniciou a construção do Potala, em meados do século XVII, o edifício é sagrado porque alberga manifestações de Chenrezi, vindo para guiar o povo tibetano, e porque encerra os túmulos da maioria dos Dalai Lamas. Segundo a mitologia budista, o Bodhisattva Chenrezi vivia no cimo de uma montanha do Sul da Índia, chamada Monte Potala. O Potala de Lhasa é o lar da manifestação de Chenrezi no Tibete. Os Tibetanos continuam a prosternar-se na base do Potala e em seu redor, embora o Dalai Lama tenha deixado de lá viver em 1959.

Os alojamentos do Dalai Lama na Índia não são uma réplica do Potala, e são modestos. Olhamos das grandes janelas modernas dos seus bangalós e vemos pinheiros e bambus rodeando os edifícios. Ao longe, vêem-se as encostas dos Himalaias, densamente arborizadas: durante os meses da monção, a precipitação é superior a 900 mm/m^2. O lar indiano do Dalai Lama compõe-se de pequenos chalés, os quais, combinados, não têm mais do que algumas dezenas de salas. O número de salas do Potala está estimado na casa dos milhares, mas nunca ninguém as contou. Mas apesar destas diferenças, vi Tibetanos caminhando em redor da morada indiana do Dalai Lama, tal como fazem em Lhasa, procurando a sua bênção através de uma circumambulação em volta da sua residência, como se fosse um templo.

Espreitar pelas minúsculas janelas de madeira do Potala é como olhar pela janela do único arranha-céus de uma cidade plana. Tudo é remoto, excepto os corvos em mergulho e os falcões altaneiros, que passam tão perto que ouvimos as suas asas a assobiar nos ares. O Potala eleva-se a uns tremendos 114 metros, pelo que a única vista que proporciona é a das distantes montanhas desarborizadas que cercam o vale de Lhasa. O vale, situado a uma altitude de 3600 metros, é muito diferente da luxuriante paisagem semitropical que envolve o Dalai Lama na Índia. Com sorte, Lhasa apresenta uma pluviosidade anual de 250 mm/m^2 [57]. Directamente em frente do Potala, existe hoje uma praça ladrilhada com 300 metros de largura, imitando a Praça de Tiananmen, em Pequim. Na década de 90, quando os Chineses a construíram, ergueram, mesmo em frente do Potala, um imenso mastro com 30 metros de altura, no qual ondeia orgulhosamente a bandeira chinesa [58].

Quando a nossa conversa se centrou pela primeira vez no Potala, inquiri o Dalai Lama quanto à sua importância e ele respondeu que era apenas um edifício. Depois daquela conversa, tentei compreender como é que ele via o Potala. Para me inteirar da sua perspectiva, pedi-lhe para o comparar com o Jokhang, o primeiro templo budista, construído por Songzen Gampo.

"Para os Tibetanos, qual acha que é o mais importante, como local de peregrinação?", perguntei.

"Qual é o mais sagrado para os Tibetanos, o Jokhang ou o Potala?". Reafirmou a minha pergunta ao pensar nela. "As pessoas costumam ir em peregrinação visitar o Jokhang", disse ele, "e depois vão visitar o Potala. As pessoas de Kham e Amdo, quando vão em peregrinação, dizem que vão ao Jokhang. Por isso, para mim, a sede do budismo tibetano é o Jokhang".

"Sim, mas o Potala", observei eu, "é a sede do nacionalismo".

"O Potala", prosseguiu ele, "é considerado o palácio do Dalai Lama. Por causa disso, *existe* um sentimento especial. A sua construção foi iniciada por Songzen Gampo, como um forte ou residência real. Assim, naturalmente, o Potala já era importante desde essa altura. Foi edificado sobre Marpori. Marpori significa colina ou montanha *vermelha*. O Potala foi construído no cimo da montanha vermelha. Potala é o nome do edifício, e Potala é uma espécie de céu ou *habitat*, de Chenrezi". O Dalai Lama refere-se ao Monte Potala, um pico mitológico do Sul da Índia, que era o lar de Chenrezi. "Assim, o Potala de Lhasa", concluiu ele, "é também considerado uma sede ou residência de Chenrezi".

O edifício da Marpori encontrava-se em mau estado quando Tsongkhapa chegou a Lhasa, em 1380. Tal como disse o Dalai Lama, "Existia apenas um pequeno templo, onde qualquer lama podia ensinar. O Lama Tsongkhapa também ensinou lá. Está mencionado na sua autobiografia".

"E os primeiros quatro Dalai Lamas", resumi eu, "residiram nos arredores de Lhasa, no Mosteiro de Drepung, mas depois da unificação do Tibete o V Dalai Lama mudou-se para as ruínas da Marpori e deu início à construção deste vasto palácio, em 1645, apenas três anos depois de Gushri Khan ter unificado o Tibete".

"Exactamente", retorquiu ele.

"Mas deixe-me dizer-lhe uma coisa", comecei eu. "Em Lhasa, encontrei um tibetano com quem falei sobre o que fora, para ele, ver o Potala pela primeira vez, em 1968. Cresceu numa aldeola perto de Lhasa e, durante a sua juventude, nunca viajou, era apenas um camponês. Cresceu na época da Revolução Cultural, quando tudo era controlado pelos Chineses; a escola, onde lhe ensinaram chinês; a história que lhe ensinaram na escola; o trabalho do pai; se a família passava fome ou não. Tudo era controlado pelos Chineses, e ele disse-me que os seus professores, oriundos das regiões costeiras da China, o tinham ensinado a pensar em si e no seu povo como bárbaros. Mas depois viu o Potala pela primeira vez. Ficou pasmado. E o que disse para consigo, bem alto, quando o viu, foi, 'Nós, Tibetanos, construímos este palácio com as nossas próprias mãos!' Para ele e para muitos outros, o Potala é um potente símbolo do Tibete. O Dalai Lama viveu lá, era um lugar frio para si e sei, daquilo que me disse, que de certo modo não gostava de lá residir, preferindo muito mais o palácio de Verão. Por tudo isto, talvez não seja um lugar que lhe traga boas recordações".

Ele pôs fim ao meu monólogo com uma sonora gargalhada, e eu juntei-me a ele passado um segundo. "É claro, para todas as pessoas de fora, o Potala *é* gracioso", disse ele. "E mais do que isso; no caso de muitos tibetanos, existem factores psicológicos ou talvez religiosos, especialmente depois de eu ter partido. Quando eu parti, a radiância ou magnificência deixou de existir. A luz desapareceu".

"Então porque é que aquele homem tentou arriar a bandeira chinesa em frente do Potala?", perguntei.

"É claro que é um símbolo", retorquiu contrariado o Dalai Lama. "Na verdade, o V Dalai Lama menciona, na sua autobiografia, que o seu mestre, Yongzin Konchok Choephel, lhe disse que a sede do governo tibetano deveria ser construída na Colina Vermelha, na Marpori. Porquê? Em primeiro lugar, porque é o centro do vale de Lhasa. Em segundo, existem dois grandes mosteiros Gelugpa muito próximos, Sera e Drepung. Nessa época, os grandes mosteiros eram como grandes exércitos, e eles necessitavam de uma base de apoio. E depois de ter sido construído, tornou-se a sede do governo tibetano. Desse modo, converteu-se gradualmente no símbolo da nação tibetana. Penso que por ter sido o palácio de Songzen Gampo, tinha um carácter mais político ou nacional. Havia antigas memórias históricas a ligá-lo ao passado".

"A decisão de construir naquele lugar", disse eu, "ligou o Potala e a instituição do Dalai Lama ao passado, o que lhes deu um grande poder junto dos Tibetanos".

"Sim", disse o Dalai Lama. "Por isso, é considerado um lugar sagrado de Chenrezi. É religioso. É o local de nascimento do pai do Tibete. Mas penso que as razões políticas e de poder que presidiram à construção estiveram relacionadas com a sua localização. Foi estrategicamente situado. E também foi rodeado de uma muralha para sua protecção, construída na época do regente".

Quando ele mencionou a muralha em redor do Potala, veio-me à memória a porta central da muralha, hoje fechada, tendo a próprio estrutura da entrada sido convertida numa pequena loja.

"O que sente", perguntei-lhe, "ao saber que a principal entrada pela muralha, o principal portão do Potala, se encontra actualmente fechada? A entrada tem um residente, um velhote chinês, que lá instalou a sua oficina de reparação de bicicletas. Reside na porta através da qual todos os Dalai Lamas, do V ao XIV, entraram e saíram do Potala. Os Chineses não fazem estas coisas por acaso, pois não?"

"Não", disse ele, olhando-me gravemente. "Penso que não. É obviamente simbólico. É o colapso do poder e do governo tibetanos. É isto".

"Então, quando um tibetano tenta arriar a bandeira chinesa", retorqui eu, "a uns meros 50 metros em frente do portão fechado, apesar de saber que vai ser espancado e encarcerado..."

"Isso é muito triste", anuiu ele.

"Mas também é muito poderoso", observei eu.

"É um símbolo do espírito, da cultura e da determinação tibetanos", disse ele. "No outro dia, eu disse a algumas pessoas, penso que eram tibetanos, que a sua cultura é evidentemente muito sofisticada. Possuem uma longa herança cultural e uma longa tradição budista. Penso que quase se pode dizer que os melhores ensinamentos do Buda foram preservados no Tibete, motivo pelo qual a nação é muito resistente e única. Assim, por causa destas coisas, o Tibete é visto como uma nação orgulhosa. Os Tibetanos são confiantes e determinados".

"Sim, e vê-se alguma dessa força no Potala", disse eu.

Ele voltou a rir-se da minha resoluta persistência naquela metáfora. "Não sei qual é o seu significado. Mas é verdade, o Potala foi construído muito solidamente. Durante a invasão chinesa de 1910, os bombardeamentos não provocaram muitos danos. Depois, em 1959, quando parti, houve fogo de artilharia contra o Potala. Os Chineses dizem que não, mas houve. Muitos obuses, mas não aconteceu nada. No conjunto, o edifício continuava muito forte. A muralha era muito forte. Registou-se alguma destruição no interior mas o edifício, no seu conjunto, nada sofreu".

"Quem construiu o Potala?", perguntei eu. "Foram trabalhadores, servos ou assalariados, ou algumas pessoas trabalharam por amor ao Dalai Lama?"

"Penso que foi uma combinação", respondeu ele. "Alguns vieram por amor, outros em regime de corveia (^{59}). Pediu-se às pessoas que se apresentassem e colaborassem na construção, mas foi-lhes dada alimentação e um tecto".

Eu sabia que tinha sido um vasto empreendimento; as estimativas referem mais de 7 000 trabalhadores no local, desde 1645 até à conclusão, 50 anos depois.

"Quem desenhou o Potala?", perguntei. "Ou foi baseado nalgum desenho da arquitectura tradicional?".

"Julgo que não", disse o Dalai Lama. "Penso que o desenho foi da autoria do último Desi *(Sangye Gyatso, primeiro-ministro e regente)* do V Dalai Lama, o dos últimos anos da sua vida. O V Dalai Lama desejava aumentar o edifício *(a fortaleza arruinada que lá existia desde a época de Songzen Gampo)*. Os trabalhos começaram mas depois ele faleceu. Foram necessários 15 anos para completar a construção, e isso foi obra do Desi".

Agora que a conversa passara para o fim da vida do V Dalai Lama, fiz-lhe uma pergunta que tinha há muito na cabeça. "Afirmou que Songzen Gampo e o V Dalai Lama fazem parte daquilo a que chamou o plano mestre de Chenrezi. O Potala também faz?".

"Sim", retorquiu ele instantaneamente e com grande convicção. "O Potala faz parte do plano mestre. E nessa perspectiva, é um símbolo do Tibete".

"E o V Dalai Lama? Também fez parte do plano mestre?".

"Sim", disse o Dalai Lama. "Tal como referi anteriormente, o plano mestre é difícil de explicar. Existem muitas possibilidades. Uma delas, na minha opinião, é ter havido um plano mestre em funcionamento do I ao V Dalai Lamas, mas depois, infelizmente, no tempo do VI Dalai Lama, o plano foi por água abaixo".

Antes de morrer, o V Dalai Lama teve uma premonição de desastre futuro. Expressou ao seu último Desi os seus receios acerca de uma potencial instabilidade no Tibete após a sua morte. O Desi Sangye Gyatso tinha apenas 27 anos de idade quando fora nomeado pelo V Dalai Lama, em 1679[60], e existem rumores – não comprovados mas persistentes – de que era seu filho[61]. Apesar da juventude do Desi, disse o actual Dalai Lama, o V Dalai Lama depositava muita fé nele. De facto, o Desi Sangye Gyatso é hoje considerado um eminentíssimo sábio. Segundo o Dalai Lama, o V Dalai Lama confiava tanto no Desi que lhe deu instruções para que "mantivesse secreta, durante 15 anos, a morte do V Dalai Lama. Depois, o Desi prolongou este período por mais dois anos".

Embora os Tibetanos tivessem recorrido, durante os 400 anos anteriores a 1682, ao singular sistema de descobrirem as reencarnações dos Tulkus como meio para identificarem os líderes dos mosteiros, a morte do V Dalai Lama foi a primeira ocasião na qual utilizaram este sistema para descobrir o chefe de Estado[62]. A nível político, esta primeira tentativa foi um desastre.

"Antes de morrer", perguntei eu, "o V Dalai Lama receava uma potencial instabilidade política durante os 15 anos que seriam necessários para descobrir e instruir a nova encarnação?".

"Sim, o Dalai Lama estava preocupado com o período de regência, razão pela qual disse ao regente, 'Oculta a minha morte'", disse-lhe o XIV Dalai Lama. "Ao que parece, estava receoso antes de morrer. Até um político consegue mais ou menos descortinar o futuro. O Dalai Lama, que era uma pessoa de elevado desenvolvimento espiritual, conseguia certamente ver o que iria provavelmente acontecer".

O Dalai Lama avançou depois aquilo a que chamou "a minha própria sensação ou especulação" acerca do mais controverso de todos os Dalai Lamas, o Sexto. O Dalai Lama acredita que o plano mestre previa que o VI Dalai Lama renunciasse ao seu celibato e fundasse uma monarquia hereditária no Tibete. "Na biografia do V Dalai Lama", disse o Dalai Lama, "li que ele louvava muito a tradição pai-filho da linhagem Sakya por ser mais estável. Ele diz que não é como o sistema Gelugpa de reencarnação. Diz que a nossa tradição *(de reencarnação do Dalai Lama)* é muito instável. Diz que quando o Dalai Lama falece, é necessário aguardar e depois começar a busca. Depois, tem que se esperar até que o miúdo amadureça. É arriscado; há mais possibilidade de haver problemas. E foi isto o que aconteceu quando o V Dalai Lama morreu".

Em 1682, quando o V Dalai Lama morreu[63], com 68 anos de idade, o Desi ocultou a sua morte[64]. Consequentemente, teve que procurar o VI Dalai Lama em segredo. Em 1685, o Desi descobriu um menino com três anos de idade[65], Tsangyang Gyatso. Três anos depois, o Desi certificou a encarnação e levou a criança para um mosteiro remoto, onde ele foi educado por tutores. Em 1696, o ano seguinte ao da construção do Potala, o Desi anunciou que o V Dalai Lama morrera 14 anos antes e que a sua reencarnação já tinha 13 anos de idade. Tsangyang Gyatso foi entronizado no Potala, como VI Dalai Lama do Tibete, em 1697. Embora o Desi, o Panchen Lama e os tutores ministrassem ao rapaz a educação tradicional de um monge, ele demonstrou inclinações distintas desde muito cedo. Gostava mais de praticar tiro com arco do que de estudar textos budistas, e abandonava frequentemente o Potala para participar em competições de tiro ao alvo no parque com um grupo de amigos. Apesar dos muitos apelos ao jovem para que ele não levasse uma "vida frívola"[66], Tsangyang Gyatso seguiu o seu próprio caminho[67]. Adiou tomar os votos monásticos definitivos até muito tarde; aos 20 anos de idade, quando o pressionaram para tomar os votos de monge, ele pura e simplesmente recusou. Pior ainda, renegou os votos monásticos preliminares que havia tomado em miúdo.

Em 1702, depois de o VI Dalai Lama ter dado este passo radical – até então, todos os Dalai Lamas haviam sido monges celibatários –, os abades dos três maiores mosteiros Gelugpa, bem como o neto de Gushri Khan, que se tornara rei do Tibete, suplicaram ao VI Dalai Lama que mudasse de ideias e tomasse os seus votos de monge. Mas o Dalai Lama permaneceu membro do laicado e começou a vaguear à noite pelas ruas de Lhasa, frequentando sucessivas casas de *chang* ([68]). O adolescente tinha numerosas namoradas, e não fazia segredo disso. Ia beber aos bordéis e compunha versos e canções românticos que alegadamente cantava nas ruas, durante as suas pândegas, canções que se tornaram muito populares em Lhasa. Embora não escrevesse comentários aos textos budistas, ao contrário do que haviam feito os cinco primeiros Dalai Lamas, os seus singulares poemas de amor são memoráveis:

> Quando estou em meditação, o meu rosto de lama
> Não me surge na mente.
> Quando não estou em meditação, o rosto da minha amada
> Surge-me cada vez mais claro na mente.
> Se eu pensasse no Santo Dharma
> Tao continuamente como penso nela,
> Em apenas uma vida, em apenas um corpo,
> Eu tornar-me-ia um Buda! ([69])

A opinião geral dos Tibetanos é, desde há muito, que o VI Dalai Lama foi um amante de vinho e de mulheres. Simultaneamente, eles observam que, ao "nível incomum" – para aqueles que possuem uma mente purificada –, o VI Dalai Lama era um mestre das práticas tântricas do ioga sexual, iniciado pelo Desi, quando muito jovem, nas tradições Nyingma. Muitos têm-se interrogado se o VI Dalai Lama foi um mestre tântrico, um libertino ou ambas as coisas. É possível interpretar os seus poemas de uma forma ou de outra.

> Esta rapariga não nasceu de uma mãe?
> Ou nasceu de um pessegueiro?
> Ela murcha mais depressa do que
> A flor de pessegueiro. ([70])(*)

Uma leitura superficial deste poema revela o receio de um rapaz em relação ao inevitável desaparecimento da estonteante beleza da sua amada. Para outros – para um iogui, por exemplo –, fala da impermanência que o Buda diz estar subjacente a toda a alegria e sofrimento humanos. Uma pessoa com uma mente purificada poderia até dizer que as amantes do VI Dalai Lama lhe lembravam os ensinamentos budistas.

O XIV Dalai Lama pensou muito na breve vida e na estranha morte do VI Dalai Lama, e desenvolveu uma explicação diferente para o mais provocador de todos os Dalai Lamas. Encontrou uma via média entre os dois extremos. Ele não é da opinião de que o VI Dalai Lama tenha renunciado aos seus votos para poder praticar os ensinamentos sexuais secretos associados a algumas das práticas meditativas do Dzogchen da escola Nyingma.

O Dalai Lama disse que, na sua opinião (e cita a biografia do V Dalai Lama como prova), o VI Dalai Lama renunciou aos seus hábitos de monge e tornou-se laico por uma razão. "O VI Dalai Lama renunciou para cumprir um plano", disse o Dalai Lama. "Se o VI Dalai Lama tivesse renunciado ao hábito e permanecesse Dalai Lama, e se o apoio popular ao Dalai Lama se tivesse mantido, ele teria gerado um filho, o qual se teria tornado rei. Teria sido melhor. A posição do Dalai Lama ter-se-ia tornado muito forte, passando de pais para filhos. Não teriam sido necessárias a ajuda nem a protecção dos imperadores manchus. As perturbações dos séculos XVII ao XIX *(várias invasões estrangeiras do Tibete)* talvez não tivessem acontecido. É esta a minha sensação, ou especulação".

Esta interpretação da vida e do comportamento do VI Dalai Lama vai além da perspectiva convencional *versus* perspectiva incomum da realidade que o Dalai Lama explicara por diversas vezes. Em relação ao VI Dalai Lama, não é apenas a questão de um iogui ou um laico poderem ver a mesma coisa sob um prisma diferente. O VI Dalai Lama tentou transformar a instituição do Dalai Lama aos dois níveis, comum e incomum, e o Dalai Lama acredita que este passo foi planeado por Chenrezi.

"Não deve pensar que o VI Dalai Lama renunciou porque queria praticar Dzogchen", avisou-me o Dalai Lama. "Não tem nada a ver. Ele recebeu ensinamentos Dzogchen logo desde o princípio, ministrados pelo Desi Sangye Gyatso e por outros mestres. Ele renunciou por uma razão óbvia: gostava de mulheres". Riu-se da simplicidade da sua lógica, e prosseguiu. "Penso que esta é a razão comum. E já lhe disse qual foi a razão mais profunda, na minha opinião, embora possa não estar correcta", mencionou ele, aludindo à ideia de que o plano mestre de Chenrezi previa que o VI Dalai Lama renunciasse e fundasse uma linhagem de reis tibetanos casados.

Mas não seria assim. Os guerreiros mongóis e o imperador manchu enredaram o confesso amante em conspirações e contra-conspirações, enquanto o Desi do V Dalai Lama se esforçava, sem sucesso, por manipular as forças adversas em benefício do Tibete.

Independentemente do plano – se é que existia algum – que a história seguiu durante aqueles turbulentos anos, estava em jogo o destino do Tibete. O V Dalai Lama parecia ter garantido a unificação e a independência para muitas gerações, embora tivesse recorrido a uma potência militar estrangeira para o conseguir. Todavia, decorridos poucos anos, durante a regência do Desi Sangye Gyatso e a vida do VI Dalai Lama, aumentou o poder de Kangxi, o imperador manchu, e o Tibete – apenas pela segunda vez na sua história – perdeu completamente a sua independência ([71]).

9

Do Sexto ao Décimo Segundo Dalai Lamas
1705-1900

Ouvi o riso do Dalai Lama através de uma janela da sala de espera do seu bangaló. Ele acabara de dar uma entrevista e estava a ser fotografado no jardim. Estas sessões são tão frequentes que eu ouvi o fotógrafo rir-se enquanto o Dalai Lama tentava ajudar a montar o tripé. Junto da janela onde eu me encontrava havia uma vitrina com algumas das muitas distinções do Dalai Lama. O diploma do seu Prémio Nobel da Paz (mas não a medalha, que é de ouro) encontra-se num estojo de cabedal, junto de dezenas de graus honorários concedidos por universidades de todo o mundo. Aqueles objectos recordaram-me de que o Dalai Lama é uma figura à escala mundial, tal como os Dalai Lamas anteriores foram, no seu tempo, grandes figuras da Ásia.

Bastara a Gushri Khan ser rei do Tibete apenas nominalmente, deixando o verdadeiro poder ao Grande V Dalai Lama e ao seu regente ou Desi. Gushri, um produto da cultura nómada da Ásia Interior, passou os últimos anos da vida com as suas manadas e rebanhos nas pastagens a norte de Lhasa. Quando morreu, em 1642, o seu filho pareceu satisfeito em seguir o mesmo caminho. Contudo, em 1697, o seu neto, Lhazang

Khan, apoderou-se do trono e, matando o irmão, tornou-se líder do clã Qoshot dos Mongóis ocidentais do Tibete. Nesse mesmo ano, o Desi anunciou surpreendentemente que o V Dalai Lama morrera há 15 anos e que ele já tinha descoberto e educado o seu sucessor em segredo, após o que entronizou imediatamente o VI Dalai Lama no Potala. O Desi planeava continuar como regente do VI Dalai Lama, tal como governara o Tibete enquanto ocultara a morte do V Dalai Lama. Porém, Lhazang sentiu-se insultado por o Desi ter ousado ocultar à sua família tão momentosos acontecimentos. Não tardou que Lhazang e o Desi estivessem embrenhados num conflito mortal, e ambos procuraram aliados no exterior.

Lhazang, o novo rei do Tibete, aliou-se ao imperador manchu da China, enquanto o Desi encontrava aliados entre a tribo Qoshot dos Mongóis ocidentais, que ainda habitava na bacia da Dzungária ([1]). Lhazang era qoshot, mas a sua longa residência no Tibete levara-o a uma ruptura com a tribo. Os Mongóis ocidentais, conhecidos como Dzungares, constituíam a maior ameaça à supremacia manchu; estavam desejosos de utilizar a influência do Dalai Lama sobre todos os Mongóis para reunirem todos os que ainda se mantinham independentes dos Manchus para um último e decisivo confronto. Consequentemente, estes soldados ofereceram imediatamente o seu apoio ao Desi Sangye Gyatso quando este se incompatibilizou com Lhazang Khan. Além do apoio de Gushri Khan, o Desi e até o próprio V Dalai Lama tinham mantido laços fortes com os Dzungares ([2]).

Galden, que se tornara rei de todos os Dzungares excepto dos Qoshot do Tibete, travava uma guerra terrível contra os Manchus. Procurava a união dos Mongóis, de modo a poder disputar aos Manchus o controlo da China. Seguiu-se o confronto. Em 1688, os Dzungares, deixando muito para trás as suas habituais pastagens, avançaram para leste e atacaram os Khalkhas, últimos Mongóis orientais independentes. O ataque atirou os Khalkhas para os braços dos Manchus ([3]). O conflito entre os Mongóis era tão intenso que os Khalkhas preferiram ser súbditos dos Manchus do que unir-se aos dzungares. Em 1696, em Jao Modo, os manchus infligiram uma pesada derrota aos exércitos dzungares – o rei Galden morreu um ano após a batalha –, mas os Dzungares não abdicaram do seu sonho de unificarem os restantes Mongóis para atacarem os Manchus e se apoderarem do controlo da China. Os Manchus não se detiveram, alargando continuamente o seu domínio para ocidente. Todavia, só depois de os Manchus massacrarem noventa por cento dos Dzungares, em 1759, em batalhas em redor de Kashgar e Yarkand, é que a ameaça dzungar aos Manchus foi finalmente eliminada. Durante estes cem anos de guerra entre Manchus e Dzungares, a instituição do Dalai Lama desempenhou um papel crucial. Foi neste contexto, em 1705, enquanto decorria a guerra entre os Mongóis dzungares e os Manchus, que Lhazang marchou sobre Lhasa para depor o Desi: acusou o regente de usurpar o poder e instalar um Dalai Lama falso. O comportamento do VI Dalai Lama, particularmente as suas muitas amantes, tornavam fácil esta acusação.

Era nesta conjuntura crítica da história do Tibete que eu pretendia retomar a nossa conversa. Terminada a sua sessão fotográfica, o Dalai Lama veio do jardim, sorriu, apertou-me a mão e conduziu-me à sala de audiências, uma simples sala de estar com dois sofás e quatro cadeiras. O Dalai Lama sentou-se à minha frente, de pernas cruzadas, numa cadeira estofada castanha. Embora ele conhecesse a história que eu lhe resumi a partir das minhas leituras, os seus pensamentos desviaram-se das explicações políticas que eu via. Para me explicar o VI Dalai Lama, o XIV Dalai Lama regressou aos termos que tinha introduzido no início das nossas conversas. Era a mesma estrutura que ele utilizara ao explicar porque é que os mestres em meditação viam o iogui Milarepa fazer milagres e as pessoas comuns não costumavam ver. Onde eu via maquinações políticas na história do VI Dalai Lama, o XIV Dalai Lama via um conflito entre a visão convencional e a visão não convencional do mundo.

"É que a prática interna do Desi do V Dalai Lama era a Nyingma", começou o Dalai Lama. "E o VI Dalai Lama foi escolhido pelo Desi. Depois, o Desi ministrou ao VI Dalai Lama os ensinamentos Dzogchen da Nyingma", que podem envolver o ioga sexual. "E depois, mais tarde, o VI Dalai Lama renunciou" – isto é, abandonou o hábito de noviço e recusou-se a tomar os votos de celibato de um monge. "Convencionalmente" – e o Dalai Lama deu ênfase à palavra, para que eu a compreendesse como ele –, "o comportamento do VI Dalai Lama também não era muito bom. Lhazang Khan era um seguidor da Gelug. Penso que foi este um dos motivos para os problemas entre Lhazang e o Desi. Lhazang desrespeitava o VI Dalai Lama e o seu comportamento, e culpava o Desi, que também tinha mulheres e filhos".

"Referiu que o V Dalai Lama pretendia, de certa maneira, unificar as diferentes escolas budistas do Tibete", disse eu. "Mas Lhazang via o VI Dalai Lama como uma nulidade, um mulherengo que violava os votos de celibato que todos os Gelugpa deveriam assumir. Estava furioso porque o VI Dalai Lama não era puro. Mas Lhazang Khan também tinha sede de poder, e alguns sentimentos sectários contra a Nyingma..."

"E tinha uma antipatia pessoal pelo Desi", observou o Dalai Lama. Há quem diga que esta antipatia tinha a sua origem no facto de a rainha de Lhazang Khan estar apaixonada pelo Desi ([4]).

"Diz que foi neste ponto que o plano mestre para o Tibete falhou", observei. "Quando diz isso, refere-se à evolução do poder religioso e político que levou o V Dalai Lama a planear que o VI Dalai Lama fundasse uma monarquia hereditária?".

"Refiro-me exactamente a isso. Mas é pura especulação", respondeu o Dalai Lama.

"Especulação?", perguntei eu. "Não é a sua análise histórica?"

"Sim", disse ele, "é uma análise histórica, pessoal e espiritual. Uma combinação".

"Mas Lhazang Khan não sabia nada disso. Via apenas o nível convencional da realidade", disse eu.

"Pobre Lhazang!", disse o Dalai Lama, rindo-se. "Tinha a cabeça muito pequena. É isto que pretendo dizer. E alguns mosteiros Gelugpa *(tibetanos)* apoiaram Lhazang Khan e as suas tropas. Deste modo, verificou-se um conflito sectário entre os Nyingmapa e os Gelugpa". O Dalai Lama explicou as motivações do Desi, de Lhazang e do VI Dalai Lama muito mais claramente do que qualquer historiador alguma vez fizera. Mostrou-me que Lhazang era um rígido sectário Gelug, horrorizado perante o que considerava ser a corrupção Nyingma a destruir a instituição do Dalai Lama.

"Os livros de história falam de muitas conspirações e contra-conspirações instigadas por Lhazang e pelo Desi, que acabaram por levar a uma guerra aberta", disse eu. "Mas não se tratou apenas de um conflito sectário, pois não? Lhazang Khan disse ao Desi que queria ser um verdadeiro rei. Ao nível *convencional*, Lhazang serviu-se da divisão sectária de que fala o Dalai Lama como uma desculpa para chegar ao poder, enquanto dizia ao VI Dalai Lama que ele não era um lama puro".

O Dalai Lama sorriu ao ouvir-me sumariar este capítulo da história, e reparou, de sobrolho levantado, que eu sublinhara a palavra *convencional*, tal como o ouvira fazer. "Sim", disse ele, "prossiga".

"Em 1705, Lhazang Khan matou o Desi ou regente do V Dalai Lama", observei eu. "Depois, em Junho de 1706, Lhazang depôs o VI Dalai Lama, então com 23 anos de idade, e enviou tropas ao Potala para o capturar. Lhazang e o imperador manchu planeavam exilar o VI Dalai

Lama na China. Os Tibetanos temiam que ele não regressasse com vida. Lhazang e o imperador afirmaram que o VI Dalai Lama não era a reencarnação de Chenrezi. Estavam a funcionar no nível *convencional*, pelo que não tinham fé na sua ideia de que todas as acções do VI Dalai Lama faziam parte, *não convencionalmente*, do plano mestre de Chenrezi para o Tibete. Viam um falso Dalai Lama, nomeado por um Desi que fora morto por ter tentado conquistar o poder. Os Manchus e Lhazang estavam a servir-se dos pecados do VI Dalai Lama como pretexto para chegar ao poder no Tibete".

"A culpa não foi dos Manchus", insistiu o Dalai Lama, "mas sim das lutas internas dos Tibetanos. Foi o conflito sectário no Tibete que possibilitou que isto acontecesse".

Mais uma vez, fiquei espantado perante a análise do Dalai Lama. Não fora o desejo de conquista do poder no Tibete por parte de Lhazang e dos Manchus que provocara a morte do VI Dalai Lama; fora, isso sim, o conflito entre as escolas budistas tibetanas que permitira a entrada dos Manchus no Tibete. À semelhança do que eu o vira já fazer por diversas vezes, o Dalai Lama culpava o Tibete e não os estrangeiros. Quantos líderes mundiais assumiriam assim uma culpa histórica?

"Quando Lhazang disse que o VI Dalai Lama não era uma manifestação de Chenrezi", perguntei, "e o removeu do Potala, o povo do Tibete perdeu a sua fé no VI Dalai Lama?".

"Nunca li em lado nenhum que, quando ele abandonou o Potala, as gentes de Lhasa tivessem acorrido em sua defesa", explicou o Dalai Lama. "Ou que tenham tentado impedir Lhazang de o levar. Só quando o VI Dalai Lama passou junto do Mosteiro de Drepung é que os monges saíram e tentaram travar Lhazang. Os monges Gelug apoiavam-no muito e estavam dispostos a morrer por ele. Eram-lhe dedicados".

"Sim", retorqui eu, "os livros de história dizem que uma multidão de monges cercou as tropas de Lhazang e o Dalai Lama, em 1706, quando se aproximaram do Mosteiro de Drepung. Enfurecidos, os monges atacaram os soldados com paus e pedras, apoderaram-se do VI Dalai Lama e levaram-no para o Drepung ([5]). Mas no dia seguinte, as tropas de Lhazang sitiaram o Drepung e apontaram a sua artilharia ao mosteiro, preparando-se para o incendiar. Nessa altura, a meio do confronto, o VI Dalai Lama saiu com alguns companheiros e avançou sobre as tropas de Lhazang. Depois de todos os que o acompanhavam terem sido mortos – combateram até ao último homem – ele deixou-se capturar pelos soldados".

"Sim, se ele tivesse ficado no Drepung", disse o Dalai Lama, "se ele tivesse aceite a protecção dos monges, muitos teriam sido mortos. Assim, ele pensou que seria apenas a sua vida em jogo, o que não teria importância. Por isso, aceitou. Calculou as circunstâncias. As forças mongóis eram mais fortes do que as forças tibetanas. Eram 7000 soldados. Não é que ele tenha optado por ir com os Mongóis para a China. A sua motivação foi religiosa. Se recusasse, muitos Tibetanos sofreriam. Ele sentiu que tinha que lidar com a situação".

"Então o VI Dalai Lama sentiu que tinha que se sacrificar para poupar outros?", perguntei.

"Sim", disse o Dalai Lama. "Penso que naquela situação, o VI Dalai Lama arriscou a vida para salvar as vidas dos monges e o Mosteiro de Drepung".

Os historiadores ignoram o auto-sacrifício do VI Dalai Lama, centrando-se nos seus poemas e amantes: o XIV Dalai Lama não o faz. O VI Dalai Lama não foi o único Dalai Lama a ser confrontado com uma decisão acerca da sua vida e do destino da nação. O XIV Dalai Lama viu-se igualmente confrontado com uma alternativa idêntica (ou ausência de alternativa) depois de comunidade internacional ter ignorado a invasão chinesa do Tibete, em 1950.

"O senhor fez a mesma coisa em 1954", disse eu. "Não queria ir à China quando Mao o convocou. Queria ir para a Índia, mas ninguém o ajudou. Não havia alternativa. Teve que ir à China e lidar com os Chineses. Apelou às Nações Unidas, mas o seu apelo foi rejeitado. E sentiu que se não fosse à China, o seu povo sofreria".

"Sim, tem razão", disse o Dalai Lama. "Não havia alternativa, a situação foi semelhante".

"Quando soube que teria que ir à China lidar com Mao Tsé-tung, tal como o VI Dalai Lama foi obrigado a ir à China avistar-se com o imperador manchu, o que é que sentiu?".

"Foi uma sensação de solidão". Fez uma breve pausa, e olhou para cima. Depois, com um suspiro, olhou novamente para mim e disse uma palavra. "Impotência".

Foi uma admissão tão franca que me cortou a respiração. A sala ficou silenciosa durante muito tempo. Por fim, recuperei a voz.

"E o que aconteceu ao VI Dalai Lama a caminho da China?", perguntei.

O XIV Dalai Lama respondeu, "Existem duas versões acerca da morte do VI Dalai Lama. Convencionalmente, diz-se que morreu ou que foi morto a caminho da China. No nível não convencional, ele desapareceu a caminho da China, reapareceu no Sudeste do Tibete, foi para o Sul, chegou a Lhasa e depois foi para a Mongólia. E lá permaneceu, durante cerca de 30 anos. Esta é a visão não convencional".

Tal como em relação a Milarepa, Songzen Gampo e todas as outras grandes figuras da história tibetana, o Dalai Lama via a vida e a morte do VI Dalai Lama a dois níveis. No nível convencional, o VI Dalai Lama foi talvez um libertino que morreu a caminho da China. No nível não convencional, algo que o Dalai Lama está convencido de que existe para as pessoas que treinam a mente, o VI Dalai Lama recorreu a um ioga esotérico e erótico para atingir estados superiores de consciência, e depois iludiu os seus captores e levou uma vida secreta na Mongólia até muito depois da sua suposta morte. Para o Dalai Lama, a perspectiva convencional, histórica, e a perspectiva não convencional, mítica, são ambas verdadeiras: para ele, a realidade é feita destas duas visões interligadas. Tal como ele me dissera anteriormente acerca das percepções convencional e não convencional da realidade, "ambas são verdadeiras". Ou, pelo menos, ambas são possíveis, e é impossível ir mais fundo na busca da realidade.

Historicamente, no nível convencional, Lhazang, neto do mongol qoshot Gushri Khan, tornou-se rei do Tibete e, com a ajuda do imperador manchu, matou o Desi e o VI Dalai Lama. Depois, aceitou que o Tibete se tornasse um protectorado dos Manchus([6]). Ao fazê-lo, virou as costas aos Mongóis dzungares, às suas próprias tribos.

Em 1709, os Manchus enviaram o seu primeiro representante imperial a Lhasa; esta figura, de nome oficial Amban, foi o primeiro([7]) representante estrangeiro a residir em Lhasa. Depois de Lhazang reprimir os Tibetanos, instalou um VI Dalai Lama "legítimo". Os Tibetanos nunca aceitaram este substituto como uma verdadeira manifestação de Chenrezi, estabelecendo um precedente que tornaria difícil um governante estrangeiro manipular o sistema de encarnação do Tibete com fins políticos.

Furiosos face ao rumo dos acontecimentos, alguns monges tibetanos enviaram secretamente emissários aos Mongóis dzungares, com os quais o V Dalai Lama e o Desi haviam mantido longos contactos, esperando libertar o Tibete de Lhazang e dos seus protectores manchus. Em 1717, os Dzungares responderam ao pedido. Como parte do seu prolongado combate contra os Manchus (embora tenham usado para a sua invasão o pretexto de auxílio aos Tibetanos), os Dzungares entraram em Lhasa. No início, os Tibetanos acolheram bem os Dzungares, que prometeram matar

Lhazang por ter deposto o VI Dalai Lama e instalado o recém-descoberto VII Dalai Lama. O miúdo, tal como o VI Dalai Lama previra antes de morrer, renascera recentemente na cidade oriental de Litang.

Infelizmente, quando invadiram Lhasa, os Dzungares não conseguiram capturar a criança([8]). As tropas do imperador manchu combateram para manterem a posse do miúdo, pois ele era a chave do poder no Tibete. No entanto, em 1717, os Dzungares conseguiram finalmente conquistar Lhasa([9]) e mataram Lhazang. Mas ao fazê-lo, deram início a um caótico reinado de pilhagens e massacres que lhes mereceu a cólera dos Tibetanos. Em 1720, após três anos de domínio dzungar, um exército manchu aproximou-se de Lhasa. Os Tibetanos estavam prontos a acolher os Manchus, nem que fosse pelo facto de eles trazerem consigo o VII Dalai Lama. Os Tibetanos recuperaram a sua autonomia, libertos do seu envolvimento com os herdeiros de Gushri Khan. Foi durante este período que nasceu um débil protectorado manchu.

O novo relacionamento com os governantes manchus da China foi um acontecimento crucial na história do Tibete. "O exército que levou o VII Dalai Lama para Lhasa não foi o primeiro exército manchu a entrar no Tibete?", perguntei eu. "Não foi nesta altura que os soberanos chineses começaram a empregar os seus exércitos no Tibete?".

"Sim, tem razão", disse o Dalai Lama.

"Então os Tibetanos receberam bem o primeiro exército manchu, que incluía algumas tropas chinesas, porque, para eles, os Manchus vinham proteger e instalar o VII Dalai Lama?".

"Sim. Penso que foi essa a motivação do imperador manchu", retorquiu o Dalai Lama. "Proteger a instituição do Dalai Lama. Os manchus até enviaram alguns funcionários, os Ambans, para protegerem o Dalai Lama. Mas as fontes tibetanas referem-se sempre a uma relação patrono-sacerdote entre o Dalai Lama e o imperador manchu. Começou quando o V Dalai Lama visitou Pequim, há quem diga até que foi antes. Originalmente, as duas partes foram sinceras acerca deste singular relacionamento. Mais tarde *(durante os 150 anos de protectorado manchu)*, o espírito mudou e a relação tornou-se mais política, mais centrada no poder. O que deu origem a problemas".

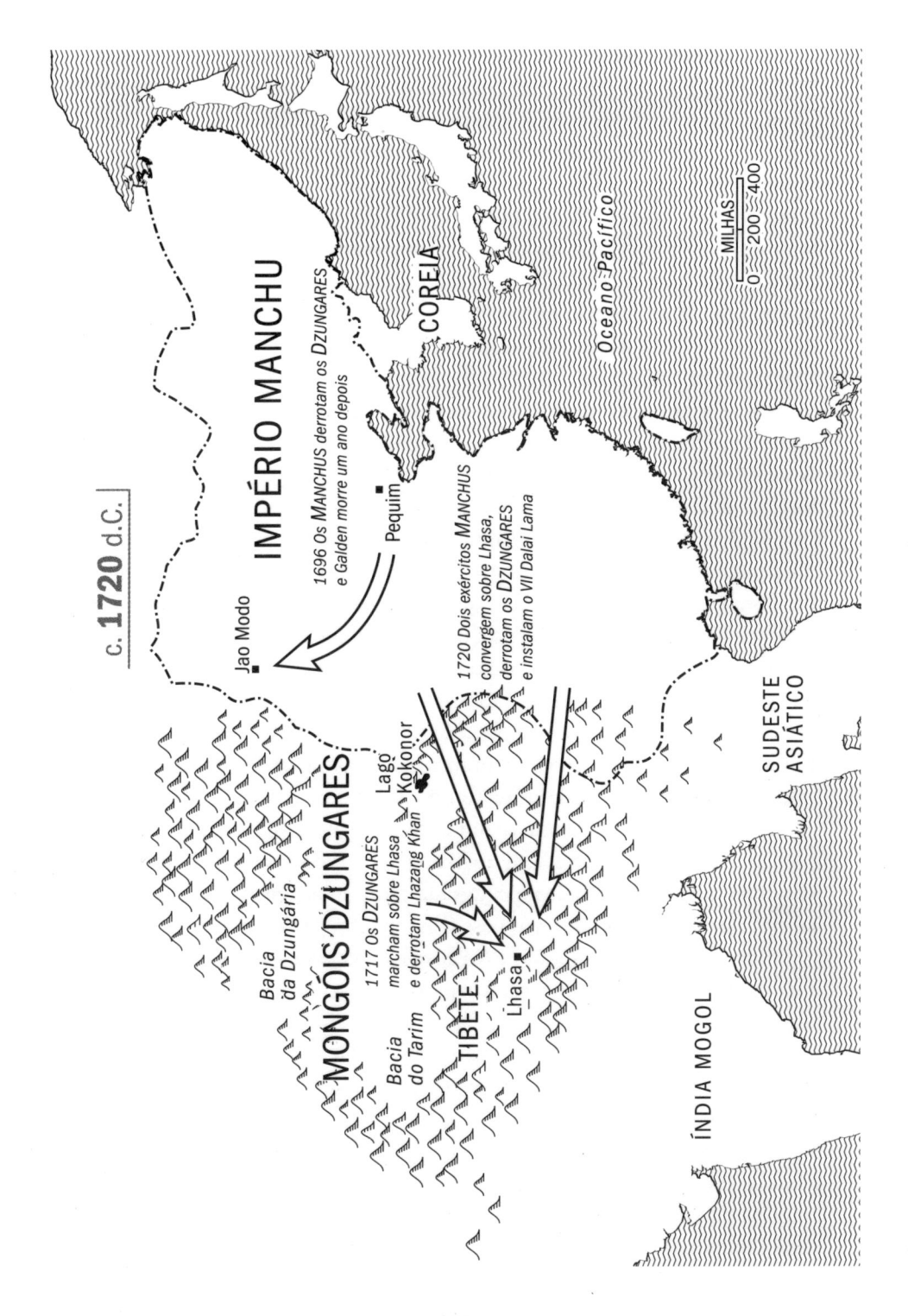

DO SEXTO AO DÉCIMO SEGUNDO DALAI LAMAS, *1705-1900*

c. **1720** d.C.

IMPÉRIO MANCHU

COREIA

Oceano Pacífico

MILHAS
0 200 400

Pequim

1696 Os MANCHUS derrotam os DZUNGARES e Galden morre um ano depois

Jao Modo

1720 Dois exércitos MANCHUS convergem sobre Lhasa, derrotam os DZUNGARES e instalam o VII Dalai Lama

MONGÓIS DZUNGARES

Bacia da Dzungária

Bacia do Tarim

Lago Kokonor

1717 Os DZUNGARES marcham sobre Lhasa e derrotam Lhazang Khan

TIBETE

Lhasa

ÍNDIA MOGOL

SUDESTE ASIÁTICO

213

Na verdade, o primeiro exército manchu permaneceu apenas três anos em Lhasa – o tempo suficiente para os Manchus instalarem o VII Dalai Lama –, e depois retirou-se. Recomeçou a luta facciosa no Tibete. Nesta altura, a grande preocupação dos Manchus era que os Dzungares não assumissem o controlo do Tibete nem do Dalai Lama. Os Manchus não demonstraram interesse numa ocupação do Tibete. Mesmo depois da sua expulsão do Tibete, os Dzungares permaneceram uma ameaça ao domínio manchu na China, até à década de 60 do século XVIII. O Tibete constituía apenas uma zona tampão na prolongada guerra dos Manchus contra os Dzungares – pela posse dos despojos da China –, pois era demasiado pobre e distante para ser incorporado no Império Manchu.

Naquela noite, ao pensar nas conversas do dia, veio-me recorrentemente à memória o terrível desespero na voz do Dalai Lama quando falara da sua deslocação à China – "Impotência". O VI Dalai Lama deve ter certamente comungado desta sensação de impotência ao ser levado pelos seus captores mongóis para a China. Para mim, os monges do Drepung que tentaram, com paus e pedras, impedir o rapto do VI Dalai Lama, tornaram-se símbolos daquilo em que o Tibete se converteria durante os duzentos anos seguintes – uma nação fraca e sob um mal definido estatuto de protectorado manchu ([10]) –, até o XIII Dalai Lama tentar criar um exército moderno, no início do século XX. A nação, unificada pela primeira vez por Songzen Gampo, no século VII, como uma grande potência militar, aberta às influências culturais oriundas de todas as direcções, transformara-se numa terra insular e impotente.

Durante a minha entrevista seguinte com o Dalai Lama, inquiri-o sobre o relacionamento do Tibete com os Manchus. "Alterou-se após 1720, e os Manchus tornaram-se gradualmente uma força muito mais dominante no Tibete? Antes de 1720, eles não possuíam poder político no Tibete?".

"Sim, é verdade", respondeu o Dalai Lama. "Mas penso que é muito importante mencionar uma coisa. Isto não foi meramente causado pelo crescente poder dos Manchus. Também havia disputas internas, e a própria instituição do Dalai Lama tornou-se instável depois do V Dalai Lama. Por isso, o imperador manchu da China enviou o Amban para o Tibete para dar uma ajuda na época do VII Dalai Lama. E aconteceu a mesma coisa aquando os Nepaleses invadiram o Tibete, na época do VIII Dalai Lama *(em 1792)*. Penso que o exército tibetano caiu em desgraça, foi derrotado, e os Manchus, na qualidade de patronos do Dalai Lama, vieram ajudar. Vieram ajudar a expulsar os Nepaleses, mas depois de o fazerem o seu exército partiu".

Quando o segundo exército manchu abandonou o Tibete, depois do ataque nepalês, um dos dignitários manchus avisou os Tibetanos de que deveriam fazer mais para se governarem e defenderem as suas fronteiras, pois da próxima vez os Manchus não iriam ajudá-los [11]. Existem provas irrefutáveis de que os imperadores manchus nunca quiseram ocupar o Tibete com guarnições. O que pretendiam era manter o *status quo* para garantirem que outras forças não usavam o Tibete para causar problemas ao domínio manchu na China.

Os Tibetanos e os Mongóis partilham a convicção de que o budismo retirou o seu espírito marcial. Ao falar disto, o Dalai Lama disse, "Os Tibetanos desarmaram-se a si próprios!". O Tibete, como potência religiosa e sem preocupações de cariz militar, emergiu nos anos pós-1720.

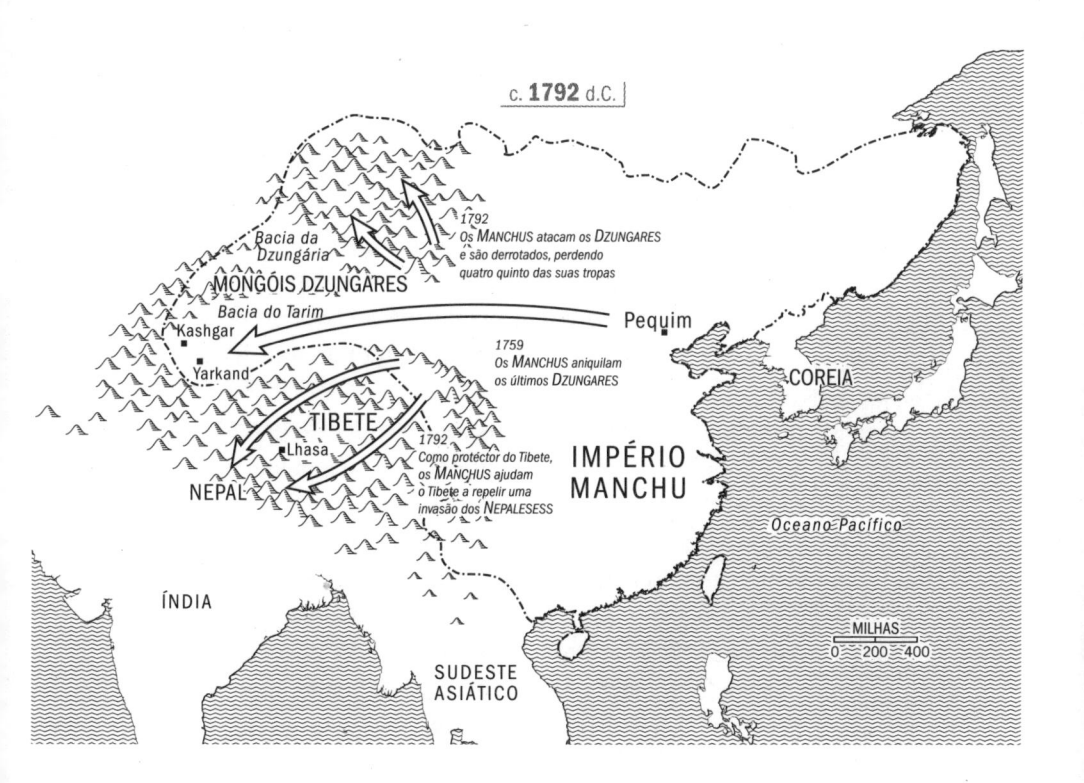

Do VII ao XII Dalai Lamas, nenhum governou o Tibete como o V Dalai Lama o fizera. A maioria morreu antes de atingir a maioridade. Quanto aos poucos que sobreviveram e tentaram governar, o Dalai Lama disse que "não eram muito capazes". Do VI Dalai Lama até aos primeiros anos do XIII Dalai Lama, o Tibete foi governado por uma sucessão de regentes.

"Sente uma forte ligação aos Dalai Lamas, do VII ao XII?", perguntei.

"Não, não sinto muita ligação", disse ele. "Nunca sonhei com eles. Só sonhei com o V e com o XIII Dalai Lamas". Embora ele não o tivesse dito, compreendi que os seus sonhos de ligação aos dois Dalai Lamas que ele mencionara eram prova dos seus laços com aqueles dois homens em vidas passadas. Ele cumpria nesta vida os objectivos do V e do XIII Dalai Lamas.

"E o plano mestre de Chenrezi?", perguntei eu.

"O plano mestre iniciado no tempo do I Dalai Lama falhou na época do VI Dalai Lama", disse ele. "Acho que durante o VII Dalai Lama houve outro período com um possível plano. Mas a partir dessa altura, sinto que deixou de existir qualquer plano. O VIII Dalai Lama morreu novo. O IX Dalai Lama morreu com apenas dez anos de idade. Ele era notável. Se este miúdo tivesse sobrevivido, julgo que teria corrigido as coisas. Poderia ter sido como o II Dalai Lama, um grande mestre, com muitas visões. O II Dalai Lama, mal fechava os olhos, tinha muitas visões do Buda e dos Bodhisattvas. O IX Dalai Lama também era assim, mas faleceu igualmente muito cedo. O X e o XI Dalai Lamas também faleceram muito cedo, e o mesmo aconteceu com o XII Dalai Lama. Assim, ao que parece, só no tempo do XIII Dalai Lama é que teve início outro plano mestre".

Em virtude de os sucessivos Dalai Lamas morrerem novos, os regentes governaram o Tibete durante 160 anos, sob uma nebulosa protecção manchu([12]). Vários historiadores ocidentais colocaram a hipótese de muitos destes jovens Dalai Lamas terem sido envenenados, talvez pelos regentes, que queriam manter o seu poder ou estavam conluiados com os imperadores manchus, que pretendiam manter uma sucessão de regentes obedientes em lugar de se arriscarem a ter um Dalai Lama carismático no poder no Tibete.

"Um dos principais debates históricos relativos a este período", disse eu, "decorre de uma divisão entre os historiadores ocidentais e os historiadores tibetanos acerca do que aconteceu a todos aqueles rapazes".

"Se foram envenenados ou se morreram de causas naturais", disse o Dalai Lama, demonstrando a atenção com que segue estes debates.

"E o Dalai Lama insistiu que não foram envenenados", observei eu.

"Sim", disse ele. "Não aceito que tenham sido envenenados. Foi simplesmente descuido. É claro que existe a possibilidade, mas penso que foi apenas a negligência ou a insensatez que causou a morte de tantos jovens Dalai Lamas. Vejamos o caso do X Dalai Lama, ou do XI Dalai Lama. Segundo a sua biografia, ele esteve doente durante alguns meses, com tosse. Soa-me a tuberculose. As pessoas mais idosas que cuidavam dos Dalai Lamas eram muito devotas mas, para dizer a verdade, não sabiam muito bem como cuidar deles. Consideravam que o jovem era Chenrezi, pelo que, para eles, uma tosse era algo de insignificante. Por isso, eram relativamente inúteis e tontos. Ainda hoje, quando as pessoas adoecem, alguns dizem, 'Reza as tuas orações. Não precisas de cuidados médicos'. Isto é um disparate". O Dalai Lama riu-se perante a ideia de espiritualidade sem sentido prático.

"E a pílula brilhante?", perguntei eu. "Pouco antes de quase todos estes rapazes morrerem, os médicos deram-lhe uma pílula que fez brilhar os seus rostos; pelo menos, é o que dizem os registos".

"Não se tratava de veneno", disse o Dalai Lama. "Porque o fariam? O brilho que os documentos referem provém de experiências espirituais interiores. Os ocidentais não compreendem que esta luz à volta das suas cabeças, este brilho de que falam, é a emanação da sua própria realização e nada tem a ver com pílulas nem com veneno".

"Dado que, durante este período, o poder político permaneceu com os regentes", perguntei eu, "qual foi o efeito sobre a nação tibetana?".

"Penso que teve um efeito enorme", disse o Dalai Lama. "Penso que a opinião pública não era instruída, e os que eram eram-no principalmente através da religião, pelo que geralmente não se interessavam pela política nem pelos interesses nacionais. O resto do povo, por não ter instrução, tinha uma visão muito limitada. Nestas circunstâncias, a autoridade central é muito importante, mas nessa época a autoridade central era muito fraca em todas as áreas. Era tudo muito mau. Havia muita corrupção, e também penso que os regentes desconheciam o que estava a acontecer no resto do mundo. Tinham uma sensação falsa do seu próprio poder e do poder daqueles que os rodeavam. O problema principal era a ignorância, por o Tibete estar tão isolado. As instituições monásticas tornaram-se um obstáculo ao desenvolvimento do país, e também havia sectarismo".

"Se esses são os efeitos negativos da regência, qual foi o lado positivo deste longo período de regentes?", perguntei eu.

"Não digo que foi tudo negativo", explicou o Dalai Lama, "nem estou a defender a situação, dizendo que foi tudo positivo. Penso que ambas as posições são extremas. Mas sim, no caso tibetano, a religião e o budismo poderão ter prejudicado o desenvolvimento material. E não há dúvida de que a população permaneceu reduzida por existirem demasiados monges e monjas. E o sistema da poliandria *(dois irmãos partilhando uma mesma mulher)* também restringiu o crescimento populacional. Não restam dúvidas. Mas por causa de tudo isto, a economia era auto-suficiente. Havia demasiados monges, e monges ricos. As instituições monásticas tinham demasiada importância espiritual. Em certo sentido, foi prejudicial para o desenvolvimento da nação, mas ao mesmo tempo, apesar dos altos e baixos políticos, a raça tibetana permaneceu una devido ao budismo. Também não restam dúvidas acerca disto".

Durante o longo período de regências, a relação entre os imperadores manchus e os regentes que governavam em nome do Dalai Lama foi, de uma perspectiva moderna, ambígua e confusa. Os Chineses e os Tibetanos tiram conclusões diferentes desta história. As fontes do governo chinês usam a intervenção manchu como prova de que o Tibete fez parte da China, pelo menos a partir desta época, se não mesmo antes. Os Tibetanos que vivem no exílio – e no Tibete – negam que os Manchus tivessem qualquer poder real sobre o seu país. O Governo Tibetano no Exílio, sedeado na Índia, afirma peremptoriamente que a nação nunca fez parte da China. O Dalai Lama interpreta esta história de uma forma diferente.

"O senhor afirmou", comecei eu, "que entre 1720 e cerca de 1900, do VII ao XII Dalai Lamas, existiu um relacionamento especial entre o Tibete e os Manchus – embora saiba que muitos Tibetanos rejeitam totalmente essa ideia".

"É o meu ponto de vista", replicou ele.

Pressionando-o sobre esta questão, perguntei-lhe, "O Tibete era oficialmente vassalo dos Manchus?"

"A minha opinião é que se tratava de um relacionamento singular", respondeu ele. "Nós, Tibetanos, chamamos-lhe relação sacerdote-patrono. *Cho-yon*, em tibetano".

"Penso que falámos disto", disse eu, "quando abordámos as relações de Phagpa com Kublai Khan, não foi?"

"Sim, e tal como afirmei então, as definições de hoje não servem para isto, porque essas definições provêm do Ocidente", disse o Dalai Lama. "Existiram alguns casos em que os Manchus influenciaram ou controlaram os assuntos tibetanos, mas os Tibetanos viram nisso um acto de protecção. Por isso, aceitaram-no. Mas esta relação, entre sacerdote e patrono, talvez não a consigamos traduzir de acordo com o moderno direito internacional. O direito moderno internacional que vigora entre os

Estados decorre de conceitos ocidentais. Por isso, no que toca à relação singular entre um lama ou líder tibetano e um imperador manchu, não sei se podemos traduzir este conceito em termos modernos".

"Talvez fosse mais claro se comparássemos as relações entre os Dalai Lamas e os imperadores manchus com as relações entre o papa e os reis e imperadores da Europa", disse eu.

"Sim. Julgo que podemos comparar as relações entre os imperadores manchus e os Dalai Lamas com as relações entre os imperadores e os papas europeus", disse ele.

Quando abordei o Dr. Erberto Lobue, um professor italiano de história e arte tibetanas, e lhe falei sobre as ideias do Dalai Lama, ele discorreu informadamente sobre o tema.

> É fácil compreender a história política do Tibete se conhecermos a italiana: durante séculos, até 1861, a Itália foi uma série de reinos e principados independentes, conspirando e lutando constantemente entre si, convidando regularmente soberanos estrangeiros – espanhóis, franceses, alemães – a entrarem com os seus exércitos no país para se livrarem dos seus rivais italianos; apesar disso – ou talvez devido à sua própria competitividade –, criaram uma civilização maravilhosa, pelos menos em termos artísticos e culturais...
>
> Até certo ponto, encontramos a aplicação de estratégias políticas similares no Tibete, pelo menos desde o século XIII. No início do século XVIII, em particular, os líderes religiosos gelugpa convidaram o imperador manchu a livrá-los dos Dzungares, que eles tinham previamente convidado para se livrarem dos Qoshots, os quais haviam sido chamados pelo V Dalai Lama para se livrar dos reis autóctones de Tsang e Beri, e estabelecer a supremacia da sua escola religiosa em todo o Tibete.
>
> A subsequente imposição do protectorado manchu sobre o Tibete, com a destruição das muralhas de Lhasa, a colocação de dois representantes imperiais na capital, a instalação de uma guarnição na cidade e assim por diante, assinalou o fim da... independência do Tibete, enquanto que o excessivo conservadorismo do clero budista prejudicou o nascimento de uma classe política laica que poderia ter conduzido à criação de um Estado laico – como o Nepal ou o Butão –, capaz de resistir à ameaça expansionista colocada pela China. Uma situação irremediável, tal como na Itália!

Quando sugeri ao Dalai Lama que os imperadores manchus manipularam o Tibete por razões políticas, sem uma verdadeira devoção ao Dalai Lama – tal como os reis europeus haviam feito com os papas –, ele discordou. "A minha opinião em relação aos Manchus é que alguns foram religiosamente sinceros, e outros tinham motivações políticas. Não penso que se possa generalizar e afirmar que todos os Manchus tinham motivações políticas e manipularam a situação. Não acredito nisso. No início, nenhum dos lados ligou muito ao aspecto político da relação. Era uma relação espiritual; depois foi corrompida, mas sem premeditação. E depois, mais tarde – hoje – outras pessoas com motivações políticas olham para esta relação e explicam-na ou interpretam-na com ideias novas". O Dalai Lama estava tão convicto de que a relação original era puramente espiritual (e por isso, não sujeita a uma interpretação política, nem na época nem agora), que disse que, na altura, alguns Tibetanos "aprovaram alguma interferência do imperador manchu para garantir o futuro do Dalai Lama. Fazia parte das relações sacerdote-patrono".

A história manchu consubstancia a perspectiva do Dalai Lama. Depois de se tornar imperador, em 1744, o príncipe manchu Yonghegong converteu o seu palácio, em Pequim, num templo budista tibetano. O Templo do Lama ([13]) continua a ser uma das mais conhecidas atracções turísticas da cidade. Para sublinhar a devoção religiosa dos Manchus ao budismo tibetano, o imperador Qianlong construiu, em Jehol – milhares de quilómetros a nordeste de Lhasa –, uma gigantesca réplica do Potala no palácio de Verão manchu ([14]), que também é hoje uma atracção turística, com as suas paredes decoradas com frescos budistas tibetanos do século XVIII. Tal como sucedera com os Mongóis, os Manchus identificavam-se com o budismo tibetano, em parte como meio de manterem as diferenças culturais que tinham em relação aos seus súbditos chineses. Por seu lado, estes permaneceram confucionistas e nunca esconderam o seu desdém pelos Tibetanos e pela sua religião.

Os imperadores manchus promoveram as diferenças culturais e étnicas entre Manchus e Chineses para impedirem a absorção dos Manchus pela população chinesa, numericamente superior ([15]). A devoção ao budismo tibetano constituiu parte desta política, embora também sobrevivessem a dedicação à sua religião xamânica. Os Manchus construíram uma vedação com várias centenas de quilómetros para demarcarem as terras ancestrais manchus da China, e proibiram os agricultores chineses de a atravessarem; também interditaram os casamentos mistos (e até o comércio) com os povos chineses seus súbditos([16]), procurando manter a sua pureza étnica([17]) e, por extensão, o seu domínio sobre os Chineses. Todavia, como meio de legitimarem este domínio, os Manchus encorajaram os príncipes mongóis, particularmente os pertencentes à linhagem de Gengiscão, a casarem com mulheres da família imperial manchu([18]). Não são necessárias muitas mais provas para demonstrar que os povos da Ásia Interior viam os Chineses como um povo distinto e súbdito, de estatuto inferior no seio de um Estado chinês. E basta-nos olhar para estes regulamentos para compreender que os Chineses desprezavam os povos da Ásia Interior como bárbaros.

Embora os Manchus protegessem a sua identidade étnica, adoptaram de bom grado os aspectos da cultura chinesa que os ajudavam a governar os seus súbditos([19]). Os Manchus deram um nome chinês ao seu império – dinastia Qing ("Pura")([20]) – mas certificaram-se de que continuaria a ser um Estado manchu, governado em benefício dos Manchus. O aparelho burocrático da China foi absorvido([21]) quase intacto, embora fosse colocado um manchu em cada nível para garantir a lealdade chinesa. Os colaboradores chineses eram essenciais para a subjugação manchu da China, e disponibilizaram-se porque servir os Manchus abria aos Chineses a via da prosperidade, embora muitos Chineses desprezassem os que ajudavam os estrangeiros a dominar o povo chinês.

Depois de os Manchus completarem a conquista da pátria dos Mongóis orientais – a actual Mongólia –, entre 1688 e 1691([22]), proibiram os seus súbditos chineses de se deslocarem à região ou de lá se instalarem. O vigor marcial dos Mongóis era-lhes útil, pelo que tinha de ser protegido (isto é, segregado). Um imperador manchu referiu-se às tribos da Mongólia como a verdadeira Grande Muralha que defendia as fronteiras a norte. Se a cultura chinesa se espalhasse entre os Mongóis, os Manchus receavam que eles se tornassem brandos e inúteis como guerreiros.

Com o passar dos séculos, os governantes manchus absorveram algumas atitudes culturais chinesas face ao mundo; até certo ponto, foram sinicizados. Por exemplo, os imperadores manchus aceitaram prontamente a concepção chinesa do estatuto dos governantes da China. Em 1775, o imperador Qianlong, ao escrever ao rei da Tailândia, vincou bem este ponto: "A Corte celestial reina sobre todo o mundo, e todos os Estados do mundo são como uma família"([23]). Os especialistas chineses tentam transformar as conquistas mongóis e manchus fora da China Ming em conquistas chinesas – para justificarem a ocupação chinesa do Tibete e de outros territórios –, mas trata-se de revisionismo. Na verdade, os Manchus insistiram que os Chineses se tornassem Manchus, ou que pelo menos demonstrassem a sua subserviência. Todos os Chineses foram obrigados, sob pena de morte, a usar a tradicional trança ou rabicho manchu, que significava o seu estatuto como súbditos ([24]). Os Chineses foram também obrigados a abandonar o seu estilo de vestuário e a usarem túnicas manchus. No Ocidente, as tranças e as túnicas são frequentemente apresentados na cultura popular como um estereótipo chinês, mas para os patriotas chineses constituíram um sinal de vergonha durante séculos ([25]).

Independentemente de como as definamos, as pretensões manchus sobre o Tibete decorreram da hegemonia do império na Ásia, e não de um domínio chinês. A partir de 1750 e até cerca de 1910, os Manchus afirmaram ser suseranos do Tibete, embora os regentes tibetanos continuassem a governar e os Manchus nunca tivessem mais de 1500 soldados no Tibete, uma área maior do que o Texas e o Alasca juntos. Este corpo de segurança do representante manchu em Lhasa não permitia aos Manchus governarem o Tibete, nem sequer cobrarem impostos. Todavia, os registos imperiais qing declaram o Tibete – e o resto do mundo – um feudo da "Corte celestial". Os países adjacentes aos Manchus não rejeitaram peremptoriamente estas vagas pretensões. Os europeus também chamavam casualmente "China" ao Império Manchu, embora ele incluísse toda a actual Mongólia. Embora os viajantes europeus reconhecessem que os Chineses eram súbditos dos Manchus, esta subtileza perdeu-se nos leitores distraídos da história chinesa, e a confusão ainda hoje é comum.

Quando falei neste tema, o Dalai Lama ficou curioso acerca da ideia da supremacia manchu na Ásia, materializada através do antigo sistema chinês de relações tributárias.

"Estou muito interessado", disse ele, "em comparar as relações dos Manchus com o Tibete com as relações dos Manchus com os reis coreanos, vietnamitas ou tailandeses. Dado que os imperadores manchus se consideravam supremos, gostaria de conhecer a sua atitude ou o modo como lidavam com os outros, e de saber se são comparáveis ao modo como lidavam com o Tibete".

"Usando termos modernos", retorqui, "seria interessante saber se os Manchus se consideravam 'suseranos' desses países do mesmo modo como o governo chinês afirma hoje que foram 'suseranos' do Tibete desde a antiguidade. E as missões tributárias…".

"Sim", anuiu o Dalai Lama. "O governo chinês apresenta sempre as missões comerciais tibetanas durante o período manchu como missões tributárias, e refere os títulos que os Manchus deram aos sacerdotes tibetanos. Mas se os Manchus lidaram com outros países que são hoje independentes do mesmo modo que lidaram com Tibete, seria muito difícil ao governo chinês dizer que estas coisas antigas provam que as relações do Tibete com os Manchus eram entre súbdito e governantes".

"Sim, penso que tem razão", disse eu. "Deveria ser investigado".

"Sim", retorquiu prontamente o Dalai Lama. "Julgo que se poderá fazer algum trabalho de pesquisa sobre isto. Ajudar-nos-ia a compreender a realidade do relacionamento entre o Tibete e os Manchus". Olhou para mim de modo a deixar claro que eu deveria conduzir a minha própria investigação, e depois, antes de me mandar embora, mencionou trabalhos sobre o tema realizados por investigadores tibetanos.

O que descobri depois de digerir as relações dos Manchus com o Sudeste Asiático foi fascinante. Os soberanos da Tailândia, Laos, Birmânia e Coreia disseram aos imperadores manchus que os aceitavam como seus suseranos (embora se tenham ocasionalmente rebelado), tal como o Tibete fez durante 200 anos. Não existiu nenhum laço com o Império Manchu, excepto o definido pelas normas culturais chinesas, adoptadas pelos Manchus, que se baseavam no pressuposto da supremacia absoluta do imperador. Todos os assuntos externos faziam parte de uma relação tributária. Descobri que os especialistas – antigos mestres, como John Fairbank, ou ainda no activo, como Perry Link de Princeton ou William Kirby de Harvard – concordam com o Dalai Lama ([26]) quando ele diz que este antigo costume diplomático não pode ser traduzido precisamente em termos modernos. Apesar das afirmações em contrário por parte da China, não existe nenhuma sustentabilidade para a posição de que as nações que enviavam tributo aos manchus abdicavam da sua independência. Existe o consenso generalizado de que as relações tributárias, durante o período da conquista imperial, não podem ser usadas para definir fronteiras entre Estados modernos.

Por exemplo, os reis tailandeses aceitaram o imperador manchu como seu "suserano" ([27]) em 1650, muito antes dos Tibetanos. Os representantes dos governantes do Tibete e da Tailândia curvaram-se perante o imperador manchu em Pequim, mas as chamadas missões tributárias eram, na verdade, missões comerciais ([28]) – um lucrativo monopólio autorizado aos governantes estrangeiros, já que o imperador apenas permitia que pagassem tributo aqueles que reconhecia como dignitários governamentais.

Depois de entronizados, os reis tailandeses enviavam uma missão tributária à China para pedir um título(29) e o reconhecimento do seu reinado. Segundo documentos manchus da época, os Tibetanos fizeram o mesmo com cada Dalai Lama. Os Manchus reclamavam o direito formal de conceder títulos aos reis tailandeses, tal como reclamavam o direito formal a reconhecer a verdadeira reencarnação do Dalai Lama. Na verdade, os Tailandeses e os Tibetanos tomavam as decisões, e os Manchus aprovavam-nas. Era um sistema útil para os que enviavam os tributos, e também para os Manchus. Os reis tailandeses utilizaram a grandeza do título recebido do imperador para realçarem a sua posição política(30) na Tailândia e noutras regiões do Sudeste Asiático. Os sacerdotes tibetanos apresentaram-se aos imperadores mongóis, ming e manchus para receberem títulos, que depois utilizaram para incrementar o seu poder no Tibete e em toda a Ásia Interior. Assim, os Manchus aumentaram o seu estatuto em toda a Ásia apontando para a procissão dos pagadores de tributo como prova do poder que detinham.

Os imperadores manchus viram-se confrontados com um problema em relação às missões tributárias tibetanas e tailandesas: tornaram-se demasiado frequentes e dispendiosas, pois os Manchus ofereciam sempre presentes mais valiosos em troca. Consequentemente, os Manchus acabaram por limitar o seu número. Os tributos do Tibete, da Coreia ou da Tailândia aos governantes manchus da China e ao Império Qing não justificam a afirmação chinesa de que estas nações fizeram parte da China(31) desde o império manchu. No entanto, é exactamente este o argumento do governo chinês no caso do Tibete. Esta perspectiva é difundida nas escolas chinesas, é comummente aceite na China e é citada pelas autoridades e publicações governamentais como justificação de o Tibete fazer hoje parte da China(32). Durante a década de 60, a China publicou mapas baseados no argumento das "pretensões manchus", mostrando a Tailândia, o Vietname e outros países circundantes como parte da China.

Quando discuti as minhas descobertas com o Dalai Lama, ele não ficou surpreendido – iam ao encontro da sua perspectiva –, mas fez uma observação importante. "As relações entre os líderes tibetanos e os imperadores chineses eram mais espirituais", disse ele. "As relações dos tailandeses e dos vietnamitas com o imperador manchu nunca tiveram um lado espiritual. Assim, embora algumas coisas sejam similares, outras são diferentes. E tudo isto continua a ser impossível de interpretar em termos legais modernos. E existe ainda o facto de que os Tibetanos tinham o sistema da reencarnação. Durante todo o período manchu, os Manchus nunca puderam dizer que determinado tibetano era ou não era uma reencarnação. Limitaram-se a concordar com as decisões dos Tibetanos nesta matéria. A relação patrono-sacerdote era uma relação única, de difícil definição hoje em dia. Baseava-se no budismo e na fé, não na política. Mas embora fosse uma relação de natureza mais espiritual, foi ocasionalmente manipulada na arena política, o que causou problemas".

Outra diferença crucial entre os países do Império Manchu é que alguns, como a Mongólia, foram ocupados e administrados directamente. Outros, como a Tailândia e o Tibete, tinham um chefe de Estado, e albergavam poucas ou nenhumas tropas manchus. O rei da Tailândia e o Dalai Lama utilizavam um sistema de corveias, o que lhes permitia dispor da mão-de-obra gratuita dos seus súbditos, uma forma primária de imposto em ambos os países. Embora o imperador manchu tivesse um sistema de corveias na China e na Mongólia, não se podia dar ao luxo de exigir mão--de-obra aos súbditos do Dalai Lama ou do rei da Tailândia. Os Manchus implementaram esta complexa teia económica por uma razão: para impedirem as nações vizinhas de ameaçarem o seu domínio na China. Os Dzungares tinham esperado utilizar a autoridade e o prestígio do Dalai Lama para incitarem à revolta os Mongóis sob domínio manchu. Os Manchus estavam decididos a cortar estas tentativas pela raiz. O seu objectivo era a manutenção do seu controlo da China devido à riqueza do país. Porém, o sistema utilizado pelos Manchus para controlarem os Chineses obteve o resultado oposto. A corrupção instalou-se, e os Chineses aprenderam a utilizar os mecanismos manchus em seu próprio benefício – o oposto do que os Manchus pretendiam.

A Mongólia constitui o melhor exemplo. No início do seu domínio pelo Império Manchu, em 1688, os Chineses estavam proibidos de entrar na região([33]), que era vista como um gigantesco campo de treino militar para os Mongóis, os melhores guerreiros dos Manchus. O sistema de corveias implementado pelos Manchus obrigava os Mongóis a fornecerem aos funcionários manchus cavalos para o dia seguinte de viagem, ou alimentos e alojamento para os correios. Numa estranha reviravolta, os Chineses aprenderam a explorar um sistema concebido para perpetuar o domínio manchu; os lucros obtidos pelos empresários chineses na Mongólia deram aos Chineses um grande poder sobre os assuntos Mongóis.

Em 1850, os Chineses já tinham montado lojas em todos os acampamentos mongóis ([34]). Depois de subornarem os funcionários manchus, utilizavam os cavalos e os correios, obtidos através do sistema de corveia manchu, para transportarem os seus próprios artigos para a Mongólia, a custo zero. Nenhum comerciante mongol conseguia competir com eles. Além do mais, os comerciantes chineses assumiram o papel de prestamistas locais. Todas as famílias mongóis tinham de pagar um imposto ao imperador manchu. No entanto, como a sua riqueza era móvel ([35]), encontrando-se nas ovelhas e nos cavalos que possuíam, pediam prata emprestada aos Chineses para pagar os seus impostos. Os juros eram tão elevados que não tardou muito até que a maioria dos Mongóis se visse perpetuamente endividada aos lojistas e prestamistas chineses. Quando um burocrata manchu colocava dificuldades, o prestamista chinês subornava-o. A sua corrupção do sistema de governo manchu permitiu-lhes apoderarem-se lentamente da Mongólia a partir do interior, gerando no país uma intensa antipatia pelos Chineses.

Uma série de acontecimentos semelhantes afectou a China, e também a relação tributária com a Tailândia. Os mercadores chineses de Cantão cooperaram com os mercadores tailandeses de Banguecoque (e com expatriados chineses na Tailândia) para corromper o sistema de tributos, de modo a que os comerciantes chineses e tailandeses pudessem fazer dinheiro com o comércio proibido pelos manchus ([36]). Os mercadores queriam mais missões tributárias – a única possibilidade de realizar comércio externo –, e subornaram funcionários manchus para que assim acontecesse. Os imperadores manchus acabaram por ter de pôr fim às missões tributárias da Tailândia, devido às enormes despesas envolvidas. Surgiu então um verdadeiro comércio externo, embora os Manchus mantivessem a ficção, até ao fim, de que todos os países do Sudeste Asiático eram seus vassalos. A história das relações tributárias, baseadas em ideais chineses com dois mil anos de idade e implementadas pelos Manchus em toda a Ásia, no século XVII, assumiria um destaque significativo no século XX.

Quando lhe expliquei como os Chineses, no século XIX, haviam penetrado em todos os acampamentos mongóis e usado o sistema de corveias manchu para colonizarem a Mongólia, o Dalai Lama ficou chocado. No Tibete, entre 1759 e 1900, verificou-se uma situação muito diferente a vários níveis.

Tendo a nação mongol sido destruída, em grande medida, pela imposição de pesados impostos por parte dos Manchus, pagáveis em prata, a qual só podia ser obtida junto dos prestamistas chineses (37), perguntei ao Dalai Lama: "Que impostos pagava o Tibete…".

"Os Tibetanos nunca pagaram impostos aos Manchus!", observou ele, com grande surpresa. Ele não fazia ideia de que o domínio manchu da actual República da Mongólia (e a Mongólia Interior, na China) fora tão absoluto. Ficou chocado quando comparei a história tibetana e mongol durante o período manchu, porque era óbvio que o Tibete permanecera politicamente mais autónomo e economicamente mais livre da interferência manchu e chinesa. Quando era miúdo, o Dalai Lama ouvira homens que haviam governado o país durante o período manchu (38) falarem das relações do Tibete com os Manchus. Nunca ouvira falar de uma extensa colonização chinesa da Mongólia.

"Pelo menos nós, no Tibete Central", disse ele, "sob jurisdição tibetana, nunca pagámos impostos a nenhum governo chinês, incluindo os Manchus". Ele aludia ao facto de algumas partes do que fora o Tibete Oriental do V Dalai Lama e de Songzen Gampo terem sido incorporadas nas províncias manchus da China em finais do século XIX e princípio do século XX, cujos habitantes poderão ter pago os impostos manchus.

"E a mão-de-obra fornecida pelos Tibetanos ao governo tibetano sob forma de corveias – não faziam o mesmo aos funcionários manchus no Tibete?"

"Não, era unicamente para uso do governo tibetano", replicou o Dalai Lama. "Quando os representantes manchus em Lhasa necessitavam de mão-de-obra, o governo tibetano tinha de emitir ordens para que lhes fosse fornecida". O espanto do Dalai Lama era óbvio. A administração manchu em Lhasa consistia em dois representantes e algumas centenas de soldados; não era a rede nacional de milhares de funcionários e dezenas de milhares de soldados que cobria a Mongólia.

"Existiam centenas de lojas chinesas por todo o Tibete", perguntei, "e os comerciantes chineses usavam o sistema de corveias para transportar os seus artigos para o Tibete e vendê-los aos Tibetanos?".

"Não existiam centenas de lojas chinesas no Tibete!", exclamou o Dalai Lama. "Em Lhasa, havia talvez meia dúzia de lojas. E no Sul do Tibete, talvez lá houvesse alguns chineses, mas viviam lá há tanto tempo que se tinham tornado Tibetanos. Mas nunca houve um grande número de chineses a viver no Tibete". Os números do governo chinês relativos a 1943 sustentam a afirmação do Dalai Lama de que havia somente cerca de quinhentas famílias chinesas em todo o Tibete Central (39).

"Além do mais", continuou o Dalai Lama, "seria impossível para os poucos comerciantes chineses existentes no Tibete utilizarem o sistema de corveias. Esses poucos empresários chineses não podiam servir-se do sistema, era para uso do governo".

"Pois bem, foi utilizado de maneira muito diferente na Mongólia, durante as últimas décadas do domínio manchu", disse eu. "Verificou-se a corrupção do sistema de corveias dos manchus ou Império Qing, com objectivos colonialistas, por parte de um sem número de Chineses [40], particularmente no fim do século XIX. Penso que é muito importante compreender que isto nunca aconteceu no Tibete".

"Exactamente. Nunca tivemos milhares de lojas chinesas no Tibete", aquiesceu o Dalai Lama. "E o recurso ao sistema de corveias só podia ser autorizado pelo governo tibetano, enquanto que você me diz que, no caso da Mongólia, foi utilizado pelos próprios Chineses. Seja como for, a grande diferença é que a autoridade para a utilização da corveia na Mongólia pertencia aos funcionários manchus. No caso do Tibete, isso nunca se verificou. Só o governo tibetano possuía essa autoridade".

"Sim", disse eu. "Nesse sentido, o Tibete e a Tailândia constituem uma comparação melhor. Ambos dispunham de um regime de corveias, utilizados pelos líderes como um imposto sobre os seus súbditos, e os Manchus nunca tiveram autoridade para exigir a sua utilização em nenhum destes dois países. E existe outra semelhança entre o Tibete e o sudeste Asiático. O regente do governo tibetano governava o Tibete, tal como os reis tailandeses governavam a Tailândia. As missões tributárias e outros rituais através dos quais demonstraram o seu respeito aos Manchus eram apenas uma ficção cortês, ou pelo menos os Tailandeses e os Tibetanos viam estas missões de um modo diferente dos Manchus e chineses. Nunca sentiram que elas significavam que os seus países faziam parte da China, e continuaram a governá-los".

"Sim, é verdade", disse o Dalai Lama. "Penso que o exemplo tailandês é semelhante ao tibetano".

"Os Manchus, tal como os Chineses ou os antigos governantes mongóis da China, disseram que eram os senhores do mundo", retorqui eu, "e insistiram que toda a gente se curvasse perante eles e lhes pagasse algo a que chamavam tributo. Os Tailandeses e os Tibetanos disseram-lhes que sim, que lhes pagariam o suposto tributo, para tentar aproveitar a situação e ganhar dinheiro comerciando com a China, ou explorar os títulos que lhes eram concedidos pelos Manchus para aumentarem o seu estatuto regional. O historiador tailandês ([41]) que li sobre este tema refere muito explicitamente estas duas coisas. Isto também aconteceu no Tibete".

"Sim, a motivação do lucro foi verdadeira no caso tibetano", disse o Dalai Lama. "E também se alguém afirmasse que tinha ligações ao imperador chinês, isso aumentaria o seu prestígio local. Chegaram a colocar, à entrada dos templos e mosteiros, alguns dos presentes recebidos dos imperadores chineses, ou as cartas ou títulos que conseguiam obter dos Manchus. Isto até se verificou no Potala e nos mosteiros de Drepung e Sera, em Lhasa".

Deu-me um exemplo. Referiu-se a Tsongkhapa, o fundador da própria ordem do Dalai Lama, a Gelug. Quando o Dalai Lama visitou o Mosteiro de Sera, na década de 50, antes de fugir do Tibete, os monges usaram um chapéu preto especial durante uma cerimónia. O chapéu fora-lhes dado por um imperador ming, que também concedera um título ao cozinheiro de Tsongkhapa. À semelhança de todos os Gelugpa e tal como especificou Tsongkhapa, os monges de Sera devem usar chapéus amarelos durante os rituais, mas o Dalai Lama viu-os, durante um ritual, a usar o chapéu oferecido pelo imperador ming. O Dalai Lama provocou os monges de Sera. "Eu disse-lhes, por graça, que eles consideravam o imperador chinês mais importante do que Tsongkhapa e a linhagem Gelugpa. Isto é claramente contra as regras do *Vinaya*. Estas regras foram criadas pelo Buda do qual nós somos seguidores mas depois ignoramo-las para demonstrarmos a nossa grandeza através do apoio de um imperador chinês".

"E o propósito dos imperadores manchus, ao fazerem essas coisas", disse eu, "era controlarem os chamados bárbaros da fronteira, através de presentes e títulos. Os títulos e as bugigangas saíam baratos em comparação com o que lhes custaria enviar tropas para a fronteira. A sua motivação era o controlo".

"Sim, era essa a motivação dos Manchus", retorquiu o Dalai Lama. "Mas o pior de tudo, no Tibete *(durante esta época)*, foi a estagnação e o facto de ninguém controlar verdadeiramente o governo".

"Existe alguma história", perguntei, "que tenha ouvido em miúdo, que possa descrever este período de estagnação do Tibete, quando os regentes governaram durante tanto tempo? É um período demasiado longo, e durante o qual nenhum Dalai Lama governou, pelo que não me demorarei nele; gostaria apenas de saber como o resumiria o Dalai Lama".

"Quando eu era rapaz, ouvi repetidamente a mesma frase", disse ele. "Penso que também se aplica ao período de que fala. Eles diziam sempre que devíamos seguir o modo tradicional de fazer as coisas; repetiam-no constantemente. Demonstra claramente alguma estagnação. Não existia nenhuma sensação de progresso. Quando surgia algum hábito novo, criativo, eles viam-no como negativo. Queriam manter o que existia e preservar o passado. Este foi o maior erro. O Tibete foi enfraquecendo, e ninguém queria saber o que se passava no mundo à sua volta".

10

O Décimo Terceiro Dalai Lama

1876-1933

O Dalai Lama e eu vínhamos discutindo a história tibetana a espaços, em função do seu tempo disponível, há já 14 meses, quando passámos ao seu antecessor directo, o XIII Dalai Lama. Pelas suas palavras anteriores, eu sabia que ele sentia uma forte "ligação" ao XIII Dalai Lama. Embora fosse incapaz de descrever precisamente o significado da palavra, ele dera a entender repetidamente que acreditava ser uma reencarnação do XIII Dalai Lama, bem como uma manifestação de Chenrezi, e que não sentia estas duas ligações com todos os Dalai Lamas. Era um pequeno fio condutor, sempre constante das nossas conversas. Para compreendermos a história do Tibete moderno e o seu lugar nele, necessitamos de conhecer a história pessoal do XIII Dalai Lama, tal como o seu sucessor a compreende e na versão familiar aos historiadores.

Thupten Gyatso, o XIII Dalai Lama, nasceu a 27 de Maio de 1876, na aldeia de Thakpo Langdun, no sudeste do Tibete ([1]), "a um dia de carro, a sudeste de Lhasa", como diz o Dalai Lama.

"Quando ouviu falar pela primeira vez no XIII Dalai Lama?", perguntei.

"Ouvi coisas a várias pessoas, de muitas que tinham trabalhado para o XIII Dalai Lama", disse ele. "Penso que comecei a ouvi falar dele aos varredores do Potala e do Norbulingka, e também aos monges do Mosteiro de Namgyal, no Potala, e aos meus servidores e funcionários mais próximos. Não li a sua biografia".

"Li várias histórias acerca do XIII Dalai Lama" ([2]), disse eu. "Quando os monges procuraram indicações do local onde o XII Dalai Lama tinha renascido, deslocaram-se primeiro ao lago das visões, Lhamo Latso ([3]), tal como ditava a tradição. Um dos monges viu uma visão nas águas do lago. Ao seguirem estas indicações, os monges descobriram rapidamente o XIII Dalai Lama; contudo, dado que ele tinha apenas dez meses de idade, tiveram de esperar um ano para o testarem. Quando puseram as contas de oração e outros objectos pessoais do XII Dalai Lama à frente do rapaz, misturadas com os pertences de outras pessoas, ele escolheu as coisas do XII Dalai Lama. Os registos históricos afirmam que o regente e outros clérigos ficaram rapidamente convencidos de que a criança era a reencarnação de Sonam Gyatso, e o regente confirmou publicamente Thupten Gyatso quando ele tinha cerca de 18 meses de idade. Isto é o que consta dos registos, mas do que se recorda o Dalai Lama acerca dos seus primeiros anos de vida?"

O XIV Dalai Lama encolheu os ombros. "Teve uma educação muito normal". Sir Charles Bell, um funcionário do governo colonial britânico na Índia que passou muitos meses com o XIII Dalai Lama, entre 1908 e 1912, escreveu acerca da sua educação. A descrição espantou-me, porque Bell bem poderia estar a falar da educação do XIV Dalai Lama:

> Durante a sua juventude, não lhe foram ensinadas a história nem a geografia de outros países, apenas do Tibete; mas posteriormente, depois de visitar a China e a Índia, aprendeu através das suas observações pessoais, das suas viagens e estudos. Interessava-se particularmente pelas Grandes Potências, e aprendeu tudo o que pôde acerca dos reis e das diferentes nações do mundo. ([4])

O Dalai Lama recordava-se de alguns pormenores relativos à educação do seu antecessor. "Teve como tutor o grande erudito Phurchok Jampa Gyatso ([5]) Rinpoche, que foi muito duro para ele, desde tenra idade", disse ele. Depois, os seus olhos brilharam ao recordar-se de algo. "Há uma história bastante estranha. Um dia, quando o Dalai Lama estava a estudar, aconteceu qualquer coisa; o tutor deu-lhe um ralhete, e Sua Santidade irritou-se. Ele estava a tentar provar que era o mais esperto, como costumam fazer os miúdos. O tutor zangou-se e disse-lhe que, se ele não estudasse como devia ser, a sua presença ali deixava de ser necessária. Disse-lhe que, para o ensinar, tinha deixado um pequeno eremitério onde meditava, e visto que ele não estava interessado em estudar, era melhor regressar ao eremitério. E foi-se embora. Sua Santidade não disse nada para o impedir, porque também era uma pessoa dura. E ficou a pensar se ele alguma vez regressaria. Pensava nisso frequentemente. Mais tarde, sempre que mencionava o nome do seu tutor, o XIII Dalai Lama fazia-o com muita emoção".

"Parece que ele era muito teimoso, mesmo em pequeno", observei eu. E acrescentei, rindo, "O senhor nunca teria feito aquilo".

"Sim, é verdade, ele era muito teimoso", disse o Dalai Lama. "Eu não tenho esse tipo de coragem".

"O XIII Dalai Lama era muito obstinado", disse eu.

"Muito duro", retorquiu o Dalai Lama, abanando a cabeça de admiração. "O meu tutor mais novo, Trijang Rinpoche, contou-me que na época do XIII Dalai Lama era útil ter aquele tipo de carácter, muito sério e duro. Disse-me que a minha natureza era mais meiga, e que isso é que era necessário no meu tempo".

O XIII Dalai Lama, talvez por causa da sua natureza dura, foi o primeiro Dalai Lama, em 120 anos [6], a ultrapassar os 20 anos de idade. O seu reinado não foi o breve e impotente reinado de um miúdo encurralado no Potala, enquanto outros governavam em seu nome. Ele nasceu numa altura em que o poder manchu estava a enfraquecer. Tal como o Grande V Dalai Lama, ele veio a governar o Tibete, embora para o conseguir tenha sido obrigado a jogar com as grandes potências estrangeiras de então – Britânicos, Russos e Chineses. Para o seu tempo, ele era cosmopolita. Muito viajado (ainda que à força), ele prosperou durante um exílio peripatético na Mongólia, na China e na Índia. Teve uma vida tumultuosa, numa era devastada por conflitos. O Tibete foi invadido por duas vezes: em 1904, pelos Britânicos, e em 1910, pelas forças do Império Manchu. Depois da segunda invasão, o XIII Dalai Lama criou um exército tibetano – em vez de contar com os aldeãos mal preparados que acorriam em defesa do Tibete em caso de ataque – e expulsou do país as últimas tropas manchus e chinesas. Durante a guerra, o XIII Dalai Lama enviou emissários à Rússia e à Grã-Bretanha imperiais, avistou-se com o imperador e a imperatriz-viúva manchus, e com o vice-rei britânico da Índia[7]. Andou a cavalo pelas estepes da Ásia Interior e viajou de automóvel, comboio e barco a vapor na China e na Índia. Acampou em iurtas[8] mongóis, e pernoitou em mansões coloniais britânicas em Calcutá e Darjeeling. No fim da sua vida, conseguira reconquistar a plena independência do Tibete e reunificara o Estado. Recuperou o controlo dos territórios do Tibete Oriental que os Manchus tinham incorporado em províncias chinesas, expulsou os Chineses da quase totalidade do Tibete étnico e declarou a independência absoluta da nação[9].

O XIII Dalai Lama não iniciou o seu reinado em circunstâncias internacionais auspiciosas. Quando o jovem foi entronizado e assumiu o poder transferido pelo regente, em 1895, o Império Manchu e o Tibete encontravam-se cercados por potências coloniais predatórias[10] – o Japão e alguns países europeus. Em 1870, durante negociações com os imperialistas japoneses relativamente à hegemonia sobre a Coreia e as Ilhas Ryuku[11], os Manchus tinham descoberto que a antiga relação tributária que haviam imposto à Coreia e a todos os países fronteiriços – acreditando que tornava a Coreia parte do Império Manchu – não tinha qualquer peso legal no mundo moderno. O Japão exigiu a independência da Coreia, sob a sua protecção, e obrigou os governantes manchus a aceitá-la. A subsequente colonização japonesa da Coreia[12] foi usada como base de partida para a colonização de grandes áreas da China.

A Coreia foi apenas uma amostra do que iria acontecer. Em 1880, apesar das pretensões manchus a "direitos especiais" sobre o Vietname – novamente baseadas nas antigas relações tributárias –, os Franceses acrescentaram Hanói e Haiphong[13] ao seu crescente império colonial no Sudeste Asiático. As obsoletas relações tributárias manchus não foram apenas rejeitadas pelos Estados vizinhos aos quais o Império Qing tentou aplicá-las; foram prontamente ignoradas porque os Manchus careciam da força militar para sustentar as suas pretensões. Por exemplo, em 1888, durante uma batalha naval pelo Vietname entre as marinhas manchu e francesa, os Franceses afundaram a esquadra inimiga e mataram 521 marinheiros manchus e chineses[14], contra somente cinco soldados franceses mortos. Ao mesmo tempo, os Russos pressionavam as fronteiras norte do Império Manchu, revelando-se até interessados na Mongólia – a qual, ao contrário do Sudeste Asiático e do Tibete, pagava directamente aos Manchus impostos em prata[15].

Ainda sob o domínio manchu, os Chineses desenvolveram um sentimento de nacionalismo ultrajado ao observarem os colonialistas europeus e japoneses marchando por toda a Ásia. Este crescente sentimento nacionalista exigia que o Império Manchu incorporasse os antigos Estados tributários num Estado chinês. Em finais do século XIX, o alfabetismo e os jornais tinham-se difundido ([16]), e os Chineses seguiam com muito interesse os acontecimentos internacionais, ainda que, na sua qualidade de súbditos manchus, não fossem tidos nem achados a este respeito. As incursões estrangeiras fizeram os Chineses sentir-se duplamente vítimas – primeiro às mãos dos Manchus, ocupantes da China desde 1644, e depois por causa dos Japoneses, Franceses, Britânicos e Russos, que estavam a despojar a China daquilo que o seu povo considerava ser o seu antigo direito de governar todas as nações vizinhas. Para os emergentes revolucionários de etnia chinesa, os Manchus eram um povo estrangeiro. O crescente fervor revolucionário baseou-se, na sua origem, no sonho de um Estado chinês do qual todas as outras raças seriam expulsas ([17]). Para os de etnia chinesa como Sun Yat-sen – que viria a derrubar os Manchus para estabelecer, inicialmente, uma República Chinesa étnica, em 1911 – os Manchus estavam a deixar outros estrangeiros roubar os Chineses. "Inimigos poderosos abocanhavam o território da China ([18])", proclamou Sun Yat-sen, "e a dinastia abdicava do nosso solo sagrado para enriquecer as nações vizinhas". Para Sun Yat-sen, não se tratava de território manchu; a terra pertencia aos Chineses, e os Manchus não tinham o direito de a dar.

Com a intensificação do colonialismo europeu e japonês, o nacionalismo étnico explodiu. A China, como nação moderna, distinta dos vários impérios que a tinham governado, nunca existira, e há hoje um consenso entre os especialistas no sentido de que o nacionalismo chinês é uma criação do século XX ([19]). Veio ao de cima no seio de um povo prostrado e abafado sob o domínio manchu, incapaz de defender o seu país do imperialismo europeu ou dos invasores manchus. As primeiras perguntas relativas à China, quando emergiu, foram simples. Quais eram as suas fronteiras? Deveriam ser as fronteiras do Império Ming? Deveriam ser determinadas em função das áreas onde viviam povos de língua chinesa? Ou equiparavam os Chineses as fronteiras do seu território com as estabelecidas pelas antigas conquistas manchus?

No início da primeira década do século XX, os Chineses viam os Estados tributários dos Manchus como legitimamente chineses ([20]), embora os

Estados chineses que tinham existido antes da conquista manchu – Tang, Song e Ming – nunca os tivessem governado. Sob uma ameaça externa muito real, emergiu um nacionalismo virulento. A seu tempo, os nacionalistas chineses deporiam os manchus e adoptariam a "solução" de colonizar as zonas fronteiriças da Mongólia e do Tibete, zonas onde os Manchus haviam impedido os Chineses de se estabelecerem [21]. Pequim estava convencida de que os Mongóis e os Tibetanos – que considerava bárbaros analfabetos, vulneráveis às manipulações estrangeiras – não poderiam alcançar uma verdadeira independência. Na análise de um observador chinês:

> São como o jovem pardal [22] gabando-se de que sabe voar, ou o jovem coelho gabando-se de que sabe correr. Não escaparão certamente às bocas dos esfomeados abutres ou dos vorazes tigres...

Os abutres que pairavam sobre o Império Manchu e o Tibete aproximaram-se [23]. O poder britânico na Índia aumentou e chegou ao sopé sul dos Himalaias, na direcção do Tibete. O Sikkim era um reino dos Himalaias que o Tibete reclamava como seu vassalo ou Estado tributário. Os seus habitantes tinham aderido às ordens Nyingma e Kagyu do budismo tibetano, e muitos eram de etnia tibetana. Em 1890, os Britânicos, desejosos de finalizarem a sua lenta anexação do Sikkim, negociaram um tratado com representantes da China manchu [24], que afirmava controlar o Tibete, e definiram a fronteira entre o Tibete e o Sikkim. O Tibete não foi convidado para as negociações. Os Britânicos colocaram postes de fronteira entre o Tibete e o Sikkim, que foram imediatamente arrancados pelos Tibetanos. Durante uma série de escaramuças [25], Lhasa insistiu que os Manchus e os Britânicos não podiam negociar sozinhos o tratado fronteiriço. Gradualmente, os Britânicos compreenderam que a afirmação manchu de domínio sobre o Tibete era tão fictícia como as suas pretensões sobre a Coreia, a Birmânia, o Vietname e a Tailândia. O Tibete não reconhecia os tratados assinados pelos Manchus, pelo que se a Índia pretendesse controlar os acontecimentos no Tibete ou ao longo da sua fronteira com o Tibete, teria de tratar directamente com Lhasa.

George Nathaniel Curzon, vice-rei da Índia, tentou estabelecer um contacto directo com o verdadeiro governante do Tibete, o XIII Dalai Lama, mas as cartas de Curzon, para sua grande irritação, foram-lhe devolvidas por abrir. Pior ainda, algumas foram-lhe devolvidas aparentemente por abrir mas cheias de bosta seca ([26]). Servindo-se de intermediários, o Tibete comunicou aos Británicos que acordara com os Manchus que Lhasa não entraria em contacto com nenhuma potência estrangeira sem autorização dos Manchus. Mas tal como os Británicos não tardaram a descobrir, o Tibete estava a servir-se da ficção do poder manchu para evitar qualquer conversação com os Británicos ([27]), pois o Dalai Lama não estava interessado em estabelecer relações com Londres ([28]). Este estratagema foi apenas o início do malabarismo do XIII Dalai Lama com os impérios coloniais concorrentes.

O jovem XIV Dalai Lama descobriu a espantosa história do seu antecessor pouco a pouco, através das histórias que ouviu enquanto crescia. A história ganhou vida quando ele abriu caixas cheias de estranhos presentes oferecidos por enviados estrangeiros, guardados pelo XIII Dalai Lama nas salas pessoais dos Dalai Lamas. Embora o XIV Dalai Lama viesse, mais tarde, a ficar fascinado por uma colecção de pinturas antigas que descobriu no Potala, as quais lhe revelaram a espiritualidade de Milarepa, na infância ele deleitava-se com os tesouros mais mundanos escondidos no Potala.

"Como é que descobriu essas coisas deixadas pelo XIII Dalai Lama?", perguntei eu.

"Quando eu era pequenito, gostava de andar à caça de tesouros", disse ele. "Assim, abria caixas velhas para ver o que continham. Era um hábito meu. Mais tarde, quando surgia a necessidade de dizer a alguém o que continham as caixas, eu dizia-lhes. Dizia-lhes que caixa estava em que sala e que tipo de coisas continha. Conhecia-as muito bem".

"E mais ninguém teria mexido nas caixas desde a morte do XIII Dalai Lama?", perguntei.

"Não", disse ele solenemente, abanando a cabeça. "Ninguém tinha o direito de as abrir". Apontou para o peito e sorriu matreiramente. "Ninguém, excepto esta pessoa aqui".

"O que encontrou nas caixas?", inquiri.

"Uma variedade de coisas", disse ele. "No Potala, encontrei alguns hábitos de monge do anterior Dalai Lama, que já não serviam para nada. Como é evidente, estavam muito limpos. Ele usava roupas muito limpas. Mas estavam muito velhos e esfarrapados por causa das repetidas lavagens".

"Então, nunca usou nenhuma das roupas dele?", perguntei.

"Não, nunca", disse ele. "Algumas estavam gastas, mas também porque, devido aos anos que passou na Mongólia, o Dalai Lama costumava usar roupas ao estilo mongol – e encontrei-as –, mas eu vestia sempre hábitos de monge, pelo que não as podia usar. E os sapatos. Havia duas caixas cheias de sapatos ocidentais. Eu quis muito calçar um par. Não foi fácil porque, por um lado, eram demasiado grandes para mim e, por outro, quando eu era novo estava autorizado a calçar apenas sapatos tibetanos. Nessa época, os outros sapatos eram considerados demasiado ocidentais ou elegantes para serem calçados por monges. Julgo que seriam vinte ou trinta pares de sapatos. Ele nunca os calçou. Tinha-os nas caixas".

"E gostou dos sapatos dele?", disse eu, rindo.

"Sim. Veja a cicatriz". Riu-se e inclinou-se para puxar uma peúga e me mostrar uma cicatriz rosada num tornozelo delicado que vira pouca luz do sol.

"Ficou assim só de os calçar?", perguntei eu.

"Não", respondeu ele, rindo-se. "Um dos sapatos tinha pregos de ferro na sola. Por isso, eu gostava de os calçar e de andar a bater com eles pelo chão, fazendo uma barulheira. Como eram demasiado grandes, eu tinha que enfiar papel nas biqueiras para os poder calçar. Mas um dia caí, e um dos pregos enfiou-se-me no tornozelo. Os varredores ficaram muito zangados comigo quando eu tirei os sapatos da caixa e insisti em calçá-los. Julgo que só os tirei uma ou duas vezes até ter recebido o poder, em 1950. Embora eu quisesse calçá-los quando era novo, tinha medo! Mais tarde, depois de ter recebido o poder, também era fisicamente maior, e poderia calçá-los. E foi o que fiz, durante as aulas, e uma vez, durante um feriado, calcei-os para correr".

A minha pergunta seguinte foi: "E o que mais encontrou do XIII Dalai Lama quando era pequeno?".

"Havia relógios que tinham pertencido ao XIII Dalai Lama", disse ele. "Alguns eram do século XVIII, e um era provavelmente do século XVII. Um dos relógios tinha-lhe sido oferecido pelo czar da Rússia, e tinha diamantes incrustados. Também encontrei muitos brocados de seda. Havia uma grande variedade de artigos, oriundos da China, da Rússia, da Índia e do Ocidente. Isto tudo quando eu vivia no Potala. No Norbulingka e no Chensalingka ([29]), a variedade ainda era maior".

"O Chensalingka era uma residência e templo construída pelo XIII Dalai Lama no complexo do Norbulingka ou palácio de Verão?".

Ele anuiu com a cabeça e prosseguiu. "No Chensalingka, existia uma colecção das suas armas, algumas muito belas. O XIII Dalai Lama gostava muito daquelas armas. E eu também".

"Costumava dispará-las?", perguntei eu.

"Não", respondeu ele severamente. "Nunca. Não me deixavam. Mesmo quando me deixavam olhar para elas, havia muitas restrições".

"Diz que as armas eram belas. Porquê?", inquiri.

"Eram muito requintadas", disse ele, "e algumas eram muito antigas e outras novas. Até havia metralhadoras russas, uma delas bem grande; e havia também os arreios para os cavalos jogarem pólo".

"O XIII Dalai Lama jogava pólo?", perguntei eu.

"Nunca", disse ele. "Mas os guarda-costas jogavam, e talvez ele assistisse. Havia muitas caixas. Algumas tinha-as trazido consigo, da China e da Índia. Ficaram nos armazéns, sem nunca terem sido abertas depois de chegarem a Lhasa. Mas eu, seu sucessor, abria-as a usei os lapizinhos, os afia-lápis e o papel. Parecia quase um pequeno mercado, cheio de coisas muito úteis. Até havia um cortador de diamantes!".

"Nesse caso, não precisava de comprar nada. Já tinha tudo".

"Sim", disse ele, rindo. "Havia muitos instrumentos para podar as flores. Alguns eram de excelente qualidade. Penso que esses eram todos ingleses".

"Ele gostava muito de passar tempo no jardim, não gostava?", perguntei eu. "Num livro que li, dizia que ele enviou estacas de rosas tibetanas de presente ao czar da Rússia" ([30]).

"Sim, ele gostava de flores", disse o Dalai Lama. "De facto, quando vivi no Norbulingka, havia lá um velho monge cuja responsabilidade era tratar das flores. Tinha feito a mesma coisa para o XIII Dalai Lama. Era muito irritadiço e algumas vezes chegou a perder a paciência comigo. O XIII Dalai Lama sabia que ele era muito irritadiço. Assim, um dia, foi ao sítio onde o monge tratava das flores e perguntou-lhe, 'Como se chamam essas flores?'. O monge ficou calado, sem lhe responder. Ele voltou a perguntar, e ficou novamente sem resposta. E perguntou pela terceira vez. O monge respondeu-lhe, 'Chamam-se como já sabes que se chamam!'" O Dalai Lama riu-se ao contar a história. "O XIII Dalai Lama ficou sem nada para lhe dizer, excepto, 'Hoje estás mesmo zangado e aborrecido', e depois foi-se embora".

"Houve outras ocasiões em que o XIII Dalai Lama tenha sido mais duro?", perguntei.

"Oh, sim. O XIII Dalai Lama ralhou com alguns dos varredores", explicou o Dalai Lama. "E até lhes bateu. Mas alguns eram muito supersticiosos, e tinham experiências estranhas. Uma vez, depois de levarem do

Dalai Lama, disseram que estavam curados das suas doenças crónicas. Alguns ainda estavam vivos quando fui para lá, e alguns criaram-me. Contavam-me histórias acerca de ele ser tão duro. Um velho monge do Norbulingka contou-me que, um dia, o XIII Dalai Lama perdeu a paciência com ele e pegou na sua bengala *(como que para bater no monge)*. O monge saltou para um lago profundo, no Norbulingka. Por causa do hábito, em vez de se afundar, começou a flutuar. O monge tentou meter a cabeça na água, para se afogar. Mas o Dalai Lama estendeu-lhe a bengala – com a qual o monge tanto receara ser espancado – e puxou-o para fora do lago".

"Parece que aprendeu muita coisa sobre o XIII Dalai Lama com os varredores e os tesouros que encontrou nas caixas no Potala e Norbulingka", observei eu.

"Sim, mas eu não estava muito interessado em aprender", disse ele, rindo. "Andava simplesmente à caça de tesouros! Obviamente, também encontrei os telescópios. Foram muito úteis para desenvolver o meu interesse pela astronomia desde muito novo. Penso que foram apenas um presente para ele, e ficaram guardados; nunca os utilizou. Mas quando os descobri, foram um tesouro para mim. Recordo-me de instalar um no telhado do Potala e de olhar para a lua. Foi a primeira vez que vi as montanhas da lua e as sombras das montanhas nas crateras". Foi uma descoberta importante para o Dalai Lama. Quando viu as sombras ficou a saber que, contrariamente aos ensinamentos das escrituras budistas, a lua não gerava a sua própria luz. Esta descoberta encorajou o desenvolvimento de uma fé na ciência que o acompanha desde então. Mas não foi este o uso que o Dalai Lama encontrou para o telescópio.

"Também usei o telescópio", disse o Dalai Lama, "para observar os presos da prisão na base do Potala". Ver as condições em que viviam os presos foi uma das descobertas que levou o jovem Dalai Lama a começar a questionar o governo tibetano.

Falando dos telescópios e de outros presentes do seu antecessor que mudaram a sua vida, ele disse, "O XIII Dalai Lama teve o máximo cuidado de preservar todos aqueles presentes, não obstante o seu estilo de vida e os seus hábitos alimentares serem muito simples".

"Reparei que encontrou vários artigos russos que tinham pertencido ao XIII Dalai Lama", observei eu. "Um relógio com diamantes incrustados, oferecido pelo czar, e algumas armas. A primeira vez que o XIII Dalai Lama fugiu do Tibete foi pouco antes de os Britânicos chegarem a Lhasa, em 1904. Os Britânicos disseram que tinham invadido o Tibete porque receavam que os Russos estivessem a planear utilizar o país como uma base para atacarem a Índia".

"Obviamente", disse o Dalai Lama, "o XIII Dalai Lama desejava muito estabelecer relações com a Rússia, e julgo também que, no princípio, ele era algo céptico relativamente à Inglaterra. E havia a questão de Dorjiev. Para os Ingleses, era um espião, mas na verdade ele era um bom erudito e um monge budista sincero, muito devoto ao XIII Dalai Lama".

Agvan Dorjiev (1854-1938) foi uma das figuras mais intrigantes da história tibetana do século XX. Dorjiev era um monge budista ([31]) nascido no seio da tribo mongol dos Buriatos, na actual República Russa da Buriátia, localizada na região sul-central da Sibéria, ao longo da margem oriental do lago Baikal. A Buriátia foi invadida e colonizada pelos Bielorrussos em 1666 ([32]), mas estes não erradicaram os Buriatos, os quais, embora se tenham tornado súbditos do czar, permaneceram budistas. Para Dorjiev, assim como para os budistas da Mongólia, Lhasa continuava a ser terra sagrada e o Dalai Lama, devido à obra do III Dalai Lama junto dos Mongóis, era considerado o maior mestre e figura hierárquica do budismo. Dorjiev iniciou os seus estudos budistas aos 14 anos de idade, mas pouco depois deslocou-se para a Mongólia, para continuar os seus estudos, e acabou por chegar a Lhasa, em 1890, com 36 anos de idade. Tornou-se um sábio budista tão excelente que, apesar de ser estrangeiro, os Tibetanos o nomearam como um dos tutores assistentes do XIII Dalai Lama. Através do seu contacto íntimo com o jovem Dalai Lama, veio a tornar-se um dos seus conselheiros políticos de maior confiança. Em comparação com o tratamento dado pelos Manchus aos Mongóis na sua própria pátria, Dorjiev estava satisfeito pelo modo como o Império Russo tratava os Buriatos, e foi crucial em encorajar o XIII Dalai Lama a olhar para a Rússia como um potencial patrono contra a influência chinesa e britânica ([33]).

Em 1897, apenas dois anos depois de ter assumido o poder do seu regente, o XIII Dalai Lama sentiu-se suficientemente confiante na sua autoridade para deixar de consultar os representantes do imperador manchu relativamente às suas nomeações de funcionários no Tibete ([34]). A ilusão do controlo manchu do Tibete desaparecera. Ao assumir o verdadeiro poder, o jovem Dalai Lama assistiu, com crescente preocupação, às incursões britânicas ao longo da fronteira sul da nação. Lhasa ficou agitada quando foram capturados espiões britânicos que cartografavam secretamente a região além-fronteira. Dorjiev, conselheiro do Dalai Lama para a política externa, disse ao jovem governante que ele necessitaria de um novo patrono (35) se os Manchus, impotentes, se preparassem para participar no desmembramento do Tibete – aos olhos dos Tibetanos, haviam-no feito com o Sikkim –, em vez de o defenderem, como exigia a relação patrono-sacerdote. Dorjiev registou as suas próprias opiniões:

> A necessidade de procurar o patrocínio de um país estrangeiro foi secretamente debatida ao mais alto nível no Tibete, desde o momento em que as autoridades chinesas, subornadas pelos britânicos, destituíram o Tibete da terra [de Sikkim]. Eu estive presente numa das reuniões e expressei a opinião de que deveria ser dada preferência à Rússia. (36)

Falando deste período, o Dalai Lama disse, "Na época, às pessoas que eram muito fortes, como os Ingleses, os Tibetanos costumavam chamar *tendra*, inimigos do Dharma. Penso que alguns monges chineses e funcionários manchus também tinham esta atitude. Existia a percepção comum de que os Ingleses e os ocidentais eram inimigos do Tibete, e que os Manchus eram os patronos do Tibete". Sendo o Tibete um Estado religioso, o conceito de *tendra* incluía repulsa e medo dos estrangeiros, o que explica porque é que o XIII Dalai Lama se recusou até a abrir as primeiras cartas dos Britânicos. Os mosteiros conservadores, a base de sustentação do Dalai Lama, foram encorajados a manter o seu apoio aos Manchus devido às crenças budistas partilhadas. Entretanto, o medo dos missionários cristãos, que os Tibetanos acreditavam serem apoiados pelos Britânicos da Índia, foi um dos factores que contribuíram para criar a percepção dos Ingleses como *tendra*.

"Assim, naturalmente", disse o Dalai Lama, "não se confiava nos Britânicos. Como não tínhamos nenhum contacto com eles, nem sequer havia coragem para enfrentar o inimigo do Dharma". Nesta situação, particularmente com Dorjiev instando o XIII Dalai Lama a virar-se para os Russos, só restava uma alternativa.

Tomada a decisão de procurar um novo patrono, Dorjiev foi suficientemente mundano para ir à Rússia e pedir para falar pessoalmente com o czar. Lhasa não fazia ideia de que um enviado diplomático do Dalai Lama, solicitando uma audiência com o czar, lançaria o pânico entre os Britânicos. Dorjiev não fez nada para manter secreta a sua deslocação (37), e os

Russos também não – os jornais britânicos publicaram notícias sobre a viagem. O vice-rei Curzon viu uma conspiração russa para ameaçar a Índia a partir de uma nova base, o Tibete. Dorjiev era obviamente um espião russo – a sua pátria, a Buriátia, fazia parte da Rússia, e Dorjiev era um cidadão russo –, pelo que Curzon entendeu ser "necessário preservar o *status quo* no Tibete" ([38]), o que significava que Londres tinha de garantir que nem tropas nem armas russas entrariam no Tibete. Às notícias sobre a deslocação de Dorjiev à Rússia seguiram-se, em 1902, as informações de jornalistas em Pequim. Segundo a imprensa, um diplomata russo estava a discutir com os Manchus a possibilidade de um Tibete independente, sob protecção russa. A independência coreana e vietnamita da China fora um eufemismo para décadas de ocupação colonial, e isto, juntamente com toda a espécie de boatos acerca de Dorjiev, "o espião russo", desencadeou os piores receios de Curzon.

Em última análise, os Russos não estavam interessados numa aliança com o Tibete, e rejeitaram todos os apelos de Dorjiev. E Moscovo nunca discutiu a independência do Tibete com os Manchus: os relatos da imprensa haviam sido uma completa invenção ([39]). O Tibete era demasiado remoto e inacessível, sem mercados para os artigos russos e sem bens que valesse a pena obter. Todavia, em Londres, os mais conservadores recusaram-se a dar crédito a estas explicações, avançadas pelo Ministério dos Negócios Estrangeiros russo. Em Novembro de 1902, Curzon estava decidido a enviar um exército para o Tibete ([40]); acreditava que encontraria tropas ou armas russas em Lhasa, fruto de um tratado secreto entre as duas nações. Os acontecimentos provaram que Curzon estava redondamente enganado.

A China manchu e a Rússia protestaram contra a invasão britânica do Tibete, em 1904, embora nem um nem outro tenham prestado qualquer auxílio ao Tibete. Quando os Britânicos penetraram no Sul do Tibete, a coberto de uma missão comercial, Lhasa recusou negociar enquanto os Britânicos não regressassem à fronteira. Londres ordenou uma marcha imediata sobre Lhasa. A minúscula milícia tibetana – que não era um contingente organizado, mas apenas camponeses que acorreram a defender a nação, armados unicamente com mosquetes e espadas – concentrou-se para bloquear a estrada de Lhasa.

No recontro decisivo, 1500 Tibetanos enfrentaram 3000 soldados britânicos, alguns dos quais armados com uma versão primitiva da metralhadora ([41]). Chamada Maxim, disparava 700 balas em 90 segundos. No massacre de Guru, os Britânicos mataram 600 ou 700 Tibetanos; não morreu um único soldado britânico, nepalês ou indiano. Quando os Tibetanos sobreviventes começaram a retirar, depois do fogo das metralhadoras, não fugiram a correr; talvez sem se aperceberem do que lhes estava a acontecer, recuaram a passo, muito lentamente, enquanto os Britânicos continuavam a disparar. Os oficiais e soldados britânicos ficaram horrorizados com a sua obra macabra. Numa carta à mãe, um soldado britânico desabafou, "Espero que nunca mais venha a ter de disparar sobre homens que recuam a passo". Também outro escreveu à sua mãe, "Fiquei tão enojado (^{42}) com a carnificina que deixei de disparar, embora as ordens do general fossem para matar o maior número possível".

Não houve mais resistência ao exército britânico. Em 30 de Julho de 1904, o XIII Dalai Lama nomeou um regente para gerir os assuntos do Tibete em seu nome e fugiu para o exílio; após uma viagem de três meses a cavalo, chegou à Mongólia, onde se lhe juntaram alguns seguidores, entre os quais Dorjiev. A 2 de Agosto, os Britânicos entraram em Lhasa – uma cidade que nenhum inglês visitava desde 1811 –, onde não descobriram quaisquer provas de envolvimento russo nos assuntos do Tibete.

"Porque é que ele fugiu para a Mongólia?", perguntei eu ao Dalai Lama. "Foi uma das decisões mais fatídicas da sua vida. Porque é que ele se foi embora?".

"Pessoalmente, considero que foi um erro", respondeu o Dalai Lama. "Obviamente, não podemos culpá-lo, porque na época ninguém sabia quem eram os Britânicos nem o que iria o exército britânico fazer. Mas depois, os militares britânicos pareceram disciplinados. Sempre que enfrentavam obstáculos ou resistência, sim, eram militares, matavam gente. Mas não incendiaram mosteiros, não roubaram nem despojaram ninguém. Quando chegaram a Lhasa, montaram o seu próprio acampamento e negociaram com o governo tibetano. Eram disciplinados e, mais tarde, os Tibetanos compararam as suas acções com as dos Manchus e Chineses durante a sua invasão *(em 1910)*. *(Os Manchus e os Chineses)* incendiavam mosteiros e saqueavam as aldeias. E quando chegaram a Lhasa, ocuparam as casas das pessoas. Assim, a avaliar pelo *(comparativamente)* bom comportamento do exército britânico, se o XIII Dalai Lama tivesse ficado em Lhasa e falado com eles, talvez o resultado tivesse sido mais positivo".

"Então, olhando para trás e na sua perspectiva, foi um erro", disse eu.

"Sim", retorquiu ele. "Quando ele partiu, a intenção era ir para a China, através da Mongólia. Mas foi tudo decidido à pressa, tal como a minha fuga, em 1959, foi também decidida à pressa. Quando o Dalai Lama chegou ao Mosteiro de Reting, o lama de Reting disponibilizou tudo o que era necessário ao Dalai Lama, incluindo tendas, comida e cavalos adicionais. Prosseguiram viagem, e lá chegaram à Mongólia".

O XIII Dalai Lama tinha 28 anos de idade quando fugiu para o exílio[43], que durou oito anos. Após três difíceis meses de viagem – pelo Norte do Tibete, um planalto agreste, sem árvores e ventoso, grande parte do qual se situa acima dos 4 800 metros de altitude, e depois através do deserto de Gobi –, percorrendo mais de 2 300 quilómetros, chegou finalmente onde é hoje Ulan Bator[44]. Devido à sua devoção aos Dalai Lamas, os Mongóis receberam-no muito bem.

"O seu relacionamento com os monges e os mosteiros era excelente", disse o Dalai Lama. "Nessa época, na Mongólia, existia a tradição de os monges abordarem os mestres e lhe solicitarem sessões de debate. O Dalai Lama aceitava, e eles debatiam com ele. Por causa disto, ele passava muito tempo a estudar intensamente as escrituras. Como tinha de participar em debates, tinha de estudar. Debateu e venceu muitas vezes, frequentemente com sábios de alto gabarito. Mais tarde, passou muito tempo a explicar os textos budistas, não sob a forma de ensinamentos públicos, mas explicando muito detalhadamente os textos filosóficos a alguns monges. De facto, na Mongólia, ele agiu como mestre, não como Dalai Lama. Em Lhasa, o Dalai Lama ministrava ensinamentos públicos, mas não agia como um mestre 'normal'. Enquanto esteve na Mongólia, o XIII Dalai Lama transmitiu o Dharma formal e informalmente. Na verdade, fiquei a saber disto durante uma das minhas viagens à Mongólia, quando um dos monges mongóis mais velhos me contou que o seu mestre recebera ensinamentos do XIII Dalai Lama deste modo".

"A sua estada na Mongólia teve uma grande influência sobre ele?", inquiri eu.

"Sim", disse ele, sorrindo. "Os varredores contaram-me que o XIII Dalai Lama aprendeu mongol e que o falava muito fluentemente, e que também vestia frequentemente roupas mongóis. Até ao fim da vida, trajou à mongol. Assim, apesar da situação política e de um mal-entendido com um sacerdote mongol[45], ele desenvolveu uma relação muito especial com os mosteiros e com o público. Os Mongóis eram grandes devotos dos mestres budistas, pelo que foram muito dedicados ao Dalai Lama".

"E o que aconteceu politicamente entre a Grã-Bretanha, o Tibete e os Manchus enquanto ele esteve na Mongólia?", perguntei.

"Não sei nada acerca da situação política. Terá de investigar".

❀ ❀ ❀

A invasão britânica suscitou receios chineses e manchus de um Tibete ocupado pela Inglaterra [46]. O Império Qing estava já confrontado com inimigos imperialistas nas suas fronteiras no Sudeste Asiático, e uma colonização britânica do Tibete teria colocado forças inglesas na sua fronteira ocidental, apenas a 150 quilómetros das populosas províncias chinesas do Império Qing. O receio de que o Tibete fosse utilizado pelos estrangeiros foi um dos motivos que acabaram por provocar a invasão manchu de 1910, e a invasão chinesa de 1950. A incursão britânica obrigou a uma dura redefinição da antiga relação sacerdote-patrono do Tibete e promoveu a eclosão do nacionalismo étnico chinês.

O Império Manchu ou Qing tornou-se suserano do Tibete em 1720, quando instalou o VII Dalai Lama, mas a sua relação não foi rigorosamente definida e os Manchus nada fizeram para absorver o Tibete como província [47]. Ao contrário da Mongólia, que é hoje independente, os Tibetanos não pagavam impostos aos Manchus. O Tibete também manteve os seus sistemas legais e administrativo, com os seus próprios funcionários [48], enquanto as autoridades chinesas e manchus governavam directamente a Mongólia. Já em 1792, o imperador manchu Qianlong sabia que o Dalai Lama e os seus ministros podiam "fazer como bem entendem na gestão dos assuntos tibetanos, ignorando... os incompetentes funcionários [manchus]", os quais deveriam teoricamente governar o Tibete [49]. Esta nebulosa relação tornou-se ainda mais ambígua no século XIX, devido às ameaças aos Manchus noutras regiões. A Rebelião dos Taiping [50] (1850-63) – parcialmente inspirada no desejo dos Chineses de se libertarem dos seus senhores manchus – fez entre vinte a quarenta milhões de mortos e quase derrubou o regime manchu. O Tibete travou duas guerras [51] no século XIX, defendendo-se contra o Nepal e Ladakh, uma província chinesa, e em nenhum dos casos os Manchus enviaram exércitos para o apoiarem. Quando o XIII Dalai Lama assumiu ao poder, em 1895, os Manchus já não tinham capacidade de intervenção nos assuntos tibetanos [52]. A sua atenção estava concentrada noutro lado – até à invasão britânica do Tibete. Os revolucionários chineses, que ainda não tinham derrubado os seus senhores manchus, viram o ataque britânico de uma forma muito simples: o Tibete era parte da China, e os imperialistas britânicos estavam a invadi-la.

No Verão de 1904, os funcionários tibetanos que o XIII Dalai Lama deixara à frente do governo acederam ([53]) às condições britânicas, desejosos de garantirem a retirada das tropas acampadas em Lhasa. Pela Convenção entre a Grã-Bretanha e o Tibete ([54]), o Tibete aceitou a anexação do Sikkim por Londres; concedeu à Índia britânica o direito de abrir mercados no Sul do Tibete e de estacionar tropas britânicas na região para os proteger; e aceitou não iniciar relações com Estados estrangeiros ([55]), incluindo a China manchu. Ao mesmo tempo, Londres ordenou a Lhasa que pagasse reparações de guerra aos Britânicos. Embora o Tibete se tivesse tornado seu protectorado ([56]), a Grã-Bretanha não assumiu quaisquer responsabilidades de o defender. A convenção, como primeiro documento assinado entre o Tibete e outro Estado, na definição da tradição legal europeia, reconheceu ao Tibete o direito de negociar e assinar tratados como qualquer outro Estado. Se a Grã-Bretanha tivesse cumprido a sua parte do acordo, o Tibete ter-se-ia tornado um protectorado como o Sikkim, mas tal não aconteceu.

Entretanto, na Mongólia, o Dalai Lama mandou Dorjiev regressar à Rússia para solicitar novamente o apoio do czar Nicolau II. O XIII Dalai Lama escreveu que pretendia "protecção contra os perigos ([57]) que ameaçarão a minha vida se eu regressar a Lhasa, tal como é minha intenção e dever". Não a recebeu. À semelhança dos Britânicos, os Russos procuravam certificar-se de que ninguém usaria o Tibete para os ameaçar. Não era vantajoso para nenhuma das duas nações que o Tibete se tornasse um Estado independente ou vassalo de um inimigo. A solução política encontrada por Londres e Moscovo foi reconhecerem as intencionalmente vagas pretensões manchus sobre o Tibete, não obstante o facto de o Tibete se vir governando sozinho há já algum tempo. O momento foi oportuno; o Dalai Lama encontrava-se praticamente impotente, vivendo no exílio e com uma ordem manchu de deposição. Em Lhasa, os Manchus tentaram abrir uma escola e gizaram planos para assimilar a elite tibetana do governo pela administração manchu. E pior estava para vir.

Enquanto o Dalai Lama aguardava, na Mongólia, uma intervenção russa, o Estado manchu, em colapso, preparava-se para se defender da agressão estrangeira. A invasão de 1904 enfurecera os Manchus e os seus súbditos chineses. A relação original entre o Tibete e os Manchus, não obstante a sua indefinição, nunca pendera para uma assimilação do Tibete. Contudo, numa resposta directa à invasão britânica e ao subsequente tratado, o penúltimo chefe de Estado manchu [58] – a imperatriz – viúva Cixi – e os seus conselheiros estabeleceram uma governação directa no Tibete, onde instalaram colónias chinesas. Os funcionários manchus expulsaram os administradores tibetanos de Batang e tentaram limitar o poder dos mosteiros [59]. Proibiram o recrutamento de novos monges e – desgraçadamente para os Tibetanos, que consideravam os estrangeiros como inimigos do Dharma – concederam terras a padres católicos franceses [60].

Em Março de 1905, os Tibetanos revoltaram-se. Massacraram os funcionários manchus e dois padres franceses [61], os quais, incapazes de converterem os Tibetanos, tinham alinhado com as tentativas manchus de colonização do país com dóceis camponeses chineses. Em resposta, 2 000 soldados manchus entraram na região e executaram alguns funcionários tibetanos, incluindo os abades de um mosteiro, e incendiaram outro mosteiro. Pequim elogiou o magistrado manchu que dirigiu a campanha, Chao Ehr-feng, por ter promovido o "progresso da civilização".

No ano seguinte, no Tibete Oriental, monges que se tinham rendido após um cerco manchu foram executados, templos chineses foram construídos para substituírem os tibetanos, e Lhasa recebeu ordens para pagar impostos ao governo manchu e (pela primeira vez) para que fossem adoptados apelidos chineses. A colonização chinesa foi promovida [62] de muitas formas, incluindo através de uma proclamação, dirigida por Chao, o magistrado manchu, aos potenciais colonos [63] chineses, explicando a atitude a ter para com os Tibetanos.

> Os Governante autóctones foram abolidos para sempre… Quem vos impedirá agora de irdes para lá?… Os emigrantes que levarem as suas famílias descobrirão que poderão viver muito mais economicamente do que na China. Os solteiros… descobrirão que as mulheres são mais numerosas do que os homens… as mulheres são trabalhadoras… os homens são preguiçosos. Uma rapariga nativa tomada por mulher revelar-se-á de grande utilidade… porque estas mulheres vão buscar água e cozinham… E não é necessário nenhum dote, bastam as roupas para as vestir. [64]

Durante o mesmo período, ocorreram esforços de colonização similares na Mongólia, na Mongólia Interior e na Manchúria ([65]). Os imperadores manchus tinham sempre protegido os Mongóis e os Tibetanos como raças distintas ([66]), e proibido os Chineses de aprenderem mongol ou até de desposarem Mongóis (embora os Manchus desposassem chineses num período posterior), mas as normas culturais estavam a mudar. Na perspectiva dos Manchus, a assimilação cultural era o único modo de unificar um Estado suficientemente forte para defender a sua integridade. O Império Manchu estava a lançar as bases para a incorporação do Tibete, da Mongólia e da Manchúria em províncias chinesas. Os Manchus tinham administrado cada uma destas áreas de forma diferente, mas a sua motivação fora impedir que os Chineses, tão superiores em número, absorvessem racialmente os Manchus, Mongóis e Tibetanos no Império Manchu. Mas o seu pensamento alterou-se. Os impérios chineses, entre os quais o Tang e o Ming, tinham recorrido à assimilação étnica das tribos fronteiriças como forma de defender e expandir o Estado chinês. Os Manchus compreendiam este raciocínio e, durante séculos, não quiseram nada com ele. Agora, no leito de morte, estavam dispostos a reconsiderar.

Depois de terem ajudado a desencadear estes acontecimentos com a sua invasão do Tibete, os políticos britânicos decidiram que sairia demasiado caro converter o Tibete num verdadeiro protectorado britânico, como haviam feito com o pequeno Sikkim. O Tibete era vasto e a sua defesa seria dispendiosa. Consequentemente, algumas cláusulas da convenção de 1904 foram repudiadas pelo Ministério dos Negócios Estrangeiros, em Londres, que entendia que os oficiais no terreno tinham excedido o seu mandato. Para alcançar os seus objectivos, a Grã-Bretanha concluiu dois tratados, um com a Rússia e outro com o Império Qing, chamado "Governo da China" na versão inglesa. O tratado de 1906 com os manchus dizia, em parte:

> O Governo da Grã-Bretanha compromete-se a não anexar território tibetano e a não interferir na administração do Tibete. O Governo da China compromete-se a não permitir que nenhum outro Estado estrangeiro interfira no território ou na administração interna do Tibete. ([67])

Com a Convenção Entre A Grã-Bretanha e a China Sobre o Tibete, a Grã-Bretanha sugeriu que o Império Manchu não era um Estado estrangeiro relativamente ao Tibete, mas não disse que o Tibete fazia parte do império. A Grã-Bretanha não referira nada disto no seu tratado de 1904 com o Tibete, e nem Londres nem os Manchus informaram Lhasa do seu acordo de 1906 – concluído entre duas potências estrangeiras e sobre o seu destino. Em 1907, em sintonia com os Manchus e com um acordo para proteger os interesses britânicos na Índia na mão, Londres virou-se para a Rússia e assinou um segundo tratado, no qual ambos os Estados aceitaram reconhecer "o princípio da *suserania* da China sobre o Tibete". Talvez pela primeira vez, as antigas relações entre Manchus e Tibetanos foram definidas através de uma palavra e de um conceito europeus. Os documentos oficiais ingleses passaram a equiparar habitualmente o Império Qing à China, embora os documentos manchus nunca cometam este erro. Através dos seus tratados com os Manchus e a Rússia, a Grã-Bretanha concedeu ao Império Manchu direitos sobre o Tibete que os Qing nunca tinham possuído ([68]). Foi uma estrondosa vitória para o império porque, em todos os outros casos, as potências ocidentais haviam ignorado as suas pretensões de soberania, decorrentes da sua antiga relação tributária com todos os seus vizinhos. Com o tratado na mão, os Manchus tinham-se tornado "suseranos" do Tibete – o que, em conformidade com os precedentes legais europeus, significava que o Tibete não era, pelo menos nominalmente, totalmente independente. Nem o XIII Dalai Lama nem os Tibetanos participaram nestes desenvolvimentos. Segundo as normas legais europeias, o estatuto de um Estado não pode ser alterado se ele não for parte no acordo ([69]). Consequentemente, era impossível os tratados entre a China, a Rússia e a Grã-Bretanha alterarem o estatuto do Tibete.

Na primeira década do século XX, os documentos britânicos começaram a equiparar a China a todos os territórios na posse do Império Manchu. Ao mesmo tempo, os Chineses do Império Qing, ao ponderarem sobre o que seria uma nação chinesa após o derrube dos Manchus, ficaram cada vez mais receosos de que as antigas nações tributárias em redor do Império do Meio ([70]) fossem colonizadas ou absorvidas pelas esferas de influência europeias ou japonesa. Os Chineses equiparavam o Império Manchu ao que sentiam ser a China, mesmo que nunca tivessem governado mais de metade do território conquistado pelos Manchus. A obsessão chinesa com a ideia de que os provocadores estrangeiros – auxiliados pelos imperialistas manchus – estavam a fragmentar a China promoveu um virulento sentimento de nacionalismo ofendido, que ainda hoje persiste.

A China suspeita profundamente de qualquer envolvimento estrangeiro nos seus assuntos, sem dúvida por causa da sua convicção de que algumas potências, europeias e não só, tinham mentido sobre a sua história para justificarem as suas actividades coloniais nos séculos XIX e XX. Os Chineses continuam irados porque os imperialistas estrangeiros destituíram a China daquilo que – na sua óptica – lhe pertencia. Ironicamente, o Grande Jogo que a Grã-Bretanha e a Rússia imperiais jogaram no Tibete chegou ao fim com o reconhecimento, por ambas as partes, dos direitos nominais do Império Qing sobre o Tibete.

❋ ❋ ❋

Regressei para junto do Dalai Lama munido com o resultado das minhas pesquisas. Enquanto lhe descrevia sumariamente, com um sentimento de indignação e ultraje, o jogo que a Rússia e a Grã-Bretanha tinham jogado, o Dalai Lama respondia com explosões de sonoras gargalhadas. Ele *já* conhecia, em linhas gerais, os contornos da história antes de me mandar descobri-la por mim próprio.

"Sim, houve muita duplicidade!", disse ele, rindo-se e abanando a cabeça, provavelmente pensando na pouca atenção que os ocidentais dão a qualquer história excepto a sua.

"Penso que os Britânicos quiseram alguma influência manchu", continuou o Dalai Lama, "para contrariar a influência russa. Penso que os Britânicos foram deliberadamente vagos nos tratados porque servia os seus interesses. Pretendiam simplesmente afastar a influência ou o controlo russos sobre o Tibete. Limitaram-se a usar a pretensa suserania manchu sobre o Tibete como algo que lhes era útil. Ao mesmo tempo, se os Manchus fossem para o Tibete, não estariam interessados numa presença britânica no país, nem nas actividades britânicas na Índia. Assim, era melhor manter o *status quo*. Nada de verdadeiro controlo manchu, nada de influência russa, nada de controlo pela Índia britânica".

Os Britânicos ficaram tão surpresos como Lhasa quando os manchus responderam à sua invasão do Tibete invadindo também o país. O XIII Dalai Lama observou estes acontecimentos do exílio. Em 1908, deixara a Mongólia, parara no Monte Wutaishan, a sagrada montanha do Bodhisattva Manjushri e, como último recurso, seguira para Pequim. Os Russos não estavam dispostos a ajudá-lo ([71]), e fora "deposto" pelos Manchus. Contudo, tendo em conta as actividades manchus no Tibete Oriental e os relatos de uma crescente pressão manchu em Lhasa, regressar a casa não era uma opção. O XIII Dalai Lama deslocou-se a Pequim numa desesperada tentativa para estabelecer alguma espécie de acordo com os Manchus para que pudesse regressar ao Tibete em segurança ([72]). William Woodville Rockhill, cônsul americano no Império Manchu e o primeiro americano com quem o Dalai Lama alguma vez se encontrou, observou que o monge recebera do imperador manchu muitos convites insistentes para visitar Pequim mas recusara-os, insistindo que iria a Pequim quando lhe conviesse ([73]).

Em Setembro de 1908, o XIII Dalai Lama chegou finalmente à capital ([74]), interpretando a relação sacerdote-patrono tal como o faz hoje o XIV Dalai Lama. "Fui", escreveu o XIII Dalai Lama, "porque o Grande V Dalai Lama e o Imperador Manchu tinham acordado ajudar-se mutuamente ([75]), tal como um sacerdote e um laico se ajudam". Os Manchus estavam desejosos de restaurar o Dalai Lama em Lhasa, como testa--de-ferro, para legitimarem o seu domínio. Em Pequim, os jornalistas ocidentais noticiaram que os Manchus haviam destituído o XIII Dalai Lama da sua autoridade temporal, e ninguém pensava que ele conseguisse alguma vez recuperá-la ([76]).

Em Pequim, o acolhimento que lhe foi dado pelos Manchus diferiu dramaticamente do dado ao V Dalai Lama, em 1653. A imperatriz-viúva, Cixi, exigiu que o Dalai Lama se curvasse perante o imperador-fantoche que ela manobrava, Guangxu, ao passo que o V Dalai Lama fora tratado como igual. Quando o XIII Dalai Lama se negou, os funcionários imperiais passaram dois dias negociando apressadamente um compromisso. No fim, o Dalai Lama aceitou dobrar um joelho, ou genuflectir ([77]) (tal como fizera lorde McCartney, em 1792 ([78])). Poucos dias depois do encontro, enquanto o Dalai Lama continuava a negociar pormenores relativos ao seu regresso a Lhasa (tendo recebido a garantia da continuação da sua governação no Tibete), o imperador faleceu, em circunstâncias suspeitas. No dia seguinte, Cixi – o verdadeiro poder desde 1875 – também morreu. Enquanto o Dalai Lama, na sua qualidade de sacerdote dos imperadores manchus, executava os rituais fúnebres, subiu ao trono Pu Yi, o "Último Imperador", então com dois anos de idade. Na verdade, o seu tio usurpou o poder e tornou-se o novo regente. Mesmo no meio deste caos terminal, os Manchus haviam demonstrado que, na sua perspectiva, o Dalai Lama lhes era subordinado e o Tibete também; o novo título que lhe deram expressou sucintamente a posição que defendiam: "leal e submisso vice-regente" (⁷⁹).

O XIV Dalai Lama faz uma interpretação diferente, particularmente da genuflexão perante o imperador. "Nessa altura, os Tibetanos viam o imperador como uma encarnação do Bodhisattva Manjushri", disse ele. "Assim sendo, por que não dobrar o joelho perante o imperador? Ele não o fez como uma submissão ao soberano, nem por motivos religiosos. Nós, Tibetanos, identificámos sempre esta relação como sendo de sacerdote--patrono, pelo que o Dalai Lama se apresentou como sacerdote".

Quando insisti com o XIV Dalai Lama acerca da relação política entre Lhasa e o imperador manchu, ele ficou frustrado por eu ainda não ter compreendido o quão apolíticos eram os Tibetanos de então. "Existe um exemplo muito claro. Um dia, os altos funcionários do séquito do XIII Dalai Lama participaram num almoço oferecido pela imperatriz--viúva. Regressaram a casa com pedaços de bolo nos bolsos, acarinhando--os como algo de abençoado. Consideravam que eram muito sagrados dado provirem da mesa do imperador, e distribuíram-nos, à guisa de *prasad (sacramento abençoado pelos deuses e dado aos devotos nos templos hindus)*. De facto, existia devoção, existia fé".

Ironicamente, enquanto os membros da comitiva do XIII Dalai Lama mantinham crenças tão conservadoras, o próprio Dalai Lama começava a perder a sua tradicional piedade. Em *Portrait of a Dalai Lama*, Charles Bell, que conheceria o XIII Dalai Lama alguns anos depois, na Índia, e se tornaria o primeiro ocidental a passar muito tempo com um Dalai Lama, escreve que o monge duvidava de que o imperador "fosse verdadeiramente... uma encarnação... do Senhor da Sabedoria [o Bodhisattva Manjushri]". As experiências pelas quais passava o XIII Dalai Lama estavam a alterar a sua perspectiva sobre a Rússia, o Tibete e o Estado Manchu, bem como as suas convicções religiosas tradicionais.

Apesar de caminhar para a extinção, a dinastia Manchu continuou a exercer pressão sobre o Dalai Lama e o Tibete. O magistrado manchu que liderara a invasão do Tibete em 1905, Chao Ehr-feng (⁸⁰), foi enviado sobre Lhasa com um exército de 2 000 homens, quatro anos depois, com ordens para prosseguir com a assimilação do Tibete (⁸¹) – enquanto o Dalai Lama era autorizado a regressar. As tropas de Chao portaram-se tão barbaramente a caminho de Lhasa que os Tibetanos não tardaram a alcunhá-lo de "Carniceiro" (⁸²).

"O que fizeram os soldados?", perguntei.

"Oh, foram muito maus. Muito maus", retorquiu o Dalai Lama. "Indisciplinados. Progrediram como um exército antigo. Tudo o que viam, roubavam. Mataram e pilharam, sem mais nem menos. E mal chegaram a Lhasa, dispararam sobre alguns funcionários, e julgo que um funcionário laico ficou ferido. Por isso, nessa mesma noite, o Dalai Lama, acabado de regressar da China, partiu apressadamente de Lhasa para a Índia".

Não ocorrera aos mosteiros nem aos nobres do Tibete financiarem o desenvolvimento de um exército moderno.

"Nessas ocasiões, juntavam as gentes locais", prosseguiu o Dalai Lama. "Na época, não existia qualquer espécie de exército tibetano organizado. Tradicionalmente, em tempos de crise, todos os homens sãos ajudavam. Por exemplo, alguns monges do Mosteiro de Sera, ou pelo menos um certo número de monges, seriam recrutados como soldados. Não existia um exército permanente".

"O XIII Dalai Lama acabara de se avistar com o imperador, em Pequim, e logo a seguir aparecem esses bárbaros e começam a assassinar as pessoas. Ele deve ter ficado muito zangado", disse eu.

"Naturalmente", replicou ele.

"Talvez a sua fúria ou frustração face aos Manchus", disse eu, "lhe tenham feito compreender que os Britânicos não eram assim tão maus".

"É verdade", disse o Dalai Lama. "Imediatamente após o regresso do Dalai Lama a Lhasa, um mês depois, o exército chinês e manchu chegou à cidade e ele partiu apressadamente para a Índia".

Antes de iniciar o seu segundo exílio, o XIII Dalai Lama fez um apelo à Grã-Bretanha e ao resto do mundo. "Estamos muito preocupados e imploramos às Potências que intervenham e obriguem à retirada das tropas chinesas" [83]. Num presságio sombrio de futuros acontecimentos, não houve um único país que interviesse enquanto as tropas chinesas, sob comando manchu, ocupavam Lhasa e tomavam medidas para estabelecer o controlo administrativo do Tibete, algo que nenhum governo chinês ou manchu conseguira antes concretizar [84].

Quando o XIII Dalai Lama fugiu de Lhasa, os Manchus, ao contrário dos Britânicos, perseguiram-no com tropas. Mais uma vez, os manchus "depuseram" legalmente o Dalai Lama, tal como haviam feito em 1904, embora os Tibetanos ignorassem completamente a decisão. Auxiliado por seguidores leais que ficaram para trás num vau e travaram os perseguidores a tiro, e por uma campanha de desinformação promovida pelo povo tibetano (o XIII Dalai Lama rir-se-ia ao descrever como os aldeãos tinham enviado os Manchus em todas as direcções, excepto na que ele seguira), o Dalai Lama chegou em segurança à Índia ([85]).

Em Março de 1910, o XIII Dalai Lama vivia exilado em Darjeeling, na Índia, aguardando ansiosamente notícias da sua pátria. Para tratar com o Dalai Lama, Londres enviou um dos poucos ingleses que falavam tibetano, Sir Charles Bell, o oficial responsável pela supervisão do Sikkim. Após o seu primeiro encontro, Bell escreveu que Thupten Gyatso

> ... à primeira vista, não me pareceu um rei. Era uma figura atarracada, com algumas marcas no rosto (de varíola), cujos traços revelavam a origem plebeia daquele filho de camponês. Mas no Tibete as coisas não são como noutros lados. Além disso, ele estava completamente desenquadrado. Sem o seu reino, faltavam-lhe os ornamentos da realeza. Destituído de palácios, destituído de sacerdotes, destituído até das vestes apropriadas – tão rápida fora a sua fuga. Mas ele era o deus-rei do Tibete, a Encarnação de Chen-re-zi... Pobre Dalai Lama! Primeiro, uma fuga da expedição britânica de 1904, seguida de cinco anos de exílio na Mongólia e na China. E agora, uma fuga aos Chineses para junto dos Britânicos, sem nenhuma esperança aparente de alguma vez regressar ao seu país. ([86])

Após o seu primeiro encontro, Bell fez seguir os repetidos pedidos de auxílio de Thupten Gyatso para o vice-rei, em Calcutá. Enquanto aguardavam uma resposta, Bell e o Dalai Lama criaram o hábito de conversar frequentemente. Bell disse ao Dalai Lama que a política britânica era "dar à China o controlo praticamente total sobre o Tibete, deixando bem vincado que não lhe permitiremos interferir no Nepal, no Sikkim e no Butão" ([87]), que já eram (de facto ou não) protectorados da Grã-Bretanha. O Dalai Lama respondeu-lhe que os Manchus, depois de controlarem o Tibete, utilizariam a nação para ameaçar a Índia ou os protectorados britânicos nos Himalaias. "Não tardou muito", escreveu Bell, "a que a sua previsão se revelasse correcta. Assim que consolidou o seu domínio no Tibete, o Governo chinês apresentou, através das vias diplomáticas, pretensões ao Nepal e ao Butão como vassalos da China" ([88]). No passado, tal como o Tibete, o Nepal e o Butão tinham enviado tributos aos governantes manchus de Pequim, mas os Manchus nunca administraram nenhum dos dois Estados. Usando o mesmo raciocínio com que a China faz valer as suas pretensões ao Tibete, faziam ambos parte da China.

Todavia, nem o Império Qing, nos seus últimos anos, nem a China invadiram estes Estados.

Três meses depois da chegada do Dalai Lama a Darjeeling e do seu apelo de auxílio, e apesar da agressividade manchu no Tibete, Bell teve a triste missão de o informar de que os Britânicos "não se intrometeriam entre o Tibete e a China (⁸⁹). Estávamos sentados na quietude do seu quarto quando lhe entreguei a missiva, e ele ficou tão surpreendido e abalado que, durante um ou dois minutos, não foi capaz de falar... Os seus olhos... eram os de um homem que está a ser caçado até à morte. Todavia, ele recompôs-se rapidamente e discutiu o assunto com calma e clareza".

Bell avistou-se com o Dalai Lama cerca de cinquenta vezes (⁹⁰) durante os dois anos e três meses do seu exílio indiano. O Dalai Lama manteve-o a par dos seus pedidos de ajuda oficiais ao Nepal e ao rei de Inglaterra, mas foi suficientemente astuto para não revelar a Bell as suas tentativas clandestinas para pedir auxílio ao czar Nicolau II (⁹¹) por intermédio de Dorjiev. A Rússia respondeu à aproximação secreta de Dorjiev enviando uma nota diplomática à Grã-Bretanha. Bell teve o triste e incómodo dever de informar o Dalai Lama não só acerca da mais recente rejeição russa, mas também de que a Inglaterra estava a par do pedido. Segundo Bell: "Durante alguns instantes, ele ficou sem fala. Foi a única ocasião em que vi o Dalai Lama corar, mas desta vez ficou todo corado". O Dalai Lama explicou a Bell que só contactara os Russos porque os Britânicos o tinham rejeitado, e que o fizera em segredo para poupar a Bell qualquer embaraço com os seus superiores. Bell ficou impressionado com a sua perspicácia política. "Não se poderia certamente dizer que o representante do Buda era lerdo", escreveu ele.

O Dalai Lama contou a Bell muitos dos conhecimentos que o seu sucessor partilhou para o presente livro. O XIII Dalai Lama disse que "durante séculos, o Tibete governou-se quase sempre a si próprio, mas os historiadores chineses dizem o contrário" (⁹²), e que os Chineses "sempre fizeram questão de ver os Tibetanos como selvagens". Ele sabia do saque da capital tang pelo Tibete (⁹³), e dos tratados concluídos em pé de igualdade, no século IX, entre o Tibete e os Tang. Queixou-se de que os Manchus tinham distorcido a história, afirmando que os Tang haviam derrotado Lhasa.

O Dalai Lama utilizou correios secretos para orientar as forças que, no Tibete, continuavam a manter os Manchus na defensiva; durante longas conversas, o XIII Dalai Lama informou Bell acerca dessas actividades. O enviado britânico observou que o Dalai Lama falava sempre "numa voz baixa e tranquila, ocasionalmente interrompida por uma gargalhada alegre", mesmo quando descrevia traições que fariam chorar um homem feito. Em virtude de a Grã-Bretanha recusar vender-lhes armas, os Tibetanos combatiam com os seus velhos mosquetes contra um exército manchu dotado de armamento europeu. O Dalai Lama prosseguiu as suas conversas corteses com Bell, sabendo que ele era apenas um mensageiro; além do mais, este inglês que falava tibetano era um dos seus poucos defensores num período negro.

Foi na Índia, sob a orientação de Bell, que o Dalai Lama aprendeu as técnicas ocidentais de governação. Ele estava interessado em conhecer os pormenores da forma como a administração de Londres governava os vastos territórios do sub-continente indiano através de um admirável sistema de caminhos-de-ferro, escolas, correios e burocratas, e dos muitos acantonamentos para as tropas britânicas [94]. Perguntei ao XIV Dalai Lama, Tenzin Gyatso, de que forma fora afectado pelos anos passados pelo seu antecessor na Índia.

Ele retorquiu, "Quando eu era novo – vivia no Potala – e ouvi falar nisso pela primeira vez, pensei que ele se deveria ter divertido imenso. Sabe, quando eu era jovem, ir à Índia significava divertimento e ir em peregrinação aos lugares santos budistas. Um dos meus assistentes pertencera ao Kashag *(o governo tibetano)* e costumava falar-me das suas experiências quando fora enviado para a Índia pelo governo. Contou-me que Calcutá era enorme, que a Ponte de Howrah era enorme. Disse-me que quando atravessava a Ponte de Howrah de comboio, contava os postes eléctricos, e que antes de completar um *mantra* via o poste seguinte. Eu tinha a impressão de que a Índia era gigantesca. E pensava que era maravilhoso e que esperava lá ir".

De facto, o XIII Dalai Lama também visitou o zoo de Calcutá, e exibiu toda o contentamento que o XIV Dalai Lama imaginou nos seus sonhos de juventude. Numa ocasião especial, quando se encontrava alojado na Hastings House, a grande e deselegante mansão que servia de residência de hóspedes oficiais do vice-rei da Índia, o XIII Dalai Lama falou pela primeira vez ao telefone. Bell recorda que o Dalai Lama gostava tanto do aparelho que aproveitava todas as desculpas para lhe telefonar, e terminava sempre as conversas com "uma gargalhada de satisfação" [95].

Apesar desta hospitalidade, a política britânica para com o Tibete e o XIII Dalai Lama no exílio continuou prudente duramente vários anos, até 1911. "A minha impressão", disse o XIV Dalai Lama, "é que, no princípio, o governo britânico não lhe prestou muita atenção e se manteve neutral. Ele era uma espécie de convidado. Era uma pessoa normal, que viera do Tibete e se encontrava na Índia, ainda que desenvolvesse algumas actividades políticas no Tibete. No princípio, o governo britânico manteve-se muito discreto, mas depois a situação do Tibete e da China alterou-se consideravelmente. Penso que os Britânicos começaram a prestar-lhe mais atenção".

Foi o derrube do Império Manchu pelos Chineses, em 1911, que provocou a mudança nas atitudes britânicas. Desde a invasão do Tibete Central, no ano anterior, Londres vira-se a braços com alguns problemas criados pelo governo manchu do Tibete. Os Manchus levantaram questões acerca da fronteira exacta com a Índia ([96]), reclamaram a soberania sobre o Nepal e o Butão, e acicataram as tribos ao longo da fronteira contra os Britânicos. Quando o Império Manchu se desmoronou, emergindo uma nação dominada por Chineses e não por Manchus, Londres começou a reconsiderar a sua política de neutralidade. Seguindo as orientações do XIII Dalai Lama no exílio, enviadas através de uma sucessão de correios secretos, os Tibetanos aproveitaram-se da luta entre Manchus e Chineses e atacaram os ocupantes. Numa rápida sucessão de acontecimentos, os soldados chineses do Tibete atacaram os seus oficiais manchus e, enquanto o império ruía, os Tibetanos derrotaram os Chineses e os Manchus. Sem aprovisionamento nem orientação da China, os Manchus e Chineses do Tibete não constituíam uma ameaça. Em Junho de 1912, o XIII Dalai Lama proclamou a independência total do Tibete e as forças tibetanas – um exército de voluntários mal treinados, provenientes de todas as aldeias e mosteiros – empurrou as forças manchus do Tibete Oriental até ao rio Mekong. No Outono, os restantes Chineses e Manchus, que haviam capitulado, foram conduzidos para fora do país, para a Índia. Finalmente, em Janeiro de 1913, após oito anos de exílio, o Dalai Lama regressou a Lhasa.

Os Mongóis também reagiram ao colapso do Império Manchu declarando a independência, em 1912. Com a queda do Estado manchu, nem os Tibetanos nem os Mongóis tinham o mínimo desejo de se unir à República Chinesa, que emergiu gradualmente nas áreas do defunto império onde a etnia chinesa constituía a maioria da população. Dado que os Mongóis e os Tibetanos nunca se tinham considerado chineses, a ideia parecia-lhes absurda.

"Parece-me que, uma vez deposto o imperador manchu e transformada a China numa república", disse o Dalai Lama, "a própria natureza da antiga relação entre o Tibete e os Manchus deixaria de ser válida. Deste modo, não havia razões para permitir forças manchus e chinesas no Tibete. Todas foram expulsas. Logo que o imperador manchu foi deposto, os Tibetanos sentiram-se libertos da antiga relação. Dado que terminara a relação espiritual, eles expulsaram aquelas forças do Tibete. Enquanto existiu um imperador manchu, os Manchus exerceram algum controlo. Nós aceitámo-lo, porque fazia parte da relação patrono-sacerdote. Quando se verificou uma tentativa de alteração da própria natureza da relação, de espiritual para política, os Tibetanos não estiveram dispostos a aceitá-la".

"Mas os Chineses", disse eu, "afirmaram que o Tibete fazia parte da República Chinesa, não afirmaram? Disseram que todas as terras que haviam pertencido ao Império Manchu passavam a fazer parte do novo Estado chinês".

"Sim, é verdade", disse ele.

"De facto, após o regresso do XIII Dalai Lama a Lhasa", prossegui eu, "o governo republicano enviou-lhe uma carta dizendo que os seus títulos lhe haviam sido devolvidos. Também lhe pediram que se unisse à República Chinesa, uma atitude estranha tendo em atenção que as pretensões da China se baseiam no argumento de que o Tibete já era parte da China. O XIII Dalai Lama respondeu, dizendo que não solicitara nenhum título chinês e que o Tibete era uma nação independente".

"É verdade", retorquiu o Dalai Lama. "O Dalai Lama declinou aceitar o título chinês. Disse-lhes, 'Não quero que os Chineses me dêem nenhum título. Cuidem do vosso país, não se preocupem connosco'" ([97]).

"Hoje, a Mongólia é uma nação independente", disse eu, "mas a sua base legal para ser independente da China não é diferente da do Tibete. A Mongólia separou-se do Império Manchu na mesma altura que o Tibete e pelas mesmas razões. Se a China tem alguma pretensão legal ao Tibete, então tem a mesma pretensão legal à Mongólia. Se a história provar que o Tibete é parte da China, então a mesma história prova que a Coreia, o Vietname do Norte, a Tailândia, o Butão e o Nepal também fazem parte da China. O argumento é semelhante ou idêntico em todos os casos, mas só foi aplicado no caso do Tibete".

"É verdade, é bem verdade", disse o Dalai Lama com alegre equanimidade. "Até porque cultural, racial e linguisticamente o Tibete é completamente diferente da China, enquanto que os laços dos Chineses com os Vietnamitas ou os Coreanos são muito mais sólidos. Têm muitas ligações. Todos os seus textos clássicos são em chinês. Mas nunca foi esse o caso no Tibete. O Tibete, logo desde o princípio, nunca foi assim. Nenhum dos nossos registos antigos é em chinês".

"A raiz do problema", disse eu, "foi quando os líderes chineses da revolução de 1911, como Sun Yat-sen, decidiram que a única possibilidade que tinham de reclamarem como Chineses todos os territórios conquistados pelos Manchus seria conseguindo demonstrar que a história comprovava que todos os habitantes do Império Manchu eram, de algum modo, chineses. Mas essa mudança deu-se na parte final da revolução. No início, Sun Yat-sen considerou a revolta chinesa contra os Manchus como a revolta de uma raça contra outra".

"Tem de investigar isso!", exclamou o Dalai Lama. "Mas sim, Sun Yat-sen considerava os Manchus como estrangeiros. É verdade".

Depois de Sun Yat-sen, o fundador da China moderna, ter derrubado os Manchus e estabelecido a República Chinesa, foi em procissão com o seu governo até ao túmulo do Imperador Yongle, o primeiro imperador da dinastia Ming (1368-1644). Na qualidade de primeiro líder chinês de um Estado chinês desde a conquista manchu de 1644, quando os Ming foram derrubados, Sun Yat-sen foi falar com os seus antepassados. Depois de lhes oferecer um sacrifício à maneira confuciana, ele dirigiu-se-lhes como se ainda estivessem vivos:

> A política dos Manchus foi... de implacável tirania... Movida pelo desejo de subjugar perpetuamente os Chineses... os Manchus governaram o país com grande prejuízo e em detrimento do povo... A raça chinesa de hoje... restaurou finalmente o governo ao povo chinês... O vosso povo veio hoje aqui para informar Vossa Majestade da vitória final. ([98])

Quando mencionei isto ao Dalai Lama, perguntei-lhe se ele lera que Mao Tsé-tung também considerava os Manchus estrangeiros quando era rapaz, em 1911.

"Não ouvi falar nisso", disse ele.

"No livro de Edgar Snow, *Red Star over China*, Mao descreve o que sentiu ao cortar a trança manchu que todos os Chineses eram obrigados a usar, sob pena de morte. Cortou-a para mostrar a sua liberdade da opressão manchu".

"Cortou-a?", perguntou o Dalai Lama.

"Sim. Por toda a China, os Chineses mostraram que já não estavam sob domínio manchu cortando as suas tranças ou rabo-de-cavalo, durante a revolução de 1911. Tinham sido obrigados a usar o cabelo ao estilo manchu desde 1644".

Tal como todos os Chineses, Mao sabia que a revolução de 1911 era uma sublevação contra os Manchus. No livro de Snow, Mao descreve, após uma batalha, ter visto "a bandeira han hasteada... ([99]) Era uma bandeira branca, com o caracter Han". *Han* é a palavra moderna para "Chineses". A revolução hasteara a bandeira com uma única palavra: *Chineses!* Esta palavra enchia de terror todos os Manchus, pois os Chineses tinham-nos massacrado aos milhares durante a revolução, tal como eles haviam feito durante a Rebelião Taiping, no século XIX.

Durante uma grande parte deste período, de 1911 até à fundação da República Popular da China, em 1949, os Manchus que viviam na China tiveram de esconder a sua identidade étnica ([100]), ensinando secretamente aos filhos a língua nativa em casa. Em 1911, o extermínio ou limpeza étnica dos Manchus tornou-se tão comum que milhares fugiram para a Manchúria, a sua pátria, e falaram em recriá-la como um Estado étnico separado da China. O facto de os Manchus não serem Chineses e, consequentemente, de as relações do Tibete com o Império Manchu não constituírem um precedente para as relações tibetanas com Pequim, é uma distinção da qual o Dalai Lama está bem ciente mas que os especialistas chineses se recusam a fazer. Para os historiadores chineses, os Manchus, à semelhança dos Tibetanos e dos Mongóis, são minorias étnicas chinesas. No entanto, hoje, com a disponibilização dos recém-traduzidos arquivos manchus, que cobrem o período entre 1644 e 1911, os especialistas que estudam a história chinesa já não consideram "Manchu" ou "Qing" como sinónimos de "China" ([101]).

Os especialistas começam actualmente a compreender o que os Mongóis e Tibetanos sabiam em 1911. Quando os manchus foram derrubados, os Mongóis, os Tibetanos e os Chineses procuraram naturalmente a independência – uma consequência assustadora para os Chineses. Em 1912, apenas um ano decorrido sobre as revoluções e declarações de independência tibetana e mongol, Sun Yat-sen declarou que a República da China era agora um Estado multi-étnico composto de Manchus, Tibetanos, Han e Uigures (o grupo étnico maioritário da Província de Xinjiang). As suas declarações junto aos túmulos ming, enaltecendo os Chineses e condenando os Manchus, foram postas de parte. A promoção de uma população diversificada era a única maneira de Pequim poder reclamar ter herdado o direito a governar a China, não obstante o facto de os grupos étnicos que não reconheciam esta pretensão ocuparem sessenta por cento do seu território. A República Popular fez valer a maioria das suas pretensões territoriais – primeiramente proclamadas por Sun Yat-sen – através de invasões (excepto na Mongólia Exterior), e criou uma visão da história, que ainda é ensinada nas escolas, para as justificar.

❈ ❈ ❈

Para os nacionalistas chineses, a independência tibetana, em 1912, foi uma farsa orquestrada pelos imperialistas britânicos, assim como a independência mongol foi dirigida pelos Russos (sendo a única diferença o êxito russo e o fracasso britânico). Para Mongóis e Tibetanos, a independência era essencial devido às muitas tentativas brutais que os Chineses tinham feito para os assimilarem cultural e etnicamente, em particular durante as últimas décadas do Império Manchu. Uma união com a China era vista como um passo para o extermínio cultural e étnico.

Infelizmente, a revolução de 1911 não pôs fim aos conflitos na China. Foi apenas o começo de décadas de caos e guerra civil, a que se seguiu a invasão japonesa e a Segunda Guerra Mundial, e um reacender da guerra civil, durante a qual não existiu um Estado centralizado. Dado que os Chineses se revelaram incapazes, durante meio século, de unificar e governar o seu próprio povo, careciam certamente da capacidade de subjugar a Mongólia ou o Tibete. Consequentemente, a declaração de independência feita pelo XIII Dalai Lama, em 1912, negada no papel pelos sucessivos governos chineses, foi uma realidade até à invasão chinesa do Tibete, em 1950.

Do seu regresso a Lhasa, em 1913, até à sua morte, em 1933, o Dalai Lama trabalhou incansavelmente pela independência do Tibete. Durante os seus últimos anos de vida, concentrou-se na reforma do governo, na defesa da nação e em lidar com os elementos da sociedade tibetana que resistiam a estes esforços.

"Penso que, na globalidade, ele viu que o Tibete era governado de um modo atrasado", disse o XIV Dalai Lama, "pelo que havia uma necessidade de modernização. Essa era a questão principal. Por isso, ele promoveu a modernização do Tibete. Fundou o sistema postal, e fez muitas coisas similares. E um dos aspectos da modernização nos quais ele trabalhou foi o militar".

A população de Lhasa teve uma amostra do que significava não ter um exército para se defender quando as tropas chinesas da cidade se revoltaram contra os Manchus. Os Tibetanos lutaram contra os Chineses durante meses, e os combates dividiram a capital em duas zonas, chinesa e tibetana. Os soldados colocaram sacos de areia para defender as casas e abriram trincheiras e túneis; na antiga cidade santa, ecoava uma constante barragem de disparos e explosões. A dada altura, os Chineses atacaram o Mosteiro de Sera. No entanto, o conflito não foi sempre por razões étnicas. Houve monges chineses que combateram pelos Tibetanos, e monges do Tibete Oriental que combateram pelos Chineses ([102]), mas estes desertores não se revelaram cruciais para o desfecho.

"Esses monges tibetanos", disse o Dalai Lama, "eram oriundos da região junto à fronteira com a China, mentalmente estavam próximos dos Chineses. Por isso, fingiram apontar o seu canhão de carregar pela boca contra os Chineses, mas quando o tiroteio começou viraram-no contra os Tibetanos".

"E o que fez o XIII Dalai Lama quando regressou?", perguntei.

"Impôs restrições", disse ele, "mas outras pessoas saberão os pormenores".

De facto, os funcionários tibetanos pró-chineses eram numerosos. As forças tibetanas prenderam e executaram muitos, incluindo membros do governo tibetano, ou Kashga, antes de o Dalai Lama regressar a Lhasa([103]). Os Tibetanos também dissolveram pelo menos um mosteiro após o regresso do Dalai Lama, e outros mosteiros restringiram a admissão de monges do Tibete Oriental.

Curioso face à ideia de monges combatentes, perguntei, "Então alguns monges combateram na guerra contra os Chineses?".

"Os monges de Drepung não tiveram que combater", disse o Dalai Lama, "a maioria dos combates, em Lhasa, foi travada pelos monges de Sera".

"Quando os monges têm que lutar, não estão a violar o *Vinaya*?", perguntei eu.

"Têm que devolver os seus votos ao mosteiro, e só depois é que começam a combater", explicou o Dalai Lama. "Não lutam com o hábito de monge. Quando se é um monge, não se pode lutar".

"Depois da luta", perguntei eu, "retomam os seus votos de monges?".

"Sim, não há problema, se for feito devidamente", disse ele. "Primeiro, têm de renunciar; devem fazê-lo indo junto de um mestre, devolvendo-lhe os votos. Obviamente, matar alguém continua a ser um pecado. Mas pelo menos não estão a transgredir as regras monásticas, porque renunciaram aos seus votos. Assim, tornam-se laicos, embora matar não deixe de ser pecado. Mas existem graus; depende da motivação de cada um. Matar para nos defendermos ou para defendermos outrem é diferente do que matar por lucro".

"Após tantos anos no exílio", disse eu, "e depois da guerra no Tibete para expulsar os Chineses, o Dalai Lama regressa finalmente a Lhasa e declara a independência. Quais foram as suas primeiras medidas?"

"Imediatamente após ter assumido o poder, deu início a muitas alterações", retorquiu o Dalai Lama. "Quando regressou da Índia estava um homem mais maduro e, além do mais, tinha-se deslocado à China e à Índia. Sentira os efeitos de ter um governo tibetano fraco. Todas estas experiências causaram impacto. É muito claro que ele iniciou verdadeiramente a modernização do Tibete. Foi abolida a pena de morte como castigo, e também a prática de cortar as mãos aos criminosos. Fundou uma Casa da Moeda para produzir moedas e dinheiro. E também falou em dar mais representação no governo ao povo tibetano. Criou uma força de polícia e os guarda-costas do Dalai Lama, e instalou hidroelectricidade em Lhasa. Abriu uma escola ao estilo ocidental. Enviou quatro rapazes para estudarem em Inglaterra; foram acompanhados por um homem, Lungshar ([104]), que também aprendeu muito em Inglaterra".

Lungshar Dorje Tsegyal provinha de uma antiga família aristocrática que servira o V Dalai Lama. Quando partiu com os quatro estudantes para a Grã-Bretanha, em 1912, não foi apenas como seu acompanhante. O Dalai Lama nomeou-o embaixador itinerante ([105]). Lungshar estudou a história e as instituições democráticas ocidentais, particularmente a substituição das monarquias hereditárias por governos eleitos em toda a Europa. Londres exigia que o Tibete não tivesse nenhum contacto directo com outros países, mas o Dalai Lama e Lungshar sabiam que era do interesse do Tibete cultivar o maior número de alianças possíveis, para a eventualidade de as relações com a Grã-Bretanha e a China correrem mal. Apesar das objecções britânicas, Lungshar visitou seis países europeus, além da Inglaterra. Quando regressou ao Tibete, em 1914, estava convicto de que a modernização e a reforma eram cruciais para a sobrevivência do país. Lungshar foi um apoiante fundamental do programa de modernização do Dalai Lama.

"A campanha de modernização assumiu muitos aspectos. O XIII Dalai Lama implementou exames para os monges superiores dos mosteiros, não é verdade?", perguntei eu.

"Sim, obrigou os monges superiores a fazerem exames", disse o Dalai Lama, "e os que chumbavam eram expulsos. Ele era muito duro para os funcionários do governo e dos mosteiros. Acho muito bem – devemos ser bastante duros para com as pessoas altamente colocadas; mas era muito gentil com o povo comum. E julgo que até tinha um automóvel em Lhasa, com motorista. Mas nunca aprendeu a ler nem a escrever inglês".

"E tal como referiu anteriormente, um dos aspectos das reformas teve a ver com o exército tibetano", observei eu.

"Sim", retorquiu o Dalai Lama, "ele também organizou as forças militares. Julgo que, no princípio, adoptou o modelo russo, e os instrutores mongóis organizaram algumas manobras de acordo com o estilo russo. Mas depois um japonês veio ensinar o exército tibetano. O Dalai Lama importou a experiência militar estrangeira de vários países ([106]). E mais tarde, ao envelhecer e com o melhoramento das relações com os Britânicos, o exército tibetano passou a seguir o modelo britânico. Seguiram os métodos de instrução britânicos, e além disso os Britânicos ensinaram o hino nacional inglês à banda do exército tibetano". O Dalai Lama riu-se. "Que disparate".

"Sim", respondi eu, "falei com pessoas que viram o exército tibetano, em 1950, e a banda ainda tocava 'God Save the Queen', embora os Tibetanos não soubessem o que significava. Seja como for, desta forma os Britânicos davam às vezes o aspecto de estarem a colaborar nos esforços do Dalai Lama. Eles ajudaram-no a criar o seu exército".

"Ocasionalmente, forneceram armas ao Tibete", observou o Dalai Lama.

"Mas ao mesmo tempo", disse eu, "vendiam armas aos Chineses e estavam sempre a dizer ao governo tibetano para reconhecer a suserania chinesa, mesmo quando o Tibete era completamente independente. Na verdade, convenceram os Tibetanos a assinarem um tratado que reconhecia a suserania chinesa sobre o Tibete – o Tratado de Simla, em 1914 – mas os Chineses negaram-se a assinar, pelo que nunca entrou em vigor. Mas apesar disso, os Britânicos usaram o tratado para negociar uma nova fronteira entre a Índia e o Tibete, com a cedência de território tibetano à Índia colonial. Os Britânicos ajudavam os Tibetanos, mas também pareciam servir-se deles".

"Sim", disse ele, "como lhe mencionei, havia muita duplicidade. Ao mesmo tempo, durante tudo aquilo, o XIII Dalai Lama tentou copiar algumas coisas que vira noutras países. Construíram um quartel-general, onde o exército e a guarda pessoal estavam instalados, e onde ele recebia habitualmente os diplomatas estrangeiros".

"O senhor não parece ter em grande conta os rituais dos militares", observei eu.

"São um disparate", disse o Dalai Lama. "Na verdade, como sabe, eu gosto de informalidade, e a formalidade militar é um exagero. É uma tolice. Os Chineses têm a mania disso, e é um disparate".

"Em relação ao processo de modernização, toda a gente apoiava o que o Dalai Lama estava a fazer?", perguntei.

"Alguns estavam contra ele", respondeu o Dalai Lama. "Alguns estavam totalmente contra ele. Houve uma pessoa, no Norbulingka, que se portou muito mal e foi despedida. E também houve oposição quando o XIII Dalai Lama implementou algumas reformas que afectaram os principais lamas. Alguns que não conseguiam manter a pureza do *Vinaya* foram expulsos. Muito mais tarde, um dos lamas expulsos tornou-se um grande opositor do Dalai Lama".

"Esses lamas e funcionários monges que foram expulsos", perguntei eu, "não conseguiam permanecer celibatários ou infringiam o *Vinaya* de modo semelhante?"

"Sim", disse o Dalai Lama. "O meu tutor assistente conheceu um desses homens, e contou-me que esse monge expulso se estava sempre a queixar do Dalai Lama. Dizia que o Dalai Lama não era um ser humano, era o demónio".

"Houve então uma verdadeira oposição à modernização que ele iniciou?", inquiri.

"Sim, exactamente", replicou o Dalai Lama, anuindo com a cabeça.

Desde o princípio, o Dalai Lama enfrentou uma tremenda resistência ao seu plano para organizar um exército moderno. O exército teve alguns sucessos iniciais. Expulsou os Chineses do Tibete Oriental. Todavia, para manter a força de combate responsável pela vitória e melhorar o exército era necessário investimento. O único modo de o XIII Dalai Lama conseguir modernizar o exército era aumentando os impostos sobre as propriedades dos maiores mosteiros e nobres. Ele suscitou uma forte oposição quando sugeriu a possibilidade de eliminar as isenções fiscais de alguns monges e aristocratas ([107]). Os especialistas ainda debatem o número exacto de servos existentes, mas uma estimativa afirma que em Lhasa, um único mosteiro – o Drepung – controlava 185 propriedades, com 20 000 servos (e camponeses), 300 pastagens e 16 000 nómadas que apascentavam os animais ([108]). Os impostos sobre estas propriedades, pagos em cevada e manteiga, constituíam o principal meio de sustentação dos 10 000 monges do Drepung. As propriedades alimentavam os monges enquanto eles executavam os serviços religiosos ([109]). A maioria dos Tibetanos acreditava que estes rituais eram essenciais para a sobrevivência da nação. Em vez de pagar directamente esses serviços, o Estado concedera aos mosteiros o direito de cobrar impostos sobre uma percentagem da produção. Qualquer imposto adicional ([110]) sobre as propriedades seria cobrado aos monges e, por extensão, aos serviços religiosos que prestavam. A carga fiscal já era tão pesada que os camponeses e os servos não poderiam suportar um novo aumento. Consequentemente, ao atacar a sua base de rendimentos, a tentativa de criação de um exército moderno suscitou a ira de um grande número de monges, o elemento mais conservador da sociedade. Na época, os monges poderão ter constituído até trinta por cento da população ([111]).

Lungshar tornou-se o homem a abater nos conflitos do Dalai Lama com os adversários da criação de um exército moderno. O XIII Dalai Lama nomeou-o para um posto governamental onde ele pudesse ajudar a gerar receitas para o exército, e Lungshar começou a obrigar alguns dos maiores proprietários de terras do Tibete, monásticos e aristocráticos, a pagarem mais impostos ([112]). Teve algum êxito inicial – em 1929, o Dalai Lama nomeou-o comandante supremo, e Lungshar aumentou o tamanho do exército e o soldo das tropas ([113]) –, mas a sua arrogância e desdém pela facção monástica conservadora originou a sua queda do poder. Para os monges, uma das coisas mais assustadoras era o facto de Lungshar ter vestido os oficiais e soldados tibetanos com uniformes ao estilo britânico. A sua aparência bastou para dar argumentos aos monges que diziam que os Britânicos eram inimigos do Dharma e que os reformadores destruiriam o Tibete.

O conflito do XIII Dalai Lama com os sectores conservadores da sociedade agudizou-se dramaticamente quando ele tentou cobrar impostos sobre as propriedades do IX Panchen Lama, em Xigaze. Os Panchen Lamas constituem uma das linhagens mais espiritualmente respeitadas do Tibete: os Gelugpa consideram o Panchen Lama a segunda figura mais importante, logo atrás do Dalai Lama. Desde o século XVII, os Panchen Lamas têm estado envolvidos na busca dos novos Dalai Lamas, e os Dalai Lamas ajudam a reconhecer os Panchen Lamas encarnados. Apesar deste elo espiritual – ambos são Bodhisattvas que rejeitaram o Nirvana para guiarem os outros até à iluminação –, as duas linhagens tinham uma história de confronto político entre si, nomeadamente porque os Panchen Lamas não possuíam um cargo político oficial, ao passo que os Dalai Lamas eram os governantes do Tibete.

Quando o Dalai Lama exigiu que o Panchen Lama contribuísse com vinte e cinco por cento das receitas fiscais necessárias para a construção do exército, surgiram imediatamente problemas. Os Panchen Lamas cultivavam a sua independência em relação a Lhasa e defendiam ciosamente o seu estatuto e as suas receitas fiscais. Tanto os Britânicos como os funcionários manchus tentaram, em alturas diferentes, servir-se da animosidade política entre os Panchen Lamas e os Dalai Lamas para os seus próprios fins políticos. Durante os dois anos de permanência do XIII Dalai Lama na Índia, os Manchus convidaram o Panchen Lama a instalar-se em Lhasa, e embora ele se tenha negado a permitir que os Manchus fizessem dele o substituto do Dalai Lama, mudou-se para o palácio de Verão, o Norbulingka ([114]), e participou nalgumas cerimónias com funcionários manchus.

"A relação entre o Panchen Lama e o XIII Dalai Lama", disse-me o Dalai Lama, "era difícil e negativa a nível oficial, mas em privado existia uma ligação espiritual profunda e especial. Há muitos exemplos de comunicação privada entre eles que não deixam dúvidas a este respeito, pelo que dizer-se que o seu relacionamento foi totalmente negativo é um grande erro".

"Mas ainda assim, houve problemas por causa do financiamento do exército", observei eu.

"Sim", aquiesceu o Dalai Lama. "Tudo começou em 1908, quando o Dalai Lama estava na Índia. Existia a convicção, dizia-se – e eu vi algumas pinturas que o comprovam – que o trono do Dalai Lama no Norbulingka fora empurrado para um lado e substituído pelo do Panchen Lama. Talvez.

Por causa desses acontecimentos, muitos funcionários e grande parte do povo ficaram magoados".

"E como é que isso afectou o financiamento do exército?", perguntei.

"Na década de 20", respondeu o Dalai Lama, "o comandante supremo, Lungshar, e um alto funcionário monge, Lobsang Tenkyong, ficaram responsáveis pelo aumento de impostos em benefício do exército. Para o efeito, impuseram um imposto bastante pesado ao Mosteiro de Tashilumpo *(chefiado pelo Panchen Lama)*, com o objectivo de financiarem a expansão do exército. O Panchen Lama apelou por diversas vezes ao Dalai Lama, mas o Dalai Lama recusou o seu pedido para reduzir o imposto. Por causa disso, o Panchen Lama fugiu e foi para a China".

Este acontecimento deu aos Chineses influência nos assuntos tibetanos e ofereceu-lhes a oportunidade de demonstrarem aos estrangeiros que o Tibete não passava de um conjunto de principados em conflito que necessitavam que a China os governasse ([115]). Assim, embora estivesse a ser criado um exército – a modernização da instrução e do equipamento estava em curso e tinham sido recrutados 10 000 soldados –, a procura de financiamento acabou por provocar uma grande disputa entre o Dalai Lama, o Panchen Lama e os monges conservadores, que não viam a necessidade de um exército. O tumulto e o debate público resultantes da fuga do Panchen Lama obrigaram o Dalai Lama a recuar na imposição de quaisquer impostos adicionais.

"Torna-se óbvio", disse eu, "que o Dalai Lama foi obrigado a destruir a essência do seu programa de reformas. Demitiu do governo todos os funcionários pró-modernização. Encerrou a escola inglesa, que fora aberta para oferecer uma alternativa à educação monástica. No fim, não obstante o sucesso do exército que combatia os Chineses no Tibete Oriental, os monges afirmaram que os soldados eram uma ameaça para o budismo, para o Dalai Lama e para a autoridade dos mosteiros do Tibete. O país desperdiçou a sua melhor oportunidade para criar um Estado moderno e sobreviver no mundo moderno" ([116]).

O Dalai Lama ouviu-me e depois disse, numa voz serena, "Existe alguma verdade nessas afirmações. Sua Santidade *(o XIII Dalai Lama)* afirmou muito claramente que existia, no seio da administração e até entre o povo, uma tendência para seguir a via tradicional, o modo como as coisas tinham sido feitas no passado. E sempre que se fazia algo que não fosse de acordo com a tradição, surgia oposição. Em tibetano, dizemos *ngarlam (seguir a via tradicional)*. A minha opinião é que tudo aquilo foi fruto da ignorância, da negligência e da insensatez, e que não se tratou necessariamente de uma campanha planeada e conduzida pelas forças conservadoras no governo".

"Não eram apenas os funcionários que não viam a necessidade de um exército?", perguntei eu.

"Penso que quando alguns monges idosos ou lamas começaram a observar a modernização", respondeu o Dalai Lama, "viram-na como britânica, e acreditavam sinceramente que os Britânicos eram inimigos do Dharma. Viram a modernização como ateísmo. E talvez possamos fazer uma crítica ao XIII Dalai Lama. Afinal de contas, ele estava no poder e via a necessidade de mudança. Quando surgiu alguma resistência, ele deveria tê-la combatido e seguido em frente com o seu plano, porque no fim a verdade prevaleceria. Deveria ter apresentado as suas razões à opinião pública, que as teria compreendido. Mas não o fez, e foi esse o seu erro. Sim, existe algo a criticar".

Olhou para mim com um ar de frustração. Aparentemente, a expressão "ignorância conservadora" era um grande eufemismo.

"Dou-lhe outro exemplo", disse ele. "Este problema não acabou em 1920. Em 1950, quando os Chineses já estavam a entrar no Tibete Oriental, existia em Lhasa um funcionário chamado Phuntsong Tashi, cuja missão era ouvir a rádio chinesa, emitida de Pequim; de quando em quando, enviava um relatório ao Gabinete dos Regentes. Isto passa-se pouco antes de eu assumir o poder. Um dia, ele mencionou cuidadosamente o perigo de uma invasão chinesa. Pois Nye-droen (o camareiro--mor)([117]) consolou-o dizendo-lhe 'Não precisa de se preocupar com isso, porque nós somos uma terra de grandes lamas, deuses e divindades, pelo que não temos que nos preocupar com o exército chinês". Fiquei chocado com a veemência na voz do Dalai Lama. "Isto é estúpido", concluiu ele. "Não passa de fé cega e ignorância".

❈ ❈ ❈

Em Lhasa, numa soalheira tarde de Outono, passei de carro por feios prostíbulos chineses. Raparigas chinesas da Província de Sichuan, incapazes de encontrarem trabalho em Chengdu, enlanguesciam indolentemente à frente de lojas vazias. Passei pela estação de televisão, com as suas paredes de vidro espelhado de cor azul, tão moderna como as suas congéneres europeias ou japonesas. De dentro do veloz táxi, observei os reflexos fragmentados do Potala, agitando-se na sua superfície espelhada. No Norbulingka, o palácio de Verão desde pelo menos o VII Dalai Lama, o motorista chinês parou em frente de um comprido muro branco que envolve o vasto complexo, situado nos arredores de Lhasa. Quando a chinesa que se encontrava à frente do Norbulingka me pediu o bilhete, fingi que não a compreendia, atravessei o enorme portão garridamente pintado e entrei no parque.

    Caminhei descontraidamente em direcção ao Chensalingka, um edifício de pedra caiada, mandado construir pelo XIII Dalai Lama nas últimas décadas da sua vida, no lado ocidental do parque murado. "Palácio" é uma palavra demasiado grandiosa para o Chensalingka, que não é maior do que muitas moradias europeias ou norte-americanas. Vi as horas – era cedo – e meti por um trilho orlado por grandes álamos. As suas folhas tinham acabado de mudar de cor; a luz da tarde tornava-as douradas, e restolhavam sob uma brisa de fim de Verão. Ao lado de uma das casas de pedra caiada dispersas pelo parque, encontrei a carcaça do pequeno Austin do XIII Dalai Lama, com ervas daninhas a crescer através do motor ferrugento do automóvel.

    Às três da tarde em ponto, encontrei-me com um senhor chinês (que deve permanecer anónimo, para não ser preso) e paguei-lhe, em dinheiro, os 500 dólares previamente acordados. Ele conduziu-me a uma pequena porta nas traseiras dos aposentos privados do XIII Dalai Lama e abriu-a com uma chave. Enquanto subíamos as escadas, ouvi um grupo de turistas a ser guiado para o rés-do-chão, por baixo de nós, para ver os palanquins oficiais que tinham sido utilizados pelo XIV Dalai Lama. O rés-do-chão do Chensalingka está transformado num museu mas a parte de cima, que fizera parte dos alojamentos do XIII Dalai Lama, permanece encerrada ao público. Eu ouvira dizer que as salas continham alguns murais que talvez interessassem ao XIV Dalai Lama, pelo que comprei o acesso ao edifício munido das minhas máquinas fotográficas, preparado para os fotografar.

    As cinco salas estavam vazias. Cortinas de seda amarela, tapando todas as janelas, davam uma tonalidade dourada ao chão de madeira polido, outrora coberto por camadas de antigos tapetes – há muito que tinham sido roubados e levados para a China. Os altares, hoje nus, também tinham sido desprovidos das suas estátuas. Além disso, todos os registos e documentos antigos que o XIII Dalai Lama lá tinha armazenado haviam também desaparecido, provavelmente para nunca mais serem vistos. O senhor chinês a quem eu pagara os 500 dólares conduziu-me à sala principal e apontou para o seu relógio de pulso. Eu teria duas horas. Depois, abandonou a sala, e eu não tardei a cheirar o aroma intenso do tabaco – ele sentara-se no terraço, a fumar. Tirei as máquinas fotográficas, montei o tripé, preparei os *flashes* e comecei a fotografar os murais.

Reconheci a sala como o lugar onde o XIII Dalai Lama tirara um retrato a preto e branco nos últimos anos da sua vida, pois os murais viam-se na fotografia. Mas eu não estava à procura dos belos murais religiosos que cobriam as paredes. Então, numa saleta, encontrei um grande mapa – um mural do Norbulingka na época do XIII Dalai Lama. Lá estava o muro exterior branco, intacto, envolvendo todo o complexo nos arrabaldes ocidentais de Lhasa. Via-se o Potala, ao longe, e depois, Lhasa. Era um mapa pintado, com 90 x 180 cm. Para mim, era um verdadeiro tesouro em virtude dos pormenores históricos que preservava de Lhasa no princípio do século XX.

Num canto do mapa, descobri um desenho de soldados do exército tibetano. Provavelmente, era a única pintura, em todo o Tibete, do exército no seu quartel no Norbulingka. Os soldados estão retratados em muitas actividades diferentes: fazendo elevações, jogando futebol, marchando em formação, fazendo tiro ao alvo com as suas espingardas britânicas Enfield .202. Têm polainas antiquadas, usadas pelos soldados britânicos durante a Primeira Guerra Mundial e na Índia colonial. Trajam uniformes verdes, e os oficiais têm capacetes coloniais britânicos, um bizarro sinal de patente que faria sentido para um oficial colonial britânico da rainha Vitória. Finalmente, vê-se o próprio XIII Dalai Lama, de pé, no pátio do Chensalingka, o edifício onde me encontro. Trajando as suas vestes mongóis preferidas, saúda a primeira de uma longa fila de pessoas que procuram a sua bênção. Perto, vários dos seus queridos mastins tibetanos puxam pelas correntes.

Nos últimos anos da sua vida, ele parece ter passado cada vez mais tempo no complexo murado do Norbulingka. Tinha os seus cães e as suas flores, e recebia, em frequentes audiências, pessoas que vinham de todo o Tibete consultá-lo sobre o governo ou procurar a sua bênção espiritual. Apesar destas pressões, ele tirou tempo para um retiro meditativo de três anos, três meses e três dias: fechou-se no Norbulingka e permaneceu em absoluto isolamento. A avaliar pelas fotografias, ele parece ter envelhecido rapidamente nos últimos anos de vida. As poucas centenas de soldados que viviam com ele dentro do complexo residencial – em casernas, nos vastos parques – não foram afectados pela anulação das suas reformas, que poderiam ter salvo o Tibete. Durante os seus últimos anos, ele fez o melhor para controlar as facções, que pareciam decididas a destruir a nação. Mas o facciosismo intensificou-se e a duplicidade britânica parecia não ter fim. Ao fotografar o mapa pintado em Lhasa, nos alojamentos do XIII Dalai Lama, as complexidades do período ganharam vida.

❀ ❀ ❀

Mais tarde, quando me desloquei à Índia e mostrei as fotografias do mapa pintado ao Dalai Lama, ele sabia exactamente onde estava o mural e falou sobre cada um dos edifícios retratados.

"Que edifício é este aqui?", perguntei-lhe eu, apontando para a fotografia.

"Durante a construção deste", disse o Dalai Lama, "chamado Kelsang Phodrang, o XIII Dalai Lama proibiu que se fumasse. Ele costumava visitar a obra, e um dia, ao caminhar do outro lado de um muro, ouviu um trabalhador dizer, em voz alta, 'O tabaco dá muito jeito quando se tem fome. E quando se tem sede, enche a boca. Para que serve a restrição imposta pelo Dalai Lama?'" O XIV Dalai Lama riu-se e disse, "O XIII Dalai Lama ouviu aquilo e foi-se embora sorrateiramente".

"E levantou a proibição?"

"Não", retorquiu o Dalai Lama. "O que quero dizer é que quando os pobres se queixavam assim, ele não os importunava. Na mesma altura, quando estavam a construir o grande muro branco em redor do Norbulingka, umas pessoas de Lhasa *(pai e filho)* fizeram uma doação de pedras para o muro. Eu vim a conhecê-los. O pai era um monge do Mosteiro de Namgyal *(localizado no Potala)*, e quando o conheci ele tinha oitenta ou oitenta e quatro anos, mas ainda estava em grande forma. Quando estavam a construir o muro, o pai, já idoso, carregou algumas pedras na sua mula e dirigiu-se ao Norbulingka. Na obra, depois de ele descarregar as pedras, a mula afastou-se noutra direcção. De repente, ele viu uma pessoa vestida à mongol e de bengala na mão. Ele gritou, 'Não se importa de agarrar a mula?' Posteriormente, compreendeu que o homem vestido à mongol era o XIII Dalai Lama. Como vê, as relações dele com o povo laico eram muito fáceis. Com os funcionários e os monges superiores era muito severo, mas estava muito próximo dos outros monges e do povo, e eu acho que isso é muito bom".

"Que mais o leva a pensar que o povo tibetano tinha uma relação tão íntima com ele?", perguntei.

"Quando o Potala foi caiado", disse o Dalai Lama, apontando para a fotografia do mural que eu tirara em Lhasa, "as pessoas de Shol *(a parte baixa da cidade)* apresentaram-se ao trabalho. Era um trabalho bastante perigoso. Um dia, uma senhora que estava lá no alto escorregou. Estava num sítio com dez andares de altura, e o utensílio de cobre que ela usava para caiar escorregou-lhe da mão. Bateu no chão com um estrondo. Ela também escorregou, mas felizmente conseguiu sentar-se e não lhe aconteceu nada. E um dos meus guarda-costas, que era muito velho, contou-me que a senhora, ao escorregar, gritou: 'Thupten Gyatso!' – o nome do XIII Dalai Lama. Isto significa que no momento em que ela se sentiu indefesa, a sua primeira reacção foi gritar o nome dele. Isto revela muita devoção. O povo acreditava profundamente".

❈ ❈ ❈

Naquela tarde, em Lhasa, enquanto eu fotografava o mapa pintado, o tempo voou; subitamente, a luz de fim de tarde começou a entrar pelas janelas. O senhor chinês regressou, insistindo que partíssemos. Todavia, depois de chegarmos ao rés-do-chão, em vez de virarmos para o portão, ele conduziu-me até uma insignificante casinhota ao lado do edifício. Era difícil perceber porque me levava até ali, pois quando nos aproximámos da casa chegámos junto de um enorme mastim preto que uivava, raspava com as patas no chão e batia com os dentes, o que o deixou extremamente nervoso e agitado. O cão tinha uma coleira tibetana – vermelha, de lã grossa –, e as suas manchas cor de canela sobressaíam num pêlo negro como azeviche. O chinês pretendia claramente mostrar-me outra sala – a troco de dinheiro –, mas tínhamos de passar pelo animal. Ao observar o meu guia esgueirando-se cautelosamente do cão, que continuava a uivar – no limite da sua corrente –, recordei-me do que me dissera o XIV Dalai Lama, num dos meus primeiros encontros com ele, acerca dos mastins e do seu antecessor.

"Quando o Dalai Lama regressou da Índia", dissera ele, "a sua vida tornou-se muito activa. Escrevia muito e respondia a muitos pedidos pela sua própria mão, mesmo relativos a assuntos do governo. Também passava tempo no jardim, e cuidava dos seus enormes cães. Quando o Dalai Lama os alimentava – alguns eram-lhe oferecidos por gente do povo, muitas vezes eram muito agressivos, e havia sempre cães novos, selvagens e por ensinar –, mas por muito agressivos ou novos que fossem, quando o Dalai Lama os alimentava, eles tornavam-se obedientes, amigáveis e humildes".

Aquele mastim não ia tornar-se obediente nem amigável. Tive medo que partisse a corrente. O meu guia receava a mesma coisa e, interrompendo as suas tentativas para me explicar o que havia lá dentro, deitou fora o cigarro, puxou de uma chave e conduziu-me a uma sala quase sem luz. Mais uma vez, as janelas estavam tapadas com seda amarela, e murais espantosos cobriam as paredes de alto a baixo. Quando compreendi que me encontrava na sala onde o Dalai Lama morrera, dei o dinheiro adicional ao homem.

Havia apenas uma sala principal. Enquanto eu me preparava para fotografar os murais, o meu guia sentou-se em cima de uma caixa de madeira vazia, na pequena antecâmara, e ficou a ver. Num canto da sala, havia um belo mural com deuses e titãs disputando a árvore da imortalidade, e as suas linhas delicadas e a brilhante folha dourada cintilaram de cada vez que eu disparei o *flash*. Noutro mural, picos cobertos de neve cercavam e escondiam o reino de Shambhala, do qual exércitos de guerreiros marchavam para travar uma grande batalha com estranhas máquinas, na guerra global cuja eclosão o Tantra de Kalachakra prevê para os próximos séculos. Os murais eram demasiado estranhos para ser apreendidos no pouco tempo que eu tinha; além do mais, sabendo que o XIII Dalai Lama morrera ali, eu sentia-me um intruso. Quando acabei de tirar as fotografias, olhei pela janela, para as árvores. Os suaves chilreios dos pardais da casa, pousados nos beirais do edifício, ecoavam na sala vazia. Senti os anos decorridos desde a sua morte, e voltei a pensar no plano mestre no qual o seu sucessor acreditava.

"Sei que diz que o plano mestre relativo ao XIII Dalai Lama acabou por falhar", disse eu quando nos encontrámos na Índia, para falar sobre os murais, "mas o que pensa que era esse plano para a vida dele?".

"Penso que", começou ele, "no campo espiritual, houve melhoramentos no Tibete durante a sua vida, devido aos exames que ele implementou e ao facto de ter destituído os monges que não eram puros. No aspecto temporal, segundo o último testamento que ele deixou, pouco antes de morrer, quis a modernização. Eu discordo, mas ele afirmou que, tendo em conta a China, a Índia e os nossos vizinhos mais pequenos, nós deveríamos dispor de forças militares capazes, e construiu alguns arsenais. Foi desta forma que ele melhorou o poder temporal. Pensou na autodefesa, incluindo no poderio militar da nação tibetana. E pensou na fronteira indefinida entre o Tibete e a China. Existia um acordo temporário, e ele queria finalizá-lo. E tinha obviamente um grande desejo de estabelecer relações com a Rússia, e julgo que era algo céptico face à Grã-Bretanha devido à invasão".

"Mas nunca deu certo", disse eu. "Os Russos rejeitaram-no, os Britânicos acabaram por não lhe vender as armas de que necessitava para manter o exército forte, e os próprios Tibetanos não lhe permitiram sequer construir o exército que ele considerava imprescindível para a sobrevivência do Tibete. Mesmo assim, o senhor diz que voltou a existir um plano mestre para os XIII e XIV Dalai Lamas".

"Não para o XIV", disse ele imediatamente, "só para o XIII. Sim, na época do XIII Dalai Lama existia um plano mestre. Mas poucos anos antes de morrer, quando o plano falhou, ele planeou a sua própria morte, planeou enviar-me, o grande XIV Dalai Lama". Riu-se com gosto do que dissera, inchando o rosto e empertigando-se todo. "Ou o estúpido XIV Dalai Lama. O XIV Dalai Lama não tem nada a ver com o plano mestre. Limito-me a seguir o XIII Dalai Lama".

❈ ❈ ❈

Não havia nada para ver pelas janelas, somente um grupo de árvores que provavelmente nem sequer lá estavam quando ele morreu, em 1933, e a sala apenas continha os murais. Mas fiquei lá, a observar.

Perguntei novamente ao Dalai Lama, "Qual foi então o plano mestre subjacente à vida e obra do XIII Dalai Lama? Como descreveria o plano mestre que motivou a vida dele?"

"O plano mestre do XIII Dalai Lama foi perturbado", disse ele, "e penso que depois, durante muitos anos, se seguiu algo como um vácuo ou como a incerteza. Segundo a primeira fase do plano mestre, o XIII Dalai Lama deveria ter vivido cem anos. Foi profetizado".

"Quem fez essa profecia?", inquiri.

"Um célebre lama tibetano, Pema Garwang, um grande lama. Um dia, na sua visão, encontrou uma velhota, que seria a mãe do Dalai Lama. A velhota disse, 'Originalmente, este rosário tinha cem contas. Com o uso, as contas foram-se gastando e agora só restam cinquenta e oito ou cinquenta e nove'. O XIII Dalai Lama deveria ter vivido cem anos, mas a sua vida alterou-se obviamente com todos os seus esforços – o envio de estudantes para Inglaterra, a modernização e as fábricas, e algumas outras actividades". Para o Dalai Lama, a vida do seu antecessor foi encurtada pelo esforço que ele investiu na defesa do Tibete.

❋ ❋ ❋

O meu guia abriu a porta e o cão, que tinha parado de ladrar depois de nós entrarmos, recomeçou a ladrar. O meu acompanhante deixou-me logo que saímos da sala onde o XIII Dalai Lama falecera. Meti por um trilho do parque do Norbulingka e ele meteu por outro, pelo que caminhei sozinho até ao portão, sob a última luz do dia.

Por fim, perguntei ao Dalai Lama, "Quem foi o XIII Dalai Lama?"

"A um certo nível, o XIII Dalai Lama foi um ser humano solitário", disse ele, com grande lassidão. "Nasceu e morreu, ficou doente, e também caiu uma vez do cavalo, após o que se tornou mais cuidadoso". A sua voz passou da lassidão para uma alegre risada. "Este é o nível humano ou convencional".

"Mas quando menciona que o XIII Dalai Lama caiu do cavalo, fá-lo para mostrar que ele também era muito humano", disse eu.

"Sim", retorquiu ele.

"Mas também há a presença do espírito de Chenrezi", disse eu.

"Os dois níveis, mais uma vez", concluiu ele, fazendo-me sinal com a cabeça, pois já tínhamos falado daquilo muitas vezes.

❋ ❋ ❋

Depois de o Dalai Lama morrer, aos 58 anos de idade, a 17 de Dezembro de 1933[118], o seu antigo comandante supremo fez uma última tentativa desesperada para reavivar a modernização. O historiador Tsepon

Shakabpa classifica os esforços de Lungshar como obra de "bandidos políticos"([119]) que pretendiam efectuar mudanças no governo e no funcionalismo público tibetanos. O Dalai Lama tem uma opinião diferente.

"O XIII Dalai Lama tinha uma confiança absoluta em Lungshar", disse ele. "Lungshar foi o funcionário laico que acompanhou os quatro estudantes a Inglaterra e os trouxe de volta. Depois de regressarem, os quatro rapazes prestaram excelentes serviços. Um instalou a electricidade em partes de Lhasa, outro montou um telégrafo. E Lungshar iniciou a reorganização do exército, colaborando na criação de um exército moderno. Infelizmente, o plano falhou devido aos problemas relativos aos impostos, dos quais já falámos. Depois da morte do Dalai Lama, Lungshar tinha um plano para o período de regência entre o XIII e o XIV Dalai Lamas. Em vez de nomear apenas um regente, um monge, a sua ideia era ter dois ou quatro homens, metade laicos, metade monges".

"Pretendia diluir o poder dos monges durante a regência", observei eu.

"Pretendia uma combinação de monges e laicos", disse o Dalai Lama. "Depois do XIII Dalai Lama, como mandava a tradição, um monge reencarnado, um lama, Reting Rinpoche, foi nomeado regente. Mas depois, Lungshar organizou uma reunião secreta *(com todos os que pretendiam continuar a campanha de modernização do Dalai Lama)*. Um monge que tinha estado na reunião contou-me que o principal objectivo deles era que o governo tibetano fosse liderado por funcionários públicos e não por lamas. Lungshar disse que os lamas não tinham experiência administrativa, e assim por diante".

"Há alguma verdade nessa afirmação", disse eu.

"Sim, é muito verdadeira. Mas o outro lado *(os conservadores religiosos, que se opunham à modernização)* e a regência acusaram-no de tentar instaurar uma república. Não foram apenas os monges, os funcionários laicos também o acusaram. Acusaram-no de ser um traidor ao governo. Foi encarcerado e cegado. Tiraram os olhos a Lungshar depois da morte do XIII Dalai Lama".

"Decorridos apenas cinco meses após a morte do Dalai Lama, todas as pessoas atraídas para o movimento reformista de Lungshar – na verdade, a própria ideia de reforma –, foram pintadas com as cores da traição. A súbita detenção, o célere julgamento e o horrível castigo de Lungshar aterrorizaram e silenciaram todos quantos tinham ideias reformistas. Há tanto tempo que o governo não castigava ninguém com a cegueira que os especialistas pagos para cegarem Lungshar apenas tinham ouvido o método descrito pelos seus pais. Deram má conta do recado ([120]), e Lungshar não sobreviveu muito tempo. Com este acto horrendo, a facção conservadora dos círculos do poder tibetanos deixou bem vincado que, durante a regência, não se falaria mais de modernização, da criação de um exército moderno ou da abertura de escolas.

11

A Juventude
do Décimo Quarto Dalai Lama

1935-1950

Era uma húmida tarde de monção em Dharamsala. Iam decorridos 18 meses desde que havíamos iniciado os nossos encontros, e eu esperava pelo Dalai Lama na estufa mesmo em frente do seu pequeno chalé. O bangaló das audiências, o seu chalé pessoal, os escritórios, um templo e todos os outros edifícios no interior do seu complexo residencial vedado, situado na colina arborizada acima de Dharamsala, tinham desaparecido a coberto das nuvens. Protegido da chuva debaixo de um telhado de fibra de vidro, inspeccionei a sua colorida colecção de plantas em vasos até ele aparecer.

O Dalai Lama saiu do seu chalé, olhou para o céu encoberto e pegou no chapéu-de-chuva castanho-avermelhado, da mesma cor que o seu hábito, que um guarda lhe estendeu aberto. Era sábado, e embora ele não costume receber visitantes aos fins-de-semana, aceitara prosseguir com as nossas entrevistas diárias, pois aproximávamo-nos do término da nossa viagem – vivendo, aprendendo e discutindo história tibetana –, e ainda tínhamos muito que falar.

Mas primeiro apreciámos as suas flores. "Trouxe esta estaca do Massachusetts", disse ele, "apontando para uma grande e saudável begónia. "Estas begónias e peónias são as minhas preferidas". Eram duas dezenas de vasos, precisamente colocados em fila em degraus de madeira sob o tecto transparente. Dado que teriam morrido debaixo das constantes chuvas da monção, o jardineiro construíra o telhado. O jardim do Dalai Lama, abrigado das febris multidões e do barulho da Índia, era silencioso, exceptuando o som da chuva no tecto da estufa. Tinham sido cuidadosamente retiradas quaisquer folhas mortas a todas as plantas, e as flores eram imaculadas. Inclinámo-nos para cheirar as flores e inspeccionar as suas cores garridas; eu não saberia dizer que me encontrava na Índia, não fosse a proximidade de um discreto soldado indiano em sentido, com uma arma automática preta, à chuva.

Segui o Dalai Lama por um caminho calcetado, por entre um grupo de árvores, até ao bangaló das audiências, para retomarmos a nossa conversa. Encontrávamo-nos no ponto mais determinante da história tibetana, sobre o qual o Dalai Lama está mais qualificado para falar: a sua vida.

Nasceu com o nome de Lhamo Dhondup, na aldeia de Taktser, no Nordeste do Tibete, a 6 de Julho de 1935 ([1]), 18 meses depois da morte do seu antecessor. Os Tibetanos chamam à província onde ele nasceu Amdo (integra hoje a província chinesa de Qinghai, não fazendo sequer parte do fragmento mutilado do Tibete chamado RAT nos mapas chineses).

Os seus pais eram agricultores de subsistência, obtendo leite e manteiga de uma manada de iaques fêmeas híbridas, lã das suas 80 ovelhas, ovos das suas galinhas ([2]), e cevada, trigo e batatas dos seus campos. A mãe, Dekyi Tsering ([3]), pariu-o num colchão de palha no estábulo atrás da casa, não muito longe dos montes de estrume e dos bezerros ([4]); dias depois, já estava de regresso aos campos ([5]), com o bebé Lhamo amarrado às costas. Teve 16 filhos, mas somente sete sobreviveram à infância. O pai, Choekyong Tsering ([6]), um negociante de cavalos, estivera temporariamente enfermo e perdera muitos animais. Com o nascimento de Lhamo, a sua saúde melhorou imediatamente. Mais tarde, os vizinhos afirmariam ter visto um arco-íris ([7]) na altura do nascimento do garoto.

"O seu nascimento em Amdo teve algum significado, no mesmo sentido em que referiu o significado dos locais de nascimento dos I ao V Dalai Lamas?", perguntei eu.

"Não existe nenhuma prova, naturalmente", retorquiu ele, "mas a minha sensação ou pressuposto é que o Panchen Lama e eu próprio nascemos propositadamente na fronteira com a China, nascemos ambos em Amdo. Hoje, as gentes de Amdo têm uma empatia especial com o Tibete porque o Dalai Lama e o Panchen Lama são oriundos da sua região. Em séculos recentes, estiveram isolados do Tibete Central, mas como somos ambos de Amdo, existe um sentimento de maior proximidade. Neste sentido, teve alguma influência".

A falda nordeste do Planalto Tibetano desce para as terras baixas da China Ocidental em Amdo. Nas maiores altitudes do planalto, a agricultura é impraticável; apenas lá podem sobreviver os pastores, e muito dispersos. Os iaques, que se dão bem até aos 5400 metros de altitude, ficam doentes abaixo dos 2 400 metros. A aldeia de Taktser, nos 2 700 metros, abraça dois mundos: permite a agricultura e a criação de iaques. A região situa-se ao longo de uma fronteira natural que se converteu numa linha de demarcação política e étnica. Até ao século VIII, Amdo foi habitada unicamente por Tibetanos, mas durante os seus confrontos contra Mongóis e Chineses ao longo da orla oriental do planalto, outros grupos étnicos instalaram-se gradualmente na região. O sentimento de ligação política entre os Tibetanos de Amdo e o Tibete Central enfraqueceu, e o dialecto de Amdo tornou-se cada vez mais distinto.

Durante os últimos 400 anos, Amdo foi governada por chefes tibetanos locais na qualidade de súbditos de Lhasa, dos Mongóis, dos Manchus ou, no século XX, do governo nacionalista da China, com a sua capital em Nanjing. Na década de 30, o senhor da guerra muçulmano Ma Pu-fang apoderou-se do canto nordeste de Amdo em nome do fraco governo central de Chiang Kai-shek, e incorporou-o na província chinesa de Qinghai. Governou a área a partir de uma cidade hoje chamada Xining ([8]) *(pronuncia-se xi-ning)*, capital da Província de Qinghai. Os Tibetanos de Amdo falavam tibetano, pelo que me surpreendeu ouvir o Dalai Lama dizer que em Taktser (nominalmente sob controlo de Ma Pu-fang em 1935), embora somente duas das 17 famílias fossem chinesas ([9]), em sua casa não se falava o tibetano como primeira língua.

"Naquela época, na minha aldeia", disse ele,"falávamos um chinês macarrónico. Em criança, comecei por falar chinês, mas era uma língua macarrónica de Xining, que era um *(dialecto da)* língua chinesa".

"Então", retorqui eu, "a sua primeira língua foi um dialecto regional chinês, algo macarrónico, ao qual poderíamos chamar chinês de Xining. Não foi o tibetano. Aprendeu tibetano quando foi para Lhasa".

"Sim", respondeu ele, "exactamente, mas por exemplo, Lobsang Samten, meu irmão, entrou para o Mosteiro de Kumbum antes de mim, e lá falava-se o dialecto de Amdo. Falavam tibetano de Amdo no mosteiro. Noutras aldeias, falavam tibetano de Amdo; mas na minha, não sei porquê, os meus pais falavam um chinês macarrónico de Xining".

"A região de Taktser era a fronteira com a China", disse eu, "deve ter havido uma gradual penetração chinesa na área".

"Sim", replicou ele, "é uma verdadeira fronteira".

"Falaram-me numa crença popular entre os Tibetanos", disse eu, "segundo a qual o XIII Dalai Lama, depois de lutar toda a sua vida para libertar o Tibete da influência chinesa, decidiu espetar o polegar no olho dos Chineses através do seu renascimento. Estava a dizer-lhes, 'Aqui, no longínquo Nordeste, também é o Tibete'".

"Nunca ouvi falar nisso", disse o Dalai Lama, "mas os acontecimentos mostram agora que existiu algum benefício *(do seu renascimento em Amdo)*, porque as pessoas de Amdo desenvolveram uma maior empatia com o Tibete Central após vários séculos de um sentimento de separação".

❋ ❋ ❋

Em 1934, o jovem e politicamente inexperiente Reting Rinpoche, do Mosteiro de Reting, cerca de 90 quilómetros a norte de Lhasa, foi escolhido como regente ([10]). Embora outros Tibetanos, além dos monges budistas reencarnados ou Rinpoche (Preciosos), possam tornar-se regentes, Reting Rinpoche foi escolhido, em parte, porque se partira do princípio de que um lama tão superior, com o seu conhecimento espiritual, estava bem qualificado para conduzir a busca da reencarnação do anterior Dalai Lama. Porém, não foram as competências religiosas do novo regente, mas sim as suas capacidades políticas que o governo chinês pôs imediatamente à prova. Conseguiria ele resistir à absorção pela China tão destramente como o fizera o falecido Dalai Lama?

Reting Rinpoche autorizou os Chineses a conduzirem aquilo a que eles chamaram uma missão de condolências a Lhasa, em 1934. Segundo o governo nacionalista, o povo chinês pretendia expressar ao Tibete as suas sinceras condolências pela morte do XIII Dalai Lama. A missão fez-se acompanhar do equivalente a 3,5 milhões de dólares ([11]), e distribuiu somas avultadas pelas poderosas facções de Lhasa, particularmente a Reting Rinpoche ([12]) e a outros monges. Depois, os enviados chineses pressionaram o Tibete a assinar documentos reconhecendo que fazia parte da China, tal como todos os governos chineses tinham insistido desde a queda dos Manchus, em 1911.

Mas Lhasa estava decidida a defender a independência da nação. O Tibete tinha relações com os países vizinhos, entre os quais o Nepal e o Butão, e a Mongólia e o Tibete haviam-se mutuamente reconhecido como Estados independentes pouco depois da queda do Império Manchu. Contudo, o Tibete carecia de laços diplomáticos com as principais potências, excepto com a Grã-Bretanha, que mantinha cautelosamente uma postura ambígua e interesseira. A Rússia apoiava a perspectiva britânica – de que a China era suserana do Tibete –, mas também reconhecia que o Tibete estava inserido na esfera de influência britânica. Entretanto, a China estava convencida de que o nacionalismo tibetano, juntamente com o seu desejo de independência, resultava das dúplices maquinações de Londres ([13]). Tendo em conta que a missão chinesa ofereceu dois dólares de prata chinesa a quase todos os monges de Lhasa ([14]), não admira que uma das facções da capital simpatizasse com os enviados chineses. Outros Tibetanos eram da opinião de que o país devia manter-se fiel ao legado do XIII Dalai Lama, o qual insistira peremptoriamente na independência, recorrera à força para expulsar os Chineses e se negara a permitir a entrada da influência chinesa no país ([15]).

Reting Rinpoche e os seus apoiantes nos grandes mosteiros ignoraram os receios face aos Chineses. Ele restringiu as compras de armas à Índia ([16]), e começou a dissolver o exército tibetano. Quando a missão de condolências se preparou para regressar à China, os enviados convenceram o regente Reting a autorizar que ficassem em Lhasa um rádio-operador ([17]) chinês e alguns membros da missão. Tal como os seus opositores tinham receado, esta pequena presença foi aumentando gradualmente até que, na década de 40, a China passou a manter uma missão permanente em Lhasa. O governo tibetano afirmou que o rádio era simplesmente um meio para discutirem assuntos de interesse mútuo, particularmente a disputa relativa à fronteira em Kham. As duas nações nunca se haviam posto de acordo quanto à fronteira oriental do Tibete com a China e registavam-se frequentes escaramuças. Todavia, a perspectiva da China em relação à estação de rádio fora claramente afirmada: "Com vista a cimentar as relações entre o Governo Central e o Tibete, e facilitar a direcção dos assuntos naquele território fronteiriço, [o governo chinês] decidiu colocar um residente em Lhasa" ([18]).

Em 1935, Reting Rinpoche começou a desfazer a obra do falecido Dalai Lama, não só estabelecendo relações com a China, nos termos dos nacionalistas ([19]), como também recusando-se a comprar armas e a instruir adequadamente o exército. O pequeno exército que o Dalai Lama recrutara foi definhando. E apesar destes desastres na frente política, Reting Rinpoche estava apenas a iniciar o seu trabalho como regente.

Um ano após a sua selecção, Reting Rinpoche deu início à parte mais importante da sua missão: a busca do XIV Dalai Lama. Dirigiu-se ao lago Lhamo Latso, o lago das visões, e perscrutou as suas profundezas em meditação. Quinhentos anos antes, a guardiã do lago, o espírito Palden Lhamo, prometera ao I Dalai Lama ([20]), numa visão, que protegeria a linhagem de reencarnação dos Dalai Lamas. Segundo a tradição, a deusa concedia ao regente uma visão enquanto ele meditava e olhava para o lago, para o guiar na busca do novo Dalai Lama. Apesar das muitas insistências, Reting Rinpoche nada disse acerca do que vira no lago, até 1936. Nesse ano, convocou a Assembleia Nacional e anunciou que a sua visão lhe mostrara que o Dalai Lama reencarnaria na província oriental de Amdo. No lago, ele vira a letra tibetana *Ah* e alguns outros pormenores que apontavam para uma casa específica numa aldeia específica, em Amdo. Partiram de Lhasa três equipas de busca, em direcção a oriente, e uma delas seguiu os preságios dados por Reting Rinpoche ([21]).

Seguindo a visão do regente, o grupo de busca que viria a encontrar o pequeno Lhamo dirigiu-se primeiro à remota cidade de Jyekundo. Aí se encontraram com o Panchen Lama, que fugira para a China na década de 20, depois de se recusar a pagar a Lhasa os impostos que o XIII Dalai Lama lhe exigira para financiar o exército, e que tentava, sem sucesso, negociar o seu regresso ao Tibete. Durante longas negociações entre os governos tibetano e chinês (Lhasa recusara-se a que ele regressasse acompanhado por soldados chineses), o Panchen Lama ficara retido em Jyekundo ([22]), onde investigara discretamente relatos de crianças invulgares nascidas na zona depois da morte do XIII Dalai Lama. Tal como o XIV Dalai Lama referiu, apesar dos problemas políticos, o elo espiritual entre as duas linhagens nunca enfraqueceu. O Panchen Lama ouvira falar num garoto destemido, na aldeia de Taktser, e o nome foi acrescentado à lista do grupo de busca. O Panchen Lama morreu no ano seguinte, sem nunca ter regressado ao Tibete.

Em Maio de 1937, a equipa de busca chegou ao maior mosteiro de Amdo, Kumbum, fundado no local de nascimento de Tsongkhapa –, reconhecido como correspondente à visão do regente. Taktser não era longe de Kumbum, mas primeiro o grupo foi apresentar os seus cumprimentos ao poder político local, Ma Pu-fang, só chegando a Taktser em Setembro.

Para avaliarem o menino num ambiente natural, o líder da equipa de busca, um Tulku chamado Ketsang Rinpoche ([23]), trocou de vestuário e de posição com o seu servidor. Os membros do grupo fingiram que eram viajantes e pediram aos pais de Lhamo comida e um tecto para passarem a noite. Ketsang sentou-se tranquilamente na cozinha, na companhia dos outros servidores, enquanto os pais de Lhamo recebiam o "grande lama" na principal sala da casa.

O Dalai Lama não se recorda de nada acerca do momento que iria mudar a sua vida, pois tinha apenas dois anos de idade. Contudo, desde então, ouviu a história contada por todas as pessoas que estiveram presentes. Ele entrou na cozinha e encontrou Ketsang Rinpoche, um lama reencarnado do Mosteiro de Sera, com um velho rosário nas mãos e sentado descontraidamente junto à lareira. O rosário pertencera ao XIII Dalai Lama. O garoto aproximou-se destemidamente dele e disse-lhe, "Quero isso" ([24]). Ketsang Rinpoche respondeu-lhe, "Se souberes quem eu sou ([25]), oferecer-te-ei este rosário". E a criança entoou, "Lama de Sera, lama de Sera" ([26]), identificando a origem de Ketsing Rinpoche.

O Dalai Lama disse, "Os membros do grupo de busca disseram que eu falava o dialecto de Lhasa. Não me lembro, mas a minha mãe disse-me que eu falei com eles numa língua que ela não conhecia. Isto significa que usei a língua da minha vida anterior". Riu-se e abanou a cabeça; ele ainda mantém alguma incredulidade face a estas histórias.

Ketsang Rinpoche ficou impressionado ao ser identificado como um lama de Sera, e pelo facto de o menino não largar o rosário. De manhã, quando o grupo partiu, Lhamo terá alegadamente chorado, suplicando que o deixassem ir também ([27]). Convencida de que Lhamo era provavelmente o XIV Dalai Lama, a equipa de busca regressou a Taktser alguns dias depois e notificou os seus pais de que desejavam testar oficialmente o menino. Os pais pensaram que eles estavam apenas à procura de uma reencarnação; não lhes ocorreu que estivessem à procura do próximo Dalai Lama. Dado que, curiosamente, dois irmãos de Lhamo tinham sido reconhecidos como reencarnações, a família já não estava admirada.

Muitos pertences do falecido Dalai Lama – e muitos objectos que não lhe tinham pertencido – foram colocados à frente do rapazito, em cima de uma mesa comprida. Em todos os casos, Lhamo escolheu os artigos do Dalai Lama, ignorando os falsos [28] sem hesitar: "É meu". Dos outros 12 rapazes testados [29], nenhum escolheu mais do que um dos objectos verdadeiros, e um menino tímido recusou até aproximar-se do grupo de busca.

O grupo estava desejoso de regressar a Lhasa com Lhamo, mas Ma Pu-fang exigiu um resgate pelo miúdo – aproximadamente 32 000 libras britânicas, em prata chinesa, hoje cerca de 2,5 milhões de dólares [30]. Esta exigência atrasou a partida de Lhamo em quase dois anos, ainda que os monges assegurassem ao senhor da guerra que não estavam certos quanto ao rapaz e que apenas pretendiam testá-lo, juntamente com outros garotos, em Lhasa. O grupo procurou obter o dinheiro localmente, e enviou correios para Lhasa em busca de instruções. No Outono de 1937, os pais de Lhamo Dhondup levaram-no ao Mosteiro de Kumbum, onde ele permaneceu durante os 20 meses seguintes. Por fim, os monges conseguiram pedir o dinheiro emprestado a um grupo de muçulmanos chineses que se dirigia para Meca via Lhasa. Os peregrinos pagaram a Ma Pu-fang [31] em Xining e os Tibetanos devolveram-lhes o dinheiro em Lhasa, uma transacção que se revelou lucrativa para os peregrinos.

O XIV Dalai Lama permaneceu no Mosteiro de Kumbum até Julho de 1939. Os seus dois irmãos que tinham sido reconhecidos como lamas reencarnados já se encontravam em Kumbum, estuando para se tornarem monges.

"Tem memórias de Kumbum?", perguntei.

"Recordo-me do meu irmão", disse o Dalai Lama, "numa ocasião, trajando o hábito de monge e a receber a sua lição diária no mosteiro. Eu era livre, era demasiado novo para estudar, passava a vida a brincar ao ar livre. Lembro-me de lhe pedir para sair e vir brincar comigo, mas ele não podia. E recordo-me do mestre dos meus irmãos. Era um velho monge. Eu enfiava-me no seu colo e sentava-me entre as suas vestes, onde estava quente. Eu gostava muito de ver que os monges eram todos disciplinados e que estudavam muito. Mas eu sentia-me completamente livre e ia onde me apetecia. E um dia, anichado no hábito do monge, vi um discípulo muito corado e com ar de desapontamento. O seu rosto estava muito triste porque não tinha estudado o suficiente e o seu mestre ia bater-lhe com uma palmatória. Fiquei assustado. Ainda me lembro do medo estampado no rosto do discípulo e da cor da palmatória. Recordo-me dessa ocasião. Mas o mestre era muito bom para mim, quando eu estava aninhado entre as suas vestes ele dava-me pêssegos".

O irmão mais velho do Dalai Lama, Thubten Jigme Norbu, já tinha 16 anos quando o seu jovem irmão chegou a Kumbum, em 1937. Lobsang Samten, o seu outro irmão reconhecido como uma reencarnação, tinha apenas quatro anos de idade e ainda estava desgostoso por ter sido separado dos pais. Norbu e Samten sabiam o que era ser-se criado por monges estranhos, sem mulheres por perto. No seu livro, escrito em parceria com Heinrich Harrer, Norbu descreve como ele e Samten passaram a primeira noite com o irmão, que tinha dois anos de idade, depois de os seus pais terem partido:

> Lhamo Dhondup "desfez-se em lágrimas, implorando-nos que o levássemos para casa. Eu tinha quase 17 anos, mas não sabia o que fazer perante tanta tristeza. Lobsang Samten foi o primeiro a começar a soluçar com o pequeno Lhamo, mas não tardou até que eu me desfizesse também em lágrimas. Uma última tentativa para distrair o meu irmão fazendo-o olhar pela janela para os flocos de neve... falhou, e ficámos todos a chorar. ([32])

Finalmente, após meses de espera, pouco antes do alvorecer, no dia 21 de Julho de 1937 ([33]), Lhamo Dhondup pôde partir para Lhasa.

"Sentaram-me num alto trono", recordou o Dalai Lama, "e havia um servidor à minha frente. O seu olho era muito grande e redondo. Lembro-me de que era de manhã, muito cedo, e depois esse mesmo servidor tornou-se meu mestre, em Lhasa. Recordo-me de estar sentado no trono, e dele à minha frente. E também lá estavam alguns dignitários monges".

Cumpridas as cerimónias matinais de despedida, a caravana de Lhamo Dhondup, que entretanto aumentara para 50 pessoas e 350 cavalos e mulas, partiu para Lhasa, através do Nordeste tibetano, onde não havia estradas. O Dalai Lama tem poucas recordações das dez semanas de viagem. Recorda-se das vastas planícies, das minúsculas povoações pelas quais passaram e das imensas distâncias que as separavam. Mais do que tudo, recorda-se de viajar num palanquim especial, concebido para ser transportado por duas mulas. No palanquim iam Lhamo Dhondup, que fizera recentemente quatro anos de idade, e o seu irmão Lobsang Samten, com seis anos. A mãe, o pai e o segundo filho mais velho, Gyalo Thondup, de 11 anos, montavam cavalos e mulas. O irmão mais velho, Norbu, ficara em Kumbum para prosseguir os seus estudos, e a irmã mais velha ficara na quinta da família, com o marido.

"Recorda-se da viagem para Lhasa?", perguntei-lhe.

"Oh, sim", disse ele, "uma longa viagem".

"Era tão pequeno", disse eu, "tinha apenas quatro anos. Qual foi a sua impressão acerca das regiões inóspitas que atravessou?"

"Passei o tempo a brincar com o meu pai, com os meus irmãos e com as pessoas que tomavam conta do palanquim. Quando eu e o Lobsang nos zangávamos um com o outro, sentávamo-nos em lados opostos do palanquim e ele *(o condutor das mulas)* ficava satisfeito por o palanquim estar equilibrado. Quando estávamos contentes e amiguinhos, ficávamos os dois no meio e era muito mais difícil equilibrar o palanquim. Lembro-me bem das dificuldades que causávamos àqueles homens. Até chegarmos a Nagchu *(a nordeste de Lhasa, a dez dias de marcha da cidade)*, não tivemos guarda-costas. Depois chegaram os guarda-costas, provenientes de Drapchi *(a base dos guarda-costas, em Lhasa)*. Traziam um molho de ervilhas por descascar. Lembro-me de um soldado me dar as ervilhas quando estávamos no palanquim".

Liderada por alguns guarda-costas e muleteiros, a caravana de Lhamo Dhondup atravessou rios engrossados, desfiladeiros glaciários e imensas planícies onde vagueavam livremente manadas de iaques, cavalos selvagens e antílopes. Durante a viagem, embora os membros da caravana não o soubessem, o regente, Reting Rinpoche, anunciou que a criança de Taktser era o XIV Dalai Lama[34]. Todavia, só fez a sua declaração depois de o grupo se encontrar fora da região de Amdo controlada por Ma Pu-fang.

A caravana chegou finalmente a uma planície coberta de erva nos arredores de Lhasa, onde o regente montara um gigantesco quadrado de tendas. No centro, fora montada uma tenda amarela que pertencera ao XIII Dalai Lama. Alguém levou Lhamo Dhondup através da multidão de milhares de pessoas que viera acolhê-lo, e sentou-o num trono, dentro da tenda. Um dignitário leu uma proclamação declarando Lhamo Dhondup o XIV Dalai Lama, e os seus pais, que eram camponeses, receberam títulos de nobreza. No dia 8 de Outubro de 1939[35], com apenas quatro anos de idade, o Dalai Lama iniciou a última etapa da viagem para Lhasa.

"Foram muitas pessoas vê-lo?", perguntei.

"Não me lembro", respondeu ele, com uma gargalhada.

"Estava sentado num trono alto e vieram muitas pessoas", observei eu.

"Sim, é verdade", disse ele. "Mas não me lembro de nada. Todavia, recordo-me de uma coisa. Depois da cerimónia, Reting Rinpoche quis que eu ficasse com ele algures. Eu não queria lá ficar. Queria ir para junto da minha mãe. Então, Reting Rinpoche chamou um guarda-costas enorme, chamado Simkhang Tsugor Jhampa. Tinha uns olhos grandes, salientes; e não eram apenas salientes, eram muito vermelhos. Fiquei cheio de medo". Mal Lhamo chegara a Lhasa, o regente demonstrara-lhe o poder que possuía e o isolamento do Dalai Lama.

Depois de entrar em Lhasa, a comitiva do Dalai Lama, constituída por milhares de pessoas, parou no Jokhang, fundado por Songzen Gampo, a fim de que o jovem Dalai Lama pudesse prestar homenagem ao mais antigo templo budista do Tibete. De seguida, a procissão passou serpenteando pelo Potala e chegou aos parques do Norbulingka. Reting Rinpoche decidira – e o Dalai Lama ainda lhe está grato por isso – que seria mais fácil para a criança adaptar-se ao Norbulingka do que às correntes de ar do Potala.

O Dalai Lama deslocava-se num enorme palanquim, coberto de seda amarela. Era tão grande e pesado, quase do tamanho de uma saleta, que eram necessários 24 homens para o transportar [36]. Eram oficiais do exército; trajavam uma túnica verde e tinham um chapéu vermelho vivo com uma longa franja com borlas. A nobreza de Lhasa, envergando as suas melhores sedas, juntou-se à parada de oficiais, cavalos, músicos e porta-estandartes. A procissão passou pelo muro branco exterior que rodeava os jardins do Norbulingka, apenas com seis metros de altura, e aproximou-se do muro amarelo interior, que só o Dalai Lama e os seus mais próximos assistentes estavam autorizados a atravessar. Uma secção deste muro tem 7,5 metros de altura e envolve um pequeno chalé de pedra, construído durante o reinado do VII Dalai Lama.

O pequeno desceu do palanquim e foi conduzido ao jardim do pátio mais interior, após o que subiu uma pequena escadaria de granito que dá acesso às três salas do Uyab Podrang [37]. Foi aqui que o Dalai Lama passou o seu primeiro ano em Lhasa, numa residência perpetuamente à sombra de um sombrio e antigo junípero. No interior do Uyab Podrang, as paredes estavam cobertas de murais ilustrando aspectos das vidas do Grande V Dalai Lama e de Songzen Gampo, bem como posições de ioga secretas. Um enorme mapa pintado de Lhasa no século XVIII preenchia uma parede inteira. Foi naquelas salas que os seus primeiros tutores lhe explicaram, de passagem, as bases da história tibetana, enquanto lhe ensinavam a filosofia budista.

Durante os quatro anos que se seguiram, o filho do camponês de Amdo entrou lentamente numa nova vida. No seu primeiro ano como Dalai Lama, no Norbulingka, embora raramente saísse do complexo residencial, viu frequentemente a mãe, o pai e os irmãos. O governo ofereceu à sua família uma grande propriedade nos arredores de Lhasa. Com o incremento gradual dos seus estudos, o Dalai Lama viu cada vez menos a família. Tal como separara progressivamente o pequeno Dalai Lama dos seus pais, o regente Reting Rinpoche também eliminava sucessivamente cada ameaça ao seu poder absoluto. O rapaz desconhecia esses combates políticos. Vivia num mundo aparte, saindo sempre no seu palanquim e vendo as multidões curvarem-se até ao chão à sua passagem. Para os tibetanos prosternados, o jovem Dalai Lama era tão sagrado que tinham medo de olhar para os seus olhos.

O Dalai Lama não tem nenhuma curiosidade acerca da devoção que lhe demonstram ainda os Tibetanos no exílio. Foi objecto dessa devoção desde os quatro anos de idade, e habituou-se a ela. Quando o vi no meio de enormes multidões de devotos tibetanos, interroguei-me se aquela adoração o teria afectado na juventude.

"Que idade tinha", perguntei, "quando compreendeu pela primeira vez que era um Tulku, um Rinpoche, um lama reencarnado?".

"Talvez cinco ou seis anos", retorquiu ele. "A minha mãe contou-me que, um dia, eu insisti que queria ir ao Chensalingka *(um edifício construído pelo XIII Dalai Lama dentro do complexo do Norbulingka)*. Ela contou-me que entrámos numa sala e que eu apontei para uma caixa e lhe disse para a abrir. Disse-lhe que os meus dentes estavam lá dentro. Os funcionários abriram-na e encontraram a dentadura do XIII Dalai Lama. Não me recordo, mas a minha mãe contou-me".

"Em Lhasa", perguntei-lhe, "recorda-se de alguém lhe dizer, 'Oh, regressaste'? Eles acreditavam convictamente que o senhor era o mesmo homem regressado?"

"Tive uma experiência assim com Tsarong Dasang Damdul, que não era, na época, considerado muito religioso pelas pessoas por ser íntimo de ocidentais e de o seu estilo de vida, incluindo a sua alimentação e o vestuário, serem ocidentalizados. Uma vez, veio oferecer-me um *khata*, um lenço branco ritual, e falámos informalmente sobre as suas experiências com o XIII Dalai Lama. De repente, ele disse-me, 'E agora, o XIII Dalai Lama assumiu uma idade tão bela', e fartou-se de chorar".

"O que significou para si compreender pela primeira vez que as pessoas o consideravam uma reencarnação do XIII Dalai Lama, ou dizerem-lhe que era um verdadeiro Dalai Lama?", perguntei.

"Tomei-o por certo. Não lhe dei nenhuma atenção especial", respondeu ele. "Havia um grande sábio, Gen-nyima, que mais tarde me ministrou alguns ensinamentos. Após a morte do XIII Dalai Lama, passaram-se alguns anos sem quaisquer notícias da sua reencarnação. Esse sábio, Gen--nyima, começou a ficar um pouco nervoso e preocupado. Quando cheguei a Lhasa, ele deslocou-se propositadamente para assistir a toda a cerimónia da minha chegada, e regressou ao Mosteiro de Drepung com grande alegria e satisfação. Na altura, foi uma coisa estranha – à semelhança do grande sábio Gen-nyima, muitos dignitários notaram como um rapazinho tão novo se comportara durante todas aquelas funções. Até as pessoas mais velhas se assustavam, mas o garotito não demonstrara nenhum sinal de medo nem de estranheza. Posteriormente, Gen-nyima contou-me que, depois de assistir àquilo, ficara convencido de que eu era a reencarnação do Dalai Lama. Ele disse-me, 'Agora, que já sou velho, posso morrer em paz'. Foi este tipo de confirmações que recebi. Quando eu tinha cinco ou seis anos de idade, era uma criança, desenvolvi o sentimento de que talvez tivesse o direito de afirmar que era o Dalai Lama".

Dois meses após a chegada do rapazito a Lhasa, o seu regente rapou--lhe a cabeça e ele iniciou formalmente os seus estudos, embora ainda não tivesse tomado os votos de monge. Foi entronizado oficialmente no Potala, em 22 de Fevereiro de 1940, e recebeu um novo nome: Jampel Ngawang Lobsang Yeshe Tenzin Gyatso ([38]). Os primeiros dois nomes eram os do regente, como mandava a tradição. Devido a uma tempestade política que rebentou posteriormente em redor de Reting Rinpoche, o Dalai Lama viria a perder estes dois nomes próprios. Hoje, é principalmente conhecido pelos dois últimos nomes, Tenzin Gyatso. Os seus familiares e muitos Tibetanos chamam-lhe simplesmente Kundun ([39]): "a presença", ou "presença do Buda". Até há pouco tempo, só os budistas de língua inglesa se lhe referiam como Dalai Lama, mas este antigo título mongol, utilizado com tanta frequência nos meios de comunicação mundiais, está hoje mais generalizado, até no Tibete.

Tal como os nomes que lhe foram atribuídos quando ele tinha quatro anos e meio, todos os detalhes da sua vida passaram a estar nas mãos dos monges, seguindo as instruções do regente, Reting Rinpoche; entre outras coisas, o que comia, o que estudava, com quem se avistava. Os encontros com a família foram sendo menos frequentes, e ele só podia falar com os seus familiares, com os seus tutores, com os servidores e com o regente. Durante as audiências com quaisquer outras pessoas, permanecia em silêncio. Segundo a tradição, o regente tinha poder absoluto sobre o Dalai Lama até ele atingir os 18 anos de idade, a maioridade legal. Todavia, no caso do regente Reting, o rumo normal dos acontecimentos foi dramaticamente interrompido.

Passaram-se vários anos até que o jovem Tenzin Gyatso se apercebesse de que o seu regente era notoriamente corrupto [40]. Ao que parece mais apreciador de festas, cavalos e mulheres do que dos rituais ou da meditação, Reting Rinpoche abusava do seu poder e do poder dos funcionários que o rodeavam, não só vendendo cargos governamentais e servindo-se da sua posição para obter vantagens comerciais, mas também destruindo toda e qualquer pessoa ou clã nobre que o desafiasse. Os padrões que o XIII Dalai Lama impusera ao exército, aos monges e aos funcionários governamentais foram sendo corroídos [41] com a regência de Rinpoche. O exército sofreu particularmente. Ele dissolveu algumas unidades, e as compras de armas foram restringidas [42]. Ao mesmo tempo, Reting Rinpoche aceitava presentes do governo chinês [43], que pretendia enfraquecer o Tibete. Embora o regente fosse elogiado por ter descoberto o XIV Dalai Lama, o que exigia o conhecimento espiritual de um Tulku, era condenado pela sua ignorância da administração, pelo seu espírito vingativo, pela sua fragmentação do exército e pelas violentas maquinações políticas que enfraqueceram o Estado nos anos que antecederam a invasão chinesa de 1950 [44].

Em Fevereiro de 1941, quando o Dalai Lama tinha apenas seis anos e meio de idade, Reting Rinpoche demitiu-se abruptamente da sua posição como regente. Embora o regente fosse oficialmente o principal tutor do Dalai Lama, o jovem Tenzin Gyatso passava mais tempo com os seus outros tutores, particularmente com o velho monge Taktra Rinpoche [45], pelo que a partida de Reting Rinpoche não foi um golpe devastador. Provavelmente, ele demitiu-se com receio de que a sua não muito secreta quebra de celibato pudesse manchar a cerimónia na qual o Dalai Lama tomaria os seus votos de monge, em 1942 [46]. Era considerado vital para o futuro do Tibete que a ordenação do Dalai Lama fosse realizada por um monge puro e a cerimónia era sempre presidida pelo regente. A estrita observância das regras do *Vinaya* por parte de Taktra Rinpoche era inquestionável, e o regente acreditava que ele lhe devolveria o seu lugar numa data posterior, depois de concluída a importantíssima ordenação do Dalai Lama [47].

Em 1942, o Dalai Lama, então com sete anos de idade, foi entronizado e tomou os seus votos. A sua vida estabilizou-se numa rotina de escola de manhã, recreio e novamente estudos à tarde. No Inverno, residia no Potala; no Verão, no Norbulingka. Estava sempre rodeado de servidores e de monges. É deste período que ele tem as suas primeiras memórias pormenorizadas, e o que recorda mais afectuosamente são as brincadeiras com o seu invulgar grupo de companheiros de jogos. Como sabemos, ele refere-se aos monges menos graduados e aos servidores do Potala e do Norbulingka como "varredores". Eles varriam as muitas capelas, cuidavam das lamparinas de manteiga, levavam a água para os outros monges e proviam a todas as necessidades quotidianas do Dalai Lama. Eram quase todos homens feitos, mas como ele estava separado da família e de outras crianças, eles tornaram-se os seus verdadeiros amigos.

"Os meus companheiros de brincadeira foram os varredores e alguns monges que cuidavam das diferentes capelas", disse ele. "Na verdade, as primeiras palavras inglesas que aprendi foi com os varredores que tinham servido no exército tibetano. Sabiam, da sua instrução, algumas palavras em inglês macarrónico, tais como, 'Present arms!', mas pronunciavam--nas à tibetano, dizendo, 'Prasan arm!'. Os oficiais tibetanos tinham sido instruídos por oficiais britânicos na década de 20, e a sua instrução fora preservada. 'Attention!' transformou-se em 'Tenion!', 'Stand at ease!' tornou-se 'Tand a eas!', e para 'Fire!' diziam 'Aim Tak!'" O Dalai Lama ria-se, imitando a horrível pronúncia.

"Porque é que aprendeu essas palavras com eles?"

"Os varredores ensinavam-me exercícios militares, para nós brincarmos. Brincávamos com armas de madeira. Eu tornei-me quase um especialista em saudações militares. Ainda hoje, quando a polícia indiana saúda *(numa guarda de honra)* e se engana, eu consigo facilmente dar por isso. Tivemos os mesmos professores: os Britânicos".

"Que tipo de jogos jogava com os varredores?", inquiri.

"Os varredores eram pelo menos uns dez, e todos nós tínhamos armas de madeira", disse o Dalai Lama.

"Brincavam no telhado do Potala?", perguntei eu, tentando imaginar a situação.

"Não! No Norbulingka!", disse ele, admirado com a minha obtusidade. "Os velhos varredores que tinham sido soldados juntavam-se a mim e marchávamos pelos jardins".

"Era o Dalai Lama quem comandava?", perguntei eu.

"Não", disse ele. "O comandante era um dos ex-militares, e eu obedecia às ordens dele".

"Deitava-se no chão e brincava às guerras?", perguntei eu.

"Oh, sim!", respondeu ele alegremente.

"Que outros jogos jogava com eles?", inquiri.

"À ópera", retorquiu ele.

"Brincava à tropa e brincava à ópera?"

"A primeira vez que vi ópera tibetana foi em Lhasa", explicou o Dalai Lama. "E pareceu-me muito jocoso e divertido. Era o que eu pensava quando era novo. Gostava das piadas *(os números cómicos entre as canções)*, e só posteriormente adquiri o gosto pela ópera completa. Mais tarde, pensamos no significado do espectáculo, no modo como cantam algumas canções, e assim por diante".

"Via ópera no Norbulingka?", perguntei.

"Sim", disse o Dalai Lama, "mas nós brincávamos à ópera dançada, mais tarde. Na verdade, imitávamos as peças inteiras. Primeiro, brincávamos aos soldados, depois brincávamos à ópera e depois, no fim do dia, brincávamos novamente aos soldados. Por isso, sim, as minhas brincadeiras foram primeiro aos soldados, e depois a dança. Mas eu não estava autorizado a cantar".

Pensando nos frenéticos movimentos acrobáticos que executam os dançarinos da ópera tibetana, saltando no ar e dando triplos mortais, perguntei, "E os saltos? Tentava executar os saltos?"

"Havia um varredor que os executava muito bem, mas nós só estávamos a imitar as histórias da ópera, só estávamos a brincar".

"Deve ter-se tornado muito próximo desses homens que foram os seus primeiros amigos", observei eu.

"Sim", disse o Dalai Lama, "particularmente de um servidor meu, o chefe da cozinha, a quem eu chamava Ponpo *(chefe)* [48]. Não tinha histórias para contar, mas foi ele quem me alimentou desde os quatro anos, até 1965 ou 1966. Veio comigo para a Índia, em 1959. Apesar de ser um monge, era como uma mãe adoptiva para mim". O afecto do Dalai Lama por Ponpo – um dos seus três servidores pessoais – é lendário. O chefe da cozinha foi a cavalo ao encontro do pequeno Dalai Lama alguns dias antes de o miúdo chegar a Lhasa. A partir desse dia e até à sua morte, Ponpo e o Dalai Lama foram inseparáveis. Ponpo tinha uma grande verruga na face, e quando o Dalai Lama tinha quatro anos de idade, depois de ter sido separado da mãe, costumava chuchar nela para se consolar [49]. Durante muitos anos, enquanto crescia, o Dalai Lama não suportava estar sem ver Ponpo, nem que fosse um vislumbre do seu hábito vermelho enquanto ele andava de um lado para o outro na cozinha, que era adjacente à sala de estudo do Dalai Lama. O Dalai Lama sentia um grande afecto por aquele simples monge, e vem pensando há anos nas razões para a profundidade desse afecto.

"Ele não era culto, mas era muito honesto", disse o Dalai Lama. "Mas quando faleceu, quando o seu corpo cedeu, eu vi-lhe um grande brilho aqui", disse ele, apontando para o peito. "A sua alma era muito leve. Eu comovi-me, e chorei. Mesmo quando a minha mãe faleceu, eu não chorei".

"Era muito próximo dele", disse eu.

"Sim, e quando ele morreu, senti, 'Oh, os seres humanos são como os macacos'. Acontece a mesma coisa com os cães. Lá no fundo, a pessoa mais importante é a que lhes dá de comer. Penso que é uma situação semelhante com a pessoa que me alimentou. Ele não era culto nem muito eloquente, e não tinha histórias para contar, mas de alguma forma eu estava muito próximo dele porque todos os dias me dava de comer".

❈ ❈ ❈

Os primeiros anos do Dalai Lama em Lhasa consistiram em estudo e brincadeiras, embora ele tenha começado a tomar gradualmente consciência do seu papel especial.

Perguntei-lhe, "Um dia, na sua juventude, quando compreendeu que era um Tulku, deve ter-se apercebido de que esse facto iria moldar toda a sua vida. Se calhar, disse para consigo próprio, não posso ser um agricultor, não posso ser um nómada, tenho de ser um Tulku, não tenho alternativa. Já foi decidido. Tem alguma memória desta sensação, ou de quando a sentiu?"

"Às vezes", começou ele melancolicamente, e fez uma pausa durante um longo momento antes de continuar. "Destino marcado. Acabamos por compreender que estamos a servir um propósito útil. Compreendi-o num

Inverno, durante um retiro. O meu mestre principal *(depois da demissão de Reting Rinpoche)* era Taktra Rinpoche. Durante o retiro de Inverno, no Potala, eu não estava autorizado a sair *(para brincar)* durante alguns semanas. Estava sempre dentro de casa e havia uma sessão de estudo de manhã e outra ao fim da tarde. Cada sessão era de uma hora e meia e eu tinha de permanecer em silêncio absoluto, excepto para recitar o que estava a aprender. Às vezes, principalmente à tarde, quando o sol se punha e a sombra das montanhas se tornava maior, eu sentia-me um pouco frustrado. Taktra Rinpoche, o meu tutor, recitava *(a oração ou o texto de estudo)* ao mesmo tempo que eu, mas adormecia tranquilamente e eu tinha de continuar a recitar sozinho".

O Dalai Lama fez uma pausa, mas eu já sabia que não devia fazer perguntas nesses momentos. Após um longo silêncio, prosseguiu.

"Nessas alturas, eu sentia-me algo abafado", disse o Dalai Lama. "Era frustrante, como estar na prisão. Nesse momento, enquanto o sol se punha, eu ouvia os pastores regressando das pastagens a cantar, e pensava, 'Oh, eles são tão felizes e eu estou numa sala escura, com um tutor'. Era um sentimento de alguma solidão. Às vezes, quando eu era muito novo, tinha este tipo de sentimento ou experiência".

"Sentia ira", perguntei, "ou algum ressentimento por não ter uma vida normal?"

"Não", respondeu ele confiantemente. "Tal como já disse, só me senti assim nalgumas ocasiões, em retiro, quando era muito novo. Eu era feliz e gozava a vida, principalmente por causa dos meus companheiros de brincadeiras. Apesar da diferença de idades, eles eram muito brincalhões e muito felizes. Eram muito divertidos e cheios de alegria. Estavam sempre a brincar. Graças a eles, nunca me senti isolado".

"E um dos seus locais de brincadeiras, no Inverno, quando era pequeno, foi o Potala. Contou-me das suas explorações e de ter descoberto as coisas que haviam pertencido ao XIII Dalai Lama, o telescópio e tudo o mais. Mas nessa altura, sentia algo de especial em relação ao Potala?"

"Sim, gostava de abrir as caixas", disse o Dalai Lama, "e também encontrei manuscritos, manuscritos antigos, e também, obviamente, os túmulos e as *stupas (dos anteriores Dalai Lamas)*, que estão incrustados com pedras preciosas. E temos a casa do tesouro, que se chama casa do tesouro do deus Vaishravana, o deus da riqueza, e parece que havia lá uma grande quantidade de ouro".

"Viu-o?", perguntei.

"Não, nunca lá entrei", disse ele. "Os ministros é que lá entravam. Todos os anos, iam lá ver se o ouro ainda lá estava!".

"Em pequeno, quando explorava todas aquelas salas do Potala, nunca tinha medo?", perguntei eu.

"Tinha", disse o Dalai Lama. "Não me atrevia a inspeccionar os sítios escuros, por causa dos demónios. Tinha um grande receio de encontrar um demónio chamado Arko Lhamo. Nas profundezas do Potala havia uma sala onde guardavam cimento, e os varredores chamavam àquele lugar Arko Lhamo".

"E metiam-lhe medo com isso?", perguntei eu.

"Sim", disse ele. "Quando eu era pequeno, eles diziam que Arko Lhamo estava lá dentro. É que a sala estava escura 24 horas por dia. Eu tinha muito medo. Existem muitos registos de pessoas que viram aparições; viam diferentes coisas no Potala. Havia muitas histórias. Naturalmente, quando aceitamos que existem diferentes tipos de espíritos, também aceitamos estas coisas".

"Então, em criança, os varredores metiam-lhe medo com histórias de fantasmas", disse eu.

"Sim", anuiu ele.

"E quais foram as suas experiências positivas no Potala?", inquiri. "Além de aprender alguma história com os murais, e da sua experiência maravilhosa com as pinturas de Milarepa, de que mais se recorda?", perguntei eu.

"Quando tinha uma folga", disse o Dalai Lama, "e não havia lições de Inverno, eu costumava ir ver a história da vida do V Dalai Lama pintada nas paredes, e também ia ver as pinturas do túmulo do XIII Dalai Lama. O túmulo tem pinturas. As do túmulo do XIII Dalai Lama não são tão boas como as do túmulo do V Dalai Lama".

Regressando das suas explorações solitárias aos seus únicos amigos, voltei a inquiri-lo sobre os varredores.

"Além de serem seus companheiros de jogos, o que é que lhe ensinaram?" perguntei.

"Penso que *(foram eles que)* me falaram, pela primeira vez, do lado negativo do sistema de governo do Tibete", disse o Dalai Lama. "Fui-me inteirando disto gradualmente, com pessoas inocentes, como os varredores, e comecei a sentir que era importante fazer algumas correcções. O regente e os altos funcionários eram corruptos e desonestos. Por exemplo, uma família nobre, a família Pala, tinha um servo que veio das suas propriedades e acusou a família de algo. E depois, o gabinete do regente determinou um castigo ou uma condenação relativamente à acusação do servo".

"E qual foi a acusação?"

"Isso, não sei", disse ele. "Um homem idoso foi por vários dias ao gabinete *(no Potala)*, e eu e os varredores escutámos *(em segredo)* o que eles diziam. Os funcionários do regente tinham fortes ligações à família Pala. Assim, quando ouviram as queixas do velhote – e ele foi muito duro –, começaram a discutir com ele. Os funcionários começaram a intimidá-lo, e não o deixavam falar. Eu achei que era importante para mim conhecer a desonestidade daqueles procedimentos e o que se estava a passar. Era muito raro que os funcionários me fizessem algum relatório importante. Naquele período, particularmente, antes de eu ter qualquer poder ou responsabilidade governativa, os meus informadores foram os varredores, aqueles monges simples, e penso que foram muito úteis para a minha educação".

"Ajudaram-no a espiar o seu próprio governo", observei eu.

"Exactamente", disse ele, "e penso que foi extremamente útil. Os varredores ajudaram a mostrar-me a realidade da governação. Eram todos muito pobres. Nenhum nobre seria um varredor".

"Para si, é óbvio", disse eu, "mas nós desconhecemos essas coisas. O Dalai Lama vivia num mundo muito diferente do actual. Os servidores dos reis de Inglaterra e da Rússia eram, por vezes, de uma classe social altíssima".

"Os varredores encarregados dos templos do Norbulingka e do Potala eram todos pessoas do povo", disse o Dalai Lama. "E os funcionários monásticos do governo também provinham do povo. Muito poucos eram aristocratas".

"Mencionou ter usado o seu telescópio, no telhado do Potala, para observar os presos do subúrbio de Shol, na parte baixa da cidade. As suas preocupações face ao Tibete também resultavam da sua observação dos presos?", perguntei eu.

"Não", disse ele. "A maior parte das minhas preocupações teve origem nos varredores. Foram eles que me mostraram como viviam as gentes do povo, todos os diferentes impostos que tinham de pagar, a discriminação e a injustiça. Obviamente, havia uma prisão no Potala. Numa parte, havia um lugar para monges ou presos políticos, quase como uma prisão domiciliária. Quanto aos outros presos, eu via-os no pátio, do telhado do Potala, com o meu telescópio. Muitos eram como se fossem meus amigos. Eu observava diariamente as suas vidas *(mas nunca me encontrei com eles)*. Muitos eram simples criminosos, e eu, apesar de ser novo, conseguia ver o seu sofrimento. Alguns usavam aquela coisa de madeira..."

"Aquela grande coleira de madeira que eu vi em fotografias, como castigo?", observei eu. A coleira era mais como uma canga, mas os presos andavam com ela durante anos.

"Sim", retorquiu ele. "Por isso, quando cheguei ao poder, libertei todos os prisioneiros".

"Então, viu essas coisas em rapaz", disse eu, "e começou a desenvolver gradualmente uma paixão reformista".

"Sim", disse ele, "mas foi também devido a um conhecimento cada vez maior da tecnologia e das máquinas modernas. Ao crescer, fiquei a ansiar pela modernização".

"E uma das formas através das quais adquiriu conhecimentos sobre a modernização e sobre o Ocidente, além das poucas revistas que via, e o seu desejo de reparar diversas máquinas, decorreram das suas conversas com o seu tutor Heinrich Harrer", disse eu, mencionando o autor de *Sete Anos no Tibete*.

"'Tutor' é um termo exagerado", disse o Dalai Lama. "Ele começou por ir ao Norbulingka como um técnico, para trabalhar nos geradores do projector cinematográfico. Costumávamos sentar-nos e conversar, e ele falava tibetano fluentemente. Eu queria muito aprender sobre o Ocidente, sobre os países e sobre o estilo de vida, e acabei por aprender inglês. Mas antes do Heinrich houve um electricista[50] com quem também aprendi inglês, e depois do Heinrich estudei com Jigme Taring. Mesmo depois de 1951, Jigme vinha ocasionalmente ao Norbulingka, como jardineiro. A sua principal tarefa era a jardinagem, mas eu estudava inglês com ele, principalmente gramática".

"Através dessas amizades e dos seus estudos, interessou-se pela ciência e pela tecnologia, e ficou mais desejoso de ver o Tibete a modernizar-se?", perguntei.

"Uma vez, viajei por uma estrada muito estreita", disse o Dalai Lama. "Pensei que se a alargássemos, poderíamos facilmente utilizá-la de automóvel. Fiquei muito entusiasmado com isto antes de assumir o poder temporal *(em 1950)*. Eu queria muito construir uma estrada da Índia ao Tibete, terminando em Lhasa. Quando eu estava a crescer, tínhamos alguns automóveis em Lhasa. Por isso, pensei: porque não construir uma estrada? Eu gostava daqueles carros de Lhasa, mas as pessoas entravam com eles em Lhasa às costas. Era um disparate. Andar de automóvel é muito agradável e útil. Mas seria muito melhor construir uma estrada da Índia ao Tibete. Até a gasolina tinha de ser transportada para Lhasa em animais e às costas das pessoas. Isto sucedeu mais tarde, em 1948, mas quando uma delegação diplomática regressou a Lhasa, em 1948, trouxe um grande frigorífico e caixas enormes".

"Alguns sofriam muito para transportarem essas coisas pelos altos desfiladeiros, não sofriam?", perguntei eu.

"Sim", disse ele, "aquelas coisas só eram desfrutadas por meia dúzia de pessoas, e muita gente sofria por causa delas".

Contudo, a educação informal do Dalai Lama – desde as suas brincadeiras até espiar o seu próprio governo – não constituía o enfoque principal da sua vida. Ele passou os seus primeiros anos em Lhasa a decorar os cinco grandes clássicos budistas indianos[51], que tinham sido traduzidos para tibetano séculos antes. Depois de os memorizar, estudou-os, recorrendo à lógica e ao debate com os seus tutores. Por fim, leu centenas de comentários escritos sobre cada um dos textos. Para obter o grau de *Geshe*[52] (um doutoramento em estudos budistas) teve de dominar estes temas e desenvolver um bom estilo de debate em público. Um monge respeitado esboçou sucintamente[53] o conteúdo dos cinco textos. Vão do "estudo dos estádios mentais necessários à realização da vacuidade, da libertação e da iluminação" às regras de disciplina dos votos monásticos e aos "constituintes físicos e mentais dos seres ilimitados, estados de renascimento, karma, emoções e atitudes perturbadoras, vias para a libertação, e assim por diante". O Dalai Lama disse que um dos aspectos nos quais a sua educação foi diferente da de qualquer outro jovem monge Gelug foi na ênfase dada a uma boa caligrafia. Tinha um tutor de caligrafia que trabalhava diariamente com ele, pois a caligrafia era uma competência que, segundo a tradição, os Dalai Lamas deveriam dominar particularmente bem.

Muito estranhamente, foi através das suas aulas de caligrafia que ele começou a compreender como os seus receios sobre o futuro do Tibete e a necessidade de uma governação mais eficaz eram similares aos receios e profecias escritos pelo XIII Dalai Lama. Em 1932, um ano antes de morrer, o Dalai Lama vaticinou, no que é chamado o seu *Último Testamento*[54], que iria morrer em breve. Mas a sua morte é apenas a mais mundana das profecias contidas neste curioso texto, todas elas concretizadas.

"Quando é que estudou o texto?", perguntei eu.

"Usei-o para exercitar a minha caligrafia", disse o Dalai Lama. "Parece-me que o meu tutor escolheu aquele modelo intencionalmente".

Lendo a excelente tradução inglesa do *Último Testamento*, da autoria de Glenn Mullin, ficamos a conhecer melhor o XIII Dalai Lama e as suas crenças relativas ao Tibete e à sua história do que consultando quase qualquer outra fonte escrita.

> Estou quase com cinquenta e oito anos de idade[55], e em breve ser-me-á impossível continuar a servir-vos. Todos deverão compreender este facto, e começar a pensar no que irão fazer depois da minha morte. Entre mim e a minha próxima encarnação, haverá um período durante o qual tereis que vos desembaraçar sozinhos.
>
> Os nossos dois vizinhos mais poderosos são a Índia e a China, ambos dotadas de poderosos exércitos (…) Consequentemente, é importante que também nós mantenhamos um exército eficaz de soldados jovens e bem treinados (…) Se não fizermos preparativos para nos defendermos (…) teremos muito poucas hipóteses de sobrevivência.
>
> Em particular, temos que nos proteger contra os bárbaros comunistas vermelhos, que semeiam o terror e a destruição onde quer que vão. São os piores dos piores. Já consumiram uma grande parte da Mongólia (…) Roubaram e destruíram os mosteiros, obrigando os monges a juntarem-se aos seus exércitos sob pena de morte (…) nem sequer deixam ficar o nome do Dharma à sua passagem (…) Não tardará a que tenhamos a investida vermelha à porta. É só uma questão de tempo (…) quando isso acontecer, deveremos estar prontos para nos defendermos. Caso contrário, as nossas tradições espirituais e culturais serão completamente erradicadas. Até os nomes dos Dalai e Panchen Lamas serão apagados (…) Os Mosteiros serão saqueados e destruídos, e os monges e monjas serão mortos ou expulsos. As grandes obras dos nobres reis do Dharma de antigamente serão desfeitas, e todas as nossas instituições culturais e espirituais serão perseguidas, destruídas e esquecidas (…) Seremos como escravos para os nossos conquistadores (…) e os dias e noites passarão lentamente, com grande sofrimento e terror.

Assim, agora que temos connosco a força da paz e da felicidade, enquanto ainda temos nas mãos a capacidade de fazermos algo sobre a situação, devemos envidar todos os esforços para nos salvaguardarmos contra este desastre iminente. Fazei uso de meios pacíficos quando forem apropriados, mas quando não o forem não hesiteis em recorrer a meios mais enérgicos. Trabalhai diligentemente, enquanto ainda há tempo. Se assim for, não haverá nada a lamentar.

O futuro do país está nas vossas mãos (...) Insto-vos a que vos ergueis e trabalheis para o bem comum (...) Uma pessoa sozinha não pode afastar a ameaça que nos confronta (...) Evitai as mesquinhas rivalidades e interesses pessoais (...) Temos que lutar juntos (...) pelo bem de todos (...) para auxiliar a linhagem dos Dalai Lamas na sua tarefa de cuidarem do Tibete.

Aqueles que não agirem correctamente neste momento crítico sofrerão o destino que justamente merecem (...) Agora, estão indolentemente sentados, a verem passar o tempo; mas não tardarão a lamentar a sua apatia (...)

Sinto que a felicidade e a prosperidade do Tibete continuarão até ao fim da minha vida. Depois, haverá muito sofrimento, e cada um de vós experimentará individualmente as consequências das vossas acções tal como descrevi atrás.

Numerosos rituais externos foram e estão a ser executados para que eu tenha uma vida longa. Mas a coisa mais importante que as pessoas podem fazer por mim é executarem o ritual interior de ficarem com este meu conselho nos seus corações (...) Ponderai cuidadosamente no que eu disse, pois o futuro está nas vossas mãos.

Infelizmente, entre 1933 e 1950, enquanto o Tibete possuía "a força da paz e da felicidade", a nação não empreendeu nenhum esforço para modernizar o governo ou o exército. O XIV Dalai Lama cresceu a ver o aviso do seu predecessor sendo flagrantemente ignorado.

"Apesar de ser jovem, compreendeu o significado do *Último Testamento*?", perguntei-lhe.

"Sim, muito bem", disse o Dalai Lama, "e decorei alguns excertos, pois lia o testamento do XIII Dalai Lama quase diariamente. O meu tutor ensinou-me, no princípio, a lê-lo palavra por palavra. E menciona muito claramente os vermelhos e a destruição da Mongólia".

Os russos comunistas invadiram a Mongólia antes da morte do XIII Dalai Lama, e os relatos de sobreviventes causaram-lhe uma grande impressão.

"Então, desde muito novo, foi criado com a ideia de que existia uma ameaça ao Tibete, mas particularmente decorrente do comunismo", disse eu.

"Sim", disse ele. "Alguns velhos monges do Mosteiro de Namgyal *(no Potala)* tinham estado na Mongólia. Um estivera na Mongólia a trabalhar nos assuntos comerciais do XIII Dalai Lama, de modo que ele e outros tinham testemunhado o que acontecera na Mongólia. Um destes monges contou histórias acerca da enorme destruição causada na Mongólia pelos comunistas".

Após a sua revolta de 1911 contra o Império Manchu, os Mongóis haviam sofrido um destino ainda pior do que o dos Tibetanos. Os Chineses, envolvidos numa guerra civil, não conseguiram ocupar o Tibete ou a Mongólia, mas vários exércitos russos invadiram a Mongólia na década de 20. Em 1942, Estaline concluiu a erradicação do budismo na Mongólia. Tudo o que o Dalai Lama previu que os comunistas chineses fariam no Tibete fora já feito pelos Russos na Mongólia. Devido à existência de tantos monges mongóis no Tibete e à longa ligação entre ambas as nações, os Tibetanos sabiam muito bem o pesadelo que se estava a abater sobre a Mongólia.

"Além do que diz acerca da Mongólia, qual é o principal interesse e significado deste testamento político?", perguntei eu.

"Metade é uma previsão", disse o Dalai Lama. "Penso que ele fez algumas previsões baseado nas suas experiências e nas coisas que via. Revelou as possibilidades do futuro com base no passado e foi exactamente o que aconteceu".

"O que ele previu foi exactamente o que aconteceu", acrescentei eu.

"Sim", disse o Dalai Lama. "Ele avisou que os vermelhos chegariam ao Tibete, e que se não nos defendêssemos, recorrendo a todos os meios, o que acontecera na Mongólia aconteceria no nosso país. Ele avisou que todos os aristocratas sofreriam, que todo o povo comum sofreria, e que todos os mosteiros seriam destruídos. Foi este o seu aviso".

"Quando viu todos esses problemas durante a sua juventude, quando viu que nada estava a ser feito, o que pensou do governo do regente, do seu governo?", perguntei. "Alguma vez questionou o regente? Criticou o seu regente?"

"Oh, sim", disse ele.

"Ele não lhe dava ouvidos?", perguntei eu.

"As críticas não eram propriamente directas", disse o Dalai Lama. "Geralmente, era apenas dizer mal dele, falar mal nas suas costas".

"Não podia dizer nada directamente ao regente porque ele tinha muito poder?", inquiri.

"Muito poder, mais ou menos..."; fez uma pausa, sem saber como explicar.

"Sentia relutância em criticar o seu regente?", perguntei eu, surpreso pela franqueza com que ele abordava assuntos delicados comigo.

"Havia uma *espécie* de relutância", disse ele hesitantemente, dando a entender que ainda não estava verdadeiramente certo. Olhou para o rosário em silêncio durante alguns segundos, e prosseguiu. "E no princípio eu era muito novo, e não reunia nem falava com as pessoas. Durante as reuniões com o Kashag *(o governo)*, era tudo muito formal e cerimonial. Eu não podia abrir a boca. Teoricamente, o Dalai Lama podia intervir, mas eu era demasiado jovem e também *(talvez tivesse alguma)* falta de interesse. Não sei. Seja como for", concluiu ele com pesar, "eu não estava directamente envolvido, e não tive um papel activo".

❈ ❈ ❈

O historiador K. Dhondup[56] escreveu que um "facto triste da história moderna tibetana" foi a concretização, "à letra", do alerta do XIII Dalai Lama pela mão de Reting Rinpoche e Taktra Rinpoche, "através da sua gestão absolutamente irresponsável da administração tibetana, tratando-a apenas como uma fonte de enriquecimento pessoal e um meio de recompensarem amigos e apoiantes, e de punirem os seus inimigos e críticos. Foi um dos períodos mais negros da história do Tibete".

Trata-se do período em que o Dalai Lama cresceu, a década anterior à invasão chinesa de 1950. A administração de Taktra Rinpoche começou por se curvar aos desejos do seu antecessor, nomeando funcionários pessoalmente recomendados por Reting Rinpoche. Contudo, Taktra Rinpoche não tardou a enveredar pelo caminho oposto, demitindo todos os apoiantes do anterior regente. Reting Rinpoche esperara inicialmente que Taktra Rinpoche, após alguns anos como regente, lhe devolveria o cargo a seu pedido, mas em 1946 tornou-se evidente que Taktra Rinpoche não tinha intenções de o fazer. Além disso, assumiu uma postura mais antichinesa do que Reting Rinpoche[57], e esta política poderá ter-lhe criado oposição nalguns círculos. Não tardou que Reting Rinpoche se envolvesse numa conspiração para assassinar o velho regente. A luta pelo poder chegou ao rubro quando Taktra Rinpoche[58] viu provas irrefutáveis de que Reting Rinpoche contactara o governo do Kuomintang[59], liderado por Chiang Kai-shek, aceitando assinar um tratado entregando a soberania tibetana à China em troca de auxílio militar contra os seus inimigos no Tibete depois de Taktra Rinpoche ser assassinado. Mas Taktra foi mais lesto, e durante várias semanas, em Abril de 1947[60], registaram-se duros combates. Milhares de monges, apoiantes de Reting Rinpoche, revoltaram-se contra o regente, dando origem a tiroteios nos arredores de Lhasa. A regência de Taktra acabou por derrotar os rebeldes e Reting Rinpoche foi capturado, interrogado e, antes de ser emitida qualquer sentença, assassinado nos calabouços do Potala.

O jovem Dalai Lama assistiu aos combates do telhado do Potala, com o seu telescópio, enquanto os bombardeamentos e os tiroteios ecoavam no vale de Lhasa. Mas apesar dos seus onze anos de idade, não ficou totalmente surpreendido com aquela miniguerra travada entre monges, pois a educação que recebera dos seus varredores já lhe havia revelado a realidade da governação do Tibete.

"Para dizer a verdade, no início, Reting Rinpoche e Taktra Rinpoche tinham um bom relacionamento", disse o Dalai Lama. "Taktra Rinpoche fora discípulo de Reting *(existira uma ligação espiritual entre ambos)*. Mas no fim, foi tudo por causa do poder. Reting Rinpoche quis reassumir o poder que Taktra Rinpoche detinha e este recusou. E Reting Rinpoche acabou por tentar matar Taktra Rinpoche".

"Como sabe?", perguntei eu.

"Vi uma carta escrita com a letra de Reting Rinpoche"[61], explicou o Dalai Lama. "Dizia: 'Certifiquem-se de que o poder não fica nas mãos do velho monge. O que quero dizer é que o velho monge não deve ficar vivo'".

"Foi isso que desencadeou os confrontos", disse eu, "mas no meio de tudo aquilo, havia monges budistas a lutarem entre si e a matarem-se uns aos outros".

"Sim, foi um grande erro", aquiesceu o Dalai Lama. "Pediram-me para tentar intervir, mas a minha posição era de impotência".

"Depois desses acontecimentos, tornou-se mais cínico?", inquiri. "Antes dessa altura, pensava que todos os monges apenas tinham motivações religiosas?"

"Não, aquilo não alterou as minhas opiniões", disse ele. "Aqueles confrontos *(entre monges)* eram comuns em Kham *(no Tibete Oriental, a sul de Amdo)*. Na história do Tibete, os mosteiros lutaram frequentemente uns contra os outros".

"E o que pensou acerca da morte de Reting Rinpoche? Quando o mataram, não foi uma execução governamental?", perguntei eu.

"Foi um assassínio... Não foi uma execução legal", disse o Dalai Lama. "Existem duas versões sobre o que aconteceu. Alguns dizem que lhe enfiaram um *khata (um lenço ritual)* na garganta, há quem diga que foi castrado e que foi isso que o matou".

"E aconteceu no Potala", disse eu.

"Sim, no Potala", retorquiu o Dalai Lama.

"Estava no edifício quando o seu primeiro regente foi assassinado?", perguntei. "Sabia que aquilo tinha acontecido?".

"Sim, mas só descobri depois".

Em 1947, o jovem Dalai Lama não se viu confrontado apenas com a tragédia da guerra civil. O seu pai, Choekyong Tsering, faleceu no mesmo ano. Gyalo Thondup, um dos dois irmãos mais velhos do Dalai Lama, afirma que Tsering foi envenenado [62] por inimigos que fizera durante os tensos conflitos [63] entre as facções de Lhasa. O Dalai Lama disse que a acusação de envenenamento era pura especulação e, de facto, não há provas que a consubstanciem. Mas sabemos que o pai do Dalai Lama era apoiante de Reting Rinpoche, e que morreu poucos meses depois de o antigo regente ser assassinado.

A morte do pai é apenas uma das muitas questões que dividem o Dalai Lama e Gyalo Thondup. A sua educação e as suas vidas divergiram dramaticamente a partir da sua chegada a Lhasa. O Dalai Lama tinha apenas quatro anos quando chegou à cidade, onde foi educado para ser um monge. Ele admite que os seus tutores não lhe ministraram nenhuma formação específica para se tornar um chefe de Estado, nem o instruíram adequadamente sobre a vida moderna. Os monges acreditavam muito mais no budismo e na importância dos mosteiros do que no Tibete como nação e no significado do nacionalismo. De facto, o moderno conceito de estado-nação era-lhes estranho. A educação do Dalai Lama espelhou esta realidade e reflectiu também a crença espiritual tradicional de que a ganância, a fúria, a ignorância, a luxúria e o orgulho eram causadores de sofrimento no mundo, e que só uma mente e um coração purificados – e não a política – poderiam aliviar o sofrimento humano.

Gyalo Thondup tinha onze anos de idade quando chegou a Lhasa, e alguns membros da missão chinesa tornaram-se rapidamente seus amigos. Residiam funcionários chineses em Lhasa desde que Reting Rinpoche lhes autorizara a instalação de uma estação de rádio permanente. Depois de ter tido algumas aulas de chinês com funcionários da missão, o irmão do Dalai Lama começou a interessar-se pela história sino-tibetana. Aprendeu que a China era um Estado moderno e que o Tibete era uma terra atrasada, na qual era impossível obter-se uma educação moderna. Chiang Kai-shek, o líder chinês, ofereceu-se para pagar e supervisionar a educação de Gyalo Thondup na China.

Em 1946, Chiang persuadiu a família e o governo tibetano a deixarem o rapaz estudar na China ([64]). Argumentou que era importante que alguém da isolada corte de Lhasa aprendesse a falar chinês. Apesar das reservas das autoridades governamentais, que acreditavam que Chiang Kai-shek procurava um instrumento para manipular o Dalai Lama, Gyalo Thondup foi autorizado a partir. Desde a década de 50 até hoje ([65]), Gyalo Thondup, que fala fluentemente tibetano, chinês e inglês, tem sido ocasionalmente procurado pelas autoridades taiwanesas, chinesas, britânicas e americanas para lhes possibilitar entrarem em contacto com o Dalai Lama. Chiang Kai-shek começou a treiná-lo para este papel em 1946. De facto, entre Abril de 1947 e o Verão de 1949, o jovem Gyalo Thondup comeu as suas refeições ([66]) à mesa da família Chiang, e foi educado por tutores seleccionados por Chiang.

Segundo Gyalo Thondup, "Chiang Kai-shek pretendia proporcionar uma educação melhor a alguns membros da família do Dalai Lama para que pudessem vir a governar o Tibete. O general Chiang Kai-shek e a sua mulher foram muito claros em relação a isto, e muito simpáticos para comigo. O Generalíssimo disse-me, 'Se deseja verdadeiramente a independência, pode contar comigo. Eu apoiarei a independência do Tibete'".

Na opinião de Gyalo Thondup, os monges não proporcionaram ao Dalai Lama uma educação adequada ao futuro líder de um país. Quando inquiri o irmão mais novo sobre as críticas de Gyalo Thondup, ele não deu muita importância à questão.

"Ele passou muito tempo na China", disse o Dalai Lama, como se este facto explicasse tudo. "Só esteve dois anos em Lhasa, depois foi para a China".

"E na China", disse eu, "recebeu uma educação em história e política de acordo com a perspectiva chinesa. Ele afirma que o Dalai Lama não recebeu a formação histórica e política de que necessitava como chefe de Estado".

"Não sou dessa opinião", disse o Dalai Lama. "Não lamento a educação que tive. Penso que se trata de uma questão diferente. E seja como for, a história é algo que se pode sempre perguntar aos historiadores".

A educação informal do jovem Dalai Lama em geografia e assuntos internacionais foi recebida através dos poucos estrangeiros com os quais contactava durante as suas actividades quotidianas, de revistas, mapas, jornais diários e conversas.

"Que idade tinha quando viu pela primeira vez um mapa do Tibete?", perguntei eu.

"Não sei exactamente, mas já estava em Lhasa", disse o Dalai Lama. "Quando eu era pequeno, tinha alguns mapas que haviam pertencido ao XIII Dalai Lama, com todos os nomes em inglês traduzidos para tibetano. Não os estudava, apenas olhava para eles. A minha principal oportunidade para aprender sobre geografia e mapas foi quando desenvolvi um interesse por livros de fotografias relativos à Primeira Guerra Mundial, e depois à Segunda Guerra Mundial. E também com a revista *Life*; alguns dos que falavam inglês fizeram com que eu a recebesse. Assim, eu tinha uma noção muito boa da geografia da Europa, mas não do Tibete nem da China; nem da *(geografia americana)*. Mas as fotografias de guerra nos livros e nas revistas suscitaram-me um grande interesse pelos mapas e pela tecnologia. Muito desse interesse surgiu dos livros de fotografias".

"Eram os combates e as batalhas que o interessavam?", perguntei eu.

"No início, gostava das fotografias das máquinas. Aviões. Os antigos tanques da Primeira Guerra Mundial eram tão pesadões; depois apareceram os aviões e depois as máquinas melhores da Segunda Guerra Mundial".

"Essas máquinas de guerra impressionavam-no muito. Era por causa da sua capacidade tecnológica? Ou simplesmente por ser uma criança e pensar que aquelas máquinas eram fantásticas?", perguntei eu.

"Acho que estava mesmo impressionado com a guerra", disse o Dalai Lama, "ainda que, obviamente, as mortes me incomodassem. Mas a minha sensação principal, no princípio, ao olhar para o mapa, foi que a Alemanha e a Itália não eram muito grandes. Eram apenas duas nações. E a França, a Inglaterra e a América estavam todas do mesmo lado. Por isso, fiquei com a sensação de que a Alemanha e a Itália estavam a ser oprimidas por aquelas grandes nações. Assim, no início, na minha ignorância, as minhas simpatias estavam com a Alemanha".

"Nesse caso, o Dalai Lama não recebeu efectivamente nenhuma educação política durante a Segunda Guerra Mundial", disse eu. "Afinal, quando a guerra acabou, o Dalai Lama tinha apenas dez anos de idade".

"Eu não sabia nada acerca dos nazis", disse o Dalai Lama, "das suas atrocidades ou do Holocausto. Não fazia ideia. Era apenas uma criança, a olhar para mapas, e por causa das gigantescas dimensões dos países de um dos lados e do tamanho mais pequeno da Alemanha, eu simpatizava com ela. Depois, é claro, fui-me informando acerca do Holocausto e da guerra e fiquei a saber o que os Alemães tinham feito".

Os tutores do Dalai Lama eram monges que nada sabiam acerca do mundo exterior, pelo que não podiam educar o futuro governante nessa matéria. O que é surpreendente é o muito que o Dalai Lama aprendeu sobre o mundo apesar dos seus tutores.

"Na Primavera de 1947, o presidente Harry Truman anunciou a chamada Doutrina Truman", disse eu. "Na época, os Estados Unidos possuíam o monopólio do átomo. Os Soviéticos só fabricaram a sua primeira bomba atómica em 1950. Naturalmente, pareceu simples a Truman anunciar que os Estados Unidos estavam prontos a auxiliar todos os povos livres que pretendiam a autodeterminação. Ele declarou que os Estados Unidos tinham o dever de os ajudar fosse onde fosse".

"A sério?", perguntou o Dalai Lama, com um sorriso fino. "Mas isso é uma promessa muito vaga", concluiu ele, com uma risada.

"Pergunto-me", disse eu, "quando terá ouvido, pela primeira vez, este tipo de grande ideia política".

"Recordo-me, muito vagamente, de ter sido através de uma estação de rádio de fraca qualidade. Em Kalimpong, era publicado um jornal tibetano, que era a nossa única fonte de notícias em tibetano. Vi algumas fotografias naquele mensário, que se chamava *Sargyur Melong* (*Tibetan Mirror*), e fiquei muito interessado em lê-lo".

"Quando ouviu falar na América pela primeira vez?", perguntei.

"Em 1943, recebi uma carta de FDR", disse o Dalai Lama, referindo-se informalmente a uma carta que o presidente Franklin Delano Roosevelt lhe enviara, juntamente com alguns presentes, por intermédio de uma missão secreta ao Tibete conduzida, em 1943, pelo Office of Strategic Services (OSS), do Exército [67]. O Dalai Lama tinha apenas oito anos de idade.

Eu lera acerca da existência da carta, mas o Dalai Lama surpreendia-me invariavelmente com o modo informal como mencionava aquelas coisas. A sua informalidade face aos famosos e poderosos do mundo, nutrida através dos seus numerosos contactos com eles, foi uma solene lembrança de que o monge sorridente sentado à minha frente lidara, num ou noutro contexto, com todos os presidentes norte-americanos desde Franklin Roosevelt a George W. Bush. Poucas pessoas podem gabar-se do mesmo.

Quando Roosevelt lhe enviou a carta, dois anos após Pearl Harbor, os Estados Unidos tinham apenas um potencial aliado na Ásia Oriental continental: a China. O Japão imperial conquistara o resto da região. Confrontado com esta sombria realidade, Roosevelt partiu do princípio de que sem bases aéreas na China, a partir das quais pudessem bombardear o Japão, os Aliados não conseguiriam derrotar Tóquio. A única maneira de adquirir essas bases era apoiando o governo de Chiang Kai-shek, que fugira do litoral para o Sudoeste do país. Dado que esta região carecia de acesso ao mar, os Estados Unidos realizavam o aprovisionamento por via aérea, a partir da Índia, sobrevoando os Himalaias e o Tibete Oriental. O aprovisionamento da China revestia-se de uma importância estratégica importantíssima para os Estados Unidos, pelo que o governo americano estava disposto a pagar qualquer preço. O custo da ponte aérea sobre os Himalaias cifrou-se nos cerca de 1 500 americanos [68] que perderam a vida sobrevoando a "Bossa" [69]. Como alternativa, Washington considerou construir uma estrada dos portos da Índia até à China Ocidental, passando pelo Tibete. Na década de 40, só uma guerra teria justificado esta iniciativa ou posto os Estados Unidos em contacto com o Tibete.

Quando a China, em nome dos Estados Unidos, abordou o governo tibetano relativamente à construção da estrada, foi-lhe negada autorização. De facto, o chefe de uma equipa de construção chinesa que se internou demasiado no Tibete foi morto [70]. Os Tibetanos receavam a construção de qualquer estrada entre a China e a Índia que passasse pelo seu país, porque a China poderia utilizá-la depois da guerra para invadir o Tibete. A recusa de Lhasa foi uma surpresa para Washington e deixou a China embaraçada. A ficção do controlo chinês sobre o Tibete fora exposta perante os Estados Unidos, que até então não tinham prestado muita atenção às pretensões da China.

Antes da Segunda Guerra Mundial, o único contacto da América com o Tibete fora a compra de caudas de iaque brancas, das quais eram fabricadas as barbas dos Pais Natais. Agora, desesperado para chegar a um acordo com Chiang Kai-shek, Roosevelt aceitou ajudar a China a afirmar o seu controlo sobre todos os "seus territórios" após o fim das hostilidades, desde que a China autorizasse os Estados Unidos a utilizar as suas bases para atacar o Japão. Para a China, os "seus territórios" incluíam o Tibete e a Mongólia. Tendo sido sempre um opositor do colonialismo europeu na Ásia, Roosevelt partiu do princípio de que estava a prometer à China o seu auxílio para a expulsão das potências coloniais do continente.

Este acordo lato entre a China e a América colidia com a recusa do Tibete de autorizar a passagem de qualquer estrada pelo seu território. Quando o Tibete rejeitou a estrada, Washington viu-se obrigada a lidar com a difícil realidade do Tibete. A China teve de admitir que não controlava o Tibete, reconhecendo a independência *de facto* da nação mais pequena. Então, se a China não controlava o Tibete, o país era independente? Ainda esperançados na construção da estrada até à China, Roosevelt e o OSS, pretendendo avaliar a situação, enviaram para o Tibete dois agentes secretos, Ilia Tolstoy (neto emigrado do escritor russo) e Brooke Dolan ([71]). A América teve o seu primeiro vislumbre da intensidade do conflito entre a China e o Tibete ao solicitar autorização para uma deslocação ao Tibete. Lhasa rejeitou os pedidos de vistos do OSS, feitos através do Ministério dos Negócios Estrangeiros chinês. Depois, os astutos burocratas do OSS enviaram um novo pedido através dos escritórios da administração colonial britânica em Calcutá. A Grã-Bretanha reconhecera a independência *de facto* do Tibete muitos anos antes, e aceitava somente a suserania chinesa – não a soberania – sobre o país, insistindo na total autonomia do Tibete em questões de defesa, assuntos externos, política monetária ([72]), etc. Quando os Estados Unidos abordaram o Tibete através dos meios britânicos, o governo tibetano deu aos agentes do OSS autorização para se deslocarem a Lhasa a partir da Índia. Os agentes receberam instruções para seguirem depois para a China, de modo a que pudessem analisar o terreno para a eventual abertura de uma estrada. Todavia, os Tibetanos deixaram bem claro que os americanos teriam de regressar à Índia.

Quando Tolstoy e Dolan, os dois agentes, chegaram a Lhasa, o Dalai Lama, então com oito anos de idade, concedeu-lhes uma audiência.

"Inútil!", disse o Dalai Lama, rindo-se ironicamente ao recordar as reuniões formais.

A tradição ditava que ele não dirigisse a palavra as seus visitantes, e vice-versa. Aceitou os presentes dos enviados estrangeiros, e eles aceitaram o *khata* ritual que lhes ofereceu – tudo em silêncio. Depois, a audiência privada terminou.

Em Lhasa, os agentes expressaram a sua simpatia pelos Tibetanos, e Surkhang Dzasa[73], o ministro dos Negócios Estrangeiros do Tibete, explicou a história sino-tibetana aos americanos. O Tibete nunca foi parte da China. Olhem à vossa volta, disse ele aos americanos. Vêem algum chinês? Alguém fala chinês? Tal como Surkhang explicou, "O Tibete devia inteiramente a sua independência à Grã-Bretanha (...)[74] e o Governo tibetano desejava ver (...) a América apoiar a Grã-Bretanha nos seus esforços para manter a independência do Tibete". Surkhang pretendia dizer que o Tibete considerava que a Grã-Bretanha ajudara a impedir as incursões chinesas, um esforço que esperavam vir a ser apoiado pela América. A postura do ministro foi completamente diferente da interpretação chinesa dos acontecimentos, segundo a qual a Grã-Bretanha estava a promover activamente a independência tibetana.

Tolstoy e Dolan convenceram o governo tibetano de que os Estados Unidos eram muito a favor da liberdade para todos os pequenos países oprimidos[75] (apesar de Roosevelt, para não desafiar as pretensões dos nacionalistas chineses[76], ter enviado a carta e os presentes ao Dalai Lama na sua qualidade de líder religioso, e não de chefe de um Estado independente). Entusiasmado face à perspectiva de um maior apoio externo, o Tibete voltou atrás na sua decisão de obrigar os agentes a regressarem à Índia e permitiu-lhes que prosseguissem para a China. O OSS veio a concluir que a construção de uma estrada através do Tibete não era exequível, mas tinham sido estabelecidas relações entre Washington e Lhasa, embora os dois governos diferissem na sua interpretação da situação. O Tibete estava convencido de que, terminada a guerra, disporia de um novo aliado para o ajudar a defender-se da invasão chinesa. Para um número crescente de Tibetanos, a invasão era inevitável logo que os Chineses se libertassem dos Japoneses.

Por outro lado, o Tibete nunca compreendeu que Roosevelt aceitara as definições chinesas das suas fronteiras sem as investigar. A política americana para o Tibete, iniciada no começo da guerra, manteve-se praticamente inalterada até hoje, embora muitos americanos, dentro e fora do governo, tenham argumentado que não se baseia em factos históricos.

❀ ❀ ❀

Na véspera, eu tinha inquirido o Dalai Lama sobre os presentes de Roosevelt. Naquela manhã, quando nos sentámos, ele tinha uma surpresa para mim.

"Isto é de Tolstoy e Dolan", disse ele, pondo-me uma caixa nas mãos.

A caixa continha um relógio Patek Philippe de ouro (77), que mostrava as fases da lua e os dias da semana. "Não há dúvida de que Roosevelt tinha bom gosto", observei eu. "Que idade tinha quando recebeu isto do presidente Roosevelt?", perguntei.

"Sete ou oito anos", disse ele.

"Já foi a reparar?"

"Várias vezes", disse ele, com um sorriso embaraçado. Quando o seu irmão partiu para a China, em 1946, acompanhando uma delegação tibetana que ia congratular a China e o governo colonial da Índia pela sua vitória na guerra, o relógio já estava a precisar de ser reparado. Nem um Patek conseguia resistir ao jovem Tenzin Gyatso.

"Numa ocasião posterior, em Lhasa", disse o Dalai Lama, "meti-o no bolso, onde tinha também um imã bastante poderoso. Eu estava a trabalhar no projector cinematográfico. O relógio teve de ir outra vez a reparar", observou ele embaraçadamente. E estava a ser reparado na Suíça, em 1959, quando ele fugiu definitivamente de Lhasa. Ele ainda tem o relógio devido à sua manutenção regular.

Fez uma piada acerca da atribulada história do presente de Roosevelt. "Parece que o relógio rezou para que nunca caísse nas mãos dos Chineses!" O Dalai Lama riu-se.

"Tem uma recordação dos seu primeiro contacto com os Estados Unidos, que ficou consigo todos estes anos", observei eu. "Mas em 1942, quando se encontrou com americanos pela primeira vez, e depois mesmo no fim da guerra, quais foram as suas primeiras impressões da América?"

"Os Tibetanos consideraram quase sempre a América como uma campeã da Liberdade e da Justiça" – ouvi-lhe as maiúsculas. "Uma grande nação. Tivemos este sentimento ou atitude desde o princípio. Consequentemente, penso que, irrealisticamente, os Tibetanos esperaram demasiado da América. Pensámos que se houvesse uma invasão ou tentativa de invasão comunista do Tibete, a América ajudar-nos-ia".

"Apesar de não ter ouvido falar directamente da Doutrina Truman, em 1947, apreendeu o significado da proclamação?"

"Sim, apreendi", retorquiu o Dalai Lama.

Ri-me. "Apesar de ser um rapazito, fechado no Potala e embrenhado nos seus estudos?"

"Não muito embrenhado", disse ele, a rir. "Mas sim, apesar de eu estar em completo isolamento, o significado chegou até mim".

"É um ideal muito poderoso", disse eu.

"Sim", respondeu ele. "E depois da guerra, quando começámos a preocupar-nos por os comunistas chineses estarem a derrotar Chiang Kai-shek, Lowell Thomas veio *(ao Tibete)*, em 1949. O governo tibetano considerava Lowell Thomas uma pessoa muito importante no governo americano, mas ele era apenas um repórter [78]. Durante todo aquele período, o governo tibetano depositou muita esperança na América".

"Logo a seguir à guerra, os Tibetanos apostaram nos ideais da América, não foi?", disse eu.

"Sim", respondeu ele. "Tínhamos obviamente uma nítida expectativa ou impressão de que, ao apoiar Chiang Kai-shek *(que combatia Mao na guerra civil)*, a América ajudaria a impedir uma invasão comunista do Tibete. Na época, pensávamos que o comunismo era um verdadeiro inimigo do Dharma. E dado que a América combatia o comunismo e se opunha à Rússia, para nós era muito claro que a América nos ajudaria". Estes pressupostos revelaram-se falsos.

O fim da Segunda Guerra Mundial assinalou o princípio da Guerra Civil Chinesa. Os Americanos acreditaram que os exércitos nacionalistas, financiados e treinados pelos Estados Unidos, e liderados pelo "cristão" Chiang Kai-shek, conseguiriam vencer os comunistas [79], liderados pelo "ímpio" Mao Tsé-tung. Contudo, em Outubro de 1949, o Exército Popular de Libertação (EPL) derrotou o exército nacionalista, apesar dos milhões de dólares que Washington dera aos nacionalistas, incluindo 750 milhões que o Presidente Truman estava convencido de que haviam sido embolsados pelo próprio Chiang Kai-shek. Em Pequim, a nova capital comunista, os repórteres americanos assistiram boquiabertos aos desfiles da vitória. Quase metade de todas as armas e veículos do EPL era de fabrico americano [80]. Mao foi conduzido até à tribuna num jipe americano [81], e proclamou oficialmente a República Popular da China. Alguns generais nacionalistas corruptos tinham vendido ou entregado aos comunistas uma grande parte da ajuda americana.

Durante a primeira metade do século XX, excepto durante breves momentos, a Grã-Bretanha e os Estados Unidos recusaram essencialmente reconhecer o Tibete como um Estado independente ([82]). Por razões de interesse próprio, ambas as nações insistiram que a China era a suserana nominal do Tibete, não obstante Lhasa ter expulso os Manchus, declarado a independência e defendido constantemente a sua soberania *de facto*. Após a vitória comunista, Mao declarou que herdara os "direitos da China" ao Tibete do governo nacionalista (que afirmara tê-los herdado dos Manchus). As escolas chinesas, administradas pelo Partido Comunista, passaram a ensinar uma história que provava que os imperialistas estrangeiros se tinham servido de uma camarilha feudal tibetana nas suas tentativas para fragmentarem a pátria chinesa. Em 1949, a China emitia para o Tibete programas radiofónicos que exigiam a "libertação pacífica do Tibete". E de quem deveria ser o Tibete libertado? Dos espiões imperialistas americanos e britânicos.

"Como teve conhecimento da vitória comunista na China?", perguntei eu ao Dalai Lama.

"Recebi a revista *Life*", disse o Dalai Lama, "e um dos artigos mencionava que o Dalai Lama era um leitor regular e tinha uma fotografia minha. Na verdade, era uma fotografia do Panchen Lama. Seja como for, os funcionários que falavam inglês traduziram os artigos, e eu vi as fotografias do Kuomintang derrotado e dos avanços comunistas, e fiquei a saber. Obviamente, todos os Tibetanos ficaram muito preocupados".

O seu regente, Taktra Rinpoche, tentou febrilmente reconstituir o exército tibetano durante os anos que antecederam a invasão do Tibete pelo EPL, e a Grã-Bretanha aceitou vender ao Tibete pequenas quantidades de armas e munições. Foi demasiado pouco, demasiado tarde.

Antes da invasão de 1950, o Dalai Lama ouviu muitos Tibetanos abordarem o regente para expressarem a sua preocupação face às intenções dos comunistas chineses.

"Em 1949, quando os Chineses iniciaram as suas emissões radiofónicas regulares em tibetano e inglês", disse ele, "havia um funcionário encarregado de as ouvir, Penpa Tashi, que abordou o principal secretário-chefe do regente. Informou-o do conteúdo das emissões, e alertou-o para o perigo de uma invasão comunista. O secretário-chefe disse-lhe: 'o Tibete é uma terra de grandes lamas, eles não nos podem fazer mal'".

Pareceu-me momentaneamente que o Dalai Lama exsudava uma raiva silenciosa. "Tanta ignorância", disse ele finalmente.

"Mas uma fé imensa, também. Ignorância e fé, uma fé que me é difícil compreender", disse eu.

"Sim", disse ele. "Uma fé cega, não a verdadeira fé".

Esta fé cega dos conservadores religiosos viu os acontecimentos que impediram a China de invadir o Tibete antes de 1950 – a derrota dos Manchus, em 1911, o caos interno na China e o subsequente ataque dos japoneses na Segunda Guerra Mundial – como intervenções divinas. Era a prova de que o Tibete não necessitava de constituir o exército que o XIII Dalai Lama advogara. O Tibete era uma terra especial, governada por uma manifestação divina de Chenrezi, e enquanto as dezenas de milhares de monges executassem o seu ciclo anual de rituais nos mosteiros, os santos eremitas se sentassem nas suas remotas grutas nas bases dos glaciares e o Tibete permanecesse devotado ao Dharma, os patronos protectores defenderiam a terra sagrada.

Apesar destas atitudes, alguns tibetanos pertencentes aos círculos governamentais conseguiram incitar o governo a afirmar a independência. Em 1947, uma delegação diplomática deslocou-se à Europa usando passaportes tibetanos. Em 1949, o Tibete tentou enviar uma delegação às Nações Unidas [83] para solicitar a sua adesão, mas a Grã-Bretanha e os Estados Unidos bloquearam os enviados. Ambos os países declararam que qualquer tentativa do Tibete para aderir às Nações Unidas ou para se armar mais não faria do que apressar uma invasão comunista [84]. Washington e Londres liquidaram repetidamente as tíbias tentativas de autodefesa do Tibete, difíceis de concretizar devido à resistência conservadora interna. Por razões de interesse político próprio, ambas as nações insistiram em reconhecer o Tibete como parte da China, ainda que, nos bastidores, continuassem a lidar com o Tibete como se fosse um país independente. Esta duplicidade reforçou a convicção de Lhasa de que, sendo o Estado himalaico independente de facto, uma invasão por parte da China levaria outros países a acorrerem em seu auxílio. A insistência da Grã-Bretanha para que a China respeitasse a autonomia do Tibete e as eternas ambiguidades na perspectiva de Londres reforçaram o falso sentimento de segurança tibetano de que outras nações responderiam a um pedido de ajuda.

Este pressuposto estava profundamente errado. A Grã-Bretanha preparava-se para abandonar a Índia e conceder-lhe a independência, pelo que o Tibete já não tinha nenhum valor estratégico. A sua valia para os Britânicos fora a de um tampão para proteger o Norte da Índia. Chiang Kai-shek – exilado na ilha de Taiwan – ainda insistia que o Tibete era parte da China. Os republicanos atacavam Truman, declarando que ele tinha "perdido a China", pelo que era difícil ao presidente apoiar publicamente a independência tibetana[85]. O Departamento de Estado receava que Chiang pudesse caracterizar qualquer apoio declarado ao Tibete como um exemplo dos esforços de Washington para fragmentar ainda mais o território chinês. A Casa Branca também sabia que com o veto de Chiang nas Nações Unidas, a China conseguiria impedir o Tibete de aderir à organização caso o país o tentasse solicitar[86]. Dado que este voto seria embaraçante para os Estados Unidos, era muito melhor impedir os Tibetanos de imporem um debate público sobre o estatuto da sua nação.

Perguntei ao Dalai Lama se ele compreendia que o receio que Truman tinha da influência de Chiang Kai-shek nos Estados Unidos e nas Nações Unidas foi um dos factores que impediram Washington de apoiar declaradamente o Tibete em 1949, mesmo depois de Chiang ter fugido do continente para Taiwan. O Dalai Lama disse que se Chiang tivesse "declarado o seu apoio à independência tibetana" quando os comunistas tomaram o poder, Chiang e o seu partido ter-se-iam tornado, "aos olhos de milhões de chineses (...) uma vergonha nacional". Apesar de Chiang nunca ter governado o Tibete, e embora ele talvez tivesse pretendido apoiar a independência do Tibete depois de 1949, como forma de manter o Tibete livre dos comunistas, a sua retórica nacionalista proibia-o. Os Chineses tinham sido ensinados a acreditar que o seu vizinho fazia parte da sua nação, e que ninguém poderia negar essa pretensão sem ser visto como antipatriótico[87].

Foi nestas circunstâncias complicadas que os Estados Unidos enviaram a sua segunda e última missão secreta ao Tibete, desta vez chefiada por Douglas S. Mackiernan[88], da CIA. O Departamento de Estado acreditava que qualquer iniciativa para armar os Tibetanos às claras, em 1949, precipitaria a inevitável invasão comunista. Por esta razão, a missão Mackiernan era secreta.

Tragicamente, Mackiernan foi morto por guardas fronteiriços tibetanos, os quais, nesses dias tensos que antecederam a invasão chinesa, tinham ordens para disparar sobre qualquer estrangeiro. Este triste resultado foi da responsabilidade da CIA e do Departamento de Estado, que só alertaram o Ministério dos Negócios Estrangeiros tibetano para a chegada de Mackiernan quando já era tarde demais para informar os nervosos guardas fronteiriços. Pior ainda, os Chineses já sabiam que Mackiernan era um agente secreto antes da sua chegada ao Tibete. Feitas as contas, a missão Mackiernan teve exactamente sobre os Chineses o efeito que os Estados Unidos diziam querer evitar. Receosos de que a missão fosse indicativa da vontade de Washington de providenciar assistência militar clandestina, os Chineses apressaram os seus planos de ataque.

O Dalai Lama não estava inteiramente convencido de que a missão Mckiernan tivesse precipitado a invasão. "Talvez", comentou ele, ainda que, segundo me disse, os Estados Unidos tivessem já começado, em segredo, a lançar de pára-quedas equipamento para o exército tibetano, semanas antes do ataque de Outubro de 1950. O Dalai Lama sabia como os Chineses viam o envolvimento dos Estados Unidos no Tibete.

"Antes de o Exército de Libertação chinês entrar no Tibete", explicou ele, "a propaganda deles afirmava que o Tibete estava cheio de influências imperialistas, ou que as influências imperialistas eram muito visíveis no Tibete. Era esta a percepção chinesa".

"E dado que Mckiernan foi exposto como espião da CIA antes de chegar ao Tibete", argumentei eu, "a CIA, ao não conseguir manter a sua missão secreta, reforçou essa percepção. Neste sentido, a CIA traiu o Tibete".

"Não sei", disse ele. "Digo sempre aos meus amigos americanos que quando estávamos no Tibete considerávamos a América como a campeã da liberdade e da democracia. Depois, na década de 70, quando se deu a crise do Bangladesh, a 7.ª Esquadra americana apareceu e apoiou o Paquistão. Todos sabíamos da brutalidade do Paquistão e do movimento independentista do Bangladesh – chamado Paquistão Oriental na época. Era um movimento popular, mas a América alinhou com o Paquistão e os seus ditadores, alinhou com um regime militar. Foi o que aconteceu".

"É disso que falo", observei eu.

"(Henry) Kissinger declarou abertamente que nas relações internacionais não há lugar para a moralidade, o que é algo de muito triste, vergonhoso e infame. A América, a campeã da liberdade e da democracia, faz estas coisas, e eu penso que foi assim que muitos países da Ásia deixaram de acreditar, o que é uma pena. Penso que o povo americano ama a liberdade, mas por causa da administração..."

"Sim, concordo consigo", disse eu, "e julgo que tudo começou após a Segunda Guerra Mundial. Abandonámos os nossos ideais e a política

Lhamo Dhondup, o XIV Dalai Lama, aos quatro anos de idade (em cima, à esquerda), fotografado no Mosteiro de Kumbum, em Amdo, no Tibete, c. 1939; e aos dez anos de idade (em cima, à direita), em Lhasa, c. 1945. Notem-se os tradicionais sapatos brancos de lã e o hábito de monge na segunda fotografia, tirada depois de ele ter tomado os seus votos iniciais de monge.

Retting Rinpoche (à esquerda), regente do Tibete, no jardim da sua mansão, em Lhasa, na companhia dos seus cães, c. 1936.

Reting Rinpoche (sentado), regente do Tibete, c. 1936, fotografado em hábito de monge e com um odre coberto por um bordado. O homem junto de Reting Rinpoche era um membro dos *Dhob Dhob*, uma classe de monges que actuavam como guarda-costas e polícias monásticos. Acolchoavam os hábitos para parecerem maiores. Na mão esquerda, tem um *khata*.

Lhamo Dhondup aos quatro anos de idade, com funcionários de Ma Pu-fang, Mosteiro de Kumbum, Tibete.

Os regentes do Tibete procuravam visões no lago de Lhamo Latso para os guiarem na sua busca de cada novo Dalai Lama. Mural de Norbulingka, Lhasa, c. 1954.

Laird

Museu de Pitts River, Universidade de Oxford

Colecção Lowell Thomas, Colégio Marista

Laird

No seu lar em Taktser, enquanto os seus pais e os monges do Mosteiro de Sera observavam, o jovem Lhamo Dondup escolheu correctamente os objectos que haviam pertencido ao seu predecessor (página anterior, em cima).

Em Lhasa, os pais do Dalai Lama (página anterior, em baixo) foram nobilitados e receberam propriedades, o que levou o pai a envolver-se na vida política de Lhasa. Uma grande parte da vida do jovem Dalai Lama – incluindo os sapatos que calçava (em cima) – era determinada pela tradição. O seu segundo regente, Taktra Rinpoche (de pé, à sua esquerda), envolveu-se numa mini-guerra com Reting Rinpoche, o primeiro regente. Gyalo Thondup, o irmão mais velho do Dalai Lama (à esquerda), conseguiu fugir de Lhasa e fez os seus estudos na China.

Colecção Lowell Thomas, Colégio Marista

Laird

Museu de Pitts River, Universidade de Oxford

O XIV Dalai Lama (página anterior, em cima: em fotografia, à esquerda; num mural, à direita) foi politicamente impotente durante a década de 1940, permanecendo silencioso durante as reuniões organizadas pelo seu regente. Quando se deslocava, em Lhasa, o seu palanquim (em baixo) integrava uma grande procissão que incluía músicos e porta-estandartes. A mansão do clã Phala, nos arredores de Lhasa (à esquerda), era típica das residências dos aristocratas tibetanos.

Laird

Ellis R. Back, Colecção de Karen Boatman

Laird

Colecção Lowell Thomas, Colégio Marista

A bandeira tibetana do general Derge Sey (página anterior, em cima, à esquerda), Markham, Tibete, 1949. Foi provavelmente oferecida aos chineses quando Derge Sey se rendeu, em 1950.

Ouro, diamantes e turquesas num trono construído para o XIV Dalai Lama na década de 1950 (página anterior, em cima, à direita). Lhasa, Norbulingka.

Funcionários almoçando com Lowell Thomas no Ministério dos Negócios Estrangeiros do Tibete, 1949 (página anterior, em baixo). Os documentos oficiais estão arquivados à maneira tradicional, nos pilares. Lhasa, Tibete.

O general Derge Sey e parte do exército tibetano em Markham, no Tibete Oriental, em 1949 (em cima), um ano antes da sua rendição aos chineses.

Os nobres e os funcionários da corte do Dalai Lama estavam num piquenique (à esquerda), demasiado ocupados para responderem a uma mensagem rádio acerca da invasão no Outono de 1950. Mural, Norbulingka, Lhasa, c. 1956.

O Panchen Lama, Mao Tsé-tung e o XIV Dalai Lama, fotografia pintada à mão, 1954 (em cima, da esquerda para a direita).

O Dalai Lama e Chu En-Lai, 1954 (página seguinte, em cima).

O Panchen Lama, o Dalai Lama e Nehru, Índia, 1956 (página seguinte, em baixo, da esquerda para a direita).

Instituto Norbulingka, Sidhpur, Índia, 2

Instituto Norbulingka, Sidhpur, Índia

DIIR/Tibet Museum, CTA

O Dalai Lama a cavalo (em cima), durante a sua fatigante fuga de Lhasa para a Índia, em 1959.

O Dalai Lama e o seu séquito chegam à Índia (à esquerda). À sua direita encontra-se o camareiro-mor, Thupten Pala. A fuga do Dalai Lama foi uma das maiores histórias noticiosas de 1959.

Uma imagem de Mao Tsé-tung e um slogan pintados sobre um mural budista em Lhasa durante a Revolução Cultural, 1992 (página seguinte, em cima, à esquerda).

Jovens tibetanas cantam louvores ao Presidente Mao, Tibete Ocidental, 1992 (página seguinte, em cima, à direita).

Por todo o Tibete, milhares de mosteiros e templos foram destruídos durante a Revolução Cultural. Lhasa, 1992 (página seguinte, em baixo).

Laird, 3

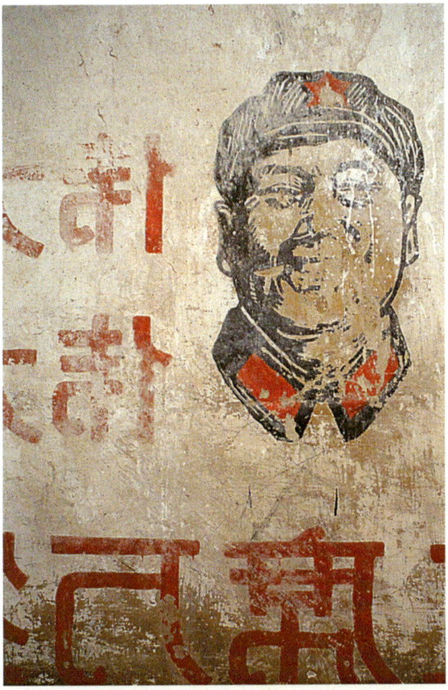

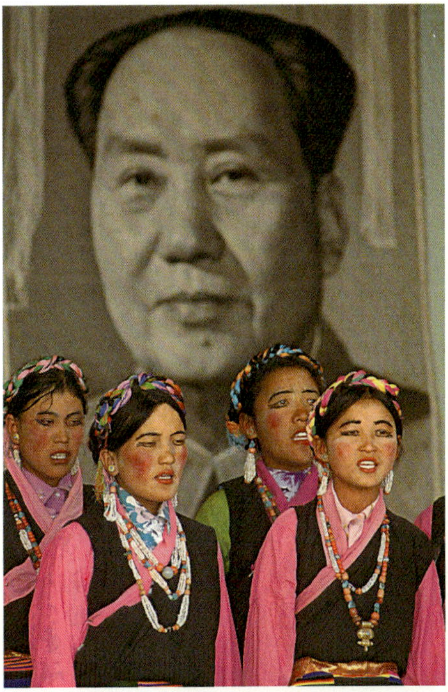

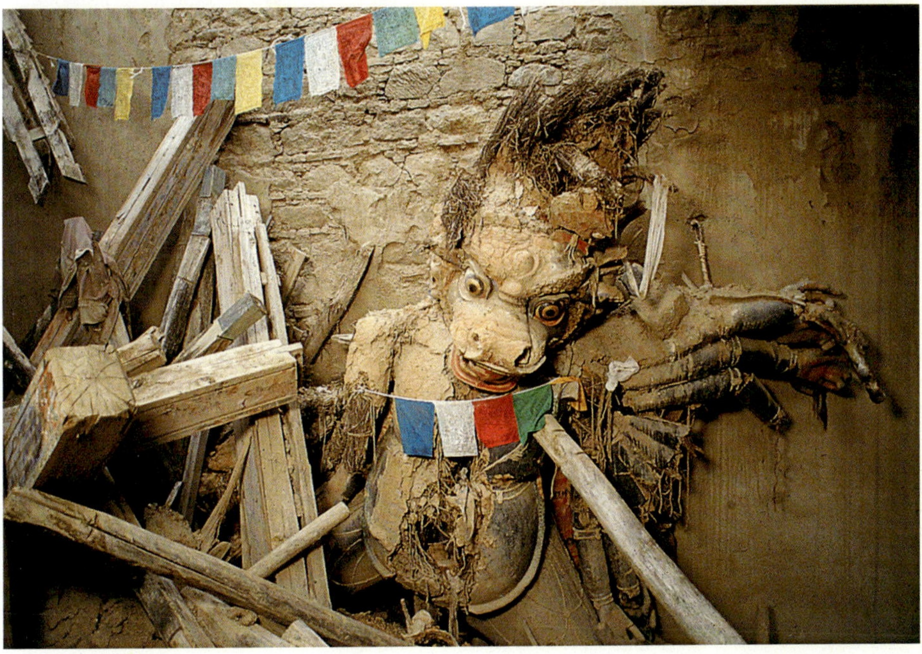

O Drepung, à beira de Lhasa, foi outrora o maior mosteiro do mundo. Devastado durante a Revolução Cultural, encontra-se em reconstrução. Em 1997, os fiéis congregaram-se no meio das ruínas de Drepung para exibirem e adorarem uma grande tapeçaria do Buda.

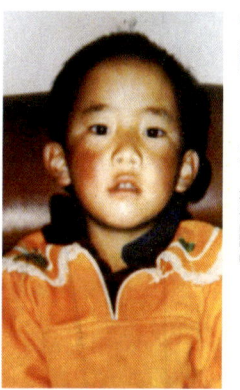

(De cima, no sentido dos ponteiros do relógio):
O Dalai Lama com o Papa João Paulo II.
Choekyi Gyaltsen, o X Panchen Lama, pouco antes da sua súbita morte, em 1989.
Gedhun Choekyi Nyima, o XI Panchen Lama, célebre como o mais jovem preso político do mundo, tem sido mantido num local não revelado desde que foi reconhecido pelo Dalai Lama. A China avançou outra criança como sendo a "verdadeira" reencarnação do X Panchen Lama.
Quando ainda era legal possuir, exibir e vender fotografias de Sua Santidade, o Dalai Lama, os tibetanos vendiam-nas em grande número, tais como estas, em Lhasa, em 1993. Note-se as fotografias do Dalai Lama com Bill Clinton e John Major, bem como as imagens devocionais do Dalai Lama e do Panchen Lama. A venda e exibição deste tipo de imagens no Tibete estão actualmente proibidas.

Os nómadas tibetanos (em cima, à esquerda) ainda apascentam os seus iaques na vasta planície de Barka, junto ao monte Gurla Mandhata, no Tibete Ocidental (em cima, à direita). O XVII Karmapa, chefe da escola budista Karma Kagyu, nascido em 1985, no Tibete. Reconhecido pelo Dalai Lama e pelo governo chinês, fugiu para a Índia em 1999 (em baixo, à esquerda). As crianças tibetanas ainda continuam a expressar enorme devoção ao prosternarem-se em frente do templo de Jokhang, em Lhasa, 1992 (em baixo, à direita).

externa americana tem andado à deriva desde então. A ausência de apoio da América ao Tibete foi apenas parte de um padrão mais amplo durante a Guerra Fria".

O Dalai Lama mencionou o seu encontro, em Junho de 2000, com o presidente Bill Clinton ([89]).

"Sabe, eu também falei nisso no meu encontro mais recente com o presidente Clinton", disse o Dalai Lama. "Durante a Guerra Fria, sim, por vezes, foi necessário adoptar uma determinada política, que não foi muito honesta, mas os tempos mudaram e é chegado o momento. A maior nação, a nação que defende a liberdade, deve basear as suas políticas nos seus princípios fundadores e injectá-los na sua política externa. Eu disse-lhe isto. Acredito que a oportunidade é maior, mas tem de haver vontade política".

"Sim", disse eu, "mas quando examinamos a história das relações da América com o Tibete, não encontramos nenhum compromisso com os princípios fundadores dos Estados Unidos".

"É verdade, é verdade", disse o Dalai Lama. "O apoio dos EUA ao Tibete na década de 50 não decorreu de princípios morais nem de simpatia, mas sim das políticas anticomunistas mundiais então em existência. Foi por isso que ajudaram. Mas quando a sua política fortemente anticomunista para a China se alterou (na década de 70), tudo mudou. Mas hoje, o apoio e a ajuda que recebemos de todo o mundo são sinceros. Agora, devido ao apoio e à simpatia da opinião pública, a administração, apesar dos inconvenientes, é obrigada a dar-nos atenção. Isto é positivo".

❈ ❈ ❈

Para o Dalai Lama, então com 15 anos de idade, os meses que antecederam a invasão de Outubro de 1950 foram tensos. Ele era apenas um rapaz, sem a ampla visão global que demonstra tão facilmente hoje. O seu regente ainda tinha o poder absoluto, dado que o Dalai Lama estava a três anos de atingir a maioridade. A partir do princípio de 50, circularam continuamente em Lhasa rumores acerca dos preparativos da China para invadir o Tibete. "Eu sentia muita ansiedade", disse o Dalai Lama. "Recordo-me claramente de não me sentir bem durante todo o Inverno anterior e o início do ano. A situação tornou-se cada vez mais tensa e grave".

Em 7 de Outubro de 1950, os ministros mais importantes do governo estavam num piquenique – a cerveja corria em abundância – quando chegou, do Tibete Oriental, a primeira mensagem rádio de que o EPL lançara a invasão [90]. Ninguém sabia que estavam envolvidos 40 000 soldados [91]. Na frente, o desesperado oficial que enviara a mensagem rádio desconhecia esta informação. E, provavelmente, não sabia também que unidades chinesas extremamente móveis, equipadas com armas modernas que os Tibetanos não possuíam, estavam a cercar as tropas tibetanas. Mas ele exigiu que os ministros fossem chamados do seu piquenique, para que pudessem transmitir ao exército ordens para combater ou retirar. Em Lhasa, um secretário menor disse ao oficial que os ministros não podiam ser incomodados. O oficial gritou no rádio, "Cago para o piquenique deles!" [92], e desligou. Foi a última mensagem rádio proveniente da frente. Os Chineses avançavam tão depressa que tornaram impossível qualquer outra comunicação.

A 19 de Outubro, tinham já sido "liquidados" 5 000 soldados tibetanos [93] e o pequeno exército, subfinanciado desde a época do XIII Dalai Lama, capitulou. Os soldados depuseram as armas; os Chineses fizeram-lhes uma palestra sobre o socialismo, deram-lhes uma pequena quantidade de dinheiro e mandaram-nos regressar às suas casas. O EPL poderia ter avançado sobre a capital mas, a 200 quilómetros de Lhasa, os Chineses pararam e exigiram que o governo tibetano se submetesse a uma "libertação pacífica". Esta posição era coerente com a convicção chinesa de que o Tibete era uma província renegada, em revolta por causa do apoio dos imperialistas ocidentais. Muitos quadros comunistas no terreno acreditavam piamente que estavam a libertar pacificamente uma província chinesa da "camarilha reinante" que mantinha oprimidos os cidadãos chineses de nacionalidade tibetana. Desde então, a China mantém esta visão do Tibete. Ainda no ano 2000, os meios de comunicação chineses, sob controlo estatal, acusaram o Dalai Lama e o seu governo de violações, assassínios e canibalismo infantil, afirmando que eles tinham presidido a um sistema que fora "o mais negro, cruel e inculto na história da humanidade" [94].

"O que sentiu quando soube da invasão?", perguntei ao Dalai Lama.

"Muita ansiedade", disse ele. "Recordo-me claramente de ter a mente agitada e de haver uma enorme ansiedade. Depois, à medida que a situação se tornou mais tensa e mais grave, apesar de eu ter apenas 15 anos de idade, o peso da responsabilidade foi sendo cada vez maior. Toda a gente olhava para mim à procura de uma resposta. Acabei por compreender que existia um desígnio para mim".

"Sentiu esse desígnio desde muito novo", disse eu. "Embora por vezes não lhe agradasse, sentiu-o".

"Sim. Depois, o meu tutor superior, Ling Rinpoche, e também Trijang Rinpoche, deram-me algum encorajamento, o que foi útil", disse o Dalai Lama.

"Falaram-lhe do conflito que descreve, do sentimento pessoal de estar encurralado e da necessidade de servir os outros? Como é que o encorajaram a lidar com isso?", perguntei eu.

"Disseram-me: 'Neste momento crítico da história do Tibete, toda a gente estará a olhar para Sua Santidade, e deveis assumir esta responsabilidade'. Deram-me um grande encorajamento pessoal. Quando eu era um rapazito, eles diziam-me sempre que eu tinha um enorme potencial. E havia um sentimento de carinho e de compaixão, que deixou uma poderosa marca ou semente *(em mim)*".

"Nas semanas que antecederam a invasão do Tibete Oriental, discutiu política com o seu regente?", perguntei.

"Ele sabia que aquilo estava iminente", disse o Dalai Lama. "Julgo *(que tive)* algumas conversas com o regente. Obviamente, o regente era meu tutor e ministrava-me ensinamentos ou lições, *(normalmente)* sem falar destes assuntos *(políticos)*. Mas acabou por me falar na situação".

"Ao partilhar consigo essas questões, ele pareceu-lhe amedrontado?", perguntei.

"O regente disse-me que eu deveria assumir a responsabilidade", retorquiu o Dalai Lama. "Disse-me que a situação estava difícil, que iria piorar e que chegara a altura de o Dalai Lama assumir toda a autoridade".

"Esse homem de idade, que o criou como um pai, em quem o Dalai Lama confiava, está subitamente com receio e entrega-lhe o poder... Ele demonstrou algum medo?", perguntei eu.

"Parecia relativamente ansioso", disse o Dalai Lama com um dos frios eufemismos que usa quando discute acontecimentos críticos.

Perguntei-lhe: "O que sentiu, com os seus 15 anos de idade, quando viu aquele homem mais velho submeter-se a si naquela situação?"

"A um nível, fiquei naturalmente grato pelo respeito demonstrado", disse o Dalai Lama. "Mas como líder político, eu tinha recebido muitas queixas acerca do regente, e as pessoas tinham pouca fé nele".

"Como é que lhe foi transmitido o poder?", inquiri.

"No Outono *(de 1950)*, o oráculo estatal e outros afirmaram que o Dalai Lama deveria assumir imediatamente o poder", disse o Dalai Lama. "Assumi o poder no Inverno *(a 17 de Novembro)*, depois de eles terem invadido o Tibete Oriental. A minha preocupação imediata advinha do facto de alguns funcionários me terem dito que eu não deveria permanecer em Lhasa e que deveria ir para sul, para a fronteira com a Índia. Outros disseram-me que não. Recordo-me claramente da indecisão nessa altura. O que deveria eu fazer? Era tudo muito grave e muito arriscado, e havia muitas discussões sobre a decisão que eu deveria tomar, pelo que eu andei de um lado para o outro. Muita gente dizia-me o que fazer e, na verdade, eu pedi a opinião a muitas pessoas, até aos varredores, e havia muitas perspectivas diferentes".

Com o debate arrastando-se a Novembro, o governo também tentou apelar perante a Assembleia Geral das Nações Unidas. Só o pequeno El Salvador aceitou patrocinar o apelo do Tibete.

No seu apelo às Nações Unidas, instando a comunidade internacional a ouvir o seu caso, os Tibetanos centraram-se consideravelmente na história. O Kashag, ou governo, enviou um longo telegrama às Nações Unidas, afirmando que os comunistas tinham interpretado deficientemente o significado da amizade e interdependência que existira "entre a China e o Tibete como entre vizinhos. Para eles, a China era a suserana e o Tibete um Estado vassalo", não obstante o facto de "o Tibete ter declarado a sua total independência" após a revolução chinesa de 1911 ter destronado o imperador manchu, "cortando assim os últimos laços sentimentais e religiosos que o Tibete mantinha com a China" ().

"A invasão armada do Tibete (...) é um caso claro de agressão", dizia o telegrama. "Enquanto o povo do Tibete for obrigado, pela força, a tornar-se parte da China contra a sua vontade e consentimento, a presente invasão do Tibete constituirá o caso mais grosseiro de violação dos fracos pelos fortes. Através de vós, apelamos às nações do mundo para que intercedam em nosso favor e contenham a agressão chinesa" ([95]).

O Departamento de Estado começou a analisar a sua política para com o Tibete. O conselheiro legal do departamento observou que "na verdade, este Gabinete é da opinião de que a China não tem nem nunca teve 'soberania' sobre o Tibete" ([96]). Nas Nações Unidas, ninguém se quis juntar a El Salvador. As outras nações tinham interesses mais importantes, o que lhes tornava impossível apoiarem a tentativa de El Salvador de levar a invasão a discussão perante a Assembleia Geral. Um funcionário dissidente do Departamento de Estado escreveu um longo memorando secreto explicando porque é que o Tibete estava a ser abandonado. Londres ficou preocupada; se Pequim ficasse irritada com o memorando, os Chineses poderiam interferir com as pretensões britânicas sobre Hong Kong([97]). Paris receava que se desafiasse os "direitos" coloniais da China no Tibete, alguém poderia olhar com atenção para os "direitos" da França no Vietname ou na Argélia. E as nações menos desenvolvidas queriam demonstrar a sua solidariedade para com a China, como parte de uma frente anticolonial emergente.

Entretanto, os Estado Unidos e a China entraram em guerra na Coreia. As tropas chinesas invadiram o Tibete na mesma semana em que invadiram a Coreia. Washington não abriria outra frente contra a China enquanto o EPL estivesse a empurrar as tropas americanas pela Península da Coreia abaixo, no que constituiu a mais longa retirada da história militar americana.

Os Estados Unidos e a Europa deixaram a recém-libertada Índia assumir a liderança da questão tibetana nas Nações Unidas([98]). O primeiro primeiro-ministro indiano, Jawaharlal Nehru, acreditava que com o colonialismo ocidental derrotado na Ásia, ele poderia unir-se a Mao Tsé-tung numa cruzada moral. Sonhava com a China e a Índia conduzindo o mundo a uma nova ordem moral e revolucionária, nascida das miseráveis ruínas do colonialismo. A delegação indiana às Nações Unidas disse que a China dera garantias de que a situação sino-tibetana seria resolvida através de negociações pacíficas. Não havia necessidade de levar a questão à Assembleia Geral, até porque o exército chinês se abstivera de entrar em Lhasa e pedira aos Tibetanos para que discutissem um acordo pacífico. As Nações Unidas retiraram por unanimidade o apelo tibetano da sua agenda. Tratou-se de uma das poucas ocasiões durante a Guerra Fria em que a União Soviética e os Estados Unidos votaram no mesmo sentido.

Enquanto isto acontecia em Nova Iorque, o Dalai Lama pôs fim ao debate, em Lhasa, sobre se deveria permanecer na capital ou fugir para a última cidade tibetana, Yatung, na fronteira com a Índia. "Depois de muitas discussões, decidimos finalmente que eu deveria ir para Yatung", explicou ele.

Perguntei-lhe, "Ao fugir para sul, para a Índia, deixando alguns ministros em Lhasa mas levando consigo todo um governo no exílio, o que sabia acerca da forma como as forças invasoras chinesas se estavam a comportar no Tibete Oriental?"

Ele sabia que quando os Manchus e os Chineses haviam invadido o Tibete, na época do XIII Dalai Lama, tinham incendiado mosteiros e molestado os civis. "Mas não foi o caso em 1950", disse ele. "Os Chineses foram muito disciplinados. Foram como os soldados britânicos *(em 1904)*. Até foram melhores do que os Britânicos, porque distribuíram algum dinheiro *(aos aldeões e líderes locais)*. Planearam tudo cuidadosamente".

Mao e o Partido Comunista Chinês (PCC) controlaram as acções das suas tropas ([99]) até ao último soldado. Os militares não foram autorizados a tirar nada ao povo, devendo pagar por todos os materiais e mão-de-obra. No princípio, o PCC, decidido a conquistar a simpatia e o apoio dos Tibetanos, tratou o Tibete Oriental muito bem. Abriram-se estradas – até à China – e os camponeses foram pagos para trabalhar na sua construção. Os Chineses atribuíram aos chefes locais posições no seio da nova administração, remunerando-os pelo seu trabalho.

Um dos altos funcionários capturados pelo EPL em Outubro de 1950, juntamente com vários milhares de soldados tibetanos que se haviam rendido, era Ngawang Jigme Ngapo, um governador do Tibete Oriental ([100]). O PCC fê-lo passar – e a outros – por um período de "reeducação". A propaganda partidária publicada posteriormente dizia que eles se tinham sentido "como cegos" a quem a reeducação abrira os olhos ([101]). "Depois de receberem dinheiro para as suas despesas de viagem e as suas autorizações de deslocação, curvaram-se respeitosamente perante as fotografias do Presidente Mao (...) e regressaram aos seus lares nos seus cavalos. Iam esperançados que a radiância do Presidente Mao pudesse vir brevemente a brilhar sobre Lhasa e todo o Tibete".

Os Tibetanos capturados que regressaram a Lhasa no Outono de 1950 falaram do seu bom tratamento às mãos dos Chineses. Ao mesmo tempo, emissões radiofónicas prometiam aos membros da elite tibetana que, à semelhança dos funcionários do Tibete Oriental, também eles poderiam manter a sua posição e poder se aceitassem a "libertação pacífica". A alternativa era óbvia. Se enfrentassem os Chineses sem um exército, não manteriam a sua posição num novo Tibete.

Confrontados com a total ausência de apoio internacional, os membros do séquito do Dalai Lama, que viviam exilados em Yatung, sentiram que não lhes restava outra alternativa a não ser entrarem em negociações com o PCC ([102]). O partido exigiu que os Tibetanos enviassem uma delegação a Pequim para discutir a "libertação pacífica"; caso contrário, enfrentariam a opção militar. As tropas chinesas, que se encontravam a

200 quilómetros de Lhasa, poderiam ter imposto facilmente a aceitação desta exigência. Os Chineses enviaram repetidamente a mensagem: enviem uma equipa negocial a Pequim. Para a China, era politicamente preferível que os Tibetanos aceitassem a invasão; a aquiescência de Lhasa daria cobertura política às acções chinesas – pelo menos, na China.

"Nenhuma das grandes potências vos ofereceu uma verdadeira ajuda militar antes da invasão", disse eu. "E depois da invasão, as Nações Unidas recusaram-se a ouvir o vosso apelo". Escolhendo cuidadosamente as palavras, concluí, "Foram traídos".

"Sim", disse ele friamente, afastando o seu olhar de mim.

"Mas nunca expressou nenhuma fúria por causa desta traição", disse eu.

"Qual é o benefício?", disse ele bruscamente. "Quando chove muito, zangamo-nos com o céu? Isso é um disparate!"

"Mas estamos a falar de história", disse eu.

"Ficámos zangados com eles", retorquiu suavemente o Dalai Lama. "Recordo-me disso. Lamentando-nos, dizíamos, 'Destruímo-nos a nós próprios' ou 'Fomos completamente traídos por esta gente'".

Sem apoio internacional efectivo e depois da derrota do minúsculo exército nacional, o Dalai Lama e o seu governo foram obrigados a enviar negociadores à China. Um deles era Ngawang Jigme Ngapo[103], o ex-governador que se rendera em Outubro e estivera num programa de reeducação do PCC. Os negociadores chegaram a Pequim em Abril de 1951. Depois de algumas discussões preliminares, os Chineses entregaram aos Tibetanos um documento e disseram-lhes para o assinarem. Chama-se Acordo entre o Governo Popular Central e o Governo Local do Tibete sobre Medidas para a Libertação Pacífica do Tibete; dado que tinha 17 pontos, é comummente chamado Acordo em Dezassete Pontos[104]. Começava por afirmar que o Tibete "regressava à grande família da Pátria, a República Popular da China", reconhecendo oficialmente o Tibete como parte da China. De seguida, estabelecia que as instituições políticas e religiosas do Tibete permaneceriam inalteradas, e que quaisquer reformas socioeconómicas só seriam implementadas pelos Tibetanos e ao seu próprio ritmo. Também afirmava que o Tibete se governaria a si próprio em todas as áreas, excepto na defesa e nas relações internacionais, que ficariam a cargo de Pequim.

Os Chineses, pondo de lado qualquer simulacro de negociação, pressionaram os Tibetanos a assinar o tratado. "Querem uma libertação pacífica ou uma libertação pela força?" ([105]), exclamaram subitamente os Chineses. Quando os Tibetanos exigiram ser autorizados a comunicar com o seu governo relativamente ao ponto crucial – que o Tibete fazia parte da República Popular da China –, os diplomatas anfitriões disseram-lhes que não era necessário discutir aquilo com ninguém, já que "as outras nações também reconheciam o Tibete como parte da China" ([106]).

Lhasa nunca autorizara os enviados a assinarem fosse o que fosse em nome do governo, mas mesmo assim, no dia 23 de Maio de 1951, os delegados foram obrigados a assinar o Acordo de Dezassete Pontos. O Dalai Lama diz que o selo do governo foi falsificado e afixado ao documento. Com aquele documento, os Tibetanos – pela primeira vez na sua história – aceitaram publicamente a perspectiva chinesa sobre a história das duas nações.

> A nacionalidade tibetana é uma das nacionalidades com uma longa história dentro das fronteiras da China e, tal como muitas outras nacionalidades, cumpriu o seu glorioso dever durante a criação e desenvolvimento da nossa grande Pátria. Mas nos últimos cem anos ou mais, forças imperialistas penetraram na China e, consequentemente, penetraram também na região tibetana, onde levaram a cabo toda a espécie de enganos e provocações.

"O Dalai Lama já tinha fugido de Lhasa e encontrava-se em Yatung, junto à fronteira indiana, quando soube que o Acordo em Dezassete Pontos tinha sido assinado. Consegue dizer-me exactamente onde estava quando foi informado?" perguntei eu.

"Por cima do salão principal do Mosteiro de Yatung, no primeiro andar, existem três salas", disse o Dalai Lama. "Eu costumava ficar na mais pequena, sozinho. Ouvi primeiro a notícia na rádio, sozinho. Mas depois houve logo uma reunião com o Kashag".

"As pessoas estavam zangadas?", perguntei.

"Sim, e eu estava preocupado", retorquiu ele.

"Qual foi a sua primeira reacção?", inquiri.

"Senti um choque; um grande choque. Estávamos à espera de receber primeiro um esboço de acordo, mas depois, sem nada recebermos, as coisas foram decididas, e ficámos em choque. É claro que confiávamos em Ngapo e eu, na época, não sabia grande coisa, mas acreditávamos que aquelas pessoas *(os negociadores enviados a Pequim)* conseguiriam algo de bom, mas não sabíamos em que circunstâncias *(teriam de trabalhar)*".

"Quando soube que a sua equipa negocial tinha assinado o Acordo em Dezassete Pontos sob coacção", perguntei eu, "pensou que tinha sido um momento decisivo?"

"Não, não penso que tenha sido", retorquiu o Dalai Lama. "No primeiro dia da invasão já sabíamos o que iria acontecer".

"Ainda assim, o acordo foi importante", disse eu.

"Ouvi dizer que, legalmente, até ao Acordo de Dezassete Pontos o Tibete não foi parte da China", observou o Dalai Lama.

"Sim, exactamente", concordei eu, "e foi assinado sob a ameaça de que a China atacaria se os delegados não o assinassem. Foi assinado sob coacção".

"É verdade", disse o Dalai Lama. "Já foi confirmado por pessoas que estiveram na reunião. E os selos governamentais utilizados para o selar foram falsificados".

Nas semanas que se seguiram à assinatura do acordo em Pequim, Washington enviou várias mensagens ao Dalai Lama, em Yatung. Os Estados Unidos instavam o Dalai Lama a rejeitar o acordo, a fugir para a Índia e exilar-se algures na Ásia. Diplomatas importantes do Departamento de Estado, entre os quais Dean Rusk, pretendiam virar a opinião pública asiática contra a China, e esperavam que mesmo que os Estados Unidos não conseguissem ajudar o Tibete a manter a sua independência, a Casa Branca pudesse servir-se da tragédia tibetana na sua campanha anticomunista da Guerra Fria. O Dalai Lama e os seus conselheiros decidiram que sem um compromisso firme de apoio por parte dos Estados Unidos – que os Tibetanos sentiam que não lhes fora dado – o Dalai Lama teria de negociar com os Chineses. Talvez a China cumprisse o seu Acordo de Dezassete Pontos e o Tibete pudesse gozar de uma verdadeira autonomia dentro da China. Trocaram-se incessantes mensagens entre Washington, Pequim e o Tibete.

"Durante todas aquelas tensas negociações, o medo não tomou conta de si?", perguntei eu.

"Uma das minhas experiências", disse o Dalai Lama, "é que quando a crise está muito longe existe mais ansiedade, e quando a crise está muito perto há menos ansiedade".

"Quanto mais se aproximavam os Chineses, menos ansiedade sentia", retorqui.

O Dalai Lama riu-se. "Parece que sim", disse ele. "E talvez também me tenha habituado".

Em Julho de 1951, chegou a Yatung uma delegação chinesa liderada pelo general Chiang Chin-wu ([107]). Foram de avião da China para a Índia e depois, deslocando-se por via terrestre, atravessaram a fronteira do Tibete nos Himalaias e chegaram a Yatung. As picadas entre a China e Lhasa ainda eram tão más que se tornava mais fácil viajar da China para o Tibete fazendo um desvio pela Índia.

"Fale-me do seu primeiro encontro com um general chinês", disse eu.

O Dalai Lama sorriu ao recordar o seu vislumbre inicial. "Alguém me disse que os comunistas estavam a chegar, e eu espreitei da janela do primeiro andar do mosteiro, observando-os quando atravessavam o pátio. Fiquei surpreendido, e pensei, 'Oh, são apenas seres humanos'".

"O seu primeiro encontro com ele foi assustador?", perguntei eu. "Apesar do choque de reconhecer a vossa humanidade comum, depois de todas as histórias de terror que ouvira, ainda foi assustador?"

"Senti-me muito desconfortável", disse ele. "Estávamos muito desconfiados, mas tínhamos que sorrir e falar".

Quando o general chinês chegou a Yatung, o Dalai Lama e os seus conselheiros já tinham decidido não repudiar o Acordo em Dezassete Pontos e aceitá-lo temporariamente. Esperavam renegociar algumas das condições mais tarde, mas entretanto tentariam trabalhar com os Chineses no Tibete sob os termos do acordo. Alguns dos motivos para esta decisão foram simples e raramente são discutidos. O Dalai Lama não tinha a certeza de que Nova Deli o autorizaria a entrar na Índia, nem de poder contar com um apoio real dos Estados Unidos.

"É verdade que, em 1950, o Dalai Lama não deixou Yatung para se exilar na Índia – ainda que não tivesse a certeza de que poderia trabalhar verdadeiramente com os Chineses – simplesmente porque a Índia se negou a conceder-lhe um visto?".

"Eu nunca pedi um visto", disse cuidadosamente o Dalai Lama, "porque enquanto estive em Yatung as indicações foram muito claras. Calculámos que eles *(as autoridades indianas)* não estavam dispostos a acolher-nos".

"Então, ao pensar nas suas opções, calculou que não poderia ir para a Índia", disse eu, abanando a cabeça face aos infindáveis níveis de traição que o haviam envolvido.

"Não foi bem assim", disse o Dalai Lama. "Calculámos que o governo indiano *(não)* gostaria, e tomámos a nossa decisão. Um grupo era da opinião de que eu deveria regressar *(a Lhasa)*, e o outro que não, que eu deveria exilar-me".

"Regressou a Lhasa em função de alguma coisa que tenha sido dita pelo Oráculo Estatal?", perguntei eu.

O Dalai Lama respondeu, "Não", acrescentando que a sua decisão de regressar a Lhasa se baseara "nalgumas investigações. Ainda sinto que todas as grandes decisões tomadas em Yatung, em 1951, foram correctas. E em 1954, quando decidi visitar a China, e depois em 1956, quando me desloquei à Índia e regressei ao Tibete – considero que todas estas decisões foram correctas".

"Quando estava em Yatung, em 1951", disse eu, "antes de tomar a decisão final de tentar cooperar com os chineses no Tibete, e antes de regressar a Lhasa com o general chinês, ainda esperava auxílio da América e da Grã-Bretanha, mas nunca chegou".

O Dalai Lama confirmou, "Recebemos uma carta do cônsul americano em Calcutá".

As propostas de Washington eram demasiado vagas, e não foi fácil tomar a decisão de regressar a Lhasa e tentar trabalhar com os Chineses.

"Naquela época, em Yatung", prosseguiu o Dalai Lama, "estávamos indecisos, sem saber o que fazer. Foi um momento muito negro".

"Muito negro, muito assustador, muito doloroso", disse eu.

"Doloroso, não", disse ele, com um ligeiro sorriso.

"Nunca se sentiu deprimido?", perguntei eu.

"Senti muita ansiedade, sem dúvida, e incerteza", disse ele.

"No pior dos momentos, o que sentiu?", inquiri.

"Uma sensação de solidão. De impotência", disse ele, encolhendo os ombros. "Pelos Tibetanos". Imprevisivelmente, ao acabar de dizer isto, ficou animado. Pelos seus olhos, compreendi porquê. Ele lembrara-se de uma história engraçada que resumia todo aquele período.

"Havia um velho monge no Mosteiro de Namgyial", começou ele, e eu já sabia, por causa de todo o tempo que havíamos passado juntos, o que ia sair dali. Para mim, era a coisa mais natural do mundo que ele fosse contar uma história cómica.

"Corria o boato pelas ruas", continuou o Dalai Lama, "de que os Americanos viriam de avião para levar o Dalai Lama para a Índia. Estes rumores correram antes e depois de Yatung. Decorridos muitos meses, regressámos de Yatung a Lhasa, e ninguém apareceu. Passaram-se mais alguns meses, e o velho monge disse, 'Há que tempos que estamos a ouvir que vêm aí os Americanos. Mesmo que viessem a arrastar o rabo pelo chão, já deviam ter chegado!" Desatámos à gargalhada.

Terminada a risota, eu disse, "Agora ri-se, mas na altura não se riu. Estava muito assustado".

"Sim, tem razão, mas não estava triste 24 horas por dia. De vez em quando, dávamos umas gargalhadas, como agora. Somos Tibetanos, não somos Americanos. Quando algo não está bem, os Americanos passam demasiado tempo preocupados; nós não conseguimos ser assim".

A minha disposição animara-se com a graçola dele e, de alguma forma, tudo o que ele me dissera até então estava ali presente, à minha frente. A resiliência, o espírito de sacrifício e o humor tibetanos – coisas que o Dalai Lama tão plenamente incorpora – iluminam a visão da história tibetana que o Dalai Lama partilhara comigo durante os últimos 18 meses.

"Mas isso aconteceu várias vezes ao longo da história tibetana", disse eu, "quando houve momentos negros e as acções dos Dalai Lamas fizeram história nessas alturas".

"Sim", retorquiu o Dalai Lama. "E existe o seguinte ditado tibetano: 'O que é queimado pelo fogo deve ser sarado pelo fogo'".

"O que quer dizer com isso?", perguntei eu.

"Os problemas vêm de leste, dos Chineses. A única maneira de lidar com isso é ir lá, conversar, dialogar".

Fiquei assim a saber porque é que ele regressara a Lhasa, apesar de muitos dos seus familiares o terem instado a fugir para o exílio. Aos 16 anos de idade, a sua infância tinha chegado ao fim. Começara a sua verdadeira vida.

12

A Vida sob Ocupação Chinesa
1951-1959

O Dalai Lama sentou-se na sua cadeira estofada e sacudiu os seus chinelos vermelhos de plástico, de enfiar o dedo. Ainda tinham restos de lama, da sua caminhada, à chuva, até à sala de audiências. Lá fora, as nuvens da monção envolviam as íngremes encostas de Dharamsala, e todos os caminhos estavam lamacentos e transformados em riachos. Na sala de audiências, ouvi o barulho da chuva através das paredes brancas de cimento. Sorri para comigo enquanto preparava o gravador. Os chinelos do Dalai Lama eram idênticos aos de qualquer camponês indiano.

O Dalai Lama acomodou-se na cadeira, dobrou as pernas e os pés debaixo do corpo numa das suas posturas predilectas, ergueu o rosário na mão e inclinou-se para colocar o microfone. Ao inclinar-me para lhe prender o microfone ao hábito, reparei que a *t-shirt* sem mangas que ele tinha por baixo fora tingida de amarelo. O hábito era vermelho, tal como os chinelos, mas a *t-shirt* era de um amarelo desbotado, puída nas extremidades de tantas lavagens. Apesar dos sinais de poder que o rodeiam e protegem, ele leva uma vida muito frugal.

Depois de quase 50 horas de entrevistas, tínhamos chegado ao período mais crítico da sua participação na história do Tibete. Em 1951, quando regressou a Lhasa, pouco depois de os dignitários chineses terem começado a chegar à cidade, ele viu-se confrontado com desafios políticos impossíveis. Mas tal como ele próprio me recordou, a sua vida não girava unicamente em torno dos sérios assuntos de Estado.

No Verão de 1951, ele tinha apenas 16 anos de idade e ainda adorava carros, tendo inclusivamente experimentado fazer algumas reparações no motor de um velho automóvel deixado pelo XIII Dalai Lama. O seu fascínio de infância por relógios, telescópios, projectores cinematográficos e todas as coisas mecânicas continuava a aumentar.

"No princípio, quando eu era novo, havia três automóveis", começou o Dalai Lama. "Julgo que quando Shakabpa regressou *(um diplomata que regressara de uma missão ao estrangeiro)*, em 1948, trouxe um jipe. Os três carros tinham pertencido ao XIII Dalai Lama, mas durante 15 anos ninguém tinha cuidado deles. Por volta de 1951 ou 1952, pouco depois de eu regressar de Yatung, pedi a alguém para reparar os carros. Depois, utilizei-os, e também conduzi um, sem autorização do motorista. Dado que o jipe necessitava de uma chave de ignição, eu não o podia conduzir. Era o motorista quem tinha a chave. Mas os outros carros não necessitavam de chave, e eu podia conduzi-los. Conduzia-os às escondidas. Mas depois, bati com um dos carros velhos no jardim e parti um farolim. Obviamente, no dia seguinte, iria ter de mostrar os estragos ao motorista, mas não sabia como fazê-lo".

"Está a dizer que teve de encontrar maneira de esconder os estragos?", perguntei eu.

"Pus-me a pensar durante algum tempo", disse ele, rindo-se. "Depois, cortei um vidro redondo com o cortador de diamantes que pertencera ao XIII Dalai Lama. Era uma das coisas que eu tinha encontrado naqueles tesouros dos quais já lhe falei – parecia quase um mercado. Cortei um bocado de vidro redondo. Depois, achei que deveria ser fosco para ficar parecido com o outro farolim. Fervi açúcar até ficar espesso, e pu-lo sobre o vidro. Utilizei uma pequena bola de algodão para espalhar o açúcar e o vidro ficou parecido *(com o que estava intacto)*. Depois, coloquei-o no lugar. Não sei se o motorista alguma vez descobriu". O Dalai Lama riu-se novamente.

"Passou mais tempo a conduzir ou a reparar o farolim?", perguntei eu.

"Reparei o farolim num dia, mas conduzi o carro durante mais de um mês", respondeu ele. "Saía frequentemente com ele. Conduzia-o no interior do Muro Amarelo *(do Norbulingka)*, e às vezes ia até ao Chensalingka *(a cerca de 750 metros de distância mas ainda no interior do perímetro do Muro Branco)*. Mas quando saía do *(complexo residencial no interior do)* Muro Branco, não era conveniente ser eu a guiar, pois havia muitos funcionários e outras pessoas. Assim, pedia a um dos meus servidores, um velho monge, que era muito inteligente. Ensinei-o a conduzir. Um dia, íamos a sair do Muro Amarelo, fomos contra uma porta. E ele ficou cheio de medo. Eu gritei-lhe, 'Trava!', mas ele acelerou!".

A vida do jovem Dalai Lama no interior de um recinto murado, que ele recorda com tanto prazer, era constantemente interrompida pelas exigências oficiais. As primeiras tropas chinesas chegaram a Lhasa em Outubro de 1951 ([1]), um ano depois de terem invadido o Tibete Oriental.

Desfilaram em frente do Potala, acompanhadas por cornetins estridentes, ondulantes bandeiras vermelhas e cartazes gigantes do Presidente Mao. Os militares impuseram imediatamente várias exigências ao governo tibetano, apesar do Acordo em Dezassete Pontos estipular que a China não interferiria nos assuntos internos do seu vizinho. A primeira obrigação de Lhasa foi providenciar cereais para alimentar os soldados. Inicialmente, o Exército Popular de Libertação pagou os cereais que o governo tibetano disponibilizava dos seus armazéns, mas decorrido um ano, com a chegada de mais tropas, o preço duplicou e os armazéns governamentais esvaziaram-se ([2]). A economia agrária do Tibete não conseguia suportar tamanho desgaste nos seus recursos. O EPL deixou de pagar as entregas de cereais e começou a requisitar, sem compensação, alojamentos e terras para sustentar o exército.

A situação transformou-se numa crise nacional. Havia relatos de fome entre as tropas e os civis. Dado que o EPL não completara a primeira estrada da China para Lhasa, iniciada em 1950, ainda não se podia importar comida da China. "O exército chinês instalou-se em Lhasa e esvaziou totalmente os armazéns governamentais", disse o Dalai Lama. A crise ter-se-ia provavelmente descontrolado se o governo indiano não tivesse acedido ao pedido chinês para autorizar a importação de arroz da Índia.

A escassez de cereais foi indicativa dos inúmeros problemas – grandes e pequenos – que surgiram quando o antigo Tibete, que defendera tão resolutamente o seu isolamento, foi obrigado a entrar no mundo moderno. Apesar dos apelos do Dalai Lama, eclodiam insurreições esporádicas contra os Chineses. Em Lhasa, no meio de acérrimas querelas diárias, era necessário um enorme esforço para manter o simulacro de relações amigáveis entre os sucessivos primeiros-ministros nomeados pelo Dalai Lama e o exército de ocupação. Embora a China tivesse prometido, no Acordo em Dezassete Pontos, não interferir na administração tibetana, os radicais no seio do EPL e do Partido Comunista Chinês ansiavam reformar – ou liquidar – aquilo que consideravam "a camarilha feudal governante" do Tibete. Os membros do governo do Tibete, embora coagidos a cooperar com os Chineses, estavam prontos a rebelar-se [3]. As relações entre os funcionários do Dalai Lama e os do EPL e do PCC deterioraram-se [4].

O jovem Dalai Lama encontrava-se na posição impossível de procurar encorajar o seu governo a cooperar com os invasores, tentando simultaneamente defender a autonomia que fora prometida ao Tibete. Segundo o Dalai Lama, os funcionários chineses impediam-no de promover mudanças sociais, algo que ele ansiara tentar desde que os varredores do Potala e do Norbulingka lhe tinham dado a conhecer as injustiças do país.

"E ao tomar conhecimento de que havia muita gente a sofrer e do sistema de servidão existente no Tibete", perguntei, "começou a sentir que talvez desejasse libertar os servos?"

"Eu não tinha consciência de termos como *servos*", disse o Dalai Lama. Mas a verdade é que havia desigualdades e eu sentia que devia fazer algo pelos pobres. Em 1952, implementámos um comité para a reforma".

"Depois da chegada do EPL", observei eu.

"A ideia já existia antes da chegada dos comunistas, mas nessa altura eu não tinha poder", disse o Dalai Lama, algo na defensiva. "Só obtive o poder depois de o comunismo ter chegado ao Tibete Oriental, e depois fui para Dromo *(Yatung)* e fiquei lá, no início de 1951. *(Só depois)* de eu regressar é que começámos com aquilo. Mas a ideia já existia".

"Já tinha pensado antes em reformar o governo e libertar os servos?", perguntei eu.

"Sim, *(mas)* quanto a servos, não sei. É uma palavra demasiado forte", disse abruptamente o Dalai Lama.

"O Dalai Lama já usou a palavra *servo*", observei eu, evocando a altura em que ele observara às escondidas um servo da família Pala que fora queixar-se do seu tratamento aos funcionários do regente.

"Sim, hoje uso essas palavras", continuou o Dalai Lama, "mas na época não tínhamos palavras específicas. Essas palavras só se tornaram correntes mais tarde" [5].

"Que palavras usavam então?", inquiri.

"*Nyamthag*, os fracos e os pobres; *Chabang*, súbditos pobres", disse ele.

"Quando era rapaz, não pensava neles como servos?", perguntei.

"Não conhecia esses termos", retorquiu o Dalai Lama. "Mas quando iniciámos o comité para a reforma, o nosso primeiro acto foi mitigar os impostos sobre os cavalos. E depois, as dívidas *(hereditárias)*. E haviam mais planos para reformas. Por exemplo, pretendíamos que as propriedades das famílias ricas fossem devolvidas ao governo. Existia um plano gradual. Mas os Chineses mostraram-se relutantes em permitir a implementação destas reformas. Queriam tudo à sua maneira. Esta é a verdade".

Os camponeses e servos do Tibete Central que habitavam perto de uma estrada eram obrigados, por ordem do governo, a fornecer gratuitamente cavalos aos aristocratas e funcionários de passagem. Este imposto era extremamente oneroso, assim como as dívidas hereditárias, outra prática que o Dalai Lama pretendia eliminar. Muitas pessoas haviam-se convertido em servos sem terra ao herdarem uma dívida a um proprietário de terras. Algumas dívidas hereditárias mantinham os camponeses na servidão a uma família aristocrática durante gerações. O objectivo do Dalai Lama era a devolução das terras dos ricos proprietários ao governo, o que, na essência, libertaria os servos que lhes estavam agregados.

A utilização de termos como *servo* e *sociedade feudal* para descrever as relações socioeconómicas no Tibete pré-invasão é uma questão polémica. Uma fonte contemporânea do governo chinês afirma que no Tibete, antes da invasão de 1950, "Os servos e escravos constituíam mais de noventa e cinco por cento da população, e não eram detentores de terra nem de outros meios de produção" ([6]). Outra fonte chinesa diz que sessenta por cento dos Tibetanos eram camponeses que possuíam terras e pagavam impostos ([7]). O argumento da China de que libertou os Tibetanos da escravidão como principal justificação para a sua invasão deu origem a estatísticas grosseiramente distorcidas e com motivações políticas. Os apoiantes estrangeiros do Tibete, desejosos de contrariarem qualquer justificação da invasão, defendem que antes do ataque de Pequim não existia nenhuma exploração no Tibete. O Dalai Lama tem repetidamente condenado a corrupção e exploração que existiam no Tibete, mas as injustiças e desigualdades não podem logicamente ser utilizadas para justificar uma ocupação estrangeira.

Os especialistas debatem intensamente se é correcto utilizar palavras como *feudal* e *servo* no contexto tibetano. Os camponeses pagavam vários impostos, em espécie e através de corveias de trabalho, ao governo, aos mosteiros e aos nobres locais, mas este facto tornava todos os camponeses servos? E caso assim seja, quantos servos existiam?

Na opinião do especialista Tom Grunfeld, autor de *The Making of Modern Tibet*, não existe documentação fiável quanto ao número de servos tibetanos[8] antes de 1950. O governo não manteve registos precisos durante os últimos séculos, e muito material eventualmente existente poderá ter sido destruído. Além do mais, a documentação que resta, grande parte da qual foi criada após 1959, encontra-se na posse dos Chineses e pode reflectir mais a necessidade de Pequim justificar a sua invasão do que a história do Tibete[9].

Quando obrigado a fazer uma estimativa, Grunfeld atribui alguma credibilidade às afirmações chinesas, feitas em 1959, de que os servos eram sessenta por cento população, e não os noventa e cinco por cento actualmente avançados pela China. Mas quando olhamos para este número, descobrimos que metade dos sessenta por cento eram camponeses que possuíam terras e que pagavam impostos em mão-de-obra e géneros ao governo, a um mosteiro ou aos nobres. Isto deixa-nos apenas trinta por cento que poderiam ser classificados servos sem terra, contratualmente ligados às famílias aristocráticas, aos mosteiros ou ao governo. Mas os trinta por cento de monges não estavam sujeitos a ninguém. Os nómadas, que constituíam vinte por cento da população, estavam frequentemente fora do controlo do governo. Infelizmente, a discussão deste tema é prejudicada pela ausência de dados fiáveis. Além do mais, nalgumas províncias, entre as quais Kham e Amdo, muitos camponeses não tinham qualquer senhor. Estes orientais resistiram a qualquer tentativa dos aristocratas do Tibete Central de imporem o seu domínio no Leste. A complexa realidade da estrutura socioeconómica anterior à invasão – que diferia consoante as regiões do Tibete – não é uma matéria sobre a qual se possa fazer grandes generalizações[10].

Curiosamente, a China disse a Lhasa que o objectivo da sua invasão era "libertar" os Tibetanos das forças imperialistas. Ninguém falou em libertar os servos. Pelo contrário, a China prometeu que *preservaria* a ordem social existente: o Acordo em Dezassete Pontos é bem claro a este respeito. Somente depois de o Dalai Lama ter fugido do país, em 1959, é que a China começou a colectivizar a terra e a executar os proprietários, ao "libertar" os servos do Tibete Central. Durante os primeiros nove anos após a conquista, Pequim cooperou com os nobres tibetanos para preservar os direitos aristocráticos([11]) sobre os servos, e a China impediu o Dalai Lama de iniciar quaisquer reformas: são factos históricos incómodos. A motivação primordial da China foi a ocupação do Tibete, não a sua transformação.

Durante a década de 40, viajantes que passaram pela China e pelo Tibete ([12]) relataram que os camponeses tibetanos eram muito mais abastados do que os seus homólogos chineses. Os Tibetanos estavam relativamente imunes à fome, que era comum na China.

"Toda a gente tinha que comer e que vestir, havia o essencial", disse o Dalai Lama. Sim, havia exploração, mas ele condenou esta prática como moralmente inaceitável. Contudo, acrescentou ele, "Penso que, comparando os servos ou a sociedade feudal *(do Tibete)* com os exemplos chinês, indiano e russo, talvez a situação tibetana fosse melhor. Julgo que, no seu conjunto, *(o Tibete)* era uma sociedade mais compassiva".

O Dalai Lama fez uma pausa e prosseguiu, "Havia diferentes categorias *(de camponeses)*. Nalgumas áreas, viviam mais felizes devido a *(existirem)* menos impostos. Mas noutras áreas, tinham uma vida mais difícil. Dependia da sua localização. Se vivessem perto da estrada, havia mais impostos, particularmente os *(pedidos)* de cavalos e carregadores. E estava também subentendido que eles tinham de prover às necessidades dos monges dos mosteiros. Nuns casos era melhor, noutros pior".

"E relativamente às relações entre aqueles a que poderíamos chamar servos e os seus senhores, de que forma podemos comparar o Tibete com a China?", inquiri.

"Penso que na China era muito pior", disse ele, "e a minha justificação é bastante simples. Após a revolução, a luta de classes foi muito intensa por causa da opressão *(que as classes inferiores haviam sofrido)*. Na China, os servos demonstraram um grande ódio pelos proprietários das terras. *(Em 1953, foram executados três milhões de proprietários)*. No Tibete também se registaram alguns casos assim, mas a maioria dos servos tentou proteger os proprietários".

❀ ❀ ❀

Para o tibetano comum, 1951 foi um ano de tremenda confusão. O mundo isolado que tinha conhecido desapareceu. Seis meses após a invasão chinesa, Lhasa emitiu, em nome do Dalai Lama, o seguinte documento:

> O governo local tibetano, os monges e o povo deram o seu consentimento unânime. Sob a orientação do Presidente Mao Tsé-tung e do governo central, auxiliam activamente as unidades do EPL a entrarem no Tibete e a reforçarem a defesa nacional, a expulsarem as forças imperialistas e a salvaguardarem a unificação do território soberano da pátria. (13)

Inquiri o Dalai Lama sobre o belo conjunto de murais do Norbulingka, pintados depois da chegada das tropas chinesas. Ele disse, de passagem, que sim, que a história inscrita sob os murais era credível, ainda que as inscrições pudessem ter uma palavra "como 'pátria', porque os Chineses já lá estavam quando os murais foram pintados". Alguns documentos escritos entre 1951 e 1959, quando o jovem Dalai Lama procurou, sob coacção, colaborar com a República Popular da China, são perturbadores para ele. Ao falar das inscrições, ele acrescentou, "Os Chineses já lá estavam. Não sei. Talvez devido às circunstâncias alteradas, é possível que existam algumas palavras diferentes *(tais como 'pátria')*. Não sei". Mas não são apenas as inscrições e os documentos oficiais que o incomodam. Muitos acontecimentos daqueles anos difíceis ainda provocam angústia ao Dalai Lama.

Na esperança de impedir o derramamento de sangue, o jovem Dalai Lama foi obrigado a participar na resignação forçada ou demissão dos seus dois primeiros-ministros, algo que reconhece como "muito doloroso". O jovem Dalai Lama sofreu por eles, mas não via outro caminho que não fosse trabalhar com os Chineses. Os patriotas que não queriam ou não conseguiam cooperar com os Chineses eram demitidos.

Entre 1951 e 1954, enquanto o adolescente Dalai Lama procurava cooperar, outros tibetanos mantiveram uma esporádica resistência armada. Os relatos noticiosos chineses falavam de ataques de "bandidos". Grupos de resistentes, muito dispersos, mal equipados e necessitando desesperadamente de instrução e armas, continuaram os seus ataques contra os Chineses bem armados. Depois de 1950, os dois irmãos mais velhos do Dalai Lama – Gyalo Thondup e Takster Rinpoche – exilaram-se na Índia e nos Estados Unidos, onde desenvolveram secretamente relações com a CIA. Enquanto aumentava progressivamente a fúria popular tibetana contra a invasão, a CIA formulou planos para retirar resistentes tibetanos da Ásia([14]) (iam a pé do Tibete até à Índia e de lá para o Bangladesh, sendo então transportados de avião) para os Estados Unidos, onde recebiam instrução; depois, eram largados de avião no Tibete, com um rádio, dinheiro e algumas armas.

Washington esperava principalmente utilizar os Tibetanos para obter informações, mas os resistentes julgavam que os Estados Unidos estavam a apoiar a sua campanha de libertação do Tibete. O Dalai Lama só soube destes contactos com a CIA alguns anos mais tarde. O conhecimento de informações secretas desta natureza tê-lo-ia posto em perigo – e ele ter-se-ia oposto aos planos se soubesse da sua existência([15]).

O Dalai Lama estava convencido de que somente dialogando com os Chineses poderia proteger o seu povo([16]). Qualquer tentativa de resistir à China pelas armas teria provocado derramamento de sangue sem esperança de vitória, em virtude da esmagadora superioridade militar de Pequim. Todas as suas decisões na década de 50 foram tomadas à luz deste facto. Ele estava sob coacção. Normalmente, o Dalai Lama mantém escondidos os seus sentimentos relativos à invasão e ocupação do Tibete, mas durante uma das nossas conversas vieram ao de cima.

No início de 1954, Mao Tsé-tung convidou o Dalai Lama, então com 19 anos de idade, a visitar a China. Mao estava desejoso de mostrar ao mundo que as coisas estavam a correr bem no Tibete.

"Se se tivesse negado a ir à China...", comecei eu.

"Penso que isso é um disparate!" Estava zangado, de face corada. Compreendi imediatamente o meu erro: seria eu tão idiota que pensasse que o "convite" de Mao poderia ser recusado? "O Acordo em Dezassete Pontos já está assinado", disse ele. "Estamos no Tibete (...) não há resposta das Nações Unidas! Não há resposta do governo indiano! Do governo britânico! Do governo americano!" A voz tremia-lhe. "O que fazer?", perguntou ele suavemente. Olhou-me directamente nos olhos. "Não tive escolha", disse finalmente o Dalai Lama. "Sim, tive que tratar com os invasores".

O Dalai Lama sabia que se os Tibetanos resistissem, com as suas armas obsoletas, os Chineses exterminá-los-iam, mas não fazia a mínima ideia das dificuldades que os Chineses estavam a pagar pela vitória de Mao. Em 1950, Mao iniciou uma convulsão na China e no Tibete que viria a resultar na morte de entre vinte a quarenta milhões de pessoas([17]). A China foi varrida por sucessivas campanhas políticas, cada qual colhendo os mortíferos frutos da anterior.

Os mestres do Dalai Lama não lhe tinham ensinado história nem política. Haviam-se concentrado inteiramente, desde muito cedo, nos estudos budistas. Como disse uma vez o Dalai Lama, os seus mestres plantaram sementes de compaixão no seu coração. Em que medida é que esta singular formação afectou a sua resposta à invasão e a sua forçada deslocação à China, em 1954?

"Nessa altura, já tinha desenvolvido algum distanciamento emocional através de práticas espirituais, como a *sunyata* [vacuidade]?" perguntei eu. "Hoje, o Dalai Lama tem um grande desenvolvimento da *sunyata* e consegue tornar-se muito desapegado. Recorda-se do Potala e vê apenas um edifício. Se calhar, via o sofrimento da sua nação e não sofria tanto como sofreria sem esse desapego. Existe o não-apego".

"Estar distanciado não significa que seja como uma rocha", disse o Dalai Lama com alguma irritação.

"Mas naquela altura o Dalai Lama não era como uma rocha", retorqui eu. "Era jovem. Não tinha os anos de treino mental que hoje tem. Às vezes, sentia muito receio".

"Ainda hoje sinto", disse ele gravemente, olhando-me por cima dos óculos.

"Mas naquela época, o Dalai Lama era tão novo e estava sob tanta pressão... por vezes, deve ter sentido muito medo. Se calhar, chorava", disse eu.

"Nunca chorei por causa dos interesses nacionais", disse firmemente o Dalai Lama. "Às vezes, quando se tratava de algo relativo a uma prática do Dharma, ou quando eu ouvia histórias sobre pessoas doentes ou animais que eram comidos pelos abutres, nessas alturas, eu chorava. Mas nunca chorei por causa dos interesses nacionais".

Perguntei-lhe: "Se somos capazes de chorar de simpatia por animais em sofrimento, porque é que não choramos pela nossa nação em sofrimento?"

"Não sei", disse ele, abanando a cabeça. "Mas é assim. Penso que essas coisas são diferentes de uma crise nacional. Mais tarde, depois de eu ter ido para a Índia, em 1959, quando os Tibetanos que chegavam me contavam que tinham sido torturados ou que os seus filhos tinham sido mortos, particularmente na década de 80, quando chegavam pessoas do Tibete com relatos de tortura, choravam, e eu chorava e ficava muito triste. Chorava frequentemente. Hoje em dia," concluiu ele, lamentando-se, "há outra vez tantos relatos, que tenho a mente algo calejada".

Mas em 1954, quando o Dalai Lama, então com 19 anos de idade, partiu para a China, a sua personalidade tinha ainda outra faceta.

"Uma vez, um alto funcionário enviou-me uma mensagem solicitando um encontro comigo", explicou o Dalai Lama. "Eu disse-lhe que sim. Ele expressou a sua preocupação acerca das motivações e actividades chinesas. Chorou ao expressar a sua preocupação. Disse, 'Sua Santidade é muito humilde, e tem uma natureza algo infantil'. E disse, 'Os Chineses são impudentes e não hesitarão em explorá-lo'. E chorou como uma criança. Eu fiquei muito comovido. Ele disse, 'Sois fraco e os Chineses poderão servir-se de vós'; era esta a preocupação dele".

"E tinha motivos para esse receio?"

"Penso que tinha alguns. Quando alguém me pede algo energicamente, tenho muito dificuldade em dizer que não. Seja como for", concluiu o Dalai Lama com um suspiro, "é assim. O meu génio não está desenvolvido, e neste aspecto sou bastante débil".

☸ ☸ ☸

Os historiadores discutem o número exacto de pessoas que Mao matou durante o seu reinado sobre a China; alguns dizem que foram vinte e cinco milhões, outros afirmam que excedeu os quarenta milhões. Philip Short, em *Mao: A Life*, sublinha o facto essencial subjacente ao debate. "O seu domínio provocou mais mortes entre o seu povo do que qualquer outro líder da história" ([18]).

Em 1954, quando se encontrou com o jovem Dalai Lama, Mao tinha 64 anos de idade ([19]) e era o senhor absoluto da China. Os quadros maoístas implementavam inquestionavelmente todas as suas ordens, como se ele conhecesse a vontade do céu. Durante a campanha dos Quatro Nãos, Mao disse a milhões de pessoas para erradicarem os ratos, os pardais, as moscas e os mosquitos, e prometeu as mais abundantes colheitas do mundo. Em vez disso, as lagartas – livres das aves predadoras, entretanto mortas – infestaram as sementeiras. A fome que daí resultou matou inúmeros milhões de pessoas. A fome foi exacerbada por outra loucura, o Grande Salto em Frente. Mao afirmou que conduziria a China a uma qualidade de vida ocidental através de um grande salto, através da construção de um forno nas traseiras de cada casa. O número de árvores cortadas para alimentar os fornos provocou uma gigantesca desflorestação, e o aço produzido não serviu para nada [20].

O Dalai Lama teve o seu primeiro encontro com Mao em 12 de Setembro de 1954, em Pequim.

"Quais foram as suas primeiras impressões acerca de Mao?", perguntei.

"Achei-o grande, poderoso, revolucionário", respondeu o Dalai Lama. "E ainda sou da opinião de que a primeira parte da sua vida foi realmente dedicada ao povo. O Presidente Mao merecia algum respeito, até se transformar noutro imperador *(mais tarde na sua vida)*. Era naturalmente um grande líder, porque trabalhava muito e era muito determinado. Uma coisa que me impressionou foi a conversa de Mao. Eu não falava chinês, mas havia um intérprete que era perfeito. Mao falava muito devagar e cada palavra tinha peso. Todas as suas palavras eram muito bem escolhidas e económicas e não havia nenhuma sem significado ou valor. Era verdadeiramente impressionante. E ele também não era demasiado cerimonioso e parecia muito directo, ao contrário de Chu En-Lai, que era muito astuto. Com Chu, víamos imediatamente, "Oh, esta pessoa é muito esperta, demasiado esperta".

"E falaram muito acerca do Tibete?", inquiri.

"Ele mencionou", disse o Dalai Lama, "que o Tibete fora uma grande nação no passado... não me recordo exactamente da tradução, mas o significado foi que o Tibete tinha sido uma grande nação. Ele disse que até tínhamos expulso o imperador chinês *(tang)*. Mas agora o Tibete é uma nação muito débil e atrasada e fomos em vossa ajuda. Talvez daqui a vinte anos possam ter atingido um estádio em que seja da vossa responsabilidade ajudarem-nos a nós. O Presidente Mao disse isto. Como se fôssemos duas nações... diferentes. E também me inquiriu sobre a bandeira nacional tibetana. Fiquei um pouco hesitante, não sabia bem o que dizer... o Presidente Mao perguntou-me se existia ou não uma bandeira nacional tibetana. Com alguma hesitação, respondi-lhe que sim. Ele disse que era muito importante mantê-la, para mostrarmos a nossa identidade".

Fiquei surpreso. "Mao disse isso, quando hoje é ilegal exibir a bandeira tibetana no Tibete?".

"Sim", retorquiu o Dalai Lama. "O Presidente Mao era da opinião de que no movimento internacional do proletariado não existiam fronteiras nacionais. Além disso, se nós, Tibetanos, nos uníssemos voluntariamente à China, poderia ser extremamente vantajoso. Os Tibetanos poderiam ir para Xangai e Pequim sem quaisquer problemas".

"O problema é que os Chineses também podem ir para o Tibete sem problemas!", disse eu, fazendo uma graça.

"Pois é!", disse o Dalai Lama, rindo. "Assim, na minha óptica, numa perspectiva global, as palavras do Presidente Mao tiveram muito significado. Mas infelizmente, com os governos comunistas, tudo é hipocrisia, tudo é artificial".

"Não são Estados de direito", observei eu.

"É verdade", aquiesceu ele prontamente.

"Assim, no momento mais perigoso da história moderna tibetana", disse eu, depois de os regentes anteriores não terem conseguido resolver a situação com a China, depois da invasão chinesa, pedem ao Dalai Lama, um rapaz de 16 anos de idade, que assuma as suas responsabilidades. Irá ser o herói nacional – toda a nação tem os olhos postos em si. Não há alternativa, o Dalai Lama tem que assumir o poder. Mas não podemos evidentemente comparar as suas capacidades políticas com as de Mao. Correcto?".

"Sim. Ele era experiente", reconheceu o Dalai Lama, "em idade, em tudo".

"Nesse caso, não restam dúvidas de que ele poderia tê-lo manipulado politicamente", prossegui eu.

"Sim, poderia", disse o Dalai Lama.

"E acha que o fez?", perguntei.

"A minha impressão", disse o Dalai Lama, "é que, no princípio da década de 50, todos os líderes revolucionários chineses eram sinceros quanto aos seus objectivos e ideologia. Quando íamos a caminho da China, em Chamdo, um comissário político chinês veio ao nosso encontro. Ele chorou, e disse, 'Por causa da manipulação imperialista dos ocidentais, por causa das suas actividades, nós, irmãos, tivemos de lutar uns contra os outros'. E chorou. Não julgo que fosse teatro. Não acredito".

"É claro que acreditavam nisso", disse eu, "e o senhor ficou muito comovido com a sua sinceridade ideológica".

"Eu estava muito desconfiado *(quando me desloquei à China)*", disse o Dalai Lama. "Mas quando regressei, sentia-me mais confiante. É que durante a minha estada na China, tive a oportunidade de conhecer muitos líderes e membros do partido a nível de província e do governo central, incluindo o Presidente Mao *(e outros)*. Essas pessoas interessaram-me muito".

Mao e o Dalai Lama avistaram-se talvez 15 vezes durante o Inverno e na Primavera seguinte, tendo o Dalai Lama regressado a Lhasa em Junho de 1955 ([21]). Quando não estava com Mao, funcionários do partido levavam-no a visitar aldeias e fábricas Potemkin ([22]), concebidas para impressionarem o jovem tibetano com os passos gigantescos que estavam a ser dados sob a gloriosa liderança do Presidente Mao. Deslocava-se encasulado no mesmo mundo privilegiado que o Partido Comunista preparava para ser visto pelo próprio Mao. Mesmo sem esta preparação especial, a crescente base industrial e as conquistas da China teriam espantado o jovem Dalai Lama: comparada com o Tibete, a China era um país das maravilhas moderno e científico. O Dalai Lama, que crescera numa terra onde a ciência era quase proibida por lei, idealizara a ciência. E viajava pela China em comboios especiais, com funcionários do Partido Comunista integrados na sua comitiva, um dos quais fora incumbido da missão de lhe ensinar a história da revolução chinesa.

"Acabou por desenvolver uma admiração pelo comunismo", observei eu.

"Sabe", explicou o Dalai Lama, "no seu último encontro *(comigo)*, o Presidente Mao disse-me que a religião era um veneno, o que me fez sentir que ele confiava realmente em mim, caso contrário não haveria nenhuma razão para dizer aquilo. Depois, quando eu estava de regresso ao Tibete, parei duas ou três semanas em Chengdu *(e Chu En-Lai veio visitar-me)*. Chu En-Lai disse-me que eu era dotado para a política. Elogiou-me, dizendo-me que eu me tornaria muito versado politicamente. Depois, durante a conversa, também elogiou muito a religião. Veio-me à memória o que o Presidente Mao me dissera acerca da religião, e eu pensei que Chu En-Lai estava a tentar remediar a situação. O motivo do comentário do Presidente Mao sobre a religião era simples. É claro que tenho um espírito mais científico, e adoro a ciência e a tecnologia ([23]). Acredito na explicação científica. O meu espírito era científico e aberto. Na verdade, Mao disse-me o seguinte: 'Durante todos estes meses, observei a sua maneira de pensar e as suas actividades. O seu espírito é um espírito muito revolucionário'. Depois, disse-me que a religião era um veneno. Penso que mo disse com sinceridade".

"Não estaria ele, como um mestre na política, a manipulá-lo?", perguntei eu.

"Não sei", disse o Dalai Lama.

"Não estaria ele a manipular um jovem que nada sabia do mundo? Em função dos oito anos que esteve no Tibete a cooperar com eles, poderiam dizer, 'Ouçam, o Dalai Lama diz que o Tibete faz parte da China!'"

"Não foi isso que eu disse!", insistiu o Dalai Lama. "O Acordo em Dezassete Pontos foi assinado sob coacção e eu tive que o aceitar!"

"E a partir dessa base, Mao tentou gradualmente conquistá-lo a si e aos Tibetanos", observei eu. "Quis conquistá-lo a si primeiro. Daí todas as visitas. Toda a educação sobre o comunismo. O Dalai Lama era o grande prémio".

"É difícil afirmar", retorquiu o Dalai Lama. "Podemos dizer que talvez seja verdade, a setenta por cento ou oitenta por cento. Mas a cem por cento, ninguém pode afirmar. Nem eu posso afirmar".

"Mas eles estavam a tentar conquistá-lo", insisti eu, espantado por ele se negar a reconhecer o que me parecia evidente.

"Hmmmm", fez ele, enquanto coçava o rosto e pensava numa resposta. Ele fazia claramente uma interpretação mais subtil daqueles acontecimentos do que eu. "Penso que nos entendemos bastante bem. Sim, eles viam naturalmente um rapaz, de mente mais aberta, que poderia vir a ser um bom comunista. Pela minha parte, eu estava muito impressionado pela ideologia marxista. A ideia de cuidar dos menos privilegiados, dos trabalhadores, é algo de maravilhoso. Eles não queriam saber de fronteiras nacionais nem de nacionalismos. Era maravilhoso, mas acabou por ser exactamente o oposto".

"O budismo é um ideal com uma via que conduz à realização", disse eu. "O marxismo é um ideal sem via para a realização".

"Não, nessa época, sim, existia *(uma via para a realização)*", insistiu o Dalai Lama. "O comunismo acreditava na implementação de uma sociedade sem classes através do socialismo, passo a passo. Cooperativas, comunas, sociedade sem classes. Nessa altura, existiam uma visão e um caminho bem nítidos. Alguma ideologia marxista é extraordinária. A oposição, pela força, a toda a exploração, e depois a distribuição da riqueza em vez do lucro. O que falta no marxismo é a compaixão. Falta-lhe uma perspectiva holística, e esse é o seu erro. Mas o capitalismo também não tem um fim. Só pensa no lucro. Lucro! Lucro! Lucro! Nenhum lucro quer saber das consequências!"

"Nenhum lucro quer saber do conhecimento!"

"Em relação ao marxismo", prosseguiu ele, "penso que o maior pecado deste sistema ou ideologia é eles negligenciarem totalmente os valores humanos básicos, a compaixão, o carinho pelos outros. E promovem deliberadamente o ódio. Este é o seu maior erro".

Aproveitando a palavra *ódio*, regressei onde tínhamos começado – os encontros do Dalai Lama com Mao.

"Mao promoveu o ódio de uma forma muito brutal", disse eu. "No ano anterior à sua chegada, ele promoveu na China uma campanha de luta de classes, encorajando os camponeses a massacrarem os proprietários das terras. Foram executadas mais de um milhão de pessoas. Esse homem com quem o Dalai Lama se sentou à conversa foi um dos maiores assassinos da história. Mas quando o viu, ele pareceu-lhe um bom homem".

"Sim", reconheceu o Dalai Lama, e depois fez uma pausa. É uma das suas características mais impressionantes. Ele pensa no que os outros dizem. Começou a mexer as contas de oração mais depressa. Os segundos passaram em silêncio.

"É estranho, não é?", perguntei eu. As minhas palavras pareceram acordá-lo de um devaneio.

"Sim, é estranho", disse o Dalai Lama, olhando para mim. "Mas o que acho ainda mais estranho é que, na época, era difícil dizer que era estranho. Foi uma altura na qual, sim, existiu a possibilidade de mudar a China. De mudar o mundo. De *(proporcionar)* alguma igualdade e prosperidade sem exploração. *(Com um objectivo assim),* talvez se possam justificar algumas destas actividades negativas".

"Quantas pessoas podemos matar para as justificarmos?", inquiri. "Este é o problema".

"É verdade. Os métodos são demasiado extremos", disse o Dalai Lama.

"Ainda hoje", continuei eu, "os governantes chineses, embora critiquem Mao, mantêm a sua cara no dinheiro chinês, e não admitem que ele assassinou pelo menos vinte e cinco milhões de pessoas. Mais do que Hitler".

"É verdade", concordou o Dalai Lama. "Hitler foi explícito acerca da sua maléfica intenção de exterminar um grupo de pessoas específico, enquanto que os comunistas foram hipócritas em relação aos seus objectivos *(Disseram),* 'Nós libertamo-vos. Nós estamos a ajudar-vos'. Mas na realidade, eram apenas palavras". Ele parecia pesaroso pelo desaparecimento dos ideais comunistas.

"Imagine o seguinte", disse eu brutalmente. "Imagine vinte e cinco milhões de mortos, e depois lembre-se de que se sentou à conversa com aquele homem, e que o achou uma boa pessoa…".

"Se naquela altura eu soubesse quantas pessoas tinham sido mortas", disse o Dalai Lama, "a minha impressão teria sido obviamente diferente".

"Sim", retorqui eu. "Não sabia o que estava a acontecer no mundo, nem na China".

"Sim", disse ele, "em relação ao Presidente Mao, o problema foi a minha ignorância. Eu não sabia o que tinha acontecido. Os meus mestres não me ensinaram história. Do meu currículo apenas constava a filosofia budista".

"E já referiu várias vezes que não o lamenta", disse eu.

"Não, não, não há nada a lamentar", disse ele, rindo-se novamente.

"Mas quando se avistou com Mao, em 1954, carecia de educação histórica e Mao era um mestre em história. Não foi fácil para ele manipulá-lo?"

"Mas nós nunca falámos de história. Ele nunca abordou o tema. Não era essa a questão", disse o Dalai Lama com uma alegre risada, e eu ri-me de novo com ele. Mao não necessitava de desculpas históricas para os seus actos.

"Na verdade", disse o Dalai Lama, "durante a minha visita à China, tive uma espécie de lições *(de história)*. Sempre que eu tinha algum tempo livre, um dos meus acompanhantes, um chinês que fazia de oficial de ligação *(Lu Ke Ping)* explicava-me a história da revolução chinesa. Penso que foram as únicas lições de história que alguma vez tive!"

"A sua primeira lição de história foi-lhe dada por um comunista!", disse eu.

"E não foi sobre história chinesa", disse ele, "nem sobre história tibetana, foi apenas sobre a revolução!"

"Sim. Tenho a certeza de que, para eles, era a única história que valia a pena aprender!", disse eu, à espera de uma gargalhada – e fui recompensado.

Ao ver o seu rosto comprido enrugando-se novamente com o riso, pensei em tudo o que ele me ensinara e, em particular, em tudo o que me dissera acerca da sua educação. O seu treino espiritual é claramente a fonte das suas enormes forças: a fonte da sabedoria humana que ele tem levado a todo o mundo.

❈ ❈ ❈

O Dalai Lama regressou a Lhasa em Junho de 1955, com a esperança de poder aplicar os ideais que vira na China à situação do Tibete. Julgava que os Chineses pretendiam verdadeiramente criar uma ordem mundial sobreposta à identidade étnica, e que talvez a perda da independência tibetana fizesse parte de uma revolução comunista global.

Porém, as condições impossíveis que ele deixara, em 1954, só tinham piorado. A princípio, em Lhasa, a situação mantivera-se tranquila, mas nas províncias orientais, tais como Amdo e Kham, deteriorara-se rapidamente. Quando a China incorporou estas regiões, historicamente tibetanas, nas modernas províncias chinesas de Qinghai, Yunnan, Gansu e Sichuan como áreas autónomas, elas deixaram de fazer parte do Tibete. As promessas de autonomia local feitas ao Dalai Lama no Acordo em Dezassete Pontos não se aplicavam a Kham nem a Amdo, regiões onde viviam mais de metade dos Tibetanos. Dado que Kham e Amdo não integravam a actual Região Autónoma Tibetana, tendo sido incorporadas em províncias chinesas, as "reformas" comunistas começaram muito mais cedo nestas áreas. De facto, Kham e Amdo foram as primeiras regiões a receber estradas da China, o que facilitou à China a imposição da sua vontade e o início de "reformas socialistas". Os Tibetanos orientais, que tinham prontamente aceite os salários chineses para construírem as estradas, não tardaram a compreender que Pequim os manipulara [24] no contexto de um plano mais abrangente.

Em 1955 e 1956, o Partido Comunista Chinês iniciou, em Amdo e Kham, o que era considerado como uma via científica para o comunismo, começando com as cooperativas e passando progressivamente às comunas e a uma sociedade sem classes... "colectivização, medidas de sedentarização dos nómadas, desencorajamento activo da prática da religião, detenção e inclusivamente assassínio de chefes tribais e lamas não cooperantes. Como seria de esperar, estas medidas deram origem a um descontentamento generalizado e a insurreições esporádicas" [25].

Em Fevereiro de 1956, depois de um ataque tibetano à guarnição chinesa da cidade oriental de Litang, hoje na Província de Sichuan, as tropas chinesas cercaram o mosteiro para onde os resistentes khampas [26] tinham retirado. No decorrer de 64 dias de cerco, e recorrendo ao bombardeamento aéreo [27] de um mosteiro antigo, os Chineses mataram vários milhares de Tibetanos. Qualquer sucesso dos resistentes contra os Chineses – e em 1956 os Khampas cortaram várias vezes a estrada para a China –, era pago com uma terrível retribuição. Estes acontecimentos confirmavam ao Dalai Lama a sua opinião de que a resistência violenta conduziria inevitavelmente à morte do seu povo. Quando, horrorizado pelo rumo dos acontecimentos, enviou cartas a Mao recordando-o das suas promessas de autonomia, não obteve resposta – e a violência propagou-se ao Tibete Central.

No início de 1957, os planos da CIA deram frutos. Entre 1957 e 1961, oito pequenas equipas de guerrilheiros [28] e algumas armas foram largadas de avião no Tibete. Mas a iniciativa acabou em tragédia, pois a maioria dos combatentes, mesmo os que conseguiram juntar-se aos tibetanos, foi rapidamente morta ou suicidou-se com as cápsulas de cianeto fornecidas pela CIA. Estes poucos guerrilheiros treinados pela CIA não eram suficientes para ajudar os bandos de resistentes dispersos a alcançarem a vitória, mas bastaram para convencer os Chineses de que os rebeldes eram orientados pelos imperialistas estrangeiros [29] – o que nunca foi o caso. Além disso, as iniciativas secretas da CIA tornaram mais difíceis as tentativas do Dalai Lama para chegar a um entendimento com os Chineses. Washington estava envolvida numa operação clássica da Guerra Fria, cujo objectivo era negar a vitória aos Chineses e não propriamente ajudar os Tibetanos. Se os agentes tibetanos pudessem fornecer informações aos Estados Unidos [30], tanto melhor.

"O apoio dos EUA ao Tibete na década de 50", disse-me o Dalai Lama, "não decorreu de princípios morais nem de simpatia, mas sim das suas políticas anticomunistas [31] mundiais". Tal como ele escreveu na sua autobiografia, o apoio americano foi "um reflexo das suas políticas anticomunistas, e não um apoio genuíno à restauração da independência tibetana".

Em 1956, apesar da crescente rebelião contra o domínio chinês, Pequim autorizou o Dalai Lama a deslocar-se à Índia para as comemorações do 2500.º aniversário do nascimento do Buda. Nessa altura, o Dalai Lama já se convencera de que estava a tentar o impossível no Tibete. Na Índia, teve a oportunidade de reconsiderar o seu caminho. Encontrou-se com os seus irmãos mais velhos, que já viviam no exílio, e ambos o instaram a permanecer na Índia.

O Dalai Lama apelou directamente ao primeiro-ministro indiano, Jawaharlal Nehru, explicando que os seus esforços de cooperação com os Chineses tinham sido infrutíferos. Mas Nehru, determinado a provar que a grande e nova aliança socialista e anticolonialista entre a China e a Índia funcionaria apesar das forças "antiprogressistas" do Ocidente, foi implacável. Disse ao Dalai Lama para regressar ao Tibete [32] e colaborar com os Chineses com base no Acordo em Dezassete Pontos. No apogeu da sua carreira, Nehru não ia deixar um jovem tibetano deslocar uma das pedras angulares da nova Ásia que nascera do colapso do colonialismo europeu. Falou directamente com a liderança chinesa, explicando que o Dalai Lama era da opinião de que Pequim não estava a cumprir a sua parte do acordo. Por intermédio de Nehru, o Dalai Lama recebeu garantias do Presidente Mao, dizendo que as reformas socialistas que tantos problemas tinham causado no Tibete Oriental não seriam implementadas no Tibete durante cinquenta anos. Mao prometeu ao Tibete, ou à parte do Tibete que hoje integra a RAT, o que foi posteriormente prometido a Hong Kong: um país, dois sistemas. Embora o Dalai Lama não tivesse muita fé nas promessas, regressou a Lhasa, em Abril de 1957 [33], obrigado a tentar defender o seu povo – tal como a história e a cultura tibetanas dizem que deve fazer uma manifestação de Chenrezi.

No seu regresso ao Tibete, ele viu que a situação era praticamente caótica. Nem ele nem os Chineses conseguiam impedir o povo do Tibete de se revoltar contra a ocupação. Embora os ideais budistas sejam fortes no Tibete há séculos, seria errado considerar os Tibetanos relutantes em lutar para defenderem o seu país [34], ou que todos acreditavam na não--violência como a única forma de se oporem à invasão. O XIII Dalai Lama deixara instruções claras quanto a esta questão: "Fazei uso de meios pacíficos quando forem apropriados, mas quando não o forem não hesiteis em recorrer a meios mais enérgicos" [35]. Tal como o XIII Dalai Lama previra, o principal problema com o qual se debatiam os resistentes era o facto de o Tibete não possuir um exército nem armas, dado que, durante os 15 anos que haviam antecedido a invasão de 1950, a regência nada fizera para os providenciar.

Nas décadas de 50 e 60, dezenas de milhares de Tibetanos, nas palavras do escritor Jamyang Norbu, "pegaram em armas para lutar pela liberdade do seu país" [36], e muitos milhares morreram pela causa. Em 1957, embora a maioria dos recontros entre o EPL e os resistentes se registasse no Tibete Oriental, os combates começaram a estender-se a ocidente, para as áreas em redor de Lhasa. Logo que o Dalai Lama regressou da Índia, os Chineses aumentaram a sua pressão a favor da cooperação. A China forçou-o a revogar a cidadania dos seus irmãos (no exílio, a salvo) e de outras pessoas que apoiavam abertamente a rebelião. Os Chineses chegaram ao ponto de ordenar ao Dalai Lama que voltasse a mobilizar os minúsculos fragmentos do exército tibetano contra os rebeldes [37]. O líder espiritual negou-se, dizendo que se o fizesse os soldados desertariam integralmente para os rebeldes. A China mobilizou 150 000 soldados para suprimir os resistentes em Kham e Amdo [38], e os confrontos resultantes deram origem a uma vaga de refugiados para Lhasa.

Em 1958, os comunistas assumiram o controlo das regiões tibetanas de Kham e Amdo. Muitos dos nómadas de Amdo revoltaram-se. Algumas regiões ficaram totalmente desprovidas de homens: foram mortos ou encarcerados, ou fugiram. O maior mosteiro de Amdo foi obrigado a encerrar. Dois mil dos seus três mil monges foram presos. Em muitas outras áreas de Amdo, os mosteiros foram "despovoados, pilhados dos seus metais e artefactos valiosos, e fisicamente destruídos" [39]. As madeiras e as pedras foram utilizadas para construir casernas [40] para as tropas do EPL que chegavam à região, ou alojamentos para os colonos chineses. Esta onda de revolta, invasão e conquista radicalizou dezenas de milhares de Tibetanos e atirou com números ainda maiores de refugiados para Lhasa.

Enquanto a insurreição antichinesa se propagava, aproximando-se cada vez mais de Lhasa, o Dalai Lama preparou os exames finais para o seu doutoramento em estudos budistas. Desde tenra idade, ele memorizara os cinco textos clássicos budistas que todos os monges Gelug têm de estudar, e depois aprendera a usar a lógica para debater os seus pontos mais complexos. Durante vários meses, ele deslocou-se aos grandes mosteiros em redor de Lhasa, onde monges mais velhos o bombardearam com perguntas sobre os textos. Foi um intenso período de estudos e exames.

Na Primavera de 1959, os acontecimentos chegaram a um ponto de viragem no Tibete. No Sul, vastas áreas eram controladas pelos resistentes, autodenominados Chushi Gangdruk, uma referência às quatro gargantas de rios e às seis cordilheiras que cruzam o acidentado território de Kham, onde nascera a rebelião antichinesa. A China expulsara de Kham a maioria dos combatentes Chushi Gangdruk, os quais, em 1959, tinham retirado para a região de Lhoka, imediatamente a sul de Lhasa.

Em Lhasa, um general chinês convidou o Dalai Lama a visitar o seu quartel-general e assistir a uma peça de teatro. Os Chineses emitiram instruções especiais, no sentido de que o Dalai Lama não deveria fazer-se acompanhar dos seus guardas armados.

Nessa Primavera, a população da cidade tinha duplicado. A capital estava pejada de refugiados, acampados nos arredores, que contavam histórias horríveis acerca dos combates em Kham e Amdo, dos quais haviam fugido. Lhasa abundava em boatos, e o estranho convite dos Chineses ao Dalai Lama propagou-se como um incêndio florestal. Ao alvorecer do dia 10 de Março de 1959, milhares de Tibetanos congregaram-se no Norbulingka, e declararam que não deixariam a comitiva do Dalai Lama abandonar o palácio de Verão. A multidão, furiosa face ao que chamava a colaboração do governo com os Chineses, espancou alguns funcionários, tidos como colaboradores, que tentaram entrar no Norbulingka. Um deles foi morto ([41]).

"Julgo que, no dia 10 de Março de 1959, toda a história *(do Tibete)* ressuscitou", disse o Dalai Lama. "Nesse dia, o povo impediu a minha deslocação ao campo do exército chinês. O povo, através da sua expressão popular, impediu-me de lidar com os Chineses, e declarou a independência do Tibete. Descontrolou-se tudo. Pouco antes do meio-dia, o camareiro-mor, o Sr. Phala, veio informar-me de algo. Fomos para o telhado do Norbulingka. O dia estava soalheiro, com o sol muito brilhante. Ouvíamos a multidão a fazer muito barulho. Depois de conversarmos um pouco, eu disse que aquele dia poderia vir a ser um verdadeiro ponto de viragem, mas na altura ainda não sabíamos o que iria acontecer nem tínhamos nenhum plano de fuga. Sete dias depois, a 17 de Março, fugi. Até ser tomada a decisão, senti muito medo, muita ansiedade, mas depois de tomada nunca quis voltar atrás. O que tiver que acontecer, acontecerá. Não se pode voltar atrás, não se pode recuar. Foi um pequeno acto".

A 17 de Março, a crise frente ao Norbulingka já se vinha agravando há uma semana. As pessoas bloquearam as estradas que conduziam a Lhasa para impedirem a chegada de reforços chineses. O povo, reunido em assembleia, repudiou oficialmente o Acordo em Dezassete Pontos e declarou a independência do Tibete. Em Lhasa, os Chineses estavam furiosos face ao que consideravam uma revolta apoiada pela CIA. A verdade é que a raiva que o Dalai Lama tentara conter durante nove anos viera à superfície. Durante estes acontecimentos, o Dalai Lama perguntou repetidamente ao Oráculo Estatal se deveria permanecer no Tibete ou fugir para a Índia. Depois de entrar em transe, o Oráculo disse invariavelmente que ele deveria ficar. Então, no dia 17, dois obuses de morteiro chineses explodiram no complexo do Norbulingka, não longe da residência do Dalai Lama. Quando o Dalai Lama voltou a consultar o Oráculo, a resposta não foi a habitual: o líder espiritual deveria fugir imediatamente de Lhasa. A sua partida foi mantida em segredo, excepto de alguns líderes do povo. Foi decidido que ele não poderia levar praticamente nada consigo. Apenas os seus familiares e os seus tutores mais próximos o acompanhariam. A única forma de o Dalai Lama escapar do Norbulingka era disfarçado, e ele vestiu o uniforme de um cavaleiro do exército tibetano.

Chegado o momento, o comandante das tropas do Norbulingka abandonou o recinto acompanhado de alguns soldados, para efectuar uma patrulha. A multidão que se congregara para proteger o Dalai Lama deixou-os seguir sem se dar conta de que ia com eles o Dalai Lama do Tibete, então com 23 anos de idade; esgueiraram-se pela multidão e passaram pelas patrulhas chinesas que se encontravam na zona.

"Eu tive de ter o máximo cuidado", disse-me ele. "Passámos tão perto dos chineses que os conseguimos ouvir. Foi perigoso e assustador".

O pequeno grupo, deslocando-se a coberto da noite, evitou os Chineses e juntou-se a membros da resistência, que formaram uma escolta armada enquanto o Dalai Lama fugia para sul, para o território libertado. Na semana seguinte, ele emitiu uma proclamação oficial dizendo que a China o obrigara a aceitar o Acordo de Dezassete Pontos, um acordo que agora anulava. Também anunciou a formação de um governo tibetano independente.

Enquanto fugia para sul, internando-se cada vez mais no território controlado pela resistência, recebeu notícias acerca dos acontecimentos em Lhasa. Dois dias depois de ele ter deixado o Norbulingka, a multidão congregada no local, que exigia a independência, foi atacada pelas tropas do EPL, armadas com metralhadoras, e o Norbulingka e o Potala foram bombardeados pela artilharia. Segundo as fontes chinesas, o EPL matou 86 000 Tibetanos [42]. Pequim afirmou que as tropas tinham esmagado uma revolta incitada por forças estrangeiras e liderada pela elite "feudal".

"Tínhamos acabado de fugir de Lhasa", disse o Dalai Lama, "e íamos permanecer no Sul do Tibete, na esperança de que pudesse haver algumas negociações ou conversações com os Chineses. Este era o nosso plano original, mas logo que recebemos informações sobre os bombardeamentos chineses decidimos atravessar a fronteira. Depois, quando ouvimos os relatos sobre o que estava a acontecer em Lhasa, foi muito doloroso. Senti muita dor, por causa da destruição. Mais tarde, junto à fronteira chinesa, vi aproximar-se um avião, o que foi muito misterioso e assustador. Não sabíamos se era um avião chinês, indiano ou americano. Ou de Shambhala", acrescentou ele, rindo-se. "Assim, naquela noite, vimo-nos confrontados com o perigo de o avião reaparecer. Fomos dormir sem desfazermos os nossos sacos. Partimos ao princípio da manhã, perscrutando o céu, assustados, mas não aconteceu nada".

"Foram momentos nos quais esteve em perigo ou teve medo. Houve outros?", perguntei eu.

"Na fronteira", disse o Dalai Lama, "fui obrigado a abandonar alguns homens e funcionários, que tiveram de dar meia-volta. Estavam dispostos a enfrentar os Chineses, mas o seu futuro era muito incerto, e foi muito triste. Eu estava muito doente, com disenteria, e muito fraco. Nessa altura, já tínhamos ouvido mais notícias, na rádio, acerca do bombardeamento em Lhasa e de tudo o que estava a acontecer, e eu sentia uma grande tristeza. Foi o momento mais triste".

O Dalai Lama encontrava-se na fronteira indiana, Lhasa estava em revolta e os Chineses davam início a uma onda de repressão por todo o país. Os Chushi Gangdruk e os patriotas tibetanos que combatiam os Chineses não estavam à altura da situação. Foram rapidamente derrotados e durante os anos que se seguiram os últimos sobreviventes da resistência armada retiraram para bases secretas ao longo da fronteira norte do Nepal, a partir das quais, com o apoio da CIA, fizeram incursões ocasionais no Tibete, até cerca de 1971 [43]. A tentativa de cooperação do Dalai Lama com os Chineses chegara ao fim, e Pequim esmagara uma rebelião armada no Tibete.

"Quando nos aproximámos da fronteira", disse o Dalai Lama, nem sequer tínhamos a certeza de que os Indianos nos deixariam entrar. Se não deixassem, decidimos ir para o Butão. Enviámos dois funcionários para a fronteira, onde foram informados de que a Índia estava disposta a acolher-me. Tinham recebido instruções de Deli, e estavam prontos para receber o Dalai Lama".

O Dalai Lama entrou na Índia com um grupo de 80 pessoas, e foi escoltado por um oficial de ligação indiano até à cidade de Bomdila, onde permaneceu em reclusão enquanto recuperava do seu ataque de disenteria. O oficial de ligação entregou ao Dalai Lama um telegrama do primeiro-ministro Nehru, dando as boas-vindas ao refugiado e pondo "as instalações necessárias" [44] à disposição dele, da sua família e da sua comitiva. Mas a hospitalidade tinha limites.

"A nossa preocupação era a atitude do governo indiano", disse o Dalai Lama. "Uma fonte de ansiedade imediata era o encontro com alguns funcionários *(do governo tibetano)* que tinham ficado em Kalimpang quando eu regressara ao Tibete, em 1956. E os meus irmãos estavam na Índia, Gyalo Thondup estava lá, e ansiávamos encontrar-nos com eles. Mas o governo indiano não autorizou Gyalo a encontrar-se connosco".

Em 1959, Nova Deli já sabia que Gyalo Thondup, o irmão mais velho do Dalai Lama, trabalhava com a CIA para ajudar os rebeldes no

Tibete, embora ninguém soubesse quão míngua era essa assistência. O governo indiano queria que a China compreendesse que Nova Deli nada tinha a ver com aquelas operações clandestinas – e efectivamente não tinha, embora a situação viesse a alterar-se depois de a China invadir a Índia, em 1963. Quando o Dalai Lama mencionou que os Indianos não o tinham autorizado a encontrar-se com o irmão, eu afirmei, "Porque Gyalo Thondup já mantinha contactos com a CIA".

"Exactamente", reconheceu o Dalai Lama. "Mas depois, no último momento, Gyalo veio visitar-me. Eu estava ansioso por vê-lo".

Imediatamente após a sua chegada, o Dalai Lama foi pressionado pela Índia relativamente a várias questões – em particular, acerca da sua primeira declaração à imprensa. "Na altura, havia muitas pessoas ansiosas ou preocupadas com o que eu pudesse dizer. O Pândita Nehru e o governo da Índia decidiram enviar-me especialistas de algures", disse o Dalai Lama. "E ele sugeriu que aquele não era o momento para tomar algumas decisões. Nehru disse que eu deveria informar-me primeiro sobre o que tinha acontecido. Ele disse-me, 'Deve certificar-se, e quando chegar a Mussoorie poderá falar sobre as suas grandes opções políticas'".

A fuga do Dalai Lama foi uma das maiores notícias de 1959, estabelecendo-o como uma figura mundial. Pequim não permaneceu em silêncio. A agência noticiosa Nova China (ANC) disse que as notícias eram falsas, esclarecendo que, na verdade, o Dalai Lama fora raptado pelos rebeldes tibetanos e estava a falar sob coacção. A "rebelião", organizada por uma "camarilha reaccionária das classes altas", fora esmagada com a colaboração dos "monges e laicos tibetanos patriotas e do Exército Popular de Libertação"[45]. Além do mais, "O povo tibetano", dizia a ANC, "é patriota, apoia o Governo Popular Central, adora fervorosamente o EPL e opõe-se aos imperialistas e traidores"[46].

Depois de se estabelecer na cidade de montanha de Mussoorie, em instalações disponibilizadas pelo governo indiano, o Dalai Lama fez uma segunda declaração à imprensa. "A propaganda chinesa disparou e afirmou que a nossa declaração era falsa", explicou o Dalai Lama, "pelo que o alto funcionário indiano me disse que eu deveria fazer outra declaração, em meu nome. A declaração feita em Mussoorie reflecte a minha opinião, não a da Índia". Suspirou profundamente. "Assim começou a política".

Em Abril de 1959, enquanto avaliava a sua situação, o Dalai Lama encontrou-se com Nehru, que o visitou em Mussoorie. Durante o encontro, o Dalai Lama explicou o que planeava fazer a seguir.

O Dalai Lama, então com 24 anos de idade, disse a Nehru, de sessenta anos, "Estou decidido a conquistar a independência para o Tibete [47], mas a necessidade imediata é pôr fim ao derramamento de sangue". O primeiro-ministro, que subira ao poder como resultado de uma campanha política liderada por Mahatma Gandhi e baseada na não-violência e na desobediência civil, ficou indignado.

"Não é possível!", gritou Nehru. "Afirma que pretende a independência, mas ao mesmo tempo diz que não quer derramamento de sangue. Impossível!" [48]

Trinta anos depois, em 1989, o Dalai Lama recebeu o Prémio Nobel da Paz. Desde 1959, tem dedicado a sua vida ao ideal da não-violência. Embora o seu objectivo viesse a alterar-se gradualmente da independência para o Tibete para uma autonomia genuína como parte da China, a sua dedicação à não-violência mantém-se inabalável.

13

Desde 1959

Na década de 80, entrevistei camponeses pobres de uma região remota do Tibete, sem a presença de funcionários chineses. Passei uma semana numa aldeia, vivendo na casa do chefe. Ele era o chefe local do Partido Comunista, e tinha todos os cartazes e certificados do partido nas paredes de lama da casa para o provar. Apesar de as linhas de alta tensão passarem perto da aldeia, o fumo da sua lareira alimentada a bosta enegrecera os cartazes. Ele fora um camponês sem terra, trabalhando nos campos do senhor local. Agora habitava, com uma dúzia de outros camponeses, na velha mansão do nobre, enquanto o antigo aristocrata vivia exilado na Índia.

O Partido Comunista Chinês colectivizou os campos pedregosos do aristocrata na década de 60, e os camponeses passaram a trabalhar juntos a terra. Ao rir-se da experiência, o chefe da aldeia mostrou os poucos dentes que lhe restavam. "Partilhávamos tudo, e ninguém tinha nada. Houve anos em que passámos fome, algo que nunca aconteceu no tempo dos nobres".

Durante a década de 80, as reformas de Deng Xiaoping anularam a colectivização forçada de Mao, e os camponeses dividiram entre si as terras comunais e passaram a trabalhar nos seus próprios campos. Com a imensa riqueza criada na China pelo capitalismo de compadrio de inspiração estatal e pelo investimento maciço de capital estrangeiro, até a remota aldeia recebeu uma estrada e as linhas de alta tensão passaram a fornecer electricidade à nova base do EPL, perto da aldeia. A revolução comunista chegara e partira enquanto os camponeses do Tibete lavravam os mesmos campos e mal conseguiam subsistir.

O chefe em cuja casa eu me alojara (não revelo o seu nome nem a sua morada para proteger a sua identidade) conduziu-me numa visita pela aldeia. Ainda não tinha escolas (mas existiam nalgumas aldeias vizinhas), e ele mostrou-me, com tristeza, o antigo e vasto mosteiro, destruído por estudantes chineses e tibetanos durante a Revolução Cultural. Enquanto caminhávamos sobre os escombros dos templos, o velhote parou, apanhou uma florzinha e ofereceu-a ao nicho vazio que outrora contivera um Buda, numa parede meio demolida à dinamite. "Ninguém quer voltar a trabalhar de graça para os antigos nobres", disse ele, "mas toda a gente quer que os Chineses se vão embora e que o Dalai Lama regresse. Rezamos por isso todos os dias. Se alguma vez puder falar verdade por nós, por favor, faça-o. Nós não podemos. Os antigos nobres eram duros, não os queremos de volta. Mas segundo sabemos, o Dalai Lama disse que não haverá regresso ao antigo sistema – que teremos democracia quando ele regressar. Os novos nobres são todos chineses e ainda são piores do que os antigos. Não passamos de insectos e os chineses esborracham-nos". Cinquenta anos de libertação chinesa não conseguiram extinguir as chamas do patriotismo tibetano. O tibetano comum aprendeu a não se revoltar, não protestar, não falar; aprendeu a sobreviver dia a dia.

Enquanto eu me encontrava na aldeia, membros do Partido Comunista Chinês chegaram de Lhasa numa visita de inspecção. À sua chegada, saíram delicadamente do seu Toyota Land Cruiser. Tinham um aspecto limpo e estavam decididos a continuar assim. Os rudes camponeses tibetanos, com as suas mãos calejadas, duras como as pedras dos campos, rodearam os chineses. De sorrisos rasgados, ajudaram os chineses a vestir túnicas de seda idênticas às que haviam vestido os nobres tibetanos. Curvaram-se profundamente, ajudando os chineses a montarem os dóceis iaques trazidos por uma mulher. Um velhote, imitando fielmente dias de antanho, inclinou-se e formou um estribo com as mãos para que um chinês gordo, esmagando-lhe os dedos, conseguisse subir para cima do iaque. O camponês riu-se bem alto da dor, deixando o visitante de Lhasa à vontade. Os chineses puseram o comprido brinco de turquesa usado em tempos pelos aristocratas tibetanos, e chapéus de seda também turquesa, com longas franjas vermelhas. Os camponeses riram sonoramente e proclamaram a sua eterna camaradagem. Devidamente ataviados e montados nos obedientes iaques-fêmea, os chineses fotografaram-se uns aos outros com as vestes que os nobres tibetanos, antes de 1950, trajavam durante os festivais.

Terminada a sessão fotográfica, o meu amigo, o chefe da aldeia, ajudou os chineses a desmontarem dos iaques, e o grupo retirou-se para uma linda tenda que os agricultores tinham montado. Enquanto abria uma garrafa de cerveja e se curvava para servir os seus novos senhores, o chefe da aldeia conseguiu piscar-me o olho.

O espírito do Tibete continuava vivo, e o seu sorriso, a sua honestidade e a sua atitude confiante – apesar do desespero e humilhação já sofridos – eram a única prova de que eu precisava para o confirmar. Enquanto os Tibetanos semearem a cevada em campos pedregosos, cientes de que a hipótese de terem uma colheita é risível, enquanto os nómadas apascentarem as suas manadas nas altas pastagens onde caem fortes nevões em Julho – enquanto nada disto mudar, as fontes do coração do Tibete jorrarão livremente apesar de todas as obstruções externas. Talvez seja este o motivo pelo qual a China tenta pôr fim a tudo isto.

❈ ❈ ❈

A transformação do Dalai Lama de um refugiado com 24 anos de idade, fugindo através dos Himalaias para salvar a vida e perseguido de perto por tropas chinesas, num maduro estadista de projecção mundial e universalmente elogiado é produto da notável e trágica viagem da nação tibetana desde 1959.

Quando o Dalai Lama fugiu para a Índia, a maioria dos seus compatriotas teve como única alternativa ficar no Tibete. As tentativas de fuga eram perigosas devido aos ataques do EPL. Nalguns casos, de um grupo partido do Tibete Oriental com destino à Índia, numa viagem de quatro meses, menos de dez por cento dos seus membros chegaram vivos ([1]). Apesar destas estatísticas, 80 000 emigrantes sobreviveram à viagem pelos Himalaias até à Índia nos anos que se seguiram à derrota da rebelião tibetana de 1952. Existem hoje cerca de 135 000 Tibetanos no exílio ([2]). É possível que vinte por cento dos refugiados Tibetanos da Índia tenham chegado entre 1986 e 1996 ([3]). Todos os anos, 2 500 Tibetanos continuam a empreender a fuga(⁴) em perigosas viagens invernais através dos Himalaias. Todos os anos, alguns refugiados morrem no caminho e alguns dos sobreviventes perdem membros devido à gangrena causada pelo frio. Os que são apanhados a tentar fugir são habitualmente encarcerados e torturados.

Em 1959, quando o Dalai Lama chegou à Índia, renegou o Acordo em Dezassete Pontos e estabeleceu um governo no exílio, Nova Deli alojou os primeiros 30 000 refugiados esfarrapados em campos de tendas improvisados ao longo da fronteira dos Himalaias com o Tibete. O governo doou as necessidades básicas e, quando disponível, ofereceu trabalho em equipas de construção de estradas. As condições eram difíceis. Os refugiados, que tinham chegado com vestes de lã tecidas à mão, tinham de trabalhar debaixo de um calor tropical e das chuvas de monção de Índia, expostos, pela primeira vez, ao mortífero cocktail tropical de vírus e bactérias. Durante o primeiro ano, registou-se uma elevada taxa de mortalidade entre os jovens e os idosos. Eram poucos os refugiados que falavam inglês ou hindi, ou que tinham sequer visto um comboio. O governo indiano e o recém-formado governo no exílio, chamado Administração Central Tibetana (ACT), procuraram melhorar as condições dos refugiados. Em 1960, Nova Deli doou terras agrícolas no Sul da Índia, onde os refugiados estabeleceram quintas e construíram comunidades auto-suficientes. Instituições caritativas privadas dedicadas a ajudar os Tibetanos surgiram no Canadá, Suíça, França, Inglaterra, Noruega, Estados Unidos e muitos outros países em todo o mundo.

Durante as décadas de 60 e 70, foram estabelecidos 35 campos de realojamento(⁵) na Índia, dez no Nepal e sete no Butão. Em todos os campos, os Tibetanos construíram escolas, centros de artesanato para gerarem receitas, hortas e clínicas. No Nepal, os refugiados abriram lojas de tapetes artesanais; na década de 90, os seus esforços coroaram-se de tanto sucesso que esta actividade se converteu numa das maiores fontes de divisas do Nepal. Alguns Tibetanos que se naturalizaram Nepaleses tornaram-se tão abastados que puderam pôr os filhos a estudar em universidades norte-americanas e europeias. Com os anos, alguns refugiados tornaram-se cidadãos nepaleses ou indianos e alguns Tibetanos emigraram (com o auxílio das instituições de caridade) para a Suíça, Canadá e Estados Unidos, onde acabaram por adquirir a respectiva cidadania. A esmagadora maioria dos refugiados permaneceu na Índia; legalmente apátridas, são obrigados a viajar com bilhetes de identidade ou passaportes indianos(⁶).

Ao esforçarem-se por garantir a sobrevivência do budismo tibetano, os refugiados restabeleceram, na Índia, alguns dos mosteiros mais conhecidos, tais como Drepung, Sera e Ganden. Estes mosteiros proporcionaram aos monges refugiados um lugar para transmitirem a sua sabedoria à geração seguinte, nascida no exílio. Por todo o Nepal e Índia, existem hoje mosteiros, bibliotecas, escolas, clínicas de medicina herbal e institutos culturais fundados pelos exilados.

Os refugiados começaram a pagar um imposto voluntário para financiarem a obra do governo no exílio, que elaborou uma constituição. A cada cinco anos, os Tibetanos elegem representantes que governam os assuntos da nação exilada. As antigas famílias nobres que se congregaram em torno do Dalai Lama quando ele foi para o exílio estão a ser lentamente arredadas, e as vozes democráticas dos exilados criticam as suas entidades governantes. Contudo, algo de estranho aconteceu no seio desta comunidade no exílio. Alguns mestres budistas que viajaram com os emigrantes começaram a ensinar o budismo não a Tibetanos, mas a ocidentais. Nas décadas de 60 e 70, vários europeus e americanos juntaram-se a mestres tibetanos no Nepal e na Índia, participaram em seminários de meditação e encontraram muito que estudar e admirar. Durante os anos 70 e no decénio seguinte, os carismáticos e idosos mestres tibetanos cooperaram com um pequeno mas sempre crescente grupo de conversos para fundarem os primeiros centros budistas tibetanos na França, Grã-Bretanha, Itália, Alemanha, Espanha, Austrália, Estados Unidos, Grécia, Canadá e outros países. Além disso, em universidades de todo o mundo surgiu a área de estudos tibetanos, e os tradutores tornaram acessíveis a milhões de pessoas os textos budistas da arca de tesouros espirituais do Tibete. Ainda que por vezes muito mal compreendidas, as ideias religiosas desta remota nação alcançaram uma ressonância global. Hoje em dia, os livros de mestres tibetanos, tais como *A Arte da Felicidade*, do Dalai Lama, e *O Livro Tibetano da Vida e da Morte*, de Sogyal Rinpoche, são sucessos de vendas lidos não só por budistas mas também pelo grande público. Pela primeira vez na sua história, o budismo estabeleceu-se firmemente nos cinco continentes ([7]), um fenómeno no qual os exilados tibetanos desempenharam um grande papel.

No início do século XXI, as condições que, no Ocidente, poderão ter favorecido o interesse pelo budismo – a desilusão com uma dedicação doentia à prosperidade – surgiram na Ásia. Depois de a prosperidade da classe média ter chegado a Taiwan, os jovens criaram duzentos centros budistas tibetanos(⁸). Em Taiwan, as gerações mais novas têm demonstrado uma afinidade pelo budismo que rivaliza com a dos membros da corte manchu de há dois séculos. Até na China se verifica um pequeno mas crescente interesse pelo budismo ensinado pelos mestres tibetanos. Alguns chineses (frequentemente de círculos mais abastados e cultos) dedicam-se afincadamente ao estudo desta religião. Existem rumores persistentes de que alguns dos membros mais importantes do Partido Comunista Chinês são budistas devotos. Alguns chineses viajam para o Tibete, onde, nalguns mosteiros, se tornaram uma minoria notada e bem-vinda(⁹). Este movimento implanta certamente uma raiz de medo nos corações dos líderes da China. Irão as relações da China com o Tibete regressar um dia ao seu contexto religioso e apolítico? Não é por acaso que, durante os ensinamentos do Dalai Lama na América, há tradução simultânea para chinês, ou que ele ensina frequentemente budistas chineses fora da China.

Muitos Tibetanos, incluindo o Dalai Lama, admiram-se face ao interesse global suscitado pelo budismo tibetano. No Tibete, durante séculos, o nacionalismo foi secundário em relação à religião; a elite governativa procurou impedir os contactos com o mundo exterior por medo de que quaisquer ideias estrangeiras ou qualquer sinal de modernismo pudessem prejudicar a cultura budista do país. Ironicamente, os Tibetanos perderam o seu país, onde o budismo foi quase erradicado, em grande medida porque Lhasa não se modernizou suficientemente depressa; por outro lado, foi a destruição do Tibete que espalhou o budismo tibetano por todo o mundo.

❈ ❈ ❈

A partir de 1959, os Tibetanos que permaneceram na sua pátria seguiram um rumo oposto ao dos seus irmãos exilados. Enquanto o budismo tibetano se difundia por todo o mundo, a China tentou exterminar esta filosofia no Tibete. Enquanto as comunidades no exílio desenvolviam instituições autónomas, Pequim colectivizou, pela força, todos os meios de produção do Tibete. Enquanto a ideia de Tibete crescia no Ocidente, a China tentou apagar o passado, presente e futuro da nação.

Depois da fuga do Dalai Lama, em 1959, os Tibetanos começaram por viver sob a governação directa do Exército Popular de Libertação, após o que o poder regressou gradualmente à administração local do PCC, o Comité Preparatório para a Região Autónoma do Tibete (CPRAT). Choekyi Gyaltsen, o X Panchen Lama, permaneceu como principal líder religioso. Tornou-se presidente interino do CPRAT, mas não teve mais êxito do que o Dalai Lama nas suas tentativas de contenção dos Chineses. A ala esquerda do PCC insistiu que os Tibetanos sentissem todo o poder do comunismo. Pouco depois da partida do Dalai Lama, os meios de comunicação chineses deram conta de pedidos urgentes de colectivização por parte dos "servos", algo que Mao prometera que não teria lugar durante cinquenta anos.

O historiador tibetano Tsering Shakya, cuja família fugiu do país ocupado em 1967, observa que "os Tibetanos não foram meros agentes passivos, manipulados pelos quadros chineses: as promessas de modernidade, progresso e justiça económica e social feitas pelos comunistas levaram muitos tibetanos a trabalharem pela nova sociedade" ([10]). Ao ler estas palavras, não pude deixar de recordar o respeito do XIV Dalai Lama pelos ideais do comunismo. Aparentemente, ele não foi o único tibetano a sentir o mesmo.

Durante a primeira fase da colectivização, a terra retirada aos ricos foi redistribuída equitativamente. Shakya diz que, no início, "os camponeses tibetanos apreciaram genuinamente a reforma agrária" ([11]). Todavia, na etapa seguinte da via para o comunismo total, o PCC retirou a posse da terra e dos animais aos indivíduos e entregou-a às comunas ou colectivos. Em muitos casos, o EPL estabeleceu as comunas pela força ([12]). A teoria comunista afirma que a propriedade colectiva dos meios de produção aumenta a produtividade e a qualidade de vida dos trabalhadores; contudo, como tem sido patente em todas as experiências de colectivização forçada, as rações de alimentos diminuíram em vez de aumentarem ([13]). Os quadros do Partido Comunista no Tibete destruíram o antigo sistema económico ([14]). Os lojistas, as fontes de crédito, os produtores de alimentos e os comerciantes privados foram forçados a encerrar os seus negócios ou ficaram sob a alçada do Partido Comunista. Após uma década de fomes intermitentes, acompanhada de uma escassez crónica de alimentos ([15]), até os mais pobres dos antigos servos compreenderam que os ideais igualitários do comunismo eram uma aldrabice ([16]). Segundo o governo do Dalai Lama no exílio, a ACT, morreram de fome cerca de 342 000 Tibetanos ([17]). Obviamente, os Tibetanos eram, nas palavras de Shakya, "meros executantes de ordens", enquanto que os Chineses exerciam todo o poder. Ao nível da administração do Tibete, os Chineses eram em número superior aos Tibetanos, pois a antiga elite tibetana fora substituída por uma elite chinesa.

Também a promessa de liberdade religiosa para os Tibetanos se revelou falsa: entre 1950 e 1980, Pequim destruiu mais de seis mil mosteiros e templos ([18]). No fim da década de 70, ainda funcionavam no Tibete oito mosteiros, com um total de menos de mil monges ([19]). Os outros mosteiros tinham sido destruídos ou convertidos para usos não religiosos. Muitos mosteiros tinham sido centros de ensino, onde eram instruídos artistas, escritores e médicos. Dizimar os mosteiros era atacar o coração da cultura tibetana.

Embora alguns mosteiros tivessem sido demolidos durante os bombardeamentos aéreos e os ataques militares no Tibete Oriental durante a invasão de 1949-1951 e as incursões de 1958 e 1959, a maioria sobreviveu até à década de 60. Sob o olhar vigilante dos jovens Guardas Vermelhos – tibetanos e chineses –, os mosteiros sobreviventes foram sistematicamente desmantelados durante a infame Revolução Cultural ([20]). O grito de guerra filosófico de Mao para esta campanha foi "Criar o novo destruindo o antigo" ([21]). Enquanto a China destruía o "antigo" Tibete, surgia uma "nova" China, provida de madeira e materiais de construção reciclados dos mosteiros saqueados, para construir casernas para as tropas do EPL e alojamentos para os administradores chineses em Lhasa ([22]).

De quando em quando, os Tibetanos conseguiam convencer os Guardas Vermelhos que o trabalho investido pelo povo na construção dos gigantescos edifícios monásticos não se deveria perder. O PCC autorizou a manutenção de alguns templos como depósitos de cereais ou sedes de partido (depois de os monges terem sido expulsos). Nalguns locais, este estratagema conseguiu inclusivamente proteger os murais. Mas as imagens do Buda raramente tiveram a mesma sorte. Até com picaretas era fácil destruir estátuas feitas de adobe, e as que foram ignoradas acabaram por se derreter à chuva depois de os telhados dos templos terem sido arrancados. As estátuas de cobre eram por vezes destruídas e deixadas no local numa pilha de fragmentos. As de ouro, prata ou bronze foram levadas dos templos, atiradas para dentro de camiões e enviadas para a China. Em Pequim, uma única fundição fundiu mais de seiscentas toneladas de estátuas budistas ([23]). Para os Tibetanos, o mérito destas estátuas e a sua presença sagrada, tal como as divindades do céu e da terra, protegiam o país. Que a acumulação espiritual de séculos e séculos pudesse ser fundida e que o conceito de cuidar das estátuas pudesse constituir um crime foram coisas que espezinharam valores culturais enraizados. Alguns dos piores horrores da Revolução Cultural vêem-se hoje nos olhos chorosos dos Tibetanos de meia-idade ao contarem como, quando eram crianças, foram obrigados a desmantelar os templos que tinham construído e onde haviam orado. Muitos ainda se sentem culpados [24] e nunca se perdoarão.

Aqui e ali, no meio do caos da destruição, alguns tibetanos esconderam um antigo Buda indiano de bronze debaixo de um monte de escombros, ou salvaram um texto antigo. Nalguns casos, como aconteceu no Potala, éditos de Pequim protegeram um edifício completo e todo o seu conteúdo, mas este tipo de misericórdia foi rara. Os primeiros turistas estrangeiros a visitarem o Tibete, em 1985, encontraram, em dezenas de templos por todo o país, salas cheias até ao tecto de estátuas de bronze destruídas durante a Revolução Cultural. Os Tibetanos tentavam alegremente reconstruí-las, quando possível, e devolvê-las aos mosteiros. Mas a maioria do património cultural do Tibete desaparecera para sempre.

Durante a Revolução Cultural, os Guardas Vermelhos trataram monges e monjas ainda mais ferozmente do que os edifícios e as estátuas. Dado que os votos budistas proíbem os monges e monjas de trabalharem ou de contraírem matrimónio, os maoístas viam os clérigos como parasitas da classe trabalhadora. O partido ordenou-lhes que trabalhassem e que se casassem [25]. Sendo a maioria das terras aráveis pertença dos mosteiros, a reforma agrária eliminou as fontes de receitas dos mosteiros, provenientes das rendas. O especialista chinês Zhang Yanlu afirma que existiam 114 000 monges e monjas no Tibete Central (ou na actual RAT, onde vive apenas um terço dos Tibetanos) em 1958, mas que em 1960 este número caíra já para 18 000 [26].

À semelhança dos monges, os aristocratas que, em 1951, tinham tentado cooperar com os Chineses foram as primeiras vítimas da Revolução Cultural. Não foi talvez por acaso que a China eliminou estas elites tradicionais depois de elas terem perdido a sua utilidade prática. Quando a China invadiu o Tibete, era essencial a colaboração ou, pelo menos, a aquiescência das elites monástica e aristocrática. Contudo, na década de 60, os líderes monásticos e os aristocratas não tinham mais nada para oferecer, e o partido seleccionou-os para sessões públicas de luta de classes durante a Revolução Cultural. Enquanto as antigas elites eram exibidas pelas ruas com chapéus de burro na cabeça [27], as "vítimas dos aristocratas" da "antiga sociedade" congregavam-se para lançar acusações aos aristocratas e líderes monásticos, para os espancar e torturar. Os sobreviventes iam para a prisão.

Em Lhasa e Pequim, os Guardas Vermelhos chegaram ao ponto de submeter o Panchen Lama a uma destas sessões públicas. Após 1959, o Panchen Lama tentou trabalhar com os Chineses, mas ficou desiludido com o custo da libertação chinesa e cometeu o erro, em 1962, de escrever secretamente uma lista de erros do PCC no Tibete, chamada Petição dos Setenta Mil Caracteres. Tinha 24 anos de idade quando concluiu a sua petição e a apresentou ao PCC, pensando que o partido pretendia reformar-se. Dois anos mais tarde, em 1964, foi sujeito a sessões públicas de luta de classes em Lhasa. Em 1966, foi sujeito a sessões ainda piores em Pequim, após o que esteve desaparecido durante 12 anos. Quando o PCC o libertou da prisão [28], em 1978, tinha 40 anos de idade. Porém, a Petição dos Setenta Mil Caracteres continua a ser o único relato interno sobre o que o PCC fez ao Tibete.

A ACT, o governo do Dalai Lama no exílio, estima que 92 000 Tibetanos dos que foram sujeitos a sessões públicas de luta de classes morreram ou suicidaram-se [29]. Também calcula que 173 000 Tibetanos morreram na prisão [30] ou em campos de Reforma Pelo Trabalho (o temido sistema prisional chinês, o *Laogai*, ainda em actividade), devido ao excesso de trabalho, à tortura ou à subnutrição. Esta luta de classes, dizia a teoria maoísta, era parte do preço catártico a pagar pela destruição da injustiça e pela criação da igualdade, mas destruiu a cultura tibetana.

Durante a Revolução Cultural, a liderança chinesa encorajou habilmente os Tibetanos a atacarem o tradicional sistema religioso [31] e social do país. Na China, quando o povo destruiu a arte e os templos antigos como símbolos da antiga sociedade, Mao dirigiu muita da fúria popular contra a elite de poder do próprio Partido Comunista. De facto, para Mao, a Revolução Cultural constituiu, em grande medida, um instrumento para desentocar os Direitistas ou "Cripto-Capitalistas" escondidos no seio do partido – um instrumento para eliminar os que ameaçavam a sua autoridade. Ele instou o povo a reformar o próprio Partido Comunista.

Todavia, no Tibete, o PCC, sempre que possível, desencorajou o povo de atacar o partido, porque o partido era chinês. Em Lhasa, a Revolução Cultural não se tratou apenas de uma campanha política; tornou-se um veículo de genocídio cultural, um meio para os Chineses promoverem a assimilação dos Tibetanos através do terror. Tal como observou Tsering

Shakya, esta peculiaridade da Revolução Cultural teve um "efeito devastador na cultura tibetana" ([32]).

Os Tibetanos foram obrigados a abandonar o seu vestuário étnico e a vestir os uniformes verdes escuros que todos os Chineses usavam. Foram obrigados a usar o cabelo curto ([33]) e a cobrir as janelas de Lhasa, pintadas com arco-íris, num verde azeitona insípido. Depois de a China obrigar os Tibetanos a colaborarem na destruição dos templos e mosteiros, inseriu-os em comunas onde estavam sujeitos a uma apertada supervisão e eram encorajados a denunciar-se uns aos outros para obter favores. O poder coercivo do Estado controlava todos os aspectos da vida, e as emissões de propaganda ecoavam dos altifalantes em todas as comunas. Tal como os anteriores ocupantes imperiais haviam exigido que os Chineses vestissem e usassem o cabelo à manchu, os Tibetanos foram forçados à submissão pelo terror. Antes de desaparecer na prisão, o Panchen Lama escreveu especificamente sobre esta questão na sua Petição dos Setenta Mil Caracteres. "Quando a língua, o vestuário, os costumes e outras características importantes de uma nacionalidade desaparecem, a própria nacionalidade desaparece – ou seja, transforma-se noutra nacionalidade" ([34]). Os Chineses tinham aprendido estas lições durante a sua história, ao serem subjugados por invasores estrangeiros. Agora, era a vez de Pequim estar na mó de cima.

Mil anos de artefactos da civilização tibetana – quadros, livros, murais, exemplos arquitectónicos, têxteis, estátuas – foram destruídos durante a Revolução Cultural, e uma geração de budistas devotos foi obrigada a profanar-se desmantelando a herança artística e religiosa da nação. Até as estátuas mais sagradas do Tibete, como as do Jokhang, fundado mil anos antes por Songzen Gampo, foram destruídas. A língua também se alterou; sob a tutela chinesa ([35]), palavras inventadas inundaram o tibetano para exprimirem novas ideias. Os Chineses converteram-se em chineses han, de modo a que os seus vizinhos da minoria étnica pudessem tornar-se chineses tibetanos. Os nomes foram transcritos em caracteres chineses e, quando pronunciados, tornaram-se chineses. Os tibetanos apenas tinham acesso ao ensino superior – quando tinham – em chinês. Milhares de crianças e jovens tibetanos foram tirados aos pais e enviados para internatos nos confins da China: quando regressaram, muitos só sabiam falar chinês.

Hoje, os Chineses dizem que a Revolução Cultural prejudicou tanto os Chineses como os Tibetanos. É verdade, mas ignoram o essencial da questão. Tal como escreve Tsering Shakya, os Guardas Vermelhos "entendiam que o Tibete e os Tibetanos necessitavam de ser revolucionados, e consideravam-se a vanguarda revolucionária que fora em auxílio dos estudantes ignorantes naquela região atrasada". Não há uma grande diferença entre esta atitude e a dos Chineses face aos nómadas da Ásia Interior, há mil anos. Ainda hoje, o mais pobre motorista de táxi chinês que trabalha nas ruas de Lhasa manifesta este chauvinismo subjacente. Aos olhos dos Chineses, a sua nação sacrificou muito para ajudar a educar os seus ignorantes vizinhos, e a Revolução Cultural no Tibete foi uma aberração temporária, não uma expressão de arrogância. Com o início das reformas de Deng Xiaoping, em finais da década de 70, a China tornou-se muito mais rica porque, em parte, o partido autorizou o regresso a algumas formas de capitalismo. Parte da riqueza daí resultante, investida em Lhasa, tem até ajudado os Tibetanos. Porém, o desejo de erradicar o nacionalismo tibetano é o principal motor dos investimentos de Pequim no Tibete. Em 1999, o intelectual chinês Wang Lixiong escreveu:

> A actual linha de pensamento relativa à governação do Tibete é acelerar o ritmo da modernização para conquistar a opinião pública e quebrar o controlo religioso, e utilizar o aumento constante da qualidade de vida para minar a influência dos separatistas tibetanos. (36)

Ma Lihua, um especialista chinês que vive e trabalha no Tibete há décadas e escreveu dezasseis livros sobre o país, defende a posição do governo:

> Estamos a ajudar os Tibetanos a porem-se a par com o Ocidente... Não se trata de "hanificação" (37) [sinificação], trata-se de globalização. Não afirmo isto por aceitar a propaganda do governo, mas porque vi os melhoramentos registados no Tibete com os meus próprios olhos. O Ocidente deveria ser mais objectivo, mas não é.

Segundo Wang Lixiong, o desenvolvimento económico registado em Lhasa minou, em certa medida, o fervor religioso de determinadas classes sociais. Mas ele lamenta-se que "o vácuo deixado pela religião tradicional está a ser preenchido por outra quase-religião da sociedade moderna:

o nacionalismo... Os factos demonstram que a juventude urbana tibetana, mais secularizada, se caracteriza por um sentimento nacionalista... mais forte" ([38]).

A Administração Central Tibetana do Dalai Lama, após uma contagem em todas as aldeias, estima que, entre 1950 e 1980, as acções do Estado chinês mataram 1,2 milhões de Tibetanos ([39]), um número que os Chineses rejeitam peremptoriamente. O autor britânico Patrick French, no seu recente livro, *Tibet, Tibet*, nega a estimativa tibetana, afirmando controversamente que o número de mortes não ultrapassou seguramente as 500 000 ([40]).

O que é inegável é o facto de que, durante a invasão chinesa e a subsequente Revolução Cultural, os Tibetanos de todas as classes pagaram um preço terrível, um preço que o XIII Dalai Lama previra na década de 30, por não trabalharem juntos pela defesa da nação:

> Os Mosteiros serão saqueados e destruídos, e os monges e monjas serão mortos ou expulsos. As grandes obras dos nobres reis do Dharma de antigamente serão desfeitas, e todas as nossas instituições culturais e espirituais serão perseguidas, destruídas e esquecidas... Seremos como escravos para os nossos conquistadores (...) e os dias e noites passarão lentamente, com grande sofrimento e terror. ([41])

Muitos Tibetanos começaram a compreender que a destruição do seu país não era inevitável. Infelizmente, a elite que herdou a autoridade do XIII Dalai Lama estava tão convencida da verdade inquestionável do seu sistema de crenças que não viu razões para estudar o mundo tal como ele realmente é. Este orgulho fatal é uma das mais poderosas lições que a história tem para nos ensinar.

❈ ❈ ❈

Após a morte de Mao, em 1976, a China foi varrida pela contra-revolução capitalista de Deng Xiaoping. As comunidades dividiram as terras colectivizadas pelos camponeses. Não foi dada nenhuma explicação para o facto de, durante a década de 50, três milhões de proprietários de terras terem sido assassinados em nome de uma colectivização que era agora abandonada a título de política falhada. Os frutos da propriedade privada tornaram-se rapidamente óbvios. Em poucos anos, a agricultura chinesa forneceu mais carne, ovos, lacticínios e outros alimentos do que durante o comunismo. Este pragmatismo económico foi acompanhado por alguma reforma política, e os Tibetanos beneficiaram gradualmente de ambos.

A elite tibetana que sobrevivera aos campos prisionais, incluindo o Panchen Lama, começou a ser libertada em 1977. Dois anos mais tarde, o partido libertou mais Tibetanos, e os jornais chineses apelaram aos exilados tibetanos para "regressarem ao país e participarem na construção do socialismo" ([42]). Poucos imigrantes aceitaram a proposta.

A religião, proibida há mais de uma década, foi lentamente ressuscitada. Na década de 80, os templos sobreviventes foram reconsagrados e foi iniciado um vasto programa de reconstrução. A China afirma ter investido 65 milhões de dólares, entre 1980 e 1994 ([43]), para reconstruir alguns dos mosteiros que destruiu, mas os Tibetanos dizem que a esmagadora maioria do investimento necessário tem provindo dos devotos tibetanos. Por todo o Tibete, os monges regressaram aos mosteiros e a educação monástica foi retomada, ainda que sob a imposição de um rígido limite ao número de monges e a obrigatoriedade de participação em sessões de "educação patriótica". A China não estabelece este controlo de uma forma delicada. Vi polícias chineses à paisana, com armas visivelmente enfiadas na cintura, residindo em mosteiros isolados; também participam nas sessões educativas, e a sua única missão é vigiarem os monges. Não obstantes estes esforços, ou talvez por causa deles, os mosteiros converteram-se em pontos focais do nacionalismo tibetano.

Enquanto as reformas de Deng Xiaoping varriam a China, dezenas de milhares de Tibetanos vieram a público, em Lhasa, entoar *mantras* e prosternar-se perante os templos. Por todo o país, bandeiras de oração, com as cores do arco-íris, surgiram nos telhados das habitações, onde antes ondeava apenas a bandeira vermelha da China. Se os Tibetanos viveram, em tempos, num pais parcialmente dividido pela religião e pelo facciosismo, a religião é hoje a raiz do patriotismo que os une a todos.

Com o regresso parcial do capitalismo e das liberdades civis à China, também foram concedidas ao povo do Tibete algumas liberdades "privadas", desde que se verifique uma adesão à linha do partido em público. Os desengraçados uniformes à Mao desapareceram, regressando as roupas e os penteados tibetanos. Para aqueles que tinham vivido durante os trinta anos anteriores, estas reformas, ainda que modestas, foram bem-vindas.

No entanto, na década de 90, o Tibete apresentava as mais baixas taxas de alfabetização da China, e uma em cada três crianças não tinha acesso à educação nem a cuidados de saúde ([44]). Mesmo assim, os Tibetanos começaram progressivamente a produzir tantos bens e serviços como os que possuíam antes da invasão chinesa.

Enquanto as reformas mudavam a vida privada dos Tibetanos, o congelamento das conversações entre o Dalai Lama e Pequim dava sinais de diminuir. Em Dezembro de 1978, Deng Xiaoping, o arquitecto da revolução que estava a varrer a China, iniciou discretamente conversações com os representantes do Dalai Lama ([45]), as primeiras desde 1959. Gyalo Thondup, o irmão mais velho do Dalai Lama, deslocou-se à Pequim, onde Deng Xiaoping o informou pessoalmente de que, excluindo a independência, tudo estava aberto a discussão. Depois de ter colaborado com a CIA, nas décadas de 60 e 70, Gyalo Thondup concluiu que o destino do Tibete estava ligado à China ([46]), e alguns observadores são da opinião de que ele poderá ter dado a Deng Xiaoping a impressão de que o seu irmão estava disposto e trocar a independência por uma verdadeira autonomia. O próprio Dalai Lama, entre 1978 e 1980, fez declarações nas quais afirmou que o assunto nuclear era a felicidade do povo tibetano e não o estatuto do Dalai Lama, e que estava disposto a encetar o diálogo com a China para resolver o assunto. Em Dezembro de 1978, dados estes passos iniciais, Deng Xiaoping reafirmou a um repórter da Associated Press a posição básica da China. "O Dalai Lama poderá regressar, mas somente na qualidade de cidadão chinês", disse Deng Xiaoping. "Só fazemos uma exigência: que haja patriotismo" ([47]). Num gesto promotor de confiança, Deng Xiaoping autorizou aos exilados o envio de missões de avaliação ao Tibete. Estas missões – que foram, na realidade, delegações enviadas pelo Dalai Lama e pela ACT, embora a China não quisesse ver o processo assim – incluíram membros importantes do governo tibetano no exílio, bem como familiares do Dalai Lama.

Apesar dos avisos severos do Partido Comunista Chinês e das autoridades da Região Autónoma do Tibete (RTA) no sentido de que os exilados deveriam ser ignorados, em Lhasa e em todos os outros locais visitados pelas delegações, multidões gigantescas submergiram os exilados e deram-lhes um acolhimento histórico. Os líderes chineses ficaram boquiabertos ao constatar que décadas de propaganda e luta de classes não tinham conseguido destruir o nacionalismo tibetano. Nas palavras de um funcionário chinês que assistiu à recepção dada por Lhasa aos exilados,

"Os esforços dos últimos 20 anos foram desperdiçados num único dia" [48].

Em Maio de 1980, pouco antes de uma segunda visita dos exilados, o secretário-geral do PCC, Hu Yaobang, deslocou-se ao Tibete [49] para avaliar a situação. A miséria existente chocou Hu, que disse que a atitude da China no Tibete lhe faziam pensar no colonialismo. Ele admitiu não só que os Tibetanos eram pobres, mas também que, nalgumas regiões, eram mais pobres do que antes de 1950 [50]. Propondo reformas genuínas, Hu solicitou que os chineses do Tibete aprendessem tibetano e que o seu número fosse reduzido. Hu tentava essencialmente implementar as reformas que o Panchen Lama preconizara em 1962. Com uma verdadeira autonomia no Tibete, poderiam existir bases para um acordo negociado. Os Tibetanos e os Chineses continuaram a falar.

Mas as negociações não tardaram a revelar um problema fundamental. Os Tibetanos insistiram que a questão em cima da mesa era uma solução política para todo o Tibete, incluindo as partes orientais da nação, Amdo e Kham, que a China incorporara nas suas províncias e onde viviam dois terços dos Tibetanos [51]. No entanto, Pequim pretendia falar do estatuto do Dalai Lama, e não do estatuto do Tibete nem das políticas da China no Tibete. Os Chineses estavam desejosos de que o Dalai Lama fixasse a sua residência em Pequim, onde desempenharia funções cerimoniais. Fontes chinesas dizem que as aspirações "leoninas" [52] dos Tibetanos espantaram os negociadores, e que o Dalai Lama se recusou a aceitar um acordo que deixaria a maioria dos Tibetanos fora das fronteiras de uma região autónoma. A partir de 1984, o diálogo perdeu ímpeto e interrompeu-se.

O Dalai Lama acabou por pedir à comunidade internacional que exercesse pressão sobre os Chineses para que estes negociassem de boa-fé. Em Junho de 1987, a Câmara dos Representantes dos EUA acusou Pequim de ter "invadido e ocupado o Tibete" [53] em 1950. Em Setembro do mesmo ano, o Dalai Lama solicitou pessoalmente o auxílio da Comissão de Direitos Humanos do Congresso para o reatamento de negociações com os Chineses. No Capitólio, rodeado pelos congressistas, o Dalai Lama disse:

> O que está em causa (...) é a ocupação ilegal [54] do Tibete pela China... As autoridades chinesas tentaram confundir a questão afirmando que o Tibete sempre fez parte da China. Não é verdade. O Tibete era uma nação independente quando o Exército Popular de

Libertação invadiu o país, em 1949/50... Enquanto prossegue a ocupação militar chinesa do Tibete, o mundo não se deve esquecer que embora os Tibetanos tenham perdido a sua liberdade, o Tibete continua a ser, à luz do direito internacional, um Estado independente sob ocupação ilegal.

Apesar destes acontecimentos, o Dalai Lama procurou negociar um acordo com os Chineses e, na esperança de sentar novamente as partes à mesa, propôs um plano de paz com cinco pontos. Propôs que a China respeitasse os direitos humanos dos Tibetanos, libertasse todos os presos políticos e respeitasse o ambiente; que deveriam iniciar-se imediatamente conversações para pôr fim à transferência de Chineses para o Tibete, e que o Tibete pudesse vir a tornar-se uma zona de paz desmilitarizada.

Os Chineses responderam ao plano de paz afirmando que "o estatuto do Tibete" era "uma questão inexistente". Pequim denunciou especificamente o plano como "um continuar da pregação da 'independência do Tibete'". Em Lhasa, a fúria popular face às veementes críticas chinesas ao Dalai Lama eclodiu em manifestações a favor da independência. Durante meses de protestos, cerca de duzentos manifestantes foram espancados e presos, e pelo menos seis foram mortos a tiro[55]. As penas de prisão atribuídas a alguns manifestantes foram pesadas, até 19 anos. Em Outubro, o Senado dos EUA reagiu aceitando a resolução sobre o Tibete aprovada anteriormente pela Câmara dos Representantes, acrescentando-lhe a condenação da violenta repressão chinesa exercida sobre os manifestantes pacíficos. Os protestos prosseguiriam regularmente no Tibete, sendo mortos mais alguns Tibetanos. O Panchen Lama e Nagwang Jigme Ngapo, ambos residentes na China, condenaram os manifestantes, e Ngapo falou contra "qualquer iniciativa destinada a fragmentar a pátria"[56].

Em Junho de 1988, durante um discurso perante o Parlamento Europeu, em Estrasburgo, o Dalai Lama declarou oficialmente, pela primeira vez, que embora os Tibetanos pretendessem a independência, e ainda que a história comprovasse que tinham sido independentes durante muito tempo, ele estava disposto a negociar com a China uma verdadeira autonomia para o Tibete[57]. Falou de uma entidade autónoma, "associada à República Popular da China", sendo que o governo chinês continuaria responsável pela política externa e de defesa do Tibete. Com os protestos a decorrerem no Tibete e a atenção internacional centrada no Dalai Lama,

Pequim aceitou inicialmente encontrar-se com Sua Santidade num local da sua escolha. Todavia, quando o Dalai Lama respondeu com uma proposta concreta para iniciar as conversações, o processo interrompeu-se. Os Chineses acabaram por rejeitar a proposta feita em Estrasburgo porque, conforme disseram, o Dalai Lama não "abriu mão do conceito de 'independência do Tibete'" ([58]).

Em finais de 1988, devido à continuação dos protestos, o Panchen Lama foi enviado para Lhasa para pôr fim aos distúrbios. Num discurso em Xigaze, a 17 de Janeiro de 1989, ele pediu, dramaticamente, que o Dalai Lama fosse autorizado a cooperar com ele no Tibete: "É necessário que o Dalai Lama e o Panchen [Lama] se reúnam (...) não posso tomar nenhuma decisão sozinho". Apenas dois dias mais tarde, fez outra declaração importante: "Houve certamente progressos desde a libertação, mas o preço pago pelo desenvolvimento foi maior do que os ganhos" ([59]). Estas declarações atraíram a cobertura dos meios de comunicação globais e mostraram que, no fundo, o Panchen Lama não era o colaborador ([60]) que muitos pensavam. Cinco dias depois, o Panchen Lama morreu em circunstâncias misteriosas – alegadamente de um ataque cardíaco.

Em finais da década de 80, a ala liberal do Partido Comunista Chinês, que apoiara Hu Yaobang e o seu apelo reformista, foi derrubada do poder na China e no Tibete. Enquanto os liberais e a linha dura lutavam pelo controlo do PCC, Hu Jintao, uma estrela em ascensão, foi nomeado secretário do partido para a RAT, chegando a Lhasa no fim de 1989 ([61]). O secretário-geral do PCC, Zhao Zyiang, um liberal, instruiu Hu Jintao a tratar bem os Tibetanos ([62]), apesar dos protestos. Contudo, decorridos apenas dois meses sobre a sua nomeação, Hu Jintao ignorou as suas directivas e cooperou com os militares para transferir dezenas de milhares de soldados para o Tibete ([63]). Durante dois anos, os Tibetanos tinham desafiado o controlo chinês e, embora alguns resistentes tivessem sido mortos, não se verificara a onda de repressão que seria de esperar em situações análogas. Os "liberais" do PCC não tinham reagido muito duramente, e os manifestantes continuaram a regressar às ruas. Em 7 de Março de 1989, após dois dias de protestos durante os quais as tropas mataram 70 Tibetanos, Hu Jintao, em concertação com Pequim, declarou a imposição da lei marcial. Durante os 18 meses seguintes, foram esmagados todos os protestos e desde então nunca mais se verificou nenhuma contestação em larga escala. Hu Jintao adquiriu credibilidade junto da linha dura do partido ([64]) por ignorar os liberais e exercer uma dura repressão.

Foi uma jogada presciente e que, em 2003, contribuiria para a sua eleição como presidente da República Popular da China.

O declínio da facção liberal do PCC, iniciado em Lhasa, em Março de 1989, acelerou-se após a morte de Hu Yaobang, em Abril, embora ele já tivesse sido afastado do poder cinco anos antes. Em Pequim, os reformistas saíram para as ruas recordando os feitos de Hu Yaobang, e o seu número engrossou até se transformar nas multidões que encheram a Praça de Tiananmen. Em Junho, quando a linha dura massacrou centenas de pessoas em Tiananmen, também matou o movimento reformista no seio do PCC. O Tibete transformara-se num teste para liberais e conservadores de Pequim. Com a vitória da linha dura, a China renunciou a dialogar com o Dalai Lama. Só em Lhasa, Hu Jintao promoveu a colocação de 170 000 soldados do EPL [65] e 30 000 efectivos da Polícia Popular Armada. As políticas liberais de Hu Yaobang foram responsabilizadas pela explosão do nacionalismo no Tibete, e a linha dura pôs cobro a qualquer sugestão de conversações. Ao mesmo tempo, alguns Tibetanos no exílio expressavam a sua oposição à disponibilidade do Dalai Lama renunciar à independência como o preço a pagar pelas negociações.

❈ ❈ ❈

Em 10 de Dezembro de 1989, no seu discurso de aceitação do sexagésimo nono Prémio Nobel da Paz, o Dalai Lama disse,

> O sofrimento do nosso povo durante os últimos quarenta anos de ocupação encontra-se bem documentado. A nossa luta tem sido longa. Sabemos que a nossa causa é justa. Porque a violência só pode gerar mais violência e sofrimento, a nossa luta deve continuar a ser não violenta e isenta de ódio. Tentamos pôr fim ao sofrimento do nosso povo, não infligir sofrimento aos outros [66].

No dia seguinte, durante a conferência Nobel, o Dalai Lama disse aos seus ouvintes que

> Não falo com um sentimento de raiva ou ódio para com aqueles que são responsáveis pelo imenso sofrimento do nosso povo e pela destruição da nossa terra, dos nossos lares e da nossa cultura. Eles

também são seres humanos que lutam para encontrar a felicidade e merecem a nossa compaixão. Falo para vos informar da triste situação do meu país e das aspirações do meu povo, porque na nossa luta pela liberdade a verdade é a única arma que possuímos.

É da época da proposta de Estrasburgo, em meados de 1988, e da aceitação do Prémio Nobel da Paz pelo Dalai Lama, um ano e meio depois, que podemos datar a moderna luta pelo Tibete. No capítulo mais recente, o Dalai Lama tem repetidamente afirmado que, apesar da história do Tibete como país independente, ele está disposto a aceitar uma autonomia verdadeira no seio da China. Pequim tem rejeitado esta proposta, insistindo que o Dalai Lama pretende a independência total ou a fragmentação da própria China.

Desde o início da década de 80, um número cada vez maior de Chineses tem sido encorajado pelo governo a mudar-se para o Tibete, que está a ser submergido por uma vaga de emigrantes. Os Chineses constituem actualmente mais de metade da população de Lhasa. Muitos destes trabalhadores emigrantes parecem ser atraídos por subsídios governamentais, e afirmam geralmente o seu desagrado face ao solo e clima tibetanos difíceis. De facto, sem os subsídios, muitos não ficariam. Na década de 90, a China deu início a um vasto programa de construção de infra-estruturas em Lhasa, com o objectivo de tornar a cidade habitável pelos padrões chineses. Segundo Pequim, os emigrantes são apenas trabalhadores temporários que vão ajudar os Tibetanos e todos acabarão por partir ([67]). O Dalai Lama já expressou a sua preocupação de que a China tenha enveredado por uma "solução final" demográfica para a sua questão tibetana.

Nos primeiros anos do século XXI, enquanto a bolha económica da China ([68]) continua a dilatar-se, o governo procura apressadamente concluir a primeira linha ferroviária entre a China e Lhasa. As infra-estruturas foram concluídas antes do prazo, em 2006, e custaram 3 mil milhões de dólares. Quando os comboios diários começarem a chegar a Lhasa, o Tibete enfrentará o teste decisivo. Poderão os Chineses ser induzidos a residirem no Tibete, durante todo o ano, em número que venha a submergir a identidade tibetana? A migração chinesa para a Mongólia Interior enveredou por um caminho semelhante.

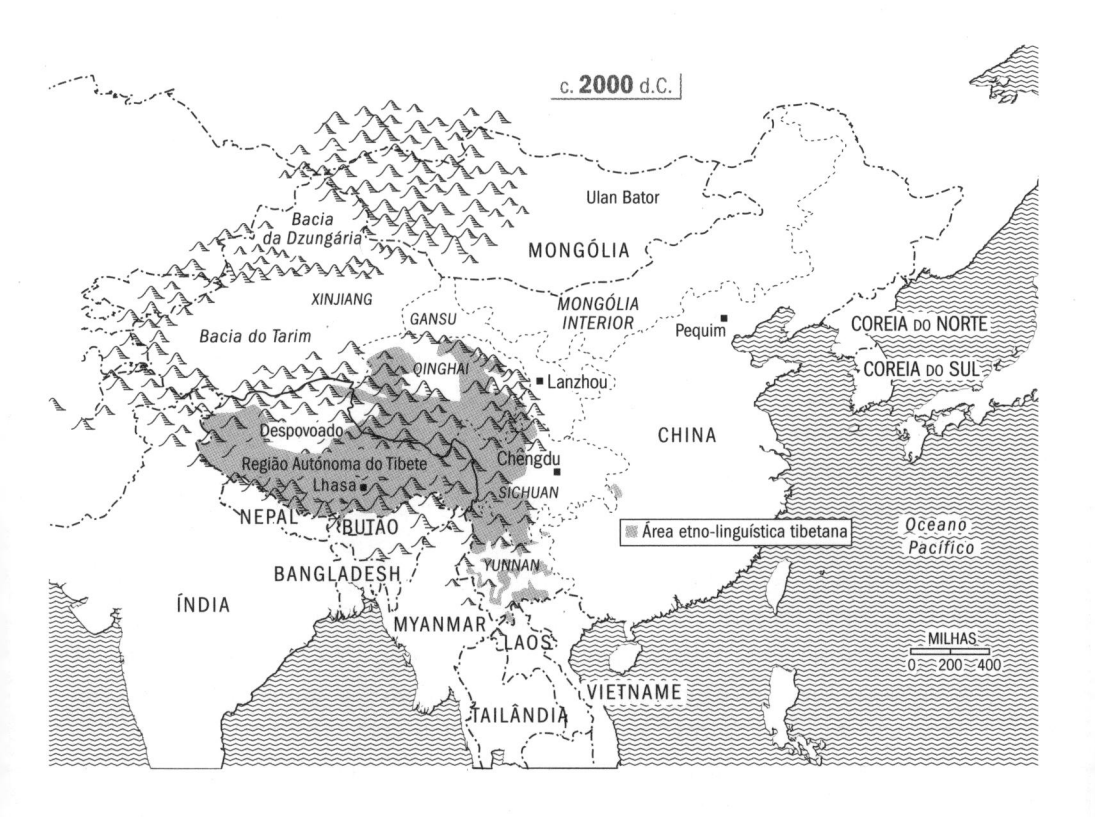

Um autor chinês, olhando pragmaticamente para o Tibete e interrogando-se porque é que a China luta tão tenazmente por ele, explica as motivações chinesas subjacentes. Wang Lixiong acredita que uma razão que leva os líderes chineses a promoverem a posse do Tibete como "uma justa causa nacional" ([69]) é o seu receio dos factos geográficos. As províncias de Amdo e Kham, que o Dalai Lama insiste que devem integrar qualquer região autónoma tibetana para que ele possa cooperar com os Chineses, situam-se num planalto com 3 000 metros de altura, sobranceiro a algumas das mais populosas províncias chinesas. Que líder chinês poderia abrir mão de um território a apenas 100 quilómetros de Chengdu, a capital da Província de Sichuan? Além da segurança nacional, Wang diz que se trata de uma questão de recursos:

> Embora os Chineses han constituam 93% da população chinesa, as regiões das minorias étnicas representam 60% do território chinês, 89,6% das nossas pastagens, 37% das nossas florestas, 49,7% dos

nossos recursos em madeira e mais de 50% das nossas reservas hídricas... A terrível explosão demográfica, o excesso de densidade populacional e a escassez de recursos são factores que explicam porque é que a China não pode solucionar o problema das nossas minorias étnicas recorrendo ao modelo da fragmentação soviética [70].

Wang também admite que "o estabelecimento da soberania da China sobre o Tibete não assenta numa vitória militar, mas antes na capacidade de os Chineses han para lá se transferirem e lá permanecerem... Obviamente, na situação actual só os militares estacionados no Tibete impedem os separatistas de se libertarem da soberania chinesa". Comboio para Lhasa, migração de Chineses para o Tibete, modernização da nação: nenhum destes projectos está a ser levado a cabo em benefício dos Tibetanos.

Contudo, os líderes chineses, pelo menos para consumo público, evitam falar em *realpolitik*. Optam por pregar uma versão da história tibetana. Em 1997, falando com o casal Clinton na Casa Branca, no Quarto de Lincoln, o presidente Jiang Zemin citou a primeira linha do Discurso de Gettysburg [71]; mais tarde, bateu com a mão na mesa ao insistir que os Tibetanos tinham sido "vítimas do feudalismo" [72], como se os pecados tibetanos justificassem a colonização chinesa. Alguns dias antes, numa entrevista ao *Washington Post*, Jiang Zemin dissera, "Lincoln foi um líder notável, particularmente por ter libertado os escravos na América [73]. A China acabou há muito tempo com a escravatura, excepto no Tibete, onde só conseguimos abolir a servidão depois da partida do Dalai Lama". Jiang parecia genuinamente confuso pelo facto de os Estados Unidos não apoiarem os esforços da China no Tibete: "A impressão que tenho é que vocês [Americanos] se opõem indubitavelmente à escravatura, mas, no entanto, apoiam o Dalai Lama".

Discursando em Harvard, Jiang Zemin reafirmou as condições da China para iniciar quaisquer conversações com o Dalai Lama. O Dalai Lama deveria "declarar publicamente que o Tibete é parte inalienável da China, afirmar a sua desistência da independência tibetana e pôr termo a todas as actividades destinadas a fragmentar a pátria" [74]. O Dalai Lama é muito claro: "Embora o desejo primordial do povo tibetano seja a reconquista da independência nacional, venho há anos a afirmar publicamente que estou disposto a negociar e a trabalhar com base numa agenda que não inclua a independência" [75].

Depois da invasão, da revolução, do terror, dos campos da morte e do revivalismo económico, as raízes do conflito entre o Tibete e a China continuam enterradas na história.

❈ ❈ ❈

Mesmo entre os Tibetanos ricos que colaboram com os Chineses no controlo da sua nação, o patriotismo nunca morreu, mas quase todos os Tibetanos são suficientemente inteligentes para manter esses sentimentos escondidos. Todavia, existem jovens tibetanos, nascidos depois da Revolução Cultural, que ainda não aprenderam esta lição. Aparecem em Lhasa, provindo frequentemente de aldeias remotas. São geralmente jovens monges ou monjas. Muitos americanos e europeus fazem uma ideia errada do que é a liberdade de expressão, pelo que têm dificuldade em compreender o que estes jovens fazem quando chegam à capital. Dirigem-se a uma praça e põem-se a gritar palavras de ordem que sabem que lhes garantirão uma descida aos infernos.

"Liberdade para o Tibete!"

"China fora do Tibete!"

"Longa Vida ao Dalai Lama!"

Em 1994, quando gritou, "Liberdade para o Tibete!" numa rua de Lhasa, a monja Pasang Lhamo tinha apenas 17 anos de idade. Um ano mais tarde, a monja Chuying Kunsang, com apenas 19 anos de idade, tomou a mesma decisão fatídica. Ambas as jovens cumpriram cinco anos na infame prisão de Drapchi, onde são mantidos os presos políticos.

Após a sua libertação, as duas monjas fugiram para o Ocidente. Quando as entrevistei, em 2003, em Chicago[76], disseram-me que tinham sido torturadas na prisão. Porquê? Por se terem recusado a mentir sobre a história sino-tibetana.

"Na prisão, deram-nos folhetos com a versão chinesa da história tibetana", disse Chuying. "Narravam a história do casamento de Songzen Gampo com a princesa chinesa Gyasa [Wencheng em chinês]", durante a Dinastia Tang, há mil anos – um período histórico no qual até os Tibetanos que apoiam a ocupação chinesa, tais como Ngawang Jigme Ngapo, afirmam que o Tibete era independente. De facto, o governo chinês mantém oficialmente que "o domínio da China sobre o Tibete" apenas teve início no século XIII. "Depois de lermos os folhetos que nos deram", disse Chuying, "disseram-nos para escrevermos as nossas opiniões sobre a história do Tibete.

"Eu reconheci que Gyasa tinha ido para o Tibete como noiva", prosseguiu ela, "mas expliquei que isto não provava que o Tibete fazia parte da China na época. Depois de eu entregar a minha resposta escrita, houve uma assembleia, e chamaram o meu nome. Um guarda disse-me, em frente de todos os prisioneiros, 'Estúpida ignorante! Como te atreves a discordar da história?' Tiraram-me do grupo e depois torturaram-me".

"Isso aconteceu uma única vez?", perguntei eu.

"Não", disse Chuying. "Acontecia três ou quatro vezes por ano". Davam-lhe alguns meses para alterar a sua resposta. Depois, faziam-lhe outra vez as perguntas.

"Qual era o objectivo deles?", inquiri.

"Queriam fazer-me uma lavagem ao cérebro em relação à história e recorriam à tortura", disse Chuying, sorrindo. Depois, enquanto a sua resposta era traduzida para mim, ficou a olhar para as unhas, roídas até ao sabugo.

"Eram sempre chineses?", perguntei.

"Não falo chinês", disse Chuying, "pelo que todos os especialistas que me deram lições de história eram tibetanos".

"Eram guardas prisionais?", perguntei.

"Pertenciam ao sistema prisional", disse ela, ainda sem olhar para mim. "Mas uma vez, penso que em 1996, trouxeram uma professora da Universidade do Tibete, em Lhasa, para nos fazer uma palestra. Só uma vez. Como sempre, a sessão foi sobre política e história. Normalmente, as sessões eram só para os presos políticos, mas quando veio a professora tibetana convocaram todos os presos. Ela disse-nos que, antes de 1959, os nobres torturavam os servos, e que os Chineses nos tinham libertado de tudo aquilo".

Chuying coçou o nariz com uma unha roída e calou-se. Não houve lágrimas, mas ela não conseguia olhar para cima. Pasang Lhamo, hoje com vinte e seis anos de idade, continuou pela amiga. "Não nos conhecemos na prisão. Não podíamos falar, e nem sequer estávamos na mesma cela. Mas também me lembro. Sim, era uma professora da Universidade do Tibete. Parecia ter uns cinquenta anos, rechonchuda. Era uma professora, que nos poderia educar acerca do Tibete". A Universidade do Tibete é a única instituição que a China abre a qualquer académico ocidental que pretenda estudar no Tibete. Universidades de todo o mundo cooperam com ela e muitas têm financiado o seu trabalho.

"Fizeram-lhe alguma pergunta?", inquiri.

Pasang sorriu face à minha ignorância. "Não podíamos fazer perguntas nem levantar dúvidas. Não era assim. Estas sessões de 'Reforma Pela Educação, duravam talvez cinco dias. Estavam sempre a dizer-nos que, quando saíssemos, seríamos cidadãos bem educados e bem adaptados – se tentássemos aprender e deixássemos de ser tão ignorantes".

Chuying encontrou forças para continuar. "Depois das sessões, disseram-nos para escrevermos a nossa resposta. Para lhes dizermos o que tínhamos aprendido. E para assinarmos e escrevermos os números da cela e do bloco".

"Voltaram as duas a dizer a verdade?", perguntei eu, na esperança de que tivessem aprendido a mentir. Mas ambas anuíram com a cabeça.

"E foram novamente torturadas, depois da palestra da professora tibetana", disse eu.

As duas mulheres anuíram com a cabeça, mas agora estavam ambas a olhar para as unhas roídas. Pasang disse: "Os guardas que nos torturavam e falavam connosco eram sempre tibetanos, porque não compreendíamos chinês. Interrogavam-nos e torturavam-nos numa saleta".

Chuying limpou lentamente uma lágrima do olho e disse, numa voz calma, "Sim, voltaram a torturar-nos depois de ela se ir embora, e disseram-nos a mesma coisa. 'Vocês são umas campónias ignorantes. És uma divisionista a tentar destruir a pátria'".

"O que é que vos fizeram?" – eu queria saber.

"A minha resposta escrita estava em cima da secretária", disse Chuying, "e obrigaram-me a ajoelhar no chão de cimento, em frente do interrogador. 'Cadela vadia do Dalai Lama!', gritaram eles. Como eu não dizia o que eles queriam, deram-me choques com aguilhões eléctricos nas mãos, no rabo, nos lábios, nas bochechas".

Parámos de falar e bebemos chá tibetano, bem quente. Estávamos no princípio da Primavera. A mistura de manteiga, leite, sal e chá que saía da misturadora tinha um aroma idêntico ao que emerge de uma batedeira de madeira numa tenda de nómada no Planalto Tibetano. Desorientou-me. Depois de termos bebido, perguntei-lhes, "Eles estavam a tentar fazer-vos mudar de ideias? Qual era o objectivo do que faziam?"

Chuying olhou para mim com uma infinita paciência, sorriu docemente e disse, "Sim, era mais ou menos isso. Depois das sessões, queriam que disséssemos que o Tibete sempre fora parte da China e que eu era uma estúpida por pensar o contrário. Nunca cedemos. Nunca concordámos com eles. O sistema está concebido para recompensar as pessoas que são reformadas, que admitem o seu erro. Todos nós aceitámos que a morte fazia parte do risco que corríamos pelas nossas ideias, e mesmo assim, jurámos não ceder".

Uma fresca brisa primaveril entrou pela janela. Tantos séculos de história penetraram na sala; tantos mortos estavam connosco.

Em Maio de 1998, dois anos depois de terem sido torturadas por se negarem a mentir sobre a história, Chuying e Pasang viram os guardas espancar alguns presos até à morte. Algumas dezenas de presos, de um grupo de cerca de mil reunidos no pátio para o hastear da bandeira, começaram a gritar, 'Liberdade para o Tibete!'. Durante os dias e meses que se seguiram, os guardas mataram dez dos que tinham gritado, incluindo cinco jovens monjas, que foram espancadas até a morte [77]. A China prendera-as pelo mesmo crime de que haviam sido acusadas Chuying e Pasang. Tinham gritado, num lugar público, "Liberdade para o Tibete!"

❈ ❈ ❈

A poetisa tibetana Woeser, no seu poema "Tibete Secreto" [78], escreve eloquentemente sobre a tortura no Tibete moderno.

> Quando penso nisso, o que têm eles a ver comigo?
> Palden Gyatso, encarcerado durante 33 anos;
> Ngawang Sangdrol, encarcerada desde os 12 anos de idade;
> e o recém-libertado Phuntsok Nyidron
> e Lobsang Tenzin, encarcerado algures.
> Não os conheço, nem sequer vi as suas fotografias.
>
> Apenas vi na Internet, em frente de um velho lama,
> grilhetas, facas afiadas, aguilhões eléctricos com múltiplas funções.
> Pele flácida, maçãs do rosto ossudas, rugas vincadas,
> uma reconhecível elegância dos tempos da juventude,
> uma beleza que não pertence ao mundano.
> Tornou-se um monge muito jovem,
> o espírito do Buda brilha-lhe no rosto.

Outubro, arredores de Pequim, um frio vento outonal, um mundo alterado.
Eu estava a ler a biografia que tirei da Internet, em Lhasa,
vendo os seres sensíveis da Terra das Neves esmagados
por cascos de ferro estrangeiros. Palden Gyatso, numa voz tranquila:
"Passei a maior parte da vida em prisões
construídas pelos Chineses no meu país".
E através de outra voz,
podemos "reconhecer as palavras de perdão".

❀ ❀ ❀

Quando comecei a trabalhar neste livro e vi a intensidade da discórdia entre Chineses e Tibetanos relativamente à sua história comum, apresentar os pontos de vista dos dois lados pareceu-me uma tarefa impossível. O Dalai Lama, que tem vivido com esta questão toda a sua vida e que acredita tão convictamente na vitória da verdade e da lógica, disse-me que, em última análise, "a única solução é a criação de uma comissão especial, uma comissão conjunta, convidar alguns historiadores chineses, convidar alguns especialistas ocidentais, tibetanos e independentes, e deixá-los estudar a história e a situação legal, e depois deixá-los decidir". Infelizmente, foram infrutíferos os meus pedidos discretos para entrevistar especialistas da República Popular da China sobre o tema. Disseram-me que as pessoas que estudavam o Tibete na China poriam a sua liberdade em perigo se tivessem quaisquer conversas comigo ([79]). Por este motivo, o presente livro apoia-se em publicações chinesas para apresentar a perspectiva de Pequim sobre o Tibete.

Conseguir entrevistas com historiadores e cientistas políticos ocidentais também foi um desafio. Quando contactei os especialistas e lhes disse que estava a escrever uma história concisa do Tibete e a entrevistar o Dalai Lama para o meu livro, muitos negaram-se a colaborar. Falando *off the record*, um respeitado historiador riu-se e disse-me, "Ouça, para trabalhar no Tibete são necessários vistos, e toda a gente sabe que os Chineses são sensíveis relativamente a tudo isso" ([80]). O poder da China para influenciar o diálogo é imenso.

Será que os historiadores americanos escrevem em função das sensibilidades chinesas? O Dr. Perry Link, professor de estudos da Ásia Oriental na Universidade de Princeton, foi proibido de viajar na China devido ao seu trabalho em *The Tiananmen Papers*.

"Sei que se trata de uma questão sensível", disse eu a Link. "Mas acredita que alguns historiadores americanos distorcem os factos históricos – ou se recusam a falar sobre eles – para evitarem irritar o governo chinês, embora saibam que os factos históricos não sustentam a tese chinesa de que 'a história prova' que o Tibete sempre foi parte da China?".

"Tem razão. Trata-se de uma questão sensível", retorquiu Link, "e, no geral, penso que existe alguma verdade naquilo que diz. Se empregar na sua pergunta o termo 'cientista político' em vez de 'historiador', nesse caso, sim, e eu iria mais longe: sem sombra de dúvida".

Alguns cientistas políticos e antigos funcionários governamentais que participaram no desenvolvimento da política americana para a China e o Tibete ([81]), independentemente do partido político no poder, são cuidadosos face às sensibilidades de Pequim. As suas carreiras dependem de vistos, do acesso a arquivos e aos líderes chineses. Aprendem que a utilização da porta giratória entre cargos governamentais e empregos bem remunerados em *think tanks* e universidades lhes exige que falem sobre a China – e ocasionalmente sobre a sua história com o Tibete – dentro dos parâmetros definidos por Pequim. Estes facilitadores de alto nível, frequentemente chamados a explicar a China aos telespectadores, existem em todos os países que mantêm relações comerciais com a China: nos Estados Unidos, na Austrália, no Japão, na América do Sul, na África e por toda a Europa.

Num artigo cabalmente intitulado "A Anaconda no Candelabro", Link explica a pressão exercida sobres estes profissionais para se autocensurarem. Convidados para uma recepção de gala, os que se alimentam da prosperidade e força da China ignoram a metafórica anaconda, enroscada no candelabro. Toda a gente que se encontra no salão adapta-se subtilmente à poderosa criatura pendurada sobre as suas cabeças, acerca da qual ninguém quer falar. O mínimo tilintar dos cristais é interpretado com a maior cautela.

Antes de terminarmos a nossa conversa, Link pôs a questão em termos delicados. "A proibição de entrada na China a alguns académicos tem um efeito terrível sobre todos os outros". Os que se encontram na mina de carvão e vêem o canário morto estão a aprender a ficarem calados. Ou é ainda pior?

Num relatório secreto sobre o Tibete – passado clandestinamente para o exterior e traduzido em 1993 – o Comité Central do Partido Comunista Chinês sublinhava que um dos principais alvos para a sua "propaganda externa" eram as "pessoas bem colocadas". Os funcionários do partido eram instados a "servir-se de estrangeiros para fazerem propaganda sobre o Tibete por nós, porque a propaganda criada por estrangeiros é mais poderosa" ([82]) do que a propaganda produzida pelos Chineses.

❈ ❈ ❈

A minha última sessão com o Dalai Lama teve lugar num dia chuvoso, durante a monção. Cheguei cedo e ouvi-o chegar, sacudindo o chapéu-de--chuva e batendo sonoramente com os chinelos para os limpar da lama. Logo que se sentou, pedi-lhe para resumir a história que tínhamos discutido, para especular sobre o futuro, e acima de tudo, por favor, de forma concisa.

O Dalai Lama riu-se. "Alguns milhares de anos de história. É difícil dizer. O Tibete faz parte do mundo, pelo que é semelhante a outros países. Mas também é verdade que o caso tibetano é único porque existe uma ligação a um nível misterioso. Para dizer a verdade, existe uma grande ligação. Às vezes, é mais feliz, outras é mais dolorosa. Mas julgo que posso também dizer, apesar dos muitos reveses, que o espírito tibetano ainda é forte e que a nação tibetana é bastante resistente".

"Qual é a sua previsão para o futuro?", perguntei eu.

"Acredito que a verdade possui uma força própria e que devemos manter a nossa fé na verdade", respondeu ele, regressando a um tema ao qual se referira durante uma das nossas primeiras entrevistas. "É claro que as armas possuem uma força própria. Mas o poder ou a força de uma arma é breve ou temporário. É temporariamente decisivo, mas no longo prazo é fraco. O poder da verdade resiste. A verdade é imutável. E existe outra manifestação destas duas. Muitas vezes, o poder das armas é incompatível com a verdade e depende muito de inverdades ou de mentiras. Assim, as armas implicam habitualmente mentiras e muita destruição. Quando os governos mantêm tantos segredos de Estado, é um sinal de fraqueza, apesar da sua força militar. Quando um governo é obrigado a ter segredos para o seu próprio povo, é uma fraqueza. Na China, o governo tem tido demasiados segredos para o seu próprio povo. Isto não é bom. Os Tibetanos não têm armas, mas são muito fortes. Sofremos muito. Fomos vítimas mas ainda *(dizemos)* a verdade. Não existem mentiras, não existem esforços para escondermos as nossas mentiras. Somos abertos. Toda a gente pode ver o que estamos a fazer. Tentamos ser abertos, e isto é uma manifestação da verdade e de verdadeira força. É por isto que sinto que o futuro é de esperança e que será positivo".

"Algumas pessoas poderão não ver tão positivamente a situação com que o Dalai Lama se confronta", disse eu.

"Se olhar para a situação tibetana localmente", retorquiu ele, "a situação afigura-se irremediável e desesperada, e parece que estamos a ficar sem tempo. Mas na realidade, o problema tibetano não é minimamente irremediável, não é como os problemas decorrentes de uma guerra civil. O nosso problema é um conflito com alguém que se fez convidado e chegou de arma na mão. Mas as coisas mudam. A questão do Tibete está muito ligada à situação da própria China. A China, independentemente da forma como está organizada, faz parte do mundo, e a mudança faz parte do mundo. Nos últimos quinze a vinte anos, a China mudou tragicamente e esta mudança continuará. O sistema totalitário mudou e perdeu a sua ideologia, e os políticos parecem estar principalmente preocupados com o poder. Às vezes, acho que sou mais comunista do que eles.

"A existência de um governo totalitário requer força militar", prosseguiu firmemente o Dalai Lama. "Se não possuir um objectivo ou uma ideologia adequados, somente poder, o sistema é malsão e irá inevitavelmente mudar. Devido às novas tecnologias, como a Internet, é impossível qualquer governo ter tantos segredos ou tanto secretismo, o que torna a mudança inevitável. Consequentemente, já se verificam mudanças e o tempo do totalitarismo está a chegar ao fim. Do lado tibetano, o espírito é forte e o apoio do mundo exterior continua a aumentar. Numa perspectiva mais global, sinto que há muita esperança".

"Que conselho dá aos Tibetanos que olham para o futuro?", perguntei eu.

"Toda a gente tem de se esforçar mais", disse ele. "Digo aos Tibetanos e aos nossos apoiantes que, nos últimos quarenta anos, o nosso lema ou *slogan* tem sido esperarmos o melhor e prepararmo-nos para o pior. No princípio da década de 60, contávamos regressar ao Tibete dentro de poucos anos. Mas entretanto, preparámo-nos para uma demora maior, talvez de algumas gerações. Sabíamos que se viesse a ser esse o caso, o nosso modo de vida e a nossa cultura teriam de ser preservados. Hoje, esperarmos o melhor significa que temos de conseguir lidar com o governo chinês. Esperamos conseguir uma solução mutuamente satisfatória e devemos trabalhar sinceramente para isso: fazer tudo o que for preciso. Muitos governos apoiam esta opção, o que é bom. Muitos Tibetanos apoiam esta opção, o que é muito bom. Mas devemos também preparar-nos para o pior. Se os nossos esforços sinceros na busca de uma solução negociada falharem, deveremos estar preparados. Temos que pensar que já lá vão cinquenta anos. Quer lhe chamemos libertação, invasão ou colonização, já lá vão cinquenta anos. Talvez restem outros cinquenta. Isto significa que a minha vida chegará ao fim antes de esses cinquenta anos se esgotarem. A minha vida chegará ao fim daqui a vinte ou trinta anos. Poderá existir um período sem o Dalai Lama".

O Dalai Lama tem repetidamente dito que caso não se encontre uma solução com a China antes da sua morte, a próxima manifestação de Chenrezi será descoberta fora do Tibete, algo que não é inaudito, pois o IV Dalai Lama era mongol.

Pegando nos seus comentários sobre esta matéria, perguntei-lhe, "E o que acontecerá com a China caso o Dalai Lama faleça antes de a questão estar resolvida?"

"Nessa altura...", começou o Dalai Lama, mas fez uma pausa. Olhou para o lado, e depois olhou novamente para mim. "Actualmente, os Chineses descrevem a questão em termos de um diálogo com o Dalai Lama. Assim, quando chegar a altura, quando o Dalai Lama deixar de existir, essa ideia perderá a sua sustentação. Tudo isso está errado. Deixei bem claro, inúmeras vezes, que a questão com a China não tem a ver com o Dalai Lama nem com a instituição do Dalai Lama. E ao contrário do que afirmam frequentemente os Chineses, também não é uma questão da geração mais velha, da elite que explorava o povo. A questão não são os interesses deste grupo. São os interesses dos seis milhões de Tibetanos que hoje vivem. Esta é a questão. Deixo sempre isto bem claro. Temos que continuar a deixar isto bem claro. Caso contrário, muitos líderes e governos pensarão que o único problema é o Dalai Lama. Às vezes, ainda parecem pensar que a questão principal é o regresso do Dalai Lama".

"Está a dizer que os governos ocidentais pretendem que tenha um gesto?", sugeri eu.

O Dalai Lama fechou os olhos durante um longo momento e depois prosseguiu, com evidente contenção. "Dizem que o Dalai Lama deveria ter um gesto amigável ou fazer uma declaração positiva para a China. Há dois ou três anos, em Paris, o governo francês teve este tipo de sentimento. Eu disse-lhes que se o problema fosse apenas eu, se fosse apenas o Dalai Lama, nesse caso, sim, tudo seria muito fácil. Eu fazia uma declaração maravilhosa, o governo chinês aceitava-a e na semana seguinte eu estaria em Pequim". Abanou a cabeça, exasperado.

"Mas não é essa a questão, pois não?", perguntei.

Ele abanou a cabeça, concordando. "Mas não é esse o caso – a menos que o governo chinês compreenda que o verdadeiro problema é o ressentimento e a profunda insatisfação de seis milhões de Tibetanos em relação à China, provocados pelo tratamento que têm recebido. Só quando a China compreender isto e estiver disposta a corrigi-lo chegará a altura de eu regressar ao Tibete. Nessa altura, poderei ajudar ambas as partes".

"E se essa altura chegasse rapidamente, qual seria a posição do Dalai Lama no Tibete?", perguntei eu.

"Decidi", disse ele, "que deixarei de ser o chefe do governo tibetano logo que chegarmos ao Tibete e existir alguma liberdade. Foi o que decidi. E penso que nem o Dalai Lama nem os monges se deverão envolver na política partidária. Os monges devem estar acima da política. É isto que proponho. Até os monges comuns fariam melhor em não se envolver na política. Deveriam inclusivamente abster-se de votar, porque depois as pessoas começam a perguntar como é que vamos votar".

"Está a dizer", observei eu, "depois do que já viu na vida e depois de já ter viajado por todo o mundo, que agora acredita – pressupondo que os Tibetanos se governarão a si próprios no Tibete – que deveria haver uma separação entre a Igreja e o Estado?"

"Sim", disse ele com grande convicção. "As instituições religiosas e as instituições políticas deveriam estar separadas. Acho que até deveria ter sido assim antigamente".

Rindo-me, eu disse, "Mas não é possível alterar o passado. Está a dizer que chegou definitivamente a altura de mudar?".

"Sim", respondeu ele, sem hesitar.

"E entretanto, qual é a tarefa que têm pela frente os Tibetanos exilados?", inquiri.

"O Dalai Lama explicou pormenorizadamente que os Tibetanos exilados devem preparar-se, através da educação e da prática, para a criação de planos de desenvolvimento eficazes, baseados nas necessidades dos Tibetanos, apontando simultaneamente os erros específicos da administração chinesa de Lhasa. "Temos a responsabilidade moral de elaborar planos e enviá-los aos Chineses, quer eles os implementem ou não. Limitarmo-nos a exigir a saída dos Chineses é uma atitude oca. É a opção negativa, inadequada. A opção positiva é pressionarmos a China através da aplicação e do estudo. Está nas nossas mãos".

"Se é isso o que os Tibetanos deveriam fazer, que papel vê para os estrangeiros?", perguntei eu.

"Os nossos apoiantes têm de explicar a verdade acerca da situação passada e presente do Tibete e do seu povo. Somente se as pessoas, particularmente o povo chinês e o seu governo, compreenderem a natureza da questão tibetana e a sua origem é que poderemos encontrar uma solução mutuamente aceitável. Tendo isto em conta, é forçoso que encontremos uma solução. Tal como eu disse, poderá haver quem pense que é por causa do Dalai Lama, que se trata do problema do regresso do Dalai Lama. Mas penso que é um disparate. O que deve ser considerado é o povo tibetano – com um passado longo e uma cultura rica –, e o carácter distinto da nossa comunidade. Quando o Dalai Lama já não existir, continuarão a existir o povo tibetano e a sua história".

"Está então a dizer que é importante um maior conhecimento internacional acerca da história tibetana e da natureza da questão?", inquiri.

"Sim, certamente", disse ele, e depois, sem parar, "mas deixe-me ser claro: não procuro a independência. Procuro uma autonomia genuína. E porque é que peço que o Tibete seja tratado como um caso único ou especial? Por causa da nossa história e da nossa cultura".

"Porque historicamente o Tibete era independente", observei eu.

"Se a nossa história e, em particular, a nossa distinção cultural não forem compreendidas, a necessidade de uma solução especial, de uma autonomia genuína que satisfaça o povo tibetano, também não será compreendida. Se fôssemos como os Cantoneses, não haveria problema; mas não somos Cantoneses, somos Tibetanos".

"É um facto que não se pode mudar", disse eu.

"Quer os Chineses o aceitem ou não, o que é verdade é verdade. A realidade é a realidade. Não posso alterar a realidade cultural ou histórica e não posso mentir".

O Dalai Lama fez uma pausa, olhando atentamente para mim. "Se o governo chinês me impuser a condição *(de eu)* ter que aceitar que o Tibete sempre foi parte da China – se eu disser que sim, a história não se vai alterar por causa disso, a história continuará sempre a ser história. O estatuto histórico do Tibete não é um assunto para uma decisão política.

É um assunto para ser determinado pelos historiadores. Quanto ao futuro estatuto do Tibete, é algo que pode ser definido através de um processo político. É algo que pretendo discutir com os Chineses para benefício do povo tibetano, pelo seu bem-estar futuro, e também para benefício do povo chinês".

"Como pretende fazê-lo?", perguntei eu.

"Julgo que teremos que nos centrar nas conversações com a China sobre o futuro. Cada um de nós compreende e interpreta a história de modo diferente. Não devemos impor a nossa interpretação aos outros. Devemos deixar a história aos historiadores, não aos políticos. Sou um monge budista. Não posso mentir, porque a língua deste monge não é para mentiras".

"Confia no poder da verdade", retorqui eu.

"A minha convicção básica é que o poder da verdade, embora possa ser ocasionalmente fraco, não se altera com o tempo. O poder das armas é imediato e forte, muito poderoso e muito decisivo, mas com o tempo torna-se facilmente fraco. A verdade é fraca mas constante, fraca mas eterna, e às vezes aumenta lentamente. O caso tibetano é exactamente assim".

"Não quer entrar em conflito com os líderes chineses", disse eu.

"De maneira nenhuma", concordou ele. "Necessitamos de desenvolver a mesma compreensão, o mesmo entendimento. Obviamente, sabemos e reconhecemos que os Tibetanos têm fortes ligações a muitos dos povos que hoje formam parte da República Popular da China, tais como os Mongóis, os Uigures, os Manchus e os Han. São nossos irmãos e irmãs. Influenciámos mutuamente as nossas culturas e desenvolvemos laços espirituais no passado. E até laços políticos. Partilhámos ocasionalmente uma história comum. É difícil traduzir isto em termos do moderno direito internacional, em especial porque o direito internacional se baseia principalmente em conceitos ocidentais, não em conceitos asiáticos!"

"Mas também não está pronto para dizer que o Tibete não faz parte da República Popular da China", disse eu.

"Não, não o fiz, e penso que temos de lidar com a realidade actual", respondeu o Dalai Lama.

"E no futuro?"

"Se conseguirmos chegar a acordo com a China", disse o Dalai Lama, "será bom para ambas as partes, para ambos os povos. Tenho afirmado claramente que isto pode ser feito no âmbito da constituição chinesa: com o Tibete como parte da República Popular. É isto que procuro. Mas mesmo que os Chineses não concordem com uma verdadeira autonomia para os Tibetanos, para todos os Tibetanos, mesmo que não compreendam o nosso carácter distinto e a nossa necessidade de autodeterminação e de protegermos e praticarmos a nossa cultura, mesmo assim, o direito dos tibetanos estará sempre presente".

"É difícil começar a dialogar caso a China imponha condições tão difíceis?"

"Acredito piamente que a única forma de avançar é através do diálogo", disse o Dalai Lama, "através do respeito mútuo e de um genuíno entendimento. A história é a história, o passado é o passado. Não devem bloquear o diálogo nem um acordo para um futuro melhor. Eu olho para a frente".

Um secretário apontou subitamente para o relógio de parede. Era tempo de partir. O Dalai Lama tinha outro encontro. Entristecia-me deixá-lo, sabendo que talvez nunca mais me voltasse a sentar à conversa com ele. Pedi-lhe para escrever algumas palavras nas quais eu pudesse concentrar-me enquanto escrevia o livro. Ele ficou alguns minutos sentados, pensando pacientemente, e depois escreveu cuidadosamente o seguinte:

> Se é uma acção razoável
> e que, pela sua natureza, beneficia a verdade e a justiça,
> abandonando a procrastinação e o desânimo,
> quanto mais obstáculos encontramos,
> mais devemos fortalecer a nossa coragem e esforçar-nos.
> Esta é a conduta de uma pessoa sábia e boa.
>
> BHIKSHU SHAKYA tibetano, Dalai Lama,
> Tenzin Gyatso, 22 de Julho de 2000

À porta, enquanto nos despedíamos, ele pegou-me na mão e disse-me uma última coisa. "Penso que ficou a conhecer o Tibete e até algumas coisas misteriosas".

14

Epílogo

Nos nove anos desde a minha primeira entrevista a Sua Santidade, o XIV Dalai Lama, para o presente livro, a situação do Tibete tem continuado a evoluir. Os representantes do Dalai Lama retomaram o diálogo com a China. As duas partes têm-se reunido, cerca de uma vez por ano, desde 2002, e encontraram-se recentemente, em Fevereiro de 2006. O principal membro eleito da Autoridade Central Tibetana, Kalon Tripa Samdhong Rinpoche, afirma que o diálogo pode desbravar o caminho para verdadeiras negociações[1]. O aspecto menos optimista é o facto de não se ter verificado nenhum progresso visível ultimamente. No comunicado de imprensa emitido, em Fevereiro de 2006, pelo enviado especial do Dalai Lama, que lidera as delegações à China, Lodi Gyari resume a situação: "Existe hoje uma maior e melhor compreensão das posições das partes e das diferenças fundamentais que continuam a existir... Esta ronda de conversações também deixou clara a existência de uma considerável diferença no próprio modo de abordar a questão. No entanto, continuamos empenhados no diálogo[2] e esperamos que se consigam progressos através de um empenhamento contínuo". De seguida, Lodi Gary declarou que o governo chinês "afirmou o seu interesse na continuação do processo actual, e a sua firme convicção de que os obstáculos podem ser ultrapassados através de novas conversações e compromissos".

Em Maio de 2006, Lhakpa Phuntsog, chefe do Centro de Investigação e Tibetologia da China, em Pequim, teve um raro encontro com jornalistas ocidentais e proporcionou-lhes um vislumbre do modo como Pequim vê as conversações. Ele disse que o Dalai Lama "exigia" que todo o Tibete histórico – o Planalto Tibetano, do qual uma grande parte foi incorporada em várias províncias chinesas – fosse reunificado e recebesse a autonomia. "Estas duas exigências não são consentâneas(³) com a história do Tibete", disse Phuntsog, insistindo que "As exigências do Dalai Lama deram origem a importantes obstáculos". Contudo, as conversações prosseguem e o Dalai Lama sugeriu até que talvez devesse, à semelhança do XIII Dalai Lama, fazer uma peregrinação espiritual a Wutaishan, a montanha sagrada do Bodhisattva Manjushri, na China. Esta viagem seria muito vantajosa para o diálogo com a China. O Dalai Lama tem reiterado na imprensa que os Tibetanos "não pretendem uma separação", e insiste que o Tibete necessita de uma "autonomia significativa" no seio da China. Mais uma vez, parece que as conversações sino-tibetanas chocaram com a interpretação diferente que as partes fazem da sua história comum.

O actual diálogo teve início quando o presidente chinês, Hu Jintao, começou a sua marcha final para a conquista do poder através das fileiras do Partido Comunista. Alguns analistas afirmam que Hu está pronto para um compromisso, o que poria fim ao exílio do Dalai Lama, e muitos governos estrangeiros instaram publicamente Pequim a negociar com o Dalai Lama sem condições pré-estabelecidas. A libertação de vários presos políticos tibetanos pela China, em 2003, alguns anos antes do fim das suas penas, poderá indicar que Hu está empenhado no diálogo. Ao mesmo tempo, pelo menos um preso político tibetano, Tenzin Delek Rinpoche, foi sentenciado à morte depois de ter sido condenado, num julgamento-farsa, por vários atentados à bomba. Os sinais dados por Hu são, pois, ambíguos. Depois de o Dalai Lama ter reconhecido o XI Panchen Lama, este e a sua família foram detidos; encontram-se em prisão domiciliária, em local não revelado, desde os seis anos de idade do miúdo(⁴) – o que o torna o mais jovem preso político do mundo. O Partido Comunista Chinês respondeu a esta situação exactamente como o imperador manchu, em 1720, quando tentou instalar um falso VII Dalai Lama. O partido, que proclama o ateísmo como a religião do Estado, escolheu um jovem tibetano e certificou-o como a "verdadeira" reencarnação do X Panchen Lama. Enquanto prossegue o seu intermitente diálogo com os representantes do Dalai Lama, a China obrigou os monges do mosteiro do Panchen Lama a jurarem fidelidade ao candidato imposto pelo governo (só o Dalai Lama pode certificar um Panchen Lama), ameaçando-os de expulsão caso não o fizessem. Estes sinais têm levado muitos observadores estrangeiros a duvidar da sinceridade do empenho de Hu num entendimento negociado. Postulam que a ânsia da China de que as Olimpíadas de 2008 não sejam sujeitas a controvérsias está a levar o país a prosseguir as conversações apenas para manter os manifestantes tibetanos longe das ruas e desviar a atenção do Tibete. De facto, Kalon Tripa Samdhong Rinpoche, numa atitude controversa, pediu aos Tibetanos e seus apoiantes para não se manifestarem quando os líderes chineses se deslocam ao estrangeiro. Supostamente, este tipo de atitudes criará uma atmosfera positiva para o diálogo.

Ao observar o desenrolar dos acontecimentos, não pude deixar de recordar uma crítica que o Dalai Lama fizera ao seu antecessor. Falando do facto de o XIII Dalai Lama não ter prosseguido energicamente com o seu programa de modernização depois de ter encontrado resistência, o Dalai Lama disse: "Ele via a necessidade de mudança.... Deveria ter apresentado as suas razões à opinião pública, que as teria compreendido". Isto pode explicar porque é que o XIV Dalai Lama aproveita todas as oportunidades para explicar tão cuidadosamente aos seus apoiantes o diálogo com os Chineses.

Um analista[5] acredita que a linha dura existente nos círculos de poder de Pequim está a servir-se do diálogo sino-tibetano para provar a uma facção mais liberal a impossibilidade de um acordo negociado – e também para agradar aos governos estrangeiros que pressionaram Pequim a iniciar o diálogo com o Dalai Lama. Na opinião destes conservadores, a questão tibetana desaparecerá com a morte do XIV Dalai Lama; entretanto, vão encorajando a migração de Chineses para o Tibete, que será seguramente facilitada pela conclusão da primeira linha de caminho-de--ferro directa para Lhasa, em 2006.

Os representantes do Dalai Lama têm expressado a esperança de que o diálogo possa conduzir a negociações francas, apesar de os representantes chineses terem negado, pelo menos publicamente, a existência de qualquer diálogo. Muitas questões estão a ser seguramente ponderadas em privado, e tanto os exilados tibetanos como Pequim não revelam todos os pormenores.

Muitos membros da comunidade tibetana no exílio têm criticado veementemente o diálogo e aquilo que alguns consideram como a proposta do Dalai Lama de trocar a independência pela autonomia. Estão a mudar as atitudes face ao dilema de lutar pela autonomia ou, custe o que custar, procurar a independência. Nas palavras de Jamyang Norbu, um escritor que acredita que os Tibetanos devem lutar pela independência:

> Não constituiu uma grande ajuda o facto de o próprio Dalai Lama (...) ter oferecido abdicar da independência do Tibete em troca de alguma autonomia. O mundo do activismo tibetano ficou em desordem (...) O próprio governo tibetano no exílio ficou desorientado e procurou reorientar os seus objectivos (...) tudo menos o objectivo anterior de independência para o Tibete. [6]

As salas de conversa da Internet, onde os jovens exilados se congregam em redor de uma fogueira electrónica, agitam-se com dúvidas acerca da abordagem não violenta do Dalai Lama, e com um sentimento de frustração de que o mundo ignora o sofrimento do Tibete.

> Tantas pessoas neste mundo lutam pelos seus direitos e pelos seus países (...) Há muitas mortes, e alguns tornam-se bombistas suicidas para fazerem valer as suas opiniões. E os líderes políticos mundiais condenam-nos. Toda a gente diz que a violência não é a resposta. Então e nós, Tibetanos? Nós acreditamos na não-violência! Mas não vejo nenhum político mundial a apoiar a nossa causa. [7]

Na verdade, entre os líderes políticos de todo o mundo existe apoio à abordagem seguida pelo Dalai Lama, o que é amplamente demonstrado pelo respeito que recebe onde quer que se desloque. Os jovens tibetanos no exílio sentem-se frustrados porque, apesar desse apoio, apesar da simpatia e do apoio populares ao Tibete no estrangeiro, as condições do povo no Tibete parecem não mudar. E o nível de frustração continua a aumentar.

Em 1988, em Nova Deli, um velhote tibetano, Thubten Ngodup, imolou-se pelo fogo [8] durante um protesto para atrair a atenção mundial para a causa da independência. Morreu alguns dias depois. Mais recentemente, em 2004, três tibetanos na casa dos trinta, membros do Congresso da Juventude Tibetana, que tem repetidamente questionado a eficácia do empenho do Dalai Lama na não-violência como única forma de protesto, estiveram em greve de fome durante 32 dias, frente à sede das Nações Unidas, em Nova Iorque. Entre outras coisas, exigiram que a China revelasse ao mundo onde se encontra detido o XI Panchen Lama, e que as Nações Unidas se debruçassem, pelo menos, sobre a questão dos direitos humanos no Tibete. O secretário-geral da ONU, Kofi Annan, recusou encontrar-se com os grevistas devido à sensibilidade da China face a qualquer eventual interferência naquilo que considera serem os seus assuntos internos. A situação foi resolvida com um compromisso de bastidores, de modo a ninguém dar a aparência de ter cedido, e Carolyn McAskie, secretária-geral assistente da ONU, encontrou-se com os grevistas.

Numa carta ao *International Herald Tribune*, os grevistas escreveram:

> Iniciámos esta greve de fome como o meio não violento mais poderoso para manifestarmos a intensidade da nossa frustração e da nossa determinação. Observamos o mundo à nossa volta, preso num interminável ciclo de violência. Aqueles que recorrem a meios violentos, ceifando vidas inocentes e semeando o caos, merecem a atenção dos meios de comunicação e da comunidade mundial. A ONU apela à paz mundial mas ignora e silencia um povo que tem resolutamente travado o seu combate através de meios não violentos. ([9])

Um dos grevistas, Dolma Choephel, terá dito, "Provavelmente, não sabíeis nada sobre nós porque não acreditamos em atrair a atenção matando pessoas à bomba" ([10]).

Segundo o presidente da secção de Nova Iorque-Nova Jérsia do Congresso da Juventude Tibetana, "quando há pessoas dispostas a fazer greve de fome, não se pode excluir a possibilidade de os Tibetanos também virem a tornar-se bombistas-suicidas se forem ignorados pela ONU durante muito mais tempo" ([11]).

O Dalai Lama, ciente da frustração entre os Tibetanos no exílio, particularmente entre os mais jovens, afirmou publicamente que se arrisca a alienar os seus apoiantes ao manter-se na via da não-violência, na qual está firmemente empenhado. Ele sabe que, se não conseguir negociar um acordo durante a sua vida, os exilados mais jovens poderão, após a sua morte, virar-se para a violência para afirmarem a sua exigência de total independência. Alguns intelectuais chineses afirmam (e alguns líderes chineses concordam) que Pequim tem, no Dalai Lama, uma oportunidade de ouro para negociar um fim não violento para o conflito, e que os líderes chineses que estão simplesmente à espera que o Dalai Lama saia de cena não sabem o que fazem. Ele tem o poder de falar por todos os Tibetanos.

O Dalai Lama, que nasceu em 1935, continua a percorrer um planeta onde ele e a causa tibetana gozam de um apoio imenso, avistando-se frequentemente com líderes estrangeiros que não deixam de instar a China a entrar em negociações francas com o Dalai Lama sobre a protecção dos direitos humanos no Tibete e uma forma de autonomia real para o povo tibetano. Têm o cuidado de se expressar de modo a não porem em causa as afirmações chinesas de soberania sobre o Tibete. Embora nenhum governo reconheça o Tibete como um Estado independente, muitos apelam à China para que proteja os direitos linguísticos, culturais e religiosos do povo tibetano.

Várias vezes por ano, a China denuncia líderes políticos estrangeiros que ousam avistar-se com o Dalai Lama, acusando-os de encorajarem actividades que poderiam "fragmentar a pátria chinesa". A China ameaça os países que recebam o Dalai Lama com o cancelamento de contratos de negócios ([12]) ou com outras sanções não especificadas. Pequim continua a insistir que "a questão do Tibete não é uma questão religiosa nem de direitos humanos, é uma questão de princípio relativa à soberania e à integridade territorial da China" ([13]).

Enquanto a China continua a expandir o seu poder e a sua influência, o Tibete – e a sua história com a China – tornar-se-á muito mais importante do que até agora. O tratamento dos Tibetanos às mãos de Pequim será o teste decisivo pelo qual as outras nações avaliarão até que ponto podem confiar na China. Se a China está disposta a distorcer os factos, tal como tem feito em elação ao Tibete, que outros métodos questionáveis considerarão os líderes chineses aceitáveis?

Em meados da década de 90, a China era um grande exportador de petróleo. Volvidos dez anos, é o segundo maior importador do mundo. A ascensão da China à grandeza depende da importação de petróleo do Médio Oriente, e eventualmente dos campos petrolíferos que surgem, em águas internacionais, no Mar do Sul da China. Muitos observadores receiam que a China possa tomar medidas para afirmar as suas pretensões ao leito marinho do Sul da China. Irá a história provar também que ilhas que se encontram a algumas milhas das costas das Filipinas e do Vietname fazem parte da China? Até onde está a China disposta a ir para afirmar a sua visão da história? Se a China se convencer de que para manter um crescimento anual de dez por cento necessita de extrair petróleo do leito marinho do Sul da China, estará Pequim disposta a fazer vingar a sua visão da história na região, tal como tem feito no caso do Tibete?

Todos os países incluem minorias e são julgados pelo modo como as tratam. Mesmo que ignorássemos mil e quinhentos anos de história e aceitássemos o argumento de que os Tibetanos são cidadãos chineses de etnia tibetana, teríamos de questionar o motivo pelo qual a China rejeita todas as críticas ao tratamento que lhes dá. A China rejeita todas as críticas às suas políticas no Tibete – incluindo as detenções arbitrárias, a tortura e a execução extra-judicial de tibetanos – como interferências injustificáveis nos seus assuntos internos, não obstante a aceitação, por parte da ONU e dos seus membros, de que, em qualquer Estado, os direitos humanos constituem uma preocupação legítima da comunidade internacional. Em Janeiro de 2006, em Espanha, um tribunal especial foi autorizado a investigar acusações de genocídio contra os Tibetanos [14]. Em Junho, ao terem início os procedimentos, o Ministério dos Negócios Estrangeiros chinês declarou que a acusação de mais de um milhão de Tibetanos terem sido mortos ou terem desaparecido desde 1950 era "caluniosa e inventada". Será interessante observar a sentença do tribunal – o mesmo que condenou o ditador chileno Augusto Pinochet.

O principal objectivo de política externa da China é persuadir a comunidade global de que a ascensão do país à grandeza no século XXI será unicamente conseguida por meios pacíficos. Pequim insiste que será o direito (o que não é o método utilizado pelo Partido Comunista Chinês no Tibete) a governar o futuro da China e as suas relações com os outros Estados. A nação pretende convencer a comunidade mundial de que jogará segundo as regras internacionalmente aceites e respeitará os seus compromissos. O mundo está desejoso de acreditar na China devido às suas potenciais oportunidades económicas. Todavia, a longo prazo, o verdadeiro teste à natureza de Pequim poderá vir a ser o tratamento da China ao Tibete, e não o número de arranha-céus existentes em Xangai.

A curto prazo, as Olimpíadas de Verão de 2008, na China, serão observadas como um indicador da direcção seguida pelo país. Sun Weide, um porta-voz do comité organizador dos Jogos, em Pequim, tentou desmontar quaisquer preocupações que a história da China possa suscitar naqueles que falam de uma iminente perigo chinês.

"Se olharem para a nossa história, verão que é algo que não está na nossa natureza", disse Weide. "Quanto melhor conhecerem a nossa história, melhor compreenderão a China de hoje" [15]. A China procura actualmente convencer o mundo de que a história prova que ela não pode constituir uma ameaça à paz mundial. À luz da história da China com o Tibete, como devemos ver esta conclusão?

Depois de se estudar a história tibetana, o que se destaca é o facto de a China ainda estar à procura de aderir à comunidade mundial em pé de igualdade – não como uma nação superior ou inferior. Esta igualdade não tem as suas bases nas antigas vitórias ou derrotas imperiais, nem a história imperial da China pode definir uma nação moderna ou as suas fronteiras. Somente quando a China abandonar as tentativas de justificar as suas fronteiras recorrendo à história antiga, quando respeitar os direitos humanos e as liberdades culturais e religiosas do povo tibetano, poderá a procura de uma China perfeita dar os frutos com os quais sonham sinceramente os chineses e os que lhes querem bem ([16]).

✸ ✸ ✸

Enquanto eu editava este livro pela última vez, chegou uma carta de Sua Santidade, o Dalai Lama. Pareceu-me apropriado, no fim da nossa tão longa conversa, dar-lhe a última palavra.

O DALAI LAMA

Caro Tom,

Durante nove anos, trabalhou esforçadamente para pôr em livro as nossas muitas horas de conversas, as quais permitirão ao público compreender melhor a história do Tibete. Ao tentarmos encontrar soluções para o futuro, é importante compreendermos o passado. Obviamente, a percepção que temos da nossa história enquanto Tibetanos molda hoje a nossa identidade e as nossas necessidades.

Epílogo

Outros poderão ter uma percepção diferente, pelo que abordarão os problemas da perspectiva do seu entendimento. Existem, pois, interpretações diferentes das mesmas coisas, interpretações que são muito importantes porque podem ajudar-nos a compreender os motivos pelos quais Tibetanos e Chineses vêem as coisas de forma diferente. Ao mesmo tempo, temos que nos centrar no presente e no futuro. Podemos discordar em relação ao passado, mas devemos trabalhar construtivamente para melhorar o presente e chegar a um acordo sobre a forma de avançarmos juntos para o futuro, no interesse de Tibetanos e Chineses.

Como sabe, encontramo-nos actualmente num diálogo sério com o governo chinês. Consequentemente, enquanto são preparadas as páginas finais do livro, é importante fazermos uma pausa e considerarmos o que isto significa.

Há muitos anos que vimos apelando ao governo chinês para dialogar e cooperar connosco para que possamos resolver as nossas diferenças em conjunto, e muitos indivíduos, instituições e governos interessados têm apoiado os nossos esforços. Sempre acreditei que uma solução para a questão do Tibete que ponha fim ao sofrimento do nosso povo só poderá ser alcançada através do diálogo e do desenvolvimento de um entendimento genuíno entre Tibetanos e Chineses. Nenhum lado conseguirá nada impondo a sua vontade ao outro. Pelo contrário, cada uma das partes deve compreender a situação e as genuínas necessidades da outra, e agir em conformidade. Somos todos seres humanos, com as mesmas necessidades e receios. Por isso, compreendamo-nos no nível humano. Não podemos deixar que a política ou até a história se interponham no caminho da verdadeira compreensão humana e da satisfação das necessidades humanas.

Assim, deste ponto de vista, se vivemos juntos, como irmãos e irmãs, como uma família, também assim deve ser com os Tibetanos e os Chineses. Mas os membros de uma mesma família não se podem agredir; caso contrário, aqueles que se sentem magoados quererão deixar a família: eis porque é tão importante compreendermo-nos uns aos outros e compreendermos as nossas respectivas necessidades. Somente este tipo de compreensão humana pode formar a base de uma genuína união que nos beneficiará a todos.

Tem decorrido uma série de reuniões entre os meus enviados e altos funcionários do governo chinês desde que foi restabelecido o contacto directo, em 2002, após um hiato de quase dez anos. É um bom sinal. O processo de resolução das nossas diferenças exigirá muito esforço, paciência e flexibilidade de ambas as partes. Acima de tudo, necessitamos de desenvolver uma confiança mútua.

Para que tal confiança exista, todos devemos dar o nosso melhor para criar a atmosfera adequada. Não podemos convencer o outro das nossas boas intenções se, em simultâneo, empreendemos acções que o prejudicam. É algo de muito difícil, a menos que o esforço venha de ambos os lados. É difícil convencer os Tibetanos e os seus apoiantes a revelarem contenção na sua resposta às políticas chinesas no Tibete enquanto os direitos humanos dos Tibetanos continuam a ser violados. E o contrário também é verdade. Por isso, o governo chinês deve pôr cobro a todos os abusos e políticas que prejudicam os Tibetanos, a nível nacional e local, e os Tibetanos e seus apoiantes devem pôr cobro às acções que provoquem embaraço ou prejudiquem o governo e o povo chineses.

Pela nossa parte, estamos totalmente empenhados neste processo de diálogo, e continuaremos a fazer tudo o que for necessário para intensificarmos as nossas discussões e avançarmos para uma solução mutuamente benéfica. Já expliquei muitas vezes que acredito que deve ser encontrada uma solução no âmbito da Constituição da República Popular da China. Esta é a nossa política firme. O que esperamos da liderança chinesa é que demonstre o máximo de flexibilidade para acomodar, nesse mesmo âmbito, as necessidades de verdadeira autonomia do povo tibetano. Acredito que se conseguirmos alcançar esta forma de autogovernação, que nos permite desenvolvermos a nossa cultura e modo de vida e gerirmos o nosso meio-ambiente, isto só fortalecerá a RPC como um todo e a unidade das várias nacionalidades no seio da RPC. Penso que este tipo de reajustamento é possível no âmbito da constituição da RPC. Naturalmente, poderá surgir a necessidade de mecanismos que protejam e clarifiquem alguns dos direitos consagrados na constituição.

O reconhecimento e o respeito pelas necessidades do outro não afasta as pessoas, permite-lhes tornarem-se mais próximas. Devemos acentuar os nossos interesses comuns, a nossa dependência comum do meio-ambiente em que vivemos, e o nosso futuro comum. Isto não se aplica unicamente aos Tibetanos: aplica-se por todo o mundo, onde existem povos e minorias que lutam pelo reconhecimento das suas identidades e culturas distintas, e que depois se unem voluntariamente e felizmente a outros para colherem os benefícios de uma vida no seio de uma família maior, num Estado.

Os Tibetanos têm muito em comum com os seus irmãos e irmãs chineses, tal como temos obviamente também com os nossos vizinhos mongóis e uigures. Assim, embora estejamos firmes no nosso objectivo de conquista de uma verdadeira autonomia, encorajo também os Tibetanos a reconhecerem o que temos em comum.

Estou bem ciente de que o processo de diálogo e negociações que encetámos com o governo chinês será demorado. Pela nossa parte, tudo faremos para o levar a bom termo. Esperamos que o governo chinês demonstre igualmente o seu empenho e fé neste processo, efectuando alterações visíveis nas suas políticas tibetanas. Os Tibetanos têm de ser pacientes e trabalhar com os nossos muitos apoiantes nas diferentes partes do mundo para garantirem o êxito deste processo. Façamos por dar o nosso melhor, e as gerações futuras não terão motivos para afirmarem que não aproveitámos ao máximo a oportunidade agora existente e que ajudámos a criar, para sararmos as feridas do passado e avançarmos em direcção a um futuro melhor.

Espero que consigamos virar uma nova página na história do Tibete. Talvez não possamos mudar o passado, pelo que deixo de bom grado a história aos historiadores, para que a interpretem e analisem em tons de cinzento – ela nunca é tão preta ou branca como frequentemente a retratamos. Mas é da nossa responsabilidade, e da minha responsabilidade como Dalai Lama e monge budista, dar o nosso melhor para moldarmos o futuro para bem de todos os seres sensíveis, sem esquecermos o bem-estar dos Tibetanos, pelos quais eu tenho uma responsabilidade especial.

TENZIN GYATSO
XIV Dalai Lama do Tibete

Notas

PREFÁCIO

(¹) Embora este facto seja óbvio, dado que os textos académicos sobre o Tibete parecem recorrer a apenas um dos vários sistemas existentes, a observação é feita pelo historiador Christopher I. Beckwith, *The Tibetan Empire in Central Asia*, p. 218.

(²) Realizada por Thomas Laird, com tradutor, Chicago, Abril de 2003.

INTRODUÇÃO

(¹) Daniel Goleman, *Destructive Emotions*, pp. 15-26. Ver também pesquisa sobre "Lama Oser" na Internet.

(²) Deborah Strober e Gerald S. Strober, *His Holiness the Dalai Lama*. Ver a passagem do historiador tibetano Tsering Shakya, na qual ele escreve, "como tibetano, fui tão reverente que aquilo deixou de ser uma entrevista (…) Não conseguia contradizê-lo (…) Havia muitas perguntas que eu queria fazer, mas na presença dele não consegui".

(³) Na verdade, ele referia-se especificamente à obra de Melvyn Goldstein.

(⁴) Strober e Strober. Ver a passagem de Tsering supracitada.

(⁵) AFP, 3 de Novembro de 2005.

CAPÍTULO 1: OS PRIMEIROS TIBETANOS

(¹) Rig Veda (10.90), citado por Wendy Doniger O'Flaherty, *Hindu Myths*, pp. 27-28.

(²) J. F. Bierlein, *Parallel Myths*.

(³) Nasceu em 6 de Julho de 1935; iniciou a viagem do Tibete Oriental para Lhasa em Agosto de 1939; chegou a Lhasa em 8 de Outubro de 1939; foi entronizado como líder espiritual e temporal do Tibete ainda menor, em 22 de Fevereiro de 1940. Consequentemente, foi entronizado com quatro anos e meio de idade. Estes dados provêm da cronologia *on-line* do Tibet Justice Center, e de conversas com o Dalai Lama.

(⁴) Zahiruddin Ahmad (trad.), *A History of Tibet*, pelo V Dalai Lama do Tibete.

(⁵) http://icg.harvard.edu/~eabs114/handouts/BuddhasDates.pdf. Este sítio descreve o debate histórico sobre a data da morte do Buda. Os Tibetanos afirmam, desde o século XIV, que o Buda morreu em 881 a. C. A tradição Theravada (no Sri Lanka, Tailândia, Birmânia) afirma que o Buda morreu em 544 a. C. No entanto, até recentemente, especialistas académicos asiáticos e ocidentais disseram – rejeitando sem discussão as datas tibetana e da Theravada – que o Buda morreu entre 487 e 483 a. C. Os estudos mais recentes têm-se afastado desta posição monolítica para a discussão da possibilidade de a morte do Buda ter ocorrido entre 399 e 368 a. C. No outro extremo do espectro, alguns especialistas hindus postulam que o Buda morreu cerca de 1807 a. C. Ver http://www.stephenknapp.com/reestablishing_the_date_of_buddha.htm. Para o presente livro, adoptei a data padrão utilizada nas fontes aceites – 483 a. C.

(⁶) Ahmad, *History*.

(⁷) *Ibid*.

(⁸) O Dalai Lama e muitos especialistas partem do princípio de que o mito da criação é originário do período pré-budista, muito antes de Songzen Gampo, e de que as ideias budistas foram posteriormente enxertadas num mito existente através de um processo de acréscimo.

(⁹) Ahmad, *History*.

(¹⁰) Ele estava a ver fotografias do Salão do Êxito Político, pintadas em 1957, na residência de Verão do Dalai Lama, nos jardins do Norbulingka, em Lhasa.

(¹¹) V. N. Misra, *Pre-historic Human Colonization of India*.

(¹²) A direcção da migração dos primeiros humanos para o Tibete permanece um tópico de investigação. R. A. Stein, na sua obra da década de 60, sugere que os primeiros emigrantes eram do oriente e se deslocaram para ocidente.

(¹³) Beckwith, pp. 3-9

(¹⁴) Beckwith, pp. 5-6.

(¹⁵) Lao Tsé, *Tao Te Ching*, p. 89.

(¹⁶) *Ibid*., estrofe 66.

(¹⁷) *Ibid*., estrofe 28.

(¹⁸) *Ibid*., estrofe 28.

(¹⁹) *Ibid*., p. 61.

(20) Esta versão do poema é da autoria de David Snellgrove e Hugh Richardson, *A Cultural History of Tibet*, mas veja-se a tradução alternativa de Stein, p. 42.

(21) *Zhang Zhung* em alguns autores, *Zan Zun* em Christopher Beckwith.

(22) A escrita *mar yig* é mencionada em *Opening the Door to Bon*, da autoria de Latri Khenpo Geshe Nyima Dakpa Rinpoche, Snow Lion Publications, 2006.

(23) Província indiana nos Himalaias, junto à fronteira com o Tibete, cuja população é quase 100% de etnia tibetana.

(24) Segundo a *Wikipedia* e a Administração Central Tibetana, o planalto tem 2,5 milhões de quilómetros quadrados.

(25) Com o alargamento de 2004, a União Europeia atingiu uma área de 3 976 952 km^2; a área do Planalto Tibetano é de 2,5 milhões de quilómetros quadrados. Consequentemente, em 2004, o planalto tinha 60% do tamanho da UE (dados relativos à UE provenientes da *Wikipedia*).

(26) Ver texto e mapa em Wang Lixiong, "The People's Republic of China's 21st Century Underbelly".

(27) Segundo o governo do Dalai Lama no exílio. Ver http://www.tibet.net/.

(28) Lixiong contrasta muito bem a visão que o Dalai Lama tem do Tibete, todo o Planalto Tibetano, com a da China, apenas a RAT.

(29) http://www.tibet.net/en/tibet/glance.html.

(30) Stein diz: "É a sua civilização que unifica o Tibete. Ao fazê-lo, reveste-se de um vasta variedade de elementos, como já sabemos relativamente aos subclimas, à flora e aos locais de habitação, aos dialectos e costumes. O mesmo acontece com a composição étnica. Tipos raciais diferentes vivem lado a lado ou fundiram-se. Na maior parte dos casos, o traço dominante é o mongólico, mas muitos viajantes têm notado a predominância de um tipo 'pele-vermelha' (em Kongpo). Outros deram conta de um elemento europeu, helénico ou caucasiano... A explicação é que, ao longo dos tempos, diferentes populações ocuparam várias partes do Tibete (...) a origem dos Tibetanos ainda é um mistério" (p. 27). Segundo Beckwith, a informação sobre de onde vieram os Tibetanos e com que outros povos são aparentados "perdeu-se nas brumas do tempo" (p. 8).

(31) Embora o Dalai Lama não tenha lido Hecateu nem Heródoto, os melhores historiadores gregos, a sua procura de uma via intermédia entre a ciência e a fé é similar ao método adoptado pelos primeiros historiadores ocidentais há milhares de anos. Hecateu examinou os mitos em vez de simplesmente os repetir – como haviam feito outros bardos antigos – em busca de uma verdade mais objectiva. Mas estes dois historiadores de outrora continuaram a acreditar na intervenção divina nos assuntos humanos. Ao ouvir o Dalai Lama milénios depois destes historiadores, procurando a sua "via intermédia", notei com admiração o quão persistente é este traço na história humana. Ver, por exemplo, Michael Grant, *Hecataeus and Herodotus*, p. 18-35.

CAPÍTULO 2: O PRIMEIRO IMPERADOR TIBETANO, 600-650

(¹) Este período começa no século VI. Ver Stern, p. 45; Yihong Pan, *Son of Heavenly Qaghan*, p. 231; Beckwith.

(²) A narrativa histórica deste capítulo baseia-se estreitamente em Tsepon Shakabpa, *Tibet: a Political History*; Stein; Snellgrove e Richardson; Yihong; Beckwith.

(³) "Gtsanpo", Beckwith, p. 13.

(⁴) Beckwith, pp. 14-16.

(⁵) As fontes mais fiáveis discordam quanto ao ano exacto. Comparem-se as datas em Snellgrove e Richardson com as constantes em Shakabpa e Beckwith. Todos estes livros são consensuais relativamente aos acontecimentos, e a diferença nas cronologias nunca é superior a uma década. Robert Thurman, em conversa com o autor, sugere que poderá ter sido no ano de 598, mas reconhece que a data permanece incerta.

(⁶) Aceitando a sugestão de Robert Thurman, o autor usa a transliteração Songzen Gampo, embora o imperador seja também conhecido por Srong-brtsan-sgam-po (Snellgrove e Richardson) ou Sron btsan sgampo (Beckwith). Ao empregar vários sistemas de transliteração, o autor procurou sempre tornar a obra legível. Outra transliteração comummente utilizada é Songtsen-gampo. Os Chineses traduziam a antiga palavra tibetana *btsangpo* por *T'ien tzu*, ou "Filho do Céu", o título dos imperadores chineses. Ver Beckwith, p. 14, FN 10. Durante as entrevistas, o Dalai Lama referiu-se-lhe como imperador, não como rei. Além do mais, Songzen Gampo era um rei dos reis, o que, segundo o uso contemporâneo, fazia dele um imperador.

(⁷) Snellgrove e Richardson; Beckwith.

(⁸) Juramento de Fidelidade, com a palavra "Imperador" em vez de "Rei", revisto e editado pelo autor; baseado na tradução de Snellgrove e Richardson (p. 27) das Crónicas Tibetanas descobertas em Tun-huang.

(⁹) "Sad mar kar" em Beckwith, p. 20.

(¹⁰) Ver Yihong, p. 132.

(¹¹) Ver Beckwith; Yihong.

(¹²) Beckwith, pp. 37-38, 244, 353.

(¹³) Esta linha de raciocínio é influenciada por Owen Latimore, *Inner Asian Frontiers of China*. Embora alguns especialistas posteriores rejeitem as ideias de Latimore, os seus conceitos são úteis para enquadrar este tipo de questões.

(¹⁴) A informação contida neste parágrafo parafraseia as espectaculares pesquisa e análise de Yihong, p. 231-35. Outros especialistas que contribuíram para a minha compreensão desta questão crucial incluem Beckwith e Stein.

(¹⁵) *Ibid.*

(¹⁶) Ver Beckwith; Shakabpa; Stein; Snellgrove e Richardson.

(¹⁷) As primeiras missões tiveram lugar em 608.

(¹⁸) Na transliteração de Yihong, p. 237. Beckwith, p. 20, escreve Tai-sung.

([19]) Yihong, p. 237.
([20]) Beckwith, p. 23.
([21]) Beckwith, p. 23.
([22]) Yihong, p. 238.
([23]) Ver Stein, p. 59.
([24]) Beckwith, p. 24.
([25]) Princesa Jincheng em Yihong, p. 247; em tibetano, o nome é princesa Gyasa.
([26]) Para "contribuiu proeminentemente para a unificação da nação chinesa", ver http://www.members.tripod.com/~journeyeast/wenzheng.html.
([27]) Ver http://www.members.tripod.com/~journeyeast/wenzheng.html.
([28]) http://www.members.tripod.com/~journeyeast/wenzheng.html.
([29]) Ver Stein.
([30]) Clarke in LaRocca, p. 21.
([31]) As transliterações alternativas incluem Thonmi, Tonmi e Togmey. Neste caso, utilizei o sistema criado por Thupten Jinpa e a série Library of Tibetan Classics.
([32]) Ver a Introdução à História de *Five Tibetan Traditions of Buddhism and Bon*, pelo Dr. Alexander Berzin, em http://www.berzinarchives.com/history_buddhism/introduction_history_5_traditions_buddhism_bon.html: "Então, ele enviou o seu ministro, Togmey-sambhota, a Khotan, para obter o alfabeto – não à Índia, como narram frequentemente as histórias tradicionais tibetanas. Khotan era um reino budista a norte do Tibete Ocidental, na Ásia Central. O caminho que o ministro seguiu para Khotan passava por Caxemira. Quando chegou, descobriu que o mestre com o qual se ia avistar em Khotan se encontrava em Caxemira. Foi assim que surgiu a história de que o sistema de escrita de tibetano era originário de Caxemira. A análise ortográfica revela que o alfabeto tibetano segue características exclusivas da escrita khotanesa".
([33]) Aparentemente, as fontes Bon também indicam uma possível origem da escrita tibetana na Ásia Central ou no Irão. Ver http://www.ancientscripts.com/tibetan.html ou http://en.wikipedia.org/wiki/Tibetan_script.
([34]) Jamyang Norbu, "The Myth of China's Modernization of Tibet and the Tibetan Language Part V". http://www.tibetwrites.org/articles/jamyang_norbu/jamyang_norbu16.html.
([35]) O Dalai Lama pretende dizer que todo o Planalto Tibetano se encontrava sob domínio chinês, embora, para os Chineses, a Região Autónoma Tibetana ocupe apenas uma fracção do planalto, dividida entre a RAT e as províncias chinesas de Gansu, Qinghai, Sichuan e Yunnan.
([36]) Este relato tradicional (que pode ter equiparado Gar Tongzen a outro individuo qualquer que conspirou contra Songzen Gampo) parece ser contradito pelos historiadores. Por exemplo, Beckwith, pp. 26-27, afirma que Gar Tongzen se apoderou do controlo do exército após a morte de Songzen Gampo, e que foi regente durante vinte anos.

(37) O Dalai Lama disse, "Depois, Lonpo Garwa Tongzen, um ministro, foi à China buscar a princesa. Tenho muita simpatia por este indivíduo porque Songzen Gampo mandou arrancar-lhe os olhos por ele ter criado alguma dissensão com outros. Ele serviu-o bem, mas depois criou problemas. Esta história é muito estranha. Um lama reencarnado no Mosteiro de Drepung. O regente do XIII Dalai Lama. Demo Rinpoche era uma reencarnação de Garwa Tongzen, este ministro ao qual arrancaram os olhos. O meu tutor assistente em 1954-55, não me recordo, foi em peregrinação à Índia e esteve na área de Kumbu, perto de Lhari. Passou lá a primeira noite, num pequeno mosteiro, onde encontrou muitas escrituras antigas, manuscritas, das quais gostou muito. Uma destas escrituras mencionava um vaticínio de que a reencarnação de Avalokiteshvara, o nome Thupten (o XIII Dalai Lama), virá e será o XIII Dalai Lama. Esta reencarnação de Avalokiteshvara abaterá Garwa Tongzen. Dado que o criado do regente provocou alguns problemas, o XIII Dalai Lama foi obrigado a demitir o seu regente, e posteriormente, alguns monges do mosteiro do regente, em Ten-gye-ling, colaboraram com os Chineses em 1910, quando o XIII Dalai Lama foi para a Índia. Mais tarde, quando regressou, o mosteiro foi encerrado. Assim se cumpriu a predição. Isto foi a confirmação de que aquele lama era a reencarnação de Garwa Tongzen.

TL: Acredita então que essas pessoas continuaram a reencarnar?

DL: Sim, alguns voltaram a reencarnar, outros não. Não sei. Garwa Tongzen, pelo menos, é reconhecido pelas pessoas.

(38) Entrevistas do autor a monges, em Lhasa.

(39) Estimativa do governo do Dalai Lama no exílio, citada por Warren Smith, *Tibetan Nation*, p. 561.

(40) Smith, pp. 542-43.

(41) Beckwith, p. 26; Yihong afirma que ele morreu em 649 (pp. 238-39); Snellgrove e Richardson também referem o ano de 649 (p. 288).

CAPÍTULO 3: O IMPÉRIO TIBETANO E A DIFUSÃO DO BUDISMO NO TIBETE, 650-820

(1) Alguns leitores poderão considerar esta análise algo injusta, pois houve tentativas para facultar apoio militar e uma votação justa nas Nações Unidas. O Dalai Lama disse que se sentira traído pelo auxílio insignificante, e que fora obrigado a falar com Mao. Em 1950, a falta de apoio internacional foi uma das razões pelas quais ele não se exilou na Índia.

(2) Ver Tenzin Gyatso, *Freedom in Exile*, p. 128. Ele explicou ao primeiro-ministro indiano, Nehru, "que não estávamos preparados para enfrentar um inimigo, e que eu fizera os impossíveis para agradar aos Chineses logo que vi que ninguém estava disposto a reconhecer a nossa justa pretensão à independência".

(3) *Ibid.*

(⁴) Referência à Jiu Tang Shu ("Antiga História Tang"), escrita em 945, e à Xin Tang Shu ("Nova História Tang"), terminada em 1060. Os especialistas que as estudaram, e aos registos árabes, tibetanos e turcos que as complementam, parecem universalmente de acordo relativamente aos grandes acontecimentos referidos no presente capítulo. Ver, em particular, Beckwith e Yihong.

(⁵) Ver http://www.pitt.edu/~asian/week-10/week-10.html; K. M. Linduff, "The Chinese Imperial City of Changan", in *Art Past / Art Present*, por D. Wilkins, B. Schultz e K. Linduff, 4.ª ed. (Nova Iorque, 2000).

(⁶) Ver Arthur Cotterell, *China: A History*, p. 108.

(⁷) Hearder, *Italy: A Short History*, p. 33.

(⁸) Ver Yihong.

(⁹) Ver Yihong.

(¹⁰) Yihong, p. 5.

(¹¹) Sobre a morte de Taizong, ver Beckwith, p. 227.

(¹²) Beckwith, p. 227; Yihong.

(¹³) Beckwith; Yihong; Shakabpa.

(¹⁴) Beckwith; Yihong; Shakabpa; Snellgrove e Richardson.

(¹⁵) Beckwith, p. 43. Trata-se da maior depressão ou bacia do planeta, largamente coberta pelo deserto de Taklimakan. A bacia da Dzungária, mais a norte, deve o seu nome aos Mongóis dzungares, que dominaram a área no século XVII. Estas duas bacias localizam-se actualmente na província chinesa de Xinjiang. A zona só foi ocupada pelos Chineses no século XX – à semelhança da ocupação do Tibete. Os Chineses tang ocuparam a bacia do Tarim durante algumas décadas, tal como o fizeram os seus adversários, os príncipes turcos, os Árabes e os Tibetanos.

(¹⁶) Beckwith.

(¹⁷) Beckwith, p. 244. O Tibete controlou todas as rotas da China para o Ocidente, e privou a China Tang dos tesouros, cavalos e impostos pagos como tributo, e de um terço do seu território. Neste parágrafo e nos anteriores, condenso esta vasta história a partir de histórias específicas – Beckwith; Yihong; Cotterell. Os trabalhos de Yihong e Beckwith baseiam-se quase totalmente em fontes clássicas primárias; Cotterell, na sua obra popular, baseia-se em fontes secundárias. Stein, Snellgrove e Richardson e Shakabpa também contribuíram para a minha compreensão deste período; John King Fairbank e Merle Goldman, in *China: A New History*; Svat Soucek, *A History of Inner Asia*; e René Grousset, *The Empire of the Steppes*, recorrem a fontes primárias. De facto, nenhuma obra resume sucintamente este período. Desde que Stein e Snellgrove e Richardson escreveram as suas narrativas, têm sido realizadas muitas investigações sobre esta época.

(¹⁸) Yihong e Beckwith, citando ambos histórias da Dinastia Tang.

(¹⁹) Yihong, pp. 324-25.

(²⁰) In Shakabpa, tradução da inscrição de Shol Doring.

(²¹) Yihong; Shakabpa; Beckwith.

(²²) Yihong.
(²³) Yihong.
(²⁴) Khri sron lde brtsan in Beckwith, p. 229.
(²⁵) Tang Shu, citada por Michael C. van Walt van Praag, *The Status of Tibet*, p. 119. Esta interpretação da Tang Shu é partilhada por Beckwith, Yihong, Stein e Snellgrove e Richardson. Os autores chineses não a contradizem – nem sequer a discutem.
(²⁶) Beckwith e Yihong.
(²⁷) Ver van Walt van Praag, p. 287.
(²⁸) A tradição tibetana diz que o debate se prolongou por dois anos. Os especialistas desconhecem a duração do debate. Todavia, um mestre indiano que participou no debate escreveu três livros acerca dele, pelo que o debate deverá ter durado algum tempo. Robert Thurman, conversa com o autor.
(²⁹) Ainda são oferecidos lenços cerimoniais ao Dalai Lama ou a outros lamas – que devolvem o lenço à pessoa que o ofereceu, ou oferecem-lhe outro *khata* em troca. Um *khata* tocado pelo Dalai Lama é considerado abençoado por ele; um *khata* que esteve numa estátua é considerado abençoado pelo Buda ou Bodhisattva representado pela estátua.
(³⁰) Transliterado alternativamente Shantirakshita. Santarakshita in Snellgrove e Richardson, p. 78; Shakabpa, p. 36.
(³¹) Shakabpa, p. 36.
(³²) *Thu-nue Dhenpa*, aquele que possui o poder de realizar milagres.
(³³) Termo genérico que designa qualquer planta ou padrão geométrico que representa metafisicamente ou simbolicamente o cosmos. (*N.T.*)
(³⁴) Ver o sítio de Alexander Berzin, http://www.berzinarchives.com.
(³⁵) O Dalai Lama disse que "Os praticantes do Tantra estiveram lá depois de Padmasambhava. Não sei durante quanto tempo, e penso que é irrelevante. Penso que cada um assumia continuamente a sua responsabilidade especial".
(³⁶) Robert Thurman escreveu ao autor, "A tradição oral tibetana afirma que foram dois anos. Os especialistas não sabem muito acerca da duração. O certo é que Kamalashila escreveu três livros sobre o debate, pelo que deve ter sido prolongado".

CAPÍTULO 4: LANG DARMA: DECLÍNIO, REVOLTA E UM PERÍODO DE CAOS, 797-977

(¹) Ainda se debatem as datas do seu reinado – 797 a 804 ou 797 a 799.
(²) Shakabpa, p. 46.
(³) Beckwith, pp. 223, 228-29.
(⁴) Beckwith, p. 163.
(⁵) Glang-dar-ma.
(⁶) Beckwith, pp. 228-29.

(⁷) De Shabapka e de entrevistas com o Dalai Lama.
(⁸) Be Gyaltore e Be Taknachen; ver Shakabpa, p. 51.
(⁹) Shakabpa, p. 51.
(¹⁰) Yihong.
(¹¹) Shakabpa, p. 52.
(¹²) O regionalismo e o facciosismo que surgiram depois de Lang Darma definiram provavelmente o Tibete para os milénios futuros. O Tibete só voltaria a ser unificado pelos mongóis.

CAPÍTULO 5: O REGRESSO DO DHARMA E A CRIAÇÃO DAS ESCOLAS BUDISTAS, 978-1204

(¹) Stein; Snellgrove e Richardson; Shakabpa; Melvyn Goldstein.
(²) Luciano Petech, um dos melhores historiadores ocidentais do Tibete, concorda. Em "Tibetan Relations with Sung China and with the Mongols", ele escreve, "Os textos que tratam este período são exclusivamente religiosos, tendo sido escritos por monges e monjas".
(³) Não falei nas origens nem na história da religião Bon, não por não ser uma importante escola do Tibete, mas por ter sido um dos temas que eu e o Dalai Lama não pudemos abordar no tempo limitado que tivemos juntos. Espero que os seguidores da religião Bon não compreendam negativamente esta decisão editorial, que foi da minha inteira responsabilidade.
(⁴) Thupten Jinpa escreveu ao autor, "É difícil sugerir que existiu uma escola chamada Nyingma antes da Kadam. O movimento reformado de Atisha não tinha nada contra com uma escola ou tradição específicas; tinha contra determinadas interpretações do Dharma, particularmente em relação aos ensinamentos Vajrayana. Afirmar que Atisha atacou a escola Nyingma é incorrecto".
(⁵) Stein, p. 71.
(⁶) Snellgrove e Richardson, p. 115.
(⁷) O Dalai Lama também me disse: "Sabe, quando morriam, eram encontrados, entre as suas coisas, a Vajra e a Campainha, que apenas se usa no Tantrayana. Era assim que os discípulos descobriam que os seus mestres praticavam o Tantrayana, mas eles faziam-no muito secretamente".
(⁸) Transliteração utilizada em Nyingma.com, o sítio oficial da escola Nyingma, hoje liderada por Penor Rinpoche. Relativamente aos Antigos, ver Nyingma.com e Snellgrove e Richardson. Alexander Berzin propõe uma tradução alternativa, "tradição antiga".
(⁹) Shakabpa, p. 60. Baseei-me em Alexander Berzin para esta transliteração. Ver http://www.berzinarchives.com/history_buddhism/introduction_history_5_traditions_buddhism_bon.html.
(¹⁰) Este era o seu nome de monge; o seu primeiro nome como rei foi Tsenpo Khore. Ver Shapabka; Stein; Snellgrove e Richardson.

(11) Shakabpa, p. 53.
(12) Rinchen Zangpo e Lekpe Sherab; ver Shakabpa, p. 56.
(13) Snellgrove e Richardson, p. 129.
(14) Shakabpa, p. 56.
(15) *Ibid.*, p. 57.
(16) Monumento religioso budista. (N.T.)
(17) *Ibid.*, p. 59.
(18) *Ibid.*, p. 60. Baseei-me em Berzin para esta transliteração.

(19) Em Amazom.com encontram-se listados mais de 400 acerca do Tantra, incluindo *Blazing Splendor: The Memoirs of Tulku Urgyen Rinpoche*, por Tulku Urgyen Rinpoche; *Introduction to Tantra: The Transformation of Desire*, por Lama Yeshe, Jonathan Landaw e Philip Glass; *The Six Yogas of Naropa: Tsongkhapa's Commentary*, por Glenn H. Mullin; *Buddhist Masters of Enchantment: The Lives and Legends of the Mahasiddhas*, por Keith Dowman and Robert Beer; *Tantra in Tibet*, pelo Dalai Lama, Tsong-Ka-Pa e Jeffrey Hopkins.

Existem também centenas de livros que dizem ser sobre o Tantra, com títulos como *Sexo Extático!*, e assim por diante. Tal como no antigo Tibete, muitos autores modernos parecem mais interessados em popularizar e distorcer os ensinamentos tântricos do que em difundir as práticas passadas através das linhagens verdadeiras. O Tantra continua a ser um conceito muito mal compreendido e facilmente explorável.

(20) A Nyingma e a Kagyu não são as únicas escolas que ainda praticam o Tantra sexual.

(21) Nos Estados Unidos, mestres budistas tibetanos têm estado envolvidos em processos legais resultantes deste tipo de situações. Para os Tibetanos, falar do ioga sexual continua a ser controverso.

(22) Esta frase é uma citação directa de Thupten Jinpa, que reviu o manuscrito do presente livro para tornar o texto mais equilibrado. Agradeço a sua colaboração e as eventuais generalizações infundadas que possam ter restado são da minha única responsabilidade.

(23) Garma C. C. Chang, *The Hundred Thousand Songs of Milarepa*, p. 495.

(24) Estas pinturas são feitas para ser enroladas e transportadas, e depois desenroladas e penduradas numa parede ou num mastro de tenda. Reflectem a natureza móvel da sociedade tibetana.

(25) TL: As pinturas de Milarepa e Marpa que referiu – ficaram no Potala ou foram consigo?

DL: Ainda estão no Potala. Existem muitos conjuntos daquelas *thangkhas*, começaram na época do V Dalai Lama. Alguns foram pintados de acordo com a visão do V Dalai Lama... Existia uma casa especial para *thangkhas* no Potala, no bloco oriental. Não sei ao certo se ainda lá estão ou não.

(26) Esta linha assenta nas instruções ióguicas secretas ou "Sussurradas", transmitidas numa cadeia oral contínua de Tilopa para Milarepa, deste para

Gampopa e seguidamente para os mestres da escola Kagyu do Tibete, até aos mestres de hoje.

(^{27}) Lobsang Lhalungpa, *The Life of Milarepa*, p. 24.
(^{28}) *Ibid.*, p. 28.
(^{29}) *Ibid.*, p. 29.
(^{30}) *Ibid.*, p. 102.
(^{31}) Lhalungpa oferece vários exemplos, incluindo os seguintes: "Atirou-me ao chão, bati com o rosto e tudo escureceu. Atirou-me ao chão, caí de costas e fiquei a ver estrelas" (p. 58); "ele aparecia e esbofeteava-me constantemente" (p. 56).
(^{32}) Lhalungpa, p. 70.
(^{33}) Paráfrase de Stein, p. 168.
(^{34}) Stein, p. 168.
(^{35}) Ver Introdução à História de *Five Tibetan Traditions of Buddhism and Bon*, pelo Dr. Alexander Berzin, em http://www.berzinarchives.com
(^{36}) Thupten Jinpa escreveu ao autor: "A escola Gelug surgiu no século XV, após a fundação do Mosteiro de Ganden por Tsongkhapa, enquanto que a Kadam evoluiu como escola no século XI, com a fundação do Mosteiro de Radreng por Drontonpa. De facto, eu diria que a Kadam foi a primeira escola; somente depois da sua emergência e da sua crítica a muitos dos antigos Tantras [é que] a Nyingma evoluiu como escola, assente [naqueles] que continuavam profundamente fiéis à tradução mais antiga [dos] Tantras".
(^{37}) Brogmi em Snellgrove e Richardson, p. 132; Drogmi em Stein.
(^{38}) Chamava-se *lam-'bras'*, a "via e fruto da acção"; ver Stein, p. 73.
(^{39}) Snellgrove e Richardson, pp. 135-36.
(^{40}) Este número suscita muita polémica.
(^{41}) Stein, p. 146.
(^{42}) *Ibid.*, p. 147.
(^{43}) Snellgrove e Richardson, p. 144.
(^{44}) Na verdade, ele pertencia à escola Karma Kagyu – uma subescola da Kagyu.
(^{45}) *Ibid.*
(^{46}) A grafia foi ligeiramente modificada em relação a forma in Goldstein, *A History of Modern Tibet*, p. 7.
(^{47}) O Dalai Lama refere-se especificamente a uma subescola da Kagyu, a Kamtsang Kagyu.
(^{48}) Esta imagem gigante é de Maitreya, "O Buda do Futuro", o qual, segundo a crença dos budistas Mahayana, é o próximo Buda, que nascerá no Ocidente.
(^{49}) No livro de Kipling, a "Casa das Maravilhas" é o nome dado pelos nativos ao Museu de Lahore. (*N.T.*)

CAPÍTULO 6: OS SUSERANOS MONGÓIS E AS RAÍZES DE UM PROBLEMA, 1207-1368

([1]) Grousset; Soucek.
([2]) Grousset, pp. 189-256.
([3]) Existem actualmente várias transliterações alternativas para este nome; a mais comum nas publicações académicas é Chinggis Khan.
([4]) Um epitáfio do mais elevado, ao qual todos os Mongóis oravam: Paul Kahn, *Secret History of the Mongols*, p. 150.
([5]) Soucek, p. 105. Ver também a tradução de Kahn, pp. 150-63.
([6]) A minha paráfrase de Rashid ad-Din in d'Ohsson, *Histoire des Mongols I*, p. 404; Grousset, p. 249; *National Geographic*, Dezembro de 1996, p. 24. Grousset cita: "despedaçar os meus inimigos, acossá-los, apoderar-me dos seus bens, ver as lágrimas dos que lhes são queridos e abraçar as suas mulheres e filhas". A versão da *National Geographic* é: "A maior felicidade do homem é perseguir e derrotar o seu inimigo, apoderar-se de todos os seus bens, deixar as suas mulheres casadas chorando e gemendo, montar os seus cavalos castrados, usar os corpos das suas mulheres".
([7]) Nicolas Wade, "A Prolific Gengis Khan, It Seems, Helped People the World".
([8]) Grousset, p. 228. Deus dera-lhe o mundo, e a resistência era punida com a morte, tal como o eram a mentira, o roubo e a sodomia. Os artífices eram ocasionalmente poupados: eram escravizados e enviados para trabalharem na Mongólia. Os arqueólogos que escavaram cidades deixadas em ruínas por Gêngis descobriram uma espessa camada superior de ossos.
([9]) Kahn, p. 66. A grafia de *Gêngis* foi alterada para seguir a transliteração padrão adoptada na presente livro.
([10]) Grousset, p. 249.
([11]) Petech, p. 173.
([12]) *Ibid*.
([13]) Wang Jiawei e Nyima Gyaincain, *The Historical Status of Chinas's Tibet*.
([14]) *Ibid* .
([15]) A dinastia Yuan tornou-se um Estado chinês – na verdade, fora da China, parece existir um consenso generalizado entre os historiadores, de que esta afirmação é falsa. Ver Fairbank e Goldman; Smith; Goldstein, *A history of Modern Tibet*; Soucek; Grousset. Ver também os ensaios em *China Among Equals*, com edição de Morris Rossabi, particularmente Petech. O autor entrevistou diversos professores (não mencionados) que se riram deste conceito; um disse que Gengiscão ficaria muito surpreendido se lhe dissessem que se tinha convertido num chinês. Vários consideraram esta argumentação como pura propaganda. Por outro lado, muitos professores eminentes dos Estados Unidos recusaram ser entrevistados sobre esta matéria, receando pelos vistos desagradar à China. Não

há dúvida de que o Estado mongol que governou a China adoptou progressivamente muitas normas culturais chinesas. Até que ponto isto transformou o regime mongol da China num regime chinês? É uma questão controversa. O que não é controverso é que o domínio mongol da China foi derrubado por uma revolta chinesa e que os Mongóis foram expulsos da China para a sua pátria, a actual Mongólia. Os Chineses consideravam o domínio mongol um domínio estrangeiro. Independentemente da forma "enviesada" como for analisado, nada disto oferece a mínima "prova" de que o Tibete fez parte da China naquela época. O Estado mongol também adoptou gradualmente alguns aspectos da cultura tibetana – isso transformou-o num Estado tibetano?

([16]) Aceitei a obra de Wang Jiawei e Nyima Gyaincain como expressão da posição oficial da RPC face ao Tibete. É um pressuposto lógico, dado que se encontra no *website* Tibet-China e que o livro foi publicado na China. Ver http://www.tibet-china.org.

([17]) Esta perspectiva foi observada por muitos historiadores não chineses. Por exemplo, ver T. H. Barrett, *Qubilai Qa'an and the Historians*: "Este facto ilustra uma das mais notáveis características dos escritos chineses sobre o Império Mongol: o seu fracasso total em compreender que a China fora absorvida numa unidade política maior. O pressuposto automático, mesmo para estudiosos tão atentos e críticos como o historiador Chao I (1727-1814), do Grande Ch'ing, é que os Mongóis aumentaram o império chinês. Não tenho a certeza de que este pressuposto pudesse ter sido questionado durante o domínio manchu, ou até actualmente (dada a natureza das pretensões chinesas a grande parte das regiões ocidentais que hoje integram o território da República Popular), mas seja como for, esta capacidade de conceber a China mongol como uma era de glória chinesa poderá explicar o motivo pelo qual alguns dos contemporâneos de Liang fazem declarações ainda mais peremptórias acerca de Qubilai".

([18]) Kahn, pp. 20-67; Soucek, p. 104.

([19]) Kahn, p. 21.

([20]) Soucek, p. 104.

([21]) Soucek, p. 104, escreve 1206; Fairbank e Goldman, pp. 112-27, têm 1207 e 1215. Pequim insiste que os reinos jurchen e tanguto eram Estados chineses, pois governavam aquilo que é hoje o Norte da China; todavia, dado que estes dois impérios recebiam tributos da dinastia Song e eram governados por não Chineses, esta interpretação revisionista é, no mínimo, artificiosa. O apego a esta crença pode indicar que este argumento faz parte da justificação da China moderna para a ocupação da Mongólia Interior, de Sinkiang e do Tibete. Os jurchen e os tangutos extorquiam tributos à China, e o chinês não era uma das suas línguas nativas; ver Yihong, pp. 356-61; Fairbank e Goldman, pp. 112-27; Soucek, pp. 77-113.

([22]) Existe alguma controvérsia relativamente a esta palavra. Os uigures, que constituíam 95% da população da área antes de 1950, preferem o termo Turquistão Oriental. Muitos Uigures não se consideram Chineses, mas mais de metade da população desta região, rica em petróleo e minerais, é hoje chinesa. Os Chineses consideram antichinês o uso do termo Turquestão Oriental (e não Xinjiang) e a discussão da posição dos Uigures. Ver http://www.uygur.org/.

(23) Soucek, pp. 77-82.

(24) As fronteiras de Qocho poder-se-ão ter estendido além das de Xinjiang, tal como as fronteiras dos Tangutos e Jurchen.

(25) Os nativos do Turquestão Oriental preferem a transliteração "uyghur", mas eu segui a que parece ser de uso mais comum em inglês (e em Beckwith) [uighur (*N.T.*)]. Ver Jonathan Spence, *The Search for Modern China*.

(26) Soucek, p. 81.

(27) Yihong, p. 357; Fairbank e Goldman; Soucek, p. 104.

(28) Fairbank e Goldman, p. 114.

(29) Os Jurchen são o exemplo citado por Fairbank e Goldman (p. 117), mas eles aplicam o mesmo argumento aos Tangutos, aos quais chamam Xixia.

(30) Relativamente à sua história, ver Grousset, p. 136. A parte mais importante do Império Jin era o canto nordeste da planície do Norte da China – incluindo a actual Pequim –, que a China perdeu em 936. Os Chineses só recuperaram este território com a ascensão ao poder da dinastia Ming, em 1368, após os mongóis.

(31) Ver Yihong; Fairbank e Goldman; Soucek.

(32) Ver Reuven Amitai-Preiss e David. O. Morgan, *The Mongol Empire and Its Legacy* (Introdução): "Os Mongóis foram mais bem sucedidos do que quaisquer dos seus antecessores da Ásia Interior a roubar os excedentes dos Estados vizinhos" (p. 1).

(33) Grousset, p. 228.

(34) Fairbank e Goldman, p. 121.

(35) De facto, os Chineses que se encontravam sob o domínio de estrangeiros odiavam-nos mas eram obrigados a não o revelar. Esta atitude era conhecida por "aceitação exterior e ódio interior". O domínio do Norte da China era considerado estrangeiro, e os estrangeiros não eram considerados Chineses; ver Fairbank e Goldman, pp. 112-19.

(36) Fairbank e Goldman, pp. 118.

(37) Fairbank e Goldman, pp. 112-24.

(38) Gêngis nunca se deu ao trabalho de conquistar o resto da China. Ver Fairbank e Goldman; Grousset; Soucek.

(39) Grousset, pp. 247-8.

(40) Petech utiliza a transliteração Köden (p. 181). Shakabpa usa Godan.

(41) Petech, p. 181.

(42) Shakabpa, p. 62.

(43) A descrição da viagem de Sakya Pandita ao encontro do príncipe Godan baseia-se em Shakabpa, p. 63, que fundamentou o seu relato naquilo a que chama *Gdun-rab* ou *The History of the Sakya*; ver a sua bibliografia de fontes tibetanas, p. 336.

(44) Shakabpa, p. 63.
(45) Grousset, p. 251.
(46) *Ibid.*
(47) Shakabpa, pp. 61-72; Petech, pp. 173-94. Sempre que existem diferenças entre estas duas fontes, o autor dá preferência a Petech.
(48) Petech, p. 182.
(49) Shakabpa, traduzindo fontes tibetanas da época, pp. 63-64.
(50) Petech, p. 181.
(51) *Ibid.*, p. 182.
(52) *Ibid.*, p. 185.
(53) *Ibid.*, p. 184.
(54) Fairbank e Goldman, p. 121.
(55) Petech traduz *Khuo-shih* por "preceptor nacional" (p. 184).
(56) O académico S. Bira, in Reuven Amitai-Press e David O. Morgan, p. 244.
(57) *Ibid.*, p. 246.
(58) Jamyang Norbu, *The Myth of China's Modernization of Tibet and the Tibetan Language*, em http://www.tibetwrites.org/articles/jamyang_norbu/jamyang_norbu16html.
(59) *Ibid.*, citando a obra de Morris Rossabi.
(60) http://tech2.npm.gov.tw/khan/english/ss/i21.htm.
(61) *Ibid.*, citando os trabalhos do linguista Roy Andrew Miller.
(62) Norbu, *The Myth of China's Modernization of Tibet and the Tibetan Language*.
(63) Petech, p. 183.
(64) O académico S. Bira, in Reuven Amitai-Press e David O. Morgan, p. 240-49.
(65) Richard Hooker, da Universidade do Estado de Washington, escreve, "A Cidade Proibida de Kublai Khan era, em muitos aspectos, um santuário protegido da cultura mongol. Este afastamento dos Chineses, exemplificado pela Cidade Proibida, foi implementado em quase todos as áreas do domínio mongol. Embora tivessem adoptado alguns aspectos da cultura chinesa, os Mongóis recusaram-se a aprender a língua chinesa". Ver http://www.wsu.edu/.
(66) Dalai Lama, citando textos tibetanos.
(67) Shakabpa, p. 64.
(68) *Ibid.*
(69) Petech, p. 194.
(70) *Ibid.*, pp. 179 e 185.
(71) *Ibid.*, p. 185
(72) Shakabpa, p. 67.
(73) Petech, p. 185. Ver também Shakabpa, pp.64-71.
(74) Petech, p. 186.
(75) *Ibid.*, pp. 186-94.

(⁷⁶) *Ibid.*
(⁷⁷) *Ibid.*, p. 187.
(⁷⁸) *Ibid.*, p. 189; a maioria dos administradores era tibetana; ver Petech, pp. 186-94.
(⁷⁹) Grousset; Soucek.
(⁸⁰) Fairbank e Goldman, p. 122.
(⁸¹) Dirigida a Kunga Gyeltsen, tal como citámos acima.

CAPÍTULO 7: UM PLANO MESTRE: DO PRIMEIRO AO QUARTO DALAI LAMAS, 1357-1617

(¹) Estas transliterações e muitos outros pormenores relativos à vida de Tsongkhapa podem encontrar-se em http://www.tibet.com/Buddhism/gelug.html.
(²) Esta é a data avançada por Snellgrove e Richardson. Tsongkhapa chegou ao Tibete Central em 1372, para estudar; Goldstein, *The Snow Lion*, p. 5.
(³) Ver a sua biografia em http://www.tsongkhapa.org.
(⁴) *Ibid.*
(⁵) "Entretanto, ele debruçou-se um pouco mais sobre o estudo da tradição tântrica. É por isto que chamamos tradição Kadampa aos ensinamentos de Atisha e Tsongkhapa; esta tradição torna-se depois Nova Kadampa e, por fim, passa a ser conhecida por Gelugpa".
(⁶) A palavra *rubbish* [porcaria (*N.T.*)] é frequentemente usada em inglês indiano e não é pejorativa. No caso presente, significa que os monges não eram verdadeiros ou genuínos porque não respeitavam os seus votos.
(⁷) "Death of a Controversial Lama", obituário de Bomi Rinpoche (1918--2002), TIN News Update, 29 de Novembro de 2002; http://www.tibetinfo.co.uk.
(⁸) O Dalai Lama pediu que partes desta entrevista somente fossem tornadas públicas após a sua morte.
(⁹) Os budistas não acreditam numa alma humana, pelo que estas palavras são usadas como metáfora de uma realidade complexa que não é abordada aqui.
(¹⁰) Esta é uma transliteração possível; contudo, em Tsongkap.org, é usada a grafia Lama Umapa Pawo Dorje.
(¹¹) Tsongkhapa.org.
(¹²) O Dalai Lama aborda um acontecimento que também é discutido na Internet. Ver a biografia em Tsongkhapa.org, na secção intitulada "Becomes de disciple of Manjushri".
(¹³) Confirmado pelas fontes chinesas: http//www.tibetinfor.com.cn/english/services/library/serialise/h_status/his_04.htm. Ver também o capítulo 3.
(¹⁴) Os historiadores ocidentais que têm estudado os registos Ming rejeitam esta ideia; ver Petech, última página do seu capítulo in *China Among Equals*.
(¹⁵) O Tibete não fazia parte da dinastia Ming; ver mapas in Spence, p. 19.
(¹⁶) Enviou o seu cozinheiro, Jamchen Choje Shakya Yeshe; ver Stein, p. 80.

(17) Goldstein; Snellgrove e Richardson; Stein.

(18) Este nome é ocasionalmente transliterado como Gedun Trupa (1391--1474); van Walt van Praag, p. 8.

(19) Snellgrove e Richardson, p. 288; Stein, pp. 78-79.

(20) Snellgrove e Richardson, p. 288.

(21) Ver Shakabpa, pp. 73-90.

(22) *Ibid*.

(23) *Ibid*.

(24) Shakabpa, p. 82.

(25) "Trata-se da questão política que discutem hoje os Tibetanos e os Chineses"; ver http://www.tibetanyouthcongress.org/publication/history%20Part1.html.

(26) Shakabpa, pp. 73-90.

(27) O regime de Phamo Drupa, liderado por Qamqu Gyaincain e os seus filhos, nunca foi independente do governo central, quer no período final da Dinastia Yuan, quer no princípio da Dinastia Ming. Foi sempre um poder político local, subordinado ao governo central. Ver http//www.tibetinfor.com.cn/english/services/library/serialise/h_status/his_04.htm.

(28) Stein, p. 79.

(29) Resumo seguindo Shakabpa e Petech.

(30) Foram primariamente os Karmapa Kagyu, uma subescola da Kagyu, que entraram em guerra contra os Gelugpa

(31) Stein, p. 81.

(32) Stein; Snellgrove e Richardson.

(33) Snellgrove e Richardson, cronologia, p. 288. Relativamente aos Gelugpa sob ataque da Kagyu e dos reis do Tibete, ver Stein, p. 81

(34) Shakabpa, p. 91.

(35) *Ibid*., pp. 192-93.

(36) *Ibid*., p. 92.

(37) Charles R. Bawden, *The Modern History of Mongolia*, p. 28.

(38) Grousset, p. 502; Soucek, p. 167, propõe a transliteração Toghon Temur.

(39) Grousset, p. 503. Chamava-se Toquz Temur.

(40) *Ibid*. Reclamaram-na dos herdeiros de Gêngis – como é evidente, todas as bandeiras [tipo de unidade militar criada pelos Manchus para enquadrar e controlar os mongóis (N.T.)] mongóis libertaram-se dos Chineses.

(41) Bawden, pp. 20-50. Ver ainda "Historical Path of Mongolia's Statehood and Independence", discurso proferido pelo presidente da Mongólia em Julho de 1996, em http://drlee.org/mongolia/article02.html.

(42) Acerca deste período, Bawden diz que existiu uma "desunião fatal" e que "esteve ausente qualquer sentimento de nacionalidade" (p. 24).

(43) Bawden, pp. 20-30.

(44) O autor está a simplificar uma parte muito complexa da história. Os interessados na Mongólia dispõem de uma boa introdução em Bawden, podendo também consultar Soucek ou Grousset.

(⁴⁵) Grafia utilizada por Bawden, p. 25. Uma alternativa frequentemente vista – por exemplo, em Grousset e em Smith – é Tumed.

(⁴⁶) Ocasionalmente Orad. Os Oriates também eram chamados Mongóis calmucos; ver Grousset, pp. 506-07. Num período posterior, a tribo também passou a chamar-se Zungar ou Dzungar.

(⁴⁷) Ver Morris Rossabi, http://drlee.org/mongolia/article03.html.

(⁴⁸) Grousset,p. 507.

(⁴⁹) Bawden, p. 24. Soucek afirma que a subjugação dos Oriates teve lugar em 1552 (p. 169).

(⁵⁰) Grousset, p. 510.

(⁵¹) Bawden, p. 25.

(⁵²) Okada Hidehiro, *China as a Successor State to the Mongol Empire*; Bawden, p. 25.

(⁵³) Grousset, p. 511.

(⁵⁴) Bawden, p. 25; Smith, p. 106.

(⁵⁵) Odaka Hidehiro, *The Third Dalai Lama and Altan Khan of the Tumed*. Fez as pazes com os Chineses e abriu os mercados fronteiriços: Smith, p. 106.

(⁵⁶) Smith, p. 106.

(⁵⁷) Bawden, pp. 29-40.

(⁵⁸) Bawden cita documentos mongóis. Segundo o historiador japonês Okada Hidehiro, Altan receava que a cultura mongol fosse minada pela paz com a China, pelo que procurou uma protecção no budismo tibetano. Pequim, negando esta perspectiva, afirma que a Mongólia fazia parte da China em 1571, e que Altan era um cidadão leal. "Em 1571, quando Altan Khan, pertencente à 17.ª geração de descendentes de Gengiscão, se colocou sob a suserania da dinastia Ming, recebeu o título oficial de príncipe Shunyi". Ver http//www.tibetinfor.com.cn/english/services/library/serialise/h_status/his_04.htm. Neste sítio encontram-se também os ataques a van Walt van Praag e Shakabpa, que contradizem esta perspectiva.

(⁵⁹) Bawden, p. 29.

(⁶⁰) *Ibid*.

(⁶¹) Smith, p. 106. Os Tibetanos acreditam que Altan foi convertido ao budismo pelo III Dalai Lama , em 1578, mas os historiadores mongóis fazem um relato diferente. Em 1573, durante uma razia, Altan capturou quatro monges tibetanos (Bawden, p. 28). Os Mongóis acreditam que um destes monges converteu Altan ao budismo. Os Tibetanos não fazem menção de uma conversão tão cedo, e dizem que ele foi convertido pelo III Dalai Lama .

(⁶²) Okada Hidehiro, "The Third Dalai Lama and Altan Khan of the Tumed", Narita, Tibetan Studies, Proceedings of the 5th Seminar of the International Association for Tibetan Studies, 1988, vol. 2, pp. 643-52, 1992.

(⁶³) Smith, p. 106.

(⁶⁴) Okada Hidehiro, "The Third Dalai Lama and Altan Khan of the Tumed".

(⁶⁵) "O I Dalai Lama não assumiu este nome, mas a partir do II Dalai Lama passou a estar sempre presente. Em tibetano, existe um ditado popular que diz: 'Alguém com o nome de Tenzin, alguém com o nome de Oceano'".

(⁶⁶) As fontes mongóis discordam, afirmando que ele foi convertido três anos antes, por outros monges tibetanos; porém, os Mongóis não deixam de valorizar o encontro de Altan com o Dalai Lama, por causa dos muitos acontecimentos importantes que se seguiram – por exemplo, a destruição, pelo fogo, dos totens de Altan. Ver Bawden, pp. 20-50.

(⁶⁷) *Ibid.*, pag. 36

(⁶⁸) Smith, p. 106; Shakabpa, p. 95; Bawden, p. 32.

(⁶⁹) Bawden, p. 33; Shakabpa, p. 95.

(⁷⁰) Bawden, p. 33.

(⁷¹) *Ibid.*, p. 32.

(⁷²) *Ibid.*, p. 33.

(⁷³) *Cujus regio ejus religio* [a religião do rei é a religião do povo (*N.T.*)], Bawden, p. 32.

(⁷⁴) Shakabpa, p. 94; Bawden, p. 27; Smith, p. 106.

(⁷⁵) Shakabpa, p. 91, 95.

(⁷⁶) Bawden, p. 36.

(⁷⁷) Os Mongóis ocidentais converteram-se mais lentamente, apenas na década de 1620. Para pormenores sobre a conversão da Mongólia ao budismo, ver Stein; Snellgrove e Richardson; Bawden; Shakabpa. Apenas alguns mongóis se tornaram seguidores de outras escolas que não a Gelug.

(⁷⁸) Shakabpa, p. 95; Ver também Bawden; Smith; Stein.

(⁷⁹) Na biografia do III Dalai Lama, escrita pelo V Dalai Lama e traduzida por Okada Hidehiro, este escreve, "Era tempo de orientar a sua obra naquela direcção".

(⁸⁰) *Ibid.*

(⁸¹) Bawden, p. 30.

(⁸²) Gengiscão. (*N.T.*)

(⁸³) Dos Karma Kagyu em particular, embora todas as escolas mais antigas estivessem aliadas contra os Gelugpa.

(⁸⁴) Shakabpa, p. 96; entrevista com o Dalai Lama.

(⁸⁵) Shakabpa, p. 95.

(⁸⁶) *Ibid.*, p. 96.

(⁸⁷) Ele encontrava-se em ou perto de Hohhot, actual capital da província da Mongólia Interior.

(⁸⁸) Ahmad, *Sino-Tibetan Relations in the Seenteenth Century*, p. 146.

(⁸⁹) Shakabpa, p. 96.

(⁹⁰) As fontes são contraditórias, afirmando que o convite foi feito pelo filho de Altan Khan e por Ligdan Khan, imperador nominal dos mongóis. Ver Bawden, pp. 30-31; Shakabpa, p. 95.

(⁹¹) Bawden, p. 31; Shakabpa, p. 96.

(⁹²) Shakabpa, p. 97.

(93) Snellgrove e Richardson: "Através desta jogada diplomática, a Escola Gelugpa assegurou conclusivamente o apoio interessado da família governante mongol (...) algo que, mais tarde ou mais cedo, iria inevitavelmente implicar a interferência estrangeira no Tibete".
(94) Shakabpa, p. 98.
(95) *Ibid.*, p. 98.
(96) Karm Tensung Wangpo, chefe dos tsang; ver *Ibid.*, p. 98.
(97) Shakabpa, p. 99; Smith, p. 107.
(98) Snellgrove e Richardson, p. 193.

CAPÍTULO 8: O QUINTO DALAI LAMA E A ASCENSÃO DOS MANCHUS, 1617-1720

(1) Shakabpa, p. 101.
(2) Já existiam alguns edifícios no Potala, da época de Songzen Gampo, quando ele deu início à construção, segundo muitas fontes.
(3) Shakabpa, p. 101.
(4) *Ibid.*, p. 100.
(5) *Ibid.*, pp. 101-02.
(6) *Ibid.*, p. 100; ver também Goldstein.
(7) Bawden, pp. 41-46.
(8) Bawden, p. 46.
(9) Ocasionalmente chamado Sonam Chospel, particularmente por Shapabka, mas o Dalai Lama empregou a forma "Sonam Rapten".
(10) Shakabpa, p. 106.
(11) A citação é da autobiografia do V Dalai Lama, traduzida e citada por Shapabka, p. 106.
(12) Shakabpa, citando o V Dalai Lama, p. 107.
(13) Descrito por Shakabpa, pp. 105-11, que baseou o seu relato nos registos tibetanos que cita.
(14) Bawden, p. 46.
(15) Snellgrove e Richardson, p. 194; Smith, p. 107; Shakabpa, p. 107; Bawden, pp. 41-46; Soucek, pp. 169-70; Grousset, p. 523.
(16) Shakabpa, p. 108.
(17) A sinopse das actividades militares de Gushri no Tibete e do envolvimento de Sonam Rapten baseia-se em *Ibid.*, pp. 107-10.
(18) Citado por Shakabpa, p. 110.
(19) *Ibid.*, p. 112
(20) *Ibid.*
(21) Spence, pp. 32-39.
(22) Bawden, p. 47.
(23) Alguns filhos do rei coreano ficaram como reféns (Spence, p. 31). Contudo, a Coreia não se tornou parte do império, convertendo-se antes num Estado

tributário ou vassalo – estabeleceu relações diplomáticas com os Manchus em conformidade com a única norma aceite na época. A invasão manchu da Coreia destinou-se principalmente a obrigar os Coreanos a transferir a sua fidelidade dos Ming para os Manchus – o que teve lugar antes de os Ming serem subjugados. Do século XVII até 1881, a Coreia enviou missões trimestrais à corte manchu e procurou a aprovação manchu na investidura de cada novo rei. Esta situação era semelhante, nalguns aspectos, às relações dos Manchus com a Tailândia e o Tibete. Estas relações eram vistas, por alguns Chineses e Manchus, como tornando a Coreia (e a Tailândia e o Tibete) parte da "China" – enquanto que os coreanos (e os Tailandeses e Tibetanos) as viam sob um prisma diferente. Ver Cummings, *Korea's Place in the Sun*.

(24) As relações dos Manchus com as diferentes tribos e nações tiveram diferentes significados caso a caso. A Coreia não se tornou parte do Império Manchu, enquanto que as bandeiras mongóis se parecem ter submetido perante o imperador sob diversas formas. A palavra "unificado" é empregada para englobar, em linhas gerais, os muitos tipos de relação com os manchus. Naturalmente, nenhuma destas relações teve nada a ver com a China; eram relações entre os manchus (que também governavam a China) e os diversos povos que eles controlavam ou sobre os quais exerciam influência, sob variadas formas.

(25) Os Khalkhas apenas se tornaram súbditos Manchus em 1688; ver Ahmad, *A History of Tibet*, p. 151. Contudo, os Chahar, Tumet e outros Mongóis orientais, na actual Mongólia Interior, foram subjugados nas décadas de 1630 e 1640, antes de os Manchus conquistarem Pequim. Ver Bawden, pp. 41-46.

(26) Spence, p. 31.

(27) http://www.ibiblio.org/chinesehistory/contents/c11sa02.html.

(28) Spence.

(29) Bawden, pp. 40-70; Ahmad, *A History of Tibet*, pp. 144-66.

(30) Bawden.

(31) Estes relatos são mencionados em fontes tibetanas da época e citados pelo primeiro historiador moderno do Tibete, Tsepon Shakabpa, in Tibet: *A Political History* (p. 113).

(32) "Gushri Khan concedeu a autoridade suprema sobre todo o Tibete ao V Dalai Lama e nomeou o mordomo-mor... regente. Os principais rivais da seita do chapéu amarelo, a escola Karma Kagyu, sofreram o peso da derrota e foram activamente perseguidos pelo governo Gelugpa. Uma grande parte dos seus bens e propriedades foi confiscada, e muitos dos seus mosteiros foram convertidos à força à seita Gelugpa". Goldstein, *The Snow Lion*.

(33) Transliteração usada por Alexander Berzin, http://www.berzinarchives.com.

(34) O historiador que o Dalai Lama usou como exemplo foi Melvyn Goldstein.

(35) O autor não foi o único observador a notar o curioso desinteresse do Dalai Lama pelo poder político. Ver o artigo "There's Something Happening Here", por Ron Graham.

(36) Ahmad, *A History of Tibet*, p. 167.

(37) Ahmad, *A History of Tibet*, p. 159.

(38) Ahmad, *A History of Tibet*, pp. 166-89; Goldstein, *The Snow Lion*, pp. 9-14; Shakabpa, pp. 112-18; Smith, pp. 107-13.

(39) Ahmad, *A History of Tibet*, pp. 166-70; Shakabpa, pp. 113-15.

(40) Spence, pp. 10-50.

(41) Foi durante o reinado de Hong Taji, oitavo filho de Nurahachi, que o povo Jurchen parece ter alterado o seu nome para Manchus, e o nome da dinastia de Jin para Qing. Nurahachi a Hong Taji foram os principais responsáveis pela subjugação dos Ming e pelo estabelecimento dos Manchus não só como governantes da China, mas também da Coreia e de grandes territórios que os Ming nunca tinham governado. Ver Spence, pp. 10-50.

(42) Itálicos do autor. A citação de Shunzhi é de Ahmad, *A History of Tibet*, p.169. Ahmad translitera os nomes dos dois imperadores como "T'ai Tsung" e "Shun Chih". Por uma questão de consistência e legibilidade, adoptei a transliteração de Spence.

(43) Ahmad, *A History of Tibet*, p.169.

(44) *Ibid.*

(45) *Ibid.*

(46) *Ibid.*, p. 170.

(47) *Ibid.*, p. 171.

(48) *Ibid.*

(49) *Ibid.*, p. 175.

(50) *Ibid.*, p. 176

(51) *Ibid.*

(52) Citação directa de Ahmad, caracterizando a visita. *Ibid.*, p. 180.

(53) *Ibid.*

(54) William Woodville Rockhill.

(55) Ver Snellgrove e Richardson sobre este aspecto do Potala.

(56) *Ibid.*, p. 200.

(57) As fontes na Internet afirmam que a pluviosidade média em Lhasa varia entre 230 mm/m^2 e 570 mm/m^2. Na Índia, a pluviosidade média é de 1100 mm/m^2.

(58) Posteriormente, Tashi Tsering, um agricultor tibetano de trinta e muitos anos de idade, terá sido torturado e morto depois de ter fracassado na sua tentativa de detonar explosivos que amarrara ao seu corpo. Tentou puxar a bandeira, e quando os polícias o agarraram e espancaram impediram-no de detonar os explosivos. Ver http://www.tibet.ca/wtnarchive/1999/10/9_1.html.

(59) Segundo as definições modernas, o trabalho de corveia é parecido com o trabalho escravo, pois os trabalhadores não são pagos pelo seu trabalho e são obrigados a apresentar-se, sob pena de ser punidos. Os Tibetanos sujeitos à corveia podiam pagar a alguém para ir no seu lugar. As corveias também foram impostas na Mongólia e na China pelos imperadores manchus, e ainda existem no Nepal e na Índia.

(⁶⁰) Shakabpa, p. 122.
(⁶¹) *Ibid.*, p. 125.
(⁶²) Snellgrove e Richardson, p. 204.
(⁶³) Shakabpa, p. 123.
(⁶⁴) Embora ainda se discuta se o V Dalai Lama deu ou não instruções para o fazer, o incidente é aceite inquestionavelmente pelos Tibetanos. Ver *Songs of the Sixth Dalai Lama*, K. Dhondup, Library of Tibetan Works and Archives, 1981, p. 12.
(⁶⁵) Shakabpa, p. 128.
(⁶⁶) *Ibid.*, p. 129.
(⁶⁷) O resumo da vida do VI Dalai Lama baseia-se em entrevistas com Sua Santidade, o Dalai Lama, e em Shakabpa, pp. 128-29.
(⁶⁸) "Cervejarias". (N.T.)
(⁶⁹) Ver *Songs of Tsangyang Gyatso*, tradução de Simon Wickham-Smith, "com base na edição comentada preparada por Per K. Sørensen".
(⁷⁰) Tradução portuguesa dos *Cantos de Amor do VI Dalai Lama*, Paulo Borges, Lisboa, Ed. Mundos Paralelos, 2005, (*N.E.*).
(⁷¹) No reinado de Kangxi, os manchus penetraram no Tibete pela primeira vez, em 1720; ver Spence, pp. 67-69.

CAPÍTULO 9: DO SEXTO AO DÉCIMO SEGUNDO DALAI LAMAS, 1705-1900

(¹) Bawden, pp. 40-55; Stein, p. 85; Goldstein, *The Snow Lion*, pp. 9-15; Petech, pp. 8-50; Grousset.
(²) Bawden, p. 52.
(³) *Ibid.*, pp. 52, 76.
(⁴) Robert Thurman, conversa com o autor.
(⁵) Petech, p. 16.
(⁶) Goldstein, *The Snow Lion*, p. 12.
(⁷) Petech pp. 19-21.
(⁸) *Ibid.*, 19-55.
(⁹) Bawden; Goldstein, *The Snow Lion*; Smith; van Walt van Praag; Soucek; Spence; Petech.
(¹⁰) Desconhece-se a data exacta de início desta situação. O primeiro Amban chegou em 1709, mas pode ter sido apenas um embaixador, já que não possuía tropas. Alguns historiadores datam o início do protectorado em cerca de 1720, outros por volta de 1750.
(¹¹) Goldstein, *The Snow Lion*.
(¹²) Entre 1751 e 1912; Petech, p. 260. Ver também Stein; Smith; Snellgrove e Richardson.
(¹³) O Palácio e Lamastério da Paz e Harmonia ou Yonghegong, é o mais belo e impressionante templo budista de Pequim, e o único a ter uma paragem de

metro própria. Na sua origem, o Templo do Lama era a residência do príncipe Yongzheng, que viria a tornar-se imperador. A sua mansão foi convertida num templo em 1744, depois de ele ascender ao trono... Hoje, o Templo do Lama acolhe cerca de setenta lamas oriundos da Mongólia, embora seja um "Templo do Lama Tibetano". Ver http://tour-pequim.com/sightseeing/showsight.php?sight_id=11.

([14]) Spence, p. 100.
([15]) Spence, p. 41; Fairbank and Goldman, p. 148.
([16]) Bawden, p. 77.
([17]) Fairbank and Goldman, p. 148.
([18]) Bawden, p. 77.
([19]) Fairbank and Goldman, p. 146.
([20]) *Ibid.*, p. 144.
([21]) Spence, p. 40.
([22]) Bawden, pp. 55-85.
([23]) G. William Skinner, *Chinese Society in Thailand*, pp. 23-25.
([24]) http://en.wikipedia.org/wiki/History_of_China#Qing_Dynasty.
([25]) Ver Mao Tsé-tung sobre este tema, in *Red Star over China*, por Edgar Snow.
([26]) Fairbank subscreve claramente a interpretação do Dalai Lama: "Para efeitos de análise, pode observar-se que (1) o sistema tributário decorria naturalmente da preeminência dos antigos Chineses; (2) acabou por ser utilizado pelos governantes da China para fins políticos ou de defesa; (3) na prática, tinha uma base comercial muito fundamental e importante; e (4) serviu como meio para as relações internacionais e para a diplomacia chinesas. Em suma, foi muita coisa ao mesmo tempo, e merece atenção como uma solução histórica para os problemas da organização do mundo" (J. K. Fairbank e S. Y. Teng, "On the Ch'ing Tributary System"). Perry Link e William Kirby abordaram este assunto numa conversa com o autor e expressaram a sua opinião de que as relações tributárias entre os Manchus e os Estados vizinhos não tornaram esses territórios parte da China.
([27]) Os Tailandeses foram os primeiros a fazê-lo; Sarasin Viraphol, *Tribute and Profit*, p. 30.
([28]) Fairbank e Teng. Ver também Fairbank e Goldman.
([29]) "Em 1777, Taksin foi finalmente autorizado a enviar uma missão tributária a Pequim, mas apenas foi reconhecido como Rei do Sião em 1781, após a conclusão das guerras contra a Birmânia e o Camboja" (Skinner, p. 23). Esta perspectiva é consensualmnete aceite; ver Viraphol; Charles Dibble, *The Chinese in Thailand*; Victor Purcell, *The Chinese in South East Asia*; David Wyatt.
([30]) Ver Skinner, pp. 5-6; Dibble; Purcell; Wyatt; Viraphol.
([31]) Conversas entre o autor e William Kirby, Perry Link e Mark Selden; trabalhos de Fairbank e outros especialistas.
([32]) Ver, por exemplo, http://www.china-un.ch/eng/premade/60544/TibetFAQ2.htm.

(33) Bawden.
(34) *Ibid.*
(35) *Ibid.*
(36) "Se... a nossa tese está correcta, que as embaixadas se tornaram mais frequentes no início do século para facilitarem o incremento do comércio no sistema tributário, que decaíra e estava a ser prostituído pelos tributários e também, sem dúvida, pelos mercadores chineses" (Fairbank e Teng).
(37) Bawden.
(38) O Dalai Lama cita Ngapo. "Nunca pagámos. O chefe da delegação tibetana, o Sr. Ngapo, assinou evidentemente o acordo em sete pontos, após o que os Tibetanos o passaram a considerar pró-chinês; mas enquanto membro da minha delegação ele visitou a China. Pelo menos nós, no Tibete Central, sub jurisdição tibetana, nunca pagámos impostos a nenhum governo chinês, nem aos Manchus. Ngapo deixou isto bem claro".
(39) Lixiong, "The People's Republic of China 21st Century Underbelly", pp. 21-33.
(40) Bawden.
(41) Viraphol.

CAPÍTULO 10: O DÉCIMO TERCEIRO DALAI LAMA, 1876-1933

(1) Shakabpa, p. 193.
(2) O meu resumo baseia-se em Shakabpa.
(3) Shakabpa, pp. 192-93.
(4) Sir Charles Bell, *Portrait of the Dalai Lama*, p. 121.
(5) Esta grafia é dada por Thupten Jinpa. Outro especialista que consultei disse que o nome deste tutor era Phuchog Sangpo Rinpoche ou Lobsang Tsultrin Jhampa Gyasto.
(6) O VIII Dalai Lama, nascido em 1758, morreu por volta de 1804; viveu aproximadamente até aos quarenta e oito anos de idade. Do Nono ao XII Dalai Lamas, todos morreram antes dos vinte anos de idade.
(7) O encontro do XIII Dalai Lama com o vice-rei é relatado em Bell, p. 95.
(8) Tendas circulares utilizadas como habitação permanente pelos nómadas. (*N.T.*)
(9) A súmula da vida do XIII Dalai Lama baseia-se em Shakabpa, pp. 192-277; Ver também Nicolai S. Kuleshov, *Russias's Tibet File*; Smith; Goldstein, *The Snow Lion*.
(10) *The Waterbird and Other Years: A History of the 13th Dalai Lama and After* (Nova Delhi, Rangwang, 1986).
(11) Spence, pp. 220, 221.
(12) Embora alguns historiadores ocidentais tenham atribuído credibilidade à ideia japonesa de que o Japão teve um papel modernizador na Coreia,

Bruce Cummings demonstra a natureza insensível da colonização japonesa do país.

([13]) *Ibid.*
([14]) *Ibid.*, pp. 221, 222.
([15]) Thomas Ewing, "Ch'ing Policies in Outer Mongolia", pp. 145-57.
([16]) *Ibid.*
([17]) *Ibid.*; ver também Evelyn Rawski, "Presidential Address".
([18]) http://www.worldwideschool.org/library/books/hst/asian/ChinaandtheManchus/chap12.html.
([19]) Rawski.
([20]) Ewing
([21]) Quem tiver quaisquer dúvidas acerca da natureza abrangente desta afirmação poderá querer ler Ewing; Duara Prasenjit, *De-constructing the Chinese Nation*; e Rawski.
([22]) Ewing.
([23]) Kuleshov, p. 2.
([24]) Shakabpa, p. 202; Kuleshov, pp. xii, 2.
([25]) Em 1888 (Goldstein, *The Snow Lion*, p. 22).
([26]) Conversa do autor com o Dr. Michael van Walt van Praag.
([27]) Peter Fleming, *Bayonets to Lhasa*, p. 45.
([28]) Goldstein, *The Snow Lion*, p. 23
([29]) Grafia sugerida por Shakabpa.
([30]) Kuleshov.
([31]) Ver Kuleshov e o *website* de Berzin.
([32]) http://gov.buryatia.ru:8081/obur/history/index.html.
([33]) Para informações acerca de Dorjiev, das suas relações com o XIII Dalai Lama e as suas ideias sobre política externa, ver Kuleshov; berzinarchives.com. Ver também a cronologia do Tibet Justice Center, em tibetjustice.org/reports/chron.html.
([34]) Goldstein, *The Snow Lion*, p. 21.
([35]) Kuleshov, p. 2.
([36]) Do Arquivo de Política Externa Russa, citado por Kuleshov, pp. 2, 130. Ainda sobre os Manchus, das entrevistas do autor com o Dalai Lama:

Regressando aos Manchus, perguntei ao Dalai Lama, "E as relações do Dalai Lama com o Amban, o representante do imperador em Lhasa?". "Antes da invasão britânica, as relações com o Amban manchu, em Lhasa, eram muito más", disse o Dalai Lama. "Muito, muito más. Ele não mostrava o mínimo respeito para com o Dalai Lama. Não há dúvidas acerca disto. Não sei porque o fazia. Mas houve problemas, e houve um Amban que gostava de dormir até tarde e era viciado em ópio".

([37]) Kuleshov, citando dos arquivos do Ministério dos Negócios Estrangeiros russo.
([38]) Kuleshov.

(³⁹) Fleming.

(⁴⁰) tibetjustice.org/reports/chron.html.

(⁴¹) As forças britânicas no Tibete dispunham de várias metralhadoras Maxim, baptizadas com o nome do seu inventor e fabricante, Hiram Maxim. Ver Fleming, pp. 151-52; http://www.firstworldwar.com/weaponry/machineguns.htm.

(⁴²) Fleming, p. 151.

(⁴³) Bell, p. 63.

(⁴⁴) Bell afirma que o XIII Dalai Lama foi para Urrga, que é a actual Ulan Bator.

(⁴⁵) Segundo o Dalai Lama, o XIII Dalai Lama e o Huhuktu [equivalente mongol de Rinpoche (*N.T.*)] consideraram Ulan Bator demasiado pequena para dois lamas superiores.

(⁴⁶) Para Melvyn Goldstein, a invasão britânica de 1904 "pôs em movimento um conjunto de forças antagónicas e descontroladas que ainda hoje dominam a história do Tibete" (*A History of Modern Tibet*, p. 45).

(⁴⁷) Goldstein, *The Snow Lion*, p. 14.

(⁴⁸) *Ibid.*, p. 20. O Dalai Lama confirma que alguns funcionários lhe disseram a mesma coisa.

(⁴⁹) Goldstein, *Ibid.*, p. 21, citando de Hanzhang Ya, *The Biographies of the Dalai Lamas* (Pequim, Foreign Language Press, 1991).

(⁵⁰) "Custou 30 milhões de vidas – 50 vezes o número de mortos da Guerra da Secessão"; ver http://www.washtimes.com/upi-breaking/20030725-110656-5354r.htm. Quase metade do país ficou sob o controlo do Taiping Tianguo (Reino Celestial da Grande Paz), entre 1853 e 1865. Morreram vinte a trinta milhões de pessoas de ambos os lados. Ver http://members.tripod.com/~american_almanac/taiping.htm. O *Livro dos Recordes Guinness* lista esta rebelião como o conflito mais mortífero de sempre.

(⁵¹) Goldstein, *The Snow Lion*, p. 21.

(⁵²) *Ibid.*

(⁵³) Goldstein, *The Snow Lion*, p. 24.

(⁵⁴) http://www.tibetjustice.org/materials/treaties/treaties10.html, citando van Walt van Praag, *Status of Tibet*.

(⁵⁵) Goldstein, *A History of Modern Tibet*, p. 45.

(⁵⁶) Tal como Warren Smith escreveu, foi o estabelecimento "de um protectorado britânico sobre o Tibete, sem nenhuma das responsabilidades habitualmente associadas a este tipo de relação" (p. 159).

(⁵⁷) Goldstein, *A History of Modern Tibet*, p. 47, citando Bell.

(⁵⁸) Spence, p. 217.

(⁵⁹) Smith, p. 169; Goldstein, *A History of Modern Tibet*, p. 47.

(⁶⁰) Goldstein, *A History of Modern Tibet*, p. 46.

(⁶¹) Smith, p. 59.

(⁶²) Smith, pp. 170, 171; Goldstein, *A History of Modern Tibet*, p. 47.

(⁶³) Smith, p. 171.

(⁶⁴) Proclamação emitida, a 7 de Fevereiro de 1906, por Chao Ehr-feng, comissário responsável pela fronteira Yunnan-Sichuan, solicitando colonos para o novo Distrito de Batang; Documentos Parlamentares, cd. 5240 (1910), 109, citado por Smith, p. 171.

(⁶⁵) Ewing, p. 152.

(⁶⁶) *Ibid.*

(⁶⁷) Excerto da Convenção Entre a Grã-Bretanha e a China Sobre o Tibete, de 1906; http://www.tibetjustice.org/materials/treaties/treaties11.html, cedido por van Walt van Praag.

(⁶⁸) Goldstein (*A History of Modern Tibet*) e Smith fazem esta interpretação.

(⁶⁹) Van Walt van Praag apresenta claramente as provas para esta conclusão em *The Status of Tibet*.

(⁷⁰) Um dos nomes da China. (*N.T.*)

(⁷¹) Goldstein, *A History of Modern Tibet*, p. 48, *The Snow Lion*, pp. 26-27; Smith, pp. 164, 165; Bell, p. 69.

(⁷²) Goldstein, *The Snow Lion*, pp. 27.

(⁷³) Esta conversa de Rockville com o Dalai Lama é citada por Smith, p. 167.

(⁷⁴) Cronologia estabelecida com base em diversas fontes; ver http://tibet justice.org/reports/chron.html.

(⁷⁵) Bell, p. 77.

(⁷⁶) Bell, p. 76.

(⁷⁷) Bell, p. 73; Goldstein, *A History of Modern Tibet*, p. 49.

(⁷⁸) Chefe de uma missão diplomática britânica à China em 1793. (*N.T.*)

(⁷⁹) Goldstein, *The Snow Lion*, pp. 27.

(⁸⁰) Grafia constante de Goldstein, *A History of Modern Tibet*, p. 51.

(⁸¹) Smith diz, "A corte ching, num édito de 9 de Março de 1908, anunciou um ambicioso programa de modernização militar, reorganização administrativa, colonização e civilização dos nativos da fronteira tibetana" (p. 172).

(⁸²) Shakabpa, p. 226; Smith, pp. 170-80.

(⁸³) Goldstein, citando a carta do Dalai Lama às autoridades britânicas da Índia, 1996, p. 28 (ver *A History of Modern Tibet*, p. 51).

(⁸⁴) Goldstein, *A History of Modern Tibet*, p. 28.

(⁸⁵) Bell.

(⁸⁶) *Ibid.*

(⁸⁷) *Ibid.*, pp. 98-99.

(⁸⁸) *Ibid.*, p. 99.

(⁸⁹) *Ibid.*, pp. 100-01.

(⁹⁰) *Ibid.*, p. 103.

(⁹¹) *Ibid.*, p. 117.

(⁹²) *Ibid.*, p. 118.

(⁹³) *Ibid.*

(⁹⁴) *Ibid.*, pp. 120-121. Bell afirma que os principais ministros do Dalai Lama, que tinham fugido com ele, estavam impressionados com o tratamento dado pela Grã-Bretanha aos principados. O modo como "eram protegidos das agressões externas pelo poder britânico, que também lhes concedia liberdade na sua administração interna" era "ideal". Suspiravam, e diziam, "Gostaríamos que fosse assim com o Tibete". Mas os principados da Índia eram minúsculos, e a Grã-Bretanha não fazia tenções de defender um país tão grande como o Tibete.

(^{95}) Bell, p. 95.
(^{96}) Ibid.
(^{97}) Esta afirmação do XIV Dalai Lama é confirmada por Bell e outros autores.
(^{98}) Citado por Herbert A. Giles, publicado em 1912, Capítulo 12. http://www.worldwideschool.org/library/books/hst/asian/ChinaandtheManchus/chap12.html.
(^{99}) Edgar Snow, citando Mao, in *Red Star over China*, p. 127.
(^{100}) Duara Pasenjit, *De-constructing the Chinese Nation*, p. 23.
(^{101}) Rawski não subscreve esta afirmação: "A República da China declarou ter herdado do último imperador (*manchu*), aquando da sua abdicação, em 1912, o direito a governar o império construído pelos Manchus, mas nem os Mongóis nem os Tibetanos o reconheceram" (Hidehiro Okada, *China as a Successor State to the Mongol Empire*).
(^{102}) Shakabpa, p. 240.
(^{103}) Ibid.
(^{104}) Tsipon Lungshar Dorje Tsegyal. Ver Goldstein, *A History of Modern Tibet*, pp. 156-65.
(^{105}) Ibid.
(^{106}) Yasujiro Yajima passou seis anos em Lhasa. Ver Shakabpa, p. 250.
(^{107}) Goldstein, *A History of Modern Tibet*; Smith.
(^{108}) Goldstein, *A History of Modern Tibet*, p. 43, citando Tom Grunfeld. Em conversa com os autores nos seus trabalhos, Grunfeld refere que estes números são estimativas por alto, e que é impossível aferir os números exactos. Todavia, estas estatísticas poderão ser indicativas.
(^{109}) Ibid., p. 35.
(^{110}) Goldstein, *A History of Modern Tibet*; Smith, Shakabpa.
(^{111}) As estimativas continuam a ser alvo de acesos debates. Os números aqui avançados são seguramente indicativos da situação geral. O Dalai Lama diz que existiam monges a mais, e que o seu número afectava negativamente a capacidade de reprodução da população; pior ainda, diz ele, a maioria não era constituída por monges genuínos, que seguiam o *Vinaya*.
(^{112}) Ver Goldstein, *A History of Modern Tibet*, p. 162.
(^{113}) Ibid., p. 163.
(^{114}) Smith, p. 177.
(^{115}) Ibid., pp. 216-25; Goldstein, *A History of Modern Tibet*.
(^{116}) De facto, ao falar, citei parte do que Goldstein escreveu ao Dalai Lama: "De um dia para o outro, o Tibete perdeu a sua melhor oportunidade para criar

uma entidade política moderna, capaz de coordenar o apoio internacional ao seu estatuto de independente e de defender o território nacional".

([117]) A tradução do título e o nome do detentor do cargo (Thubten Lekmon) foram fornecidos por SSDL em conversa com o autor, em 2006.
([118]) Goldstein, *A History of Modern Tibet*, p. 141.
([119]) Shakabpa, p. 276.
([120]) *A History of Modern Tibet*, pp. 186-212.

CAPÍTULO 11: A JUVENTUDE DO DÉCIMO QUARTO DALAI LAMA, 1935-1950

([1]) Relativamente à data de nascimento, ver Gyatso, *Freedom in Exile*, p. 3. Esta obra translitera o seu nome como Lhamo Dhondup; Mary Craig, em *Kundun*, emprega a forma Lhamo Dhondup. Sigo a orientação de Thupten Jinpa.
([2]) Gyatso, *Freedom in Exile*, p. 6.
([3]) Grafia constante de Craig, p. xx, árvore genealógica do Dalai Lama.
([4]) *Ibid.*, p. 57.
([5]) *Ibid.*, p. 56. Não se sabe se regressou ao trabalho no mesmo dia ou alguns dias depois.
([6]) *Ibid.*, p. xx, árvore genealógica do Dalai Lama.
([7]) *Ibid.*, pp. 54-58; Gyatso, *Freedom in Exile*, pp. 3-10.
([8]) Por vezes também escrito Siling.
([9]) Craig, p. 54.
([10]) Em 24 de Janeiro de 1934; ver Goldstein, *A History of Modern Tibet*, p. 189.
([11]) As conversões de dólares de prata chinesa (citadas em libras britânicas) para valores modernos em dólares norte-americanos são exactas, e o mesmo meio foi utilizado aqui e anteriormente; Guildhall, City de Londres, em referência a fontes parlamentares.
([12]) Goldstein, *A History of Modern Tibet*, p. 229; entrevista a Gyalo Thondup.
([13]) Para detalhes relativos às perspectivas tibetana, britânica, russa e chinesa do estatuto do Tibete, ver Smith, p. 228. O resto da discussão baseia-se, em grande medida, nas minhas leituras de Smith e Goldstein – incluindo todas as questões políticas constantes neste capítulo – e de documentos originais contemporâneos do período em causa
([14]) Hugh Richardson, citado em Goldstein, *A History of Modern Tibet*, p. 224; ver também Smith, p. 232.
([15]) Smith, p. 229.
([16]) *Ibid.*, p. 241.
([17]) Smith; Goldstein, *A History of Modern Tibet*.
([18]) Goldstein, *A History of Modern Tibet*, p. 145, citando a *China Weekly Review* de 15 de Dezembro de 1934.
([19]) Smith, p. 240.

(20) Craig, p. 13.

(21) Ver Gyatso, *Freedom in Exile*, p. 12; Goldstein, *A History of Modern Tibet*, p. 313; Craig, pp. 54-65. O Dalai Lama também falou destes acontecimentos durante as suas entrevistas com o autor.

(22) Em Fevereiro de 1937; ver Goldstein, *A History of Modern Tibet*, p. 316.

(23) Grafia constante em Gyatso, *Freedom in Exile*, p. 12. A transliteração de Goldstein é Ketsang (p. 317), mas surge Kewtsang na sua autobiografia (p. 13).

(24) Goldstein, *A History of Modern Tibet*, p. 317.

(25) Citação atribuída a Ketsang Rinpoche in Goldstein, *A History of Modern Tibet*, p. 317.

(26) Gyatso, *Freedom in Exile*, p. 17.

(27) Goldstein, *A History of Modern Tibet*, p. 317.

(28) O reconhecimento do Dalai Lama em Taktser é discutido em Gyatso, *Freedom in Exile*, pp. 3-16; Goldstein, *A History of Modern Tibet*, p. 317-19; Craig, pp. 54-66.

(29) Goldstein, *A History of Modern Tibet*, p. 320.

(30) Conversões efectuadas nos seguintes *websites*: http://www.eh.net/ehresources/howmuch/poundq.php; para converter libras de 1936 para 2003: http://www.xe.com/ucc/convert.cgi. O autor agradece o auxílio de Peter Ross e ao blibliotecário-chefe da Guildhall, em Londres, via Internet, através de Search.Guildhall@corpoflondon.gov.uk.

(31) Gyatso, *Freedom in Exile*, pp. 3-16; Goldstein, *A History of Modern Tibet*, p. 317-19; Craig, pp. 54-66.

(32) Thubten Jigme Norbu, citado por Craig, p. 60.

(33) Goldstein, *A History of Modern Tibet*, p. 324.

(34) *Ibid.*

(35) *Ibid.*

(36) Gyatso, *Freedom in Exile*, p. 2. A descrição do palanquim é baseada em documentários cinematográficos.

(37) Transliteração recomendada por Jakob Winkler em conversa com o autor, em 2003. A transliteração de Wylie é U yab Pho brang.

(38) Gyatso, *Freedom in Exile*, p. 19.

(39) Informação dada pessoalmente ao autor por Tenzin Choegyal, irmão mais novo do Dalai Lama.

(40) Gyatso, *Freedom in Exile*, p. 18; Goldstein, *A History of Modern Tibet*, p. 325-65.

(41) Entrevista com o Dalai Lama; Goldstein, *A History of Modern Tibet*, p. 365.

(42) Smith, p. 241; Goldstein, *A History of Modern Tibet*; entrevista com o Dalai Lama.

(43) Smith, p. 240.

(44) Para um resumo da corrupção de Reting Rinpoche, ver Gyatso, *Freedom in Exile*, p. 18; Goldstein, *A History of Modern Tibet*, p. 325-65.

(⁴⁵) Escrito Tathag Rinpoche in Gyatso, *Freedom in Exile*, p. 19; optei pela forma utilizada por Goldstein, *A History of Modern Tibet*, p. 369.

(⁴⁶) Craig, p. 79.

(⁴⁷) Acerca do motivo da demissão de Reting, ver Goldstein, *A History of Modern Tibet*, p. 325-65. Também entrevistei o Dalai Lama sobre esta matéria.

(⁴⁸) O seu nome completo era Lobsang Jinpa; o Dalai Lama também falou com Craig sobre Ponpo (p. 99).

(⁴⁹) *Ibid.*

(⁵⁰) Um engenheiro inglês contratado para instalar os novos geradores para o projecto hidroeléctrico de Lhasa, em 1949. Aparentemente, é a ele que o Dalai Lama se refere. Tinha um assistente, um bielorrusso chamado Nedbaioff. Ambos são mencionados pelo autor em *Into Tibet*, e por Heinrich Harrer, *Seven Years in Tibet*.

(⁵¹) *Prajnaparamita, Madhyamaka, Pramana, Abhidarma, Vinaya.* Ver Tsenzhab Serkong Rinpoche II, *Overview of the Gelug Monastic Education System*, tradução e compilação de Alexander Berzin, http://www.berzinarchives.com.

(⁵²) Geshe Lharampa (dGe-bshes Lha-ram-pa); Ver Tsenzhab Serkong Rinpoche II e http://www.berzinarchives.com.

(⁵³) *Ibid.*

(⁵⁴) A tradução de Glenn H. Mullin encontra-se em *Lungta*, n.º 7, Agosto de 1993, pp. 8-10.

(⁵⁵) Snellgrove e Richardson, cronologia, p. 289.

(⁵⁶) "The Regents Reting and Tagtra", in *Lungta*, p. 11.

(⁵⁷) Mith, p. 243.

(⁵⁸) Súmula da Guerra Civil de 1947, a Guerra de Reting Taktra; ver Goldstein, *A History of Modern Tibet*, p. 464-521; Smith, pp. 231-63; K. Dhondup, "The Regents Reting and Tagtra".

(⁵⁹) Partido Nacionalista Chinês. (*N.T.*)

(⁶⁰) Goldstein, *A History of Modern Tibet*, p. 473.

(⁶¹) O Dalai Lama disse que Chikhyap Khyempo lhe levou um maço de cartas, incluindo a que continha uma ordem de Reting para o assassínio de Taktra. Penso ter sido a primeira vez que o Dalai Lama afirmou claramente que Reting ordenara a morte de Taktra.

(⁶²) Entrevista com o autor.

(⁶³) Goldstein, *A History of Modern Tibet*.

(⁶⁴) Entrevista com o autor; ver também Craig, p. 119. No debate sobre a autorização concedida a Gyalo Thondup para ir para a China, ele é apoiado por Reting Rinpoche; entrevista do autor a Gyalo Thondup.

(⁶⁵) Gyalo Thondup: fontes fiáveis afirmam que, nalgumas ocasiões, a iniciativa para estes contactos partiu de Gyalo Thondup. Também dizem que Gyalo Thondup, durante as suas viagens e conversações com diversos governos, não agiu sempre na qualidade de emissário de Sua Santidade, o Dalai Lama, e que Gyalo Thondup não tem sido o único emissário de Sua Santidade.

([66]) Entrevista com Gyalo Thondup.

([67]) O OSS, antepassado da CIA, foi criado como um serviço de inteligência independente, sem qualquer ligação ao Exército americano. (*N.T.*)

([68]) Estimativa de fontes governamentais chinesas na Internet.

([69]) Nome dado pelos pilotos aliados, na Segunda Guerra Mundial, à extremidade oriental dos Himalaias. (*N.T.*)

([70]) Goldstein, *A History of Modern Tibet*; Smith.

([71]) Para uma súmula dos acontecimentos que conduziram à missão do OSS a Lhasa, com Tolstoy e Dolan, em 1943, ver Goldstein, *A History of Modern Tibet*, pp. 391-97; Smith. Também entrevistei o Dalai Lama sobre este assunto.

([72]) O autor agradece a van Walt van Praag por ter apontado algumas subtilezas a este respeito.

([73]) Grafia constante in Goldstein, *A History of Modern Tibet*, p. 395.

([74]) Surkhang, falando com Tolstoy e Dolan; *ibid*.

([75]) *Ibid.*, p. 393.

([76]) *Ibid.*; Smith; dossiês originais dos Arquivos Nacionais, Silver Springs, Maryland.

([77]) http://www.brilliantbooks.co.uk/ourWork_client.asp?ClientID=1&PageID=4 e http://www.tibet.com/DL/rotunda.html.

([78]) Lowell Thomas, escritor, radialista e viajante, tornara-se famoso por ter popularizado Lawrence da Arábia. (*N.T.*)

([79]) Esta interpretação da história sino-americana é extensamente discutida e sustentada in Laird, *Into Tibet*.

([80]) *E-mail* do professor Ellis Joffe, 21 de Abril de 1999.

([81]) Conforme se pode confirmar a partir de noticiários cinematográficos e fotografias.

([82]) Durante várias negociações de tratados, a Grã-Bretanha pareceu ocasionalmente chamar independente ao Tibete – pelo menos, suficientemente independente para ceder território à Índia, uma colónia britânica, sem aprovação chinesa. Os Estados Unidos consideraram a ideia de reconhecer o Tibete, mas as objecções de Taiwan tornaram esta opção politicamente insustentável durante a era McCarthy.

([83]) Citado por Smith, pp. 267-69.

([84]) Relativamente aos esforços para impedir os Tibetanos de solicitarem a sua adesão à ONU, ver os registos nos Arquivos Nacionais: RG 59 – Registos gerais do Departamento de Estado, Verbete 1305. Caixa 11, NND 897209, registos relativos à Ásia do Sul, 1947-59, grupos de dossiês n°. 57 D 373 e n°. 57 D 421. Dossiês do responsável pelos assuntos Índia-Nepal-Ceilão-Paquistão-Afeganistão, 1947-1956, 28 de Dezembro de 1949. Ver tambem Departamento de Estado, Memorando de Conversa, Tema: "US Government's Reply to the Tibetan Appeal for Assistance in Obtaining Membership in UN"; Smith; Goldstein, *A History of Modern Tibet*.

([85]) Ver Laird, *Into Tibet*, citando uma extensa documentação sobre o assunto em NARA; Kenneth Knaus, *Orphans of the Cold War*, p. 40.

([86]) Ficheiros dos Arquivos Nacionais in Laird, *Into Tibet*, pp. 128, 129, 140.

([87]) Smith; Laird, *Into Tibet*.

([88]) Ver Laird, *Into Tibet*.

([89]) http://hongkong.usconsulate.gov/uscn/wh/2000/062001.htm; secretário de imprensa da Casa Branca sobre o encontro Clinton-Dalai Lama.

([90]) Os detalhes relativos a este complexo acontecimento encontram-se extensamente documentados em três livros complementares – Shakya, pp. 41-45; Smith, pp. 277-80; Goldstein, *A History of Modern Tibet*, pp. 690-97. Goldstein refere que as primeiras tropas entraram no Tibete a 5 de Outubro, mas a data comummente aceite é o dia 7 de Outubro. Muitos dos pormenores ainda são objecto de polémica. Por exemplo, existem relatos contraditórios acerca do local onde o Kashag fazia o piquenique, e se foi informado da invasão no dia 7 ou somente a 15 de Outubro.

([91]) Shakya, p. 43.

([92]) Shakya, p. 44; Goldstein, *A History of Modern Tibet*, pp. 692.

([93]) Shakya, p. 45. Não se sabe se o termo "liquidados" significa que todos estes Tibetanos foram mortos.

([94]) Stephen Collinson, "Time is Running Out".

([95]) Texto do telegrama do Kashag (Kalimpang), 11 de Novembro de 1950, ONU Doc. A/1549; in *Tibet in the United Nations* (Nova Delhi, Gabinete de Sua Santidade, o Dalai Lama), citado em Smith, p. 283, FN 66.

([96]) Smith, p. 291, citando "Memorandum on the Legal Status of Tibet", 5 de Dezembro de 1950, Arquivos Nacionais, 793b.00/11-2550.

([97]) Laird, *Into Tibet*, p. 266; Shakya, p. 58.

([98]) Esta análise política baseia-se em Smith; Shakya; Goldstein, *A History of Modern Tibet* e *The Snow Lion*; e em pesquisas nos arquivos do Departamento de Estado, em NARA.

([99]) Smith; Shakya; Goldstein, *A History of Modern Tibet* e *The Snow Lion*.

([100]) Smith, pp. 279, 288.

([101]) "The Graces of Mao Are Higher Than Heaven", citado por Smith, p. 288, FN 79.

([102]) Smith; Shakya; Goldstein, *A History of Modern Tibet* e *The Snow Lion*.

([103]) Smith, pp. 279, 288. Ver também Shakya e Goldstein.

([104]) Ver Smith, p. 297.

([105]) Smith, p. 295, citando um dos presentes, Puntsok Tashi, cunhado do Dalai Lama.

([106]) Smith, p. 296, citando Puntsok Tashi.

([107]) Gyatso, *Freedom in Exile*, p. 72.

CAPÍTULO 12: A VIDA SOB OCUPAÇÃO CHINESA, 1951-1959

(¹) Gyatso, *Freedom in Exile*, p. 78.
(²) *Ibid*; entrevistas com o Dalai Lama.
(³) http://www.tibetjustice.org/reports/chron.html.
(⁴) Ver Gyatso, *Freedom in Exile*, pp. 82-120.
(⁵) O Dalai Lama emprega comummente as palavras *servo* e *feudal* para descrever o Tibete anterior a 1959. Ver Conferência do Potomac, 5-6 de Outubro de 1992, "Sino-Tibetan Relations: Prospects for the Future", em que Robert Thurman diz: "Por exemplo, a utilização do termo 'feudalismo', que toda gente emprega pouco criteriosamente, incluindo o Dalai Lama, que diz, 'Sim, éramos feudais'". Pelo emprego "estenográfico" destas palavras por parte do Dalai Lama não deve ser entendido que os Nyamthag eram tratados exactamente como os servos da Europa ou de outros locais durante a Idade Média. E também não significa que os graves problemas sociais existentes então no Tibete possam servir de desculpa para uma invasão estrangeira.
(⁶) http://english.peopledaily.com.cn/features/Tibetpaper/tb1.html.
(⁷) *Concerning the Question of Tibet* (Pequim, Foreign Languages Press, 1959), pp. 213, 215, citada por A. Tom Grunfeld, *The Making of Modern Tibet*, p. 14.
(⁸) Grunfeld, entrevistado pelo autor.
(⁹) http://www.swans.com/library/art9/mparen01.html; http://www.nickeye.com/ponder/tibet.html; http://english.peopledaily.com.cn/features/Tibetpaper/tb1.html.
(¹⁰) Nem sequer se sabe ao certo quando teve início o sistema dos servos. Fontes tibetanas da época de Songzen Gampo, por exemplo, descrevem camponeses que compravam e vendiam terras, embora fossem vassalos do senhor local. O direito de comprar e vender terra não é um direito que possuíssem os servos da Europa ou da Rússia feudais. O autor entrevistou antigos servos em áreas tibetanas do Nepal, somente libertados na década de 60; foram perturbadoras as suas descrições de como os senhores locais, em Mustang, eram donos das terras e casas dos servos, e controlavam todos os aspectos das suas vidas.

Atravessando o pântano das descrições contraditórias – muitas motivadas mais por um desejo de apoiar ou atacar a invasão chinesa do que por uma descrição objectiva do Tibete tradicional –, torna-se evidente que não existem critérios culturais comparativos que nos permitam afirmar com confiança que a maioria dos Tibetanos eram servos ou que o Tibete era uma sociedade feudal. Por exemplo, as palavras "maioria dos Tibetanos" aplicam-se às gentes de Kham e Amdo? Se assim for, a afirmação seria certamente falsa. Ao empregarmos estas palavras em descrições gerais, devemos ter em conta que não definem completamente a realidade socioeconómica do Tibete tradicional. Refira-se que esta argumentação não trem como objectivo menosprezar as injustiças sofridas pelos servos nalguma áreas do Tibete.

(¹¹) Ver o texto do Acordo em Dezassete Pontos.

(¹²) Em entrevistas com o autor, Frank Bessac e Vasili Zvansov disseram que os Tibetanos eram ricos quando comparados com os camponeses chineses, e o mesmo foi dito por missionários de Kham.

(¹³) http://www.stanford.edu/~geeyuen/struggle.html.

(¹⁴) Knaus; Shakya; Jamyang Norbu, *Warriors of Tibet*.

(¹⁵) Dalai Lama, conversa com o autor.

(¹⁶) O XIII Dalai Lama disse que a resistência violenta a uma invasão era aceitável. O budismo tibetano sempre defendeu que é moralmente defensável matar um assassino, se tal facto impedir as mortes de centenas de pessoas. Na sua juventude, o XIV Dalai Lama parece ter considerado a resistência militar fútil face à superioridade esmagadora do EPL.

(¹⁷) Philip Short, *Mao: A Life*. Outros livros oferecem estimativas ainda maiores.

(¹⁸) Ver Short.

(¹⁹) Nasceu em 26 de Dezembro de 1893.

(²⁰) Howard French, "Billion of Trees Planted, and Nary a Dent in the Desert".

(²¹) Gyatso, Freedom in Exile, p. 113; a cronologia do *website* do Tibet Justice Center refere o dia 29 de Junho de 1955.

(²²) As aldeias Potemkin foram construídas pelo ministro russo Grigori Potemkin para iludir a Imperatriz Catarina II da Rússia durante a sua viagem à Crimeia, em 1787, com o valor dos novos territórios conquistados. Alegadamente, as aldeias, erguidas em lugares ermos, tinham apenas as fachadas dos edifícios. (*N.T.*)

(²³) Comentário marginal ao assunto em discussão, editado: "Digo muitas vezes que o falecido Panchen Lama era mais ortodoxo e que a minha mente era mais flexível, porque eu tinha muito mais conhecimentos sobre tecnologia e o mundo ocidental devido aos manuais militares. O Panchen Lama estava verdadeiramente isolado, e teve muito menos oportunidades".

(²⁴) Jamyang Norbu, "Hopelessly Hopeful", in *Tibetan Review*.

(²⁵) Tenzing Sonam e Ritu Sarin no seu *website*, http://www.naatnet.org/shadowcircus/chu.html.

(²⁶) Nome dos habitantes de Kham. (*N.T.*)

(²⁷) Ver cronologia em tibetjustice.org/reports/chron.html; ver também Gyatso, *Freedom in Exile*, p. 121.

(²⁸) Ver Knaus; http://www.naatnet.org/shadowcircus/chu.html; e o excelente documentário de Sonam e Sarin.

(²⁹) Nas palavras de Gyalo Thondup, "Bastaram para irritarr os Chineses" (entrevista com o autor).

(³⁰) Existem muitas semelhanças entre o apoio da CIA aos Tibetanos na década de 50 e os agentes CIA de Douglas Mackiernan em Sinkiang. Os agentes de Mackiernan acreditavam que os Estados Unidos apoiavam a sua luta pela independência. Washington utilizou-os para obter informações, mas acabou por não apoiar os resistentes de Sinkiang. Ver Laird, *Into Tibet*. O estatuto de Mackiernan como agente da CIA operando com a cobertura do Departamento de Estado foi mantido pela CIA até Junho de 2006, quando a agencia reconheceu finalmente, pelo menos no seio da "família CIA", que Mackiernan era um agente infiltrado da CIA. Ainda não foi aprovado o acesso público à gigantesca documentação da CIA relativa a Mackiernan.

([31]) Gyatso, *Freedom in Exile*, p. 211.

([32]) *Ibid.*, p. 129.

([33]) Ver cronologia em tibetjustice.org/reports/chron.html; ver também Gyatso, *Freedom in Exile*, p. 134.

([34]) Ver Jamiang Norbu, particularmente o seu artigo intitulado "Non-Violence and Non-Action".

([35]) XIII Dalai Lama, *Último Testamento Político*, *Lungta*, n.º 7, Agosto de 1993, pp. 8-10.

([36]) Ver Jamiang Norbu, "Non-Violence and Non-Action".

([37]) Gyatso, *Freedom in Exile*, p. 140.

([38]) *Ibid.*, p. 137.

([39]) Smith, p. 442, citando entrevistas.

([40]) *Ibid.*

([41]) Smith; Shakya; Goldstein; entrevistas com o Dalai Lama.

([42]) Smith cita documentos.

([43]) Knaus; Shakya; Smith; entrevistas do autor a sobreviventes, entre os quais Baba Yeshi.

([44]) Gyatso, *Freedom in Exile*, p. 158.

([45]) Agência noticiosa Nova China, citada por Gyatso, *Freedom in Exile*, p. 160.

([46]) A perspectiva chinesa acerca dos acontecimentos de 1959 continua praticamente a mesma. Falando em 2001, Raidi, vice-secretário do PCC da RAT, disse:

Em 1959, os governantes do Tibete, com o Dalai Lama à frente, desencadearam uma rebelião dirigida por forças ocidentais hostis. Fugiram para países estrangeiros e há mais de 40 anos que tentam, em vão, obter a independência para o Tibete. Durante os últimos 40 anos, a camarilha do Dalai tem tentado infiltrar-se no Tibete para criar problemas, sob o pretexto da religião, e tem tentado infrutiferamente dividir o país, procurando a "independência para o Tibete". O perigo causado pelas suas actividades de incitamento e sabotagem ainda é bastante grande. Além disso, devido à intervenção das forças ocidentais hostis, têm alguns cúmplices no Tibete. Todavia, a esmagadora maioria do povo tibetano reconhece-se chinesa. Aqueles que praticam a "independência tibetana" dentro da região autónoma são em número diminuto.

O Tibete é território inseparável da China desde a antiguidade, e não existe nenhum problema de "independência tibetana". Contudo, durante cerca de

100 anos, os imperialistas invadiram a China e tentaram continuamente fragmentá-la, tentando infrutiferamente separar o Tibete da China. *Ta Kung Po* (versão *online*, em chinês) Hong Kong, Agosto de 2001.

(⁴⁷) Gyatso, *Freedom in Exile*, p. 161.

(⁴⁸) *Ibid*.

CAPÍTULO 13: DESDE 1959

(¹) Smith, p. 141, citando a Comissão Internacional de Juristas, 1960, p. 227.

(²) http://www.tibet.com/exileglance.html.

(³) Maura Moynihan, testemunho perante o Comité de Relações Exteriores do Senado, audição sobre o Tibete, 13 de Maio de 1997; http://www.tibet.ca/en/wtnarchive/1997/5/20_3.html.

(⁴) Notícias e números provenientes do Alto Comissário das Nações Unidas para os Refugiados.

(⁵) http://www.tibet.net/home/eng/settlements/.

(⁶) http://www.tibet.com/exileglance.html.

(⁷) O número de centros budistas nos EUA mais do que duplicou entre 1994 e 2004; existe quase um milhão de budistas americanos e outros três ou quatro milhões de budistas emigrantes. O Canadá assistiu a um aumento semelhante. Na Alemanha, nas últimas décadas, o número de centros budistas passou de menos de quarenta para mais de quinhentos. Na Grã-Bretanha, entre 1979 e 2000, o número duplicou. O mesmo tem acontecido na França, na Itália, na Austrália e pelo mundo fora. Alguns centros são pequenos, mas outros estão instalados em antigas mansões senhoriais ou mosteiros cristãos convertidos. Suspeita-se – mas é difícil prová-lo – que uma única das quatro escolas budistas possua propriedades no valor de mil milhões de dólares fora do Tibete, doadas por budistas europeus e americanos.

(⁸) http://www.taipeitimes.com/News/archives/1999/11/5/0000010765.

(⁹) Em Sertar, por exemplo; ver http://www.tibet.ca/en/wtnarchive/2004/3/10_8.html.

(¹⁰) Shakya, p. 305.

(¹¹) *Ibid*., p. 309.

(¹²) Smith, p. 551.

(¹³) De facto, a quantidade de cereais disponível para os Tibetanos a partir de 1960 passou a ser mais baixa do que anteriormente. Segundo Smith, "Os Tibetanos recebiam menos porque a maioria da produção agrícola era confiscada pelos Chineses" (p. 473; ver também pp. 552, 553). Shakya diz praticamente a mesma coisa.

(¹⁴) Shakya, p. 313.

(¹⁵) *Ibid*., p. 552. As fomes verificaram-se em 1959-62 e 1968-73.

(¹⁶) Shakya, p. 310, 306-13

(17) Estimativa da ACT; ver http://www.tibet.com/WhitePaper/white5.html.

(18) Dalai Lama, discurso perante o Congresso dos EUA, 18 de Abril de 1992;
http://www.tibet.com/DL/rotunda.html.

(19) Smith, p. 561, citando Ch'ing Jun, "Socioeconomic Changes and Riots in Lhasa".

(20) Smith, Shakya e outros historiadores reconhecem que houve muitos tibetanos envolvidos, obviamente contra a sua vontade.

(21) Shakya, p. 317.

(22) Smith.

(23) *Ibid.*, p. 475, FN 71.

(24) Lena H. Sun, in "China Rebuilds Its Image in Tibet's Monasteries", escreve: "'Na época, eu não pensava no assunto porque éramos jovens', disse Doje, hoje com 44 anos de idade, com os enchendo-se-lhe de lágrimas. 'Agora que vou envelhecendo, sinto-me mal. Tenho remorsos'". No Tibete, o autor entrevistou sobre este tema várias pessoas que preferiram ficar anónimas.

(25) Shakya, pp. 320-21.

(26) Smith, p. 474, FN 70, citando Zhang Yanlu, *Population Change in Tibet* (Pequim, Tibetan Studies Publishing house of China, 1989), p. 28.

(27) Shakya, pp. 322, 325.

(28) Ver a introdução de Robbie Barnett à Petição em Setenta Mil Caracteres, http://www.tibetinfo.net/pl-preface.htm.

(29) Estimativa da ACT, http://www.tibet.com/WhitePaper/white5.html.

(30) *Ibid.*

(31) Os Tibetanos foram "essencialmente instrumentos nas mãos dos líderes dos Guardas Vermelhos". Ver Smith, p. 548.

(32) Shakya, p. 321

(33) Smith, p. 545.

(34) Da Petição em Setenta Mil Caracteres do Panchen Lama, citado pelo professor Dawa Norbu na sua introdução histórica ao texto; http://www.tibetinfo.net/pl-intro.htm.

(35) Smith, p. 563.

(36) Lixiong, "The People's Republic of China's 21st Century Underbelly", pp. 21-33, http://www.columbia.edu/itc/ealac/barnett/.

(37) Ray Cheung, "Pequim Helping Tibetans Catch Up with the West, Says Author", World Tibet News (*online*).

(38) Lixiong, pp. 21-33.

(39) http://www.tibet.com/WhitePaper/white5.html.

(40) French, *Tibet, Tibet*, http://www.nationalreview.com/derbyshire/derbyshire091603.asp.

(41) XIII Dalai Lama, *Last Political Testament*, in *Lungta*, n°. 7, Agosto de 1993, pp. 8-10.

(42) Smith, p. 564.
(43) Lena H. Sun.
(44) *Ibid*.
(45) Entrevista do autor a Gyalo Thondup; ver também Smith, p. 565.
(46) Entrevista do autor a Gyalo Thondup; ver também Smith, p. 575, FN 36.
(47) Stille, repórter da AP. Ver http://www.tibet.ca/en/wtnarchive/1999/7/26_3.html.
(48) http://www.tibet.ca/en/wtnarchive/1995/1/20_1.html.
(49) Em Maio de 1980; Smith, p. 568.
(50) Smith, p. 568, citando Jigma Ngapo e o discurso de Hu em Lhasa.
(51) De entrevistas com Gyalo Thondup e o Dalai Lama, e com base em Goldstein, Smith e Shakya.
(52) Lixiong, "The People's Republic of China's 21st Century Underbelly", p. 5.
(53) Smith, p. 598.
(54) Dalai Lama, falando ao Human Rights Caucus, 1987; http://www.tibetjustice.org.
(55) Smith, pp. 602, 603.
(56) *Ibid*., p. 608.
(57) http://www.tibetjustice.org; ver também Smith, pp. 608, 615.
(58) Citado por Smith, p. 615.
(59) http://www.tibetinfo.net/pl-preface.htm. Uma variante desta citação aparece em http://www.kotan.org/tibet/10th_panchen_lama.html. Smith emprega a seguinte versão: "o preço pago pelo Tibete para o seu desenvolvimento durante os últimos trinta anos foi mais elevado do que os ganhos" (p. 61).
(60) http://www.tibetinfo.net/pl-preface.htm.
(61) John Tkacik, "A Biographical Look at Vice President Hu Jintao", http://www.heritage.org.
(62) Zhao pediu a Hu Jintao para "ultrapassar o duro com o suave" no Tibete. Ver Tkacik.
(63) Duas fontes afirmam que Hu Jintao ignorou os liberais e estabeleceu as suas credenciais de "duro" ajudando a instaurar a lei marcial no Tibete, na Primavera de 1989. Uma é um relatório do ICT ("Hu Jintao: Reformer or Conformist?"; relatório da campanha Free Tibet sobre a relação de Hu Jintao com o Tibete, em http://www.freetibet.org/press/HuJintao.pdf), e a outra é apresentada pela Heritage Foundation no trabalho de Tkacik.
(64) *Ibid*.
(65) John Tkacik, Joseph Fewsmith e Maryanne Kivlehan, "Who's Hu? Assessing China's Heir Apparent, Hu Jintao". Heritage Lecture 739, 19 de Abril de 2002. FN 21 refere que "em 8 de Março de 1989, o *South China Morning Post* noticiou que o governo central postara 170 000 soldados (17 divisões do EPL) em Lhasa". Ver http://www.heritage.org.

(⁶⁶) Discurso do Dalai Lama aceitando o Prémio Nobel da Paz, http://www.nobel.se/peace/laureates/1989/lama-acceptance.html. No mesmo website, encontra-se "Não falo com um sentimento de raiva ou ódio... que possuímos".

(⁶⁷) Jiang Zemin ao presidente Bill Clinton, durante a visita de Clinton a Pequim.

(⁶⁸) Andy Xie, analista da Morgan Stanley para a China, citado por Keith Bradsher, "Newest Export Out of China: Inflation Fears".

(⁶⁹) Lixiong, "The People's Republic of China's 21st Century Underbelly", pp. 21-33.

(⁷⁰) *Ibid.*

(⁷¹) Discurso proferido por Abraham Lincoln na inauguração do cemitério militar de Gettysburg, em 19 de Novembro de 1863, durante a Guerra da Secessão. A primeira linha do discurso é a seguinte: "Há oitenta e sete anos, os nossos pais geraram neste continente uma nova nação, concebida em Liberdade e dedicada ao pressuposto de que todos os homens nascem iguais. (*N.T.*)

(⁷²) Jiang Zemin, citado por Hillary Clinton, Washington Post, 19 de Outubro de 1997, http://www.tibet.ca/wtnarchive/2003/6/25_2.html.

(⁷³) "Excerpts of an Interview with Jiang Zemin", Washington Post, 19 de Outubro de 1997.

(⁷⁴) Lorie Holland, "Jiang Shrugs Off Protests but Aknowledges Mistakes".

(⁷⁵) "Critical Reflexions – Human Rights and the Future of Tibet", pelo Dalai Lama, *Harvard International Review*, Inverno de 1994-1995.

(⁷⁶) Entrevista do autor a Pasang Lhamo e Chuying Kunsang, em Chicago, em Abril de 2003, com o auxílio de um tradutor. O nome de Chuying Kunsang tem sido transliterado como Chuye, Dhoeying, Choeying. Ver declaração de Chuye Kunsang, publicada em *Half-Yearly Report*, Tibetan Center for Human Rights and Democracy, Janeiro-Junho de 2000; *Miami Herald*, 7 de Março de 2003; Amnistia Internacional, 20 de Fevereiro de 2002.

(⁷⁷) Morreram em 7 de Junho de 1998. Os seus nomes são Tsultrim Zangmo (25 anos), Tashi Lhamo (24 anos), Khedron (ou Kundol) Yonten (28 anos), Drugkyi Pema (21 anos) e Lobsang Wangmo (31 anos); Amnistia Internacional, 2002.

(⁷⁸) As primeiras três estrofes foram traduzidas por Susan Chen, Jane Perkins, Bhuchung D. Sonam, Tseten Gya, Phuntsok Wangchk, Sangje Kyap e Tenzin Tsundue, em Dharamsala, em 18 de Janeiro de 2005. http://www.tibetwrites.org/articles/woeser/woeser.html.

(⁷⁹) As minhas tentativas para conseguir entrevistar especialistas chineses sobre o Tibete foram efectuadas através de intermediários que devem permanecer anónimos, para não causar problemas aos investigadores contactados na China.

(⁸⁰) Um historiador de renome, falando sob anonimato.

(⁸¹) Nem Perry Link nem o autor foram os primeiros a observar a porta giratória através da qual os que definem a política externa dos EUA integram depois grupos de pressão em Washington e Pequim. Jamyang Norbu, por exemplo, escreve sobre esta questão em "The Incredible Weariness of Hope".

([82]) *The Conference on the Work of External Propaganda on the Question of Tibet*, documento governamental confidencial, passado clandestinamente para o estrangeiro, traduzido e disponibilizado por Kelsang D. Aukatsang, International Campaign for Tibet, 16 de Novembro de 1993.

CAPÍTULO 14: EPÍLOGO

([1]) http://www.tibet.net/tibbul/2004/0102/doc2.html.

([2]) Declaração do enviado especial Lodi Gyari, chefe da delegação enviada por Sua Santidade, o Dalai Lama, à China, http: //www.phayul.com/news.

([3]) Laba Pincuo na transliteração chinesa, constante na notícia da Reuters, Pequim, 26 de Maio de 2006.

([4]) http://www.tibetjustice.org/reports/children/epilogue/.

([5]) Um analista veterano da situação no Tibete, falando sob anonimato.

([6]) Jamyang Norbu, "The Incredible Weariness of Hope", http://www.tibet.ca/wtnarchive/2003/10/1_1.html.

([7]) De uma sala de conversa da Internet, frequentada por tibetanos.

([8]) Norbu, "The Incredible Weariness of Hope"; lê-se no *website*, "Para atrair a atenção mundial para a causa da independência tibetana, este antigo monge e ex-pára-quedista ensopou o corpo com gasolina e imolou-se pelo fogo".

([9]) "An Open Letter to Kofi Annan from Three Tibetans on Hunger Strike", *International Herald Tribune*, 29 de Abril de 2004, http://www.tibet.ca/wtnarchive/2004/4/28-2_1.html.

([10]) New York Post, 14 de Abril de 2004.

([11]) Tenzing Jamyang, "Waning Health, Gaining Strength".

([12]) Smith, p. 473.

([13]) Sandra Cordon, "Canada Shouldn't Flirt with Separatist Dalai Lama".

([14]) Lisa Abend e Geoff Pingree, *Christian Science Monitor*, 2 de Março de 2006.

([15]) Elliott Almond, "Spotlight Will Reveal China's Contradiction".

([16]) Baseei-me no estudo de *The Search for Modern China*, da autoria de Jonathan Spence. Esta passagem beneficia particularmente dos pensamentos que Spence expressa na página xx, bem como dos trabalhos de Okada Hidehiro, Luciano Petech, Yihong Pan e outros especialistas.

Bibliografia

AHMAD, Zahiruddin (trad.), *A History of Tibet*, pelo V Dalai Lama do Tibete (Nag-Dban-Blo-Bzan-Rgya-Mtsho), Bloomington, Research Institute of Inner Asian Studies, 1995, vol. 7 da Indiana University Oriental Studies, Denis Senior (ed.).

—, *Sino-Tibetan Relations in the Seventeenth Century*, Serie Orientale Roma 40, Instituto Italiano per il Medio ed Estremo Oriente, 1970.

AMITAI-PREISS, Reuven, e, David O. Morgan (eds.), *The Mongol Empire and Its Legacy*, Leiden/Boston/Colónia, Brill, 1999.

BARRETT, T. H., *Qubilai Qa'an and the Historians: Some Remarks on the Position of the Great Khan in Premodern Chinese Historiography*, in *The Mongol Empire and Its Legacy*, Reuven Amitai-Preiss e David O. Morgan (eds.), Leiden/Boston/Colónia, Brill, 1999.

BAWDEN, Charles R., *The Modern History of Mongolia*, Londres, Kegan Paul, 2002.

BECKWITH, Christopher I., *The Tibetan Empire in Central Asia*, Princeton, N.J., Princeton University Press, 1987.

BELL, Sir Charles, *Portrait of a Dalai Lama: The Life and Times of the Great Thirteenth*, Nova Delhi, Book Faith India, 1998 (reedição).

BERNSTEIN, Richard, e Ross H. Munro, *The Coming Conflict with China*, Nova Iorque, Vintage, 1998.

BIERLEIN, J. F., *Parallel Myths*, Nova Iorque, Ballantine, 1994.

BIRA, S., *Qubilai Qa'an and 'Phags-pa bLa-ma*, in *The Mongol Empire and Its Legacy*, Reuven Amitai-Preiss e David O. Morgan (eds.), Leiden/Boston/Colónia, Brill, 1999.

CHANG, Garma C. C., *The Hundred Thousand Songs of Milarepa*, Boston, Shambala, 1999.
CHANG, Gordon R., *The Coming Collapse of China*, Nova Iorque, Random House, 2001.
CLARKE, John, *A History of Ironworking in Tibet: Centers of Production, Styles, and Techniques*, in *Warriors of the Himalayas: Rediscovering the Arms and Armor of Tibet*, Donald J. LaRocca, Nova Iorque, Metropolitan Museum of Art, 2006.
CONZE, Edward, et al., *Buddhist Texts Through the Ages*, Nova Iorque, Harper Torchbooks, 1964.
COTTERELL, Arthur, *China: A History*, Londres, Pimlico, 1990.
CRAIG, Mary, *Kundun: A Biography of the Family of the Dalai Lama*, Washington, D.C., Counterpoint, 1997.
CRAVEN, Roy C., *Indian Art: A Concise History*, Londres, Thames and Hudson, 1987.
CUMMINGS, Bruce, *Korea's Place in the Sun*, Nova Iorque, Norton, 1998.
DIBBLE, Charles, *The Chinese in Thailand, Against the Background of Chinese Thai Relations*, 1961, Ann Arbor, University Microfilms International, 1985.
EPSTEIN, Israel, *Tibet Transformed*, Pequim, New World Press, 1983.
FAIRBANK, John King, e Merle Goldman, *China: A New History*, Cambridge, Mass./Londres, Belknap – Harvard University Press, 1999.
FLEMING, Peter, *Bayonets to Lhasa*, Oxford/Hong Kong, Oxford University Press, 1984.
FORD, Robert, *Captured in Tibet*, Oxford, Oxford University Press, 1990.
GOLDSTEIN, Melvyn, *A History of Modern Tibet, 1913-1951: The Demise of the Lamaist State*, Berkeley, University of California Press, 1989; Nova Delhi, Munshiram Manoharilal Publishers, 1993.
—, *Nomads of Western Tibet: The Survival of a Way of Life*, Hong Kong, Odyssey, 1990.
—, *The Snow Lion and the Dragon: China, Tibet and the Dalai Lama*, Berkeley, University of California Press, 1997.
GOLEMAN, Daniel, *Destructive Emotions: A Scientific Dialogue with the Dalai Lama*, Nova Iorque, Bantam, 2003.
GRANT, Michael, *Hecataeus and Herodotus: The Ancient Historians*, Nova Iorque, Barnes and Noble Books, 1994.
GROUSSET, René, *The Empire of the Steppes: A History of Central Asia*, New Brunswick, N. J., Rutgers University Press, 2000.
GRUNFELD, A. Tom, *The Making of Modern Tibet*, Nova Iorque, Sharpe, 1996.
GUP, Ted, *The Book of Honor: Covert Lives and Classified Deaths at the CIA*, Nova Iorque, Doubleday, 2000.
GYATSO, Tenzin (14dl), *Freedom in Exile: The Autobiography of the Dalai Lama of Tibet*, Londres, Hodder and Stoughton, 1990.

—, *The Spirit of Tibet: Universal Heritage. Selected Speeches and Writings of His Holiness the Dalai Lama XIV*, A. A. Shiromany (ed.), Nova Delhi, Allied Publishers, 1995.

HAGER, John Winthrop, *Crisis and Prosperity in Sung China*, Tucson, University of Arizona Press, 1975.

HARMATTA, Janos, et al., *History of Civilizations of Central Asia*, vol. 2, *The Development of Sedentary and Nomadic Civilizations: 700 BC to AD 250*, Nova Delhi, Motilal Barnasidass, 1999.

HARRER, Heinrich, *Lost Lhasa: Heinrich Harrer's Tibet*, Nova Iorque, Harry N. Abrams, 1992.

—, *Seven Years in Tibet*, Nova Iorque, Flamingo, 1997.

HEARDER, Harry, *Italy: A Short History*, Cambridge, RU/Nova Iorque, Cambrige University Press, 1990.

HIDEHIRO, Okada, *China as a Successor State to the Mongol Empire*, in *The Mongol Empire and Its Legacy*, Reuven Amitai-Preiss e David O. Morgan (eds.), Leiden/Boston/Colónia, Brill, 1999.

HOPKIRK, Peter, *Setting the East Ablaze*, Londres, John Murray, 1984.

KAHN, Paul, *Secret History of the Mongols: The Origins of Chinghis Khan*, São Francisco, North Point Press, 1984.

KNAUS, Kenneth, *Orphans of the Cold War: America and the Tibetan Struggle for Survival*, Washington D.C., Public Affairs Press, 2000.

KULESHOV, Nikolai S., *Russia's Tibet File*, Alexander Berzin e Jonh Bray (eds.), Dharamsala, Library of Tibetan Works and Archives, 1996.

LAIRD, Thomas, *Into Tibet: The CIA's First Atomic Spy and His Secret Expedition to Lhasa*, Nova Iorque, Grove Press, 2002.

LANDON, Kenneth, *The Chinese in Thailand*, Nova Iorque, Russel & Russel, 1973.

LAROCCA, Donald J., *Warriors of the Himalayas: Rediscovering the Arms and Armor of Tibet*, Nova Iorque, Metropolitan Museum of Art, 2006.

LATTIMORE, Owen, *Inner Asian Frontiers of China*, Hong Kong, Oxford University Press, 1992.

LHALUNGPA, Lobsang, *The Life of Milarepa*, Lhalungpa (trad.), Nova Iorque, Dutton, 1977.

LINDUFF, K. M., "The Chinese Imperial City of Chang'an", in *Art Past / Art Present*, por D. Wilkins, B. Schultz e K. Linduff, 4.ª edição, Nova Iorque, 2000.

MILLER, Merle, *Plain Speaking: An Oral Biography of Harry S. Truman*, Nova Iorque, Berkley Publishing, 1974.

MISRA, V. N., *Prehistoric Human Colonization of India*, Indian Academy of Sciences, vol. 26, n.º 4, Suplemento, Novembro de 2001.

NAZAROFF, Paul, *Hunted Through Central Asia: On the Run from Lenin's Secret Police*, Oxford, Oxford University Press, 1993.

NORBU, Jamyang, *Warriors of Tibet: The Story of Aten and the Khampas' Fight for the Freedom of Their Country*, Londres, Wisdom Publications, 1986.

NORBU, Namkhai, *Journey Among the Tibetan Nomads: An Account of a Remote Civilization*, Dharamsala, Library of Tibetan Works and Archives, 1997.
O'FLAHERTY, Wendy Doniger, *Hindu Myths: A Sourcebook*, Londres, Penguin Books, 1975.
PAN, Yihong, *Son of Heaven and Heavenly Qaghan: Sui-Tang China and Its Neighbors*, Bellingham, Center for East Asian Studies, Western Washington University, 1997.
PETECH, Luciano, *Tibetan Relations with Sung China and with the Mongols*, in *China Among Equals: The Middle Kingdom and Its Neighbors, 10th-14th Centuries*, Morris Rossabi (ed.), Berkeley, University of California Press, 1983.
PURCELL, Victor, *The Chinese in South East Asia*, Londres, Oxford University Press, 1965.
REEVES, Thomas C., *The Life and Times of Joe McCarthy: A Biography*, Nova Iorque, Stein and Day, 1982.
ROCKHILL, W. W., *The Dalai Lamas of Lhasa and Their Relations with the Manchu Emperors of China, 1644-1908*, Dharamsala, Library of Tibetan Works and Archives, 1998 (reedição).
ROSSABI, Morris (ed.), *China Among Equals: The Middle Kingdom and Its Neighbors, 10th-14th Centuries*, Berkeley, University of California Press, 1983.
SCHALLER, Michael, *The United States and China in the Twentieth Century*, Nova Iorque, Oxford University Press, 1979.
SCHELL, Orville, *Virtual Tibet: Searching for Shangri-La from the Himalayas to Hollywood*, Nova Iorque, Metropolitan Books, 2000.
SHAKABPA, Tsepon W. D., *Tibet: A Political History*, New Heaven, Yale University Press, 1967.
SHAKYA, Tsering, *The Dragon in the Land of Snows: A History of Modern Tibet Since 1947*, Londres, Pimlico, 1999.
SHORT, Phillip, *Mao: A Life*, Londres, Hodder and Stoughton, 1999.
SKINNER, G. William, *Chinese Society in Thailand*, Ithaca, N.Y., Cornell University Press, 1962.
SMITH, Warren W., *Tibetan Nation: A History of Tibetan Nationalism and Sino--Tibetan Relations*, Boulder, Colo., Westview Press, 1996.
SNELLGROVE, David e Hugh Richardson, *A Cultural History of Tibet*, Boulder, Colo., Prajna Press, 1980.
SNOW, Edgar, *Red Star over China*, Nova Iorque, Grove Press, 1978.
SOUCEK, Svat, *A History of Inner Asia*, Cambridge, Cambridge University Press, 2001.
SPENCE, Jonathan, *The Search for Modern China*, Nova Iorque, Norton, 1990.
STEIN, R. A., *Tibetan Civilization*, Londres, Faber and Faber, 1962.
STROBER, Deborah e Gerald Strober, *His Holiness the Dalai Lama: The Oral Biography*, Nova Iorque, John Wiley, 2005.
THOMAS, Lowell, Jr., *Out of This World: Across the Himalayas to Forbidden Tibet*, Nova Iorque, Greystone Press, 1950.

Tsu, Lao, *Tao Te Ching*, Gia-Fu Feng e Jane English (trad.), Nova Iorque, Vintage Books, 1989.
Tucci, Giuseppi, *Tibetan Painted Scrolls*, Roma, La Libreia dello Stato, 1949.
Tuchman, Barbara W., *Stillwell and the American Experience in China, 1911--1945*, Nova Iorque, Macmillan, 1970.
Tung, Rosemary Jones, *A Portrait of Lost Tibet: Photographs by Ilya Tolstoy and Brooke Dolan*, Ithaca, N.Y., Snow Lion Publications, 1980.
Van Walt Van Praag, Michael C., *The Status of Tibet: History, Rights, and Prospects in International Law*, Londres, Wisdom Publications, 1987.
Viraphol, Sarasin, *Tribute and Profit: Sino-Siamese Trade, 1652-1853*, Harvard East Asian Monographs, 1977.
Vitalai, Roberto, *Early Temples of Central Tibet*, Londres, Serindia, 1989.
Ya, Hanzhang, *The Biographies of the Dalai Lamas*, Pequim, Foreign Language Press, 1991.
Wu, Harry, e George Vecsey, *Troublemaker: One Man's Crusade Against China's Cruelty*, Londres, Chatto & Windus, 1996.
Wyatt, David, *Short History of Thailand*, New Heaven, Conn., Yale University Press, 1986.

PUBLICAÇÕES ACADÉMICAS

"Current Trends in Tibetan Political Imprisonment", tibetinfo.net, 6 de Fevereiro de 2004.
Dhondup, K., "The Regents Reting and Tagdra", *Lungta*, n.º 7 (Agosto de 1993).
Ewing, Thomas, "Ch'ing Policies in Outer Mongolia 1900-1911", *Modern Asia Studies*, vol. 14, n.º 1 (1980).
Fairbank, J. K., e S. Y. Teng, "On the Ch'ing Tributary System", *Harvard Journal of Asiatic Studies*, vol. 6 (Junho de 1941).
"Hu Jintao: Reformer or Conformist?", relatório da Free Tibet Campaign sobre a relação de Hu Jintao com o Tibete, freetibet.org.
Link, Perry, "Anaconda in the Chandelier", *New York Review of Books*, 11 de Abril de 2002.
Lixiong, Wang, "The People's Republic of China's 21st Century Underbelly", *Pequim Zhanlue Yu Guanli* (2 de Janeiro de 1999), tradução do serviço de monitorização da BBC, http://www.columbia.edu/itc/ealac/barnett/pdfs/link14-wang-lixiong.pdf.
Mullin, Glenn (trad.), "Last Political Testament of the 13th Dalai Lama", *Lungta*, n.º 7 (Agosto de 1993).
Okada, Hidehiro, "The Third Dalai Lama and Altan Khan of the Tumed", Tibetan Studies, Proceedings of the 5th Seminar of the International Association for Tibetan Studies, Narita 1989, vol. 2, pp. 643-52, 1992.

PRASENJIT, Duara, "De-Constructing the Chinese Nation", *Australian Journal of Chinese Affairs* (Julho de 1991).
RAWSKI, Evelyn, "Presidential Address: Reenvisioning the Qing: The Significance of the Qing Period in Chinese History", *Journal of Asian Studies*, vol. 55, n.º 4 (Novembro de 1996), pp. 829-50.
THURMAN, Robert, "Sino-Tibetan Relations: Prospects for the Future", *Potomac Conference* (5-6 de Outubro de 1992).
TKACIK, John, Joseph Fewsmith e Maryanne Kivlehan, "Who's Hu? Assessing China's Heir Apparent, Hu Jintao", Heritage Foundation, sítio Internet.

JORNAIS E REVISTAS

ALMOND, Eliot, "Spotlight Will Reveal China's Contradictions", *Mercury News*, 28 de Fevereiro de 2006.
BRADSHER, Keith, "Newest Export Out of China: Inflation Fears", *New York Times*, 16 de Abril de 2004.
CHEUNG, Ray, "Pequim Helping Tibetans Catch Up with the West, Says Author", *South China Morning Post*, 28 de Janeiro de 2004.
—, "China Leader Asks for Understanding", AP, 19 de Outubro de 1997.
COLLINSON, Stephen, "Time Is Running Out, Dalai Lama Tells Clinton", *AFP*, 20 de Junho de 2000.
CORDON, Sandra, "Canada Shouldn't Flirt with Separatist Dalai Lama: Chinese Embassy", *Canadian Press*, 14 de Abril de 2004.
DALAI LAMA, "Critical Reflections – Human Rights and the Future of Tibet", *Harvard International Review*, Reportagem especial sobre Direitos Humanos, Inverno de 1994-1995.
—, "Dalai Lama Admits His Death Would Set Back Tibetan Movement", *AFP*, 11 de Outubro de 2000.
FRENCH, Howard, "Billions of Trees Planted, and Nary a Dent in the Desert", *New York Times*, 11 de Abril de 2004.
GRAHAM, Ron, "There's Something Happening Here", *Globe and Mail* (Toronto), 8 de Maio de 2004.
"Hillary Clinton Talks About Tibet In Her Memoir", recensão ao livro de Hillary Clinton pela International Campaign for Tibet, http://www.tibet.ca/wtnarchive/2003/6/25_2.html.
HOLLAND, Lorien, "Jiang Shrugs Off Protests but Acknowledges 'Mistakes'", *AFP*, 3 de Novembro de 1997.
JAMYANG, Tenzin, "Waning Health, Gaining Strength", *Tibet News*, 1 de Maio de 2004.
NORBU, Jamyang, "Hopelessly Hopeful", *Tibetan Review*, 13 de Janeiro de 2004, http://www.phayul.com/news/article.aspx?c=4&t=1&id=5837.

—, "The Incredible Weariness of Hope", http:///www.tibet.ca/wtnarchive/2003/10/1_1.html.
—, "Non-Violence and Non-Action", http://www.timesoftibet.com/artman/publish/article_1431.shtml.
—, "The Myth of China's Modernization of Tibet and the Tibetan Language, Part V", http://www.tibetwrites.org/articles/jampyang_norbu/jamyang_norbu16.html.
"Our Struggle Is for the Six Million Tibetans...", *AFP*, 11 de Outubro de 2000, *Dalai Lama admits his death would set back Tibetan movement*.
SUN, Lena H., "China Rebuilds Its Image in Tibet's Monasteries", *Washington Post*, 12 de Setembro de 1994.
WADE, Nicholas, "A Prolific Genghis Khan, It Seems, Helped People, the World", *New York Times*, 11 de Fevereiro de 2003.

INTERNET

Para quaisquer notícias recentes sobre o Tibete, incluindo as citadas no presente livro, visite primeiro: http://www.tibet.ca/en/wtnarchive/.

92 000 tibetanos morreram devido às Sessões de Luta de Classes: Estimativa da Administração Central Tibetana (ACT), ver: http://www.tibet.com/WhitePaper/white5.html.

173 000 tibetanos morreram na prisão, estimativa da ACT, ver: http://www.tibet.com/WhitePaper/white5.html.

Discurso do Dalai Lama perante o Comité para os Direitos Humanos do Congresso dos Estados Unidos, 1987: http://www.tibetjustice.org/materials/tibet/tibet3.html.

Discurso do Dalai Lama no Congresso dos Estados Unidos, 18 de Abril de 1991: http://www.tibet.com/DL/rotunda.html.

Proposta de Estrasburgo (1988): http://www.tibetjustice.org/materials/tibet/tibet4.html.

Discurso da Sua Santidade o Dalai Lama, aceitando o Prémio Nobel da Paz:
http://www.nobel.se/peace/laureates/1989/lama-acceptance.html
http://www.nobel.se/peace/laureates/1989/lama-lecture.html.

Declaração de Chuye Kunsang, publicada no Tibetan Centre for Human Rights and Democracy, Janeiro – Junho de 2000, Relatório Bienal: http://www.tchrd.org/hrupdate/2000/hr200004.html.

O primeiro-ministro (Tripa) Samdhong Rinpoche diz que o diálogo actual entre a China e o Tibete constitui um meio: http://www.tibet.net/tibbul/2004/0102/doc2.html.

O XI Panchen Lama preso, detido desde os seis anos de idade: http://www.tibetjustice.org./reports/children/epilogue/.

Vida de Tsongkhapa: http://www.tsongkhapa.org.

Obituário de Bomi Rinpoche (1918-2002), TIN News Update, 29 de Novembro de 2002: http://www.tibetinfo.co.uk/news-updates/2002/2911.html.

Caminho histórico da nacionalidade e da independência da Mongólia, discurso do Presidente da Mongólia, proferido em Julho de 1996: http://drlee.org/mongolia/article02.html.

Informação adicional sobre a Mongólia: http://drlee.org/mongolia/article03.html.

200 centros tibetanos em Taiwan: http://www.taipeitimes.com/News/archives/1999/11/15/0000010765.

Monges chineses no Tibete, nos mosteiros tibetanos, por exemplo, no Serthar: http://www.tibet.ca/en/wtnarchive/2004/3/10_8.html.

Cinquenta e duas maiores e mais pequenas colónias tibetanas na Índia (35), no Nepal (10) e no Butão (7): http://www.tibet.net/home/eng/settlements/.

Buriátia: http://gov.buryatia.ru:8081/obur/history/index.html.

Introdução de Robbie Barnett à Petição em Setenta Mil Caracteres do Panchen Lama, no: http://www.tibetinfo.net/pl-preface.htm.

Petição em Setenta Mil Caracteres do Panchen Lama: http://www.tibetinfo.net/pl-preface.htm.

"Quando a língua... de uma nacionalidade...", da Petição dos Setenta Mil Caracteres do Panchen Lama, citado pelo Professor Dawa Norbu na sua Introdução Histórica ao texto: http://www.tibetinfo.net/pl-intro.htm.

Cronologia da História Tibetana do Tibet Justice Center: http:// www.........

Excerto da Convenção de 1906 entre a Grã-Bretanha e a China sobre o Tibete: http://www.tibetjustice.org/materials/treaties/treaties11.html.

Convenção de 1909 entre a Grã-Bretanha e o Tibete: http://www.tibetjustice.org/materials/treaties/treaties11.html.

Taking the Kalachakra Initiation: http://www.berzinarchives.com/e-books/kalachakra_initiation/kalachakra_initiation_2.html.

Songs of Tsangyang Gyatso (VI Dalai Lama), traduzido por Simon Wickham-Smith: http://qamutiik.net/6dlmgu-gluindex.

Tenzing Sonam e Ritu Sarin nas suas páginas Internet, *Shadow Circus*: http://www.naatanet.org/shadowcircus/chu.html.

Sun Yat-sen, "A política dos manchus foi... de implacável tirania... ", por Herbert A. Giles, publicado em 1912, Capítulo XII: http://www.worldwideschool.org/library/books/hst/asian/ChinaandtheManchus/chap12.html.

Valor da libra, 1750-1998: disponível no www.parliament.uk/commons/lib/research/rp99/rp99-020.pdf.

Prajnaparamita, Madhyamaka, Pramana, Abhidharma, Vinaya, *Overview of the Gelug Monastic Education System*, Tsenzhab Serkong Rinpoche II, traduzido e compilado por Alexander Berzin: http://www.berzinarchives.com/history_buddhism/overview_gelug_monastic_education.html.

Relógio Patek Philippe de ouro do 14.º Dalai Lama: http://www.brilliantbooks.co.uk/ourWork_client.asp? ClientID=1&PageID=4
http://www.tibet.com/DL/rotunda.html.

Encontro com o Presidente Clinton em Junho de 2000: http://hongkong.
usconsulate.gov/uscn/wh/2000/062001.htm, Assessor de Imprensa da Casa
Branca sobre o encontro Clinton – Dalai Lama.

"Os esforços dos últimos 20 anos foram desperdiçados num único dia":
http://www.tibet.ca/en/wtnarchive/1995/1/20_1.html.

OPINIÕES DO GOVERNO CHINÊS SOBRE O TIBETE

Patriotismo: citações de Deng, pelo repórter Stille da AP, Deng Xiaoping, o então vice-presidente do Comité Central do Partido Comunista Chinês: http://www.tibet.ca/en/wtnarchive/1999/7/26_3.html.

Fontes chinesas sobre a servidão como justificação para a invasão: http://www.swans.com/library/art9/mparen01.html.
http://www.nickyee.com/ponder/tibet.html
http://english.peopledaily.com.cn/features/Tibetpaper/tb1.html.

Fontes do governo chinês afirmam que 95% dos tibetanos eram servos ou escravos: http://english.peopledaily.com.cn/features/Tibetpaper/tb1.html
http://tibetinfor.com.cn/english/services/library/serialise/h_status/his_04.ht.

Wang Jiawei e Nyima Gyaincain, *The Historical Status of China's Tibet*, China Intercontinental Press: http://www.tibet-china.org/historical_status/english/content.html.

Templo Lama de Pequim: http://ulink.ourfamily.com/city/cityguides/pequim.htm#harmony.

As publicações dos líderes e do governo chineses afirmam que o Tibete fazia parte do Império Manchu e, consequentemente, da China, sendo as missões tributárias indicadas como prova; ver, por exemplo: http://www.china-un.ch/eng/premade/60544/TibetFAQ2.htm.

Crítica à posição do Dalai Lama na última ronda do diálogo sino-tibetano, em 2006, e uma apresentação das opiniões da China sobre o estado actual do diálogo: *What Is Dalai Lama's "Middle Way"*, 26 de Julho de 2006; autor: "Yedor". Por se encontrar publicado no *China Daily*, reflecte as opiniões dos líderes chineses. http://www.chinadaily.com.cn/china/2006-07/26/content_649545.htm.

NOTAS DOS MAPAS

Nota referente ao mapa que surge na pág. 62:
Mapa: http://depts.washington.edu/chinaciv//1xartang.htm; desenho em Pan, Beckwith, et. al.

Nota referente ao mapa da pág. 125:
 Mapa (1206): http://depts.washington.edu/chinaciv/lxarsong.htm; desenho na história da China publicada pela Universidade Cambridge; consultas com vários especialistas em história chinesa, que preferiram permanecer anónimos.

Nota referente ao mapa da pág. 155:
 Mapa (1400): http://depts.washington.edu/chinaciv/lxarsong.htm. Ver também Spence.

Nota refente ao mapa da pág. 175:
 155 Mapa (1653): Baseado em descrições e mapas de Spence na história da China publicada pela Universidade Cambridge, e nalguns dados constantes de http://depts.washington.edu/chinaciv/lxarsong.htm.

Nota referente ao mapa da pág. 213:
 Mapa (1720): Com base em Spence, Shakabpa, Richardson.

Nota referente ao mapa da pág. 215:
 Mapa (1752): Com base em Spence, Shakabpa, Richardson.

Nota referente ao mapa da pág. 379:
 Mapa moderno da China: Fronteiras externas e internas segundo mapas modernos da RPC. Por falta de espaço, não estão representadas todas as políticas. A area etno-linguística tibetana segue Wang Lixiong, in *New Left Review*.

Lista de Mapas

634 d.C.	O Tibete e os Tang	62
763	O Tibete e os Tang	64
1206	O Tibete, a Mongólia e as nações circundantes	125
1400	O Tibete e os Ming	155
1653	O Tibete e os Manchus	175
1720	O Tibete, os Manchus e os Dzungares	213
1792	O Tibete, os Manchus e o fim dos Dzungares	215
2000	As fronteiras modernas e a área etnolinguística tibetana	379

Os mapas foram desenhados por Haisam Hussein (www.haisam.com). Em todos os mapas, com excepção dos mapas modernos, as fronteiras não devem ser consideradas definitivas.

Lista e Créditos das Ilustrações

PRIMEIRO CADERNO

p. 1. *À esquerda*: mural, Mosteiro de Drepung. *Em cima, à direita*: mural, Butão. *Em baixo, à direita*: pintura na rocha, margem do lago Namtso. Fotografias © Thomas Laird.

p. 2. *Em cima e em baixo, à esquerda*: mural, Norbulingka, Lhasa, c. 1956. *Em baixo, à direita*: estátua da colecção de Tenzin Gyatso, XIV Dalai Lama do Tibete, Dharamsala, Índia. Fotografias © Thomas Laird.

p. 3. *Em cima, à direita*: Jo, Templo de Jokhang, Lhasa. *Em cima, à esquerda*: Buda de Ramoche, Templo de Ramoche, Lhasa. *No meio, à esquerda*: fragmento de mural, segundo andar, Templo de Jokhang, Lhasa. *Em baixo, à esquerda*: escultura de madeira, rés-do-chão, perto de Jo, Templo de Jokhang, Lhasa. Fotografias © Thomas Laird.

p. 4. Cavaleiro couraçado tibetano © 2006, Metropolitan Museum of Art. Legado de George C. Stone, 1935. Legado de Joseph V. McMullan, 1973. Doação de Faïe J. Joyce, 1970. Os objectos são tibetanos, e possivelmente também butaneses e nepaleses, do século XVIII, ferro, ouro, prata, liga de cobre, madeira, couro e tecido.

p. 5. *Em cima, à esquerda*: a imagem do Buda preferida do Dalai Lama, actualmente no Museu Nacional de Lahore, no Paquistão. Esculpida no

Reino de Gandhara. Partes do território deste reino integram hoje a Índia e o Paquistão. A estátua data de cerca de 200 d.C. *Em cima, à direita*: mural do Buda de Drathang, Tibete, c. século XI. O estilo deste mural teve origem na Índia (sob influências gregas absorvidas pelos artesãos de Gandhara), passou aos reinos budistas da Ásia Interior e daí à China. Estes murais tibetanos foram pintados por artistas influenciados pelos modelos chineses. Embora a maioria dos murais do Tibete denote claras influências indianas e nepalesas, os de Drathang revelam influência da China. *Em baixo, à esquerda*: mural do Buda em Mustang, Mosteiro da Gruta de Luri, Nepal, c. 1500. Denota uma nítida influência de Newar, no vale de Katmandu. Este estilo foi uma das principais influências sobre o desenvolvimento da arte tibetana. *Em baixo, à direita*: mural, de Chensalingka, Norbulingka, Lhasa. Este mural, pintado na época do XIII Dalai Lama, mostra a imagem clássica tibetana do Buda, que surgiu depois de séculos de desenvolvimento no Tibete, sofrendo influências de todos os seus vizinhos. Fotografias © Thomas Laird.

p. 6. *Em cima*: pormenor de mural do Norbulingka, Lhasa, c. 1956. Ilustra o assassinato de Lang Darma às mãos de Lhalung Palgyi Dorje. Fotografia © Thomas Laird. *Em baixo*: Sakya Pandita e o seu sobrinho Phagpa, pormenor de *thangkha*, c. 1550. Colecção de Shelly e Donald Rubin, www.himalayanart.org.

p. 7. *Em cima, à esquerda*: Padmasambhava, mural no Lukhang, Lhasa, c. 1600. Fotografia © Thomas Laird. *Em cima, à direita*: pormenor de uma *thangkha* de Atisha, c. 1750. Colecção de Shelly e Donald Rubin, www.himalayanart.org. *Em baixo, à esquerda*: Milarepa, *thangkha*, c. 1800, Lhasa, Tibete. Fotografia © Thomas Laird. *Em baixo, à direita*: escultura de pedra de Tsongkhapa, Mosteiro de Ganden, Tibete. Fotografia © Thomas Laird.

p. 8. *Thangkha* de Dusum Kyempa, Primeiro Karmapa e também o primeiro mestre a estabelecer uma linhagem reencarnada. A *thangkha* data de c. 1750. Colecção de Shelly e Donald Rubin, www.himalayanart.org.

p. 9. *Em cima*: Tsongkhapa, mural no Norbulingka, Lhasa, c. 1956. Fotografia © Thomas Laird. *Ao meio*: estátua do Grande V Dalai Lama. Colecção do Rubin Museum of Art. *Em baixo*: mural de Gushri Khan e do Grande V Dalai Lama, Jokhang, Lhasa. Fotografia © Thomas Laird.

p. 10. *Em cima*: o Grande V Dalai Lama e o Imperador Shunzi em Pequim, 1653; pormenor de mural do Norbulingka, Lhasa, 1956. *Em baixo, à esquerda*: estátua de mosteiro, Gyanzê, Tibete, c. 1700. *Em baixo, à direita*: iogui

Nyingma (Mahasiddha) com consorte; mural da capela da roda de orações, Chiwong, Solu Khumu, Nepal. Fotografias © Thomas Laird.

p. 11. *Em cima, à esquerda*: Nagpa com tranças e vestes de algodão, trompa de fémur, taça feita de crânio, campainha e *dorje*. Tibete. Museu de Pitt Rivers, Universidade de Oxford. *Em cima, à direita*: monge de hábito, com taça feita de crânio, e *dorje* em cima da mesa. Tibete. Museu de Pitt Rivers, Universidade de Oxford. Em baixo: dois nómadas arreiam o seu iaque na fronteira Tibete/Mustang. Trajam as vestes e calçam as botas tradicionais, feitas à mão – estas peças foram praticamente substituídas por artigos fabricados em série no Tibete. Fotografia © Thomas Laird.

p. 12. Fotografias de originais de um ano de números do *The Empress* encadernados, Calcutá, 1904. Colecção de Thomas Laird. *Em cima*: funcionários britânicos e manchus durante negociações sobre a fronteira entre o Sikkim e o Tibete, década de 90 do século XIX. *Em baixo, à esquerda*: Lorde Curzon, vice-rei da Índia, c. 1904. *Em baixo, à direita*: Sir Francis Younghusband, c. 1904. Fotografias © Thomas Laird.

p. 13. *Em cima*: tropas tibetanas, envergando uniformes de origem britânica, treinam no Norbulingka, Lhasa; pormenor de mural do Chensalingka, em Lhasa, executado para o XIII Dalai Lama cerca de 1920-1930. *Em baixo, à esquerda*: pormenor de xairel da cavalaria tibetana, Tibete, c. 1920. *Em baixo, à direita*: moeda tibetana, c. 1890, colecção privada. Fotografias © Thomas Laird.

p. 14. *Em cima*: Lungshar Dorje Tsegyal (ao centro) com os quatro estudantes que acompanhou à Grã-Bretanha. Museu de Pitt Rivers, Universidade de Oxford. *Em baixo*: monges dos mosteiros de Drepung ou Sera, Lhasa, Tibete. © Thomas Lowell Jr., 1950, Lowell Thomas Collection, James A. Cannavino Library, Arquivos e Colecções Especiais, Colégio Marista de Poughkeepsie, Nova Iorque.

p. 15. *Em cima*: homem com canga, Tibete. Museu de Pitt Rivers, Universidade de Oxford. *Em baixo*: mulher com toucado tradicional oferecendo incenso, Lhasa, Tibete. © Thomas Lowell Jr., 1950, Lowell Thomas Collection, James A. Cannavino Library, Arquivos e Colecções Especiais, Colégio Marista de Poughkeepsie, Nova Iorque.

p. 16. Sir Charles Bell (à esquerda), o XIII Dalai Lama (à direita) e servidor desconhecido do Dalai Lama (ao centro). Museu de Pitt Rivers, Universidade de Oxford.

SEGUNDO CADERNO

p. 1.   *Em cima, à esquerda*: o XIV Dalai Lama aos quatro anos de idade, Mosteiro de Kumbum, Tibete. Museu de Pitt Rivers, Universidade de Oxford. *Em cima, à direita*: o XIV Dalai Lama aos dez anos de idade, Lhasa, Tibete. DIIRJ Tibet Museum, ACT. *Em baixo*: Reting Rinpoche com os seus cães, Lhasa, Tibete. Museu de Pitt Rivers, Universidade de Oxford.

p. 2.   Reting Rinpoche (à direita) e um *Dhob-Dhob* (monge guarda), Lhasa, Tibete. Museu de Pitt Rivers, Universidade de Oxford.

p. 3.   *Em cima*: dignitários de Ma Pu-fang com o XIV Dalai Lama aos quatro anos de idade, Mosteiro de Kumbum, Tibete. DIIRJ Tibet Museum, ACT. *Em baixo*: o regente do Tibete tem uma visão, no lago Lhamo Latso, sobre a reencarnação de um Dalai Lama. Mural no Norbulingka, Lhasa, Tibete, c. 1956. Fotografia © Thomas Laird.

p. 4.   *Em cima*: os pais do XIV Dalai Lama e monges de Sera observam o XIV Dalai Lama escolhendo a bengala do XIII Dalai Lama. Mural do Norbulingka, Lhasa, Tibete, c. 1956. Fotografia © Thomas Laird. *Em baixo*: os pais do Dalai Lama com os filhos em Lhasa, Tibete. Museu de Pitt Rivers, Universidade de Oxford.

p. 5.   *Em cima*: o XIV Dalai Lama (à esquerda) com o seu segundo regente, Taktra Rinpoche, Lhasa, Tibete, 1949. © Thomas Lowell Jr., 1950, Lowell Thomas Collection, James A. Cannavino Library, Arquivos e Colecções Especiais, Colégio Marista de Poughkeepsie, Nova Iorque. *Em baixo*: pormenor de mural do Norbulingka, Lhasa, Tibete, representando Gyalo Thondup, um dos dois irmãos mais velhos do Dalai Lama, c. 1956. Fotografia © Thomas Laird.

p. 6.   *Em cima, à esquerda*: o XIV Dalai Lama sentado no trono, Lhasa, Tibete, 1949. © Thomas Lowell Jr., 1950, Lowell Thomas Collection, James A. Cannavino Library, Arquivos e Colecções Especiais, Colégio Marista de Poughkeepsie, Nova Iorque. *Em cima, à direita*: pormenor de mural com o XIV Dalai Lama no trono, Norbulingka, Lhasa, Tibete, c. 1956. Trata--se de um mural foto-realista, provavelmente da autoria do artista tibetano Amdo Tashi, talvez pintado com base na fotografia de Thomas Lowell Jr., Norbulingka, Lhasa, Tibete. Fotografia © Thomas Laird. *Em baixo e página seguinte*: o XIV Dalai Lama, num palanquim amarelo, integrando uma procissão que inclui porta-estandartes, músicos, etc. Pormenor de mural, c. 1956, Norbulingka, Lhasa, Tibete. Fotografia © Thomas Laird.

LISTA DE ILUSTRAÇÕES

p. 7. *Em cima*: mansão da família Phala, nos arredores de Lhasa. Museu de Pitt Rivers, Universidade de Oxford. *Em baixo*: continuação da imagem inferior da p. 6.

p. 8. *Em cima, à esquerda*: bandeira do Tibete que pertenceu a Derge Sey, o general tibetano que se rendeu aos Chineses em Markham, em 1950; Tibete, 1949. A bandeira foi provavelmente entregue aos Chineses em 1950. Fotografia de Ellis R. Black, em slide kodachrome, tirada em Markham. Colecção de Ellis R. Black e © Karen Boatman. Primeira publicação da fotografia, gentilmente cedida por Karen Boatman. *Em cima, à direita*: ouro, diamantes e turquesas num trono construído para o XIV Dalai Lama na década de 50, Norbulingka, Lhasa, Tibete. Fotografia © Thomas Laird. *Em baixo*: fotografia de Lowell Thomas, Sr. almoçando com funcionários do Ministério dos Negócios Estrangeiros do Tibete, Lhasa, 1949. © Thomas Lowell Jr., 1950, Lowell Thomas Collection, James A. Cannavino Library, Arquivos e Colecções Especiais, Colégio Marista de Poughkeepsie, Nova Iorque.

p. 9. *Em cima*: o general Derge Sey e parte do exército tibetano, Markham, Tibete. Note-se as espingardas obsoletas e a bandeira tibetana. Fotografia de Ellis R. Black, em slide kodachrome, tirada em Markham. Colecção de Ellis R. Black e © Karen Boatman. Primeira publicação da fotografia, gentilmente cedida por Karen Boatman. *Em baixo*: nobres e funcionários da corte do Dalai Lama. De um mural da sala do trono do Dalai Lama no Norbulingka, Lhasa, Tibete, provavelmente da autoria do artista tibetano Amdo Tashi. Fotografia © Thomas Laird.

p. 10. *Da esquerda para a direita:* o Panchen Lama, Mao Tsé-tung e o XIV Dalai Lama, Pequim, China, 1949. Fotografia a preto e branco, pintada à mão. DIIR/Tibet Museum, ACT.

p. 11. *Em cima*: fotografia do XIV Dalai Lama com Chu En-Lai, China, c. 1954. Instituto Norbulingka, Sidhpur, Índia. *Em baixo*: *da esquerda para a direita:* o Panchen Lama, o XIV Dalai Lama e o primeiro-ministro Nehru. Instituto Norbulingka, Sidhpur, Índia.

p. 12. *Em cima*: o XIV Dalai Lama (a cavalo) e o seu séquito durante a fuga de Lhasa para a Índia, 1950. Instituto Norbulingka, Sidhpur, Índia. *Em baixo*: o XIV Dalai Lama e a sua comitiva chegam à fronteira indiana, 1950. DIIR/Tibet Museum, ACT.

p. 13. *Em cima, à esquerda:* mural com Mao pintado sobre murais budistas em Lhasa, Tibete. Em cima, à direita: estandarte com Mao enquadrando mulheres a cantar, Tibete Ocidental. Em baixo: estátua de Yamantaka, uma das muitas estátuas e mosteiros destruídos em Lhasa durante a Revolução Cultural. Fotografias © Thomas Laird.

p. 14. O Mosteiro de Drepung e ruínas de partes do mosteiro destruídas durante a Revolução Cultural fotografados em 1997, por ocasião de uma exibição ritual de uma grande *thangkha* do Buda, Lhasa. © Thomas Laird.

p. 15. *Em cima, à esquerda*: o XIV Dalai Lama com o Papa João Paulo II. DIIR/Tibet Museum, ACT. *Em cima, ao meio*: Choekyi Gyaltsen, o X Panchen Lama, pouco antes da sua morte, em 1989. DIIR/Tibet Museum, ACT. *Em cima, à direita*: Gedhun Choekyi Nyima, XI Panchen Lama, reconhecido pelo XIV Dalai Lama. É o mais jovem preso político do mundo, tendo a China reconhecido outra criança como o "XI Panchen Lama". DIIR/Tibet Museum, ACT. *Em baixo*: fotografia, tirada em 1992, de fotografias do XIV Dalai Lama com Bill Clinton e Tony Blair, Barkhor, Lhasa. Fotografia © Thomas Laird.

p. 16. *Em cima, à esquerda*: nómada tibetano no Tibete Ocidental. Muitos nómadas vivem na planície de Barka, frente ao lago Manosovar e ao monte Gurlamandhata. *Em baixo, à esquerda*: o XVII Karmapa renasceu no Tibete (depois da morte do XVI Karmapa, em Chicago), e foi reconhecido pelo XIV Dalai Lama e pelo governo chinês. Foi criado no Tibete até 1999, o ano da sua misteriosa e secreta deslocação para a Índia, onde vive exilado enquanto prossegue a sua educação espiritual. *Em baixo, à direita*: menino prostrando-se em frente do Templo de Jokhang, Lhasa, Tibete. Fotografias © Thomas Laird.

Índice

Prefácio		11
Introdução		15
Capítulo 1:	Os Primeiros Tibetanos	25
Capítulo 2:	O Primeiro Imperador Tibetano, *600-650*	41
Capítulo 3:	O Império Tibetano e a Difusão do Budismo no Tibete, *650-820*	57
Capítulo 4:	Lang Darma: Declínio, Revolta e um Período de Caos, *797-977*	77
Capítulo 5:	O Regresso do *Dharma* e a Criação das Escolas Budistas, *978-1204*	89
Capítulo 6:	Os Suseranos Mongóis e as Raízes de um Problema, *1207-1368*	121
Capítulo 7:	Um Plano Geral: Do Primeiro ao Quarto Dalai Lamas, *1357-1617*	141
Capítulo 8:	O Quinto Dalai Lama e a Ascensão dos Manchus, *1617-1720*	171
Capítulo 9:	Do Sétimo ao Décimo Segundo Dalai Lamas, *1705-1900*	205
Capítulo 10:	O Décimo Terceiro Dalai Lama, *1876-1933*	231

Capítulo 11:   A Juventude do Décimo Quarto Dalai Lama, *1935-1950*   281

Capítulo 12:   A Vida Sob Ocupação Chinesa, *1951-1959*   333

Capítulo 13:   Desde 1959   359

Capítulo 14:   Epílogo   395

Notas   407

Bibliografia   449

Lista de Mapas   459

Lista e Créditos das Ilustrações   461

HISTÓRIA NARRATIVA

1. *História dos Estados Unidos desde 1865*
   Pierre Melandri
2. *A Grande Guerra – 1914-1918*
   Marc Ferro
3. *História de Roma*
   Indro Montanelli
4. História Narrativa da II Guerra Mundial
   John Ray
5. *Hitler – Perfil de um Ditador*
   David Welch
6. *A Vida de Maomé*
   Virgil Gheorghiu
7. *Nicolau II*
   Marc Ferro
8. *História dos Gregos*
   Indro Montanelli
9. *O Império Otomano*
   Donald Quataert
10. *A Guerra Secreta*
    Ladislas Farago
11. *A Guerra de Secessão*
    Farid Ameur
12. *A Guerra Civil de Espanha*
    Paul Preston
13. *A Vida Quotidiana no Egipto no Tempo das Pirâmides*
    Guillemette Andreu
14. *O Amor em Roma*
    Pierre Grimal
15. *Os Templários*
    Barbara Frale
16. *No Rasto dos Tesouros Nazis*
    Jean-Paul Picaper
17. *História do Japão*
    Kenneth G. Henshall
18. *Artur, Rei dos Bretões*
    Daniel Mersey
19. *O Islão e o Ocidente. Uma Harmonia Dissonante de Civilizações*
    Christopher J. Walker
20. *Pós-Guerra. História da Europa desde 1945*
    Tony Judt
21. *A Guerra Fria*
    John Lewis Gaddis
22. *História da União Soviética*
    Peter Kenez
23. *História do Tibete. Conversas com o Dalai Lama*
    Thomas Laird